Complete Works of Lokuang

Vol. 40-1, 40-2, 40-3

— **La Sapienza Dei Cinesi**
  (Il Confucianesimo)
— **Una Concezione Filosofica Cinese**
  (Il Taoismo)
— **La Storia Delle Religioni In Cina**

Student Book Co. LTD.

Combined Index

Vol. 40-1

Vol. 40-2

Vol. 40-3

Sezione I. La Tradizione Confuciana

Sezione II. Il Taosimo E Il Buddhismo

Sezione III. Vita Religiose Del Popolo Cinese

La Sapienza Dei Cinesi

(Il Confucianesimo)

Student Book Co. LTD.

Indice

Prefazione

Non è di tutti i giorni un libro scritto da un autentico cinese in lingua italiana: il Prof. Lokuang ha fatto questo sforzo e questo dono. E vi pare piccolo sforzo aver travasato nel modo più umano idee e concetti di tanti secoli fa, di tutta una lunga tradizione che fa un popolo signore della storia, da una lingua idiomatica alla nostra lingua? L'Autore ha accostato due mentalità profondamente diverse e le ha messe a confronto nel loro contenuto sostanziale.

Quanto al dono indubbiamente prezioso, esso fa venir in mente altri doni del genere offertici da missionari nel corso dei secoli, proprio nei riguardi di Confucio. Furono infatti due italiani, Padre Ricci e Padre Prospero Intorcetta, che per primi scrissero intorno a Confucio in lingue europee; il primo nei suoi Commentari e il secondo in una biografia stampata in Cina nel 1663 e ristampata poi a Parigi (1687) e a Firenze (1697).

La rigorosità scientifica è ammorbidita da una esposizione facile e da uno stile semplice: e le stesse virtuosità della filosofia o termini scolastici che si vogliano chiamare si incontrano di raro, anzi quasi mai, perchè l' Autore studiatamente o le ha evitate o le ha tradotte in forme accessibili anche ai più profani.

Ma giova entrare nel contenuto del libro per mettere in luce alcuni punti e richiamare su di essi l'attenzione del lettore.

Anzitutto come risulta, guardata nel suo insieme, la fisionomia morale e religiosa di Confucio?

Anche se qua e là affiorano alcuni errori o meglio alcune deviazioni inevitabili per un pagano, è fuor di dubbio che questo grande benefattore della Cina, ci offre un corpo di dottrina etica, ricavata dagli antichi libri canonici e ufficiali, ch'è alta e autentica espressione della stessa morale naturale, come l'ha infusa, nella coscienza di ogni uomo retto, lo stesso Creatore.

Gli esempi sovrabbondano: e mi piace coglierne alcuni dei più tipici che stanno ad indicare il tono morale di tutto il sistema confuciano.

Tra le virtù tiene il primo posto la carità. Gli uomini devono considerarsi fratelli e trattarsi sempre come tali. E' bellissima la citazione di Lun-ngu. Se-ma-niu melanconicacmente si lamentava perchè gli altri avevano dei fratelli e lui no. Tze-sha gli rispose: " Ho sentito dal Maestro Confucio che tutti gli uomini dell'universo sono fratelli. Come dunque un uomo retto potrebbe lamentarsi di non avere fratelli? " . Vi si sente il precetto cristiano della carità, anche se non si raggiungono le altezze soprannaturali, a cui solo una religione divina poteva portare l'amore.

E il concetto di amicizia? " Si contrae l'amicizia per cooperare alla perfezione". E le regole pratiche per formare delle amicizie vere e moralmente fruttuose? Manca solo un colpo d'ala per elevare l'amicizia alla cima luminosa della saprannaturalità.

D'alto interesse è il modo con cui Confucio elabora l'idea di santità, che rivela una concezione morale delicatissima. Egli divide in diverse classi gli uomini: e all'ultima, in fondo alla scala sociale, assegna lo Shio-ren, cioè il malfattore. Il quale non è solo il delinquente volgare, ma è anche ogni uomo che faccia i propri affari con spirito egoistico. Non c'è di peggio per un cinese che essere bollato con il titolo di Shio-ren: la tradizione ha saputo conservare per esso il disprezzo più profondo.

Altro punto capitalissimo è quello della pietà filiale. E a questo proposito non si può parlare di un culto degli antenati in senso religioso vero e proprio: no. La pietà filiale è una memoria fondata sull'amore e sulla gratitudine: niente perciò di più profondamente umano, in cui l'idolatria ha nulla a che fare. Se qua e là s'è presentato l'aspetto idolatrico, è dovuto all'inquinamento del Confucianesimo, da parte del Buddismo e specialmente del Taoismo.

Analogo e parallelo al principio confuciano della pietà filiale è quello della autorità imperiale. Il grande savio cinese concepisce tutto come una immensa famiglia: e su questa idea geniale e anche profondamente vera, elabora e fonda tutto il suo sistema morale.

L'imperatore è eletto dal Cielo: e perciò si chiama " figlio del cielo " (Tien-tze), in quanto agisce quale vicegerente del cielo. Segno poi esplicito della volontà del cielo è la volontà del popolo: " L'intelligenza del cielo è manifestata dalla intelligenza del nostro popolo: la disapprovazione del cielo si manifesta con la disapprovazione del popolo stesso " . (Shu-King, cap. Kao-Tao-Mo). Deriva poi di qui un altro concetto basilare: l'imperatore " figlio del cielo " non può che imitare il cielo nel suo governo, cioe deve governare con amore, dimostrandosi il grande padre del suo popolo. Se ne fosse il tiranno, basterebbe questo semplice fatto a farlo decadere dal suo ufficio, riducendolo ad uomo ordinario, soggetto alla punizione del popolo.

E' dunque sopra una sana e illuminata democrazia che si impernia l'idea confuciana. Nessuna superesaltazione dello stato, ma al centro della vita pubblica sta il popolo. " Esso, scrive Mencio, è al primo posto: lo Stato occupa il secondo, poi viene l'imperatore. Senza il popolo non ci può essere lo stato e conseguntemente neppure l'imperatore " .

Tipica la domanda rivolta da Mencio al Re Lian-hui-ouang: e diremmo noi italiani, anche un pò birichina. Chiese il maestro: Tra ammazzare il popolo con il coltello o con la politica, c'è differenza? E il Re: Nessuna.

Logicamente si imposta su questa architettura così umanamente realistica, la concezione politica di Confucio, fondata essenzialmente sulla morale. La politica non è un mezzo di sfruttamento altrui o di esaltazione propria; ma un mezzo di educazione morale prevalentemente spirituale.

Quante cose avrebbe da apprendere anche lo " animalis politicus " d'oggi! Nelle ultime pagine del volume sembra che il linguaggio di uomini lontani decine di secoli ridivenga d'un tratto di piena attualità. Il monito è grave: peccato che sia semper stato gridato nel deserto! Se non è lecito di mettere in catene gli individui singoli, molto meno si possono tradurre in schiavitù i popoli. Eppurt anche oggi, nonostante le durissime lezioni che la guerra ha inflitto a tutti senza eccezione, durus est hic sermo... La pretesa di colonizzare gli altri popoli (o di offrire quella protezione di cui parlava beffardamente Don Rodrigo a Padre Cristoforo meritando la sdegnosa ripulsa del cappuccino) per farne degli umilissimi servitori, torna a scapito dello stesso colonizzatore. Non c'è di meglio di una politica anticolonizzatrice, ma intesa a sollevare gli altri popoli a un piu alto livello civile, per guadagnarsene la simpatia e farsene dei veri amici.

Questo vero saggio, questo vecchio e autorevole maestro, Confucio, che domina tutta la scena dell'impero celeste e i suoi millenari di storia, può ritenersi indubbiamente un precursore del cristianesimo, del quale ha preparato la strada, sgombrando le anime da molte incrostazioni superstiziose e da quelle forti tendenze alla immoralità che, fuori della Religione vera, brulicano più o meno in tutti i sistemi religiosi antichi e moderni.

E' affermazione costante e generale di quanti conoscono a fondo l'impero celeste, divenuto ormai una repubblica democratica, che i buoni cinesi sono in certo modo ambientati nei riguardi del messaggio cristiano: la morale confuciana o meglio la morale ispirata alla legge naturale di cui Confucio è tenace assertore, apre loro o almeno ne facilita la strada.

Confucio ebbe l'anima naturalmente cristiana, secondo la nota espressione di Tertulliano. Non fu cristiano solo perchè anteriore a Cristo: alla scuola del Maestro Divino, ne sarebbe stato indubbiamente un ottimo discepolo.

Felice Beretta

Introduzione

SOMMARIO: Nome, caratteri, fonti e storia del Confucianesimo.

1. Nome

Il termine Confucianesimo non si trova mai nei libri filosofici o letterari cinesi, e neppure è citato dagli autori che non conoscono lingue estere. Tale nome fu dato dagli autori stranieri, studiosi di cose cinesi, alla dottrina di Confucio. Nella lingua cinese non manca un termine quasi corrispondente, ma esso ha un significato del tutto differente. Gli autori cinesi chiamano il Confucianesimo ((Yu-chia)), cioè famiglia o scuola ((Yu)).

Si legge nel Tze-yuan (dizionario enciclopedico): ((Yu-chia raccoglie le lettere di sei testi canonici e considera attentamente i principi di umanità e di giustizia, esalta gli imperatori Wen e Ou, ha come maestro Confucio, aderisce fedelmente ai suoi detti ed è la più alta scuola di incitamento alla virtù. Pero dai tempi della dinastia Han ad oggi, quelli che seguendo la dottrina dei sei testi canonici e di Confucio e di Menco, sono diventati celebri con lo scrivere o insegnare le lezioni metafisiche, sono riconosciuti come appartenenti alla scuola Yu-chia)).[1]

Il senos etimologico di questo termine così è dato brevemente dal sopra citato dizionario: ((Yu significa qualche cosa di meglio, oppurte ranquillo; significa anche persuadere o pacificare gli altri)).[2] Dal senso di persuadere o pacificare, è passato poi all'altro di indicare colui il quale insegna ad altri e lo persuade e lo tranquillizza mediamte la scienza. Perciò ((Yu)) in origine era il nome comune di quelli che

---

(1) Tze-Yuan, *Shanghai* 1922, vol. I parte I, pag. 238.
(2) Ibd., pag. 237

eccellono nelle scienze e nelle capacità; per cui si può fare distinzione fra Yu nobile e Yu ignobile. Essendo stata però, la scuola Yu costituita prima di tutte le altre, i posteri le diedero questo nome, che poi rimase esclusivamente suo)).[3]

Sarebbe opportuno, forse, spiegare perchè i soli Confucianisti sono chiamati Yu, maestro che insegna, mentre tutti i dottori delle altre scuole non mai hanno lascito di istruire i propri discepoli. Lo studio e le cogniziono, secondo i principi confuciani, non hanno altro fine, se non quello di insegnare agli uomini a condurre una vita retta; insegnano quindi ciò che all'uomo è veramente necessario. Infatti nella lingua cinese il vocabolo Yu si esprime con la composizione di due termini, dei quali uno indica l'uomo e l'altro la necessità[4]; onde il senso composto di questi due termini significa ciò di cui l'uomo ha bisogno per la sua vita. Perciò la scuola che insegna i principi necessari per la vita umana, si può giustamente chiamare Scuola Yu.

2. Caratteri

La dottrina insegnata da Confucio non è qualche cosa di nuovo, inventato dà lui, ma è tradizionale e fu seguita dai più antichi imperatori e sapienti della Cina. Lo stesso Confucio non ne fa mistero, e confessa questa verità quando afferma: ((Io riporto e non creo, credo e amo l'antichità))[5]. Il popolo cinese in tutti i secoli ha considerato questa dottrina come la genuina ed ortodossa, e l'ha riconosciuta come legittima rappresentante della sua cultura. Infatti imperatori e principi, sapienti e studenti coltivarono la propria formazione mentale secondo i principi confuciani, e i costumi e le abitudini della società si sono formati in armonia con questa dottrina. Tutti sanno di quanta venerazione fosse oggetto Confucio da parte dei regnanti, dei dotti e degli studiosi della Cina. Era comune lo sforzo e unanime la voce dei

---

(3) Hong-Yu-Lang, *Storia della filosofia cinese*, Shanghai 1937, vol I, P. 70.
(4) Il vocabolo Yu come si scrive, si compone con due figure o due vocaboli: la figura a sinistra significa l'uomo; la figura a destra significa la necessità.
(5) Lun-Ngu (Libro delle sentenze di Confucio). cap. IV, part. I, n. 1.

dotti contro il Buddismo e il Taoismo, per affermare la genuinità e il valore del Confucianesimo, come dottrina tradizionale.

E' lecito d'altronde domandarsi se questa dottrina abbia un'unità che si esplichi con i principi comuni e secondo un ordine organico. Mai nessun maestro di questa scuola fece una esposizione sistematica o scrisse qualche libro dotato di ordine logico; anzi, a prima vista, negli scritti dei diversi autori sembra trovarsi discordanza se non addirittura contraddizione. Però se tutti i dotti e gli scritti nei diversi secoli sono giudicati da tutti come appartenenti ad una determinata scuola, e il popolo in tutte le sue azioni si appella sempre alla tradizione di quella scuola, è necessario che vi sia una unità intrinseca in questa scuola. Ci sembra perciò che lo studio del Confucianesimo si debba presentare in un ordine sistematico, raccogliendo tutte le nozioni comuni, ed escludendo le differenze particolari.

Volendo ora assegnare il Confucianesimo ad una determinata specie di scienza, ci troviamo di fronte a difficoltà insormontabili. Infatti Confucio e i suoi discepoli mai si proposero di offrire un sistema scientifico, ma ebbero soltanto l'intenzione di insegnare al popolo a ben vivere. Il Confucianesimo potremmo quindi chiamarlo: la dottrina della vita umana, non secondo le nozioni di una scienza empirica, ma secondo il rispetto alla libera volontà umana. Confucio considerò la vita umana sotto tutti gli aspetti, riguardo all'individuo e alla società, rispetto alla religione, alla religione, alla morale e alla politica. Il Confucianesimo ha una parte metafisica, ha una parte morale, contiene le nozioni religiose, le nozioni politiche, prescrive molte regole cerimoniali, e perfino molte regole musicali.[6]

---

(6) ((Confucianism as a doctrine includes two elements: transformation through education on the one side, and religion on the other. There is no doubt that it includes some religious elements, but it lays special emphasis on the transformation of man by means of education, so as to forter his moral conduct in a general way... The Confucianists take as their main object the private and public active life; but they also deal with philosophical, epistemological, and logical problems as the foundation and culmination of their main object)). K. S. Hiroshima, *Quintessence of science of Ju*. Monumenta serica, v. III, fasc. I, p. 258-263, Peiping 1938.

Anzitutto la vita umana appare nella considerazione dei Confucianisti come un fatto concreto che si evolve per mezzo degli atti di ciascun uomo e ciascun giorno. Il Confucianesimo scruta questi atti e detta loro quelle norme, per mezzo delle quali l'uomo, dalla nascita fino all'ultimo respiro, possa essere moralmente buono. Si richiede una nozione metafisica riguardo alle questioni ontologiche e cosmologiche perchè si possa acquistare una retta cognizione della natura e della coscienza umana, e quindi si possa giustamente trattare della morale. Ma tali questioni metafisiche se restano unicamente in una sfera astratta nè si considerano come modello per agire giustamente, non possono avere alcuna relazione con la vita reale; e allora non sono coltivate dai Confucianisti. Il carattere distintivo del Confucianesimo è tutto riposto nell'inclinazione alla vita concreta e nel senso pratico; lo stesso Confucio rifugge dalle questioni astratte, abbonda invece di precetti; e i suoi seguaci non abbandonarono questa strada, eccetto alcuni pochi autori Neoconfucianisti.

3. Testi

I testi canonici dai quali il Confucianesimo trasse i suoi principi dottrinali sono sei, cioè: I-king (libor delle mutazioni); Shu-king (libro degli annali); Shi-king (libro dei carmi);Lichee (libro delle cerimonie); Yao-chee (libro musicale) e Tch'uunchiu (libro storico).

Una gravissima questione si agita fra i dotti cinesi, se vi sia veramente relazione fra Confucio e questi testi, come insegna un'antica tradizione. Si legge infatti nel Sche-chee (storia ufficiale) che Confucio abbia cooperato personalmente nel raccogliere e trascrivere i testi canonici.[7] Diversi critici dei secoli scorsi si sono peritati di confutare questa tradizione, e moltissimi recenti addirittura si ricusano di accettarla. A noi sembra che accettare questa tradizione ciecamente, con tutti i suoi particolari, non sia ragionevole, perchè vi sono molte cose aggiunte dopo; tuttavia respingere assolutamente il fatto

---

(7) She-Ma-Chen, *She-chee*, vol. III, tit. 17.

come antistorico, non ci sembra un modo del tutto scientifico, perchè esistono antichissimi documenti in favore.

Vi è un'altra questione maggiore e riguarda la genuinità dei testi canonici. Nella seconda metà del terzo secolo a. C., l'imperatore T'sing-she-hoang (+ 246 a. C.) stabilì la pena di morte contro i dottori che disputavano di politica, e comandò che i libri conservati fuori della biblioteca imperiale fossero gettati al fuoco, desiderando reprimere le opinioni contrarie alla sua politica. Morto lui si ebbero guerre civili fra i diversi comandanti militari, e i libri della biblioteca imperiale furono distrutti dalle fiamme. I testi di ciascun libro trovati ed esplorati in tempi posteriori, non concordano fra di loro, nè sono completi. Nasce allora la questione della genuinità di questi testi, non facile a risolversi, nonostante le ricerche di diversi studiosi.

Il libro I-king (libro delle mutazioni) contiene tre parti; la prima si dice che sia stata scritta da Fou-she (dell'era preistorica) ed è una concisa spiegazione delle figure chiamate Tri-gramma, in senso metafisico; la seconda parte scritta dal duca Wen (sec. XII a. C.) aggiunge al testo originario una più ampia spiegazione delle figure; la terza parte scritta da Confucio, deduce la filosofia morale dai principi metafisici, cosicchè questo libro è uno dei testi fondamentali della dottrina confuciana.

Il libro Shu-king è il primo degli scritti storici. Si dice che gli antichi imperatori avessero due ministri, uno dei quali narrava i fatti riguardanti l'imperatore, l'altro ne conservava i detti. Lo Shu-king comprende i detti imperiali. Dall'imperatore Yao fino alla metà della dinastia Tcheou (cioè dal 2357 al 627 a. C.) questi detti dell'antichità erano numerosi, ma da Confucio ne furono scelti solo cento capitoli. Dopo diverse infauste vicissitudini, ne sono rimasti due esemplari: uno piu antico con 28 capitoli, l'altro con 50 capitoli.

Il libro She-king si dice che sia stato redatto dallo stesso Confucio e comprende 305 carmi. Gli autori di questi carmi sono ignoti e vissero dal secolo XII al secolo VI a. C. Di tre generi sono le poesie, cioè Fen, canti popolari di undici regni, Ja, canti usati dai regnanti nei conviti ufficiali, Tch'ong, canti sacrificali.

Il libro Li-chee, raccolta di antiche cerimonie, secondo antichi dotti, è stato compilato da Confucio o dai suoi discepoli. Dopo la distruzione dei testi al tempo dell'imperatore Ts' ing-she-hoang, ne rimasero alcuni esemplari con forti dubbi circa la loro genuinità. Nel primo secolo della nostra era, Liu-yuun, scrivendo la storia imperiale, redasse il testo ufficiale del Li-chee con 250 capitoli; Tai-te della stessa dinastia ne fece un altro esemplare con 85 capitoli, e questo divenne comune nelle scuole. Suo fratells Tai-shen ridusse il numero dei capitoli a 49 e diede alle scuole un nuovo esemplare del Li-chee. Insieme al libro Lichee si ritrovano anche altri due testi di antiche ceri-monie: uno si chiama Tcheou-li e l'altro Ni-li. Questi testi sono riconosciuti come scritti di Tcheou-kong. Questo autore che fu primo ministro nel secolo XI a. C., raccolse in questi due libri la costituzione del governo e i più importanti cerimoniali.

Il libro Tch'uun-chiu, scritto da Confucio, narra i fatti storici dall'anno 732 fino al 481 a. C. Però questo libro contiene soltanto nozioni concise con metodo morale più che storico. Confucio infatti volle applicare i principi della sua dottrina alla storia piuttosto che narrare i semplici fatti. Poco dopo di lui furono composti tre commen-tari da tre cultori di storia per spiegare e completare la parte storica. L'incendio che distrusse i testi antichi, ha fatto scomparire il testo originale di questo libro, e gli scritti di Confucio li possiamo ricostru-ire soltanto attraverso i commentari.

Del libro Yao-chee dopo l'incendio, non è rimasto nulla.

Oltre questi sei testi canonici, nelle scuole e dai dottori sono accettati altri quattro libri come fonti principali del Confucianesimo. Essi sono: Lun-ngu (libro delle sentenze di Confucio), Men-tze (libro di Mencio), Tsong-yong e Tao-sho. Il libro Lun-ngu, composto dai discepoli di Confucio, raccoglie i suoi detti, e rivela la mente del maestro attraverso le sue risposte. Il libro di Mencio contiene i suoi detti, fatti e principi: e si crede generalmente che sia stato scritto da lui stesso. Vi è questione intorno all'autore del libro Tsong-yong, perchè i moderni critici non vogliono accettare l'opinione tradizionale, secondo la quale questo libro sarebbe stato scritto da Tzen-tze. Questo libro ha una caratteristica differente da tutti gli altri, perchè contiene con abbondanza nozioni astratte e metafisiche e costituisce il primo tentativo di dare un fondamento teoretico al Confucianesimo morale. Il libro Tao-sho, piccola opera, a differenza degli altri ha una esposizione ordinata e tratta chiaramente del principio e della froma dello studio e della perfezione. Questi quattor libri furono riuniti in un sol corpo da Tchou-she (1130-1200) e dallo stesso commentati, tanto che si è soliti farli usare come primo testo da tutti i fanciulli che incominciano a studiare.

Bisogna ancora aggiungere a questi testi quel libro che tratta della pietà filiale e si chiama Sho-king, e che tutti gli antichi ritengono sia stato scritto da Tzen-tze.

4. Storia

La storia del Confucianesimo si può dividere in tre grandi periodi, cioè: 1) Dallo stesso Confucio fino al secondo secolo a. C. In questo periodo il Confucianesimo si viene formando lentamente, ma efficacemente, e si riafferma in unico sistema dottrinale; perciò questo si chiama Periodo di Formazione. 2) Dopo la prima fioritura, il Confucianesimo si arresta nel suo progresso e si perde in minuziose questioni testuali, e si ha così un periodo di conservazione che va dal secondo secolo a. C. al secolo decimo della nostra era. 3) Dopo questo lungo periodo di inerzia, il Confucianesimo fu messo a prova dalle impugnazioni del Buddismo e del Taoismo, e allora prese elementi dai sistemi avversi per integrare la propria dottrina metafisica, ed ebbe origine il Neoconfucianesimo. Questo periodo va dal secolo decimo ai nostri giorni.

Periodo di formazione. - L'origine del Confucianesimo si affianca all'origine della cultura cinese e l'evoluzione di ambedue procede di pari passo fino ai tempi di Confucio; poi la dottrina confuciana si distingue dalla cultura generale cinese, benchè tutta la vita del popolo si regoli sui principi di questa scuola.

Molto remota e avvolta nelle nebbie del tempo è la tradizione del primo creatore della cultura cinese. Si narra infatti che il re Fou-she abbia trovato in età preistorica otto figure dei Trigrammi e su di esse abbia posto la base metafisica. Non può essere sicura l'opinione antica secondo cui la dottrina morale di Confucio abbia avuto inizio dal libro Hong-hoang, poichè sia il fatto di Fou-she che il libro di Hong-hoang hanno sapore leggendario. Invece è opinione ben fondata assegnare l'inizio della tradizione confuciana al tempo dell'imperatore Yao (2357 a. C.), di cui si riportano alcuni detti nel libro Shu-king. Nei detti dell'imperatore Yao si trova già chiaramente la norma principale di tutto il sistema confuciano, che è l'imitazione del Cielo; questa norma poi, per mezzo dei successori Shuun (2257 a, C.) e Yu (2205 a. C.), si traduce in precetti concreti e particolari. Finalmente, durante la dinastia Tcheou (1122-206 a. C.), si va esplicando. Uomo sapiente e capacissimo, Tcheou-kong scrisse sulla costituzione dell'impero e dettò le norme di vita del popolo sapientemente e minuziosamente, e lasciò anche ai posteri il cerimoniale.

Verso la metà di questa dinastia, l'autorità imperiale per l'arroganza di alcuni principi feudali era divenuta più nominale che reale e non valse a mantenere in atto la tradizione ricevuta dagli antenati; così sorsero innumerevoli correnti dottrinali e differenti scuole. In questo momento nacque Confucio, il quale si mise all'opera con grandissimo fervore per rimettere in auge la dottrina tradizionale.

Nato nel 551 a. C., sotto il regno Lu, nel distretto Tchangpiu, nel villagio Zeu-yi, da una famiglia già illustre, ma decaduta in povertà, Confucio fu educato sotto la cura sapiente e vigilante della madre: e fin dai più teneri anni si dilettò degli studi e delle cerimonie. Cresciuto negli anni, ricoprì per due volte cariche pubbliche con soddisfazione di tutti. Però l'amore allo studio e alla scienza lo persuasero a lasciare la politica e ad aprire piuttosto una scuola per la gioventù. A trentacinque anni fu costretto dalla guerra intestina a lasciare la patria, ed a cercare rifugio nel vicino regno di Che. Sedate le ribellioni,fece ritorno in patria e divenne gran cancelliere del regno. Tenne questo officio per soli tre mesi, nei quali dimostrò una particolare capacità di governare, ma poichè il re non voleva per nulla seguire i suoi consigli, rassegnò le dimissioni. A cinquantacinque anni lo troviamo che vaga di regno in regno proponendo ai re la sua dottrina e chiedendo l'opportunità di spiegare i suoi principi morali. Finalmente dopo tredici anni di inutili peregrinazioni, se ne ritornò in patria, dove rimase fino alla morte. Morì l'anno 479 a. C. e i suoi discepoli gli conservarono il lutto per tre anni come dei figli per il padre.[8]

Confucio fu un uomo ricco di virtù morali: studiò e cercò di istruirsi infaticabilmente: amò e coltivò la giustizia e la pietà: istruì i discepoli amorosamente, sperando fiducioso nella divina Provvidenza. Egli stesso dice di sè: ((A quindici anni applicai la mente alla grande scienza, a trent'anni mi ci fermai raffermato; a quaranta, già non esitavo; a cinquanta, conobbi la Provvidenza del Cielo; a sessanta, seguivo ciò che il cuore desiderava per non trasgredire la regola))[9].

Supponendo l'idea del creatore Tien, che è il Dio perfettissimo e giustissimo, Confucio afferma che un ordine universale vi è in tutte le operazioni: e quindi insegna che l'uomo nei suoi atti deve seguire questo ordine. L'espressione concreta di questo ordine nella società umana si ha nel Li, che significa il complesso delle leggi morali, delle consuetudini e delle regole sociali, e abbraccia anche la norma delle cerimonie. L'ordine universale, stabilito dal creatore, tende ad un solo fine, che consiste nel procurare il bene comune di tutte le creature e specialmente nel dare la vita agli esseri viventi; questo fine fu da Confucio chiamato Jen, cioè amore. Anche la vita umana, sia privatamente che socialmente considerata, ha per suo fine lo Jen, per raggiungere il quale l'uomo è tenuto a coltivare tutte le virtù. Tra le virtù poi, la principale è la pietà filiale, che è il grado perfetto dello Jen, in quanto che lo Jen ordina tutti gli uomini all'amore del prossimo, e mediante questo al Tien (creatore); i genitori sono per il figlio i più vicini di ogni altro prossimo, e per lui fanno le veci del Cielo. La relazione tra i genitori e il figlio non è una semplice relazione d'amore e di gratitudine, ma è analoga alla relazione che vi è tra il creatore e le creature, perchè i figli hanno avuto l'esistenza dai genitori.

Così dal maestro viene delineato nei suoi tratti fondamentali, il Confucianesimo.

---

(8) Appendice II.
(9) Lun-Ngu, cfr. cap. I, par. II, n. 4.

La dottrina della pietà filiale viene riassunta e maggiormente sviluppata nell'opera di Tzen-tze, il Sho-king: questa virtù viene considerata come norma della moralità e centro di tutte le virtù. Alcuni fra i moderni per la considerazione in cui era tenuto il culto di tale virtù presso i Confucianisti, non dubitarono di affermare che in essa consisteva la religione o almeno la parte religiosa del Confucianesimo[10].

Il principio dell'imitazione del Cielo Hua-tien o in altre parole, il principio di seguire la legge naturale, già esposta da Confucio, ebbe una maggiore e più larga esposizione nel libro Tsong-yong: ove la relazione tra l'ordine universale e l'ordine umano viene esposta piu nel senso empirico che in quello metafisico.

Quasi cent'anni dopo la morte di Confucio nacque un altro maestro di nome Mencio (327-298? a. C.). Uomo eloquente ed audace dichiarò di aver ricevuto dal Cielo l'ordine di propagare e perfezionare la dottrina confuciana, nè venne meno a questo programma; infatti lavorò indefessamente sia ad ammaestrare i discepoli che ad ammonire i principi. Le condizioni sociali erano peggiori e più tristi che ai tempi di Confucio; l'autorità imperiale aveva un'ombra d'esistenza, poichè i feudatari pensavano soltanto ad assicurarsi una maggiore potenza e ricchezza. Molteplici scuole dottrinali disputavano terribilmente fra di loro. Mencio, mosso da un grande amore per la tradizione, volle riportare la società alla primiera moralità, e a tale scopo si mise a peregrinare di regno in regno predicando la dottrina dei padri. Però i frutti della sua fatica non furono piu brillanti di quelli raccolti da Confucio, e Mencio nella sua vecchiaia si contentò di potere insegnare ai suoi discepoli la sua dottrina. I nuovi principi di Mencio non costituiscono per sè una differenza dalla dottrina di Confucio, ma ne sono una spiegazione continuata. La norma della moralità che Confucio mette nelle leggi, sia del Creatore come dei principi regnanti, Mencio la introduce nello stesso uomo, nella natura umana. Egli insegna che la legge natu-

---

(10) Hu-She. *Storia della filosofia cinese*, vol I, P. 130-134, Shanghai 1928.

rale si trova nella natura umana e che perciò la natura è norma delle azioni umane. L'uomo, secondo lui, nasce retto, poi si corrompe per la tentazione delle passioni; per vivere sempre rettamente, basterebbe che sapesse reprimere le passioni e non venire meno ai dettami della natura[11].

Poco dopo Mencio, visse un altro maestro del Confucianesimo, Tsuun-tze (+ 230? a. C.): egli è considerato come colui che inquinò, o meglio amplificò la dottrina confuciana con elementi di altre scuole. Egli, dinanzi allo spettacolo dei costumi corrotti della società dei suoi tempi, combattè strenuamente la dottrina della rettitudine della natura umana e affermò ad oltranza la necessità delle autorità civili, delle leggi e delle pene. Tsuun-tze si allontana alquanto dalla filosofia metafisica e dalla nozione di teodicea, e inclina alquanto al naturalismo.

Con la morte di Tsuun-tze si chiude il primo periodo del Confucianesimo; in questo periodo la dottrina di questa scuola è già perfetta nella sua parte morale, difetta però ancora nella parte metafisica.[12]

Secondo periodo: il periodo di conservazione (dal II secolo a. C. al secolo decimo della nostra era). Verso la metà del secondo secolo avanti Cristo, il regno cinese già rovinato da divisioni interne e da incessanti guerre, cominciò a ricostruirsi e restaurarsi finalmente sotto un'unica autorità con la dinastia Ts'ing. L'imperatore Ts'ing-she-hoang introdusse nell'amministrazione dello Stato la forma monarchica assoluta e si sforzò di confermare la propria autorità e l'unità dello stato sotto tutti gli aspetti. Gli dispiaceva perciò che i dotti, divisi in tante scuole, continuassero a disputare fra di loro e a proferire i più disparati giudizi in materia politica. Comandò che tutti i libri fossero conservati nella biblioteca imperiale, e l'istruzione e la interpretazione fossero affidate a maestri ufficiali; volle poi che i libri che si trovavano presso le famiglie o in altri luoghi fossero bruciati, e

---

(11) Appendice III.
(12) Appendice IV.

che i dotti litigiosi e politicanti venissero condannati a morte crudele. Diminuì così di molto la libertà di studio e conseguentemente anche la possibilità di apperndere. Appena morto l'imperatore, diversi capi militari incominciarono a combattere fra di loro per la successione al trono, e il più forte di tutti, Han-yu, presa la città di Han-yang, incendiò il palazzo impeiale, non risparmiando i libri, scritti dai sapienti con tante fatiche. Non appena poi la dinastia Hang ebbe ridata la pace a tutto il paese ed ebbe imposto dappertutto la propria autorità, gli imperatori si misero con ogni cura ad acquistare i libri antichi. Con tutti i mezzi opportuni curarono che i dotti superstiti della precedente dinastia, che ricordavano i libri canonici, mettessero tutto per iscritto; e invitarono le famiglie che furtivamente tenevano nascosti dei libri, ad offrirli alla pubblica autorità. Frattanto accadeva un fatto nuovo: l'imperatore Ts'ing-she-hoang aveva dato una nuova forma più semplice all'antica scrittura, per comodità del popolo, mentre i libri ritrovati, scritti tutti nell'antica forma, non erano capiti dal pubblico. Di qui molta confusione e molte contradizioni, essendo i vecchi libri molto differenti dalla tradizione orale riferita dai dotti. Occorreva perciò preparare chiari ed efficaci commentari che interpretassero i testi scritti con l'antica scrittura e determinassero la genuinità dei libri. Il lavoro dei Confucianisti della dinastia Hang fu quasi tutto speso per questo. Prima (sec. II e I a. C.) i dotti cercarono di ricostruire i testi, poi ne compilarono i commentari. Così rividero la luce benchè incompleti, tutti i libri canonici, eccetto Yao-chee, e alcuni minuziosi commentari; però la tradizione dottrinale restò divisa in differenti opinioni.

Durante la dinastia Hang, l'autorità e l'influsso del Confucianesimo aumentarono talmente che divenne la dottrina dominante ed ufficiale. Il primo imperatore di questa dinastia Han-kao-tzu (206-195 a. C.) decretò la costruzione dell'impero secondo le antiche regole, portò le offerte all'altare di Confucio e fece adottare i libiri canonici nelle scuole di Stato. Alcune scuole dottrinali non vollero rinunziare alla propria tradizione e si contesero col Confuncianesimo l'influsso sulla società. Dapprima vi fu la scuola di Motze, che mossa dall'amore del prossimo, insegnava uno spirito cavalleresco contro i potenti e tentava di prendere per se la direzione politica. Poi venne la scuola taoistica che, protetta da alcuni imperatori, al popolo stanco per le lunghe guerre e desideroso di pace, prometteva una vita tranquilla e una inerzia oziosa. Finalmente la scuola giuristica che combatteva col Confucicanesimo per l'esaltazione dell'autorità imperiale. Sotto l'imperatore Hang-ou-ti (140-87 a. C.) per consiglio di Tong-tchoung-chou, la dottrina confuciana fu proclamata genuina e l'unica da insegnarsi negli studi; e da allora in poi mantenne sempre la sua speciale posizione.

Tra i maestri della dinastia Hang rifulse Tong-tchoung-chou, che sviluppò le relazioni fra gli uomini e i fenomeni naturali, specialmente i celesti, con inclinazione alla superstizione; e determinò meglio la questione sulla natura umana, aggiungendo quella spiegazione metafisica che sarà ripresa dai Neoconfucianisti.

Tramontata la dinastia Hang e dopo alcuni intervalli bellici, assunse il trono la dinastia Tang (620-907 d. C.) che incoraggiò più l'eleganza delle arti e le letterature poetiche che la dottrina filosofica. Il Buddismo, dopo il suo periodo di propagazion, durante questa dinastia, poteva già contendere il dominio dottrinale al Confucianesimo, tanto che non pochi dottori Confucianisti non dubitarono di abbracciare le nozioni della filosofia indiana e di stringere intima amicizia con i monaci budduisti. Anche il Taoismo continuava ad ostacolare il Confucianesimo; e riuscì a penetrare nello stesso palazzo imperiale, al punto che sembrava divenuto la religione dell'augusta famiglia. Frattanto la potenza e il territorio dell'impero si accrescevano e di pari passo aumentava lo splendore di vita dell'imperatore. Ebbero un grande impulso l'arte teatrale e musicale: e la letteratura cinese raggiunse quasi il suo apice. In tante manifestazioni di progresso il Confucianesimo fu molto dimenticato: pur non mancando di dottori e godendo della posizione speciale che aveva sempre avuto. Tutti, più o meno, si dilettavano della dottrina buddisitca senza pensare ad evolvere la propria tradizione. Ferveva ancora il lavoro dei commentari, ma lo studio si sperdeva in mille questioni minuziose e vuote.

Il culto di di Confucio doveva riprendersi. Per primo l'imperatore Tang-kao-tzu (618-626) decretò nel 624 che Confucio fosse insignito del titolo di ((Maestro dell'impero)); il suo successore Tang-tai-tsong (627-650) attribuì a Confucio il titolo ((Santo eccellente)) e nell'anno 630 ordinò che gli si elevasse un tempio in ogni distretto; l'imperatore Tang-shuan-tsong (713-758) volle aggiungere i segni della dignità regale alla statua di Confucio ed elevò le offerte sacrificali a lui alla seconda classe della solennità rituale.

All'inizio della dinastia Tang fu istituito l'esame pubblico per la scelta delle persone agli uffici governativi. Gli esami vertevano principalmente intorno ai libri canonici e ai quattro libri classici del Confucianesimo; questo contribuì a rendere preminente la posizione ufficiale dei seguaci di Confucio rispetto alle altre scuole. ·

Dall'intima amicizia tra i seguaci di queste scuole e dalla mescolanza delle nozioni dottrinali si produsse il fenomeno di un assorbimento sempre più crescente di elementi estranei nel Confucianesimo nonostante la forte opposizione di alcuni maestri. In pari tempo, il grande concorso di altri popoli per ragioni di commercio introdusse in Cina altre religioni: il giudaismo, il nestorianesimo e il maztaismo. Già si preannunciavano nuovi tempi e tutti desideravano una rinnovazione del Confucianesimo.

Terzo Periodo - Periodo del Neoconfucianesimo. — Il Neoconfucianesimo in lingua cinese si chiama scuola Li, la quale completò la parte metafisica del Confucianesimo. Dopo un lungo periodo di inerzia, nuovo impulso e nuova forza al Confucianesimo furono dati dalle circostanze dei tempi e delle vicende della dinastia Song (960-1280). Distrutta la dinastia Tang, la dominazione dei popoli stranieri nella parte settentrionale scosse la coscienza dei Confucianisti, solo attratti dalla eleganza delle letterature e li persuase ad occuparsi dei principi ricostruttivi della società. L'arroganza e il predominio del Buddismo nella vita del popolo, spinse il Confucianesimo a rinnovarsi, per mantenere la sua gloria tradizionale. La lenta infiltrazione del Buddismo nelle menti dei maestri Confucianisti aveva intanto portato ad una concezione più matura delle nozioni metafisiche. Tutte queste cause concorsero più o meno coscientemente alla formazione del Neoconfucianesimo.

I precursori di esso già si trovavano tra i dottori della dinastia Tang, i quali trattando la questione della natura umana, preparavano la via ai posteri.

Il primpo di tutti quelli che costruirono questa dottrina fu Tcheou-t'oun-yi (1017-1073). Nello stesso tempo vissero altri grandi maestri: Tchang-tsai (1020-1077), Tcheng-hao (1032-1085) e suo fratello Tcheng-Yi (1033-1107). Poi venne Tchou-she (1130-1200), il più grande di tutti, che raccolse le tradizioni e le dottrine precedenti e ne fece un'ampia sintesi[13]. Dopo di lui il cammino si rallentò, poichè i suoi discepoli, non all'altezza del maestro, degenerarono in dispute fastidiose e in discordie. Poi durante la dinastia Ming (1368-1644), un nuovo maestro Wang-yang-ming (1472-1587) risollevò il Neoconfucianesimo all'antica gloria. Scomparso lui, il Confucianesimo non ebbe altri maestri fino ai nostri giorni. Ora si pensa che l'influsso delle dottrine filosofiche occidentali potrà offrire al Confucianesimo l'occasione di un rinnovamento.

Il Neoconfucianesimo inizia la sua esposizione dal libro Iking che tratta dell'unico elemento ontologico e trae la ragione dell'ente dall'elemento materiale e dall'elemento formale: espone l'essenza della natura umana, spiega le cause del bene e del male morale, e stabilisce la norma della moralità. Le opinioni e le spiegazioni dei maestri sono differenti se non contradittorie, ma vi sono alcune nozioni comuni che sembrano essere la via e il fondamento per tutti.

Il culto di di Confucio durante questi dieci secoli subì alcune piccole mutazioni; nell'anno 1105 l'imperatore Song-fi-tsong decretò per Confucio la dignità di imperatore e ordinò che la sua statua fosse ornata con le vesti imperiali; nel 1200 l'imperatore Song-kao-tsong volle equiparare la solennità delle oblazioni a Confucio al culto della Terra e concesse di usare cerimonie come quelle del sacrificio del Cielo. Queste concessioni però rappresentano aspetti particolari

---

(13) Appendice IV.

anzichè la norma che onora Confucio come maestro eccellente dell'impero. Ora poi il governo repubblicano cinese non offre più il culto ufficiale a Confucio, e l'opinione pubblica inclina più alle scienze e alla filosofia europea che alla tradizionale dottrina. Tuttavia in questi ultimi tempi la stima dell'antico Maestro riprende e scuote la coscienza della nazione; e il governo si sforza di attirare il popolo alla sana dottrina degli antenati.

Capitolo I
La Religione

SOMMARIO: Senso religioso, Tien (Dio), gli spiriti inferiori, l'anima
umana, il sacrificio, la divinazione.

5. Il senso religioso del popolo cinese

Il termine ((Religione)) può essere inteso sotto diversi aspetti:
come un sistema che tratta delle relazioni fra Dio e gli uomini; come
una società di tutti quelli che hanno la stessa credenza religiosa; come
l'insieme degli articoli della fede di una società religiosa. Questo
termine quando è preso nel suo significato completo, comprende tutti
questi tre aspetti, perchè la religione è una comunità di credenti che
professano la stessa dottrina, composta di articoli di fede.

Nei libri cinesi antichei, sia canonici che classici, non si trova il
termine ((Religione)) nè la parola ((società religiosa)); si trova solamente, distribuita nei diversi libri, la dottrina che riguarda le relazioni
tra la divinità e gli uomini. Gli antichi Cinesi avevano il concetto del
Dio supremo e la fede in lui, e credevano pure alla sopravvivenza
dell'anima dei loro antenati; tuttavia questa dottrina non formava un
sistema distinto e completo da sè, nè costituiva la base di una qualsiasi
comunità di credenti, ma faceva parte della dottrina confuciana che
dirigeva la vita della nazione.

Dopo che il Buddismo si propagò in Cina e il Taoismo si rivestì
di una forma religiosa, sono comparse due religioni nella società
cinese che cercarono di pervertire la tradizione antica. Alcuni autori
moderni cinesi, negano l'esistenza di qualsiasi religione nel suo vero
senso presso il popolo cinese e conchiudono che il popolo nostro non è

inclinato al senso religioso. Questo è falso: l'affermazione può dirsi maturata sulle tendenze naturalistiche per avere un appoggio all'ateismo. Il popolo nostro, fino dagli antichissimi tempi ha circondato la propria vita privata e pubblica di riti religiosi, e non ha atteso il Buddismo e il Taoismo per insegnare le relazioni fra la divinità e gli uomini. Dopo la introduzone nella società di queste due religioni, il popolo è rimasto sempre fedele alle proprie credenze tradizionali e non ha ricevuto la fede buddistica e taoistica se non in quanto questa fede si è adattata alle idee già preesistenti. La vera religione del popolo cinese non è la religione del Buddismo o del Taoismo, ma è la fede religiosa consevata nel Confucianesimo nei riguardi della divinità, delle anime dei defunti e dei sacrifici. La dottrina del Buddismo e del Taoismo è chiara e distinta nei libri, ove costituisce una particolare fede religiosa, ma nella mente del popolo non significa altro che una amplificazione della tradizione religiosa antica. Non sono mancate persone d'ambo i sessi, che abbracciando la vita monastica, hanno aderito pienamente al Buddismo e al Taoismo e si sono sforzati di metterne in pratica la dottrina. La fede religiosa del popolo invece si presenta in una forma mista, che ha la sua base nelle credenze della tradizione confuciana, conserva i riti antichi, pratica le superstizioni taoistiche e buddistiche. Sarebbe cosa da ridere fare la statistica del popolo cinese, classificandone i vari gruppi come aderenti a determinate religioni; questo è solo vero per i cristiani e per i maonettani.

Il popolo cinese non ha saputo considerare la religione come un sistema dottrinale e religioso, nè come una comunità religiosa distinta, ma l'ha considerato come un complesso di diversi articoli di fede religiosa, facente parte della dottrina morale tradizionale e controllata sotto la vigilanza dell'imperatore. Non c'è stato nessuno, tra i filosofi cinesi, che abbia mai pensato a fondare un sistema religioso, ma tutti hanno scritto qualche cosa sulla religione; nessun libro tra i testi antichi tratta esclusivamente di religione, ma tutti i testi classici e canonici hanno qualche accenno alla religione. Non si sono costruiti dei templi appositamente per le solennità religiose e per i sacrifici, ma il palazzo imperiale, i monumenti commemorativi, le residenze ufficiali el le stesse case private servivano per offrire oblazioni alle divinità e agli antenati. Non esisteva un sacerdozio nel pieno senso, ma l'imperatore, gli ufficiali e i padri di famiglia avevano l'obbligo di offrire i sacrifici e le oblazioni. Tutto questo dimostra chiaramente che il popolo cinese considerava la religione come una parte organica della vita privata e sociale. L'atteggiamento verso la religione non fu cambiato neanche dopo l'introduzione del Buddismo e la fondazione del Taoismo.

L'indole pratica del popolo si rivela anche nei riguardi della religione; si bada solamente alle idee religiose che hanno relazione con la vita concreta, mentre la parte astratta fu sempre tenuta in poco o nessun conto. Perciò Confucio e i suoi discepoli non vollero mai intrattenersi circa le questioni dottrinali sulla natura di Dio dell'anima umana, della vita futura e degli spiriti, ma insegnarono al popolo i precetti pratici per mantenere vive le relazioni fra la divinità e l'umanità.

6. Tien (Dio)

Il termine ((Tien)) nei libri cinesi può essere preso in tre sensi: o significa il cielo empirico, o significa il creatore e il dominatore dell'universo cioè Dio, o significa la natura cioè quello che è nato da tale ente. Il primo significato è il principale e precede gli altri due, perchè è il senso etimologico; il secondo significato si adopera prevalentemente nei libri canonici e anche nei libri classici; il terzo si trova nei libri del Confucianesimo del secondo periodo e specialmente del terzo[1].

Fin dai remotissimi tempi, i Cinesi professarono la loro fede in

---

(1) ((De ce qui précède, nous pouvons classer le sens du Tien dans le schéma ci-dessous: ① Ciel:physique par opposition à la terre. ② Image: de souverain dominateur. ③ Raison déterminative des êtres. ④ Raison directive des évé nements)). Cfr. Tin-Tchéu-Kang, *L'idée de Dieu dans les huit premiers classiques chinois*. Fribourg 1942, p. 82.

un Essere supremo, personale e dominatore nel suo culto monoteistico; e chiamarono questo Essere supremo col termine Tien o Ti[2]. C'erano pure altri appellativi per l'Essere supremo; si chiamava, infatti, Shan-tien (Cielo altissimo), Shanti(Imperatore altissimo), Huan-ti (Imperatore eccllente), Huan-tien (cielo eccellente), Chao-tien (Cielo massimo), Huan-tien-shan-ti (Imperatore supremo del Cielo altissimo),Chao-tien-shan-ti (Imperatore supremo del cielo massimo), o semplicemente Min-tien (Cielo misericordioso).

Su gli ossi e sui vasi adoperati per la divinazione, scoperti negli scavi recenti, che appartengono alla dinastia Shan e Tcheou, si trovano i termini Tien e Ti in moltissimi casi; e nessuno oggi dubita del significato di questi termini, che indicano espressamente il Dio supremo.[3]

---

(2) ((Bien que les chinois aient donné à leur Dieu plus de noms apparemment diffreents, ils ne sont,en réalité et rigoureusement, qu'au nombre de deux: ((Ti)) et ((Tien)). Celui-ci veut dire, d'après le dictionnaire étymologique chinois, le ((sommet céleste, hauter sans égale; c'est pourquoi il est composé de ((Un)) et de ((Grand)); celui-là désigne l'action dominatrice d'un être gouvernant l'univers)). De là decoule que ((Ti)) se rapporte à Dieu par définition et ((Tien)) par métaphore ou image, c'est-à-dire: Dieu gouverne le monde entier comme le ciel couvre tous les êtres dans son immensité infinie. Trancons un tableau:

① ((Ti)) tout court, ou qualifié de Souverain, auguste, et auguste et souverain Souverain Dominateur de l'auguste ciel)).

② ((Tien)), tout court, ou qualifié de grand, sublime, miséricordieux, auguste Souverain Dominateur de l'auguste ciel)). cfr. ibid.,p. 40.

(3) ((A. Textes tirés des os divinatoires des Shan (1766-1122 a. C.).

① On a consulté le sort: le Ti Dominateur nous accordera une pluie abondante au mois de mars.

② Est-ce que le Ti Dominateur nous accordera, par la pluie bienfaisante. une bonne année? Le Dominateur fera pleuvoir, mais l'année ne sera pas abondante.

③ Est-ce que cela indique que le Ti Dominateur nous donnera la famine?

④ On a tiré au sort: si nous allons attaquer le pays Liù -fang, le Ti Dominateur nous assistera et nous aidera dans la conquête; sinon le Dominateur ne nous assistera ni ne nous aidera.

⑤ Le roi a l'intention de transférer la capitale, et le Ti Dominateur a consenti.

((B. Textes tirés des Bronzes des Tchéou (1122-255 a. C.).

Il nome di Dio nei libri canonici si trova spesso: il libro Shu-king nomina Dio almeno in trecento otto luoghi, in ventinove dei quali Dio è chiamato col titolo di Tien; in dodici luoghi si trova il termine Shanti, in quattro il termine Ti, in tre il titolo Huang-tien, in uno il titolo Huang-ti e Huang-tien-shan-ti. Il libro She-king fa menzione di Dio in ventisette poesie, e adopera il termine Tien in diciannove, Chao-tien in dodici, Ti in nove, Shan-ti in otto, Huang-tien in quattro, Chao-tien-shan-ti in una. Tutti questi termini sono gli appellativi del Dio supremo, e differiscono solo in quanto designano l'attributo di Dio in senso figurativo. Il Dio della tradizione confuciana e del popolo cinese è un Dio monoteistico, personale, avente intelletto e volontà, creatore e dominatore dell'universo.

Nel libro I-king è messo insieme al termine Tien, il cielo, il termine Terra, e i due termini vanno paralleli. Questo si spiega perchè nel libro I-king per designare i due elementi ontologici dell'universo, l'elemento positivo e l'elemento negativo, si adoperano il cielo e la terra in senso traslato. Di conseguenza in questo lbiro il termine Tine non sempre significa Dio, ma simboleggia l'elemento positivo. Però ci sono dei passi, in cui il Tien significa Iddio come negli altri libri.

---

① Notre grand et illustre ancêtre Wen-Wang servait avec amour le Shan-ti, Souverain Dominateur, et maintenant il veille sur nous d'en haut.
② Notre grand et illustre Wen-Wang a recu du Tien le grand mandat.... en exploitant les pays inconnus, il a possédé les quatre régions de l'empire et a gouverné les peuples sagement.... A cet effet, Tien daigna vous assister.
③ Notre ancêtre, pendant trois ans, travailla pour la pacification du pays ouest; il n'a jamais oublié un moment la majesté du Tien. L'operation termine, il l'annonca en haut: Que le peuple est plongé dans le loisis et l'ignorance! Ceux qui s'éloignent de la volonté du Tien disparaitront; ceux qui s'y attachent seront exaltés. Cultivons donc la vertu avec respect, pour ne pas nous en écarter.
④ Moi, je suis vulgaire et ignorant, appliquez-vous donc à me solliciter, à m'aider jour et nuit avec bonté et diligence. Les conseils, grands et petits, que vous donnerez à mon gouvernement, je ne manquerai pas de les annoncer à mes ancêtres, par une lettre fermée, et ils la montreront à l'Auguste ciel (Huan-tian). Que le grand mandat soit assuré et que les quatre régions se réjouissent de la paix et de la prospérité. Que je ne sois pas l'objet du soucide mes prédécesseurs)).. Cfr. Tien-tchéu-kang, o. c., p. 85-86.

Confucio per la sua indole rifuggiva sempre dalle questioni religiose e trattava più volentieri i problemi della vita presente. La sua fede religiosa non era però meno viva che negli antichi sapienti; egli con sincera convinzione e con massima riverenza offriva i sacrifici e le oblazioni. Nel suo libro delle sentenze il Maestro per nove volte col termine Tien nomina il Dio supremo; e da lui è introdotto l'uso di adoperare quasi esclusivamente il termine Tien per indicare Dio.

Tsuuntze ha cominciato ad usare questo termine per significare natura: e nei suoi scritti i fenomeni naturali sono spiegati piuttosto in senso naturalistico. Sembra che egli volesse cambiare la tradizione per insegnare un naturalismo antireligioso; ma in realtà egli professava la fede dei padri, e voleva solamente spiegare i fenomeni naturali in un modo filosoficio. Gli antichi hanno spiegato i fenomeni naturali con l'influsso diretto del Cielo, creatore e dominatore; Tsuuntze mette da parte questo influsso e spiega la evoluzione delle cose naturali per mezzo di una legge stabilita al di dentro dell'universo. Egli però non ha mai negato esplicitamente l'origine divina della legge universale.

Gli scrittori della dinastia Hang, con a capo Tong-tchoung-chou, hanno pervertito un po' la nozione del Dio supremo, dando al termine Tien il significato piuttosto di cielo empirico che di creatore. Essi accogliendo la spiegazione dei fenomeni naturali, hanno insegnato una stretta ed intima relazione fra gli eventi umani e i fenomeni naturali, specialmente i fenomeni celesti, in un modo da sembrare che il cielo empirico dirigesse e influisse sugli eventi umani. In fondo, ripulita dalle nozioni superstiziose, la fede religiosa in Dio rimaneva ancora, perchè il cielo empirico poteva essere considerato come la manifestazione di Dio quale dominatore.

La fede in un Dio supremo è rimasta profondamente radicata nel nostro popolo nonostante le deviazioni insegnate dal Buddismo e dal Taoismo, proprio per merito del Confucianesimo. Il popolo non sempre sa distinguere bene il Dio supremo dalle altre divinità delle diverse religioni e lo confonde con l'una o l'altra di esse. L'imperatore e gli uomini illustri hanno invece ssempre professato la fede in un Dio supremo, sia negli atti ufficiali che nelle pratiche della vita privata. I sacrifici, ininterrottamente offerti dagli imperatori al Cielo per implorare le grazie, per esprimere la propria gratitudine e per domandare il perdono dei peccati, stanno a testimoniare inconfondibilmente questa fede millenaria.

I neoconfucianisti nell'uso metafisico non hanno adoperato il termine Tien per designare l'elemento positivo, ma hanno conservato la tendenza del libro I-king ad adoperare il Tien in seno figurato insieme con la parola che indica la terra. Essi spiegano i fenomeni naturali nel modo tracciato dal maestro Tsuun-tze. L'accuse, mossa specialmente dagli autori stranieri contro questi dottori, quali insegnanti di materialismo, non ha fondamento. Prima di tutto essi non hanno mai disputato sulla questione religiosa: hanno quindi lasciato la fede antica intatta; essi poi hanno concepito l'universo alle dipendenze di una legge inderogabile. Questa legge può essere presa in senso di fatalità, e quindi in senso materialistico; ma può anche essere intesa come una legge stabilita dal creatore stesso. I Neoconfucianisti non si sono pronunciati apertamente su questo punto: ad ogni modo le prassi religiose, tenute fedelmente da loro, sono una prova in favore della seconda interpretazione. E neppure si può accusare di materialismo la metafisica neoconfuciana, come vedremo più tardi.

Gli etnologi si domandano se il popolo cinese ne' primi anni della sua storia abbia avuto un monoteismo puro, ovvero sia passato da un politeismo al monoteismo. Alcuni autori hanno cercato di appoggiarsi agli appellativi usati per designare Dio, perchè — secondo loro — se il termine Tien è originale, allora c'è il feticismo; se il termine Ti è originale, allora c'è invece il monoteismo puro; e se poi questi due termini sono stati inventati ed adoperati promiscuamente, allora c'è il politeismo. A noi interessa if fatto che nei documenti antichi il termine Tien si trova più comunemente; e poi non possiamo comprendere come mai se questo termine è originale e fu per primo adoperato, la Cina abbia avuto il feticismo, perchè il termine Tien nella scrittura cinese è

composto da due figure che significano Uno e Grande. Ci sembra che (
(Uno e Grande)) possa significare benissimo Dio in senso monoteistico puro e perfetto. [4]

La natura di Dio. — Lo studio sulla natura e sugli attributi di Dio
secondo la dottrina confuciana sarà un paziente lavoro per esaminare i
diversi testi, da cui si possono ricavare conclusioni in merito alla questione. Gli antichi sapienti e i Confucianisti non hanno amato mai di
fare delle speculazioni astratte sulla natura o sugli attributi dell'Essere
supremo, ma hanno professato la fede negli attributi di Dio, nelle
diverse occasioni della vita pratica. Da questi testi della loro fede pratica si può legittimamente dedurre quale sia stato in proposito il loro
pensiero.

La spiritualità di Dio. — Nella parte metafisica parleremo dei
concetti ontologici del Confucianesimo; ora, per comprendere la spir-
tualità di Dio, esponiamo brevemente il concetto di spirito presso i
Confucianisti. Spirito in lingua cinese si dice Chenn, col senso etimologico di espansione o manifestazione. Non si concepisce lo spirito
come una qualità astratta in opposizione alla materia, ma come un
essere vivente, il quale ha in sè delle qualità contrarie agli esseri materiali. Per conoscere la concezione confuciana sullo spirito, possiamo
passare in rassegna queste belle qualità e avremo la conclusione
desiderata. L'essere spirituale non è composto della materia comune
Ch'i, ma da un Ch'i superiore, sottilissimo leggerissimo e delicatis-
simo; l'essere spirituale non è visibile, nè palpabile: esso opera

---

(4) ((A prendre Ti pour nom primitif et propre du Dieu chinois, en envisageant
Tien comme le nom métaphorique de Ti, nous avons le monothéisme pur des
premiers Sinologues, les Jésuites, et de la plupart des savants làques du
XVIIme au XVIIIme siècle; ou bien considérer Tien comme premier nom de
Dieu, chronologiquement et ontologiquement antérieur an Ti qui n'est alors
qu'une animation ou personification du Tien ciel matériel. C'est la théorie
fétichiste, animiste, largement répandue au sein des Sinologues du XIXme
siècle. Enfin, soutenir Ti et Tien comme deux êtres essentiellement différents
et séparés. L'un et l'autre sont sui generis indépendants dans leur genre: cela
constitue le dualisme théologique chinois du célèbre Sinologue C. de
Harlez)). Tien-Tchéu-Kang, *o. c.*, p. 52.

indipendentemente dalla materia, oltrepassa i limiti dello spazio, non ha in sè la misura quantitativa, si muove con una velocità inimmaginabile. [5]

Queste qualità della spiritualità confuciana si verificano tutte in Tien o Ti. L'Essere supremo non si è mostrato a nessuno; neppure l'imperatore, benchè figlio del Cielo, ha mai visto il suo padre celeste. Nessun maestro confuciano ha osato arrogarsi l'onore di avere avuto una visione di Dio o addirittura la incarnazione di Dio, come altri della scuola buddistica e taoistica ne hanno fatto vanto. Non era ammissibile che il Tien fosse circoscritto in una località determinata o non avesse la possibilità di penetrare in tutte le cose. Però quaste qualità impalpabili non costituiscono un essere indefinito, indeciso o una massa informe; il Dio della tradizione confuciana è un essere personale, distinto e completo in sè, che si manifesta in una perfetta intelligenza e in una mirabile volontà.

Questo Dio è un essere *a sè*. Fioriscono anche in Cina dei racconti miracolosi sulla origine umano-divina dell'Essere supremo, i quali però non hanno relazione col Confucianesimo. C'era pura l'opinione che concepiva il primo essere come l'elemento ontologico da cui tutti gli altri esseri hanno la propria esistenza; questa concezione appartiene al Taoismo. Il Confucianesimo non parla della origine di Dio, nè la spiega. Esistono dei testi, che sembrano fornirci la prova che Dio è un essere a sè. [6]

---

(5) ((Premièrement: les esprits sont des êtres agissant par eux-mêmes, indé pendamment de toute matière. Ils ne tombent pas sous le domaine des sens organiques. Ils ne sont perceptibles ni par l'oeil, ni par l'oreille.... L'invisibilité de l'esprit dont parle K'oung-tze (Confucio) ne constitue-t-elle pas une preuve, du moins implicite, de la spiritualité ou del la simplicité de l'esprit? En d'autres termes, les esprits, pour K'oung-tze, ne sont pas composés d'éléments quantitatifs, de principes étendus, de matière dimensive, ce qui est l'objet propre des nos sens externes)). Cfr. Tien-Tchéu-Kang, *o. c.*, p. 135.

(6) Liber Tsong-yong c. 25: ((La Verità o la perfezione in sè esiste da se stesso, e la Via non è altro che se stesso)).

Dio è la causa prima degli altri esseri. — La idea di creazione, come l'abbiamo noi cattolici nella filosofia scolastica, non si trova nel Confucianesimo; troviamo invece la idea generale ((Origine)) nei documenti confuciani. Non è giusto e neppure esatto vedere del panteisom o dell'immanentismo nella dottrina di Confucio; anche se i Neoconfucianisti hanno parlato sulla origine degli esseri in modo oscuro e quasi materializzato, non si può dire che vi sia il materialismo panteistico. Nei testi classici e nei libri canonici noi troviamo delle affermazioni chiare che le cose di questo mondo traggono la loro esistenza da Tien; l'affermazione talvolta è in termini generali e filosofici, talvolta è in senso metaforico con l'immagine del cielo empirico nel produrre la vita vegetativa[7].

Gli attributi di Dio. — Quale è la figura morale di questo Dio confuciano ? La tradizione confuciana non conosceva e non voleva conoscere un Dio umano, pieno di virtù e di passioni, vivente da semplice uomo. La figura del Dio confuciano ci appare come la più perfetta e spirituale che sia stata prodotta dalla teodicea naturale.

Dio è il supremo governatore: tutto l'universo è come una grande famiglia, al di sopra della quale sta Dio padre, che dispone di tutto e di tutti. L'armonia miracolosa dei fenomeni naturali, visbili nella coordinazione delle quattro stagioni e nella concordanza del sole e della pioggia a produrre la vita nel mondo, stupisce gli antichi Cinesi e rivela loro la sapienza totale dell'essere che dispone e governa l'universo. L'uomo che col cielo e colla terra produce tutti gli eventi del mondo, sta sotto la mano di Dio: e il suo destino dipende dal volere di Tien. Confucio riconosce che la sua missione di insegnare la dottrina dei padri è un mandato datogli da Dio. Quando egli sta in pericolo nella regione Chang, con serenità calma i suoi discepoli tremanti per la sua vita e dice: ((Dopo la morte dell'imperatore Wen, la verità è stata ripresa da me. Se il Tien vuole fare scomparire la verità, i futuri secoli non la sentiranno più; se il Tien vuole conservare la verità, gli uomini

---

(7) I-King, cap. I, n. 1: ((Quanto e grande il Cielo (Tien), da cui tutti gli esseri nascono!)).

di Chang che cosa potranno fare di me?))[8]. La potestà dell'imperatore deriva direttamente da Dio, e l'imperatore in nome di Tien governa il popolo. La raccolta abbondante è segno della benedizione di vina, e se ne deve rendere grazie coi sacrifici. La carestia è riconosciuta quale castigo di Dio; e per placarlo si devono offire oblazioni e preghiere. Quando un esercito si muove ad incontrare il nemico, l'imperatore e il duce si preparano subito a un sacrificio propiziatorio al Dio supremo. Nulla è fuori del governo divino, e nessun uomo può sfuggire la suo dominio.

Dio è sapientissimo e potentissimo. — La tradizione confuciana adora Dio coll'ammirazione profonda dovuta a un essere perfettissimo, e si sforza di conoscere questa perfezione per copiarla, e stabilisce il principio morale di avere il Tien come causa esemplare dell'agire umano. Questa massima perfezione si rivela agli uomini attraverso l'ordine universale che dirige, anima e sanziona i fenomeni e gli eventi mondiali. Una sapienza stupenda si manifesta in questo ordine universale e l'autore dell'ordine ha il diritto di essere chiamato sapientissimo. La sapienza divina non ha misura, ma si estende e penetra nei luoghi più secreti del pensiero umano. Confucio durante una grande malattia scopre la dissimulata riverenza d'un discepolo, che vuole attribuirgli l'onore non dovuto secondo le prescrizioni cerimoniali, e gli grida sdegnosamente: ((Chi intendo io ingannare? Posso forse ingannare il Tien?))[9]. Giustamente il maestro ha riprovato la dissimulazione: Dio sa tutti i secreti dell'uomo ed è anche il potentissimo che castiga i delitti e distrugge i disegni malevoli. Dice Confucio: ((uno che pecca contro il Tien, non sa più a chi deve rivolgere le sue preghiere))[10], perchè l'ira di Dio non può essere calmata da un altro essere dell'universo ((Altamente, altamente, Dio solo è grande !))[11]. Questo è il grido di profonda ammirazione di Confucio davanti alla potenza divina che risplende nelle magnifiche opere naturali.

---

(8) Lug-Ngu, cap. V, p. I, n. 5.
(9) Lug-Ngu, cap. V, p. I, n. 11.
(10) Lug-Ngu, cap. II, p. I, n. 13.
(11) Lug-Ngu, cap. IV, p. II, n. 19.

Dio è santo. — La santità nel Confucianesimo è una mèta altissima, raggiungibile da poche persone privilegiate; perciò il titolo di santo è riservato a una decina di uomini perfetti. L'uomo santo nelle sue azioni rassomiglia al Tien e si immerge nell'ordine universale. Dio quindi è il santo per eccellenza: santo in sè, avendo tutte le perfezioni; santo al di fuori, castgando i peccati e premiando le virtù. Nei sacrifici al Cielo l'imperatore e i ministri si purificano, fanno astinenza e digiuno, e si vestono di abiti speciali, perchè hanno la coscienza di trovarsi dinnanzi alla divinità sacrosanta, e temono di contaminarla con qualsiasi impurità.

Dio è il datore della rimunerazione. — Dio, governatore e ordinatore dell'universo, non è uno spettatore semplice, che si disinteressa della condotta degli uomini e lascia imppunite le trasgressioni delle leggi da lui stabilite: ma si comporta come un legislatore sapiente e obbliga i sudditi all'osservanza con le debite sanzioni penali. Ogni violazione alla legge morale costituisce un attentato contro l'ordine universale e non deve rimanere impunita. Una solidarietà intima vincola i membri della stessa famiglia e i cittadini di uno Stato e fa loro condividere le sorti della vita comune e li fa partecipare anche alle conseguenze penali delle buone o cattive azioni dei singoli davanti a Dio. Era vivissimo il setimento che le buone azioni dei parenti contribuivano alla prosperita dei loro figli, e che le loro male azioni nuocevano alla fortuna dei propri discendenti. La vita cattiva dell'imperatore attira immancabilmente le calamità all'impero, e le sue virtù faranno prosperare i cittadini. I delitti dei cittadini, che si danno al malcostume, non possono sfuggire all'ira di Dio e meritano sempre il debito castigo.

La vita futura non preoccupa il Confucianesimo, come dice Confucio rispondendo al quesito sulla vita d'oltretomba: ((Senon si conosce ancora la vita presente, come si può sapere della morte?))[12]. Il senso della praticità ha condotto il Confucianesimo a considerare i beni e i mali della vita terrena nel senso pieno e completo, come non

---

(12) Lun-Ngu, cap. VI, parte I, n. 11.

fossero ordinati a nessuno altro bene superiore[13].

La rimunerazione divina s'effettua coll'attribuire i beni o i mali in corrispondenza alla buona o mala condotta dell'uomo. Poichè i beni o i mali sono quelli che comunemente e praticamente si esperimentano nella vita, la rimunerazione costituisce quindi la causa morale della prosperità o della sfortuna dell'individuo e della società. Nessuno per ò può infallibilmente giudicare dallo stato della propria vita, il valore morale delle proprie azioni, perchè la rimunerazione non è limitata alle sole azioni personali, ma si estende con solidàrietà puena alle azioni della propria famiglia[14].

---

(13) ((Il y a cinq bonbeurs... ① vivre longtemps, évèntuellement jusqu'a 120 ans... ② dans l'abondance... ③ en paix et bonne santé.... ④ étant porté a bien agir... ⑤ mourir enfin de mort naturelle, au terme des alloués par le destin. et le corps intact. Il y a six malheurs.... ① mourir prematurément, de mort violente... ② souffrances physiques, maladies, infirmités... ③ souffrances morales, chagrin, tristesse... ④ pauvreté, gène, misère... ⑤ laideur physique... ⑥ debilité morale, pente naturellement a mal agir. Quoiqu'on ait dit, à toutes les époques, que ceux qui agissent bien sont heureux et ceux qui agissent mal malheureux, en réalité c'est le Ciel qui fait le bonheur et le malheurer)). (libro Houng-fan, cap. II) cfr. Léon Wieger, *Textes philosophiques*, Hien-hien 1930, p. 36.

(14) ((Le Ciel considère les hommes sur la terre, et juge de leur justice. Après cet examen, le Ciel donne à chacun vie longue ou courte, selon ses oeuvres. De sorte que, si quelqu'un meurt prématurément, c'est par sa propre faute, non parce que le Ciel lui voulait pas de bien. C'est lui meme qui a fait rogner le lot qui lui etait destiné. — Quand un homme a mal fait, et que le Ciel l'avertit par des signes ou l'instruit par des malheurs, il devrait reconnaitre ses torts et ne pas s'aveugler au point de dire avec humeur: pourquoi ceci m'arrive-t-il?)) (Shu-king, cap. Kaotsoung-young-jeu) cfr. T. Wieger, *Histoire des croyances....*, Hien-hien 1927, p. 22.

((Voilà tout ce que nous apprennent les textes d'avant le vingtième siécle... En résumé: Culte religieux d'un Etre suprème, Ciel, Souverain d'en haut, Souverain universel, qui voit et entend tout, qui récompense et punit, qui fait et défait les princes ses mandataires)) Wieger, *l. c.*, p. 16.

((Il ressort, ce me sembre, de tous ces textes, que jusqu'à la fin de la dynastie Tcheou, la notion de l'Eter suprème, du Ciel, du Souverain d'en ahut, resta ce qu'elle avait été primitivement, s'accentua mème, sans dégradation essentielle. Il devint de plus en plus personnel, fut concu sous une forme de plus en lpus antropomorphe et avec de moeurs de plus humaines, mais sans avilissement notable, sans diminution de ses attributs. Seul il regne, gouverne, recompense et châtie...Aucun coupable n'échappe à sa vindicte. Il bénit et exalte les hommes de bien. Il est toujours le mème; à travers les temps au dessus des vicissitudes. Il n'a pas de pair, ni aucun semblable)). Wieger, *l. c*., p. 114.

7. Gli spiriti

Il Dio del Confucianesimo ha il privilegio di essere il solo sovrano, e di non avere un suo simile o un altro competitore. L'affermazione del monoteismo, nella tradizione confuciana, non ammette ambiguità, nè doppiezza. In cielo un sole unico illumina tutti gli esseri, nell'impero un solo imperatore comanda a tutti i cittadini, nell'universo non ci può essere che un Dio supremo che domina e dispone di tutte le creature. Non è però contro l'unità e la sovranità di Dio, se sotto di lui esistono degli altri esseri che lo aiutano nel governo universale. Il buon servizio dei ministri nell'impero non eclissa l'autorità del sovrano, ma la rende più alta e più augusta; così la tradizione confuciana non ha esitato ad ammettere l'esistenza di spiriti inferiori, a cui si rende nonre per mezzo di sacrifici speciali.[15]

Questi esseri di natura spirituale hanno le prerogative della spiritualità, sono formati da Chi leggerissimo, sono invisibili, vengono e vanno senza la limitazione della materia quantitativa, ed hanno una vita che non termina[16].

---

(15) ((Vers 1038 a. C. le duc Chéu de Chào dit à l'empereur Tch'eng: vous êtes le mâitre el l'appui de tous les Chenn (mânes glorieux))). Ode Kuan-ah. Wieger, *Textes philosophiques*, p.·57.

((Vers 1048, l'empereur Où chante: j'ai gagné, par mes offrandes, la bienveillance de tous les Chenn, même de ceux de fleuves et des monts)). Ode Cheumai. Wieger, *o. c.*, P. 57.

(16) ((La puissance des Mânes glorieux est grande. On ne les voit pas, on ne les entend pas, mais ils sont presents, attachés aux êtres inséparablement... Les Mânes sont partout, en haut, de tous les côtés. Une Ode dit: la présence des Mânes ne peut pas être constatée, mais la possibilité de cette présence ne doit pas être oubliée. Quoique imperceptible, elle est réelle, et doit donc être respectée)). Tsong-yong. Wieger, *o. c.*, p. 157.

((A la fin du neuvième siècle (a. C.), le marquis Où de wéi, s'exhorte ainsi à bien agir: A deux, ou seul, dans la maison, ne fais rien dont tu doives rougir, même dans le lieu le plus secret. Ne dis pas, ce lieu est fermé à tous les regards. L'approche des Chenn ne peut pas être devinée. Il faut respecter partout et toujours leur présence possible)). Ode I. Wieger, *o. c.*, p. 60.

Nei testi antichi lo spirito inferiore si chiama col termine cinese Chenn. Gli antichi Cinesi concepivano lo spirito inferiore senza forma umana e senza una vita leggendaria. Dio ha costituito gli spiriti per essere dirigenti dell'universo con due grandi classificazioni: gli spiriti celesti e gli spiriti terrestri. I primi dirigono gli esseri celesti: il sole, la luna, le stelle, il vento, la pioggia, le quattro stagioni; i secondi dirigono gli esseri terrestri e la famiglia: la terra, i fiumi, le montagne, le foreste, la semente, la porta, l'ingresso, la strada, la sala centrale, la cucina della famiglia. Questi erano spiriti puri e si veneravano senza imagini e senza statue[17]. Dopo la fioritura della mitologia buddistica e taoistica, il popolo ha cominciato a confondere gli spiriti inferiori coi personaggi storici o imaginari creando la leggenda spiritualistica, la quale però non rappresenta più la concezione confuciana.

I Neoconfucianisti, aderendo alla teoria metafisica, hanno voluto dare un significato nuovo al termine Chenn e lo usano a designare la spiritualità. Di conseguenza questo termine, vivo e concreto presso gli antichi, è diventato un termine astratto, metafisico e morto[18]. E' una reazione contro la forte corrente del Pantheon buddistico e taoistico: una reazione che ha dato una spinta così forte da sembrare una

---

(17) ((En 2073 a. C., après avoir sacrifié au sublime Souverain, Chounn enterra des offrandes pour les six Tsoung. — Comm. Phénomènes naturels incompris des anciens. Leur culte a continué à travers les âges)). Shu-king. Wieger, *o. c.*, p. 13.

((En 2073, après s'être annoncé au Sublime Souverain, après avoir salué les Monts et les Fleuves, Chounn fit le tour de la foule des Chenn)). Shu-king. Wieger, *o. c.*, p. 15.

((En vers 2042, Chounn cherche un homme qui puisse régler en sa placé les trois sortes de rites, les trois catégories du culte. — Comm. Ces trois caté gories, que le texte n'énonce pas, seront définies plus tarde comme suit: Chenn du ciel, Keui du monde humain, K'i de la terre...Orde de lieu, non de dignité)). Shu-king. Wieger, *o. c.*, p. 15.

(18) ((L'alternance des deux modalités Yinn et Yang, constitue la voi naturelle, le cours ordinaire des choses. Quand le Yinn et le Yang n'expliquent pas un phénomène, on doit avoir affaire aux Chenn. Ce qu'il y a de transcendant, de mystérieux, dans les être attribué aux Chenn)). I-king. Wieger, *o. c.*, p. 142.

negazione della tradizione religiosa. Attribuire però al pensiero neoconfuciano una concezione materialistica o accusarlo di negazione del mondo spirituale sarebbe cadere in un'altra esagerazione. I Neoconfucianisti nei riguardi della religione si sono sforzati di ritornare sulle traccie del loro maestro Confucio, chiudendosi nel silenzio. Nella pratica si eseguiscono con scrupolosità tutte le prescrizioni rituali[19].

8. L'anima umana

La mancanza d'armonia tra la vita pratica e la dottrina si accentua nella questione dell'anima umana. Fino dai tempi preistorici i Cinesi veneravano già i loro morti: e la venerazione riceveva attraverso i secoli lentamente una detrrminazione sempre maggiore e una convinzione sempre più profonda fino a divenire un culto ufficiale ed essenziale della Cina. Fatta eccezione di pochi spregiudicati Taoisti, nessuno ha osato mancare all'adempimento fedele delle prescrizioni rituali verso i propri antenati; la mancanza di tale adempimento era considerata come delitto dalle leggi e veniva punita con gravi sanzioni penali. Le prescrizioni rituali erano complicate, ma precise; esse esigevano una profonda convinzione nel credere i defunti presenti alle oblazioni. Si aveva fade universalmente nell'influsso degli antenati, come spiriti inferiori, circa la prosperità o l'avversità nella vita dei discendenti. Quindi evidentemente si ammetteva l'esistenza della vita futura e percio si credeva nell'anima umana.

---

(19) ((Chenn signifie expansion. Keui (anima dei morti) signifie contraction. Ces deux termes désignent l'expansion et la contraction de la matière, pas autre chose)). Discours de Tchou-she. cfr. Wieger, *o. c.*, p. 191.

    ((Keui et Chenn sont les manifestations du pouvoir propre (Inné) de la double matière (deux modalités). Si l'on considère les deux stades, Keui c'est la perfection du stade Yin, Chenn c'est la perfection du stade Yang. Si l'on considere la matière une, Chenn c'est sa période d'expansion, Keui c'est sa période de réctraction. En réalité Keui et Chenn sont d'un même être (la matière évoluante) a dit Tchang-tsai)). cfr. Wieger, *o. c.*, p. 205.

    ((Keui et Chenn sont les opérations du ciel et de la terre (du binôme, de la nature). les manifestations du principe de toutes les genèses et évolutions (de la norme universelle), a dit Tcheng-yi)). cfr. Wieger, *o. c.*, p. 205.

Se passiamo dalla vita pratica alla esposizione dottrinale, questa convinzione impallidisce fino al dubbio scettico, quasi equivalente alla negazione dell'anima nella vita futura. Non si parlava della natura di Dio, ma non si dubitava dell'esistenza di Dio; sull'esistenza dell'anima nella vita futura abbiamo il classico dubbio di Confucio: ((Se dico che l'uomo dopo la morte conserva le facoltà conoscitive, temo che ci saranno dei figli troppo pii, i quali si suicideranno per seguire i loro parenti defunti; se dico che l'uomo dopo la morte diventa una cosa senza cognizione, temo che ci saranno dei figli empi, i quali lascieranno i parenti morti senza sepoltura))[20].

Ma questo silenzio prudenziale non può distruggere la questione, nè può soddisfare al desiderio dei discepoli, bramosi d'una soluzione. ((Tsai-ngo domandò a Confucio: ho sentito i nomi Keui e Chenn, non intendo che cosa vogliono dire. Se permettete, vorrei chiedervelo)). Confucio rispose: ((l'uomo vivente ha in sè Che e Fen. Mentre l'uomo vive, Che è il più preponderante. Quando l'uomo muore, si ritorna alla terra; questo ritorno si dice Keui; Che e Fen vanno al cielo, questo si dice Chenn. Riunire Keui e Chenn in un culto di oblazione è il massimo sforzo della educazione. La carne e le ossa si polverizzano sotto la terra, il Che si manifesta sopra, questa è la manifestazione di Chenn))[21].

Il testo di Confucio difetta in molti punti, e giustamente si riconosce come spurio, perchè Confucio non avrebbe mai dato una risposta così esplicita in confronto con il suo silenzio abituale; inoltre la concezione filosofica non gli appartiene, ma tradisce la tarda dottrina neoconfuciana.

Nei testi antichi noi troviamo due termini che vanno insieme, quasi inseparabili, il Chenn e il Keui. Chenn significa lo spirito inferi-

---

(20) *I dialoghi familiari di Confucio.* Cfr. Wieger, *o. c.*, p. 140.

((En définitive, y a-t-il vraiment une survivance? Peut-on la deduire de ce texte?... Confucius refusait de s'expliquer sur ce sujet... Prouver que l'homme survit. C'est impossible. La question étant insoluble, il convient de l'ecarter)). Tcheou-she. Cfr. Wieger, *o. c.*, p. 22.

(21) *I dialoghi familiari di Confucio.* Cfr. Wieger, *o, c.*, p. 140.

ore e Keui significa l'anima dell'uomo morto. Come lo spirito inferiore presso gli antichi è un essere spirituale e vivente, così l'anima dell'uomo morto continua a vivere in una vita non materiale. Il rito sacrificale si compiva sugli altari degli spiriti, e si faceva anche davanti alle tavole degli an tenati morti. Si pregava per ottenere la protezione degli spiriti, così pure si indirizzava la preghiera agli antenati[22].

Durante la dinastia Han un Confucianista (Wang-tch'oung), rivoluzionario nel campo dottrinale, ha lanciato non un dubbio sull'esistenza della vita futura e dell'anima, ma la negazione. Egli dice che l'uomo è composto di Cce e che quando Cce si scompone, l'uomo finisce e finisce definitivamente. L'acqua per il freddo gela e produce il gelo; e quando viene il calore, il gelo si scioglie, e si torna all'acqua. Così il Cce congiungendosi produce l'uomo, sciogliendosi fa finire l'uomo[23].

La concezione della composizione dell'anima di due parti differenti, simile a quella esposta nel testo di Confucio sopra citato, era stata adombrata nei commenti dei testi canonici, fatti durante la dinas-

---

(22) Cfr. i testi per l'esistenza degli spiriti.

((Vers l'an 1314 (a. C.) l'empereur P'an-keng dit à ses officiers: Quand je fais les grandes offrandes à mes ancêtres, vos ancêtres leur font cortège et en juissent avec eux, puis nous donnent bonheur ou malheur, selon qu'ils sont satisfaits ou non)). Shu-king. Cfr. Wieger, *o. c.*, p. 21.

((Il est indubitable que, avant les Tcheou, on considerait universellement les défunts, comme existants, comme vivants. De cette croyance venait la crainte révérencielle qu'on avait d'eux)). Tcheou-shi. Cfr. Wieger, *o. c.*, p. 22.

(23) ((Le volgaire dit, qu'il faut faire des offrandes, et que ces offrandes portent bonheur; que si on ne fait pas d'offrandes, on n'a que malheurs. Il pretend que les défunts sont doues de connaisance, boivent et mangent; que les vivants doivent les traiter comme des hôtes... Je dis qu'on fait bien de faire des offerandes, et mal de croire des offerandes... Les morts sont déprourvus de connaisance, et ne peuvent ni boire, ni manger... Il en est du K'i (Cee) qui constitue l'homme, comme de l'eau qui a deux états et deux noms. Solidifiée, on l'appelle glace; fluidifiée, on l'appelle eau. Ainsi en est-il du K'i. Solidifié c'est un homme; après la mort, il se résout en quelque chose qu'on appelle Chenn)). Wang-tch'oung. Cfr. Wieger, *o, c.*, p. 184.

tia Han. Questa concezione distingue l'anima umana in una parte spirituale, che si chiama Fen e in un'altra parte meno spirituale, che si chiama P'ai. Alla morte dell'uomo, la parte meno spirtituale si discioglie e la parte spirituale rimane per una sopravvivenza indeterminata[24]. Gli antichi credevano che l'anima umana dopo la morte dell'uomo salisse al cielo e di là proteggesse i propri discendenti[25]. In seguito non si è venuti meno a questa credenza, per quanto ne sia meno esplicita l'affermazione.

Il Neoconfucianesimo, ricevendo il patrimonio della dottrina metafisica, ha pur ereditato la concezione dualistica dell'anima ed ha elaborato la spiegazione ontologica sullo spirito. I termini Chenn et Keui hanno un significato equivalente a Yang e Ying. Chenn è la differenza essenziale di Yang e significa l'attività, il movimento, la espansione, la manifestazione e la diffusione. Keui è la differenza essenziale di Ying e significa la passibilità, la quiete, il ritorno, e la pace. Dare ai vecchi termini un nuovo significato è il lavoro abituale dei filosofi nel cammino del progresso normale; ma svuotare il senso dei termini vecchi e attribuire loro un senso tutto diverso, significa mutare la dottrina dei maestri. I Neoconfucianisti sulle questioni dello spirito inferiore (a Dio) e dell'anima umana, sembrano sulla strada del cambiamento della dottrina tradizionale. Nei riguardi dello spirito, i Neoconfucianisti non hanno dato una negazione esplicita, e confessarono colle pratiche religiose la esistenza degli esseri sovrumani. Circa l'anima umana la spiegazione data se non equivale a una negazione dell'esistenza della vita futura, almeno esprime uno scetti-

---

(24) ((En l'an 2046 a. C., l'impereur Yao monta et descendit. Il monta et descendit, dit un Commentateur, c'est-à-dire qu'il mourut. Quand l'homme meurt, son Hounn (Fen) va au ciel, son P'ai va en terre. Un autre ajoute: le Fen monte et le P'ai descende; c'est bien dit ainsi, car le Fen va au ciel, le P'ai va en terre)). Cfr. Wieger, *o. c.*, p. 17.

(25) ((L'ode Wenn-wang, composée avant 1045, contient les passages suivants: L'empereur Wenn est là-haut... Oh! comme il brille dans le ciel. L'empereur Wenn monte ou descende à la gauche ou à la droite du Sublime Souverain)). ((Commentaire: L'empereur Wenn est mort, mais son Chenn (esprit) est en haut glorieux au ciel et ses gestes sont célébres dans le monde)). Wieger *o. c.*, p. 41.

cismo molto grave. Il mondo d'oltretomba per la ragione umana costituisce sempre una questione oscura, misteriosa e insolubile senza
l'aiuto della rivelazione. Confucio, da sapiente, ha preferito di tacere
davanti a questo mistero, ben sapendo che se il cuore invoca la sopravvivenza dei propri parenti, la ragione però la può non vedere chiara. I
Neoconfucianisti furono spinti dalle domande dei discepoli a fornire
delle spiegazioni, aderenti ai principi metafisici. Il più grande maestro
di questa scuola, il Tcheou-she, ripetutamente batte sulla concezione
dualistica dell'anima affermando che l'uomo è composto dalla forma e
dalla materia, e che la materia contiene in sè due parti, Fen e P'ai. La
composizione della forma e della materia non costituisce una unione
permanente; verrà un tempo in cui questi due elementi si separeranno,
producendo la morte dell'uomo. Alla morte la forma rimane, ed essa
non è altro che la ragione o l'essenza dell'uomo; la parte materiale Fen
presto o tardi si scioglie nelle sostanze del cielo e la parte materiale
P'ai si scioglie presto o tardi nelle sostanze della terra. Prima della
dissoluzione completa, Fen dal cielo continua ad avere una specie di
esitenza, la quale giustifica le oblazioni fatte agli antenati; la parte
P'ai, mentre non è ancora tutta dispersa, forma gli esseri diabolici e
malevoli, i quali con apparizioni causano dei mali ai viventi. Nonostante questa ingegnosa spiegazione, la tradizione confuciana ha continuato nella credenza della vita futura[26].

9. Il sacrificio

Nella religione un essere sovrumano non si ammette come un
essere astratto nella sfera del puro pensiero, o come un essere che sta
sopra una sommità trascendentale ed irraggiungibile, o come una

---

(26) ((L'homme est formé de forme et de matière. Cette matière est double. Le
P'ai solide issu du sperme, et le Hounn (fen) aérien issu de la substance du
ciel et de la terra... Le concours de ces éléments fait l'homme; leur sépara-
tion le défait. Alors la forme s'étant retirée, la matière se dissocie. Le fen
monte et se perde tôt ou tard dans la matiere céleste. Le P'ai descend et se
perde tôt ou tard dans la matière terrestre)). Tcheou-she. Cfr. Wieger, o. c.,
p. 191.

maestà disdegnosa del mondo inferiore: la religione ammette un essere sovrumano che entra in relazione cogli uomini viventi su questo mondo. L'atto che testifica la intima relazione fra la divinità e la umanità, è il sacrificio, col quale l'uomo sensibilmente rende testimoniamza della sua sottomissione e della sua fiducia nella divinità. La tradizione religionsa confuciana non è mancata nei riguardi di questo elemento essenziale, anzi lo considera come il centro essènziale della religione.

La ragione del sacrificio. — Dai testi canonici e classici e dagli scavi appare chiaramente che il sacrificio esisteva presso il popolo cinese prima dell'era storica e che il popolo offriva il sacrificio per diversi motivi.

Un imperatore al principio del suo regno doveva recarsi all'are del Cielo a offrire un sacrificio al Soverano altissimo, annunciando ch'egli sale il trono e chiedendo la protezione. L'imperatore nuovo in questo atto sacrificale intende professare la sua sottomissione al Cielo e promettere l'osservanza delle leggi di Dio nel suo governo, sapendo che la sua podestà imperiale è stata data a lui dal Cielo. Il regnante che rappresenta legittimamente il popolo, riveste anche la dignità del sacerdozio del regno, e quando egli professa la sottomissione al Cielo, offrendo il sacrificio, professa pure a nome del popolo intiero la fede in Dio altissimo[27].

Quando l'imperatore si reca a fare le sue visite al regno, arrivato in un paese ove si trovino un'alta montagna o un largo fiume, offre un sacrificio agli spiriti della montagna o del fiume in segno della sua devozione e della sua riconoscenza[28].

---

(27) ((Nommé régent par le vieil empereur Yao au premier jòur del l'an 2073 Chounn annonce son entrée en fonctions, par un sacrifice extraordinaire, au Sublime Souverain)). Shu-king. Cfr. Wieger, *o. c.*, p. 10.

(28) ((Au cours de sa première tournée d'empire, du haut de chacune des quatre montagnes régionales, Chounn salua de mème les monts e les fleuves de chaque region)). Shu-king. Wieger, *o. c.*, p. 14.

Ogni anno nella bella stagione della primavera, quando il popolo comincia il lavoro della terra, l'imperatore si reca all'ara del Cielo a compiere il solenne sacrificio per chiedere dal Sovrano altissimo la prosperità dell'anno e un abbondante raccolto[29].

Quando l'esercito muove incontro al nemico per dare principio alla battaglia, l'imperatore offre personalmente un sacrificio al Cielo prima dell'azione militare, perchè l'esito della guerra dipende da Dio[30].

Dopo una raccolta abbondante e dopo una vittoria riportata sul nemico, l'imperatore si sente obbligato a recarsi a presiedere le cerimonie del sacrificio a Dio. Il sacrificio autunnale non è meno solenne del sacrificio della primavera[31].

Se una calamità devasta l'impero facendo delle vittime o se uno straordinario fenomeno annunzia i castighi del Cielo, l'imperatore sente subito il dovere di celebrare un sacrificio straordinario per placare l'ira di Dio, confessando i propri peccati. perchè egli è il solo responsabile dei delitti e delle colpe nell'impero[32].

---

(29) ((J'ai pourtant, de très bonne heure, demandé une année fertile. Je n'ai pas négligé le Patron du sol et les Chenn des quatre régions. Et voilà que le Splendide Ciel Sublime Souverain ne m'écoute pas. J'ai honoré les Chenn glorieux. Ils n'ont pas sujet de m'en vouloir. — Commentaire: on demandait une bonne année au Patron du sol et aux Chenn de l'espace dès le commencement de l'hiver. On sacrifiait au Sublime Souverain, pour lui demander une moisson abondante, au commencement du printemps)). Shi-king. Wieger, o. c., p. 60.

(30) ((L'Ode Hoang-i nous apprend que, avant d'entrer en campagne, Tchang de Tcheou fit l'offrande à l'inventeur des chars de guerre, de la tactique chinoise, après avoir sacrifié au Sublime Souverain)). Shi-king. Wieger, o. c., p. 60.

(31) ((Le sacrifice du solestice d'hiver était le grand remerciement annuel au Ciel. On l'offrait au moment où les jours recommencent à croitre, parce qu'on considerait le soleil comme le représentent du Ciel)) Ly-che. Wieger, o. c., p. 143.

(32) ((En l'an 822, la sécheresse et la famine désolant l'empire, l'empereur Suan gémit ainsi: Le Ciel ne fait descendre que deuils et malheurs... Le Sublime Souvrain ne me vient pas en aide...)). Shi-king. Wieger, o. c., p. 53.

Il sacrificio nella dottrina confuciana, dottrina satura di senso pratico, si propone d'essere uno dei più efficaci mezzi di educazione popolare. Le ragioni del sacrificio educano già da se stesse il popolo a coltivare lo spirito nei riguardi della divinità; ma il Confucianesimo vede ancora nei riti sacrificali un mezzo efficacissimo di educazione sociale, perchè il sacrificio non insegna solamente le relazioni fra le divinità e gli uomini, insegna anche i principi dottrinali delle relazioni sociali. Il sacrificio viene celebrato con un rito, regolato con rigide norme di ordine e di senso gerarchico. L'ordine gerarchico è la base della educazione confuciana. Nel capitolo ((Principi dottrinali del sacrificio)) del libro Ly-che si spiega chiaramente questo concetto: ((Il sacrificio è una cosa importantissima, perchè seguendo un ordine completo nelle cerimonie, fa vedere una cosa perfetta. Così il sacrificio è base della educazione.... Nel sacrificio si intravedono dieci cose: la norma di servire la divinità, la sottomissione dei sudditi al principe, regnate, la relazione fra i parenti e i figli, la differenza fra la nobiltà e il popolo, la classificazione dei consanguinei, la ragione della retribuzione, la regola fra il marito e la moglie, l'equità nell'amministrazione civile, l'ordine fra gli anziani e i giovani, il contegno reciproco fra superiori ed inferiori. Queste sono le dieci cose)).

Le specie dei sacrifici. — L'antica Cina era sobria nel suo culto religioso, avendo un'idea molto alta del sacrificio. Il primo sacrificio era destinato al Cielo con solennità fastosa. L'offerente era solo l'imperatore, il quale era accompagnato e assistito dai principi reali e dagli alti ministri del governo. L'altare aveva forma rotonda senza tetto. L'offerta veniva fatta secondo una minuziosa liturgia, la quale nel corso dei secoli ha subìto delle modificazioni. Non c'erano vittime, ma servivano o animali precedentemente uccisi o cibi preparati all'uopo. Si bruciava talvolta un po' di legna. Durante l'anno due volte si sacrificava al Cielo; questi sacrifici si chiamavano ((Chiao)). Si compivano in casi straordinari: il sacrificio ((Lu)) in genere, il sacrificio ((Ma)) per la guerra, il sacrificio ((Lei)) per le visite imperiali.

Dopo il sacrificio al Cielo vengono i sacrifici offerti agli spiriti celesti e terrestri. Il più alto e il più solenne fra tutti questi sacrifici è il sacrificio offerto alla terra, che si chiama ((Chè)) ed in taluni casi era associato al sacrificio al Cielo. L'altare della Terra si costruiva a settentrione della città imperiale, e l'offerta si compiva col seppellire i cibi. Per gli altri spiriti erano stabiliti dei sacrifici speciali che si celebravano dai ministri e dai governatori delle diverse regioni. Durante il periodo feudale, che finì al principio dell'era cristiana, i principi feudatari offrivano i sacrifici agli spiriti del proprio territorio; caduto il regime feudale, praticamente tutti i sacrifici divennero di competenza imperiale. L'imperatore non offriva personalmente il sacrificio agli spiriti, ma delegava uno dei suoi alti ministri secondo le prescrizioni cerimoniali a compiere il rito in nome suo. Nessun tempio veniva costruito appositamente per gli spiriti, e il sacrificio si offriva sopra semplici altari. Il tempo della solennità era fissato nel calendario imperiale, fatta eccezione dei casi straordinari. Noi leggiamo nella Collezione imperiale della dinastia Song (960-1280) che questa dinastia offriva durante l'anno centosettanta sacrifici dei quali cinquan tanove avevano il giorno determinato, quarantotto avevano la stagione determinata senza giorno fisso, e gli altri si offrivano secondo la conevenienza[33].

_____

(33) Cfr. Liber Son-fei-yao, vol 15 lib le cerimonie. 14.

Cfr. ((Le Grande Cérémoniaire est chargé des rites qui se rapportent aux Chenn du ciel, aux keui di monde humain, aux K'i de la terre, aidant ainsi l'empereur a faire prospérer l'empire et les fiefs)). Ly-che. Wieger, *o. c.*, P. 78.

((Le Grande Prieur est dépositaire des six formules immuables, qui servent à honorer les Keui du monde humain, les Chenn du ciel et les K'i de la terre; à demander la propérité, des signes fastes, une longue durée)). Ly-che. Wieger, *o. c.*, p. 79.

((Chaque fois que l'impereur crée un fief nouveau et u fait élever le Chee qui sera le centre et le sumbole de la jurisdiction du feudatatire, il avertit d'abord Heuo-tou, le Patron du sol, afin qu'il veuille bien, de ce nouveau tertre, étendre sa bienveillante influence au district qui en dépend)). Lechee. Wieger, *o. c.*, p. 82.

Le oblazioni. — La pietà confuciana venera Dio, venera gli spiriti, e venera pure i parenti defunti. La venerazione per i defunti è motivata dall'amore agli antenati. Questo amore vieta ai figli di pensare che i propri parenti colla morte finiscono totalmente la loro esistenza. I figli credono che i parenti, dopo la scomparsa corporale, vivono ancora in un mondo invisibile, in un mondo misterioso, e possono ancora comunicare con la propria famiglia. Una oblazione si offre ai parenti defunti per esprimere loro il sentimento di amor filiale. Durante la vita terrena dei parenti, i figli hanno fatto tutto il possibile per rendere ad essi un servizio gradevole; dopo la morte, essi continuavano a servire i parenti con i saluti espressi nella oblazione rituale. Quando i parenti vivevano, i figli andavano a salutarli in diverse occasioni: ebbene questa pietà filiale non deve essere interrotta dalla morte. Dinnanzi alla tavola che porta il nome dei parenti defunti, mattina e sera coll'accendere il bastoncino d'incenso, si compie il saluto consueto; nel primo e nell'undecimo giorno del mese un piccolo pranzo viene loro offerto, e nelle quattro stagioni una cerimonia solenne accompagna una offerta più ricca. Ogni volta che in casa si celebra una festa per la nascita, per il compleanno, per il matrimonio o per la promozione, il primo pensiero deve essere un'offerta ai parenti defunti. La natura della vita futura rimane sempre un mistero per il popolo, e la pietà filiale non permette ai figli di pensare alle colpe gravi dei parenti; quindi il senso genuino della oblazione ai parenti defunti non è altro che il ricordo costante e affettuoso dei cari morti senza le idee di espiazione e di impetrazione. Quando venne il Buddismo in Cina e quando fu insegnato il Taoismo religioso, solo allora incominciarono le pratiche espiatorie.

Le famiglie singole non avevano il permesso di costruire un tempio commemorativo dei parenti, perchè possedere era un privilegio e un segno di nobiltà. L'imperatore per i suoi defunti costruiva un tempio con sette o nove sale; i principi feudatari avevano il tempio commemorativo di cinque sale; gli alti funzionari o i ministri veneravano i loro defunti in un tempio di tre sale; i funzionari inferiori possedevano un tempio di due sale.

Tempio di un'unica sala. — Le famiglie plebee riservavano la sala centrale della casa, dove si venerava la tavola dei parenti defunti. Il tempio famigliare era il luogo in cui convenivano i cuori di tutti i membri della famiglia; e il tempio della grande famiglia era l'efficace legame che univa tutti gli uomini della stessa gente[34].

Vi sono certi defunti, che meritano una memoria presso i posteri, perchè con le loro virtù o con le loro benemerenze hanno beneficato l'impero. L'imperatore, mosso da riconoscenza e dagli accennati motivi pedagogici, vuole esaltare questi defunti, istituendo un'oblazione speciale in loro memoria. In principio, l'imperatore concedva che gli uomini illustri potessero essere associati agli spiriti inferiori nel ricevere gli omaggi. Il primo che ha avuto il privilegio di possedere un tempio proprio e una liturgia propria in suo onore, è stato Confucio. Dopo di lui molti altri godettero pure questi privilegi onorifici[35]. Ogni città, anzi ogni villaggio si considerava in obbligo di perpetuare la memoria di uno dei suoi insigni benefattori, costruendo un tempio e praticando la oblazione. Non è mancato il caso che il benefattore ancora in vita avesse già l'onore di un tempio. Quseta pratica dimostra chiaramente che la tradizione confuciana considera il culto agli uomini illustri come atto di riconoscenza alla loro memoria.

Quando poi la superstizione taoistica riempì la società cinese dell'idea dell'incarnazione della divinità, il popolo cominciò a

---

(34) ((Le solennità Chiao-e Chee sono destinate a venerare il Sovrano supremo, le solennità del tempio familiare venerano gli antenati)). Tsong-ying. cap. XIX.

((Confucio dice: l'imperatore Ou e il duca Tcheou hanno capito veramente la pietà filiale... Nella primavera e nell'autunno decorano il tempio familiare, dispongono i vasi rituali, espongono le vesti dei parenti e offrono i cibi della stagione)). *ibd.*

(35) ((Secondo la norma stabilita dai santi imperatori, si offre l'oblazione a quelli, i quali o hanno dato, durante la vita, al popolo delle norme di vita, o hanno fatto delle grandi cose, o hanno lavorato molto per l'impero, o hanno allontanato dalla società una grande catastrofe, o hanno salvato la popolazione da una calamità)). (Siechee, *La norma del sacrificio*).

confondere gli spiriti inferiori con gli uomini illustri e a fabbricare leggendarie incarnazioni delle divinità, identificate negli uomini insigni. Però il culto ufficiale del governo verso i benefattori dell'impero è rimasto sempre nella linea tradizionale.

La purezza rituale. — Il sacrificio o la oblazione è una cosa sacra e deve essere compiuta con la massima riverenza. La cerimonia prescrive le vesti rituali, che se non hanno una forma speciale, sono tuttavia le più belle e le più preziose. Il rituale stabilisce anche una purità legale: a seconda della solennità, l'offerente e gli assistenti devono osservare un'astinenza rigorosa più o meno lunga: astinenza da cibi sontuosi, da bevande inebrianti, dagli atti matrimoniali. Accanto all'altare c'era un piccolo palazzo, in cui l'imperatore si ritirava a praticare l'astinenza rituale[36].

Oltre la purità legale si esigeva un contegno serio nel compiere gli atti cerimoniali così da far vedere che si credeva veramente alla presenza della divinità e dello spirito. Questa credenza non è una finzione, ma la espressione della convinzione interna. Il sacrificio si offre per onorare la divinità; l'onore non sarà gradito alla divinità, se il sacrificio non è stato offerto secondo tutte le prescrizioni rituali[37].

---

(36) ((Prima del sacrificio, si deve osservare l'astinenza di tre giorni; un giorno di astinenza non è sufficiente per avere la debita riverenza)). Ly-chee. Cap. Chiao-te-sen.
Cfr. Ly-Chee, cap. *Il principio del sacrificio* e cap. *Il significato del sacrificio.*

(37) ((Il sacrificio non è una cosa che si compie solo esternamente, ma deve scaturire dall'intimo del cuore: un cuore timoroso esprime il suo sentimento)). Ly-Chee cap. *Il prncipio del sacrificio.*
((Quand Confucius faisait des offrandes aux Chenn, il le faisait avec autant de dévotion qua s'ils eussent été réellement presents)). Lun-Ngu, Wieger, *o. c.*, p. 125.
((Il sacrificio non deve essere troppo frequente, altrimenti diventerà cosa noiosa; e una cosa noiosa non verrà compiuta con la debita riverenza)). L56 11 cap. Il senso del sacrificio.
((Dans les rapports avec les mânes glorieux, l'important c'est la révérence du coeur)). Ly-chee, Wieger, *o. c.*, P. 147.

10. La divinazione

Sapere il futuro per regolare le proprie azioni è desiderio perenne dell'uomo. Con la forza del proprio intelletto, egli non riesce a togliere il velo che copre le cose che devono avvenire; ricorre allora alle forze che suppone abbiano la possibilità di rivelare il futuro. La tradizione confuciana crede che il futuro sta nelle mani di Dio, come governatore supremo, ordinatore universale dei fenomeni naturali e degli avvenimenti umani. Sapere il futuro vuol dire conoscere la volontà di Dio. Tra l'uomo e Dio, benchè non ci sia una comunicazione diretta e chiara, esiste una comunicazione indiretta e velata attraverso gli agenti naturali. L'uomo in certi casi può conoscere la volontà di Dio, anzi deve conoscerla per non incorrere nel pricolo d'avere agito contro le disposizioni divine. Uno dei modi che manifestano la volontà divina agli uomini è l'anormalità dei fenomeni celesti: la eclissi della luna o del sole, la comparsa delle comete, la straordinaria figura delle costellazioni e delle singole stelle. Questa anormalità è interpretata come un avviso del Cielo per annunziare un castigo o una prosperità. L'imperatore si accinge subito a ringraziare Dio o a implorare la sua misericordia divina. Nel Libro Tch'uun-chiu, Confucio racconta ben centoventitre avvenimenti straordinari, come moniti o castighi di Dio.

Il sonno straordinario è uno dei mezzi con i quali gli esseri sovrumani comunicano con gli uomini per rivelare le cose future. L'importanza del sonno nella tradizione confuciana non è così grande come nel mondo arabico ed egiziano; sono anche rari i casi, in cui i testi canonici registrino sonni profetici.[38]

Il mezzo ordinario, con cui l'uomo spera di sapere il futuro, è il sortilegio. Possiamo raccogliere una quantità grande di testi che affer-

---

(38) ((On demandait à la divination l'interprétation des songes... Vers la fin du IX siècle, aprés son sommeil, sétant levé l'empereur Suan dit: Interprétez-moi mes songes. Quels sont les songes d'heureux augure? ...)) She-King, Wieger, *o, c.*, p. 73.

mano quanto fosse adoperato dagli imperatori e dai principi per consultare la divinità prima di un'importante decisione.[39]

La divinazione si serve del libro I-king: un libro che sviluppa le figure simboliche. Nel domandare una cosa futura, si cerca prima di tutto con i mezzi adatti di ottenere una di queste figure. Ottenuta la figura, il divinatore prende la interpretazione che fu fatta dagli antichi sapienti, nonchè dallo stesso Confucio in senso morale, e la applica al caso.

La tartaruga serve come mezzo privilegiato per la divinazione, perchè il suo casco con la forma curva al di sopra e piana al di sotto somiglia alla forma del cielo e della terra: e il suo corpo in mezzo al casco assomiglia all'uomo che sta fra il cielo e la terra. Sul coperchio superiore essa poi porta delle linee che hanno qualche somiglianza con le figure del Libro I-King; inoltre la vita secolare di quest'animale faceva anche pensare agli antichi che esso possedesse delle forze misteriose. Nella divinazione si bruciava con ferro rovente il coperchio inferiore, in attesa di ottenere una figura composta dalle traccie della bruciatura. Colla figura ottenuta, si cominciava la interpretazione.

Si adopera pure una speciale erba di nome Ss: essa cresce abbondante sulle alte montagne, perciò si crede che abbia in se una protezione speciale della divinità. Dal numero dei pezzi in cui si rompe la piccola canna dell'erba, si deduce la figura desiderata, e poi si procede alla interpretazione della figura per il caso, secondo il libro I-king[40].

---

(39) Cfr. Wieger, *o. c.*, p. 91, 113-119.

(40) ((Pour la divination par l'écaille de tortue, on chauffait le fer avec du feu pur. On exposait le cas, en priant la tortue de donner un signe. Puis on touchait une plaque ventrale d'écaille... Dans tous les cas importants, intéressant l'état, on consultait d'abord l'achillée (Ss) puis la tortue... En cas de conflit entre l'archillée et l'écaille, on supposait que l'archillée avait répondu pour l'avenir prochain et la tortue pour l'avenir lointain, final, decisif)). Tcheou-Ly. Wieger, *o. c.*, p 91.

Capitolo II
La Metafisica

I. La Logica

SOMMARIO: L'indole del popolo cinese e il metodo della scuola confuciana, il concetto, il termine, il giudizio, il ragionamento.

11. L'indole del popolo cinese

La logica è una capacità innata degli uomini; uno che ha l'intelligenza, sa ragionare; si ragiona con la logica, o meglio con le regole elementari della logica. C'è però una scienza che ha il nome di ((Logica)), la quale con i principi, con le regole e col metodo coltiva la facoltà, il processo e la esattezza del ragionamento. Un uomo può essere un acuto ed impeccabile logico nel parlare o nello scrivere, ma illogico nella vita pratica. Per vivere ragionevolmente, ci vuole un minimo di logica: se non si sforza di applicare la logica ad oltranza nella vita giornaliera, l'uomo può diventare, anzi molte volte diventa irragionevole. Negli scritti canonici e classici cinesi la logicità è ben chiara e serrata; nella vita pratica, il popolo cinese si diletta ad abbandonare la logica a mezza strada e segue più volentieri la guida del boun senso. In tutti gli aspetti della vita l'estremismo fa orrore ai Cinesi; essi non sanno irrigidirsi in un punto o in una direzione, amano solamente la giusta misura. E non per questo sono degli opportunisti, ma sanno benissimo sostenere le asprezze del proprio dovere e del proprio onore. La scuola confuciana ebbe un odio sacro contro i giuristi, i quali insegnavano la necessità di applicare la giustizia nei termini rigorosi; e concepirono un profondo disprezzo contro i dilettanti di logica e li chiamarono sofisti. Infatti la giustizia, pur tanot riverita dai Confucianisti, se non è accompagnata dal buon senso diventa una tirannia: e la logica isolata dalle azioni, si tramuta in una loquacità pericolosa. Per questo la logica non ebbe l'onore di essere coltivata come una scienza dal popolo cinese, nè dalla scuola confuciana.

Il metodo confuciano — I maestri confuciani radunavano attorno a sè un certo numero di allievi e con pazienza paterna li istruivano. Il metodo adottato dai maestri era un'eseggetica interpretazione dei libri canonici e dei quattro libri classici. La interpretazione si faceva a dialogo, come risulta dalle opere conservateci di Confucio, di Mencio e dei maestri Neoconfucianisti. Il metodo dialogale si svolgeva liberamente senza una forma determinata dialettica e permetteva al maestro di rispondere secondo la opportunita del tempo e delle persone. Sulla medesima questione si potevano ottenere diverse risposte; per esempio, sulla pietà filiale, nel libro delle sentenze di Confucio (Lunngu), ci sono parecchie affermazioni sulla natura di questa virtù, tutte uscite dalla bocca di Confucio, perchè il Maestro dava risposte adatte alla persona che interrogava. Ben difficile è il compito di tracciare in ordine metodico la logica della scuola confuciana, perchè non solo non esiste un trattato sulle questioni logiche, ma i maestri, disprezzando l'arte dialettica, non curarono questo ramo di scienza. Per i Confucianisti vale soltanto l'azione; perfezionarsi nella virtù e perfezionarvi gli altri costituiscono il fine della loro vita; le parole valgono solamente, quando servono per indurre gli altri alla perfezione. Le dispute accademiche, vantate dai sofisti contemporanei di Mencio, hanno spinto ancora più la scuola confcuciana al disprezzo della logica. D'altra parte i dotti confuciani ragionavano, e ragionavano rettamente. Nelle loro opere c'è la logica: una logica non espressamente coltivata, ma reale in tutti i sapienti cinesi. Per la esposizione della logica confuciana, noi prendiamo gli elementi comuni del sillogismo, adoperato dagli antichi maestri della Cina.

12. Il concetto

Nel libro I-King troviamo il termine ((Scian)), che significa immagine o imitazione. Lo I-king suppone che per gli esseri dell'universo esiste uno Scian modello; Scian in questo caso significa forma; la froma modello di tutti gli esseri si chiama Fa-scian. In tutti gli esseri esiste uno Scian proprio che è una imitazione imperfetta dello Fa-scian; lo Scian proprio non è altro che la forma dell'essere particolare. L'uomo nella conoscenza di un essere, produce nella sua mente una imitazione della forma dell'essere consociuto; la forma prodotta nella mente umana si chiama I-scian, cioè forma ideale. Questo I-scian corrisponde al *concetto* della filosofia scolastica.

Nella vita l'uomo non conosce solamente gli esseri particolari fromando degli I-scian semplici, ma conosce anche i fenomeni complicati e così si hanno degli I-scian composti. Gli antichi Cinesi sapienti dai fenomeni naturali cercavano di tirare fuori delle conclusioni morali per formare le regole della moralità. Il libro I-king, discorrendo delle mutazioni nelle cose naturali, forma otto, poi sedici e in fine sessantaquattro Trigrammi; ogni Trigramma rappresenta un fenomeno naturale e racchiude in sè una regola morale. Questi Trigrammi hanno gli I-scian corrispondenti; questi I-scian corrispondenti sono i concetti universali.

13. Il Ming

Per estrinsecare lo Scian, comunicandolo agli altri uomini, si adopera il Ming (nome), cioè il termine o la parola. Sarà sempre un mistero l'origine delle prime parole d'un popolo. Circa la formazione della lingua parlata dei Cinesi, i documenti storici non hanno tramandato ai posteri delle notizie; per la creazione della scrittura sono stabilite sei regole nei primissimi tempi della storia cinese. La lingua cinese si scrive colle figure che si chiamano pure dagli autori esteri col termine ((Carattere)). Ci sono dei caratteri semplici che hanno un senso completo in sè e servono anche come radici per formare gli altri caratteri. E ci sono dei caratteri composti che sono formati da due o tre o quattro caratteri radici. Ogni carattere ha il suo suono, però molti caratteri hanno un suono eguale. Per la creazione dei caratteri ci sono sei regole. 1) Scian-re — imitare la figura. Volendo creare un carattere per significare un oggetto sensibile, si prende la figura esterna dell'oggetto, tratteggiandola nella sua linea sommaria. 2) Fei-I — comporre il senso. Un nuovo carattere viene composto da due o più caratteri radicali che insieme hanno il senso del carattere nuovo. 3) Tch'uan-tchu - interpretazione analoga. Il carattere nuovo viene composto da più caratteri radicali, di cui uno significa il genere del soggetto del nuovo carattere. 4) Tze-se - simbolo. La figura o il carattere simboleggia il soggetto. 5) Chia-tsie - prestito. Si adopera un carattere già esistente di analogo significato. 6) Ren-shen - armonia del suono. Si adopera un carattere già esistente che ha un suono simile.

Ogni cosa ha il proprio nome, e ogni nome ha il proprio significato. Confucio, vissuto in un tempo di tragica confusione, era molto contristato nel vedere che i nomi con significato morale e socilae, fossero svuotati del loro senso; perchè il re non faceva il re, i ministri non facevano i ministri, i padri non facevano i padri, nè i figli si comportavano da figli. Allora egli incominciò a predicare la massima regola di ridare il contenuto ai nomi morali e sociali e scrisse il libro Tch'uun-chiu, applicando la regola alla storia. ((Tze-lu domanda: Il principe di Wei desidera che il maestro prenda parte al suo governo. Vorrei sapere quale sarà la prima cosa per incominciare la politica. Confucio risponde: Sarebbe riordinare i nomi ((Tsin-ming)). Tzelu replica: ((Come? O maestro, voi siete veramente antiquato! Cosa c'è da riordinare?)). Confucio risponde: ((Tu sei un ignorante ! Gli uomini retti non dicono quello che sanno. Se il nome non è giusto, le parole non saranno corrette. Se le parole non sono corrette, l'opera non sarà perfetta. Se l'opera non sarà perfetta, la legge e le musiche non saranno stabilite. Se la legge e le musiche non saranno stabilite, le sanzioni non saranno giuste. Se le sanzioni non saranno giuste, il popolo non saprà dove si devono mettere le mani e i piedi. L'uomo retto quando nomina una cosa, sa dirla giustamente; e quando egli dice una cosa, sa anche farla. L'uomo retto nelle sue parole non ammette delle leggerezze))[1].

Il Ming ha tre specie: Ta-ming - il nome comune per es. cosa, mobili ecc.; Lui-ming - il nome generico per es. Uomo, agnello, ecc.; Se-ming - il nome individuale o il proprio nome.

---

(1) Lun-Ngu, cap. 7, part. I, n. 2.

Il contenuto di Ming si dice Shih. Il senso etimologico dello Shih è duplice: significa la pienezza e significa la completezza. Mettendo questi due significati insieme si ha un nome con un soggetto definito. Gli antichi filosofi cinesi comunemente difendevano il realismo, affermando che ogni nome ha una realtà corrispondente. Il contenuto reale cioè lo Shih reale o il soggetto reale del Ming è particolare e determinato, perchè le cose reali del mondo sono tutte individuali. Però i nomi comuni e i nomi generici hanno pure un contenuto non puramente fittizio; come dalle cose particoliari risulta un nome universale con fondamento *in re*, attraverso l'astrazione operata dalla mente umana, appunto lo Shih nel suo senso etimologico, significando il termine raggiunto attraverso l'opera umana. Il filosofo Yang-tchu contraddice alla opinione comune, negando la realtà del contenuto di Ming, e si avvicina al Nominalismo occidentale

14. Il Tzu

Congiungendo i termini debitamente si forma la proposizione che si dice Tzu. Nello I-king la parte interpretativa delle figure si dice Tzu: il senso di Tzu dunque è interpretare. In una proposizione c'è un soggetto con un complemento; il complemento interpreta sempre in qualche modo il soggetto. Nella lingua cinese il verbo ((essere)) di regola generale viene lasciato. Da quest'abbreviazione risulta talvolta che uno non è capace a dire con certezza se nella proposizione c'è un aggettivo semplice o un predicato: e che la necessaria adeguazuione delle due parti puo non verificarsi.

Nella proposizione entra il giudizio. La prudenza confuciana per i secoli ha insegnato la sobrietà nel giudicare. Studiare molto e parlare poco. ((L'uomo retto — dice Confucio — quando nomina una cosa, sa dirla giustamente; e quando egli dice una cosa, sa anche farla. L'uomo retto nelle sue parole non ammette delle leggerezze)).

((L'uomo retto deve essere parco nel parlare e sollecito nell'agire))[(2)].

---

(2) Lun-Ngu, cap II, part. II, n. 24.

((L'uomo ertto — dice Tze-kong — può dimostrarsi sapiente, oppure stupido: nel parlare deve essere molto catuo))[3].

15. Il sillogismo

Confucio nei suoi colloqui con i discepoli ragionava proponendo le verità e provandole; Mencio disputava e nelle sue dispute era instancabile. Ma questi due maestri non si sono mai occupati di insegnare ai discepoli l'arte dialettica e il sillogismo supponendola come cosa conosciuta da tutti. Il filosofo Mo-tze, contemporaneo di Confucio, un altruista all'estremo, ha lasciato alcune regole di logica che poi sono state sviluppate da' suoi seguaci.   Queste regole non sono una specialità della propria scuola, sono piuttosto una spiegazione esplicita e voluta della logica comune. Noi ci valiamo di queste poche regole per tratteggiare il sillogismo confuciano o meglio cinese.

Il sillogismo contiene due parti: il Tzu (la proposizione) e lo Shuei (la spiegazione). Nella proposizione si pone la verità da provare; nella spiegazione si espongono le prove. Queste prove ve formano la premessa che secondo la regola aristotelica deve comprendere la major e la minor del sillogismo. Nella logica cinese i principi comunemente conosciuti ed ammessi che formano la major, vengono ordinariamente omessi, e si trovano solamente gli argomenti che formano la minore. C'è una certa rassomiglianza fra la logica cinese e la logica indiana, portata dal Buddismo in Cina. Nel sillogismo indiano-buddistico si trovano cinque elementi: la proposizione, gli argomenti, gli esempi, la conclusione e la conseguenza. Questo modo di procedere è stato costantemente adoperato dagli scrittori posteriori nella prosa letteraria.

Due sono le specie del sillogismo: il sillogismo ipotetico e il sillogismo puro. Il sillogismo ipotetico si suddivide in condizionale ((Chia)) e disgiuntivo ((Fei)); nel sillogismo Fei sono compresi il sillogismo disgiuntivo perfetto (aut aut), il disgiuntivo imperfetto (vel vel) e il sillogismo a dilemma.

---

(3) Ibd., cap. X, part I, n 25.

Il sillogismo puro ha sotto di sè cinque figure differenti: il sillogismo ((Wu)) che adopera le cose simili e più conosciute per provare le cose simili ma meno conosciute; il sillogismo ((Muo)) che adopera le analogie per formare gli argomenti; il sillogismo ((Yuan)) che da un fatto certo e verificato prova la possibilità dei fatti dello stesso genere; il sillogismo ((Shio)) che e il sillogismo deduttivo, e dai fatti o cose particolari conclude ai principi generali; il sillogismo ((T'ui)) che è il sillogismo induttivo e dai principi conosciuti giudica i fatti o cose particolari. Sette quindi sono le specie del sillogismo: Chia, Fei,Wu, Muo, Yuan, Shio e T'ui.

Negli scritti difficilmente si incontrano dei sillogismi semplici, invece generalmente si trovano i sillogismi composti, e uno segue l'altro. La logica scolastica ha dato dei nomi alle di verse specie di sollogismi composti, che si trovano pure nella logica cinese. Sono: l'Epicherema, sillogismo colla premessa, comprendente le cause della conseguenza; il sorites ch'è un polisillogismo composto di più sillogismi, di cui il precedente è causa del seguente. I sillogismi semplici sono di regola ordinaria incompleti (Entymema), perchè la major manca quasi sempre.

La prova della verità si dà in diverso modi, di cui i più comuni e più usati sono cinque: la prova diretta con una ragione, che tocca direttamente la questione; la prova indiretta con una ragione di analogia e di simiglianza; la prova ((ab absurdis)) con la ragione dell'assurdità del contrario; la prova dei fatti storici o comuni; la prova ((ex auctoritate)) con i detti degli antichi sapienti. La scuola confuciana dà un peso speciale all'argomento ((ex auctoritate)) ; per essa un testo dei libri canonici e un detto di Confucio o di un altro gran maestro provano più di qualsiasi altro argomento, tantochè il termine ((Tzeyueh)) (il maestro dice) è diventato il ritornello di tutti gli scritti confuciani.

Ogni pensatore in Cina doveva essere nello stesso tempo un letterato, e qualsiasi opera scritta doveva avere forma letteraia. Per quanto riguarda la letteratura, gli scrittori davano preferenza agli argomenti che con vivacità e concretezza attirano di più l'attenzione e lasciano una impressione più profonda. Gli argomenti ((ex absurdis)) e gli argomenti storici ornavano sempre la prosa espositiva delle verità astratte. La rettorica letteraria non consente una forma rigida di scolasticismo, anzi spinge gli scrittori a ricercare la singolarità e l'orignialità. Ogni autore aveva la propria forma di esporre e di provare le proprie opinioni ed evitava i luoghi comuni. Gli argomenti adoperati sembrano lontani dalla proposizione, nè aventi relazione diretta con la prova, invece alla fine tutti puntano sulla conclusione. Sono i giochi dei letterati.

II. La Cosmologia

SOMMARIO: Li, Ch'i, Tai-chi, Ying e Yang, cinque elementi, otto Trigrammi, ente.

16. Li

La parte più debole della dottrina confuciana stava nella esposizione metafisica, così voluta dalla indole del popolo e dal metodo dei maestri. A questa debolezza cercarono di por rimedio i Neoconfucianisti, sollecitati dalla dottrina buddistica. Permane però sempre la sobrietà talvolta degenerata in oscurità, negli scritti dei dotti neoconfucianisti, i quali, svolgendo la tradizione antica cogli elementi taoistici e buddistici, non hanno saputo esporre le proprie idee con precisione e chiarezza. Forse chiediamo troppo da loro: gli iniziatori lanciano le idee massime in diverse direzioni, trascurando l'ordine e la limpidezza; sta ai continuatori di ordinare le idee e di spiegarle chiaramente. I maestri Neoconfucianisti hanno scritto delle pagine piene di dottrina, ma sono mancati dei continuatori intrlligenti per farne una esposizione organica.

Ogni essere ha la ragione della sua esistenza; questa ragione dell'esistenza si chiama Li. ((Tutti gli esseri dell'universo, dice Tchen-yi, possono essere specchiati nella ragione; quando c'è un essere, vi è una ragione; ciascun essere deve avere la propria ragione))[(4)].

Secondo la dottrina di Tchou-she, l'essere si compone di due elementi: l'elemento infigurabile e l'elemento figurabile. L'elemento infigurabile è ((Li)) che è la ragione per cui un essere esiste con la propria individuata esistenza. Li è infigurabile, perchè stando al di sopra della materia, non ha figura alcuna, ma è la ragione determinante. Ci sembra che Li possa essere paragonato alla forma o all'elemento formale della ontologia scolastica.

La ragione dunque di un essere è il Li che è attivo, immateriale, indistruttibile. Se prendiamo tutti gli esseri particolari e individuali, noi troviamo un Li particolare e individuale in ogni essere. Il Neoconfucianesimo parla spesso di un Li universale che non è una espressione simbolica o allegorica, ma reale. Esiste un modello, unico ed universale da cui le ragioni (Li particolari) degli esseri particolari derivano; in ogni ente il Li è una imitazione del modello. Questo modello si dice ((Li universale)), scritto in cinese ((Tien-li) (la ragione del Cielo).

17. Ch'i

L'elemento figurabile dell'essere è Ch'i che si figura come l'elemento materiale o materia prima della filosofia scolastica, e che nella lingua cinese significa l'aria. Per designare che la materia non ha forma, l'aria si presta assai bene, prechè mobile, indeterminata, ma determinabile; l'aria è pronta a ricevere una figura dall'ambiente, e difatti riceve una figurazione quando condensandosi prende le figure di nuvole, di pioggia e di ghiaccio.

Il Li e il Ch'i esistono insieme nello stesso momento e sono inseparabili per sè. Nella mente umana questi due elementi possono essere considerati separabili, ed allora il Li precede il Ch'i.

((Nell'universo c'è il Li e c'è il Ch'i. Il Li è la ragione che sta sopra la figura e che è la base degli esseri. Il Ch'i è la materia

---

(4) Tchen-Yi, *Opere postume*, Tom. 18. p. 12.

che sta sotto la figura e che riceve gli esseri. Perciò gli uomini e gli altri oggetti per la propria esistenza devono avere il Li per la loro natura e devono avere il Ch'i per la loro figura))[5].

((Nell'universo non c'è un Li senza il Ch'i, nè esiste un Ch'i senza il Li))[6].

((Il Li non è una cosa distinta, ma sta dentro il Ch'i; senza questo Ch'i, questo Li non trova l'ubi consistam))[7].

((Si deve avere un determinato Li per avere una determinata natura; si deve avere un determinato Ch'i per avere una determinata figura))[8].

18. Tai-chi

S'immagina che prima di tutti gli esseri esistano i due elementi, Li e Ch'i, in un modo assoluto. Il Li assoluto e perfetto è il Tien-li che in sè ha tutte le perfezioni degli esseri particolari, ed è la causa esemplare delle creature. Il Ch'i assoluto è la materia massimamente indeterminata e determinabile, che ha la potenza di essere determinata sotto le infinite forme particolari. Siccome questi due elementi non possono separatamente esistere, allora si uniscono in un essere che si chiama Tai-chi o Wu-chi.

Il termine Tai-chi si trova nel libro I-king, là ove c'è il commento di Confucio; il termine Wu-chi ha la sua origine dal libro di Lao-tze (Tao-te-king cap. Gi-chi-shen). Negli scritti dei Neoconfucianisti questi due termini si adoperano senza distinzione. Il primo maestro del Neoconfucianesimo, Tcheou-t' oun-yi, per dare una esposizione organica della cosmologia ha cominciato a parlare del Tai-chi e lo considerava come il principio di tutto l'universo. Posteriori

---

(5) Tchou-She, *Opera omnia*, t. 49.
(6) Tchou-She, *I dialoghi*, t. 1.
(7) Tchou-She, *I dialoghi*, t. 1.
(8) Tchou-She, *Opera omnia*, t. 49.

Neoconfucianisti hanno seguito la strada del maestro, sviluppandone la dottrina non senza punti oscuri. Nelle diverse espressioni sembra che il Tai-chi fosse identico al Tien-li; sembra pure che il Tai-chi fosse il Ch'i assoluto. Non si può quindi dire con certezza se il Tai-chi è un essere reale o un essere ideale; se è reale, ed e o non è Dio.

La opinione di Tchou-she afferma che il Tai-chi è il Li assoluto, il Tien-li:

((Tai-chi non è altro che la ottima e perfettissima ragione.... Il Tai-chi di cui parla Tcheou-tze (Tcheou-t'oun-yi) è il modello perfettissimo di tutti gli esseri dell'universo))[9].

Prima di tutti gli esseri esiste il Tai-chi come ragione universale; gli altri esseri particolari esistono in qualche modo in lui, perchè la ragione propria di ogni essere esisteva nel Tai-chi, non determinata.

((Shu domanda: quando il cielo e la terra non erano ancora separati, gli esseri particolari esistevano o no? Rispose ((Tchou-she): esisteva solamente il Li))[10].

((Si domanda: quando non esisteva nessuna cosa, come era l'universo? Rispose (Tchou-she): esisteva la ragione ((Li)) universale; non esisteva ancora la ragione particolare di ogni essere))[11].

Tchou-she esclude il Ch'i (la materia) dal Tai-chi, il quale non è per questo un nulla, nè un vuoto assoluto, ma reale:

((Tai-chi è quello che comprende tutte le ragioni dei cinque elementi e del Ying e del Yang: non è un vuoto. Se Tai-chi fosse un vuoto, allora sarebbe uguale al termine ((natura)) del Buddismo[12].

---

(9) Tchou-She, *Collezione di dialoghi*, vol. 94, p. 7.

(10) *Ibd.*, vol. I. p. 3.

(11) Tchou-She, *Collezione dei dialoghi*, vol. 94, p. 8.

(12) *Ibd.*, p. 2.

Il dualismo dei due elementi ontologici in ogni essere è ammesso anche da Thcou-she. Quale è la origine di Ch'i? Si ammette un Ch'i assoluto, coesistente col Li assoluto? La risposta desiderata non è stata data. Ma è giustificabile questa mancanza, perchè Tchou-she si fermò a studiare la costituzione intrinseca dell'ente e non ha proceduto alla ricerca della ultima causea dell'universo. D'altra parte egli non ha negato mai la esistenza di Dio, di cui anzi predicava il culto. Il titolo di ((Materialista)) o di ((Panteista)) dato a Tchou-she dagli studiosi, ci sembra non giustificabile[13].

19. Ying e Yang

Il Tai-che possiede in sè la virtù (Te) di posizione e di negazione. La posizione si concepisce come attività; la negazione come riposo. Il riposo concettualmente precede l'attività, e tutti e due si succedono necessariamente. Questa virtù di posizione e di negazione attua il Ch'i e lo determina in due specie: Ch'i positivo e Ch'i negativo; il primo si chiama Yang, e il secondo si chiama Ying. Questa divisione è la prima formazione e la prima attuaziane dell'ente nell'universo. Il Ch'i illimitato ed informe, attuato dalla ragione di posizione e di negazione riceve la propria forma: una forma molto vaga e indecisa che aspetta ancora la perfezione, come l'aria che per la temperatura bassa si condensa in nuvole, una forma molto mobile e vaga che poi si concretizza in pioggia e in ghiaccio.

Dalla divisione del Ch'i, si effettua la divisione degli esseri; ad Yang appartengono esseri positivi, maschili, attivi, forti, rigidi, caldi, chiari, giusti, completi, vittoriosi...; ad Ying appartengono gli esseri negativi, femminili, inattivi, deboli, fragili, freddi, oscuri, misericordiosi, incompleti, vinti, poveri....

---

(13) Wieger, *L'Histoire des croyances.... en Chine*, Hien-hien 1927, p. 668.

Ying e Yang si succedono l'uno all'altro continuamente e costantemente nell'universo e in ogni essere individuale. Questa successione costante è un principio metafisico che spiega la forza costitutiva dell'universo, è un principio anche morale-sociale che illumina i misteri della storia umana. Queste due qualità non si escludono categoricamente, ma possono compenetrarsi e coesistere in un medesimo essere.

A causa della successione e della compenetrazione il Ch'i prende diverse forme secondo la determinazione del Li (ragione).

20. Cinque elementi

Dopo la prima attuazione in Ying e Yang, viene la seconda attuazione che si compie in cinque elementi: metallo, legno, fuoco, acqua e terra (il fango). Questi cinque termini oggidì significano cinque cose ben definite e materiali; nel caso nostro si adoperano i termini in senso metafisico a significare cinque forme differenti del Ch'i.

Dottori Confucianisti della dinastia Han, sviluppando il libro I-king, hanno perfezionato la teoria dei cinque elementi. Secondo costoro, la successione e la compenetrazione del Ying e del Yang si compiono gradatamente e i gradi sono quattro: crescente, massimo, decrescente e minimo. Ying e Yang vanno sostituendosi vicendevolmente; quando Yane è nello stato di crescenza, Ying sarà nello stato di decrescenza; quando Yang è nello stato massimo, Ying sarà nello stato minimo; quando Yang è nello stato decrescente, Ying sarà nello stato crescente; quando Yang è nello stato minimo, Ying sarà nello stato massimo. Il primo stato (Yang crescente, Ying decrescente) si dice Legno; il secondo stato (Yang massimo, Ying minimo) si dice Fuoco; il terzo stato (Yang decrescente, Ying crescente) si dice Metallo; il quarto stato (Yang minimo Ying massimo) si dice Acqua, e quando due elementi rimangono in equilibrio, il loro stato si dice Terra.

Come gli esseri furono classificati secondo la divisione nei due elementi Ying e Yang, così fu introdotta una classificazione secondo il numero cinque, anzi ha avuto una applicazione assai vasta, p. es. le quattro stagioni, i cinque colori, i cinque intestini, le cinque virtù, le cinque voci.

Tong-thcoung-chou, non contento della divisione nel numero cinque, pensò e costruì la teoria dell'ordine dei cinque elementi, prendendone le nozioni dai Taoisti e dalle superstizioni popolari. L'ordine di origine fra i cinque elementi si svolge nel seguente modo: il legno produce il fuoco, il fuoco produce la terra, la terra produce il metallo, il metallo produce l'acqua, e l'acqua produce il legno[14]. L'ordine di distruzione s'effettua così: il metallo distrugge il legno, l'acqua distrugge il fuoco, il legno distrugge la terra, il fuoco distrugge il metallo, la terra distrugge l'acqua[15]. Divisione e ordine senza fondamento ragionevole! Ma tutti accettarono questa teoria come principio indiscusso del mondo cosmologico; gli storici lo applicarono alla filosofia della storia, i medici alla medicina e i divinatori agli indovini. Confucianisti e specialmente. Neoconfucianisti furono legittimamente disgustati da questo abuso e si scostarono alquanto da questa teoria senza però abbandonarla completament.

21. Otto Trigrammi

Sulla traccia dell'attuazione del Ch'i, dopo i cinque elementi, si arriva alla teoria degli ((Otto Trigrammi)). La prima apparizione di questa teoria è nel libro I-king che si vanta d'avere come autore Foushe; successivamente la teoria fu sviluppata da Wen-wang e da Confucio.

Per spiegare il movimento continuo del mondo e la diversità delle cose, il libro I-king prende Ying e Yang come base, e descirve la

---

(14) Tong-Thcoung-Chou, *Tc'un-chiu-fang-lu*, cap. *Il senso dei cinque elementi*, vol. XI, p. 3.4.

(15) Ibd., cap. *La distruzione dei cinque elementi*, p. 11-13.

compenetrazione di questi due in diverse figure, le quali servono come una illustrazione. Le figure sono semplici: una linea completa rappresenta Yang, una linea spezzata rappresenta Ying. Le figure elementari sono otto, ognuna delle quali contiene tre linee:

—— Yang

—— Ying

≡≡≡ Kien, Yang la completo, la figura del cielo.

≡≡≡ K'oun, Ying al completo, la figura della terra.

≡≡≡ Toei, figura del fiume.

≡≡≡ Li, figura del fuoco.

≡≡≡ Tchen, figura del tuono.

≡≡≡ Suan, figura del vento.

≡≡≡ K'an, figura dell'acqua.

≡≡≡ Ken, figura del monte.

Otto figure sono otto forme di compenetrazione di Yang e Ying, sono otto attuazioni del Ch'i e sono otte enti reali.

L'otto si moltiplica in sessantaquattro, doppiando le linee e scambiandole. Queste figure ci sembrano un gioco ingenuo di linee e di numeri, ma in fondo nascondono un principio ontologico: l'elemento materiale ((Ch'i)) è il medesimo, mentre l'elemento formale ((Li)) conferisce la diversità agli esseri, perchè tutte queste forme sono forme di Ch'i . La diversità delle forme è causata e determinata dalla ragione ((Li)).

22. Essere (Ens)

Il senso realistico del Confucianesimo si manifesta non solamente nel campo morale e sociale, ma anche nel campo metafisico. Quando il Buddismo cominciò a insegnare in Cina la non realtà delle cose, i Confucianisti resistettero sempre a questa fatuità, pure accettando molti principi metafisici buddistici. Per il Confucianesimo tutte le cose esistono realmente e le vicende umane sono altrettanto reali. Per sciogliere i problemi della vita, non si deve ricercare la soluzione negativa, negando la realtà delle cose, ma si deve accostarsi alle difficoltà, studiandole nella loro profondità metafisica. Ogni essere ontologicamente è composto dell'elemento materiale (Ch'i) e dell'elemento formale (Li). L'ontologia dei dottori del secondo periodo del Confucianesimo si basava sul numero dei cinque elementi e degli otto trigrammi; i Neoconfucianisti generalmente hanno lasciato il numero di cinque e di otto indiscusso, e parlano piuttosto su Ying e Yang; in sostanza però resta sempre il principio che afferma che il ((Li)) conferisce la determinazione al ((Ch'i)), attuandolo in diverse figure. Si parla di ((Ch'i)) leggero, leggerissimo, pesante e pesantissimo, e in un essere si ammette la coesistenza di diversi Ch'i. Il modo di parlare ci fa credere che in un medesimo essere ci siano diversi elementi materiali; in realtà Ch'i è sempre il medesimo, il quale però si trova nell'essere individuale con una figura molto complicata. L'uomo, essere nobilissimo, ha la sua natura che è il ((Li)). La natura comune alla umanità, ha la sua forma individuale che determina i caratteri e le qualità mentali e morali. Questa forma individuale radicata nel Ch'i non fu causata direttamente dal Li, che è uguale in tutti gli uomini, ma fu voluta e conferita dalla volontà del Cielo. Non si parla di forma sostanziale e di forma accidentale; in ogni essere c'è il ((Li)) comune a tutti gli esseri dello stesso genere, e c'è la ragione speciale di questo essere individuale. Il ((Li)) comune è immutabile ed indistruttibile; la ragione individuale invece è mutabile, come la irascibilità o la crudeltà dell'uomo è correggibile. Quindi la ragione individuale dell'essere si può paragonare alla forma accidentale dello scolasticismo.

III. La Psicologia

SOMMARIO: L'uomo, la natura, il Cuore, le passioni, le facoltà.

23. L'uomo

Nell'universo ci sono tre enti che hanno una importanza capitale e condividono in qualche modo l'impero del creato: il cielo, la terra e l'uomo. Il cielo (empirico) sta sopra l'uomo, ed è sede degli esseri celesti e regola costantemente la vita degli esseri viventi con il suo influsso benefico o malefico; la terra sta sotto l'uomo, è madre degli esseri terrestri e produce e sostiene l'esistenza degli esseri, bisognosi di appoggio sotto i loro piedi; in mezzo a questi due importantissimi esseri sta l'uomo. Tutto il creato sembra fatto per lui: il cielo per coprirlo; la terra per sostenerlo; il resto per servirlo. L'uomo è un piccolo mondo (microcosmo) che in sè contiene le belle qualità del cielo e della terra. Il suo organismo è una meravigliosa imitazione dell'universo. L'ordine mondiale si connette strettamente con l'ordine umano, tanto che le azioni umane moralmente buone o cattive influenzano l'andamento universale.

L'uomo ragiona con le sue facoltà conoscitive e penetra nella cognizione dell'ordine universale per regolare le sue azioni. Con il conoscere sta il volere; l'uomo è padrone di sè: la volontà umana, circondata dalle passioni, sceglie il bene o il male.

Nell'uomo c'è una parte spirituale e una parte materiale. Il corpo evidentemente è la parte materiale; la parte spirituale si chiama ((Fen)) che è quasi l'anima umana.

La spiritualità non è in antitesi con Ch'i, perchè ogni realtà concreta viene da Ch'i, e senza Ch'i il Li rimane in una sfera puramente ideale. La parte quindi spirituale dell'uomo è formata anche dal Ch'i che è leggerissimo, e possiede le qualità attribuite dalla filosofia scolastica allo spirito.

24. La natura

La disputa sulla natura umana è cominciata da Montze, il quale ne afferma la rettitudine. Per Montze la natura umana è ciò che l'uomo ha avuto dalla nascita e per cui tutti gli uomini sono simili[16]. Le passioni sono distinte dalla natura; ma la natura si concepisce come concreta, cioè tale che porta in sè la inclinazione naturale dell'uomo riguardo all'operare. Il suo avversario Tsuun-tze concepisce la natura nello stesso modo; dice infatti:

((Quello che non is può imparare e non si può costruire, nell'uomo si dice natura. Quello che può essere imparato e può essere costruito, nell'uomo si dice fatto umano. La differenza tra natura e fatto umano sta qui))[17].

((La natura è un substrato innato nell'uomo. Il fatto umano è lo splendore della cultura e della formalità. Senza la natura, il fatto umano non trova terreno di appoggio; senza il fatto umano, la natura non può avere da sè lo splendore))[18].

I maestri del Neoconfucianesimo per spiegare meglio la questione del male morale, hanno cercato di distaccare la natura nell'operare. Anzitutto la natura viene identificata col ((Li)), ed è la ragione per cui l'uomo è uomo; la natura non è per questo paragonabile all'essenza della filosofia scolastica, perchè qui l'essenza è costituita dalla materia prima e dalla forma; invece la natura confuciana è la parte solamente formale cioè la forma dell'uomo.

Tchou-she parla di due nature nell'uomo: la natura umana per cui l'uomo è uomo, e la natura per cui questo uomo è tale uomo. La prima si identifica con il ((Li)) ed è comune in tutti gli uomini; la seconda è il complesso delle qualità mentali e psicologiche che formano la nota

---

(16) Mon-Tze, vol. XI.
(17) Tsuun-Tze, vol. XVII p. 3.
(18) Tsuun-Tze, vol. XIII p. 15.

distintiva dell'individuo. Questa nota distintiva ha la sua base ontologica nelle diverse forme di condensazione della materia ((Ch'i))[19].

25. Il Cuore

Un termine che non trova riscontro nella terminologia filosofica occidentale, è quello di ((Cuore)) secondo la filosofia cinese. Questo termine è accettato da tutte le scuole filosofiche della Cina, ma adoperato in un senso diverso dall'uso comune. La filosofia intende con ((Cuore)) il principio delle azioni umane. Nell'uomo esiste un centro regolatore e moderatore di tutte le facoltà ed azioni dell'uomo. Questo centro si chiama Cuore. Il contenuto del Cuore è più ampio della natura, perchè il Cuore comprende il ((Li)) e il ((Ch'i)), mentre la natura è solamente ((Li)). Il Cuore non può essere neppure paragonato alla volontà, perchè il Cuore comprende anche l'intelletto. Se vogliamo un termine che nella filosofia scolastica indica un soggetto simile al Cuore confuciano, è ((l'anima)) in quanto è soggetto di tutte le facoltà spirituali.

Ci sembra che il Confucianesimo non faccia una netta distinzione fra il cuore e le facoltà spirituali. L'espressione ((Il cuore conosce)) o ((il cuore decide)). si ripete in tutti gli scritti dei maestri antichi e recenti.

((*Il Cuore conosce*)). — Non si tratta della cognizione sensitiva, ma si tratta di una cognizione che supera le facoltà sensitive. Per avere questa cognizione non sensitiva si richiede che il Cuore sia vuoto, perchè se il Cuore fosse pieno, altre forme delle cose conoscitive non potrebbero entrare. La vacuità significa la non materialità, quindi il Cuore è spirituale:

---

(19) ((La nature et la norme sont une seule et même chose. La norme (Li) est universelle. Son prolongement dans chaque être constitue la nature de cet être. La norme étant bonne, la nature est bonne aussi. Si de fait, les hommes ne sont pas tous bons, mais les uns bons et les autres mauvais, cela tient à la matière dans laquelle la norme est recue, laquelle matière est plus ou moins pure dans les divers individus ...)) (Tchou-she) cfr. Wieger, *o. c.*, p. 195.

((L'uomo come può conoscere la verità? L'uomo la conosce per il Cuore. Il Cuore come può conoscere? Il Cuore conosce, perchè esso è vuoto, uno è tranquillo....)) Tsuun-tze[20].

((Si domanda: la spiritualita è del Cuore o della natura ? Risponde (Tchou-she): La spiritualità è del Couor, non della natura. La naturà e il ((Li)))). Tchoushe[21].

((Si domanda: La conoscenza è il frutto innato della spiritualità del Cuore o è un frutto del Ch'i? Risponde (Tchou-she): Non è del tutto un frutto del Ch'i. Prima c'è la ragione (Li) della conoscenza; La però non conosce ancora. Quando il Ch'i ha preso la forma, quando Li e Ch'i sono uniti, allora si ha la possibilità di conoscere))[22].

Le sensazioni riportano al Cuore la cognizioni sensitive, che sono singolari e particolari; il Cuore concentra queste cognizioni, le raggruppa secondo i generi e le specie. Dalle cognizioni particolari il Cuore forma delle idee universali e generali[23].

((Il Cuore decide)). — L'uomo ha delle passioni, e le passioni lo muovono ad agire. L'uomo però non agisce ciecamente nè fatalmente; egli ragiona e decide. Quando l'uomo è stato eccitato da una passione, l'uomo riflette sulla passione che lo agita, e poi decide di seguirne o non seguirne il movimento.

((L'amore, l'odio, la compiacenza, la tristezza, l'ira e la gioia della natura, sono le passioni; quando una passione è agitata, il Cuore interviene per la scelta. Questa si dice pensare. Quando il Cuore avrà pensato, allora l'uomo potrà agire. L'agire si dice azione))[24].

---

(20) Tsuun-Tze, cap. *Spiegazione dell'errore.*

(21) Tchou-She, *Collezione dei dialoghi*, vol. V. p. 3.

(22) *Ibd.*

(23) Cfr. Tsuun-Tze, cap. *Spiegazione dell'errore.*

(24) Tsuun-Tze, cap. *Il senso genuino della parola.*

Il Cuore vigila sulle passioni, giudicando la ragionevolezza o irragionevolezza del movimento passionale. Il movimento irragionevole deve essere soffocato dal Cuore. Quando il Cuore ha deciso di agire, esso sceglie i mezzi opportuni, e comanda alle altre facoltà :

((Il Cuore è il dominatore del corpo, è il signore dello spirito. Il Cuore comanda, e non riceve dei comandi))[25].

Una funzione che è tanto necessaria all'uomo come la cognizione, non può essere attribuita ad altre facoltà che al Cuore. L'espressione popolare ((il cuore pensa, il cuore desidera)) diventa una verità filosofica, e non soltanto un ornamento poetico.

Un'altra funzione importante viene pure attribuita al Cuore, cioè la memoria. Le cognizioni, le esperienze e i desideri avuti in tempi passati sono conservati nel Cuore. Il ricordare non è un atto semplice, ma ha in sè dei requisiti. Il Cuore è ben capace di soddisfare questi requisiti; il Cuore può conservare le forme delle cose conosciute e riprodurle nell'assenza di esse[26].

Anche l'immaginare è riconosciuto come una funzione del Cuore. Non esiste altra facoltà che sappia riunire le diverse forme delle cose per creare o per riprodurre una forma nuova.

Nell'uomo quindi c'è un centro da cui partono tutte le direzioni per il suo operare. Questo centro sa ragionare e vedere: esso è libreo, decide, sceglie i mezzi, comanda. Questa posizione dottrinale ha un'importanza capitale nella morale confuciana, perchè l'uomo per agire bene sa da dove si deve cominciare e da che cosa esso dipende. Riformare il Cuore, conservare la rettitudine del Cuore e restituire la rettitudine al Cuore, ecco i principi morali.

---

(25) Tsuun-Tze, cap. *Spiegazione dell'errore.*
(26) Tsuun-Tze, cap. *Spiegazione dell'errore.*

26. Le facoltà sensitive

Mencio distingue le facoltà umane in due specie: le facoltà del Cuore e le facoltà del corpo. Questa divisione corrisponde più o meno alla divisione comune delle facoltà in intellettuali e sensitive. Le facoltà del corpo sono i cinque sensi con i rispettivi organi: l'orecchio, l'occhio, la bocca, il naso, la mano: l'udito, la vista, il gusto, l'odorato, il tatto[27].

Al di fuori degli organi sensitivi ci sono degli oggetti, i quali eccitano i rispettivi organi e producono delle sensazioni. La sensazione si compie, quando l'organo sensitivo si unisce al proprio oggetto. Gli organi sensitivi accumulano nell'uomo delle sensazioni particolari, ma hanno dei criteri generali e comuni. Tutti gli uomini sanno distinguere i colori, i gusti, gli odori el le voci in determinate specie: e si compiacciono o si dispiacciono comunemente di certi colori, di certi gusti, di certi odori e di certe voci: ora, questo avviene perchè l'uomo ha la stessa natura[28].

Collegate con le facoltà sensitive, sono le passioni. Il Confucianesimo dà una importanza particolare allo studio delle passioni, non per servirsi degli esperimenti psicologici a costruire delle teorie, ma per la intima relazione che hanno con le virtù morali.

La passione è un movimento del Cuore, il quale eccitato da uno stimolo esterno, si agita. Questo movimento non è spirituale, ma si realizza attraverso gli elementi materiali, che sono prodotti dalla condensazione di Ch'i. Le passioni si differenziano per grado di intensità negli uomini; quelli che hanno avuto la condensazione del Ch'i in forma leggera, hanno pure le passioni facilmente dominabili; invece gli uomini che ebbero una condensazione molto forte di Ch'i, sono passionali e violenti.

_____

(27) Men-Tze, cap. XI.
(28) Men-Tze, cap. XI, p. 11-12.

Il numero delle passioni è di sette: Gioia, tristezza, paura,amore, odio, ira, desiderio. L'uomo è trasportato sotto l'impeto delle passioni quasi da istinti naturali, e generalmente non per fare del bene, ma per operare del male. Quindi la necessità di spegnere le passioni urge per chi desidera di operare il bene. Ma le passioni non sono istinti indominabili; l'uomo con la propria ragione può e deve dominarle. La responsabilità del bene e del male radicalmente e formalmente non rimane alle passioni ma al Cuore, centro delle azioni umane.

((Quando le passioni si agitano fortemente, le azioni sono invece poche,perchè il Cuore ha fermate le passioni. Se la decisione del Cuore è d'accordo con la ragione, benchè le passioni siano agitate, che male possono fare, possono disturbare la pace interna? Quando le passioni sono agitate meno, le azioni sono invece molte, perchè il Cuore comanda le azioni; se la decisione del Cuore è irragionevole, anche se le passioni sono di meno. come si può impedire la ribellione interna? Di conseguenza la pace e la ribellione interna dipendono dalla decisione del Cuore, e non dalle agitazioni delle passioni))[29].

---

(29) Tsuun-Tze, cap. *Il senso genuino della parola.*
   ((Le coeur de l'homme ressemble au grain de blé. C'est le réceptacle de la nature, de la norme. C'est le lieu où naissent les émotions, passages de la matière de l'état Yinn à l'état Yang. Il en est de même pour les autres êtres. On dit nature quand il y a repos complet. On dit émotion, quand il s'est produit un mouvement. Repos et mouvement,ont tous deux pour lieu le coeur... De l'émotion naît la passion. C'est l'emotion manifestée au dehors)). Wieger, *o. c.*, p. 220-221.

Capitolo III
La Norma della Moralità

27. La norma perenne (Tien-li)

Il Confuucianesimo nel suo insieme, è un sistema morale il quale racchiude in sè molti altri elementi e li ordina a un fine centrale. Le pratiche religiose servono a mantenere gli uomini nella vita morale; le idee metafisiche costruiscono una base dottrinale. Si concepisce la vita morale non come una sezione della vita, ma come la vita intera; l'uomo vive con la sua persona totale, e vivendo cosi pratica la moralità. Ogni azione umana porta con sè una qualifica morale.

Cosa è la moralità ? L'uomo, vivendo in questo mondo, non può comportarsi come se fosse solo, perchè intorno a lui ci sono altre persone. Là ove parecchi uomini vivono insieme, c'è la necessità vitale d'un ordine, che regoli i movimenti di tutti i membri affinchè l'armonia regni nella comunità. Il mondo creato da Tien, non è composto solo di uomini, ma di tutte le creature animate o non animate, ora, nello universo si rivela un ordine meraviglioso: ogni essere occupa un posto adatto a sè e si muove in una direzione sapientemente stabilita. L'uomo, essere più nobile e più perfetto, nella concezione universale del mondo secondo il Confucianesimo, non può togliersi dall'ordine generale, nè può compromettere l'armonia dell'universo con le sue azioni Anzi tocca all'uomo di fare risplendere questa armonia. Incanalare l'uomo sulla strada stabilita da Tien (Dio) vuol dire moralità.

L'uomo deve essere morale e vivere in armonia con tutti gli esseri. Quale è però la norma della moralità? In concreto l'uomo come può conoscere la strada da seguire e come può distinguere il bene dal male?

Egli solleva la testa e comprende l'esistenza di Dio. Questo Dio ha creato il mondo, e di conseguenza anche gli uomini. Tutto quello che l'uomo ha, è da Dio; allora tutto quello che l'uomo fa, si riferisce a Dio. Da questo riferimento si conclude fino al principio basilare: il Tien (Dio) è la forma suprema della moralità.

((Fa-tien)) (imitare il Cielo) è il ritornello dei confucianisti. Per il buon governo, il programma della politica deve essere ((Fa-tien)). L'imperatore, figlio del Cielo, ha il sacrosanto dovere d'imitare la perfezione del Cielo, e nella sua condotta privata e in quella ufficiale deve tenere presenti continuamente le norme celesti, come regole direttrici; queste regole stanno dinanzi agli occhi di tutti gli uomini i quali, dimenticando questo principio, verranno meno al concetto di perfezione confuciana.

Come si può imitare il Cielo, mentre si insegna che il Cielo è invisibile agli occhi umani? Se Dio fosse assolutamente invisibile, la imitazione non sarebbe possibile; ma esiste uno spiraglio, attraverso il quale la perfezione divina appare in un modo assai chiaro. L'universo creato è opera di Dio; e l'opera fa conoscere il creatore.

Nell'universo creato l'uomo con gli occhi della sua intelligenza può scoprire un ordine generale, che continuamente e perennemente dirige e governa i movimenti di tutti gli esseri e li inquadra in un'armonia perfetta. Le stagioni si succedono una dopo l'altra; il calore e il freddo si temprano opportunamente; l'umidità e la siccità si bilanciano egualmente. Quest'ordine perenne dell'universo si chiama ((Tien-li)).

((Confucio disse: vorrei stare in silenzio. Tse-kong replicò: se il maestro sta zitto, allora noi discepoli che cosa potremmo tramandare ai secoli futuri? Confucio rispose: Cosa ci insegna il Cielo? Parla forse il Cielo? Le quattro stagioni si susseguono, gli esseri viventi nascono: tutto in silenzio e in ordine. Che cosa ci insegna il Cielo?))[1].

---

(1) Lun-Ngu, cap. IX, part. I, n. 18.

Avevamo già parlato di Tien-li, ma questa parola allora aveva il senso metafisico di raginoe universale del Cosmos; in questo caso invece la parola Tien-li significa l'ordine o meglio la norma perenne dell'universo creato, secondo cui l'universo si muove.

Questa norma perenne ha un'efficacia generale, sotto il cui dominio stanno tutti gli esseri; essa non conosce limiti di tempo ne di luogo, nè subisce cambiamenti; essa vigeva nei tempi. antichissimi e vige tuttora tale quale come prima. Non è una sola legge che dirige tutto l'universo, ma un complesso di leggi che coordinano tutti gli esseri determinando una mirabile armonia.

L'autore di questa norma perenne non può essere altro che il Tien, il creatore e reggitore dell'universo. Egli è immutabile; la norma perenne partecipa alla naturale qualità di Tien.

Si può anche osservare il fine a cui mira il Tien nel suo governo universale. Questo fine consiste nel concedere, nel conservare e riprodurre la vita agli esseri viventi e specialmente agli uomini.

La norma perenne non è considerata come un'idea direttrice che sta nella mente di Dio, ma come un insieme di regole moderatrici scolpite nella natura degli esseri. Tutti gli esseri creati portano con sè e in sè la legge propria per il raggiungimento del fine generale. Gli occhi degli esseri ragionevoli possono scrutare le leggi ed ammirare l'ordine. Quindi l'esistenza delle leggi e della norma perenne è conoscibile dagli uomini.

Si adopera anche un altro termine per indicare l'ordine universale o la norma perenne, cioè Tien-tao (la ragione del Cielo). Negli usi comuni questo termine è adoperato piuttosto ad indicare la divina provvidenza, o le ragioni secondo cui le disposizioni divine procedono normalmente.

Se la norma perenne ha la sua efficacia su tutti gli esseri creati, conseguentemente l'ha pure su gli uomini. La nobiltà dell'uomo non lo dispensa da questa soggezione, anzi lo obbliga con maggiore forza a far risplendere questa norma, poichè l'uomo è creatura intelligente. Nella natura umana è scolpito questo Tien-li.

Come l'uomo può riuscire a conoscere il Tien-li? L'uomo può

arrivare alla debita conoscenza attraverso uno studio diligente. Confucio studiava con infaticabile energia:

((In qualunque villaggio, dice Confucio, di dieci case, si può trovare facilmente un uomo, fedele e sincero come me, ma non si trova facilmente un uomo studioso come me))[2].

Lo studio per i Confucianisti non mira solamente alle cognizioni delle cose e delle favole, ma deve avere per suo fine la conoscenza del Tien-li. Tutte le altre scienze e cognizioni hanno valore in quanto servono per sapere e per spiegare il Tien-li. La Magna Carta della educazione Tasho insegna a tutti:

((L'antico saggio, volendo far risplendere la santità naturale nell'Universo, cominciava dal governare bene il suo regno; volendo governare bene il regno, cominciava dall'amministrare bene la propria famiglia; volendo amministrare bene la famiglia, cominciava dal discoplinare bene la propria persona; volendo disciplinare bene la propria persona, cominciava dal raddrizzare il suo cuore; volendo raddrizzare il cuore, cominciava dall'essere sincero nelle proprie intenzioni; volendo essere sincero, cominciava dall'accumulare molte conoscenze; volendo accumulare molte conoscenze, cominciava dallo studio delle cose))[3].

Un programma chiaro. Le cose procedono gradatamente e ogni perfezione suppone una preparazione. Alla base di tutto sta lo studio.

Sorge però una grave questione riguardo allo studio. Tchoushi interpreta lo studio come una ricerca analitica della conoscenza delle cose; per lui uno studia quando si sforza di penetrare nel mistero della natura delle cose e ne ricava dei principi, i quali servono a illustrare la legge naturale dell'uomo. Wang-yang-ming invece interpreta lo studio come una riflessione sulla propia coscienza. Dentro l'uomo e precisa-

---

(2) Lun-Ngu, cap. III, part. I, n. 17.
(3) Tasho, cap. I.

mente nella coscienza sono scolpite le leggi: e l'uomo riflettendo sopra se stesso deve vedere i precetti naturali. Se l'uomo non vede o non vede chiaramente i precetti, la colpa è delle passioni che hanno offuscato la coscienza; e allora l'uomo deve sforzarsi di cancellare le macchie delle passioni e di ridare lucidità alla coscienza.

Questi due maestri hanno dato due indirizzi differenti, e ciascuno ha dei pregi; ma la pedanteria dei discepoli ne danneggiò gli sviluppi. La scuola di Tchou-shi con le sue ricerche scientifiche si perde in erudizioni frivole, dimenticando il compito principale della cognizione della norma della moralità; la scuola di Wang-yang-ming, insistendo sulla riflessione, cadde nella contemplazione vuota del Buddismo e lasciò in disparte il lavoro positivo per acquistare la perfezione.

28. Li e Fa (lex)

Quale azione umana è moralmente buona o moralmente cattiva? A questa domanda Confucio non risponde direttamente, ma indirettamente:

((Yan-yuan chiese sulla perfezione. Confucio rispose: dominare se stesso con la osservanza del Li è la perfezione. Se un giorno tutti gli uomini sapranno fare questo, allora tutti avranno acquistato la perfezione. Acquistare la perfezione è opera personale e non dipende dagli altri. Yan-puan chiese una spiegazione più esplicita. Confucio gli disse: non vedere contro il Li; non sentire con il Li; non parlare contro il Li; non agire contro il Li. Yan-yuan rispose: Hui (suo nome) benchè sia incapace, si sforzerà di agire così))[4].

Non agire contro il Li; altrimenti si commette un'azione cattiva. Il criterio del bene e del male sta nel Li: un'azione che va d'accordo col Li, e buona; un'azione che va contro il Li, è cattiva.

---

(4) Lun-Ngu, cap. VI, part. II, n. 1.

Wang-yang-ming rispondendo all'amico, che chiedeva sulla nozione del bene e del male, rispose così: ((La retta relazione del Cuore colla norma del Li senza la passione, è il bene morale))[5]. Questo modo di esprimersi è differente da quello di Confucio ed ha un tono metafisico; il principio però è sempre lo stesso: il Li è norma della moralità.

Ammessa una vlota la esistenza della Tien-li, si procede a stabilire principi e precetti più concreti do formare una norma più chiara e più definita per la moralità dell'uomo. L'antichissima tradizione cinese ha riconosciuto questa necessità e ha consacrato il termine Li a designare la norma che regola la vita umana. Il senso comune di questo termine significa il rito e le cerimonie; ma il senso formale è amplissimo e comprende tutto il complesso della legislazione giuridica e morale, delle cerimonie e gli usi sociali (non dimenticare che il Li si adopera anche per designare uno degli elementi ontologici dell'essere).

Secondo la concezione politica del Confucianesimo l'impero è e deve essere una grande famiglia: e l'imperatore esercita l'autorità e l'officio come il padre della famiglia lo esercita nella famiglia. I parenti non sono dei funzionari posti per tenere l'ordine familiare, ma sono i genitori che si interessano del nutrimento e della educazione dei figli. Per compiere bene questo ufficio, i parenti si valgono di tutti i mezzi legittimi, non escluse le punizioni. L'imperatore quindi ha sulle sue spalle l'incarico, conferitogli dal Cielo, di nutrire e di educare il popolo come i suoi figli, e conseguentemente egli ha la facoltà di adoperare i mezzi necessari; fra tutti i mezzi sono indispensabili delle regole direttrici che dicano al popolo quello che si deve fare e quello che non si deve fare. Queste regole formano il codice della educazione popolare. Educare un popolo significa educare una massa di milioni; i soli libri e le sole parole non bastano e bisogna dare a tutto l'ambiente sociale un linguaggio educativo, cioè bisogna infondere in tutte le istituzioni sociali un senso morale che stimoli continuamente il popolo a

---

(5) Wang-Yang-Ming, *Lettera II a Wang-ch'un-po*. Cfr. *opera om.*, vol. IV.

riflettere. La massa riflette lentamente, ma ha una sensibilità vivace; la massa non si adatta al sistema educativo astratto, ma è ben disposta alle impressioni vivaci. I sapienti Confucianisti inquadrano tutta la morale in pochi principi, ma dettano un cumulo di precetti concreti e creano degli usi sociali e religiosi. Il complesso dei principi direttivi, dei precetti morali e degli usi cerimoniali, sociali, religiosi si chiama Li[6].

Ogni azione dell'uomo è stata regolata; l'uomo nella famiglia, nella società e con se stesso prima di determinarsi ad un'azione, deve domandare il consenso del Li. L'uomo che agisce contro il Li, sarà un uomo infame; e l'uomo infame sarà respinto dalla opinione pubblica. La riprovazione sociale non tocca solamente il colpevole, disonorandolo davanti a tutti, ma disonora anche i suoi parenti. E' sopportabile forse il disonore personale, ma è insopportabile il disonore che passa ai parenti. Quindi l'infamia come conseguenza dell'azione cattiva, costituisce la sanzione morale del Li.

Se tutti gli uomini fossero tali da trattenersi sulla soglia della cattiva condotta, perchè temono la riprovazione sociale, avremmo una società ideale secondo il pensiero confuciano; ma purtroppo ci sono degli elementi nella società ai quali importa troppo poco della sanzione morale. Per costoro occorre una sanzione più energica che li costringa a desistere dal male. L'imperatore allora sceglie alcune regole principali e vitali fra le prescrizioni del Li, vi aggiunge le

---

(6) ((Li è il principio immutabile)), Li-Chee, cap. Yo-Chee.
   ((Li è l'essenza della giustizia)), Li-Chee, cap. Li-Yuan.
   ((Li è la disciplina della massa)). Li-Chee, cap. Li-K'i.
   ((Li è la regola della moderazione)), Tsuun-Tze, cap. Tche-Che.
   ((Li è quello che fa diventare il principe modello e misura del popolo)), Tsuun-Tze, cap. You-Siao.
   ((Li è il codice che da le direttive ai sentimenti umani e fissa i limiti alle attivita umane)), Li-Chee, cap. Fou-Ki.
   ((Li è la misura che allunga quello che è troppo corto, accorcia quello che è troppo lungo, riduce quello che è superfluo e completa quello che è mancante. Li conferisce eleganza all'amore e al rispetto e dona bellezza alle azioni della giustizia)), Tsuun-Tze, cap. Li-Luoan.

sanzioni penali e le pubblica come leggi del governo. Queste leggi formalmente pubblicate dall'imperatore con sanzioni penali, si chiamano Fa. Si spiega cosi il fatto che le collezioni delle leggi cinesi sono tutte collezioni di leggi penali. Ma non sarebbe esatto affermare che le leggi contenute nelle collezioni, siano puramente penali, perchè queste leggi hanno una parte dispositiva come le leggi civili e un'altra parte con le sanzioni penali[7].

Chi è l'autore della regola della vita ? Per la promulgazione del Fa è necessario che intervenga l'autorità imperiale, perchè il Fa è la legge scritta dell'impero con la sanzione penale; invece per la costituzione delle regole del semplice Li, la competente autorità prima di tutto è l'autorità pubblica, poi l'autorità degli uomini sapienti e santi. Anzi la santità dei sapienti è la fonte da cui scaturiscono le regole direttrici. Non è forse il Tien-li l'ultima e più grande norma della vita umana? Gli uomini volgari, con alti posti nel governo, offuscati dalle concupiscenze, non sono in grado di avere la conoscenza necessaria e nobile delle regole del Tien-li; i santi uomini invece, puri nel cuore e liberi dalle passioni, scoprono il Tien-li sia nelle cose esterne sia nella natura umana, e allora possono mettere la loro conoscenza a profitto di tutti, scrivendo i precetti concreti di vita secondo la norma perenne dell'universo. Gli antichissimi imperatori, considerati come i santi del Confucianesimo, hanno lasciato delle preziose e nobili regole; Confucio, semplice insegnante, ma uomo di santità illuminata, ha completato la tradizione ereditaria del Li, e non pochi dei suol discepoli hanno pure avuto l'onore di essere annoverati fra i datori delle regole

---

(7) ((L'école de Confucius est l'école qui croit le plus a l'ordre naturel. Pour elle, le rite (Li) est précisément cet ordre de la nature, mis sous forme de régles d'étiquette, pour étre le modéle des actions humaines. Il a le sens géné ral de: ce qui est convenable, ce qui doit être moralement fait, et ce qui est conforme au bon ordre social et à l'harmonie universelle, etc. Le rite ambrasse donc toutes les nuances, depuis les simples régles de politesse et d'étiquette mondaine, jusqu'à la recherche des nobles qualités, qui sont l'apanage de l'homme superieur confucien. Dans ces conditions, le caractère Li, le rite, est en opposition nette avec le caractère Fa, la régle stricte, la loi écrite)). Siao-King-Fang. Les Conceptions fondamentales du droit publique dans la Chine antique. Paris 1940, p. 43-44.

del Li. Quante sentenze e quanti chiarimenti d'interpretazione dei maestri sono diventati altrettanti precetti di vita!

Il modello dei precetti del Li è la norma perenne (Tien-li). L'uomo ha l'obbligo d'imitare il Cielo; nel Tien-li vede riflessa la perfezione divina; quindi l'uomo considera il Tien-li come il suo grande codice di perfezione. L'ordine, costituito dal Tien-li, abbraccia tutto il creato in una meravigliosa armonia; dentro quest'ordine tutti e singoli gli esseri hanno il proprio posto e la propria strada. Le regole del Li non sono altro che le espressioni concrete del Tien-li che determinano il posto e la strada dell'uomo nell'armonia generale. Il benessere privato e pubblico dipende da quest'armonia. I santi studiano la natura, scrutano i fenomeni e colgono le esperienze; il loro lavoro si matura nello stabilire i sapienti precetti del Li. Tutta l'umanità deve a loro questa benevola costituzione; e giustamente li venera come grandi benefattori.

29. La natura umana

La norma della moralità è il Tien-li e il Li. Per potere seguire questa norma, si deve supporre una conoscenza che almeno sappia osservare i precetti del Li. Ma non tutti gli uomini sono adatti a questo studio; e forse neppure a uno studio per avere la conoscenza superficiale del Li. Allora bisogna ammettere un'altra norma che sia presente ed accessibile a tutti. La norma che corrisponde a questa esigenza è la natura.

((Quello che è stato disposto dalla volontà del Cielo, si chiama natura; seguire la natura si chiama perfezione; coltivare la perfezione si chiama educazione))[8].

((Il Cielo creando gli uomini, ha stabilito in loro delle leggi e delle regole. Gli uomini, avendo ricevuto queste leggi e regole, amano quindi la buona condotta))[9].

---

(8) Tsong-Ying, cap. I, n.1.
(9) She-King, cap. *King-ming.*

Gli antichi sapienti hanno già intravisto la possibilità di una norma interna della moralità, dato che nell'uomo esiste una legge scolpitavi dal creatore. Ma quando si comincia a studiare questa possibilità di affermare un principio morale, s'inizia una lotta dottrinale che non è terminata neppure dopo venti secoli. Il primo che esplicitamente trattò tale questione, fu Mencio. Egli afferma eloquentemente che la natura umana è per sè retta, e che l'uomo, agendo secondo la natura, agisce sempre bene. Mencio intende per ((Natura)) quello che l'uomo ha ricevuto dal creatore e che lo distingue dagli altri animali, e che si manifesta dalle inclinazioni innate dell'uomo.

La natura umana è per sè retta. Questa verità si prova dagli argomenti offerti dall'esperienza d'ogni giorno. Un bambino prima di avere l'uso della ragione, sa amare la mamma e il babbo, e cerca di manifestare questo suo amore con segni esteriori. L'atto compiuto dell'uso della ragione, è un atto prodotto dall'istinto naturale; di conseguenza, scaturisce immediatamente dalla natura. Ora questo atto del bambino che ama i parenti è un atto moralmente buono ed onesto. Si deve allora concludere che la natura umana è di per sè retta.

La esperienza ci fornisce un altro argomento. Un uomo camminando lungo la riva di un fiume, vede un bambino in pericolo di cadere in acqua e corre per salvarlo. Questo uomo non ha pensato certamente a salvare il bambino per avere un guadagno, ma è stato spinto da un impulso interno, che egli stesso non sa spiegare. L'azione fatta senza pensare è azione determinata dalla inclinazione naturale, cioè direttamente dalla natura. Ora salvare il bambino dalla morte è certamente un'azione buona. In conclusione, la natura umana è per se stessa buona.

Questi esempi possono essere moltiplicati all'infinito. Mencio afferma quindi categoricamente che la natura umana è norma impeccabile dell'agire dell'uomo: e tale conclusione è legittima conseguenza di principi dottrinali. Se tutti gli esseri creati irragionevoli si muovono secondo gli impulsi naturali e muovono sempre sulla buona strada nell'ordine generale; perchè l'uomo, essere ragionevole, non dovrà avere un impulso naturale a norma della propria condotta? Confucio ha già detto che la natura umana è la stessa per tutti gli uomini e che gli uomini nascono retti[10]. Nascere retto, che cosa significa sè non che la natura umana è di per sè retta?

Ma allora come si spiega che gli uomini fanno tante cattive azioni? Mencio risponde che il male morale non viene dalla natura umana, ma dalle passioni. La natura può essere coperta e sopraffatta dalle passioni, le quali trascinano l'uomo a cercare il diletto sensibile, dimenticando le leggi della natura umana. L'uomo che agisce male non agisce secondo la natura, ma contro la natura.. Il compito dei santi maestri sta appunto nell'insegnare agli uomini a frenare le passioni per far risplendere la luce della santità[11].

Contro questa ottimistica dottrina insorge Suun-tze, il quale insegna una dottrina diametralmente contraria: la natura umana è per se stessa corrotta. Egli combatte contro Mencio ferocemente, e lo scomunica come un eretico in opposizione con la dottrina tradizionale.

Come si potrebbe affermare che la maggioranza degli atti umani sono compiuti contro la natura umana? Gli uomini non fanno più male che bene? Nel mondo non ci sono più uomini cattivi che buoni? Il desiderio della ricchezza, del piacere e della propria comodità e innate nell'uomo; e questo desiderio è accompagnato sempre da spirito egoistico. Ogni uomo cerca quello che gli è utile, e quando non può avere la cosa desiderata, fa di tutto con la guerra e con gli inganni per arrivare al proprio intento. Questo stato di cose ce lo fa constatare l'esperienza di ogni giorno. Quindi come si potrebbe affermare che la natura umana è per se stessa retta?

Per fare del bene occorre una laboriosa educazione. Se la natura fosse per se stessa retta, l'uomo dovrebbe saper conoscere e saper fare il bene senza un'educazione sviluppata col proprio lavoro. I santi antichi sono giustamente venerati, perchè hanno lasciato dei principi sapienti e degli utilissimi precetti; se la natura fosse di per sè retta e l'uomo fosse in grado di fare il bene la educazione, verrebbe meno il merito dei santi antichi, e si annullerebbe l'aureola di Confucio.

---

(10) Lun-Ngu, cap. III, part. II, n. 17.

(11) Montze, cap. Kao-Tze.

Nessun uomo di sana mente può affermare questo; perciò si deve riconoscere che la natura umana non è di per sè retta.

Chi non sente le difficoltà e il peso dell'esercizio delle virtù? Chi non geme e non suda salendo la strada del bene? Se la natura umana avesse innata la perfezione, fare il bene dovrebbe essere cosa soave e piacevole, com'è il seguire l'inclinazione naturale.

Il bene invece esige lavoro e fatiche, mentre il male si presenta come cosa attraente, facile, seducente. Gli uomini comuni che non vogliono affaticarsi e scomodarsi, seguono la strada facile e fanno il male.

Ma allora come si spiega che nel mondo ci sono degli uomini buoni? Suun-tze risponde alla questione col dire che la natura umana, corrotta dalla nascita, ha in sè la possibilità o la potenza di essere educata a fare il bene. Come l'acqua torbida può essere ripulita, come un albero storto, finchè è giovane, può essere raddrizzato, così la natura umana può essere corretta. A questo scopo mira appunto la educazione. Perchè i santi imperatori hanno prescritto tanti precetti del Li? Hanno fatto il Li per educare e condurre gli uomini al bene. Tsuun-tze attribuisce una importanza capitale al Li, appunto perchè considera l'uomo sotto la sinistra luce della corruzione naturale.

Molti però non sono contenti della spiegazione del male data da Mencio e da Tsuun-tze, e prendono un'altra strada per sciogliere il problema enigmatico. Le opinioni diverse di questi autori possono essere messe insieme sotto il titolo: la natura umana è di per sè indifferente.

Un maestro contemporaneo di Mencio, il Kao-tze, sosteneva già che la natura umana in riguardo al bene e al male è indifferente. Essa per se stessa è inclinata nè al bene nè al male, ma l'uno e l'altro dipendono dalle circostanze esteriori. Come l'acqua è indifferente a correre a sud o a nord, come un tenero ramo può essere piegato in diversissime forme secondo la volontà del giardiniere, così la natura umana è plasmabile al bene o al male secondo l'educazione e secondo l'influsso esteriore. Mencio ritorceva questi argomenti contro Kao-tze: l'acqua è indifferente a acrrere verso il nord o verso il sud, ma non è indifferente a correre verso l'alto o verso il basso; il ramo tenero è piegabile a sinistra o a destra, ma di per sè è diritto; e così Mencio provava che la natura umana induce una inclinazione nativa.

Il filosofo Tong-tchoung-chou si provò a conciliare queste due opinioni, innestando due elementi sulla natura umana: cioè l'amore a se stesso e l'amore al prossimo. L'amore a se stesso è causa delle cattive azioni; e l'amore al prossimo è causa delle buone azioni. Questi due amori nascono dalla limpidezza o dalla torbidità del Ch'i (elemento materiale della natura). Però la tendenza al bene e al male non è una fatalità, perchè essa può essere determinata dalla educazione e dalla abitudine[12].

Un altro filosofo della dinastia Han, il Wang-tch'oung, aiutò questo sforzo di spiegare la indifferenza della natura umana secondo i principi metafisici. Un letterato della dinastia Tang, il Han-yu (768-824), distingue invece la natura umana in tre classi: la classe superiore ch'è di per sè retta, la classe inferiore ch'è di per sè corrotta e la classe media ch'è di per sè indifferente. L'uomo che ha avuto per fortuna la natura della classe superiore, sarà un santo senza macchia; l'uomo che ha avuto per disgrazia la natura della classe inferiore, sarà un delinquente nato e incorreggibile; l'uomo che ha avuta la natura media, sarà indifferente cioè educabile al bene o al male. Fortunatamente gli uomini della natura superiore e della natura inferiore sono pochi; la maggioranza appartengono alla natura media, di qui la necessità della educazione e della scuola confcuiana riguardo agli insegnamenti[13].

Ma la questione del male rimane sempre insoluta, se non più complicata. Cominciarono a pensare a una soluzione radicale i maestri del Neoconfucianesimo. Tchou-toun-yi (1017-1073) afferma che la natura è composta dal Li e dal Ch'i. Quando la natura sta nello stato inattivo, essa rimane tranquilla e limpida e conseguentemente in perfetta rettitudine; quando invece la natura passa all'azione, il Ch'i viene agitato specialmente dalle passioni e non sempre riesce a mantenere l'equilibrio; quindi la natura nello stato attivo non è sempre

---

(12) Cfr. Wieger, *L'Histoire des Coryances....*, p. 301-304.
(13) Cfr. Wieger, *L'Histoire des Croyances....*, p. 318-321.

retta e produce cattive azioni[14].

La soluzione non è soddisfacente. Tchang-tsai (1020-1077) propone quest'altra. La natura umana per mezzo del Ch'i (elemento materiale), riceve una individuazione in ogni individuo. La individuazione del Ch'i trova un paragone nell'aria leggerissima che, condensandosi per il freddo, prende la figura della nuvola o della pioggia o del ghiaccio. La causa del bene e del male dipende dalla individuazione del Ch'i: la forma individuale grossolana dà luogo al male; la forma leggera al bene[15].

La spiegazione è ingegnosa, ma non chiara. Tchou-she tiene conto di tutto questo e cerca di dare una soluzione completa. Egli dice che la natura può essere considerata sotto due aspetti: di natura astratta e di natura concreta. La natura astratta si identifica col Li che è la ragione dell'essere umano e non ha rapporti diretti coll'operare dell'uomo. Sotte questo aspetto la natura è buona e retta. In ogni individuo però la natura è individuata; questa individuazione viene fatta per mezzo del Ch'i, il quale, come l'aria, prende le figure concrete per condensazione. Le figure leggere lasciano passare la bontà naturale, e allora l'uomo è buono; invece le figure grosse non la lasciano passare, e l'uomo allora è cattivo. Con la educazione e con l'esercizio della virtù l'uomo può riuscire a correggere e a togliere questa tendenza alle cattive azioni[16].

Tante opinioni così diverse e contradditorie fra di loro hanno però due punti comuni: la possibilità di migliorarsi e la necessità della educazione.

30. La coscienza

La natura umana, secondo l'opinione di Tchou-she, non è ancora

---

(14) Tchou-Toun-Yi, *opera omnia*, vol. V, cap. I, VII, VIII.

(15) Tchange-Tsai, *opera omina*, cap. Chen-Ming.

(16) Tchou-She, *opera omnia*. Lettera a Wang-tze-ho, a Hu-pei-hong, a Shu-tze-ying.

in grado di potere dirigere le azioni dell'uomo, perchè in ogni individuo è più o meno contrastata dalle passioni. Insegna quindi Tchoushe la necessità dello studio delle cose esterne per arrivare alla conoscenza della propria natura. I suoi seguaci, esagerando la sua tendenza analitica allo studio, si sono perduti in una selva di discussioni insignificanti. Per reagire contro questo deviamento Wang-yang-ming (1472-1587) istruì i suoi discepoli su la famosa teoria della coscienza.

Wang-yang-ming chiama la coscienza colla parola Lian-che. Questa parola si trova negli scritti di Mencio, il quale la adopera per indicare la cognizione innata, in opposizione alla cognizione acquisita. Il bambino senza essere istruito, sa amare i suoi parenti; questa cognizione è innata nel cuore del bambino. Mencio chiama questa cognizione innata col nome Lian-che. Tchou-she aveva insegnato che la cognizione della norma perenne (Tien-li) si acquista col lavoro dell'uomo, e che l'uomo per sapere distinguere il bene dal male ha bisogno di essere istruito. Wang-yang-ming reagisce energicamente contro questo insegnamento, affermando che il Tien-li è scritto sul cuore dell'uomo, ed è conoscibile naturalmente dall'uomo colla riflessione. L'uomo perconoscere il bene o il male delle proprie azioni, non esce da se stesso a ricercare i principi dalle cose esterne, ma rientra in sè e vede chiaramente senza fatica il giudizio da pronunziare in merito dell'azione. Questo giudizio naturale sul bene e sul male dell'operare umano è il Lian-che.

Wang-yang-ming non ha insegnato che le idee sono innate nell'uomo, nè che la cognizione sia intuitiva; ha insegnato soltanto che la coscienza o il Lianche è una cognizione innata, intuitiva e spontanea, la quale si limita solo a dire se sia buona o cattiva l'azione dell'uomo nel momento in cui opera. Quindi il Lianche è un giudizio pratico che non dipende dalla volontà dell'uomo. Prima di ogni azione il Lianche si fa sentire; e il suo giudizio non sbaglia, e la sua voce non può essere soffocata. Il Lianche è uno specchio che riflette fedelmente la figura morale dell'atto umano. Le passioni, come la polvere, possono offuscare e macchiare lo specchio; e allora l'uomo non vede più con chiarezza il giudizio del Lianche. L'uomo deve cercare di ripulire lo specchio, deve sforzarsi di frenare le passioni e di ridonare limpidezza al Lianche.

Se il Lianche è un giudizio pratico su un'azione ((hic et nunc)), non è quindi una cognizione permanente. Anticamente si diceva che è facile conoscere una cosa, ma è difficile praticarla; Wang-yang-ming dice che la cognizione è identiac all'azione. Quando l'uomo conosce una cosa, nello stesso momento la attua. Questo suo principio ha però un campo molto limitato, altrimenti sarebbe un'assurdità evidente. Wang-yang-ming con tale principio voleva dire che il giudizio del Lianche si attua nel momento in cui l'uomo si mette a fare un'azione. La conoscenza del valore morale di un'azione si ha quando l'uomo comincia propriamente a fare quest'azione, perchè il Lianche è come uno specchio e non può proferire il giudizio su un'azione, se quest'azione ((hic et nunc)) non si compie. Perciò egli afferma che il conoscere e l'agire s'identificano, cioè si producono nello stesso tempo.

Il Lianche però dice soltanto che un'azione può essere fatta o no; il modo di fare quest'azione e di farne una migliore non entra nel giudizio del Lianche. Wang-yang-ming allora conclude che nel cuore dell'uomo sono scritte le leggi fondamentali della moralità, le quali si conoscono naturalmente, e che le conclusioni remote e le applicazioni particolari delle leggi fondamentali devono essere fatte col lavore dello studio. Non tutti gli uomini sono in grado d'attendere a uno studio laborioso, ma le tradizioni familiari e sociali possono formare un abito sufficiente in ogni individuo per distinguere le applicazioni giuste o ingiuste delle leggi fondamentali. Quindi il Lianche è la norma prossima della moralità per tutti gli uomini[17].

---

(17) Wang-Yang-Ming, *Opera omnia*, vol. I, II, III.

Capitolo IV
Le Virtù

SOMMARIO: La perfezione morale ((Jen)), il metodo della perfezione, la classificazione degli uomini, le virtù cardinali, l'amore al prossimo, la giustizia, la temperanza, la prudenza.

31. La perfezione morale " Jen "

Sono in grave imbarazzo i traduttori del libro Lun-ngu di Confucio nel trovare la parola corrispondente alla parola cinese: Jen. Veramente non esiste una parola nelle lingue europee, che esprima esattamente ed esaurientemente il contenuto della parola Jen; e allora i traduttori hanno cercato di tradurla secondo il senso che essa ha nel contesto[1]. Le parole usate più frequentemente dai traduttori, sono ((perfezione, umanità, carità)). Il segno scritto di questa parola

---

(1) *Nella versione latina:*
Franc. Noel, *Sinensis Imperii classici sex.* Pragae 1711.
Il Jen si traduce in Pietas, praeclara pietas, vera pietas, cordis rectitudo, pietas et cordis rectitudo, Virtus, probitas, pietas et fidelitas, pietas et justitia, benevolentia, concordia.
Angelus Zottoli S. J., *Cursus litteraturae sinicae.* Shanghai 1878.
Il Jen si traduce in: virtus, perfectio, cordis virtus, interna virtus, interior perfectio, cordis perfectio, virtutis perfectio, interna perfectio, pietas, probitas, humanitas, justitia, philantropia.
Nella versione francese:
S. Couvreur, *Les quatre livres avec commentaire abregé en chinois:* une double traduction. Hokienfu 1910.
Il Jen si traduce: vertu, vertu parfaite, perfection, vertus naturelles, vertus, qui sont propres à l'homme, perfection de la vertu, la plus haute perfection, la pratique de toutes les vertus, la vertu d'humanité, piété filiale, probité.

in cinese è composto di due segni: un segno significa ((Due)), l'altro significa ((l'uomo)). Perciò il senso letterale può essere duplice: o la carità che congiunge due uomini insieme o la umanità che insegna come gli uomini devono comportarsi gli uni verso gli altri. Ma c'è pure un terzo significato, cioè la perfezione morale che fa essere l'uomo veramente degno del suo nome. Confucio adopera la parola Jen in tutti e tre i significati nel suo libro dei dialoghi; però il significato che ha una importanza speciale nelle sue sentenze, è il terzo: la perfezione, perchè Confucio con la parola Jen inquadrava il suo sistema morale in un centro capitale.

((Yen-yuan chiese sullo Jen. Confucio rispose: dominare sè stesso, osservando il Li, è lo Jen))[2].

((Tchong-kong chiese sullo Jen. Confucio rispose: Quando tu esci di casa, devi comportarti come fossi in presenza d'un grande personaggio; quando tu sbrighi la amministrazione ordinaria, devi comportarti come fossi in un solenne sacrificio. Quello che tu non vuoi sia fatto a te, non devi fare agli altri))[3]

Nella traduzione latina dell'autore si adoperano: Virtus naturalis, summa virtus, humanitas, intima virtus, animi virtus, animi perfectio, pietas filialis.
G. Pauthier, *Les sacrés livres d'orient*, Paris 1842.
Il Jen si traduce: vertu sincere, humanité, vertu de l'humanité, veritable humanité, vertu superieure.
Nella versione inglese:
J. Legge, The Chinese Classica, Hong-kong 1861.
Il Jen si traduce: Virtue, perfect virtue, practice of virtue, virtue complete, the virtues proper to humanity, art of virtue, practice of virtu, benevolent actions. benevolent government, benevolence, beneficence, virtuous manners.
Nella versione italiana:
Castellani, *I dialoghi di Confucio*, Firenze 1928.
Il Jen si traduce: virtù, virtù, perfetta, compiuta virtù, vera virtù, virtù naturale, pietà filiale, umanità, onestà.
Luigi Magnani, *Il libro delle sentenze di Confucio*, Parma 1927.
Il Jen si traduce: virtù, perfezione, virtù perfetta, virtù vera, bontà, bontà naturale, perfezione dell'animo, pietà. benevolenza.
(2) Lun-Ngu, cap. VI, part. II, n. 1.
(3) Lun-Ngu, cap. VI, part. II, n. 2.

((Se-ma-niu chiese sullo Jen. Confiucio rispose: l'uomo perfetto parla con molta difficoltà. Se-ma-niu disse: come? Un uomo che parla con molta diffcoltà è proprio un uomo perfetto? Confucio rispose: Sapendo che la pratica è difficile, l'uomo perfetto parlerà con molta difficoltà))[4].

((Fan-tch'e chiese sullo Jen. Confucio rispose: Compostezza con se stesso, attenzione agli affari, fedeltà nei contatti con gli altri. Se uno ha queste tre qualità, anche esiliato nei paesi dei barbari, non sarà mai malmenato))[5].

In queste quattro risposte Confucio non ha ripetuto nessuna parola e in ciascun caso egli ha dato una nuova spiegazione allo Jen. Sappiamo che di regola egli evitava le spiegazioni astratte, cercando di offrire esempi concreti secondo l'indole e la capacità di chi domandava. Perciò il contenuto dello Jen deve essere così vasto da permettere diverse spiegazioni; sia nei testi succitati sia negli altri numerosi, la parola Jen nella mente di Confucio rappresenta tutte le virtù e costituisce il centro di partenza e di arrivo della santità. Quindi è giusto che noi adoperiamo la parola Jen per significare la perfezione morlae nella dottrina confuciana.

Quale è il contenuto formale dello Jen? Con una sola parola non si può rispondere alla domanda. Possiamo rispondere invece con una distinzione: la perfezione confuciana in astratto è la imitazione del Cielo ((Fan-tien)), in concreto è l'attaccamento al Li, e nello spirito è l'amore del prossimo.

32. La imitazione del Cielo " Fan-tien "

Il Cielo, essere supremo e perfettissimo, agisce con somma sapienza e con somma santità, sta dinnanzi continuamente agli occhi degli uomini attraverso il movimento dell'ordine perenne nell'universo creato. L'uomo, guardando la natura con gli occhi materiali, e

---

(4) *Ibid.*, n. 3.
(5) Lun-Ngu, cap. VII, part. I, n. 19.

nello stesso tempo scrutando la perfezione divina con gli occhi della intelligenza, rimane estasiato in una ammirazione riverente:

((O che magnificenza e altezza! — esclama Confucio — soltanto il Cielo è grande ! L'imperatore Yao ha saputo imitarlo))[6].

Gli imperatori antichi sapientemente e santamente hanno proposto il Cielo come modello di perfezione per un governante, e hanno cercato nelle istituzioni sociali di copiare l'ordine perenne. Tchou-kong, primo ministro della dinastia Tchou e autore delle prescrizioni rituali e sociali, per denominare i ministri, ha creduto di non potere trovare altri nomi migliori che cielo, terra,primavera, estate, autunno e inverno. In un regno come la Cina, popolato di laboriosi contadini, l'imperatore comprendeva bene il massimo significato delle quattro stagioni, secondo le quali i lavòri della terra erano regolati con scrupolosità. E allora il regnante cercava innanzitutto di mettere in armonia le sue attività politiche con il movimento delle stagioni.

Anche l'individuo per la sua perfezione morale mira al Cielo, che è pure il modello di ogni uomo. Egli porta in sè un piccolo mondo; l'ordine perenne dell'universo creato penetra la natura umana è vincola le azioni e dirige l'uomo nella ruota cosmologica. La perfezione umana e nella perfetta armonia delle azioni umane con l'ordine perenne universale. Fuori di questo ordine e tutto buio, e chiunque cammina nel buio batterà la testa contro le pareti senza trovare mai la via di uscita. Seguendo invece l'ordine perenne, l'uomo tiene sempre gli occhi aperti, e riuscirà a penetrare i misteri della natura e saprà perfezionarsi con facilità e perfezionare gli altri con saggezza.

Sarebbe troppo indeciso, troppo generale e misterioso parlare solamente della imitazione del Cielo e dell'armonia universale. Ma in concreto che cosa è questa perfezione morale? Confucio scende sul terreno partico e con una parola colloca i suoi seguaci sulla terra

---

(6) Lun-Gu, cap. IV, part. I, n. 5.

ferma. La perfezione morale è l'attaccamento al Li. I santi e sapienti antichi con molta fatica hanno lasciato le prescrizioni del Li, sperando di potere condurre il popolo sulla buona strada della moralità. Le prescrizioni dei santi non sono lavori immaginari o creazioni fantastiche, ma sono la concretizzazione dell'ordine perenne, quindi la espressione tangibile della perfezione divina. L'uomo nel suo agire deve imitare la divina perfezione, e conseguentemente deve attaccarsi alle prescrizioni del Li. Studiare queste prescrizioni, impararle a memoria, praticarle con fedeltà, immedesimarle con fervore, ecco la perfezione. Ma nessuno si metterà mai su questa strada, se in lui non si accende un grande amore al Li; e Confucio inculcava quest'amore ai suoi discepoli. Egli stesso s'attaccava alle antiche prescrizioni del Li con tutto il cuore; non si metteva a sedere, a mangiare, a camminare e a parlare, se non secondo il Li. E vero che questo formalismo può esagerarsi fino a un vuoto fariseismo; e alcuni moderni parlano contro la scuola confuciama, incolpandola di pesante meticolosità e di ritualismo irrisorio. Tuttavia nella mente di Confucio il formalismo deve essere espressione della convinzione interna: e una corrispondenza perfetta deve legare l'esterno all'interno dell'uomo. Il Li non è una etichetta disprezzabile, ma un codice di vita.

((Confucio dice: la serietà senza Li diventa pettegolezzo; l'attenzione senza Li diventa stupidità; la fortezza senza Li diventa ribellione; la rettitudine senza Li diventa tirannia))[7].

((Confucio dice: se la prudenza ha conquistato una cosa, ma la carità non sa custodirla, la cosa conquistata andrà certamente perduta; se la prudenza ha conquistato una cosa e la carità ha saputo custodirla, ma manca la gravità nel disporla, le sue disposizioni susciteranno delle ribellioni; se ci sono la prudenza, la carità e la gravità, ma manca il Li nelle sue attività, l'uomo non sarà perfetto))[8].

---

(7) Lun-Ngu, cap. II, part. II, n. 2.
(8) Lun-Ngu, cap. VIII, part. I, n. 32.

Così l'attaccamento alle prescrizioni del Li formano il distintivo della scuola confuciana. Un vero confuciano e un genuino cinese guardano al Li come ad una cosa sacrosanta, e vi si sottomettono volontariamente e sollecitamente. Senza dubbio il giogo è pesante, la restrizione è grave; e tante energie fresche e tante iniziative promettenti sono soffocate da questo freno di ferro. Ma pure quante forze dissolventi e quanti attacchi distruttivi sono infranti! I moderni per esprimere scultoriamente l'attaccamento dei Cinesi al Li hanno voluto chiamare Li la religione del popolo cinese[9], perchè il pensiero del popolo è continuamente legato alle prescrizioni del Li.

Nel medesimo senso i moderni chiamarono religione del popolo cinese anche la pietà filiale, perchè i Cinesi sembra considerino i propri parenti come dei[10]. Difatti i maestri confucianisti per dare una norma di perfezione più concreta e più immediata al popolo, hanno esaltato la pietà filiale, costituendo l'amore ai parenti come la sostanza della perfezione morale. La imitazione del Cielo è un principio astratto, non all'altezza della mentalità popolare; le prescrizioni del Li sono concrete e pratiche, ma troppo numerose e minuziose, non facilmente ricordabili; l'amore ai parenti è invece una nozione accessibile a tutti e praticabile in ogni circostanza.

Lo spirito della perfezione. — Osservando i fenomeni della natura, si arriva a una conclusione mirabile e consolante. Tutti i fenomeni naturali: il calore, il freddo, la umidità, la siccità, la pioggia, il soffio del vento... non hanno altro significato che quello di concorrere alla riproduzione e alla conservazione della vita. E' veramente mirabile questo concorso; e più mirabile ancora sarà la conclusione: tutti gli esseri animati o non animati concorrono alla conservazione della vita dell'uomo. In questa consolante ed estatica meditazione il sapiente sale a una grande verità: l'ordine perenne dell'universo è animato dallo spirito della carità e il Cielo agisce sempre sotto

---

(9) Hu-She, *Miscellanea.*
(10) Hu-She, *La storia della filosofia cinese*, vol. I, Shanghai 1928, p. 130.

il soffio dell'amore. Se l'uomo nel suo agire deve mirare alla perfezione divina come a suo modello, deve pur copiare questo spirito di carità del Cielo ne' suoi atti. La parola Jen letteralmente significa l'amore, e Confucio prendendo questa parola a significare la perfezione morale vuole dire a suoi seguaci che la perfezione della sua dottrina morale ha per base l'amore.

33. Il metodo per raggiungere la perfezione

Che cosa dell'ordine perenne dell'universo creato colpisce di più gli occhi ed attrae di più l'attenzione dell'uomo? E' l'ordinato ed organico modo di procedere. Gli antichi Cinesi, figli di agricoltori, comprendevano bene l'importanza dell'ordine delle quattro stagioni; quando c'è l'andamento normale delle stagioni, c'è la temperanza: e quando c'è la temperanza, c'è l'equilibrio. Il freddo eccessivo e prolungato più dell'ordinario nuoce alle pianticelle del riso; il calore eccessivo ed anormale distrugge anche l'intera raccolta. Nè basta l'equilibrio per la agricoltura, è necessaria anche l'opportunità. Un vento levatosi fuori del tempo, danneggia la vegetazione; la pioggia cadute inopportunamente, guasta il frumento; il sole senza pioggia brucia i campi. L'esperienza giornaliera ha insegnato ai contadini e ai nostri padri che il Cielo per conservare e per dare la vita nel mondo applica il principio fondamentale dell'equilibrio e dell'opportunità.

Questo principio costituisce una norma pratica di vita, la quale si chiama Tsong-ying. Gli scrittori che hanno tradotto i testi cinesi, solevano chiamare Tsong-ying col termine ((in medio)), ricordando il principio ((virtus stat in medio)). Ma il principio cinese del Tsong-ying che contiene pure ((stare in medio)), ha un senso più vasto che corrisponde quasi all'essere umanamente ragionevole.

Il libro Tsong-ying esalta il valore di questa norma e i maestri la applicano in tutte le cose: e il popolo la assimila così da farne un distintivo dei Cinesi. Colla parola Tsong-ying i Cinesi prima di tutto intendono l'equilibrio: equilibrio delle passioni, equilibrio delle due virtù opposte, equilibrio delle disposizioni amministrative, equilibrio delle sanzioni penali, equilibrio in tutte le attività. Andare all'estremo o irrigidirsi in un punto morto per i Cinesi significa deviazione e stupidttà. Le riforme sociali in Cina si effettuano con lentezza progressiva da non urtare la suscettibilità del popolo; la giustizia e la legge si applicano con ragionevolezza. Poi la parola Tsong-ying significa ancora l'opportunità, che insegna ad agire secondo le esigenze dei tempi, dei luoghi e delle persone. Però l'opportunità non significa essere opportunisti e senza carattere, piegandosi secondo il soffio del vento, ma significa l'equilibrio esterno dell'attività umana cogli esseri circostanti. Con l'equilibrio interno ed esterno l'uomo raggiunge l'armonia perfetta delle sue azioni coll'ordine perenne dell'universo, perfezionandosi nella via delle virtù morali.

((Tse-kong domandò chi fra Chen e Chang fosse più vitrtuoso. Confucio rispose: Chen è esuberante e Chang è deficiente. Allora — Tse-kong — Chang è il migliore. Confucio rispose: esuberanza è un difetto, e lo è pure la deficienza))[11].

((Confucio disse: Tson-ying come virtù è veramente importantissima. Sono ormai pochi che la coltivano)).

((Confucio disse: Tsong-ying è una sublime! Pochi sono gli uomini che la osservano)).

Tsong-ying è la strada della ragionevolezza che conduce l'uomo a una vita di pace e di tranquillità. In tutte le cose l'uomo sa essere ragionevole e umano, sa avere senso comune. La giustizia quando si irrigidisce, diventa crudeltà; la logica quando si applica fino alle estreme conseguenze, produce la tirannia. Quando invece l'equilibrio domina la situazione, la vita umana risponde alle sue intime esigenze.

Perchè pochi sono gli uomini che sanno coltivare il Tsong-ying? Perchè gli uomini sono pieni di passioni e non sanno dominarle. L'armonia esterna ed interna dell'uomo non si realizza se non quando il Cuore — la ragione e la volontà — può dirigere le azioni. Quando

---

(11) Lun-Ngu, cap. VII, part. I, n. 15.

invece le passioni tiranneggiano l'interno dell'uomo, le sue attività sono forzate e spinte a calpestare tutti i limiti dell'equilibrio. Le passioni sono movimenti del Cuore ed evaporazioni del Ch'i. Queste evaporazioni offuscano la limpidezza dello specchio della coscienza cosicchè l'uomo perde il controllo di se stesso. Quindi è necessario mortificare le passioni imponendo loro dei freni.

Le prescrizioni del Li servono appunto a tenere in freno le passioni. Gli uomini, vivendo in società sono disposti in diverse categorie, naturalmente distinte: i genitori e i figli, i governanti e i sudditi, i vecchi e i giovani.... Il Li prescrive a ciascuna categoria dei doveri e dei diritti; ogni uomo secondo la propria categoria, deve svolgere le proprie attività conformandosi alle prescrizioni. Però anche queste prescrizioni non devono essere applicate sempre letteralmente, così da far naufragare il principio di equilibrio e di opportunità.

Ma l'ordine sociale non si costruisce con le divisioni: esso esige anche la coordinazione e la congiunzione. Il Li insegna agli uomini la divisione; ed esiste un altro mezzo che insegna all'uomo la concordia e l'affetto fraterno. Questo mezzo è la musica. Accanto alla musica, come sorella minore, sta la poesia. Il Confucianesimo vede nella musica e nella poesia un canale, attraverso il quale il sentimento individuale passa armonisamente ad animare i sentimenti degli ascoltatori. Sono quindi musica e poesia un mezzo che s'esprime con voci e con parole armoniose per educare il popolo alla concordia e all'affetto reciproco. Fra i sei libri canonici, c'è un libro sulla poesia e uno sulla musica. S'adoperava la musica in tutte le festività, e si giudicava il popolo d'un paese secondo il carattere della musica cantata. Questo concetto della musica nei secoli posteriori è venuto meno, quando gli imperatori hanno iniziato il teatro, impiegando la musica come semplice svago. Confucio aveva pure un altissimo concetto della poesia ed aveva fatto personalmente una collezione delle antiche poesie. Ai tempi di Confucio, era uso sociale la poesia come ornamento d'un banchetto, come augurio per qualche festa, come preghiera in un sacrificio. Durante l'adunanza del convito o del sacrificio i cuori sono più aperti alla sensibilità e le voci della musica e della poesia vi penetrano dolcemente e vi imprimono una traccia efficace e duratura.

34. Formazione della volontà

Le prescrizioni del Li e l'armonia della musica e della poesia sono certamente dei mezzi essenziali per acquistare l'equilibrio sulle passioni; però tutti questi mezzi sono esterni ed esigono una volontà ferma che li metta in pratica. Come allora si deve formare la volontà? Il Confucianesimo dà una importanza speciale alla formazione della volontà, accumulando precetti su precetti. Il Neoconfucianesimo invece insiste su due cose principali; la serietà e la tranquillità personale. La fermezza della volontà si forma e si mantiene per mezzo dei costanti sacrifizi, perchè se l'uomo si mette in stato di auto-negazione continua, la sua volontà necessariamente si rafforza.

La serietà personale (in cinese Ching) è una continua vigilanza sopra se stessi in modo da comportarsi in ogni luogo e in ogni momento con compostezza come se si stesse a compiere un sacrificio. In camera da solo, l'uomo si mette a sedere con gravità, nella sala da pranzo si dispone con dignità a mangiare, in istrada cammina con modestia. Questa serietà potrebbe costituire un formalismo, ma non si ferma alla forma esterna. Fine della serietà personale è di attuare l'osservanza del Li in tutte le piccole cose e di abituare l'uomo al controllo continuo sopra se stesso. L'uomo tende istintivamente alla libertà, alla comodità e allo svago; la compostezza costante e la modestia dignitosa esigono gravi sacrifici e assidua attenzione. Si insiste molto sulla serietà personale in assenza di altre persone; e questo per allontanare sentimenti di vanagloria. L'uomo regola le proprie azioni e la propria persona indipendentemente dagli occhi degli altri, ma sotto il dettame della propria coscienza. Quando una persona è abituata a questa serietà personale, è sulla strada che porta al dominio sulle passioni.

La tranquillità personale (in cinese Tsing) vuole dire pace e silenzio interno delle passioni. Mentre le passioni si agitano violentemente, l'uomo si trova in uno stato d'irrequietezza e il suo Cuore è come un campo di battaglia pieno di fumo, di rumore e di movimento. La ragione non riesce più a vedere le cose, la volontà non controlla più le decisioni e l'uomo perde il dominio sopra se stesso. Bisogna calmare il Cuore, fare tacere le passioni e domare ogni agitazione. Quando l'uomo possiede la tranquillità interna, egli è come un lago senza vento; la superficie del Cuore si distende limpida e riflette ogni cosa nella sua realtà. E' ben difficile questa tranquillità personale, ed è altrettanto necessaria per la perfezione. Per potere acquistare la tranquillità interna, l'uomo deve mantenere la tranquillità esterna. Le agitazioni esterne, le preoccupazioni impazienti, gli scatti d'ira, i movimenti rumorosi sono da evitare. La tranquillità esterna favorisce la tranquillità interna.

L'influsso del Buddismo sul Neoconfucianesimo in questi punti appare evidente. La contemplazione buddistica insegna la riflessione sulla natura e sul Cuore umano; per compiere questa contemplazione è necessario mantenere il corpo in una posizione ben ordinata e conservare il Cuore in una calma assoluta. Il Confucianesimo apprezza questo insegnamento, ma non è d'accordo circa il soggetto della contemplazione, perchè natura e Cuore nel Buddismo non significano altro che una forma accidentale dell'unico essere dell'universo o del Budda, e quindi sono inesistenti. Si deve lasciare questo soggetto vago, ed applicare la serietà e la tranquillità personale alla formazione della propria volontà per controllare i movimenti delle passioni.

La mèta della perfezione è molto alta e altrettanto difficile; non per questo però si è dispensati da questo lavoro. Il Confucianesimo è un sistema positivo per eccellenza, che vede le difficoltà con occhi realistici, ma spinge anche gli uomini a vincere gli ostacoli con l'impegno più vivo. Pochi uomini sono nati santi e pochi sono nati perversi; ai primi non occorre parlare di perfezione, ma tutti gli altri hanno l'obbligo di acquistarla seguendo gli insegnamenti dei maestri. Non si tratta di una cosa libera o di lusso, bensi di una cosa necessaria, perche la perfezione è più preziosa della stessa vita.

((La vita — dice Mencio — è quello che desidero, la giustizia è quello che pure desidero. Nel caso che questi due desiderī s'escludessero reciprocamente, io lascierò la vita per conservare la giustizia))[12].

Il desiderio e l'amore alla perfezione sono imposti anche da forti ragioni sociali che , nel Confucianesimo, hanno importanza capitale. Ogni Confuciano coscienzioso deve sentire l'obbligo di contribuire al benessere della società. Questo contributo si effettua anzitutto per mezzo di una vita moralmente sana ed esemplare. Conseguentemente acquistare la perfezione è obbligo di coscienza.

Un altro motivo che spinge l'uomo alla perfezione, parte dalla pietà filiale. Un uomo potrà anche tollerare il disonore e la cattiva fama riguardo alla propria persona, ma non potrà mai tollerare queste cose riguardo ai suoi genitori. Quando le male azioni non attirano soltanto la disapprovazione contro il malfattore, ma provocano anche un giudizio di disprezzo contro i suoi genitori, allora i figli hanno lo stretto obbligo di non macchiare il nome dei parenti con le proprie cattive azioni; al contrario dovranno i figli con le buone azioni, procurare un buon mome e l'onore ai loro genitori.

Si nota qui la differenza fra il Confucianesimo e il Taoismo nei riguardi della vita. Tutti e due i sistemi guardano alla vita umana con occhi realistici e ne riconoscono le difficoltà e le insidie. Il Taoismo dinnanzi alla vita difficile e agitata, insegna a retrocedere; per il Taoismo la naturalezza del bambino è la vera beatitudine dell'uomo, che gli fu tolta per la manià di volere aggiungere nuove istituzioni alla natura. La società politica, le vitru morali, le istruzioni... sono tutte invenzioni dell'uomo per rovinare la sua felicità. Quindi è necessario distruggere tutto questo e spogliare l'uomo delle istituzioni malsane. Quando l'uomo sarà tornato alle esigenze puramente naturali, negandosi il superfluo, allora raggiungerà il sommo grado della perfezione e della felicità. Il Taoismo considera la strada alla perfezione solamente

---

(12) Lun-Ngu, cap. VI, part. I, n. 10.

dal punto di vista negativo. Il Confucianesimo insegna invece che la perfezione morale è uno stato migliore della natura pura, perche la perfezione e la natura completata. La perfezione non consiste solamente nel conservare le qualità naturali dell'uomo, ma anche nello svilupparle. L'uomo giorno per giorno nega a se stesso la soddisfazine delle passioni e nello stesso tempo si mette a costruire la propria personalità e la società. Il carattere tenace e paziente nel lavoro dei Cinesi si è formato attraverso lunghi secoli, seguendo l'indirizzo della scuola confuciana.

35. Classificazione degli uomini

Il Confucianesimo non ha sostenuto mai la distinzione delle classi e molto meno le caste sociali. Confucio e Mencio che venivano dalla plebe, sentivano la dignità della scienza e della santità; si mettevano alla pari dei regnanti e dei principi, guardandola ricchezza e la nobiltà con occhio di disprezzo. Tuttavia Confucio e i suoi seguaci sostengono una classificazione degli uomini, la quale ha esercitato un influsso tale che ogni Cinese la guarda come un giudizio collettivo sulla propria condotta. La moralità delle azioni è base della classificazione. Nella società anglicana si è formata da secoli l'idea tipica del Gentleman, così nella società cinese vi sono dei tipi vivi di uomini, scolpiti secondo le parole di Confucio. Leggendo il libro Lun-ngu (i dialoghi di Confucio), si comprende subito che dinnanzi agli occhi del maestro sono allineati quattro tipi di uomini, i quali con proprio carattere distintivo, formano quattro modelli e dividono gli uomini vivi in quattro grandi classi: il santo, l'uomo retto, l'uomo cavalleresco, l'uomo volgare.

Il titolo di Santo e tenuto dai Confucianisti in altissima riverenza e non fu concesso che a pochissimi uomini.

Il santo ha, dalla nascita, una disposizione privilegiata, perchè dotato di una natura perfetta. Nel genuino pensiero di Confucio e di

Mencio però egli non è nato santo, ma lo diviene con i propri sforzi. E in quest'affermazione si nasconde una quasi irraggiungibilità[13].

La santità consiste nella perfetta attuazione dello Jen. Attraverso quest'attuazione, il santo percepisce chiaramente l'ordine perenne ed entra in perfetta armonia con l'universo creato. Dalla cognizione dell'ordine perenne il santo ricava insegnamenti per gli altri uomini: e questi precetti e prescrizioni formano il Li.

Tutti i santi della tradizione confuciana sono vissuti prima di Confucio e furono i grandi imperatori e i celebri ministri. Dopo la morte, Confucio fu venerato da tutti come il santo per eccellenza. Dei suoi seguaci nessuno potè meritare questo titolo glorioso: due soli, Mencio e Yen-yuan, meritarono quello di ((santo secondario)).

Il titolo di uomo retto (Tch'un-tze) è la comune aspirazione di tutti i Cinesi. Si può disprezzare qualsiasi altro titolo di nobiltà o di dignità o di fortuna, ma non si potrà mai essere indifferenti circa il titolo Tch'un-tze. Esserlo significherebbe rendersi o un uomo perverso o un taoista estremista.

Nel libro Lun-ngu, Confucio per settantotto volte ha usato il Tch'un-tze e lo ha descritto sotto tutti gli aspetti. Leggendo questi testi, si ha l'impressione che ogni virtù praticata possa costituire un uomo retto. Questa impressione non è per se stessa sbagliata, soltanto deve essere integrata. Secondo il pensiero di Confucio il Tch'un-tze è un uomo che pratica le virtù. Ma tra le virtù ce ne sono alcune che formano il carattere distintivo di Tch'un-tze e sono la gravità nel comportarsi, la nobiltà del cuore e un giusto disprezzo del denaro. La

---

(13) ((Confucio disse: non ho avuto la fortuna di poter vedere un santo, se posso vedere anche un solo uomo retto, sarò contento)), Lun-Nge, cap. IV, part. I, n. 25.

((Confucio disse: riguardo alla santità e allo Jen, io non sono degno di nessuna lode. Io so appena sforzarmi senza impazienza, e insegnare agli altri senza stancarmi)). Lun-Ngu, cap. IV, part. I, n. 33.

figura concreta dell'uomo retto può essere tracciata con queste grandi linee: un uomo che guarda anzitutto le prescrizioni del Li, è onesto sempre nei propri affari, è nobile nel trattare il prossimo[14].

Il titolo dell'uomo cavalleresco (Shih) contiene un concetto ch'è un po' differente dal concetto occidentale. Per la scuola confuciana un uomo è Shih quando possiede lo spirito di pronta generosità ad intraprendere le opere buone, ma è difficile saper sacrificare la vita per la giustizia.

((Shih tende sempre alla perfezione. Se ci si vergogna di mangiare cibi cattivi e vestirsi di vesti grossolane, allora non si può parlare più dello spirito di Shih))[15].

((Shih vede bene i pericoli, ma è disposto a sacrificare la vita)) [16].

La parola Shih poi è stata sempre adoperata per indicare i letterati e gli studiosi, ed ha perduto il suo contenuto spirituale. Invece lo spirito cavalleresco fu raccolto da un'altra classe di uomini, i quali con proprio pericolo sostenevano i deboli contro i prepotenti, elargivano i propri beni ai bisognosi e sacrificavano la propria vita per salvare gli amici. La scuola confuciana ha stretta relazione con la classe di questi uomini, perchè i precetti basilari della loro condotta

---

(14) ((Tch'un-tze si preoccupa per la perfezione morale, non per la povertà)). (Lun-Ngu, cap. VIII, aprt. I, n. 31).

((Tch'un-tze cerca la perfezione, non il cibo)), *ibd.*

((Tch'un-tze manifesta le belle azioni del prossimo, non le cattive azioni...)). cap. VI, part. II, n. 16.

((Tch'un-tze si comporta con gravità senza affettazioni. tratta il prossimo con rispetto secondo il Li)), cap. VI, part. II, n. 5.

((Tze-lu chiese sul Tch'un-tze e Confucio rispose: Perfezionarsi con serietà; perfezionarsi per perfezionare gli altri; perfezionaresi per dare il benessere al popolo)), cap. VII, aprt. II, n. 43.

(15) Lun-Ngu, cap. II, part. II, n. 10.

(16) *Ibd.*, cap. X, part. II, n. 1.

sono confuciani, come la giustizia, la pietà filiale e la fedeltà fra gli amici.

Il titolo dell'uomo volgare (Shio-ren) è temuto con orrore dai Cinesi. Il Shio-ren non è un uomo perverso o malfattore o delinquente; è semplicemente un uomo che con egoismo cerca il prorio vantaggio negli affari. Egli non si preoccupa della giustizia, ma del denaro; non bada alla convenienza e all'onestà, ma ai guadagni; è un uomo avaro, pronto ad ogni furberia, facile all'inganno. Confucio detestò questa classe di uomini e si sforzò di trasmettere questa detestazione ne' suoi seguaci. Difatti la tradizione cinese ha conservato il disprezzo per il titolo di Shio-ren.

((Tch'un-tze pensa all'onestà, Shio-ren pensa all'utilità))[17].

((Tch'un-tze ama le virtù, Shio-ren ama le cose materiali; Tch'un-tze pensa alle leggi, Shio-ren pensa ai guadagni))[18].

36. La virtù

Nella lingua cinese la parola virtù si traduce in diversi termini: Ten, Ten-shen, Tao-ten. Questi termini etimologicamente hanno propri singnificati, diversi fra di loro; Ten in metafisica significa la forza intrinseca dell'elemento costitutivo della cosmologia; Ten-shen significa esercizio della forza intrinseca; Tao-ten significa la strada della forza. La scuola cinfuciana ha trasportato questi termini sul terreno morale e li ha adoperati indistinamente a significare la virtù. Ma questo trasporto non è stato fatto senza un nesso analogico, perchè la virtù è anche una forza messa in movimento, è un'azione anzi un continuo ripetersi di azioni in una strada ben tracciata.

Nel libro di Confucio sono menzionate diversissime virtù ciascuna delle quali, nella mentalità del maestro, ha una figura propria. In mezzo a un cumulo di virtù emergono alcune per la loro importanza ed

---

(17) *Ibd.*, cap. II, part. II, n. 16.
(18) *Ibd.*, cap. II, part. II, n. 11.

eccellenza, e noi chiamiamo queste virtù più importanti col nome di virtù cardinali. Il numero di queste virtù non è ben definito, e forse il numero quattro è il più completo. Noi parleremo quindi di quattro virt ù cardinali confuciane: la carità, la giustizia, la temperanza e la prudenza[19].

37. La carità (Jen)

Tutta la dottrina confuciana è animata dallo spirito della carità. Il modello di questo spirito è il Cielo che nell'ordinare gli esseri creati manifesta il fine di conservare e di produrre la vita negli esseri viventi e specialmente negli uomini. Le tristi condizioni sociali dei tempi di Confucio e di Mencio avevano dimostrato l'effetto nefasto dell'egoismo sfrenato; le cupidigie dei principi avevano spinto i regni feudali a guerreggiare incessantemente fra di loro e ad innalzare barriere politiche di separazione fra uomini dello stesso impero. Confucio e Mencio si dedicano intieramente ad abbattere questa separazione predicando l'amore fraterno, insegnando la politica umanitaria.

L'universo deve essere considerato come una grande famiglia e tutti gli uomini devono essere riconosciuti come fratelli.

((Se-ma-niu melanconicamente si lamentava perchè gli altri hanno dei fratelli e lui non ne ha. Tze-sha rispose: Ho sentito (dal Maestro Confucio)... che tutti gli uomini dell'universo

---

(19) Nel libro I-king nel cap. ((La prima figura (Kien-kua) comprende quattro virtu cardinali: la carità, la temperanza, la giustzia, la fortezza.

Nel libro Lun-ngu il numero delle virtù cardinali varia:

nel cap. V. part. II, n. 27, le virtù sono tre: la prudenza, la carita, la fortezza;

nel cap. VI. part. II, n. 10, le virtù sono tre: la fedelta, la sincerita, la giustizia;

nel cap. VII. part. II, n. 30, le virtù sono tre: la prudenza, la temperanza, la fortezza;

nel libro Tsong-ying, le virtù sono tre: la prudenza, la carità, la fortezza;

nel libro Montze, cap. VI, part. I, n. 6, le virtù cardinali sono quattro: la carità, la giustizia, la temperanza, la prudenza.

sono fratelli. Un uomo retto (Tch'un-tze) come può lamentarsi di non avere fratelli?))[20].

Se tutti sono fratelli, tutti si devono amare. La scuola di Meo-ti insegna un amore universale indistintamente per tutti gli uomini, abbracciando amici, nemici, parenti ed estranei con lo stesso affetto. Mencio combatte invece contro questo amore universale non come tale, ma perchè l'amore di Meo-ti è senza gradazione.

((...Yang (Tchou) insegna l'egoismo assoluto; questo significa negare l'esistenza dell'imperatore; Meo-ti insegna l'amore universale assoluto; questo significa negare l'esistenza dei parenti. Negare l'esistenza dell'imperatore e dei parenti è un insegnamento che riduce l'uomo ad essere bestia))[21].

Il Confucianesimo dunque nel suo insegnamento dell'amore del prossimo abbraccia pure tutti gli uomini, eccetto i nemici, ma ammette una gradazione nell'affetto e nella pratica esterna. Il punto di partenza è il proprio Io, che serve come norma e bilancio della nostra carità verso il prossimo, perchè la intensità e l'ampiezza dell'affetto si misurano coll'amore che abbiamo per noi stessi.

((Tze-kong domandava se ci fosse una parola che formi la regola di tutta la vita. Confucio rispose: Questa parola è la carità. Quello che tu non vuoi sia fatto a te, tu non farlo agli altri))[22].

((Tcheng-kong domandava sulla perfezione. Confucio rispose: ...quello che non può essere desiderato da te, non farlo agli altri))[23].

Dal proprio Io, l'amore passa agli altri; dal prossimo più vicino

---

(20) Lun-Nge, cap. VI, part. II, n. 5.
(21) Montze, cap. III, part. II, n. 8.
(22) Lun-Nge, cap. VIII, part. I, n. 23.
(23) Lun-Nge, cap. VI, part. II, n. 2.

al prossimo più lontano. L'amore è sempre della stessa qualità, ma la sua intensità e il suo esercizio hanno una gradazione. Il prossimo più vicino merita un amore più intenso e più attivo, e nei casi di conflitto con l'amore al prossimo più lontano, ha la preferenza e la prevalenza. Il metodo con cui la scuola confuciana insegna l'amore al prossimo, è un metodo psicologico. Si comincia ad insegnare ad amare i propri parenti e i propri figli; amando i propri parenti e figli, si deve pensare che ciascun uomo ha pure quest'amore; allora l'amore al prossimo impone anzitutto l'obbligo di rispettare l'amore degli altri verso i propri parenti e i propri figli e poi anche l'obbligo di contribuire effettivamente a questo amore verso i propri congiunti. Così amando i propri parenti, uno sa amare i parenti degli altri; amando i propri figli, uno sa amare i figli degli altri.

((...(Mencio dice) ...Rispettando i miei vecchi, cercherò di rispettare i vecchi degli altri. Amando i miei ragazzi, cercherò di amare i ragazzi degli altri. Facendo così, si diventa capaci di governare l'impero))[24].

Come il Cielo non ha amato gli esseri creati con una vana parola, anche l'uomo per esercitare la carità non deve accontentarsi di parole affettuose, ma deve compiere opere caritatevoli. Confucio ha tracciato un programma di carità per se stesso, che serve certamente come modello per tutta la sua scuola. ((Provvidenza, dice Confucio, ai vecchi, fedeltà agli amici, tenerezza ai giovani))[25].

La vecchiaia che con la decadenza fisica e la deficienza intellettuale porta con sè un'ombra di melanconia e di tristezza, è considerata dal Buddismo come uno dei grandi dolori della vita umana. Il Confucianesimo non nega la realtà triste della vecchiaia, ma cerca con ogni premura di affetti e di rispetto, di renderla meno amara e di metterla in una posizione di venerazione. L'età avanzata non significa forse una vita lunga, svoltasi in mezzo alle fatiche e alle tribolazioni? Una vita

---

(24) Montze, cap. III, part. II, n. 8.
(25) Lun-Nge, cap. III, part. I, n. 11.

lunga non significa forse un cumolo di lavoro e di meriti? Un cumolo di lavoro e di meriti non merita forse venerazione da parte di quelli che hanno meno lavorato e meno faticato? Anche se sono dei vecchi che non hanno passato la propria vita in un lavoro fruttifero e in opere meritorie, questi sono però sempre meno numerosi in confronto di quelli che veramente hanno sudato per la famiglia e la società. Quindi una venerazione generale è necessaria per tutti i vecchi. Nella venerazione naturalmente si include la compassione per i vecchi che cadono nella squallida miseria per mancato aiuto dei figli; allora la società o i membri della stessa grande famiglia devono pensare al sostentamento dei vecchi poveri. Sorgono infatti tante belle opere di beneficenza sociale per provvedere alle persone anziane, bisognose e incapaci.

Il rispetto ai vecchi s'estende proporzionalmente a tutte le persone che sono superiori in dignità o in grado consanguineo, benchè più giovani di età. Nella famiglia, costituita con un numero elevato di membri, il rispetto dei giovani verso i vecchi, degli inferiori verso superiori e dei sudditi verso il padre, è un bisogno che si sente più urgente che nelle piccole famiglie dell'Occidente. Il rispetto è un mezzo che smorza la fiamma dell'arroganza giovanile, sopprime le cause d'antagonismo fraterno e soffoca le contese muliebri; perciò esso è tanto inculcato dalla tradizione confuciana.

Reciprocamente gli anziani hanno il dovere di dimostrare tenerezza ai giovani. Questa tenerezza non dovrebbe essere semplicemente sentimentale, ma illuminata e accompagnata da ammirazione e da comprensione.

> Confucio disse: ((I giovani meritano un riguardo di ammirazione e di timore, perchè forse essi domani saranno uguali o superiori a me nella scienza e nella virtù. Se dopo i quaranta e i cinquant'anni, un uomo non ha fatto ancora niente, ormai egli non merita più ammirazione nè timore)).

Non si tratta quindi di mettere i giovani in una condizione di servitù o di escludere gli apporti giovanili alle opere sociali. Nell'ammirazione per i giovani Confucio vorrebbe quasi diminuirsi e ritirarsi per cedere il posto a quelli che vengono dopo. Nella tradizione confuciana esiste pure una specie d'amicizia che lega con affetto fraterno il vecchio al giovane. Ma il giovane deve ricordarsi sempre della sua età per non commettere azioni inconsiderate che gli potrebbero chiudere l'avvenire. Non sarà mai prudente dire forte davanti agli anziani la propria opinione, nè sarà buona educazione voler mostrarsi più istruiti del vecchio superiore; non sarà fruttuoso volere agire contro i giudizi maturati da persone sature di esperienza.

La fedeltà all'amicizia è uno dei distintivi di Tch'un-tze, perchè si considera l'amicizia come una cosa seria e sacra. Non per soddisfare a un bisogno puramente sentimentale si contrae l'amicizia, ma per un fine altamente morale e spirituale. Sentiamo tutti le difficoltà e le deficienze che si incontrano per acquistare la perfezione e contribuire al benessere sociale. Siamo intimamente convinti che se potessimo trovare alcuno che sinceramente cooperasse con noi, indicandoci le nostre imperfezioni, integrando le nostre deficienze e consolando la nostra solitudine, la nostra opera e il nostro cammino diventerebbero certamente più spediti e più facili. Ecco quant'è necessaria l'amicizia!

((Tch'un-tze: la cultura raccoglie gli amici e l'amicizia li fa cooperare alla perfezione)). [26]

Contrarre l'amicizia per cooperare alla perfezione è ie fine dell'amicizia confuciana. Per potervi arrivare occorre una grande attenzione nello scegliere le persone a cui legarsi con l'affetto amichevole. Non tutte le persone sanno cooperare a questo fine, anzi ci sono alcuni che danno le loro opere per indurre l'amicizia a cose contrarie al proprio fine. Bisogna stare attenti alla scelta:

((Tre sono le amicizie fruttuose e tre sono le dannose. L'amicizia coll'uomo retto, coll'uomo sincero e coll'uomo erudito, sarà fruttuosa; l'amicizia coll'uomo cattivo, coll'uomo adulatore, coll'uomo furbo sarà dannosa))[27].

---

(26) Lun-Nge, cap. VI, part. II, n. 23.
(27) Lun-Nge, cap. VI, part. II, n. 23.

Una volta contratta l'amicizia, le si deve una immutata fedeltà. Con riservo prudente si concede questo titolo e con fedeltà inalterata lo si custodisce. Le condizioni sociali, le fortune finanziarie, la celebrità rinomata e la dignità funzionale non devono offuscare mai l'affetto dell'amicizia. Un uomo povero che diventato ricco e celebre, dimentica o cerca dimenticare gli amici degli anni di povertà, non è degno dell'amicizia. Le miserie materiali, le disgrazie personali, le degradazioni immeritate non sono ragioni per spezzare il vincolo del cuore. L'affetto però fra i veri amici non esige, anzi evita le manifestazioni sentimentali, perchè il sentimento è fluttuante. I veri amici sostengono il loro vincolo con una vlolntà illuminata dalla intelligenza. L'obbligo principale degli amici è il reciproco avviso sui difetti e le mancanze. Mancare a questo dovere significa mancare alla fedeltà amichevole; mancare alla fedeltà è indizio che la persona non è degna di continuare l'amicizia. Fallita la correzione, si spezza il legame; chi non accetta l'avviso nè vuole correggersi, non è l'uomo della perfezione. quindi è inutile, anzi pericolosa l'amicizia con lui.

((Tse-kong domandò sull'amicizia. Confucio rispose: Se vuoi essere vero amico, tu devi fare sinceramente la correzione al tuo amico, e dare a lui una buona direzione di vita. Se non ottieni l'effetto, rompi l'amicizia per non esporti al vituperio))[28].

I Cinesi gioiscono molto della vera e sincera amicizia, e mettono i doveri degli amici fra le cinque categorie dei doveri principali: imperatore-sudditi, parenti-figli, fratelli, coniugi, amici. E Confucio diceva: ((Quando un amico viene da lontano a trovarti, ti devi sentire immensamente felice))[29].

38. La giustizia

In Cina si parla con meno rigorosità della giustizia; non perchè i

---

(28) Lun-Nge, cap. VI, part. II, n. 22.
(29) Lun-Nge, cap. I, part. I, n. 1.

Cinesi non amino la giustizia, ma sembra loro che la rigida giustizia sia troppo fredda e abbia sapore quasi di estremismo. I Cinesi hanno imparato ad apprezzare l'equità e l'onestà, e quando parlano della giustizia, hanno presente l'equità e l'onestà, perchè queste due virtù temperano la giustizia e la rendono più umana e più consona al senso comune.

La giustizia in cinese si chiama ((Yi)), che può essere interpretato come ((Ni)), cioè essere adatto, essere al proprio posto. Si raffigura spesso la giustizia con la strada, su cui gli uomini devono camminare[30]. Il senso della giustizia sta nel fare in modo che l'uomo desideri e tenga quello che gli spetta secondo il Li. Ora il Li ha moltissime prescrizioni e, come abbiamo detto, abbraccia tutta la vita dell'uomo; le prescrizioni che costituiscono la giustizia, riguardano soltanto quelle cose che l'uomo si può appropriare, quindi i beni sia materiali che spirituali.

((...ad uccidere, dice Mencio, anche un solo innocente, si pecca contro la carità; a prendere quello che non è proprio, si pecca contro la giustizia...))[31].

Il Li stabilisce la norma secondo cui una cosa deve appartenere a una determinata persona. Tutti gli uomini devono seguire queste prescrizioni. Il carattere distintivo della classe dell'uomo retto ((Tch'un-tze)), si manifesta appunto nell'attaccamento alla giustizia, posponendovi le ricchezze e le dignità.

((La ricchezza e la dignità acquistata senza la giustizia per me sono come le nuvole che scompariscono presto, e non mi si attaccano))[32].

Dall'attaccamento alla giustizia scaturisce il senso dell'onestà

---

(30) Men-Tze, cap. VI, part. I, n. 11.
(31) Men-Tze, cap. VII, part. I, n. 32.
(32) Lun-Nge, cap. IV, part. I, n. 5.

che deve emergere in mezzo agli affari commerciali. Per fare un mutuo o una vendita non è necessario scrivere un documento, ma deve essere sufficientissima la parola data. Mancare alla parola è mancare all'onore. Con questa mancanza anche dopo una vittoria giudiziaria, non si evita la disapprovazione sociale.

L'uomo retto ((Tch'un-tze)) non si abbassa ad operare gli inganni e le furberie per accrescere la propria ricchezza, e nelle relazioni commerciali si mantiene nella stretta veracità.

Un senso speciale di onestà si deve manifestare negli offciali o funzionari del governo riguardo ai profitti illegali. L'elogio più grande che può essere fatto o scolpito in memoria d'un funzionario, è che nel momento di lasciare la carica, la sua fortuna materiale non venne accresciuta da guadagni o doni illegali. Essere sobrio e modesto davanti al denaro è la prima qualità d'un buon funzionario.

Ma la giustizia e l'onestà sono virtù necessarie per tutti. In cinese si esprime la giustizia assai spesso con la parola Kong-yi; Kong significa comune, Yi significa la giustizia. Aggiungendo la parola Kong alla parola Yi, si dice che la giustizia è una virtù sociale per tutti i membri della società. Soltanto la classe degli uomini volgari ((Shio-ren)) non ama questa virtù e si macchia facendo guadagni ingiusti. Anche la società ha doveri di giustizia verso gli individui; questa giustizia legale si dice Kong-tao, cioè la strada comune per tutti; per dire giustizia si usa Kong-ping, cioè una stessa bilancia per tutti.

Per conservare ed eccitare il senso della onestà si raccomanda il senso del pudore, cioè sapere vergognarsi, sapere salvare la propria faccia. Uno potrà lasciare perdere tutto, potrà sacrificare tutto, ma non mai perdere nè sacrificare la faccia. Chi per un piccolo guadagno, portasse una macchia al proprio nome o alla propria faccia, sarebbe uno stupido.

Una virtù che si riallaccia alla giustizia, è la riconoscenza. Il beneficio ricevuto è un debito che domanda il dovuto compenso: solamente gli uomini volgari ((Shio-ren)) dimenticano questo debito e volgono le spalle ai propri benefattori. Lo spirito cavalleresco apprezza molto questa virtù, e fa che gli Shih (cavalieri) siano disposti a morire per la riconoscenza.

La pietà filiale ha la sua radice nella riconoscenza, e lo manifesta nella prescrizione del lutto di tre anni, la quale corrisponde ai tre anni di cura dei parenti dopo la nascita del bambino. Ma una ragione superiore ha innalzato poi questa virtù, e l'ha bloccata al centro della morale confuciana.

39. La temperanza

Fra le virtù cardinali si menziona il ((Li)), il quale in questo caso significa l'osservanza delle prescrizioni rituali, sia religiose che sociali. Siccome le prescrizioni rituali hanno lo scopo principale di frenare e disciplinare l'appetito sensitivo dell'uomo, noi traduciamo questa virtù nella virtù cardinale della Temperanza.

La vita del popolo cinese ha la caratteristica della sobrietà e della semplicità. Il nostro popolo si contenta di poco nel mangiare e nel vestire. Le famiglie ricche e facoltose si sforzano di tramandare la virtù della sobrietà ai figli per potere continuare a godere delle fortune materiali. Godere fino alla sazietà e bere fino alla ubbriachezza sono insegnamenti taoistici che fanno diventare gli uomini egoisti ed epicurei. Fortunatamente il poplo non ha seguito questa scuola, ma ha fedelmente assimilato lo spirito confuciano che predica il lavoro paziente e la parsimonia prudente. Per mettere il popolo su questa strada, anzitutto si deve insegnare la temperanza con la mortificazione dei sensi.

((Confucio disse: Tch'un-tze (l'uomo retto) ha tre cose da evitare: nella gioventù, quando le energie straripano, si deve evitare la lussuria; nella maturità, quando le energie hanno raggiunto la pienezza, si deve evitare l'ardore della competizione; nella vecchiaia, quando le energie sono già languide, si deve evitare la auto-soddisfazione))[33].

---

(33) Lun-Nge, cap. VIII, part. II, n. 8.

La sensualità non temperata fa che l'uomo diventi bestia. Mencio dice che l'uomo e la bestia hanno tra di loro una distanza mentre l'uomo volgare la fa scomparire[34]. Mantenere questa distanza vuol dire saper ragionare; e l'uomo ragionando riesce ad imporre un freno alle sue passioni. La scuola confuciana però riguardo alla temperanza, è differente dalla scuola buddistica, perchè la temperanza nella scuola confuciana non assume colore ascetico, e le prescrizioni rituali circa il convito e il matrimonio temperano solamente l'uso secondo un giusto limite. Il godimento dei beni materiali è molto apprezzato e desiderato da tutti, anche perchè questi beni sono considerati come un premio della divina provvidenza alle buone azioni. Ma Confucio cerca ancora di dare un senso spirituale a questo godimento per impedire le degenerazioni del crasso materialismo.

((Confucio disse: Vi sono tre godimenti vantaggiosi e tre godimenti dannosi. Godere dell'osservanza del Li, godere di parlare bene del prossimo e godere delle buone amicizie sono i godimenti vantaggiosi. Godere della vana gloria, godere dei passeggi oziosi e godere dei conviti lussuriosi sono godimenti dannosi))[35].

Alla temperanza è associata la virtù della fortezza che modera la passione della paura davanti ai pericoli. Per essere un ((Shih)) (cavaliere) è indispensabile questa fortezza, ma essa è pure necessaria per tutti. Davanti a un guadagno illecito, l'uomo deve temperare il suo desiderio per non commettere un'ingiustizia; davanti a una minaccia ingiusta, l'uomo deve avere la fortezza per non soccombere. Fra la virtù e la vita si sceglie la virtù; fra la perdita della fortuna e la perdita dell'onore si preferisce la perdita della fortuna; fra la dignità e la coscienza si sta per la coscienza. Mentre Confucio era gran cancelliere

---

(34) Men-Tze, cap. IV, part. II, n. 19.
(35) Lun-Nge, cap. VII, part. II, n. 6.

del regno Lu, il re del regno vicino mandò una compagni di cantatrici al re del regno Lu, il quale aveva una passione tale per le danze da sospendere gli affari del regno per tre giorni. Confucio, che aveva compreso la insidia del re del regno vicino e la debolezza del suo re, presentò senz'altro le sue dimissioni. Questo esempio e insegnamento ebbero una larga influenza sulla condotta dei funzionari nei secoli successivi, i quali guardavano prima di tutto all'onore, pronti piuttosto che venirvi meno, a rassegnare immantinente le dimissioni dal proprio officio.

La fortezza si applica ancora a tanti altri casi, fra i quali è tipico quello della povertà. Un Confuciano sincero non deve vergognarsi della povertà, perche non è la povertà che macchia la persona; non deve lagnarsi di essa, perchè amando la virtù, si può gioire anche in mezzo alla miseria. Mentre Confucio viaggiava attraversando la campagna deserta fra i regni Chen e Tsai, gli mancarono le provviste alimentari. Per la fame i suoi discepoli non si reggevano più in piedi; ma Confucio suonava il suo violino e cantava. Uno dei discepoli, irritato dall'atteggiamento del maestro, gli si accostò e gli disse: Anche Tch'un-tze deve sopportare la povertà estrema? Confucio gli sorrise, e rispose: Soltanto Tch'un-tze sa adattarsi alla povertà, Shio-ren invece nella povertà non ricorda più le leggi[36].

Un esercizio speciale circa la temperanza, è raccomandato dagli insegnamenti confuciani ai nobili ricchi e ai fortunati. Secondo la concezione storica confuciana la prosperità e la decadenza procedono alternativamente: quando la ricchezza e la nobiltà sono arrivate all'apice, infallantemente cominciano a decadere; quando la miseria è andata all'estremo, si comincia a rialzarsi. Gli insegnamenti confuciani raccomandano ai ricchi e ai nobili di non godere troppo della ricchezza e della nobiltà o dignità, e di sapere lasciare qualche desiderio insoddisfatto. Un uomo che è arrivato alla somma celebrità e alla dignità più alta dell'impero, deve pensare subito a ritirarsi a vita

---

(36) Lun-Nge, cap. VIII, part. I, n. 1.

privata, se vuole conservare la sua fama e la sua fortuna, altrimenti o lui stesso o la sua famiglia non potranno scampare da qualche disastro inevitabile. Questa è saggezza e temperanza difficile, ma altrettanto preziosa e utile.

40. La prudenza

La prudenza (chi) è una virtù tanto cara e tanto desiderata da Confucio e dai suoi discepoli. Come altrimenti Confucio e i suoi discepoli avrebbero potuto essere i maestri e i dirigenti del loro popolo? Essere prudente per Confucio non significa essere bene informato nelle cose ordinarie, perchè questo si acquista con la esperienza giornaliera; essere prudente significa saper regolare la propria condotta secondo i principi dell'ordine perenne ((Tien-li)). La prudenza mira alla direzione delle azioni umane; questa direzione però non si compie secondo fini egoistici o materiali, bensì secondo l'ordine che regola tutto l'universo. Abbiamo già detto che fra l'ordine universale e l'ordine sociale umano esiste una relazione quanto mai stretta che può essere disturbata da qualsiasi mancanza dell'uomo. L'uomo prudente con la sapienza della cognizione dei principi fondamentali regola le proprie azioni in accordo con l'ordine universale in modo che le sue azioni sia riguardo alla propria persona, sia riguardo alla porpria famiglia, sia riguardo alla società non portino un disordine a detrimento generale. Il Confucianesimo non ha insegnato il fatalismo circa le vicende umane, perchè ammette la divina provvidenza, ma ha insegnato che la felicità dell'uomo consiste nella piena armonia delle proprie azioni con l'ordine perenne, e che quest'armonia può essere assicurata dall'uomo con la prudenza. Quindi la prudenza è causa e chiave della felicità umana.

Prima di tutto la prudenza mette l'uomo nello stato di tranquillità e di pace, perchè egli con la consapevolezza di poter disporsi sempre in accordo con le leggi naturali, non si disturba, non si agita, non ha preoccupazioni e non teme nulla. Confucioparagona la prudenza all'acqua che sa adattarsi alla misura di qualsiasi recipiente senza perdere la propria natura; così l'uomo prudente sa adattarsi a qualsiasi condizione di vita senza perdere la rettitudine[37].

Inoltre la prudenza dà all'uomo la consolazione di agire con certezza. Come è tormentoso ed affannoso lo stato di chi, sospeso tra mille dubbi, non sa quale decisione prendere! La prudenza invece distoglie l'uomo da quest'ansietà.

((Confucio disse: Il prudente non dubita; il caritatevole non è malinconico; il forte non teme))[38].

Per non dubitare non è sufficiente la conoscenza della situazione presente, ma occorre anche la previsione delle cose future. La prudenza fa che l'uomo con occhio lungimirante veda e preveda le cose che dovranno avvenire. Le vicende del mondo non seguono una strada necessaria e fatale, ma la cognizione dell'ordine perenne permette all'uomo prudente di penetrare nel futuro oscuro e di cogliervi previsioni di grande probabilità.

((Confucio disse: L'uomo che non ha previsioni lungimiranti, avrà tribolazioni imminenti))[39].

Con la prudenaz l'uomo penetra nelle oscurità del futuro, e penetra pure nel mistero delle relazioni reciproche tra creature. L'uomo prudente è come colui che ha due occhi magici, i quali scrutano il mistero di ogni creatura. Per questa cognizione chi è prudente sa regolarsi in armonia con tutti gli esseri, e diviene capace di gioire insieme alle creature irragionevoli, p. es. coi pesci e cogli uccelli.

Il mezzo ordinario per acquistare la prudenza è lo studio che ha per scopo principale di conoscere l'ordine perenne. Gli studi hanno per soggetti diverse materie, di cui le principali sono i libri canonici e classici, la musica, l'esercizio fisico, la scrittura; ma il loro scopo

---

(37) Lun-Nge, cap. III, part. II, n. 21.

(38) Lun-Nge, cap. V, part. I, n. 27; cap. VIII, part. II, n. 29.

(39) Lun-Nge, cap. VIII, part. I, n. 11.

ultimo non consiste solo nell'acquistare delle conoscenze, ma nell'acquistare l'alta sapienza. Non basta però che l'uomo studiando acquisti l'alta sapienza della conoscenza dell'ordine perenne; è pur necessario che egli ne studi le applicazioni pratiche e le possibilità di applicazione alla vita giornaliera. ((Tch'un-tze, disse Confucio, studia per poter applicare la retta dottrina))[40]. Così lo studio, nella tradzione confuciana, occupa una posizione importantissima:

((Confucio domandò: Yu (discepolo suo), hai mai sentito parlare dei sei difetti? No, rispose il discepolo. Allora io te ne parlerò, Chi ama la carità senza amare lo studio, avrà il difetto di essere stupido. Chi ama la scienza senza amare lo studio, avrà il difetto di essere superficiale. Chi ama la sincerità, senza amare lo studio, avrà il difetto di essere crudele. Chi ama la rettitudine senza amare lo studio, avrà il difetto di essere un tormento per gli alti. Chi ama la fortezza senza amare lo studio, avrà il difetto di essere turbolento. Chi ama l'ardimento senza amare lo studio, avrà il difetto di essere furioso)) [41].

Lo studio è il soffio che tempera l'asprezza della virtù: è la veste che adorna di qualità buone; è la macchina che porta l'uomo sulla giusta via. Questo studio allora non si accontenterà dello stretto spazio dei libri e della scuola, ma si espanderà su tutti gli orizzonti della vita umana.

((Confucio disse: Tch'un-tze non cerca la sazietà nel mangiare, non domanda la comodità nell'abitazione; si sforza diligentemente di compiere i propri doveri, usa grande attenzione nel parlare, chiede sempre consigli agli uomini virtuosi. Quest'uomo si può chiamare studioso))[42].

---

(40) Lun-Nge, cap. X, part. I, n. 7.
(41) Lun-Nge, cap. IX, part. I, n. 8.
(42) Lun-Nge, cap. I, part. I, n. 14.

Capitolo V
L'individuo

SOMMARIO: La posizione dell'individuo nella società, la relazione
fra gli individui, il sesso, la servitù.

41. La posizione dell'individuo nella società

Nella prima parte abbiamo parlato dei principi generali della dottrina confuciana, ora nella seconda parte tratteremo dell'applicazione di questi principi all'uomo concreto, cioè nell'ambiente individuale, famigliare e sociale. Noi vedremo nei seguenti capitoli come la scuola confuciana ha tracciato i compiti dell'uomo nei riguardi di queste tre manifestazioni della vita.

L'individuo nel sistema confuciano forma il centro della vita umana; questo centro non è assoluto, perchè esso dipende dal Cielo, ma ha i suoi diritti intangibili. Quale sarebbe il fine del Confucianesimo se non d'insegnare all'uomo a vivere rettamente? L'individuo quindi è il soggetto che il Confucianesimo studia, perfeziona ed armonizza. L'alta idea della famiglia forse sembra assorbire l'individuo, apparentemente diminuito dinnanzi alla grandiosità della pietà filiale; invece nella realtà ogni membro della famiglia ha il proprio posto, che è un piccolo centro degli interessi famigliari. Così l'individuo nella società è l'ultimo punto, a cui mirano le istituzuoni sociali. La dottrina politica confuciana non vuole sacrificare l'individuo per innalzare la società. La società civile esiste in quanto è voluta dal Cielo per un migliore conseguimento del fine della vita dell'individuo.

Alto valore ha l'individuo nella società, perchè elemento primario nella costituzione sociale. Nella sfera giuridica il capo famiglia è l'elemento sostanziale dell'organizzazione sociale, perchè egli è il responsabile davanti alla legge. Ma questa respomsabilità non sopprime la responsabilità individuale dei singoli membri della famiglia. Il capo famiglia rappresenta la famiglia e risponde per le cose che riguardano la vita familiare; gli altri membri non minorenni hanno pure la capacità di esercitare i diritti politici e di rispondere per ogni violazione di legge.

Una grande differenza c'è fra il diritto romano e il diritto cinese-confuciano: nel diritto romano il figlio è sempre incapace di esercitare i propri diritti; nel diritto cinese il figlio maggiorenne è capace di compiere atti giuridici e politici, benchè viva ancora sotto la direzione del pater familias.

Il principio della perfezione confuciana sta nell'individuo. Se si vuole che la famiglia sia perfetta, è necessario che i suoi membri siano perfetti moralmente. Se si vuole che l'impero sia sano moralmente, è necessario che le famiglie siano tutte moralmente sane. Chi vuole dirigere bene la famiglia, deve sapere anzitutto disciplinare bene la propria persona; Chi vuole governare bene l'impero, deve anzitutto saper disciplinare la propria famiglia. La logica confuciana lega l'individuo strettamente con la famiglia e con la società civile, e fa che l'individuo sia il punto di partenza per la perfezione sociale.

Per Confucio l'origine da una famiglia illuscre non è segno di gloria; essere figlio d'un padre nobile e ricco non costituisce un titolo di orgoglio. Quello che conta e che conferisce il titolo di grandezza, è la capacità personale e la perfezione morale dell'uomo stesso. Perciò nel suo sistema politico la scuola confuciana rivendica a tutti la possibilita di ascendere agli alti offici dell'impero, senza tenere conto della origine familiare.

L'individuo nella tradizione confuciana respira un'aria aperta: non sente la soffocazione. L'unica restrizione dottrinale, conseguenza della pietà filiale che considera l'esistenza del figlio come parte dell'esistenza dei parenti, non arriva a sopprimere la personalità del figlio. Nella società ogni individuo trova la porta aperta in tutte le direzioni senza ostacoli di classe o di razza.

Il Buddismo crede che la sola verità è la inesistenza cioè irrealtà dello individuo. Tutti i dolori della vita presente sono causati da una nefasta illusione che l'uomo ha circa la propria esistenza. I veri seguaci di Budda si sforzano di spegnere il desiderio della vita con l'annientamento di tutti i desideri umani. In questo sistema di perfetta negazione quale posto può avere ancora l'individuo? Una illusione da distruggere!

La dottrina taoistica ha una somiglianza con il Buddismo riguardo all'individuo. L'uomo individuo, come persona umana, esiste realmente; ma la sua esistenza individuale non lo separa assolutamente dall'essere universale. Una goccia d'acqua del mare ha la propria esistenza, quando è staccata per un momento dal mare, ma la perde subito nel ritornare al mare. L'individuo, quando vive, è una goccia d'acqua distaccata dal mare, e quando l'individuo muore, la goccia d'acqua ritorna al mare. Evidentemente in questo sistema l'individuo non è oggetto di un'attenzione speciale.

Il Confucianesimo invece afferma la realtà dell'individuo, ne rivendica il valore intrinseco e lo mette al centro del sistema morale sociale.

Affermato il valore reale dell'individuo, qual'è la sua relazione con la società? L'individuo è fine della società, la società non è fine dell'individuo. L'impero serve per accrescere la prosperità dei cittadini. Mencio dice che il popolo è più importante dello Stato e dell'imperatore[1]. Il bene comune può esigere sacrifici di beni particolari per servire più efficacemente e largamente gli interessi degli individui; perciò Mencio criticava aspramente l'egoismo di Yang-tchu:

((Yang (tchu) insegna l'egoismo assoluto; questo significa negare l'esistenza dell'imperatore... Negare l'esistenza dell'imperatore e dei parenti è un insegnamento che riduce l'uomo ad essere bestia))[2].

---

(1) Montze, cap. VII, part. II, n.
(2) Montze, cap. III, part. II, n. 8.

Non basta questo precetto negativo a contribuire al benessere della comunità, se non è unito con il precetto positivo del lavoro personale. Ogni membro deve lavorare per il progresso sociale nella sfera della propria possibilità. Confucio e Mencio passavano la vita nei disagi di continui e penosi viaggi per portare il contributo della loro dottrina al benessere comune. I discepoli, seguendo l'esempio dei maestri, riconoscono come obbligo di tutti contribuire alla prosperità dell'impero. L'aspirazione degli intellettuali confuciani era sempre di ottenere un officio pubblico; e questo, secondo l'insegnamento del Maestro, per lavorare per lo Stato.

((Soffrire prima che tutti nell'impero soffrano,e godere dopo che tutti dell'impero hanno già goduto))[3].

Non tutti sono in grado di coprire una carica governativa e di partecipare attivamente all'ordinamento sociale; ma tutti possono colla propria buona condotta aiutare la realizzazione dell'ordine sociale.

42. La relazione fra gli individui

La relazione degli individui fra di loro fu regolata ed illustrata piuttosto dalla morale che dal diritto. L'egoismo esagerato è condannato energicamente dagli insegnamenti confuciani; nello stesso tempo il Confucianesimo non spinge a fondo l'applicazione dei diritti personali, perchè si deve evitare l'eccessivo rigore del diritto e conciliarlo con il buon senso comune dell'umanità. Ciascuno ha le proprie cose, ma ciascuno deve pure saper sacrificarsi per poter vivere tranquillamente con il suo prossimo.

L'ordinamento sociale confuciano mette in evidenza la distinzione fra i superiori e gli inferiori, de esige una volonterosa sottomissione degli inferiori. Ma questa distinzione non è basata sul criterio del sangue o della classe. Il criterio di distinzione è la dignità,

---

(3) Fang-Tsong-Yeng.

l'officio e l'anzianità. Tutti i membri della società nascono eguali e hanno lo stesso diritto alla dignità e agli offici governativi, eccetto la distinzione naturale del sesso. Esistevano dignità che si trasmettevano da padre in figlio; e sono le poche ch'erano godute dai membri della famiglia imperiale. Le altre dignità ed offici governativi erano accessibili a tutti, e ciascuno poteva esservi assunto con l'esame governativo. Questo esame era liberissimo: e la candidatura dipendeva dalle capacità e dalla educazione di ciascuno. Tuttavia la eguaglianza sociale non si intendeva in senso assoluto, perchè certe disuguaglianze non possono essere distrutte senza distruggere nello stesso tempo la struttura sociale. La dignità imperiale sta sopra tutti i cittadini, e si deve ad essa una assoluta sottomissione; la paternità e la maternità esigono un perfetto rispetto dai figli; i maestri partecipano all'onore che si deve ai parenti; gli intelligenti dirigono i meno intelligenti e i più anziani precedono i più giovani. L'ordine sociale era armonicamente disposto secondo questa scala di gradazione: e nessun confuciano osava andarvi contro.

Dall'eguaglianza si passa alla libertà. Il concetto della libertà non si trova espressamente menzionato nei libri classici; ma realmente di libertà i Cinesi ne godevano più che a sufficienza. Erano anzitutto liberi riguardo alla religione; la legge si manteneva estranea alla coscienza del popolo circa la sua fede religiosa. Non sono mancati dei Confucianisti intransigenti che combatterono il Buddismo e il Taoismo come dottrine eretiche; si tratta però di discussioni piuttosto accademiche che pratiche. Grande era pure la libertà politica, perchè il popolo dopo avere pagato il tributo delle tasse e del servizio pubblico, era assolutamente libero riguardo alle opinioni politiche, pur essendoci stati talvolta dei tiranni che non tollerarono critiche. La libertà però deve essere sempre praticata entro i termini giustamente stabiliti dal Li.

43. Il sesso

La eguaglianza degli uomini non cancella la differenza naturale che divide la umanità in due sessi. La critica moderna biasima fortemente la concezione confuciana della donna. Invero il Confucianesimo non ha mai dubitato che la donna fosse eguale all'uomo nella sua natura umana, e neppure ha predicato che la vita della donna sia meno importante della vita dell'uomo. La concezione confuciana riguardo alla donna la colloca un una posizione inferiore nella società. Quindi in tempi nei quali altri popoli tenevano la donna più o meno nella condizone servile, il Confucianesimo ha avuto il pregio di riconoscerne le qualità essenziali.

Il compo e la sfera del lavoro e dello sviluppo delle qualità della donna si limitano ai muri della casa. Un proverbio dice chiaramente che l'uomo governa al di fuori della casa e la donna vi governa di dentro. Il Confucianesimo mette una serratura fortissima alla porta, e impedisce la comparsa della donna nella società. La donna non esercita nè può esercitare professioni, nè prendere impieghi nella società: essa appare in societa solamente per uscire da casa e per rientrarvi.

Non si è curato della educazione letteraria e sociale della donna; la cui ineducazione — secondo il proverbio — deve essere la sua virtù. In tutti i dialoghi di Confucio non si trova che una sentenza riguardante la donna, e non è certamente in favore del sesso femminile:

> ((Le donne e gli uomini volgari (Shio-ren) sono i più difficili a trattare. A tenerli vicini, diventano insolenti; a tenerli lontani, si lamentano))[4].

Il principio per tenere la donna al suo posto giusto è la sottomissione:

> ((La donna è soggetta a tre sorta di sottomissioni e non deve mai essere autonoma. Prima del matrimonio essa obbedisce al padre; dopo la morte del marito, la donna sta alle direttive del figlio, capo della famiglia))[5].

La inferiorità della donna nella società è resa più evidente dalla

---

(4) Lun-Nge, cap. IX, part. I, n. 25.
(5) Li-Chee, cap. I - Li.

disciplina della separazione dei sessi. La morale confuciana per garantire il buon costume, proibisce assolutamente la mescolanza dei due sessi nella vita sociale. La porta di casa custodisce gelosamente il pudore femminile, e quando secondo le prescrizioni è necessaria la comparsa della donna fuori della casa, allora si devono prendere molte precauzioni. Il diretto contatto dei due sessi era impossibile in ogni caso: così la donna viveva ritirata e non partecipava mai agli avvenimenti della nazione.

Tuttavia escludere la donna dalla vita sociale non significa cacciarla dal consorzio umano, nè vuole dire metterla in una condizione di servitù.

La donna nella famiglia è la padrona. Da ragazza, essa riceve una educazione necessaria e conveniente al proprio stato. Da sposa, dispone le cose e le faccende di casa sotto la direzione della Donna madre della famiglia; da madre, governa i figli; da madre di tutta la famiglia, essa è in dignità di comando. Se una donna interviene negli affari del marito, essa è biasimevole; se il marito ostacola le direttive della donna nella famiglia, egli pure è fuori posto. L'alta direzione negli affari di casa rimane sempre al marito e precisamente al capo famiglia, ma egli deve saper lasciare la libertà necessaria alla moglie per le cose al di dentro delle mura familiari.

La padrona di casa gode di una grande autorità e riscuote una profonda venerazione. Spettano ad essa l'amministrazione delle spese giornaliere, le disposizioni circa i lavori familiari e l'educazione dei figli. I figli sono obbligati a venerare la madre come il padre, non solamente quando sono giovani, ma anche quando saranno divenuti capi famiglia. Dentro la casa, la donna ha il suo regno.

Siccome la donna non può comparire da sola nella società, nè può occuparsi degli affari al fuori della casa, con il matrimonio essa deve affidarsi ad una cieca ubbidienza verso i parenti. Il patrimonio è un bene comune della famiglia; la donna dopo il matrimonio esce necessariamente dalla famiglia paterna e allora essa non partecipa mai alla divisione del patrimonio paterno, ma ha diritto alla dote del matrimonio.

Si raccomanda alle donne di avere quattro qualità speciali: la castità del costume, l'eleganza delle parole, la dolcezza del volto e la laboriosità. La tradizione femminile ha fedelmente seguito questo insegnamento confuciano ed ha fatto in modo che i lavori nascosti delle donne cinesi contribuissero grandemente alla conservazione dello spirito familiare e nazionale.

44. La servitù

Oltre il sesso come causa di disuguaglianza sociale, c'è la servitù. Nei libri canonici cinesi si trovano già i nomi che designano certe classi di persone che hanno una condizione servile, e nei libri classici e storici la menzione dei servi è assai frequente[6]. Quindi anche in antico esisteva in Cina la servitù che è continuata nei secoli posteriori. In questo nostro studio noi vogliamo vedere il pensiero confuciano, manifestato nelle disposizioni giuridiche riguardanti i servi. In teoria il Confucianesimo non ha detto niente nè pro nè contro la servitù; in pratica la condizione servile è ammessa dai seguaci del Maestro.

I servi si dividono in due categorie: i servi privati e i servi pubblici. I primi sono i servi delle famiglie private e gli altri sono i servi delle autorità pubbliche.

Le origini della servitù sono diverse. I servi privati vengono sempre dalla compra-vendita. A causa di estrema povertà i parenti preferivano vendere i propri nati anzichè vederli morire di fame. Vi sono pure dei servi che non sono venduti dai propri parenti, ma sono rapiti dai ladri e rivenduti. Questi servi entrano nella famiglia del padrone e diventano quasi membri della famiglia stessa. I servi pubblici sono dei colpevoli che hanno commesso delitti contro i quali è stabilita la pena della servitù. Questa servitù era generalmente tempo-

---

(6) I-King, cap. Figura Lü, cap. Figura Shio-shiu.
     Shu-King, cap. Hui-Tze e Hui-She.

ranea, ma qualche volta poteva essere anche perpetua. La pena poteva essere semplice o aggravata dall'esilio. I servi pubbilici compiono il loro servizio o nelle famiglie principesche o negli uffici pubblici[7].

La condizione dei servi evidentemente è molto inferiore a quella del popolo ordinario. La persona dei servi è di proprietà del padrone, il quale può liberamente disporre vendendoli o donandoli ad un amico; però il padrone non ha diritto di uccidere il servo, anche se gravemente colpevole[8].

Verso i membri della famiglia i servi sono inferiori e devono prestare rispetto a tutti. Un insulto del servo al padrone o ai membri della famiglia viene punito con pena più grave di un insulto ordinario.

Il servo non ha la proprieta dei beni, può però tenere qualche dono fattogli dagli altri o dal padrone. Il matrimonio fra un uomo libero e una donna di condizione servile liberamente contratto non era proibito; era proibita la frode alla famiglia dello sposo, presentando come libera una ragazza di condizione servile. Il matrimonio invece fra un servo e una donna libera non era permesso[9].

L'accesso agli uffici pubblici e alle dignità non era aperto ai servi, perche essi non potevano presentarsi agli esami governativi.

La condizione servile non è ereditaria. Su questo punto il Confuciamesimo, aderente allo spirito umanitario, consiglia sempre i regnanti

---

(7) Tcheou-Li: ((Chi commette un furto, sia condannato al servizio di carceriere se il delinquente è uomo, sia condannato a fare la legna, se è donna)).

(8) Codice Tang, Tom. XXII, art. Il padrone uccide il servo colpevole.

(9) ((Il padrone che prende una donna libera per farne la moglie del suo servo, sarà condannato al carcere di un anno; il capo famiglia della donna avrà una pena minore. Il matrimonio deve essere sciolto. Se il servo prende la donna libera per moglie (lo ha fatto da sè), sarà condannato come il padrone di casa; se il padrone sapeva di questo matrimonio, egli sarà condannato a cento colpi di verga. Se si procede a mettere il nome della donna come moglie legittima del servo nel registro officiale, egli sarà esiliato in una regione lontana di tremila miglia)). Codice Tang., Tom. XIV art. Il servo prende una donna libera per moglie.

ad intervenire in favore degli umili. La schiava passata in matrimonio a um marito libero, diventa libera; il servo che ha ottenuto il permesso di sposare una donna liberà, ottiene lo stato di libertà, pur continuando il servizio: i suoi figli infatti non saranno obbligati ad essere servi di quel padrone. La legge vuole sempre che i figli venduti siano redimibili in qualsiasi momento in cui i parenti siano in grado di redimerli[10]; proibisce poi severamente ai malviventi la rapina e la vendita dei ragazzi e delle ragazze[11].

---

(10) Cfr. *La storia della dinastia Hang posteriore. cap L'imperatore Kuang-wu-ti.*
(11) Codice Ts'ing, Tom. XXV. cap. Il diritto penale. art. Il furto.

Capitolo VI

La Famiglia

SOMMARIO: La importanza, l'ambiente, la continuità, la consanguineità, la disciplina.

45. La importanza

Gli studiosi e gli scrittori che hanno parlato della Cina, hanno dato sempre un rilievo speciale all'istituto della famiglia, riconoscendolo come fondamento della vita del popolo cinese. In tutti i paesi e presso ogni popolo la famiglia ha sempre tenuto una importanza capitale nell'ordinamento sociale, perchè essa è il primo nucleo dell'edificio statale. Il Confucianesimo ha concentrato la propria attenzione sull'istituto della famiglia ed ha formato il popolo ad amarla.

La famiglia per il Confucianesimo anzitutto è il campo e la sfera dentro la quale l'uomo vive e muore. E' vero che tutti gli uomini nascono e muoiono nella società civile: però non tutti gli uomini partecipano alla vita sociale e alla vita politica, nè tutti lavorano direttamente per la società. Le donne che non compaiono nella società, non prendono interesse alle istituzioni e alle attività sociali. Ma tutti hanno una famiglia e lavorano per essa. Dal primo giorno all'ultimo della vita l'uomo si trova sempre al di dentro delle mura familiari. Quindi il campo e la sfera di tutti gli uomini e di tutte le donne è la famiglia, su cui si concentrano tutte le loro ansie e le loro precoccupazioni, e per cui consumano le loro energie e il loro tempo.

La famiglia è il modello della società civile. Presso i Romani l'istituzione familiare è una imitazione dello Stato. ((Fu osservato che la parola famiglia sta ad indicare due istituti essenzialmente diversi: la famiglia agnatizia, dalla quale prese le mosse il diritto romano, e la famiglia cognatizia che è la sola di cui tiene conto il diritto moderno. La famiglia agnatizia è costituita dal complesso delle cose e persone soggette a un solo capo, o *pater familias*; la famiglia cognatizia è costituita dal complesso delle persone che discendono, per procreazione, da un medesimo capostipite. Quella ha il suo fondamento nell'interesse, questa nell'affetto; quella aveva funzioni massimamente politiche ed economiche; questa funzioni essenzialmente etiche. Il capo della famiglia agnatizia è il *pater*: quello che comanda; il capo della famiglia cognatizia è il genitore: quello che ha procreato))[1].

La famiglia romana, per la sua natura essenzialmente politica ed economica, è un'ombra dello Stato civile; invece la famiglia cinese è il modello dell'impero, perchè lo Stato è considerato come una amplificazione e uno sviluppo della famiglia. Perciò il carattere distintivo della famiglia cinese è l'eticità che congiunge le persone cognatizie in una sola comunità. Nella famiglia cinese vivono moltissime persone, delle quali non tutte sono consanguinee, come le donne maritate; ma lo spirito confuciano vuole che tutte le persone di una medesima famiglia sinao considerate consanguinee, e così le donne e i figli adottivi hanno relazione con gli altri membri della famiglia in base ad una consanguineità fittizia.

Ma il carattere cognatizio nella famiglia cinese non è puro, perchè la organizzazione ha una certa somiglianza colla famiglia romana nella potestà del capo della famiglia. Non comandano tutti i genitori nella famiglia, ma solo uno dei genitori che è il capo della famiglia. Quindi la famiglia cinese non è come la famiglia romana, nè come la famiglia moderna, ma porta in sè il carattere agnatizio e cognatizio. Il principio direttivo nella famiglia non è giuridico, ma etico e regola le relazioni fra tutti i membri della stessa famiglia.

Inoltre la famiglia è la palestra di educazuone. La scuola confuciana mette la educazione morale cone base di ogni altro sviluppo, e fa incominciare tale educazione nella famiglia. In una famiglia numerosa

---

(1) Giovanni Pacchioni, *Manuale di Diritto romano*, 1935, p. 576, Torino.

le relazioni sono molteplici; e quando uno fu ben educato nel rispetto di queste relazioni, egli ha già imparato ad entrare e a stare in relazione con tutte le altre persone della società. Il Confucianesimo quindi batte sempre su questo punto affinchè il popolo cinese, imbevuto di questo spirito, conosca le altre società, sul modello della famiglia.

46. L'ambiente

La famiglia cinese è un istituto che comprende non solo i coniugi e figli, ma numerose persone di diverse generazioni. La tradizione confuciana è penetrata profondamente nel pololo così da formare un costume infrangibile, che detesta e biasima la separazione dei focolari dei figli da quello dei genitori e dei fartelli dai fratelli. A garantire questo insegnamento morale il diritto cinese viene in aiuto, stabilendo delle sanzioni penali contro i separatisi:

((Se i parenti (nonno e nonna paterna, padre e madre) sono viventi ancora, i nipoti o i figli che fanno una famiglia propria distaccandosi da loro e dividendo il patrimonio, saranno condannati a cento colpi di bastone))[2].

Questa proibizione sancisce il costume che vuole le persone di diverese generazioni riunite presso un solo focolare. I fratelli non si separano dai fratelli e i nipoti non si distaccano dagli zii. La storia parla di famiglie che hanno avuto persone di sette o anche di nove generazioni[3].

Il matrimonio del figlio non significa nè può costituire causa di separazione del figlio dal padre. Un giovane dopo il matrimonio continua a vivere nella famiglia paterna anche dopo avere avuto dei figli. Nessuno leverà la voce contro un giovane che non ha costituito

---

(2) Codice Ts'ing, L. III, Tom. VIII, c. la famiglia, art. ((I figli non devono dividere...)).

(3) Cfr. Fr. Luigi Vannichlli, La famiglia cinese, Milano 1943, p. 149.

una famiglia propria dopo il suo matrimonio, ma al contrario si biasimerà il giovane che si è reso autonomo.

Mentre la famiglia non è divisa, tutti i suoi membri vivono sotto la direzione di un capo famiglia. La convivenza però non è necessariamente sotto un medesimo tetto; i membri possono essere separati materialmente in diverse case, ma la direzione e la economia familiare è sempre unica. Il capo famiglia è il più anziano secondo la consanguineità: il nonno o il padre o il fratello maggiore o lo zio. Al capo famiglia appartiene la direzione degli affari economici, della educazione intellettuale e del matrimonio dei membri della famiglia. La donna più anziana avoca a sè l'onore e l'officio della padrona di casa. Tutte le altre donne della famiglia sono soggette alla padrona, e gli uomini delle generazioni inferiori devono pure prestarle riverenza. I membri maschi e maggiorenni sono capaci di agire giuridicamente, eccetto per quegli affari che riguardano la famiglia. Un figlio maggiorenne può accettare un officio governativo, può esercitare una professione e puo compire tutti gli atti giuridici.

L'istituto familiare cinese ha un altro campo vasto fuori della molteplicità delle generazioni. Difatti numersoe famiglie discendenti da un capostipite comune si riuniscono e formano una comunità che si dice ((Tzu)) (la gente o il clan). Questo istituto è la più potente, la più tenace e la più resistente delle organizzazioni sociali della Cina ed ha durato dai primissimi giorni della storia fino ai nostri tempi. Il Tzu inquadra tutti i Cinesi in diverse organizzazioni con impegno grave e con affetto profondo. L'espressione formale di Tzu è il nome della famiglia, che fu prima adoperato dal capostipite e poi da tutti i discendenti[4]. Ma non tutti gli uomini dello stesso nome di famiglia sono

---

(4) Tchang-Tsai-Liang, *La storia dei costumi cinesi*, Shanghai 1928, p. 26.
   L. Vannicelli, o. c. p. 69: ((Ogni Cinese si distingue col nome di famiglia, di generazione e di persona... Cosa indica il nome di famiglia? Il nome di famiglia indica tutti i consanguinei maschili e femminili, discendenti da un comune capostipite. Si trasmette in linea maschile. Quando una famiglia si divide in più rami, ogni ramo (Tzu) sceglie, per comune convenzione, nomi di generazioni differenti per distinguersi da altri rami della stessa famiglia)).

dello stesso Tzu. Anticamente tutti questi appartenevano allo stesso Tzu, ma quando i membri emigrarono in altri distretti e provincie, gli emigrati con i loro discendenti formarono dei Tzu distinti dai precedenti. Ogni Tzu ha un tempio commemorativo degli antenati, dove i membri si riuniscono per la oblazione rituale (sacrificio agli antenati), per gli affari comuni e per le altre solennità. Vige una organizzazione rigorosa dentro lo Tzu. Si elegge un presidente che è capo dello Tzu; si eleggono alcuni consiglieri che sono anche sottocapi delle diverse divisioni[5]. Si costituisce un largo patrimonio comune che è destinato per le spese del tempio commemorativo. Il presidente e i consiglieri formano il consiglio dello Tzu, che fa da arbitro nelle contese dei membri del clan e vigila sulla condotta di tutti, e nel caso di delitti può comminare pure delle pene[6]. Questo consiglio protegge i deboli e provvede all'assistenza dei vecchi, delle vedove e degli orfani del suo Clan. La pena più grande è la scomunica che sconfessa un colpevole e lo caccia fuori del Clan.

Nel tempio commemorativo sono conservati i libri della geneologia di tutti i membri. In questi libri sono scritti i nomi, le date di nascita e di morte, la discendenza e i fatti principali di ogni membro. E se ci sono dei membri illustri, nel libro si dedicano loro delle pagine per raccontarne i fatti gloriosi. Ogni venticinque o cinquant'anni, si rinnova la compilazione del libro genealogico, con l'aggiunta dei

---

(5) ((Il presidente del Se-tang (tempio commemorativo) è un membro del consiglio, eletto dal consiglio stesso. Gli altri ufficiali del Se-tang sono eletti dal presidente oppure dal consiglio ed anche gli uffici sono tenuti per turno dai componenti stessi del consiglio. Secondo Kang-kang-hu, il presidente del Se-tang dovrebbe avere le seguenti qualità: dovrebbe appartenere alla generazione più anziana del clan o almeno non essere sotto i 50 anni di eta; dovrebbe essere il figlio maggiore del ramo diretto del clan; dovrebbe essere persona nota per condotta morale e carattere ineccepibile; dovrebbe avere ottenuto un alto grado accademico o laurea; dovrebbe avere una larga e felice esperienza nella vita ufficiale e sociale; dovrebbe essere economicamente indipendente)). Vannicelli, *o. c.*, p. 83.

(6) ((Praticamente il Se-tang è l'unico tribunale del clan poichè giudica tutte le cause civili e criminali dei suoi dipendenti ed è arbitro nelle dispute tra le famiglie e tra gli individui)). Vannicelli, *o. c.*, p. 83

membri nuovi. Da questi libri ogni famiglia può conoscere la propria storia fino dai secoli più remoti e si possono anche ricavare molti documenti per la storia nazionale.

L'amore e l'attaccamento allo Tzu è radicato profondamente nei cuori dei Cinesi. Si preferisce di sacrificare i diritti e i beni propri per salvare l'onore e il diritto dello Tzu.

47. La continuità

Lo spegnersi della famiglia è una cosa troppo delorosa e vergognosa per un Cinese, perchè morire senza lasciare una persona che continui la propria memoria e che offra le oblazioni rituali agli antenati è una disgrazia senza rimedio. Il Tzu non corre pericolo di spegnersi; è impossibile che nessuna famiglia del Clan non lasci discendenti, specialmente se si tratta di famiglie di numersoe generazioni. Può avvenire che alcuno dei maschi della famiglia muoia senza figli, o perchè la morte l'ha colto prima del matrimonio o perche tutti i suoi figli e nipoti sono stati rapiti da morte immatura. In questo caso il ramo del defunto si spegne, se non si ricorre a qualche rimedio artificiale: per esempio, prendersi un figlio adottivo con il titolo di figlio ereditario.

I Cinesi vogliono quindi che la famiglia sia sempre conservata in vita: o attraverso il mezzo naturale che'è la procreazione dei figli, oppure adottando un figlio ereditario. Il concetto della sopravvivenza della famiglia si mantiene precisamente nella continuazione delle oblazioni rituali agli antenati. Fino a quando esiste uno che offra queste oblazioni, la famiglia non è spenta: quando cessa questa oblazione, la famiglia finisce di vivere.

Il diritto di offrire le oblazioni agli antenati costituisce l'essenza della eredità cinese. Il patrimonio del defunto è patrimonio della famiglia, quindi proprietà comune dei membri della famiglia, che non entra a fare parte della eredità. La morte di un membro della famiglia, fosse anche il capo, non produce nessun cambiamento economico. Nel diritto romano classico la successione al titolo di paterfamilias costituiva l'essenza della eredità; questo non avviene nel diritto cinese, perchè alla morte del fratello maggiore succede il fratello minore nella direzione della famiglia con il titolo di paterfamilias, ed egli certamente non è il figlio ereditario.

Può darsi che il passaggio si effettui anche senza la morte: quando p. es. il padre vecchio si ritira dalla direzione e l'affida al figlio. L'eredità cinese consiste quindi nel diritto di offrire l'oblazione rituale agli antenati. Chi ha questo titolo, è figlio ereditario, il quale naturalmente eredita i beni del defunto.

Il diritto di offrire la oblazione rituale si trasmette solo attraverso la linea maschile, e precisamente attraverso la primogenitura. Nella istituzione della poligamia, il primogenito è il primo figlio della moglie principale. Se il primogenito muore prima del padre, allora la successione procede secondo un ordine stabilito dal diritto. Eccolo:

Padre:

A. il primogenito, figlio;

B. il nipote primogenito;

C. il secondo fratello del primogenito, figlio;

D. il primogenito della prima concubina;

E. il fratello del primogenito, nipote;

F. il primogenito nipote della prima concubina.

Il numero significa l'ordine della successione al diritto di oblazione; mancato il numero precedente, succede il numero seguente. Se non rimane nessuna persona di questi sei numeri, allora si deve procedere alla successione con un figlio adottivo, il quale prenderà il titolo di figlio ereditario con tutti i diritti del figlio legittimo. Il figlio ereditario adottivo secondo il diritto deve essere dello stesso Clan e della generazione inferiore all'adottante[7].

---

(7) Hsu-Chiao-Yang, *Le origini del diritto fam. cinese*, Shanghai 1933, p. 151.

Non è proibito di adottare figli o figlie di altri Clan; ma questi figli adottivi non ricevono la vera veste di figlio, nè ottengono parità di diritti riguardo alla divisione del patrimonio.

Esiste pure un altro modo di successione che fa gravare sulle spalle di una persona una doppia successione. Un figlio unico è obbligato a succedere nella famiglia del padre e dello zio, se questo non ha dei figli propri. Quindi quando egli avrà figli, uno di essi sarà destinato a succedere a suo padre, e uno sarà destinato a succedere allo zio. Se egli non ha che un figlio, si deve procedere alla successione secondo l'ordine giuridico. Questa doppia successione può avvenire anche quando un uomo ha solamente una figlia. Egli potrà prendere il marito della figlia come figlio nella propria famiglia, ed aspettare che alla figlia nascano due figli, uno dei quali sarà destinato a succedere al padre della madre, e uno a succedere al padre del padre. Ma se la figlia ha solamente un figlio, questo deve succedere nella famiglia del padre, e alla famiglia della madre si provvede con un figlio adottivo ereditario.

Le donne non hanno parte nella successione, anche se muoiono prima del matrimonio. E neppure tutti i maschei morti possono avere un figlio adottivo per continuare la propria memoria con le oblazioni rituali. Il diritto, come vedremo poi, ha stabilito dei limiti.

La famiglia continua a vivere nelle oblazioni irtuali; ma se si sacrifica a tutti e a ciascuno degli antenati, ogni famiglia avrebbe un numero eccessivamente grande di personaggi da ricordare, e molte altre relazioni diventerebbero troppo complicate. Perciò il Li stabilisce un limite massimo di antenati che devono essere ricordati distintamente nelle oblazioni. Questo numero massimo è la quinta o la settima generazione. Nella sala centrale della casa si trovano le tavole commemorative degli antenati che sono piccoli pezzi di legno verniciato con la iscrizione del nome del defunto, messi lì dal giorno della sepoltura. Le oblazioni rituali si offrono davanti a queste tavolette. La presenza di una tavoletta è il ricordo distintivo del defunto. Le prescrizioni del Li vogliono che solamente le tavolette di cinque generazioni di antenati siano presenti nella sala. La tavoletta centrale ricorda il capostipite, le altre tavolette sone dei parenti morti della linea diretta dal più vicino al più lontano. Se muore un parente vicino, la sua tavoletta sospinge la tavoletta del parente defunto più lontano. La prescrizione delle sette generazioni è piuttosto riguardo all'imperatore, il quale offre la oblazione oltre che alle cinque generazioni ordinarie, anche alla tavoletta del fondatore della dinastia e al capostipite del ramo, da cui l'imperatore attuale discende.

48. La consanguineità

Quando si rimuove la tavoletta di un defunto dalla sala, cessa pure la relazione di consanguineità fra le persone che hanno per comune capostipite il defunto di cui la tavoletta è stata rimossa. Quindi la consanguineità collaterale non esce dal quinto grado secondo il modo di contare nel diritto canonico. Per contare la consanguineità, la tradizione cinese segue un sistema tutto proprio, che si basa sul tempo del lutto.

Veniamo ora a parlare del lutto. Dopo la morte di una persona consanguinea si deve osservare un certo tempo di lutto che prescrive abiti rozzi ed astinenza dalle feste. La durata del lutto è divisa in diverse classi: tre anni, un anno, nove mesi, cinque mesi e tre mesi. Un lutto che dura più a lungo, è più grave ed è per una persona più intimamente unita nella consanguineità. La gravità però del lutto ha un altro elemento che consiste nella diversità degli abiti. Il colore del lutto è il bianco e la materia è il lino. Per il lutto grave, si adopera un lino più rozzo.

Ecco uno schema:

Prima classe del lutto: tre anni con abito di lino crudo senza cucitura.

Seconda classe del lutto: un anno con abito di lino rozzo senza cucitura.

Terza classe del lutto: nove mesi con abito di lino rozzo.

Quarta classe del lutto: cinque mesi o con abito di lino rozzo come la seconda classe o con lino ordinario.

Quinta classe del lutto: tre mesi o con lino rozzo come la seconda classe o con lino ordinario.

L'applicazione di queste classi del lutto alle persone consanguinee della linea diretta è molto chiara, ma è assai complicata per le persone della linea collaterale, e complicatissima per le donne.

La divisione della consanguineità e dell'affinità non è uniforme nella tradizione confuciana e nel diritto ordinario. La tradizione confuciana divide le persone congiunte di sangue in consanguinee interne, consanguinee esterne e affini.

La consanguineità interna abbraccia: 1) tutti i maschi e le femmine non maritate, discendenti dal comune stipite della linea paterna; 2) le mogli delle suddette persone maschili; 3) i figli adottivi o ereditari o semlicemente adottivi; 4) i figli delle concubine nei confronti della moglie principale del padre.

La consanguineità esterna abbraccia: 1) i maschi e le femmine discendenti dal comune stipite della linea materna; 2) le mogli delle persone suddette maschili; 3) le donne della consanguineità interna dopo il loro matrimonio; 4) i discendenti dalle donne del numero precedente.

La divisione in consanguineità interna ed esterna ha la base nel concetto della famiglia, perchè le persone della consanguineità interna devono vivere nella stessa famiglia e le persone della consanguineità esterna vivon in famiglie separate.

L'affinità ordinariamente è reciproca nei riguardi dei due sposi e dei loro consanguinei. Ma nella tradizione confuciana l'affinità esiste solamente nella relazione fra il marito e le persone consanguinee della moglie. Invece la relazione fra la moglie e le persone consanguinee del marito è consanguineità interna.

Il diritto moderno cinese ha abbandonato questo sistema di divisione ed ha abbracciato la divisione ordinaria di consanguineità e di affinità.

Per avere un'idea complessiva del sistema del lutto, lo presentiamo nei tre schemi seguenti:

Schema del lutto dei consanguinei interni.

1	2	3	4	5	6	7	8	9
				trisavolo trisavola lutto 3 mesi				
			sorelle del bisnonno p.m. lutto 3 mesi d.m. senza lutto	bisnonno bisnonna lutto 5 mesi	fratelli del bisnonno e mogli lutto 3mesi			
		cugine del nonno p.m. lutto 3 mesi d.m. senza lutto	sorelle del nonno p.m. lutto 5 mesi d.m. lutto 3 mesi	nonno nonna lutto 1 anno	fratelli del nonno e mogli lutto 5mesi	cugini del nonno e mogli lutto 3mesi		
	figlie del cugino del nonno p.m. lutto 3 mesi d.m. senza lutto	cugina del padre p.m. lutto 5 mesi d.m. lutto 3 mesi	zie p.m. lutto 1 anno d.m. lutto 9 mesi	padre madre lutto 3 anni	zii e mogli lutto 1 anno	cugini del padre e mogli lutto 5mesi	figli del cugino del nonno e mogli lutto 3mesi	
nepoti del cugino del nonno p.m. lutto 3 mesi d.m. senza lutto	figlie del cugino del padre p.m. lutto 5 mesi d.m. senza lutto	cugine p.m. lutto 9 mesi d.m. lutto 5 mesi	sorelle p.m. lutto 1 anno d.m. lutto 9 mesi	**Io**	fratelli lutto 1 anno le cognate lutto 5mesi	cugini lutto 9mesi loro mogli lutto 3mesi	figli del cugino del pardre lutto 5 mesi loro mogli senza lutto	nepoti del cugino del nonno lutto 3mesi loro mogli senza lutto
	nepoti del cugino del padre p.m. lutto 3 mesi d.m. senza lutto	figlie del cugino p.m. lutto 5 mesi d.m. lutto 3 mesi	figlie del fratello p.m. lutto 1 anno d.m. lutto 9 mesi	primogeni- to e moglie lutto 1 anno altri figli lutto 1 anno loro mogli lutto 9 mesi	figli dei fratelli lutto 1 annoloro mogli lutto 9mesi	figli del cugino lutto 5mesi loro mogli lutto 3mesi	nepoti del cugino del padre lutto 3mesi loro mogli senza lutto	
		nepoti del cugino p.m. lutto 3 mesi d.m. senza lutto	nepoti del fratello p.m. lutto 5 mesi d.m. lutto 3 mesi	primogenito depote lutto 1 anno, sua moglie lutto 5 mesi altri nepoti lutto 9 mesi loro mogli lutto 3 mesi	nepoti dei fratelli lutto 5 mesi loro mogli lutto 3mesi	nepoti del cugino lutto 3mesi loro mogli senza lutto		
			pronepoti del fratello p.m. lutto 3 mesi d.m. senza lutto	pronepoti lutto 3mesi loro mogli senza lutto	pronepoti dei fratelli lutto 3mesi loro mogli senza lutto			
				abnepoti lutto 3mesi loro mogli senza lutto				

NOTA · p.m. = prima del matrimonio.

d.m. = dopo il matrimonio.

Schema del lutto dei consanguinei esterni.

		bisnonno materno bisnonna materna senza lutto		
	zia materna senza lutto	nonno materno nonna materna lutto 5 mesi	zii materni lutto 5 mesi	
figlie della zia lutto 3 mesi	cugini (figli della zia materna) lutto 3 mesi	**Io**	cugini (figli della zio materno) lutto 3 mesi	figlie del cugino della madre senza lutto
	nepoti della zia senza lutto	figli della figlia lutto 3 mesi	figli del cugino materno senza lutto	
		nepoti della figlia senza lutto		

schema del lutto degli affini.

		suocero suocera lutto 3 mesi		
		Io		
		genero lutto 3 mesi		

Altro schema per illustrare certe relazioni di lutto speciali:

A. I tre patrigni:

a) Se uno abita insieme col patrigno e tutti due non hanno dei consanguinei, per cui siano obbligati al lutto di nove mesi, dopo la morte del patrigno, si deve osservare il lutto di un anno. Se uno di loro ha dei consanguinei del lutto di nove mesi, allora per il patrigno si osserva il lutto di tre mesi;

b) Se uno non abita col patrigno, o prima coabitava e poi si è separato, per lui non si osserva il lutto;

c) Se uno va insieme colla matrigna ad abitare nella famiglia del nuovo marito, dopo la morte di questo si deve osservare il lutto di un anno.

B. Le otto quasi-madri:

a) La madre adottiva. Il figlio adottivo con il titolo di figlio eredi-tario, per la madre adottante deve osservare il lutto di tre anni;

b) La madre legale. Il figlio della concubina deve riconoscere la moglie principale del padre come madre legale, e per essa deve fare il lutto di tre anni;

c) La matrigna. Per la matrigna si osserva il lutto di tre anni;

d) La madre putativa. Quando, dopo la morte della madre, il bambino viene allevato con cura materna da una concubina del padre, alla morte di questa concubina il bambino deve osservare il lutto di tre anni;

e) La madre rimaritata. Per la madre che dopo la morte del marito è passata a un nuovo matrimonio, il figlio deve osservare il lutto di un anno;

f) La madre ripudiata. Se la madre è stata ripudiata dal padre, il figlio osserva per essa il lutto di un anno;

g) La madre secondaria. La concubina del padre si considera come una madre secondaria e per essa si osserva il lutto di un anno;

h) La nutrice. Per la nutrice si osserva il lutto di tre mesi [8].

49. La disciplina

La famiglia cinese è una comunità di non pochi membri ed ha come base di unione l'affetto naturale. Ma questo affetto, benchè forte, non sarà mai sufficiente a tenere tutti i membri in ordinata concordia, come la vita comune esigerebbe; perciò si deve stabilire una disciplina. Se la famiglia cinese, nonostante la molteplicità delle generazioni, si è mantenuta sempre nell'unione più forte sostenendo tutti gli urti e le scosse della storia, si deve supporre che esista in essa una disciplina che regola assai bene le relazioni fra i suoi membri.

I principi fondamentali di questa disciplina sono due: il rispetto e la separazione dei sessi.

Il primo principio mira a rendere la unione familiare ordinata, armoniosa e durevole; il secondo mira a tutelare la santità del matrimonio, la purezza del costume e la rettitudine dell'affetto.

Il rispetto nella famiglia obbliga gli inferiori a riconoscere la dignità dei superiori, prestando loro i segni di riverenza. Si parla tanto dell'autorità, e s'insiste molto sul rispetto. Il fratello deve rispettare il fratello maggiore, i nipoti devono rispettare gli zii, le concubine rispettano la moglie principale, e tutte le donne rispettano la padrona di casa. La scuola confuciana considera l'istituto della famiglia come eminentemente etico, e il rispetto è un segno etico nei riguardi dei superiori. L'autorità del capo famiglia ha naturalmente una sfera molto larga ed esige la sottomissione di tutti i membri. Ma se i membri rcionoscessero solamente quest'unica autorità, la famiglia non procederebbe con perfetto ordine. Quindi il Li ha prescritto una gerarchia nella famiglia secondo la generazione e l'anzianità. La generazione superiore ha la precedenza sulla generazione susseguente, per cui lo zio è superiore al nipote; la priorità di nascita garantisce pure la

---

(8) Tsong-Hong-Ehing, *Il diritto familiare cinese*, Shanghai 1933, p. 44-48. Hsu-Chiao-Yang, *Le origini del diritto fam. cinese*, Shanghai 1933, p. 34-44.

precedenza sulle persone nate dopo, cosicche il fratello maggiore è superiore al fratello più giovane.

Ripetiamo ancora una volta che questa gerarchia non è giuridica ma etica, che porta però delle conseguenze assai gravi. La persona della gerarchia superiore deve essere rispettata dalle persone inferiori, ed ogni ingiuria è punita con pene proporzionate. Il diritto penale, come di solito, viene in aiuto alla morale e sancisce i diritti di questa gerarchia con sanzioni penali[9]. D'altra parte la persona superiore ha una maggiore responsabilità nei riguardi della cooperazione ai delitti.

Un ragazzo in famiglia ha due cose da imparare: la pietà filiale e il rispetto ai superiori. L'affetto naturale del ragazzo verso tutti i consanguinei di casa, deve essere sviluppato entro i limiti assegnati da queste due virtu. Confucio esaltava questa educazione dicendo:

((Chi è pietoso verso i parenti e rispettoso verso i superiori nella famiglia, sarà pure coscienzioso circa il rispetto alla legge e ai superiori nella società))[10].

---

(9) ((Se uno percuote il cugino o la cugina maggiore (del grado di lutto di tre mesi), sarà punito con cento colpi di bastone; se uno percuote il cugino o la cugina maggiore (del grado di lutto di cinque mesi), sarà punito con sessanta colpi di bastone e un anno di reclusione; se uno percuote il cugion o la cugina maggiore (del grado di lutto di nove mesi), sarà punito con sessanta colpi di bastone e un anno e mezzo di reclusione. Se il percosso è di una generazione uguale al padre. la pena sarà proporzionatamente aumentata di un grado.

((Se la percussione ha causato delle mutilazioni, la pena sarà più grave di un grado della pena ordinaria per la mutilazione. Se la percussione ha causato una malattia mortale, la pena sarà l'impiccagione. Se la percussione ha causato la morte, la pena sarà la decapitazione.

((Se una persona superiore percuote una persona inferiore (di famiglia) fino alla mutilazione, non ha pena. Se è avvenuta la mutilazione, la pena sarà quella ordinaria della mutilazione con la diminuzione proporzionata alla consanguineità: la pena si diminuisce di un grado, se il percosso è un consanguineo inferiore del lutto di tre mesi; si diminuisce di due gradi, se è del lutto di cinque mesi; si diminuisce di tre gradi se è del lutto di nove mesi. Se è avvenuta la morte, la pena sarà la impiccagione)). Cfr. Codice Ts'ing, Tom. XXVIII, cap. *Il diritto penale*, art. *Il conflitto violento*.

(10) Lun-Ngu, cap. I, part. I, n. 1.

Così pure Mencio considerava questa educazione come la base di ogni altra istruzione:

((Se ciascuno ama i suoi parenti e venera i suoi maggiori di casa, tutto l'impero sara in pace))[11].

50. La separazione dei sessi

E' una regola generale per la vita sociale cinese, ma si applica con tutti i suoi rigori anche dentro le mura della famiglia, fatta eccezione per la madre. Se la nazione cinese ha potuto resistere alle devastazioni di parecchi millenni, lo si deve in gran parte alla severità e serietà dei costumi che hanno creato nell'animo dei Cinesi un senso forte di stabilità e di disciplina.

La separazione dei sessi in generale riguarda due cose principali: il contatto diretto tra due persone di diverso sesso e la inviolabilità della camera di una donna. Nessun uomo, nè familiare nè estraneo, può essere introdotto nella intimità con una donna di casa, fatta eccezione del marito. Non si possono mettere a chiacchierare da soli un uomo e una donna; si mangia in tavole separate per gli uomini e per le donne, eccetto per le feste di famiglia e per fare compagnia al padre o alla madre o a un altro parente vecchio.

La forma però della separazione varia secondo il tempo e secondo il luogo. Una regola generale dice:

((Gli uomini e le donne non si mettano a sedere mescolati... non adoperino gli stessi asciugamani per lavarsi, nè si consegnino le cose a mano direttamente))[12]

Sono assoggettati a questa regola anche i fratelli e le sorelle.

-----

(11) Montze, cap. IV, part. I, n. 2.
(12) Li-Chee, cap. Tchu-Li.

Nell'età infantile, i fratelli possono giuocare e stare insieme con le sorelle piccole, ma ((dall'età di sette anni, fratelli e sorelle non mangiano alla stessa tavola, nè siedono sulla stessa panca))[13].

Questa regola non si osserva propriamente alla lettera, ma nello spirito perchè, il contatto materiale fra fratelli e sorelle, specialmente nelle famiglie povere, è inevitabile. Una categoria di persone deve osservare la regola della separazione senza la minima eccezione: sono i cognati e le cognate tra di loro. Nella famiglia cinese stanno insieme tutti i fratelli, quindi vivono insieme anche le cognate, e vi possono essere anche le concubine dei fratelli. Se nella famiglia non esistesse una disciplina severa circa le relazioni fra cognati, cognate e concubine dei fratelli, potrebbero nascere gravi scandali familiari con la dissoluzione della compagine della famiglia stessa. Perciò fra cognati e cognate la separazione è rigorosa:

((Il cognato non deve toccare la cognata, nè la cognata deve toccare il cognato))[14].

Un sofista allora domandò a Mencio: se la cognata è caduta nel fiume, non sarà permesso di salvarla? Mencio rispose con il senso comune dicendo che nei casi estremi la regola generale ha delle eccezioni, quindi sarà lecito di dare la mano per tirare fuori la cognata dall'acqua[15].

La camera della madre o della nonna è comune ed aperta a tutti; vi possono convenire tutti i figli, le figlie e le altre donne e uomini di casa. Al cognato non è mai permesso di entrare nella camera della cognata, e quando il fratello maggiore è capo famiglia e ha necessità di parlare alle cognate per dare qualche ordine, egli deve parlare loro stando fuori della porta. La camere delle donne nubili sono quasi una

---

(13) Li-Chee, cap. Nui-Zei.
(14) Li-Chee, cap. Za-chee.
(15) Montze, cap. IV, p. I, n. 14

clausura, in cui non si può introdurre nessun uomo; anche il fratello si astiene dall'entrare nella camera della sorella. Certamente è una disciplina rigida e talvolta quasi esagerata, ma ha indubbiamente i suoi grandi pregi.

Capitilo VII

Il Matrimonio

SOMMARIO: La nozione, i caratteri, il fidanzamento, le solennità nuziali, gli impedimenti matrimoniali, la moglie, il ripudio.

51. La nozione del matrimonio

Il Confucianesimo con grande serietà e molta ponderazione considera il matrimonio come ((il principio di tutti i secoli))[1]. Posta la importanza massima della famiglia ed ammessa la sua continuazione attaverso il figlio ereditario, naturalmente il matrimonio risulta il mezzo unico per la sua continuità. Questa considerazione è entrata così profondamente nella mentalità cinese, da vedere il matrimonio come una unione permanente per la continuazione della famiglia.

Il simbolo dell'esistenza della famiglia è l'oblazione rituale agli antenati. Quest'oblazione per sè deve essere fatta dal figlio primogenito. Il primogenito è il primo figlio della moglie principale; la unione dell'uomo con la moglie è il matrimonio, cioè l'unione dell'uomo e della donna per la procreazione dei figli a continuare la famiglia.

La procreazione degli figli è fine naturale del matrimonio:

((Mandare la ragazza al matrimonio è seguire un principio generale dell'universo creato. Se il cielo (elemento maschile) e la terra (elemento femminile) non fossero convenuti, tutti gli

---

(1) Li-Chee, cap. Chiao-Te-Sen.

esseri non sarebbero prodotti. Quindi sposare la ragazza è principio e fine della umanità))[2].

Tutti gli esseri sono prodotti dall'unione dei due elementi Yang e Ying che significano l'elemento maschile e l'elemento femminile. Questa unione di due elementi di due diversi sessi è regola generale per la esistenza degli esseri creati. Il matrimonio, seguendo questo principio, è destinato alla procreazione del genere umano. Il Confucianesimo però considera la procreazione non come un fatto isolato, ma collegato con un altissimo fine, cioè la continuazione della famiglia.

Per garantire una sicura procreazione, è necessario che la unione dell'uomo e della donna sia duratura e ben definita; il matrimonio ha pure questo compito di rendere l'unione dei due sessi durevole e di proteggerla.

Il Confucianesimo dà una importanza particolare alla purezza del costume ed insegna la separazione dei due sessi in una forma rigidissima. L'unica unione permessa tra un uomo e una donna, è il matrimonio; perciò il matrimonio non distrugge la disciplina della separazione, ma la perfeziona:

((Il matrimonio è per spiegare agli uomini il significato della separazione dei due sessi....)[3]

Quando l'unione dell'uomo e della donna è resa stabile ed è protetta dalle prescrizioni del Li, la procreazione e la educazione dei figli hanno una sicura garanzia e di conseguenza la continuazione della famiglia non è in pericolo:

((Il matrimonio congiunge due famiglie di diversi Clan per servire il tempio commemorativo degli antenati e per moltiplicare gli eredi))[4].

_____

(2) I-King, cap. Kui-Mei.
(3) Li-Chee, cap. Chen-Sie.
(4) Li-Chee, cap. Fun-Yi.

Essendo il matrimonio destinato a continuare la famiglia, cioè un istituto per il bene della famiglia, conseguentemente è un affare familiare che appartiene al capo famiglia. Il padre della famiglia è il responsabile legale di tutti i matrimoni dei membri della sua famiglia, egli tratta il matrimonio, sceglie legalmente la sposa o lo sposo, dà il consenso, presiede nominalmente almeno le solennità. Anche dopo tutte le cerimonie della celebrazione del matrimonio e dopo la sua consumazione, il matrimonio non è ancora legalmente o giuridicamente perfetto, se è mancato l'atto della visita agli antenati; qualora la donna fosse morta prima di questa visita, non potrebbe essree seppellita nella tomba familiare del marito[5].

52. I caratteri

I caratteri del matrimonio confuciano sono strettamente legati con la sua nozione. Il matrimonio è una espressione concreta dei due elementi Yange e Ying nei riguardi della umanità. Siccome la unione di questi due elementi non può verificarsi se non tra essi soli, ne viene che il matrimonio non può essere contratto che fra un uomo e una donna. Molti si stupiranno a sentire che il matrimonio cinese è monogamico, avendo sentito parlare della molteplicita delle donne con un solo uomo nella famiglia cinese. Ma la verità è tutta in favore dell'unità del matrimonio. Nella famiglia cinese una donna è considerata come moglie principale e legittima, mentre le altre pur in relazione maritale con l'uomo non sono mogli, nè possono essere considerate tali: sono semplicemente concubine e occupano una posisione molto inferiore. Non è difficile a provare quest'affermazione. Anzitutto la solennità del matrimonio si celebra una volta sola e per la sola moglie cioè la vera sposa; per tutte le altre unioni non si celebrano nozze. La donna, sposata con la solennità nuziale, ottiene il titolo di moglie; le altre donne entrate senza cerimonia sono concubine. La legge proibisce agli uomini di dare il titolo di moglie a una concubina dopo la morte della propria moglie. La posizione della moglie e delle concubine nella

---

(5) Li-Chee, cap. Tzente-Wen.

famiglia è presso a poco come quella della padrona in confronto delle donne di servizio. Quindi il carattere della unità del matrimonio legalmente è mantenuto nel matrimonio confuciano, ma nel fatto è distrutto dalla presenza legittimata delle concubine.

Il concubinato è espressamente permesso dal diritto e dal costume; ma nell'antichità era limitato solamente agli uomini che avevano delle dignità; gli uomini ordinari dovevano vivere con una sola donna. Il pensiero originario del concubinato era di fornire un certo decoro ed ornamento alle donne nobili. L'imperatrice deve avere anch'essa la propria corte d'onore, composta di donne. Seguendo l'esempio della imperatrice, le altre donne nobili secondo il proprio grado, hanno pure un loro seguito d'onore di dame. Essendo poi queste dame a servizio della moglie, erano pure a completo servizio del principe marito[6]. Ma il sistema del diritto antico non è stato osservato nei secoli posteriori, e il concubinato dalle famiglie nobili è passato in tutte le famiglie che hanno la possibilità economica di mantenere due o tre donne. La ragione del concubinato fu cambiata radicalmente, perchè esso non è considerato più come un decoro della donna, ma come un mezzo per procurare l'erede che continui la famiglia. Siccome il matrimonio è destinato alla continuazione della famiglia per mezzo della procreazione dei figli, in caso che i figli manchino, ci deve essere un rimedio. Quale? Contrarre un altro matrimonio? Non si poteva farlo senza ripudiare la donna. D'altronde esisteva già l'istituto del concubinato, il quale ha appunto il significato e la giustificazione di rimedio alla mancanza dei figli. Perciò teoricamente il concubinato era permesso solamente in questo caso: ma in realtà era praticato secondo il capriccio degli uomini. Giustamente i moderni hanno levato la voce contro questo isituto quale ingiuria alla personalità della donna, e il diritto civile attuale non ne riconosce più la legittimità.

Quindi in teoria il matrimonio cinese conservava la unità, in pratica aveva la fisionomia della poligamia. La poliandria era severamente

---

(6) ((L'imperatore costitusice una imperatrice, tre nobili spose, ventisette dame nobili e ottantuna cameriere per compiere gli affari della corte interna)). Cfr. Tcheou-Li.

proibita e non se ne trova mai traccia se non attraverso qualche episodio disapprovato da tutti[7].

Anche il carattere della indissolubilità si trova nel matrimonio confuciano:

((L'unione degli sposi non può non essere stabile; perciò s'osservi la prescrizione della permanenza))[8].

((Beviamo alla nostra felicità; io rimarrò con te fino alla vecchiaia))[9].

E' sempre desiderio ardente della sposa di poter rimanere a fianco dello spops fino alla morte, perchè lo spirito e la opinione popolare apprezzano la donna che aderisce solamente a un uomo per tutta la vita, come il proverbio dice bene: ((La donna segue uno)).

Da parte del marito l'obbligo della indissolubilità non è assoluto, perchè esiste la possibilità del ripudio. L'augurio che si fa ai novelli sposi è che essi rimangano uniti fino alla tarda vecchiaia e fino alla morte. Ma se durante il lungo corso della vita capitano casi che richiedono o permettano il ripudio, il matrimonio viene spezzato legalmente con il permesso di passare a nuove nozze per ambe le parti.

La fedeltà coniugale incoraggia le vedove a non contrarre un nuovo matrimonio; esse però non hanno proibizione di passare a un altro matrimonio. Le donne che hanno ricevuto un titolo di nobiltà

---

(7) Si narra nel libro Tzuu-shio-chee tom. XII che il giudice Fang-yen-shiu nel secolo primo d. C. ebbe una causa di eredità. Tre uomini avevano avuto relazione maritale con una donna, la quale aveva avuto quattro figli. Quando i figli furono grandi domandarono il patrimonio per formare ciascuno una famiglia propria. Ma la causa diventò complicatissima per il dubbio sulla paternità, e fu portata alla ultima istanza. Il giudice Fang-yen-shiu pronunziò la seguente sentenza: Tre uomini sposano una donna: ecco un fatto che costituisce un delitto bestiale; gli uomini colpevoli siano condannati alla morte, i figli appartengano alla madre; i magistrati locali siano destituiti dall'officio per mancata vigilanza sul popolo. Questa sentenza ebbe l'approvazione imperiale.

(8) I-King. cap. prefazione a Kua-tzuan.

(9) Shi-King. parte Chen-Fen. poesia Shu-chi-ming.

dall'imperatore hanno il divieto di passare a seconde nozze. Gli uomini che secondo il loro rango di nobiltà hanno avuto una corte di concubine, non possono riammogliarsi dopo la morte della moglie, potendo scegliere una delle dame di onore a prendere il titolo della moglie. Invece nelle famiglie ordinarie — come s'è detto — le concubine non possono mai prendere il posto della moglie.

53. Il fidanzamento

Prima del matrimonio è necessario un fidanzamento. Il valore del fidanzamento differisce nei costumi e nei codici dei diversi popoli. Nella tradizione confuciana il fidanzamento obbliga giuridicamente le due parti a mantenere ed a eseguire la promessa. La rottura e l'inadempimento della promessa senza una gravissima ragione sono considerati come un delitto e vengono puniti severamente. La promessa però non dà il diritto nè la possibilità a due futuri sposi di comportarsi come sposi, nè sospende la legge di separazione dei due sessi. Spesse volte il fidanzamento avviene quando la fidanzata ha ancora un'età molto giovane e viene introdotta nella famiglia del fidanzato senza avere però contatto diretto col fidanzato. Questo soggiorno può essere prolungato per parecchi anni. La Chiesa cattolica non tollera questo modo di agire e proibisce ai cristiani di introdurre la fidanzata nella famiglia del fidanzato senza celebrare il matrimonio[10]. Il fidanzamento conferisce un carattere speciale alla fidanzata che dopo questa promessa, ha il doppio obbligo di conservare la castità verginale: come castità e come fedeltà. Dopo la morte del fidanzato, la fidanzata meriterà gli elogi di tutti, se rifiuterà tutti gli altri matrimoni e

---

(10) ((1° Prohibendum est ne puellae desponsae, cujscumque sint aetatis, in domum sponsi recipiantur innuptae, ut scandalis via praecludatur atque es innumera praepediantur peccata, quae diu familiariterque versantibus sponsis inter seimpossibile fere est non evenire)).

((2° Missionarius licentiam super hoc nunquam concedat, nisi meliori modo quo fieri potest, provisum fuerit ut occasio proxima peccandi omnino amutetur. Haec enim, cum sit ex se peccaminosa, ne quidem vitandi majoris mali causa unquam licet)). Primo Concilio Plenario Cinese. Can. 382.

rimarrà fedele al fidanzato defunto o ancora meglio se con il suicidio lo seguirà nella morte. Essa sarà allora sepolta insieme col fidanzato come due sposi dopo il matrimonio.

Il fidanzamento si compie in nome del capo famiglia, il quale d'accordo coi genitori dell'interessato, dà il consenso. Non si potrebbe concepire che i giovani facciano il fidanzamento per proprio conto, perchè questo modo di agire oltre a sollevare un grande scandalo, data la assoluta separazione dei due sessi, renderebbe invalida la promessa. Erano rarissimi i casi nei quali i figli ottenevano il permesso di contrarre il fidanzamento e il matrimonio da soli. Davanti alla legge il responsabile della promessa del matrimonio è il capo famiglia o chi lo sostituisce, secondo le prescrizioni della legge.

La sanzione penale contro la mancata promessa cade sopra il responsabile legale, non sui giovani interessati:

((Dare una sposa al figlio o uno sposo alla figlia è affare, che spetta ai parenti; cioè al nonno paterno o alla nonna paterna, al padre o alla madre. Quando tutte queste persone sono morte, gli altri parenti (secondo l'ordine stabilito dalla legge) fanno il fidanzamento. Dopo la morte del marito, la donna passata a nuove nozze con una figlia piccola, farà il fidanzamento per questa che è del matrimonio precedente ed ha coabitato con essa nel secondo matrimonio))[11].

((Chi ha già sottoscritto il libello del fidanzamento od ha fatto una promessa privata di dare una figlia in sposa ad un uomo, e non adempie la promessa, sarà condannato a sessanta colpi di bastone. La stessa pena sarà applicata a chi ha rotto una promessa di nozze, fatta senza formula abituale, ma con lo scambio di doni (arre). Chi non soltanto non ha adempiuto la promessa ma ha dato la ragazza a un altro uomo per sposa, sarà condannato a cento colpi di bastone. Se questo nuovo matrimonio è già celebrato, la pena contro l'inadempiente sarà un anno

---

(11) Codice Tang. L. III. tom. X. a Fidanzamento. Risposta I.

di reclusione. I parenti dello sposo saranno condannati alla stessa pena con la diminuzione di un grado di gravità, se essi sapevano della promessa precedente. La ragazza deve essere restituita al primo fidanzato. Se il primo fidanzato non vuole più averla per sposa, allora essa può rimanere come sposa del secondo fidanzato))[12].

Neppure i capi famiglia dei giovani interessati convengono direttamente a trattare la promessa di matrimonio. E' necessario che intervenga un intermediario, il quale tratta con le due famiglie e compie tutti i preparativi. Questo personaggio in cinese si chiama Mei-ren. L'intervento del Mei-ren non è liberamente scelto dalle famiglie, ma è prescritto secondo il Li, al punto da irritare il matrimonio che si compisse senza di lui. Vigendo la separazione assoluta dei due sessi, è ben naturale che il fidanzamento non possa essere trattato direttamente nè dai giovani stessi nè dai capi famiglia, ma da un terzo.

((L'uomo e la donna senza la persona intermediaria non possono domandare il nome e la data della nascita (per la solennità matrimoniale)))[13].

((L'uomo e la donna senza la persona intermediaria non si riuniscono))[14].

((Come vai a fare la legna? Senza la scure non si può fare. Come si sposa? Senza Mei non si può fare))[15].

L'effetto irritativo giuridico anticamente era ottenuto in pieno: ma nei secoli seguenti non ha più l'applicazione. Anticamente la donna sposata senza il Mei-ren era considerata come una concubina e non come moglie; nei secoli posteriori la donna non riceve più questa degradazione per la mancanza del Mei-ren.

---

(12) Codice Tang. L. IV. tom. XIII. a Fidanzamento della figlia.
(13) Li-Chee. cap. Chui-Li.
(14) Li-Chee. cap. Fan-Chee.
(15) Shi-King. parte Chii. poesia Nan-sam.

Con la persona intermediaria il fidanzamento si conchiude nello spirito di affetto e di amicizia fra due famiglie che iniziano un legame nuovo. Benchè il fidanzamento sia un presupposto necessario del matrimonio, questa necessità però non e così grave da pregiudicare il valore del matrimonio. Fra le tante cerimonie del fidanzamento l'elemento essenziale sembra essere la sottoscrizione del libello; tuttavia il fidanzamento si può fare anche a voce, o semplicemente con lo scambio dei doni.

54. Le solennità nuziali

Nel vasto impero cinese i costumi e gli usi delle diverse provincie non potevano essere i medesimi; ogni provincia aveva qualche particolarità. Così le solennità del matrimonio erano varie secondo i tempi e i luoghi. Però nella varietà c'era sempre l'unità essenziale stabilita nei libri antichi del Li. Il significato delle solennità del matrimonio mirava a dare un rilievo speciale a questo istituto sociale e familiare. La donna andata sposa senza solannità, era considerata come una concubina: ((Sposata con solennità, sarà considerata sposa))[16].

Le solennità, secondo il libro Li-chee, sono sei: la richiesta del consenso, la domanda della data di nascita, la domanda della prosperità, lo scambio dei doni, la scelta della data, il ricevimento personale[17].

A. La richiesta del consenso

Il procedimento per trattare un matrimonio comincia seriammente con la scelta del Mei-ren (intermediario). La persona scelta si mette subito al lavoro, riferendo le qualità personali del giovane e della giovane alle relative parti interessate. Quando questo preambolo è stato raggiunto con soddisfazione, si apre la seconda fase del procedimento domandando le condizioni delle due parti. Quando le condizioni

---

(16) Li-Chee. cap. Nui-Ze.
(17) Li-Chee. Fei-yi.

sono già combinate, s'inizia il procedimento ufficiale con la richiesta del consenso.

Si suppone che il matrimonio abbia la sua parte preponderante per la famiglia dello sposo, preciò il capo famiglia del giovane deve prendere l'iniziativa, mandando un messo a chiedere il consenso del capo famiglia della ragazza per conchiudere con la promessa di matrimonio.

B. La domanda della data di nascita

Avuta la risposta affermativa del capo famiglia della ragazza, il messo domanda subito la data di nascita della ragazza. Il capo famiglia risponde a questa domanda con una formula, esprimendo l'anno, il mese e il giorno, e possibilmente anche l'ora della nascita della giovane. Questa solennità in teoria è distinta dalla prima, in pratica si compie nello stesso tempo.

C. La domanda della prosperità

Per contrarre un matrimonio non basta che gli uomini si mettano d'accordo, ci vuole pure il consenso del Cielo. E' credenza costante che il matrimonio si deve fare solamente tra uomini scelti dal Cielo; sotto l'influsso poi della mitologia taoistica, il popolo crede anche che esista uno spirito con la funzione di combinare i matrimoni degli uomini. Quindi dopo il consenso umano, è necessario di consultare la volontà divina: a questo scopo è destinata la domanda della prosperità. Il Cielo non può non volere il bene degli uomini, e quando ha predisposto un matrimonio, esso deve essere prospero per gli sposi. Sapendo che il matrimonio non sarà fausto per i futuri sposi, si deve conchiudere che non è voluto dal Cielo. La prosperità indica quindi la volontà del Cielo.

Il tempo per i Cinesi non significava solamente una successione di momenti, ma uno sviluppo dei due elementi Yang e Ying, e dei cinque elementi: metallo, legno, acqua, fuoco, terra. Ogni giorno ogni mese e ogni anno ha il suo nome che si esprime in termini convenzionali i quali significano la unione degli elementi cosmici. Siccome fra gli elementi, come abbiamo visto, esiste un ordine di produzione ed un ordine di distruzione, allora se due date di nascita si mettono insieme secondo l'ordine di produzione e l'unione di queste due persone sarà fausta; se invece si mettono insieme secondo l'ordine di distruzione, la unione sarà infausta. In questo modo si domanda la prosperità del matrimonio; e si capisce perchè si vuol conoscere la data di nascita della ragazza.

Il risultato della domanda viene comunicato alla famiglia della ragazza. Se la unione è pronosticata come fausta, ben venga il matrimonio ch'è voluto dal Cielo; in caso contrario, il matrimonio non si fa. Per evitare una stroncatura ufficiale, la domanda della prosperità viene anticipata privatamente prima di richiedere il consenso.

D. Lo scambio dei doni

Questo atto è la sostanza del fidanzamento, perchè nel costume ordinario in questa solennità è pure inclusa la sottoscrizione del libello della promessa del matrimonio. Se la sottoscrizione non è stata fatta, lo scambio dei doni sostituisce l'atto omesso, e il fidanzamento a ogni modo si conchiude definitivamente. I doni si scambiano vicendevolmente da ambe le parti: e sono generalmente tutti destinati agli usi della sposa, eccetto qualche oggetto regalato dalla famiglia della fidanzata al fidanzato. Quantità e qualità dei doni devono essere già combinate dal Mei-ren nel preambolo che precede il fidanzamento. Sono ordinariamente vesti, gioielli, mobili. Lo scambio si effettua con solennità e con un corteo dei portatori, accompagnati da suonatori di musica.

E. La scelta della data del matrimonio

Quando il momento opportuno è arrivato per celebrare il matrimonio, la famiglia del fidanzato manda un messo alla famiglia della fidanzata per annunciarle la data della celebrazione. Questa scelta deve certamente conciliare gli interessi di tutte due le famiglie, ma principalmente deve concordare col calendario astronomico che predice se la data è fausta o infausta.

F. Il ricevimento personale

Giunta la data stabilita per la celebrazione del matrimonio, lo sposo deve recarsi personalmente a levare la sposa dalla sua famiglia. L'imperatore, i principi e i dignitari alti non vanno personalmente, ma mandano un rappresentante. Dopo la partenza della sposa dalla sua famiglia, lo sposo cerca di rientrare nella propria casa prima dell'arrivo del corteo nuziale, così da poter attendere in persona l'arrivo della sposa alla sua porta di casa. Questa solennità del ricevimento personale, benchè prescritta nel libro del Li-chee, non è stata sempre praticata e spesso viene comessa a seconda degli usi locali.

55. Gli impedimenti del matrimonio

Il matrimonio per la sua importanza non esige solamente le solennità per avere una concretezza ben definita, inconfondibile ed esplicita, ma esige anche una limitazione che lo tuteli contro i pericoli della dissolutezza e della sensualità. Dalla legge naturale vengono già degli impedimenti che ostacolano la celebrazione del matrimonio fra certe persone; inoltre la legge umana, secondo l'esigenze di tempo e di luogo, stabilisce altri impedimenti per grantirne sempre meglio il fine.

La tradizione confuciana incominciata con le prescrizioni del Libro Li-chee e poi concretizzata nei codici delle diverse dinastie, ha stabilito le seguenti sei specie di impedimenti che proibiscono la celebrazione del matrimonio: il vincolo già esistente, la consanguineità, il tempo del lutto, la disparità delle condizioni di vita, l'ufficio e il delitto.

A. Il vincolo già esistente

Il matrimonio, come abbiamo già detto, ha il carattere teorico di unità che vieta la poligamia giuridica. Un uomo dopo il matrimonio non può condurre un'altra donna come moglie, ma può averla come concubina. La donna non può mai abbandonare il marito e passare ad un altro matrimonio, eccetto il caso di ripudio.

((La moglie o la concubina che abbandonano di propria volont à il marito sarà condannata a due anni di reclusione: se di propria volontà passa a un nuovo matrimonio, la pena sarà aumentata di due gradi di gravità))[18].

Nello stesso articolo si proibisce l'abbandono ingiustificato del marito nei riguardi della moglie:

((Se la moglie senza essere caduta in uno dei casi di ripudio, è abbandonata dal marito, questi sarà condannato alla pena d'un anno di reclusione. Se la moglie è caduta in uno dei casi di ripudio, ma ha in suo favore una delle cause di eccezione, il marito non la può abbandonare, altrimenti egli sarà condannato alla pena di cento colpi di bastoen, e la donna abbandonata dovrà essere restituita al marito))[19].

Il vincolo matrimoniale esistente impedisce assolutamente un nuovo matrimonio. Se tuttavia si celebra un nuovo matrimonio contro il vincolo esistente, il colpevole sarà condannato alle pene legali e il matrimonio illegale dovrà ritenersi come non celebrato. Questo impedimento non proibisce però nè il ripudio giustificato, nè il concubinato. Con il ripudio giustificato, il vincolo matrimoniale si spezza definitivamente; col concubinato invece il vincolo rimane giuridicamente intatto.

((Chi ha già la moglie e la concubina, e prende di nuovo una moglie, sarà condannato a quaranta colpi di verga. Il matrimonio nuovo dovrà essere sciolto. Se il colpevole è un magistrato, sarà destituito dall'ufficio. L'arra non si restituisce)).

B. La consanguineità

Riguardo a questo impedimento sono molte le incertezze. Esiste il noto principio che dice: ((Le persone con lo stesso nome di famiglia,

---

(18) Codice Tang. Tom. XIV. Il matrimonio. art. L'abbandono della moglie.
(19) Ibd.

non possono contrarre matrimonio fra di loro)); la pratica non conferma questo principio. D'altra parte i consanguinei di consanguineità esterna possono contrarre matrimonio tra persone unite intimamente di sangue. Distinguiamo le cose certe dalle incerte. 1) Il matrimonio fra persone dello stesso Tzu (Clan) era severamente proibito, e non era possibile in nessun caso. Tutte queste persone appartenevano alla consanguineità interna, e nella linea collaterale potevano avere un grado lontanissimo di consanguineità. 2) Il matrimonio fra persone di consanguineità esterna era proibito fra i consanguinei di grado dispari, cioè un consanguineo di grado superiore non poteva prendere in sposa una consanguinea di grado inferiore, e viceversa. Invece i consanguinei esterni dello stesso grado cioè i cugini potevano contrarre matrimonio, se anche del primo grado di consanguineità nella linea collaterale. 3) L'affinità, com'è intesa nella tradizione confuciana, proibisce il matrimonio fra il marito e le persone consanguinee della linea diretta della moglie. Un progetto di matrimonio fra persone consanguinee interne del marito e della moglie non era possibile, perchè la relazione fra queste persone non era considerata affinità, ma consanguineità. Per il concubinato valeva anche l'impedimento della consanguineità, con questa variante che un consanguineo di consanguineità interna di grado superiore poteva prendere la concubina d'un consanguineo del grado inferiore; invece un consanguineo del grado inferiore non poteva assolutamente prendere la concubina d'un consanguineo del grado superiore.

C. Il tempo del lutto

Durante il tempo prescritto per il lutto del padre o della madre, del nonno o della nonna paterna, il matrimonio è proibito in segno di dolore. Questo impedimento rende i trasgressori colpevoli di pena, ma non scioglie il matrimonio contratto. Simile divieto esiste pure durante il tempo della reclusione penale del padre o della madre, del nonno o della nonna paterna. La reclusione penale è una disgrazia che colpisce profondamente il condannato; quindi i figli e i nipoti devono condividere la disgrazia dei parenti, astenendosi dalle feste nuziali. Questa proibizion non è però assoluta; e se il tempo della reclusione è lungo, il matrimonio è permesso.

D. La disparità di condizione

Questo impedimento vale solamente fra le persone libere e le persone di condizione servile. La condizione personale delle persone libere è uguale per tutti; quindi la disparità di fortuna e di dignità può essere un impedimento morale e sociale, ma non giuridico. Invece la disparità della condizione servile rende il matrimonio invalido. Però come abbiamo visto, non tutti i matrimoni fra persone servili e persone libere sono proibiti.

E. L'ufficio

E' proibito il matrimonio fra il magistrato locale e le donne del distretto che sta sotto la sua giurisdizione. Questo impedimento intende salvare la libertà del matrimonio, evitando che i magistrati possano adoperare la loro autorità per obbligare ad un matrimonio. Il matrimonio contratto contro questo impedimento deve essere sciolto, e il magistrato è destituito dall'ufficio. Non è proibito invece il matrimonio fra i suoi figli e le persone del distretto della giurisdizione. Questo impedimento esiste soltanto durante il tempo dell'incarico; cessato l'ufficio, cessa anche l'impedimento.

F. Il delitto

Tre sono le qualità di delitti che costituiscono un impedimento matrimoniale: 1) La donna fuggitiva non può essere presa in sposa. Le ragioni di questa proibizione sono diverse: essa può essere già sposa o fidanzata di un altro uomo e potrebbe essere anche una delinquente. 2) La donna rapita non può essere presa in sposa dal rapinatore o da suo figlio. 3) La donna di famiglia nemica. Questa proibizione non è tanto rigorosa come le due precedenti, e in pratica è piuttosto morale che giuridica[20].

---

(20) Codice Tang. Tom. XIV.

56. La sposa

Ritorniamo un'altra volta a considerare la condizione della sposa nella famiglia. La condizione della donna nella famiglia varia secondo il titolo che tiene, in quanto è sposa, o concubina, o madre, o madre della famiglia. Tutti questi titoli portano variazioni circa i diritti e gli uffici.

La donna nei riguardi del marito è persona inferiore che deve ubbidire. Il rispetto al marito è uno dei doveri principali della donna. Però essa non è in condizione di schiava; partecipa agli onori e alla dignità del marito e ne condivide pure le fortune. La donna diventata madre ha pieno diritto di esigere rispetto e amore dal figlio come il padre[21].

Riguardo ai parenti del marito, la donna segue il marito; verso i genitori si comporta come una figlia, verso i nonni come una nipote, e verso gli altri adempie i doveri cui il marito è tenuto, però con l'osservanza della separazione dei sessi.

Riguardo alle altre donne la donna che è la madre della famiglia, cioè la madre del capo della famiglia, o la moglie del capo della famiglia quando sua madre è morta, ha nelle sue mani il comando di tutte le donne della famiglia e condivide gli onori del marito. La donna che è moglie del primogenito, precede le donne degli altri fratelli del marito; in molti casi essa rappresenta pure la madre della casa. Riguardo alle nuore, la madre (suocera) ha una superiorità assoluta ed ha diritto ad una pronta ubbidienza; nel caso di disubbidienza la suocera può domandare il ripudio. La concubina occupa una condizione molto inferiore alle donne ordinarie, e non ha diritto di intervenire negli affari di famiglia. Se essa ha dei figli, dopo la morte del marito, essa può contare su di essi; altrimenti purtroppo avrà molto da piangere.

---

(21) Codice Ts'ing. Tom. X.

((Il marito deve dirigere la moglie con la ragione))[22].

((Se il marito percuote la donna, la pena è più leggera di due gradi della pena ordinaria contro la percussione violenta; se la donna percuote il marito, la pena è la reclusione d'un anno))[23].

((La nuora serve il suocero e la suocera come i propri genitori))[24].

((La concubina serve la moglie del marito, come la nuora serve la suocera))[25].

57. Il ripudio

Per garantire il fine del matrimonio e per tutelare la moralità, il Confucianesimo ammette la stabilità del matrimonio, ma non l'assoluta indissolubilità. Ci sono casi ammessi dal Li e dal diritto, nei quali il ripudio o si deve fare o si può fare. L'ammissione del ripudio è antichissima, e se ne fa menzione già nei libri canonici. Per esempio, nel libro Li-chee ci sono prescrizioni circa il lutto per la madre ripudiata, e nel libro storico scritto da Confucio stesso si trovano parecchi fatti di ritorni della donna ripudiata alla famiglia paterna.

Una prescrizione precisa sui casi di ripudio legale si trova nel libro Li-chee: e questi casi sono riportati e definiti nei codici delle dinastie seguenti. Due sono le classi di ripudio: il ripudio obbligatorio e il ripudio libero. Nella prima classe si comprendono i casi, nei quali la donna deve essere ripudiata, anche contro la volontà del marito; nella seconda classe si comprendono i casi, nei quali la donna può essere legittimamente ripudiata dal marito. L'effetto immediato del

---

(22) Li-Chee. cap. Chiao-Te-Sen.
(23) Codice Tang. tom. XXI. art La percussione degli sposi.
(24) Li-Chee. Nui-ze.
(25) Li-Chee. cap. Il lutto.

ripudio è rimandare la donna alla casa paterna, e l'effetto mediato è il permesso di passare ad altre nozze. Però la tradizione confuciana e poi la legge hanno stabilito delle eccezioni a difesa della donna.

A. La prima classe del ripudio obbligatorio

Sono quattro i casi, nei quali il ripudio è comandato dalla legge, la quale li chiama con un appellativo: casi dell'affetto spezzato; cioè casi nei quali l'affetto maritale è spezzato inesorabilmente, e quindi il vincolo matrimoniale è pure spezzato. Sono i seguenti:

a) Quando il marito percuote i genitori o i nonni della moglie; o uccide i nonni materni, o gli zii, o i fratelli o le sorelle della moglie.

b) Quando uno dei parenti del marito (i nonni paterni, i genitori, gli zii, i fratelli, le sorelle) ha ucciso uno dei parenti della moglie (nonni, genitori, zii, fratelli, sorelle).

c) Quando la moglie insulta o percuote uno dei parenti del marito (nonni, genitori, zii, fratelli, sorelle, e le altre persone consanguinee interne del lutto di tre mesi).

d) Qunado la madre della moglie dopo il suo adulterio, tenta di uccidere il marito della figlia.

B. La seconda classe del ripudio

Le cause che danno ragione sufficiente per un ripudio volontario, sono i fatti che costituiscono una colpa volontaria o involontaria contro la famiglia del marito. Queste cause sono sette:

a) La sterilità. La donna sterile non ha commesso certamente una colpa volontaria contro la famiglia del marito, ma semplicemente per un difetto fisiologico non ha potuto dare la possibilità di continuazione alla famiglia. In questo caso, se il marito vuole abbandonare la donna, ne ha piena libertà. Però egli può rimediarvi introducendo una concubina, senza ripudiare la moglie.

b) L'adulterio. La donna adultera può essere cacciata dal marito, perchè essa ha mancato ad uno dei principalissimi doveri della moglie. Non si richiede un adulterio consumato; basta il fatto del comportarsi con troppa leggerezza.

c) La disubbidienza. La disubbidienza della moglie ai genitori del marito è colpa contro la pietà filiale. Il marito, per giustificare la sua condotta verso i genitori, può domandare se essi desiderano o no il ripudio della moglie. Talvolta i genitori possono prendere l'iniziativa e obbligare il figlio ad abbandonare la donna.

d) La litigiosità della donna.

La concordia è un presupposto indispensabile al benessere d'una famiglia, composta di numerosi membri; e la litigiosità d'una donna può disturbare l'ordine della famiglia Quindi se una donna litiga sempre in famiglia e non vuole lasciare gli altri in pace, un rimedio radicale è il ripudio.

e) Il furto

La donna quando entra nella famiglia del marito, deve cominciare a contribuire al benessere familiare del marito. Se invece di beneficare, danneggia la casa con il furto, essa diventa un elemento pericoloso per la famiglia, e il marito può mandarla via con il ripudio.

f) La gelosia

In una casa con molte donne, è ben difficile evitare tutte le cause che danno occasione alla gelosia, specialmente fra le cognate, con grave danno dell'armonia familiare. Quindi per evitare le scene violente e le malizie odiose della gelosia, si permette al marito di ripudiare la moglie colpevole di questa violenta gelosia.

g) Le malattie pericolose

Nel codice non si precisa quali malattie diano facoltà al marito di ripudiare la propria donna. In pratica però è rarissimo il caso di ripudio per ragione di malattia. Si ammette che la malattia infamante e contagiosa della donna costituisce una ragione sufficiente per il ripudio.

In tutti questi casi di ripuddio volontario, il marito può rimandare o ritenere la donna; ma se i genitori desiderano o addirittura ne comandano il ripudio, i figli devono eseguire la volontà dei genitori.

C. Le eccezioni

Verificandosi uno dei casi di ripudio obbligatorio, il matrimonio si spezza senza rimedio; se invece si verifica soltanto una delle cause di ripudio volontario, la donna può essere salvata da tre eccezioni che stanno contro il ripudio, in suo favore. Sono le seguenti:

a) Quando la moglie insieme col marito ha già osservato tre anni di lutto per il padre o la madre del marito, nessuna causa di ripudio volontario può essere sufficiente a rimandarla alla casa paterna. Quest'ufficio di pietà filiale dà garanzia sicura alla donna ed è come un premio.

b) La donna sposata nella povertà non può essere ripudiata nella ricchezza. Due motivi giustificano questa eccezione. La donna sposata nella povertà ha sostenuto insieme col marito i duri giorni di fatiche e di sofferenze, ed ha aiutato fedelmente il marito nella sua ascesa; è giusto perciò che sia premiata con la garanzia di non essere ripudiata dal marito divenuto ricco o nobile, per potere condividere con lui la fortuna e la gioia della nuova vita. Poi se fosse lecito ripudiare la donna sposata nella povertà, allora quanti mariti sarebbero tentati di abbandonare la donna, antica compagna di lavoro, forse un po' brutta, non istruita nè molto intelligente, per prendere un'altra donna bella, intelligente ed istruita, forse più adatta alla nuova posizione sociale! La morale confuciana per impedire questa grave ingiustizia, stabilisce il divieto assoluto di ripudio.

c) Quando la donna attualmente non ha più la casa paterna, perchè i genitori sono morti e i fratelli hanno diviso la famiglia. Non si può mandare la donna a vivere nella strada! Quindi la donna che non ha casa paterna non può essere ripudiata. Questa eccezione manifesta anche il senso umano del Confucianesimo.

Capitolo VIII
L'autorità Paterna

SOMMARIO: Fondamento dottrinale, l'ambito, il soggetto, sulla
persona del figlio, sul suo stato personale, sui suoi beni.

58. Fondamento dottrinale dell'autorità paterna

Nella dottrina etica cristiana l'autorità paterna che i genitori
esercitano sui figli, ha il suo fondamento giuridico nell'officio di
nutrire ed educare i figli; nella dottrina confuciana e conseguentemente nel diritto cinese questa autorità si connette strettamente col
concetto della relazione fra i parenti e i figli. Nell'etica cristiana i
parenti sono considerati come principi dell'esistenza del figlio[1];
nella dottrina confucian questo concetto di principio è stato affermato
con tanta efficacia da assorbire l'esistenza stessa del figlio.
L'esistenza del figlio è concepita inseparabilmente unita con
l'esistenza dei parenti; la prima è una parte, una continuazione e una
amplificazione della seconda. Questa unione non è una unione ontologica, quasi il figlio non avesse una esistenza propria, ma un'unione
morale e giuridica, perchè da questa unione scaturiscono delle gravi
conseguenze che determinano la portata della vita morale del figlio.

---

(1) ((Sicut autem carnalis pater particulariter participat rationem principii, quae
universaliter invenitur in Deo;...quia pater est principium et generationis et
educationis, et disciplinae et omnium quae ad perfectionem humanae vitae
pertinent)). S. Thomas. II-II q. CII, a. I.
((Filius enim naturaliter est aliquid patris: et primo quidem a parentibus non
distinguitur secundum corpus, quandiu in matris utero continetur; post-
modum vero ab utero egreditur, antequam usum liberi arbitrii habeat continetur sub parentum cura, sicut sub quodam spirituali utero)). II-II, p. X, a. XII.

La generazione è il fondamento remoto dell'autorità paterna, perchè la generazione è il fatto biologico, su cui si basa la relazione fra i parenti e i figli. Per mezzo della generazione il figlio riceve l'esistenza dai parenti; questa esistenza del figlio, secondo il concetto del matrimonio confuciano, è destinata alla continuazione della famiglia, perpetuando l'oblazione rituale agli antenati. Quindi il figlio continua i parenti e la sua esistenza è un loro prolungamento. Di conseguenza l'esistenza del figlio è un prodotto e un frutto dell'esistenza dei parenti. L'autorità paterna è basata su questa dipendenza del figlio dai parenti.

Posto questo fondamento dottrinale, la natura dell'autorità paterna dovrebbe essere simile al diritto di proprietà, perchè il figlio appartiene ai parenti come una cosa al proprietario. Qui interviene di nuovo il senso d'equilibrio che tempera la rigidità logica della conclusione. Il figlio appartiene ai parenti non come una cosa inanimata, ma come sangue dal suo sangue e carne dalla sua carne.[2]

59. L'ambito dell'autorità paterna

L'autorità paterna si misura dal suo fondamento e dal suo fine. Se il fine dell'autorità paterna sta nel sostentamento e nella educazione del figlio, come insegna la Chiesa cattolica, l'ambito di questa autorità si estende ai limiti, fin dove giungono i doveri del sostentamento e della educazione dei figli. Perciò ci sono tante cose che possono essere compiute dal figlio, posto sotto la dipendenza del padre, senza fare danno all'autorità paterna, perchè quelle cose sono al di fuori della sfera della sottomissione ai parenti. Ma se l'autorità

---

(2) ((Le analogie nelle organizzazioni familiari dei due grandi popoli non sussistono: mentre per i Romani l'autorità del paterfamilias, fin dall'epoca quiritaria, era assoluta e si fondava sull'jus vitae et necis, affievolendosi soltanto nell'età di mezzo e perdendo gran parte della sua forza nel periodo imperiale, per i Cinesi invece l'autorità e la patria potestas erano sostituite dall'amore e dal rispetto filiale per il padre, e l'autorità penale spettava, anche nell'ambito familiare, all'imperatore)). I. Insabato, *Lineamenti dello sviluppo del diritto cinese*. Roma 1937, p. 7.

paterna è fondata sulla totale dipendenza dell'esistenza del figlio dall'esistenza dei parenti, il fine dell'autorità non è più il sostentamento e la educazione dei figli, ma la sicurezza della continuazione dell'esistenza della famiglia o degli antenati, e allora l'ambito dell'autorità si estende a tutta la esistenza del figlio.

Riguardo al tempo, l'autorità paterna confuciana non riconose un limite fisso della maggiorità. Nel costume e nel diritto esiste l'istituto giuridico della maggiorità e si compie anche una cerimonia per festeggiare questo avvenimento. Però questa maggiorità è piuttosto sociale che familiare; il figlio maggiorenne ottiene nella società la capacità di agire e di assumere la responsabilità personale, ma dinnanzi al padre, egli rimane sempre figlio cioè rimane sempre sotto la di lui potestà. Il padre e la madre comandano a un figlio bambino o giovane, e comandano pure a un figlio maturo o anche vecchio. L'età del figlio non combia la posizione del figlio dinnanzi ai parenti. Fino a quando il padre vive, il figlio è un suo dipendente.

Poichè i figli, come abbiamo visto, non possono dividere il patrimonio e formare una famiglia propria, mentre il padre o la madre vivono ancora, l'autorità della famiglia naturalmente sta sempre nelle mani del pardre, e dopo la morte del padre nelle mani del primogenito maggiorenne. Quindi i figli, che vivono nella famiglia del padre, devono sempre ubbidire.

Riguardo alle cose, l'autorità paterna abbraccia tutte le azini del figlio, perchè essa ne abbraccia tutta la esistenza. Tuttavia l'esercizio di quest'autorità, come vedremo appresso, è temperato dal principio morale dell'amore naturale. Inoltre vi sono certi obblighi che superano gli obblighi della pietà filiale, come p. es. gli obblighi della fedeltà all'imperatore, quelli della fedeltà coniugale ecc. Circa questi obblighi, l'autorità paterna non può comandare il contrario.

60. Il soggetto dell'autorità paterna

Si deve fare una distinzione fra l'autorità propriamente paterna e l'autorità del capo famiglia; la prima è l'autorità che spetta a tutti i genitori, la seconda invece spetta al capo della famiglia.

In Cina, la famiglia, benchè sia una istituzione di numersoi membri, non è un'istituzione sociale-giuridica, ma etico-morale. Il capo famiglia esercita sui membri quell'auorità che è necessaria alla direzione dell'ordine familiare; quest'autorità si unisce sovente all'autorità dei genitori sui figli. Però queste due autorità possono essere separate e realmente sono separate nel caso che il capo della famiglia sia il fratello maggiore, che non esercita certamente un'autorità paterna sui fratelli. Quindi l'autorità del capo famiglia è un'autoità amministrativa in funzione del bene della famiglia.

Nella famiglia molti interessi particoloari devono essere sacrificati per il raggiungimento del bene comune; perciò molte funzioni dell'autorità paterna vengono sostituite dell'autorità del capo famiglia, come l'educazione professiondale e il matrimonio dei figli; ma anche in questi casi il consenso dei genitori è sempre moralmente necessario, specialmente quando il capo famiglia è il fratello maggiore.

Secondo le prescrizioni del Li-chee e secondo diversi codici il capo famiglia deve essere il consanguineo del più alto grado, cioè colui che nella famiglia non abbia altro ascendente vivo ne di linea retta nè di linea collaterale, e sia il più anziano fra gli eguali.

Può la donna coprire questo incarico di capo famiglia? Molti studiosi cinesi lo negano, perchè la dottrina confuciana ha insegnato apertamente la sottomissione della donna in tutti i casi[3].   Però non dobbiamo dimenticare il principio dell'equilibrio, altrimenti giungeremmo a conclusioni che la scuola confuciana abborre come un estremismo. Nella famiglia ove esiste il capo della famiglia, la donna non deve comandare, altrimenti, come dice il proverbio, ((quando la gallina canta per annunciare l'arrivo dell'alba, la famiglia avrà delle disgrazie)). Se però muore il marito, e nella famiglia non ci sono fratelli di lui, allora il figlio maggiorenne succede nella direzione della

---

(3) Tchu-Chiao-Yang, *Un breve studio sull'origine del diritto cinese*, Shanghai 1934, p. 69.
Tcheng-Ku-Yuang, *Breve stori. del matrimonio cinese*, Shanghai 1935, p. 93.

famiglia, e la madre rimane nella dignità di alta padrona di casa. Se la famiglia rimane senza capo e i figli sono tutti minorenni, allora la madre ne prende la direzione, ed esercita la funzione di capo famiglia. Naturalmente per gli affari al di fuori della casa, la donna dovrà usare un altro parente come suo rappresentante, perchè la donna non può comparire in società per gli affari. Abbiamo una prescrizione giuridca che conferma questa opinione. Quando la legge delle tasse parla della mancanza commessa per frodare il pagamento, dice chiaramente che se il capo famiglia fosse una donna, la responsabilità della frode cadrebbe su chi la rappresenta negli affari in società[4].

Abbiamo parlato del soggetto che esercita o può esercitare l'autorità di capo famiglia. E chi è il soggetto naturale della potestà paterna? E' il padre. Con tale nome s'intende anche il padre adottivo che è giuridicamente e moralmente eguale al padre naturale. La madre non è esclusa dall'esercizio dell'autorità paterna, e nelle cose che stanno al di dentro delle mura della casa, essa comanda più del padre.

Nell'insegnamento etico dei figli la madre ha una parte preponderante. Nel diritto il nome di ((madre)) non si distacca dal nome di ((padre)); perciò è evidente che la legge intende comprendere anche la madre nella posizione che il padre occupa rispetto ai figli.

61 L'autorità paterna riguardo alla persona del figlio

Per comprendere meglio significato e la portata dell'autorità paterna, esporremo brevemente i casi principali dell'esercizio di quest'autorità secondo le prescrizioni giuridiche che sono l'espressione concreta dell'insegnamento confuciano. La nostra esposizione naturalmente non può essere completa, perchè possiamo solamente dire qualche cosa sulla parte negativa riguardo a ciò che il padre non può fare. Ma da queste stesse prescrizioni negative ci si può già fare un'idea dell'ambito dell'autorità paterna.

---

(4) Codice Tang. L. IV, tom. XII, art Sulla forde delle tasse.
   Codice Ts'ing. I. III, tom. VIII, c. La famiglia, art. Sulla frode delle tasse.

La persona del figlio, come una distinta esistenza, sta alla dipendenza del padre ed è il soggetto immediato su cui i parenti esercitano la loro autorità.

Anzitutto i genitori hanno diritto di adoperare il figlio per il proprio vantaggio ed interesse. La dottrina cristiana concepisce l'autorità paterna piuttosto in funzione dei figli e in loro servizio, perchè quest'autorità si esercita per garantire una più efficace educazione; invece la dottrina confuciana considera l'esercizio dell'autorità paterna in funzione degli interessi dei genitori. Finchè i figli sono piccoli, i genitori li nutriscono, li vestono e li educano; divenuti grandi e capaci di lavorare, i genitori hanno diritto di esigere che i figli lavorino per loro. Questo diritto non deriva dalla convivenza, ma scaturisce dalla pietà filiale; infatti, anche nel caso che i figli abbiano diviso il patrimonio costituito delle proprie famiglie separate, essi sono obbligati di dare tutto quello che è necessario alla vita dei genitori, non solo nei casi di necessità, ma sempre. Quindi i genitori hanno diritto di usare il figlio, giovane o uomo maturo, per avere tutto quello che è necessario alla vita e alle proprie comodità. Non si deve però considerare tale diritto come una specie di schiavitù : ci sono molti limiti a questo esercizio; inoltre il Confucianesimo piuttosto che parlare di diritto dei genitori, preferisce parlare di dovere della pietà filiale.

L'autorità a paterna si esercita ancora sulla persona del figlio per mezzo del castigo. Tale diritto è un elemento indispensabile alla educazione e perciò comune a tutti i paesi.

Per castigare il figlio, i genitori possono fare tutto quello che credono necessario ed opportuno. Ma c'è pure da temere che qualche padre o madre oltrepassi la misura e pecchi contro l'amore naturale paterno. La legge quindi stabilisce che i parenti nell'infliggere punizioni non devono mai arrivare alla mutilazione, altrimenti sono colpevoli del delitto di empietà.

((Quando il consanguineo di grado superiore percuote il consanguineo di grado inferiore senza causare la mutilazione, il caso non è contemplato nel codice; quando però è avvenuta una mutilazione in seguito alla percussione, il consanguineo di grado superiore sarà condannato alla pena comminata alla mutilazione con la debita diminuzione))[5].

Se la mutilazione o l'uccisione è avvenuta involontariamente e fu imprevista, nessuna pena deve essere applicata.

Ripeteremo un'altra voltra che i genitori nell'infliggere i castighi non usano di un'autorità civile, ma rimangono sempre nella sfera dell'autorità disciplinare. Se i parenti desiderano un rimedio più efficace o vogliono dare una punizione più dura, possono consegnare i loro figli colpevoli all'autorità pubblica e domandare l'applicazione della pena.

((Se i parenti (nonno, nonna paterna, padre, madre) accusano per disobbedienza un figlio e chiedono la pena dell'esilio contro il colpevole, il figlio deve essere mandato in esilio in lontanissime regioni...)).[6].

((Se i parenti traducono il figlio e la sua moglie dinanzi al magistrato invocando la pena dell'esilio, il figlio insieme con la moglie deve essere mandato in esilio...))[7].

A fil di logica si dovrebbe conchiudere che i parenti hanno anche il diritto d'uccidere il figlio, perchè se l'esistenza del figlio appartiene ai parenti come parte della loro stessa esistenza e se i parenti esercitano una totale autorità sulla esistenza del figlio, essi devono potergliela anche togliere quando sembri loro di svantaggio. Ma questo cammino logico va a battere contro il principio dell'equilibrio ch'è il massimo principio confuciano. Non si può mai dimenticare il senso di umanità che pervade tutto il Confucianesimo. Giustamente i parenti hanno autorità sulla persona del figlio, però sarebbe ingiusto o piuttosto inumano che i parenti uccidessero i loro figli, essendo quest'atto

---

(5) Codice Tang, L.IV, tom. XXVIII, c. ((Il consanguineo superiore ....))

(6) Codice Tang, L. VIII, tom. XXII, art. ((Se percuote e maledice contro)).

(7) Codice Ts'ing, L. VI, tom. XIII, c. L'accusa, art. ((Se i parenti...).

contrario all'amore naturale dei genitori. Il Confucianesimo predica l'amore universale per tutti gli uomini, imitando l'amore universale del Cielo creatore; perciò l'omicidio è considerato un delitto grave. Di più l'amore paterno deve interdire la violenza contro la vita dei propri figli. L'esistenza del figlio non appartiene solo ai parenti, ma alla famiglia, la quale continua la propria esistenza attraverso le oblazioni offerte dagli eredi. Uccidere il figlio significa privare la famiglia dell'oblazione rituale o almeno diminuirla di un ramo che possa offrire l'oblazione. Circa questo supremo bene della famiglia, i parenti non hanno alcun diritto: perciò la vita dei figli è una cosa sacrosanta ed è destinata a continuare la memoria degli antenati.

> ((Se i parenti (nonno, nonna paterna, padre, madre) con arma avessero ucciso il loro figlio, saranno condannti alla pena di reclusione d'un anno. Se la uccisione fu causata dall'odio, la pena sarà aumentata di un grado di gravità))[8].

> ((Se i parenti (nonno, nonna paterna, padre, madre) avessero ucciso il loro figlio) saranno condannati alla incarcerazione per due anni e mezzo))[9].

> ((Se i parenti senza ragione con arma avessero ucciso il proprio figlio, saranno condannati a settanta colpi di verga. Si i parenti, avendo sentito che la propria figlia maritata ha commesso un adulterio, l'hanno uccisa, saranno condannati alla flagellazione con cinquantasei colpi e alla restituzione dell'arra alla famiglia del genero. Se il figlio, per aver commesso delle empietà contro i parenti, fu ucciso e fu uccisa anche la moglie, i parenti saranno condannati a settantasette colpi di verga))[10].

> ((Se il figlio reo di disubbidienza, fu ucciso contro la legge dai parenti, essi saranno condannati a cento colpi di verga. Se la

---

(8) Cod. Wei. cfr. Yang-hong-lie, o.c.; vol. I, p. 258.
(9) Codice Tang, L. VIII, tom. XXII, art. ((I parenti uccidono...)).
(10) Codice Yuan, cfr. Yang-hong-lie, o.c.; p. 721.

uccisione è avventua senza nessuna causa, i parenti saranno condannati a sessanta colpi di verga e alla reclusione d'un anno))[11].

Contro queste sanzioni penali per la uccisione del figlio, si può sollevare una seria obbiezione. Non si è parlato molto in tanti libri e riviste dei Cinesi che abbandonano le loro bambine o addirittura le annegano? Se la legge proibisce la uccisione dei figli, come queste cose si verificano impunemente?

Il fatto della tragica fine delle infelici bambine che si verifica in qualche parte della Cina, non è però un costume generale e neppure un costume particloare legittimamente ammesso. Noi leggiamo nel codice dinastia Yuan una sanzione penale contro questo modo di agire dei parenti:

((Se alcuno getta la sua bambina in acqua e così la uccide, sarà condannato alla pena della spogliazione di metà dei propri beni))[12].

Ma nonostante la proibizione legale, si verificano qua e là questi fatti deplorevoli. I quali si spiegano con due ragioni: una superstiziosa e l'altra economica. Le superstizioni taoistica e buddistica hanno insegnato al popolo che una bimba nata in una data infausta porterà una grave minaccia alla prosperità della famiglia, quindi per il bene comune di tutti bisogna eliminare quell'essere infelice. Inoltre la famiglia che si trova nella squallida miseria, ed è già gravata da molti altri figli, a malincuore può sopportare la persenza di un'altra bambina che domanda nutrimento e poi esigerà a suo tempo la dote per il matrimonio. Queste sono le cause accidentali che possono influire sul popolo; invece il numero delle bambine abbandonate presso orfanotrofi delle missioni cattoliche è assai elevato perchè entra qui una ragione psicologica: quella di approfittare della carità delle missioni.

---

(11) Codice Ts'ing, L. VI, tom. XXVIII, c. Il conflitto, art. ((La percusione)).
(12) Codice Yuan, cfr. Yang-hong-lie, o. c., p. 723.

Parecchi genitori non avrebbero avuto il coraggio d'abbandonare le loro bambine, se non fosse esistito l'orfanotrofio. In Cina la ragazza fu sempre considerata come passiva nel bilancio familiare, perciò le tocca talvota di soffrire trattamenti crudeli; nessun parente pensa ad abbandonare un bambino, perchè, pur allevato con sacrifici, domani potrà ripagare col proprio lavoro le fatiche dei parenti.

Sarebbe ben poco proibire solamente l'uccisione del figlio, perchè ci sono altre forme che violano i diritti naturali della persona umana, come p. es. la vendita. Il Confucianesimo proibisce quindi anche la vendita del figlio. Se la separazione dei figli dai parenti è vietata dalla legge per tutelare la unità della famiglia, la vendita del figlio è molto peggiore della separazione semplice, perchè essa fa che il figlio diventi membro di un'altra famiglia. Se è delitto spezzare volontariamente la continuazione della famiglia, privando gli antenati delle oblazioni rituali, come non lo sarebbe la vendita del figlio, per cui esso diventa un estraneo e non può più offrire la oblazione ai propri parenti defunti? Perciò la vendita del figlio è una cosa proibita dalla dottrina confuciana e dallo stesso costume. Anche il diritto conferma questa proibizione:

((La vendita del figlio sarà punita colla reclusione d'un anno. Se un consanguineo di grado superiore è stato venduto da un consanguineo di grado inferiore, la vendita sarà punita colla pena di morte))[13].

((I parenti che vendono i propri figli per essere schiavi, saranno puniti con ottanta colpi di verga))[14].

Il fatto della vendita del figlio si è verificato qua e là un po' da per tutto: e di solito fu determinato dalla povertà. Durante le terribili

---

(13) Codice Wei, cfr. Yang-hong lie, o. c., p. 257.
(14) Codice Ts'ing. L. VI. tom. XXV, c. Latrocinio, art. ((La vendita del figlio)).

carestie o in caso di estrema necessità, i parenti non vedono altro mezzo per salvare la propria vita e la vita dei figli, che vendere il figlio a una famiglia ricca. L'opinione pubblica più che condannare questi poveri padri, li compatisce: la legge s'è studiata di rimediare a questo male, agevolando il riscatto dei figli venduti.

Un altro limite fu posto all'autorità paterna circa la prostituzione della figlia. Nella mentalità confuciana la fornicazione e l'adulterio della donna assumono una gravità che non potrà essere giustificata da nessun motivo di necessità. E come dovrà essere considerato il delitto dei parenti che forzano la propria figlia alla prostituzione o la vendono alla casa d'infamia?

((Chi ha consentito o ha forzato la propria figlia o moglie o concubina, o la figlia adottiva, o le mogli e concubine dei figli a commettere l'adulterio o la fornicazione, sarà condannato alla stessa pena comminata contro il mandato all'adulterio o alla fornicazione: e di più alla pena di portare la ((Cange)) per un anno davanti alla propria porta...))[15].

62. L'autorità paterna riguardo alla professione del figlio

La grave obiezione che i moderni cinesi muovono contro il sistema della famiglia cinese, è la mancanza di libertà nello sviluppo delle qualità personali di ciascun membro. Essi dicono che i membri, sottomessi all'autorità del capo di famiglia, non possono scegliere una professione rispondente alle proprie qualità native e alle proprie inclinazioni personali, cosicché gli uomini non hanno la possibilità di formarsi una personalità propria e debbono soffocare energie e iniziative per conservare l'armonia della famiglia.

---

(15) Codice Ts'ing. L. VI. tom. XXXIII, c. L'adulterio, art. ((Il mandante...)

Ma tale questione esiste pure in tutti gli altri paesi. Oggi, con i mezzi fornitici dalla scienza e con tanta libertà, pochi sono in grado di scegliere una professione secondo le esigenze delle proprie qualità personali.

Secondo i principi della dottrina confuciana, la scelta della professione del figlio dipende naturalmente dalla decisione dei parenti. Che significa la professione se non un modo di conformare la vita? Se la persona del figlio è totalmente alla dipendenza dei parenti, anche il modo di vivere è legato alla loro volontà. Inoltre la professione è anche un mezzo per guadagnare la vita. Nella famiglia è il capo che dirige e controlla tutto quello che riguarda gli interessi familiari. Quindi la professione dei singoli membri è un affare che rientra in pieno nella sfera della direzione della famiglia.

63. L'autorità paterna riguardo al matrimonio dei figli

La questione più agitata durante questi ultimi anni della rivoluzione cinese, è la questione della libertà di matrimonio. Tutto lo spirito rivoluzionario va contro la tradizione confuciana, e si propone di compiere una riforma radicale. Il codice civile attuale della Cina ha sanzionato il trionfo dello spirito della riforma. Vediamo ora quale sia la tradizione confuciana riguardo al matrimonio dei figli.

A. Il matrimonio dei figli dipende dalla volontà dei parenti, i quali possono obbligare i figli a sposarsi

Una frase breve ma scultorea di Mencio dice: ((I delitti dell'empietà sono tre: ma fare che non si abbiano i figli è il massimo))[16]. Una sentenza tipicamente confuciana! Questo detto racchiude tutto il pensiero riguardo alla famiglia e al matrimonio. Per pietà filiale verso

---

(16) Montze, cap. IV, part. II, n. 26.

i parenti, per l'amore verso gli antenati e per l'attaccamento alla famiglia, tutti i Cinesi devono prendere moglie, perchè solo attraverso il matrimonio, la continuazione della famiglia si può verificare. Contro questa tradizione il Buddismo ha creato in Cina il monachismo con la disciplina del celibato. La società cinese ha accolto questo istituto monacale con un duplice sentimento contrastante, perchè da una parte il monachismo corrisponde in fondo all'aspirazione dell'ascetismo cinese, dall'altra il celibato va contro il sentimento familiare. Così il monachismo buddistico nonostante la fioritura di migliaia di monasteri, non riesce a penetrare nell'anima del popolo cinese.

Ogni uomo deve pensare alla possibilità legittima di continuare la memoria dei suoi antenati, contraendo il matrimonio; ed è pur dovere di ciascuno di vigilare e di provvedere che la continuazione non venga meno per colpa dei figli. Quindi i parenti hanno la cura del matrimonio dei loro figli. Riguardo alle figlie, i parenti hanno diritto di obbligarle al matrimonio, perchè le donne sono nate per essere spose e madri. La donna ha il suo posto di lavoro nella famiglia; quindi i parenti possono destinare le figlie ai posti che dovranno prendere in avvenire. Quando i figli e le figlie sono tutti sposati, i parenti possono respirare e riposarsi, nella dolce certezza di aver compiuto tutti i loro grandi doveri.

Non fa meraviglia perciò il costume del fidanzamento dei figli ancora bambini. La questione della libertà di sposarsi o no, non esiste: come si è detto, ogni uomo è obbligato a prendere moglie per il bene della famiglia. D'altronde non potrebbe nemmeno farsi monaco senza il consenso esplicito dei parenti.

In Cina si stima molto la donna che rimane vedova senza passare a nuove nozze. Essa non può essere forzata dalla famiglia del marito defunto a contrarre un altro matrimonio, ma se i suoi parenti esigono che si sposi un'altra volta, deve ubbidire.

((S'e, morto il marito, la vedova che non voleva passare a nuove nozze, è stata forzata a un altro matrimonio, questo matrimonio deve essere sciolto e la donna deve essere restituita alla famiglia del marito defunto. Tutti quelli che l'hanno forzata a fare il nuovo matrimonio, saranno condannati a un anno di reclusione. Se però i parenti (nonno, nonna paterna, padre, madre) hanno forzato la vedova a rimaritarsi, il caso non è contemplato nella legge suddetta...))[17].

((S'è, morto il marito, la vedova che non voleva passare a nuove nozze, è stata forzata ad un altro matrimonio, questo matrimonio deve essere sciolto e la donna deve essere restituita alla famiglia del marito defunto, eccetto il caso che la pressione sia stata fatta dai parenti...))[18].

Durnate l'ultima dinastia, il costume fu cambiato. La fedelta maritale vince pure l'autorità paterna e la legge stbilisce che neppure i parenti possano forzare la figlia vedova a rimaritarsi. Ma, compiuto il matrimonio anche forzato, il vincolo rimane senza possibilità di scioglimento[19].

B. I parenti determinano il matrimonio dei figli

Se una bambina viene data in sposa dai suoi parenti alla famiglia d'un amico di casa, essa, appresa all'età della ragione questa notizia, deve sottomettersi alla volontà dei parenti. Anche se la figlia sentisse tutta l'antipatia per la famiglia del fidanzato, non può mai ribellarsi e impedire che si compia la promessa. Il fidanzamento fatto dai parenti obblige inesorabilmente i figli. La figlia deve seguire il fidanzato scelto dai parenti, e così il figlio nei riguardi della fidanzata.

La ragione della obbligazione dei figli non sta precisamente nella infrangibilità della promessa matrimoniale, non essendo questa assoluta, tanto che in certi casi il fidanzamento può essere sciolto

---

(17) Codice Tang, L. IV. tom. XIV, art. ((Le nozze della vedova)).

(18) Codice Ming, cfr. Yang-hong-lie, o. c., p. 853, vol. II

(19) Codice Tt-ing. L. III, tom. X, c. Il matrimonio, art. ((Le nozze della ved.)).

senza conseguenze; ma sta nella completa sottomissione dei figli alla volontà dei parenti. La Chiesa cattolicaha compresa la radice del male ed ha sempre proibito ai cristiani di fare questi fidanzamenti per i loro figli[20]; il codice civile attuale dichiara che il fidanzamento deve essere conchiuso dalle persone che intendono di contrarre il matrimonio.

Alla mentalità dei Cinesi non si è mai affacciata la questione del consenso del figlio circa il proprio matrimonio. Il matrimonio è destinato la bene della famiglia, quindi esso appartiene alla direzione della famiglia e all'autorità paterna. In realtà poi il consenso dei figli esiste sempre almeno implicitamente, e n'è prova la vita tranquilla dei coniugi.

C. I parenti compiono il fidanzamento dei figli

Come abbiamo già detto quando si parlava del matrimonio, il fidanzamento si conchiude legalmente in nome del capo della famiglia o dei genitori o dei parenti. La possibilità per due giovani di incontrarsi direttamente e di trattare un fidanzamento fra di loro non esisteva, a causa della separazione dei due sessi; inoltre il fidanzamento è una promessa fatta fra due famiglie e i capi famiglia ne assumono la responsabilità. Perciò il fidanzamento si compie quando i responsabili legali danno il loro consenso.

Ci sono però dei casi, nei quali il figlio può fare il suo fidanzamento da se stesso senza l'intervento dei parenti: quando per esempio, un figlio maggiorenne copre un incarico ufficiale e sta lontano dalla famiglia paterna e i parenti non hanno pensato a fare un fidanzamento per lui. Altro caso è quello di un alto ufficiale che voglia dare la sua

---

(20) Il Primo Concilio Plenario Ciese nel canone 381 n. I riporta il precetto del Concilio sinodale Sutchuan an. 1803, c. IX, III: ((Hinc graviter monendi sunt fideles ut, relicto iniquo patriae more desponsandi filios in infantili aetate, Ecclesiae regulis sese omnino conforment)).

figlia a un suo subalterno o a qualsiasi funzionario inferiore; questo funzionario inferiore può accettare l'offerta senza aspettare il consenso dei parenti[21].

64. L'autorità paterna sui beni del figlio

La famiglia è la più intima unione che unisce numerosi membri in un affetto profondo, che uniforma ordinatamente le attività e che mette in comune tutti i beni dei membri. I beni di famiglia sono una comune proprietà, di cui il capo della famiglia ha l'amministrazione e i membri hanno il godimento. Tutti lavorano per la famiglia, e la famiglia provvede imparzialmente ai bisogni di tutti.

Un figlio che vive sotto il medesimo tetto con il padre, non ha beni propri, neppure il peculio, eccetto qualche piccolo dono, fattogli espressamente. Un figlio che vive in un'altra casa lontana ma non indipendente, non ha beni propri come proprietà, ma amministra tutto quello che guadagna e usa quello che è necessario per la sua vita.

La donna non ha cose proprie; eccetto i suoi gioielli e le sue vesti e le cose mobili o immobili che essa ha portato con sè come dote. Il marito può usufruire sempre dei beni della moglie.

Il patrimonio non si lascia per testamento a nessuno. Non è cosa concepibile per un Cinese che un padre morente lasci per testamento i suoi beni a un estraneo come suo erede. Il patrimonio non è cosa personale del padre o del capo di famiglia, ed egli non può disporne liberamente; esso è un bene comune ai membri della famiglia e deve essere diviso fra di loro. Nel concetto dell'eredità cinese non entra il patrimonio, entra solamente il diritto di potere sacrificare agli antenati con il titolo ereditario. E questo titolo differisce del tutto dal titolo del figlio ereditario com'è nel diritto romano; al figlio eredi-

---

(21) Montze, cap. V, part. I, n. 2.

tario il diritto cinese non conferisce il diritto di entrare nello stato giuridico del defunto.

I membri della famiglia possono dividere il patrimonio, quando separandosi, vogliono costituire famiglie proprie. La separazione può solo avvenire o dopo la morte del padre o della madre, o durante la loro vita per una ragione speciale e con il loro consenso. Nella divisione tutti i figli, o della moglie o delle concubine, hanno una porzione uguale. Il patrimonio d'un defunto senza figli, deve essere devoluto alla moglie, la quale lo passerà poi al figlio adottivo ereditario. Se dopo la istituzione del figlio adottivo ereditario, nasce un figlio postumo, il patrimonio sarà diviso in parti uguali tra il figlio postumo ed il figlio ereditario. I figli adottivi non ereditari possono avere una porzione sufficiente per il loro sostentamento, e così le figlie non maritate. Il figlio naturale e riconosciuto dal padre ha metà porzione dei figli legittimi. Se non c'è figlio legittimo, il figlio naturale divide in parti uguali il patrimonio con il figlio adottivo ereditario; e se non esiste chi secondo le prescrizioni del Li possa ritenersi figlio ereditario adottivo, il figlio naturale riceve tutto il patrimonio.

A proposito della istituzione del figlio adottivo ereditario, abbiamo già parlato delle prescrizioni del Li e dei codici, secondo i quali il figlio ereditario adottivo deve essere scelto fra i nepoti dello stesso Clan dal più vicino al lontano. In caso che manchino questi nepoti, si permette di scegliere una persona che sia più degna e più amata dalla famiglia. Qualora un uomo dopo il matrimonio muoia senza figli, si deve istituire un figlio ereditario per lui, a condizione che sua moglie rimanga vedova senza passare a nuovo matrimonio. Se però il morto era già maggiorenne, si deve sempre istituire un figlio ereditario adottivo per lui, anche se la moglie non rimane vedova per tutta la vita. Se dopo il fidanzamento e prima del matrimonio il fidanzato muore e la fidanzata intende rimanere fedele alla memoria del fidanzato senza prendere marito, si deve istituire pure un figlio adottivo ereditario per il morto. Se il figlio è morto in battaglia, si deve istituire un figlio ereditario. Se non si trova una persona che secondo le prescrizioni giuridiche sia adatta a tenere il posto di figlio adottivo per il soldato morto, e il padre non abbia altri figli, allora si deve istituire un figlio ereditario per il padre e poi un figlio del figlio ereditario deve essere dato a continuare la memoria del soldato. Gli altri giovani morti prematuramente, non hanno diritto di avere un figlio ereditario adottivo[22].

----

(22) Codice Ts'ing, tom. VIII, c. La famiglia. Gli articoli sulla istituzione del figlio adottivo.

Capitolo IX

La Pietà Filiale

SOMMARIO: La nozione, centro di tutte le virtù, fondamento dell'ed ucazione, l'officio del sostentamento, l'officio della riverenza, l'officio dell'onore.

65. La nozione della pietà filiale

Negli altri sistemi morali la pietà filiale occupa sempre un posto non rilevante ed ha un campo di applicazione assai limitato. Nella morale cristiana la pietà filiale è il riflesso della pietà che l'uomo deve avere verso Dio. Nella dottrina confuciana invece questa virtù è l'anima e il cuore di tutto il sistema morale ed ha sostenuto la famiglia cinese attraverso tutti i secoli contro tanti pericoli e difficoltà. E la cultura cinese prende da questa virtù un colore tutto speciale che la caratterizza e la distingue dalle altre civiltà del mondo.

Il Confucianesimo ha posto la norma della morale fondamentalmente nella imitazione del Cielo, la quale si traduce in espressione concreta nell'armonia universale che si verifica nell'ordine perenne. Quest'armonia si ottiene dagli uomini con l'osservanza del Li che è una applicazione dell'ordine perenne agli uomini. Però l'ordine perenne (Tien-li) e il Li sono norme che stanno al di fuori dell'uomo: sono quindi norme esterne e non sono facilmente conoscibili da tutti gli uomini. Per ogni uomo internamente esiste una norma intrinseca che è la natura umana, la quale nei casi concreti si esprime attraverso il Lianchee, cioè la coscienza. Ma la nozione del Lian-chee sembra troppo astratta ai Confucianisti, e non accessibile a tutti, perchè si deve riflettere poi sul Li per avere il fondamento del giudizio del Lian-chee. E allora si cerca di dare una norma più concreta e più semplice per distinguere il bene dal male; questa norma è la pietà filiale. La scuola confuciana dice a tutti di fare tutto quello che torna in onore dei parenti e di evitare tutto quello che è di disonore per essi. Ogni uomo nel momento di agire si domanda se l'azione che sta per intraprendere è d'onore o di disonore per i parenti. Se la coscienza risponde che l'azione farà disonore ai parenti, allora l'azione non può essere fatta.

Da questo principio pedagogico parte la profonda differenza fra la pietà filiale confuciana e la pietà filiale cristiana. Nell'etica cristiana la pietà filiale è una virtù morale che spinge i figli a prestare ai parenti il debito culto o venerazione. L'espressione della virtù consiste nel dare ai parenti una venerazione che convenga alla loro dignità. Questa venerazione ha la sua base nella superiorità dei parenti, i quali, avendo dato la vita ai figli, partecipano in qualche modo alla ragione di causa della loro esistenza. La causa principalissima dell'esistenza umana è Dio; ma i parenti, come strumenti dell'azione divina, partecipano alla ragione di causa e devono quindi partecipare essi pure agli onori che il figlio deve rendere alla causa della sua vita. Il Confucianesimo ha preso la parola ((Causa)) in un senso pieno, non perchè nega la causalità di Dio (Cielo), ma perchè considera i parenti come genuini rappresentanti del Cielo. L'uomo non riceve la vita direttamente dal Cielo, e neppure ha origine naturalmente da qualche causa necessaria; l'uomo ha la vita di un atto volontario di due esseri, i quali sono vere cause della vita del figlio. Questa stretta relazione fra la causa e la vita prodotta vincola i figli ai loro parenti, come un ruscello alla sua sorgente. L'esistenza scaturita dagli antenati scorre attraverso le generazioni come l'acqua scorre in un ruscello. Non c'è interruzione, nè separazione fra l'acqua del ruscello e la sua sorgente; così l'esistenza dei figli si connette strettamente con l'esistenza dei parenti e degli antenati. Fra la madre e il figlio non esiste nè può esistere una interruzione; l'esistenza del figlio è continuazione e parte dell'esistenza del padre e della madre.

Su questo concetto della relazione fra i parenti e i figli, si appoggia la base dottrinale della pietà filiale confuciana. Tutti gli esseri creati, come appare nell'ordine perenne, tendono ad esprimere la propria soggezione all'impero del Cielo e formano una maginfica

corona all'opera divina, consacrando il noto proverbio che dice: ((
Tutti gli esseri ritornano alla loro origine)). Esiste nell'ordine
perenne una legge per la quale tutti gli esseri sono soggetti al loro principio di vita. Ora principio di vita nell'uomo sono i parenti, a cui i
figli devono quindi professare la propria venerazione e soggezione. La
pietà filiale confuciana può essere definita: ((la virtù che spinge i
figli ad ordinare tutta la vita per l'onore dei parenti)).

66. Centro di tutte le virtù

La pietà filiale, come abbiamo detto, è una virtù che ha un
campo proprio e le sue azioni caratteristiche. Ma, data la sua influenza
su tutte le azioni del figlio che ordina all'onore dei parenti, questa vitr
ù allarga le sue braccia a tutto il campo morale. Un figlio è obbligato
ad amare, assistere e venerare i suoi parenti; ed dgli compie allora atti
che sono propri della pietà filiale. Nello stesso tempo il figlio è obbligato ad onorare i parenti in tutte le sue azioni, poichè ogni azione si
ripercuote sulla persona dei parenti; e allora la virtù della pietà filiale
nel suo ampio significato, diviene centro di tutte le altre virtù morali.
Questo si spiega anzitutto per la ragione che i parenti sono fine
prossimo della vita dei figli. Il principio diretto ed immediato dell'e-
sistenza del figlio si trova nei parenti, mentre il principio ultimo è
Dio. Il figlio che deve ordinare la vita al proprio principio, deve anzitutto ordinarla al principio diretto come al fine diretto ed immediato:
poi attraverso il fine diretto, al fine ultimo che è il Cielo. Tutta la vita
del figlio deve essere amore per i parenti e corona per loro.

Il campo della pietà filiale si allarga in un orizzonte sterminato
che abbraccia tutte le azioni del figlio:

((Sedere e stare immodestamente è contro la pietà filiale;
servire il principe senza fedeltà è contro la pietà filiale; tenere
l'officio di magistrato senza diligenza e contro la pietà filiale;
mancare alla sincerità con gli amici è contro la pietà filiale;
fare la guerra senza la fortezza è contro la pietà filiale. Ogni

mancanza in queste cose fa disonore ai parenti. Come si può allora non avere una grande attenzione?))[1].

Tutte le buone azioni sono atti di pietà, tutte le male azioni sono delitti contro la pietà filiale. Al centro di tutte le virtù sta la pietà filiale, dalla quale si irradiano le virtù e alla quale esse ritornano. Inoltre la stretta relazione fra l'esistenza del figlio è l'esistenza dei parenti fa si che le azioni del figlio diventino come le azioni dei parenti. L'onore del figlio è l'onore del padre e il disonore del figlio è il disonore del padre, perchè la esistenza del figlio e una con la esistenza del padre.

((Yao-tcheng-tze scendendo dalla scala centrale s'è fatto male al piede. Si è chiuso in camera per parecchi mesi, veramente desolato. I suoi discepoli gli domandarono: Maestro, il vostro piede è già guarito da molto tempo. Perchè voi non uscite di casa e avete sempre la faccia triste? Yao-tcheng-tze rispose: Avete fatto una buona domanda. Desideravo appunto darvi un insegnamento. Io avevo sentito da Tzen-tze, e Tzen-tze l'ha sentito dal Maestro (Confucio), che fra tutti gli esseri protetti dal cielo e nutriti dalla terra, l'uomo è il più nobile. I parenti generano il figlio, un essere completo; allora la pietà filiale vuole che il figlio conservi ai parenti questo essere completo. Quando un figlio non mutila il suo corpo e non vitupera la sua figura morale, si può dire che ha conservato l'essere dei parenti in modo completo. Quindi il Tchun-tze (uomo retto) in ogni suo passo pensa ai propri parenti. Ora io ho dimenticato la pietà filiale facendo male al mio piede, perciò sono veramente desolato. In ogni passo non si devono dimenticare i propri parenti e in ogni parola non ci si deve scordare di essi; allora non si camminerà sulle strade pericolose, nè si viaggerà sulle navi difettose; allora anche le parole cattive non usciranno

---

(1) Li-Chee. Chi-yi.

dalla bocca e la rabbia non ci agiterà il corpo. Di conseguenza non si metterà il corpo in pericolo nè se ne vitupererà la fama. Così vuole la pietà filiale))[2].

67. Fondamento della educazione

((Yiu-tze dice: Un uomo che ha la virtù della pietà filiale e il rispetto fraterno, raramente sarà ribelle ai propri superiori,non amerà certamente di fare delle rivoluzioni. Il Tchun-tze (uomo retto) in ogni cosa cerca la base. Quando la base è stabilita, la norma si troverà facilmente. La pietà filiale e il rispetto fraterno sono le basi della perfezione morale))[3].

((Se ciascun uomo ama i suoi parenti e rispetta i propri fratelli maggiori, tutto l'impero è tranquillo))[4].

La saggezza confuciana ha saputo prendere il punto vitale su cui fondare la educazione morale del popolo. Avendo messo la pietà filiale come norma concreta ed immediata delle azioni morali, è naturale ch'essa fosse considerata come fondamento della educazione. Spiegare, ripetere, insistere perchè si pensi ai parenti in ogni azione; fare in modo che il popolo finalmente si formi un abito e una mentalità che sentano orrore per il disonore dei parenti.

Questa educazione ha pure degli elementi psicologici. Il bamino appena arrivato all'uso della ragione, incomincia ad apprendere ed a praticare la grande lezione della pietà filiale; egli vive e respira nell'ambiente di questa virtù, come un pesciolino nell'acqua. Senza troppa fatica e senza troppo forzare l'attenzione, il bambino assimila l'insegnamento.

E poichè la società non è altro che un'amplificazione della

---

(2) Li-Chee. cap. Chi-yi.
(3) Lun-Ngu, cap. I, part. I, n. 2.
(4) Montze, cap. IV, part. I, n. 2.

famiglia, l'educazione ricevuta nella famiglia circa la pietà filiale, ha il suo genuino sviluppo nella vita sociale. Perciò

((Confucio disse: La pietà filiale è la base della virtù e la sorgente della educazione))[5] : perchè

((Tchun-tze (uomo retto) insegnando la pietà filiale, non si limita alle cose che solamente si vedono giornalmente nella casa. Insegnando la pietà filiale s'insegna ad amare tutti i padri e tutte le madri del mondo. Insegnando il rispetto fraterno, s'insegna a risperttare tutti i fratelli maggiori che sono al mondo))[6].

68. L'officio del sostentamento

Abbiamo detto che la virtù della pietà filiale ha un campo immenso che abbraccia tutte le azioni morali; ma fra tutte le azioni morali ci sono azioni che appartengono propriamente a questa virtù. Ci fermiamo dunque a studiare il campo proprio della pietà filiale, cioè i doveri del figlio verso i parenti.

Tzen-tze dice: ((La pietà filiale ha tre offici, di cui il primo è di onorare i parenti, il secondo è di non disonorare i parenti, il terzo è di sostentare i parenti))[7].

Nella morale cristiana si parla dell'obbligo dei figli per il sostentamento dei parenti, ma lo si considera come un obbligo straordinario nei casi di necessità quando i parenti non hanno il necessario per la loro vita. La regola ordinaria è che i parenti sostengano i figli. La morale confuciana invece mette questo obbligo come ordinarissimo senza nessuna limitazione o eccezione. I figli sono nati per onorare i parenti e anzitutto de vono dare loro l'assistenza materiale: non

---

(5) Shio-King, cap. Kiai-chang-ming-yi.
(6) Shio-King, cap. Kuang-tze-te.
(7) Li-Chee. cap. Chi-yi.

soltanto quando i parenti sono poveri e si trovano nella necessità, ma anche quando i parenti hanno tutto il necessario, i figli sono sempre obbligati a lavorare per i parenti onde accrescerne la felicità. Mentre i figli sono piccoli, tocca ai parenti a dar da mangiare ai figli; divenuti grandi, i figli devono procurare un riposo onorevole ai parenti, lavorando per loro. Ogni cinese quando va a chiedere un ufficio, un impiego e un lavoro, dirà immancabilmente che desidera di avere la possibilità di guadagnare il necessario per il sostentamento dei parenti. I cinesi mettono i parenti al primo posto, e pensano sempre alla vita dei genitori, poi a quella dei figli e della moglie, in fine alla propria. Essi non mangeranno se i parenti non hanno ancora mangiato, non si faranno una veste nuova, se i parenti non hanno avuto le loro vesti unove. Non è concepibile per la mentalità cinese che un figlio lasci i parenti a lavorare faticosamente e a soffrire la fame, mentre essi godono la vita. Il popolano chiamerà maledizioioni sul figlio non pietoso. E interverrà pure l'autorità pubblica a punire l'empietà: prima il presidente del Clan e poi la stessa autorità civile.

((Il figlio che non ha saputo esercitare una professione e guadagnare il necessario per il sostentamento dei parenti, cosicchè questi si sono suicidati, sarà punito con cento colpi di verga e con l'esilio in una regione distante di tremila miglia))[8].

Il sostentamento consta anzitutto degli alimento, del vestito e delle altre cose materiali per i bisogni giornalieri dei parenti. La loro vecchiaia e la malattia domandano molte altre attenzioni. Il figlio è obbligato a prestare tutta l'assistenza con cura e con affetto, nè può con qualche pretesto esimersene.

((Chi ha lasciato parenti (nonno, nonna paterna, padre, madre) vecchi e ammalati senza l'assistenza di altri figli per recarsi a

---

(8) Codice Ts'ing, tom. L. VI, tom. XXIX, c. La maledizione, art. ((Contra parenti)).

prendere un ufficio pubblico, sarà privato dell'ufficio e della dignità che aveva))[9].

((Chi vuole lasciare il mondo ed entrare in un monastero buddistico, deve farne domanda all'ufficio imperiale per la religione con una lettera di raccomandazione dell'autorità locale. La concessione è rilasciata dall'ufficio imperiale sempre a condizione che l'aspirante abbia un altro fratello che presti il servizio pubblico e l'assistenza ai parenti. Altrimenti il religioso sarà punito e dovrà ritornare a casa))[10].

((Se i parenti sono ancora vivi, i figli che si separano dalla famiglia paterna e dividono il patrimonio lasciando i parenti nella povertà... saranno giudicati severamente))[11].

Queste prescrizioni giuridiche che vietano la diserzione dei figli, traducono fedelmente il pensiero di Confucio:

((Confucio disse: Mentre i genitori sono viventi, i figli non fanno un viaggio troppo lungo; e quando escono dalla casa, hanno sempre una destinazione fissa)).

La legge non interviene solo negativamente a proibire la diserzione, ma concede dei favori che avvantaggiano il servizio e l'assistenza ai parenti; così l'assistenza ai bisogni dei parenti è una delle cause principali che diminuiscono la gravità della pena, ne sospendono la esecuzione o la commutano in una pena più lieve.

((Se alcuno per un delitto commesso fu condannato all'esilio, mentre i suoi parenti hanno bisogno della sua assistenza, l'esecuzione della pena viene sospesa fino al giorno in cui un maschio della famiglia, diventato maggiorenne, potrà assistere i parenti o finchè i parenti stessi non muoiano.

---

(9) Codice Tang, L. I. tom. III, tom. art. ((La diserzione illecita dei figli)).
(10) Codice Yuan, cfr. Yang-hong-lie, o. c., vol. II, p. 740.
(11) Codice Yuan, cfr. Yang-hong-lie, o. c., vol. II, p. 731.

((Le pene di morte e di esilio saranno diminuite o commutate per ragione dell'assistenza necessaria ai parenti)).

Il sostentamento dei parenti non si limita a provvedere loro le cose materiali, deve anche estendersi a tutto ciò ch'è sollievo spirituale. Un figlio può compiere perfettamente tutti i servizi materiali verso i parenti, senza essere veramente pio, quando manchi di affetto e di attenzioni. Si dà da mangiare anche ai servi e alle bestie; questa assistenza materiale non è pietà filiale. Un servizio prestato di mala voglia, un'assistenza accompagnata da lamenti, un rispetto senza affetto amareggiano di più il cuore dei genitori che non la mancanza di questi servigi. Il Confucianesimo richiede il sostentamento spirituale che è lo studio delicato di accontentare i genitori con tutti i mezzi. Il maestro Mencio spiega questo insegnamento con un esempio:

((Quando Tzen-tze serviva a tavola suo padre Tzen-she, offriva sempre la carne e il vino. Alla fine del pranzo, prima di rimuovere le pietanze, Tzen-tze domandava sempre al padre a chi dovesse essere dato il cibo avanzato; e se il padre voleva sapere se ci fosse carne o vino in più o no, Tzen-tze rispondeva sempre di sì (per soddisfare il desiderio del padre). Quando, morto Tzen-she, Tzen-yuan serviva a tavola Tzen-tze, egli pure preparava sempre la carne e il vino, ma alla fine del pranzo egli non chiedeva più al padre a chi si dovesse dare il cibo avanzato, nè rispondeva affermativamente alla domanda del padre se ci fossero ancora dell'altra carne e dell'altro vino. Ecco il servizio fatto semplicemente al corpo dei parenti. Il servizio di Tzen-tze era invece servizio alla volontà dei parenti. Chi sa servire i parenti come Tzentze, serve veramente bene))[12].

Un altro testo di Mencio illustra questo concetto di pietà filiale che cerca di fare contenti i genitori:

((Comunemente si conoscono cinque peccati contro la pietà

---

(12) Montze, cap. IV, part. I, n. 19.

filiale. Chi è pigro e non pensa all'assistenza dei parenti, pecca contro la pietà filiale; chi gode del vino e delle donne, trascurando l'assistenza ai parenti, pecca contro la pietà filiale; chi è avaro, e pensa solamente alla propria moglie e ai propri figli, non curandosi dell'assistenza ai parenti, pecca contro la pietà filiale; chi seguendo le proprie passioni commette dei delitti e mette i parenti in pericolo, pecca contro la pietà filiale; chi è violento e offende tutti, amareggiando i cuori dei parenti, pecca contro la pietà filiale))[13].

69. L'officio di riverenza

((Confucio disse: I moderni affermano che la pietà filia e consiste nel dare il sostentamento ai parenti. Ma gli uomini danno da mangiare anche ai cavalli; se manca la riverenza, che diversità esiste tra il dare a mangiare ai parenti e agli animali?)).

Questo dettame del senso comune rivela quanto sia umano il Confucianesimo. I parenti non sono dei poveri che mendicano il pane dai figli ma i datori della vita, perciò sono degni dell'amore e del rispetto dei figli. La dignità dei parenti, che sono i genuini rappresentanti del Cielo, li fa partecipare alla stessa riverenza che si deve al Cielo. Il sommo grado della riverenza appartiene al Cielo che è creatore e governatore dell'universo; all'imperatore si deve la più grande riverenza dopo il Cielo, perchè egli è il rappresentante del Cielo per tutto l'impero; i parenti vengono dopo l'imperatore nella gerarchia delle dignità.

Confucio con la sua delicatezza abituale esprime la riverenza filiale in poche parole significative:

---

(13) Montze, cap. IV, part. II, n. 27.

((Il figlio nel servire i parenti deve sapere avvertire delicatamente i parenti dei loro difetti. Se il suo avviso non ottiene
effetto, egli deve pur sempre avere riverenza verso i parenti,
senza contraddirli e senza lamentarsene))[14].

Un figlio pio si comporta dinnanzi ai parenti secondo le
prescrizioni del Li, dando loro tutti i segni della riverenza. Nei saluti
giornalieri, nei servigi alla tavola e nelle feste, la familiarità e
l'affetto non diminuiscono l'obbligo della riverenza. Un bambino
dai primissimi anni impara le cerimonie per presentarsi ai parenti[15].
La volontà dei parenti è un comando, a cui il figlio deve sottostare
senza discussioni. La persona dei parenti è inviolabile, e non solamente le ingiurie volontarie costituiscono un delitto gravissimo, ma
anche le ingiurie involontarie sono punite severamente. L'accusa dei
figli contro i parenti non è ammessa dalla legge, eccetto per i delitti
contro la maestà dell'imperatore; le colpe dei parenti non possono
essere palesate dai figli, e così le cose poco buone della famiglia non
devono essere raccontate agli estranei. Questi sono tutti precetti morali;
e per garantirne la perfetta osservanza, la legge stessa interviene
stabilendo sanzioni penali contro i trasgressori.

A. Contro i disubbidienti:

((Il figlio che contraddice ai comandi dei parenti... sarà condannato alla reclusione di due anni)). Nel commento ufficiale si
aggiunge una nota restrittiva che dice: La parola ((Parenti))
indica il nonno, la nonna paterna, il padre, la madre. I comandi
dei parenti circa le cose lecite devono essere eseguiti subito dai
figli... Se il comando è contro la legge e la esecuzione costituisce un delitto... la disubbidienza non sarà delitto))[16].

---

(14) Lun-Ngu, cap. II, part. I, n. 18.
(15) Li-Chee, cap. Nui-tze.
(16) Codice Tang, L. VIII, tom. XXIV, art. ((La disubbidienza)).

((Il figlio che contraddice ai comandi dei parenti... sarà punito con cento colpi di verga))[17].

B. Contro le ingiurie

((Il figlio che ha dette delle maledizioni contro i parenti (nonno, nonna paterna, padre, madre) sarà punito con la strangolazione...))[18].

((Il figlio che ha detto parole ingiuriose contro i parenti (nonno, nonna paterna, padre, madre) o la moglie del figlio che ha dette delle ingiurie contro i parenti del marito, sarà condannato alla strangolazione. Però l'accusa deve essere fatta dai parenti))[19].

C. Contro le ingiurie violente

((... Il figlio che ha percosso un parente (nonno, nonna, padre, madre) sarà condannato alla decapitazione))[20].

((Il figlio che nella ubbriachezza, ha percosso il padre o la madre. e che non ha un altro fratello per assistere i parenti, sarà ⎽ondannato a cento colpi di verga e a cento giorni di lavor⎽ forzato))[21].

D. Contro la uccisione (parricidio)

((Chi ha tentato di uccidere un parente (nonno, nonna paterna, padre, madre)... sarà condannato alla decapitazione...)[22].

---

(17) Codice Ts'ing. L. VI, tom. XXX, c. Il processo, art. ((La maledizione)).
(18) Codice Tang, L. VIII, tom. XXII, art. ((La maledizione)).
(19) Codice Ts'ing. L. VI, tom. XXX, c.((La maledizione)), art. Contro i parenti.
(20) Codice Tang, L. VIII, tom. XXII, art. ((La maledizione contro i parenti)).
(21) Codice Yuan, cfr. Ynag-hong-lie, o. c., p. 727. vol. II.
(22) Codice Ming, cfr. Ynag-hong-lie, vol. II, p. 828.

((Chi ha tentato di uccidere un parente (nonno, nonna paterna, padre, madre) e lo ha ferito, sarà condannato alla morte con lenta mutilazione))[23].

Circa la uccisione invlolntaria:

((... Il figlio che ha involontariamente ucciso un parente (nonno, nonna paterna, padre, madre) sarà condannato all'esilio in una regione distante tremila miglia...))[24].

((Il figlio che ha ucciso un parente (nonno, nonna paterna, padre, madre) durante la sua follia o una malattia mentale, sarà condannato alla decapitazione))[25].

Circa il parricidio volontario:

((Il figlio che ha ucciso un parente (nonno, nonna, padre, madre) sarà condannato alla morte con la mutilazione lenta delle membra))[26].

E. Contro la violazione della tomba dei parenti

((Se un figlio per fare la caccia ha messo del fuoco dentro la tomba d'un parente (nonno, nonna paterna, padre, madre) sarà punito con la reclusione d'un anno. Se il fuoco ha danneggiato la cassa, il figlio sarà condannato all'esilio in una regione distante tremila miglia. Se il fuoco ha danneggiato il cadavere, il figlio sarà condannato alla strangolazione))[27].

---

(23) Codice Ts'ing. L. VI, XXVI, c. Vita umana, art. ((Il tentativo di uccisione)).
(24) Codice Tang, L. VIII, tom. XXII, art. ((La maledizione contro i parenti)).
(25) Codice Yuan, cfr. Ynag-hong-lie, o. c., p. 723. vol II.
(26) Codice Yuan, cfr. Ynag-hong-lie, o. c., p. 727. vol II.
(27) Codice Tang, L. VII, tom. XVIII, art. ((La violazione della tomba)).

70. L'officio dell'onore

Onorare i parenti! Questo è il pensiero costante di tutti i Cinesi, è il motivo principale delle opere buone ed eroiche, ed è la fiamma secreta che arde nei cuori e sprona le energie. I Cinesi hanno sempre davanti agli occhi non la comodità e il bisogno della propria vita, non la propria fama e il proprio onore, ma l'onore dei parenti. Facendo una cosa, i Cinesi istintivamente pensano ai loro parenti e gioiscono se possono far loro onore. E' impegno categorico per ogni uomo di comportarsi bene così da non macchiare il nome degli antenati.

((Formare la propria personalità, coltivare le virtù in modo da poter lasciare il proprio nome in benedizione e rendere così gloria ai parenti: ecco ciò che si propone la pietà filiale))[28].

Gli educatori cinesi facevano imparare al ragazzo questo grande principio il primo giorno in cui si presentava alla scuola[29]. Ogni giovane educato aspirava alla candidatura degli esami pubblici e poi alla carriera ufficiale, sempre per il motivo di rendere l'onore ai parenti.

Una vita morale ben disciplinata attira la riputazione onorevole di tutti e le virtù fanno parlare bene della persona; quindi il figlio è

---

(28) Shio-King. cap. Kai-tsong-ming-yi.

(29) ((Le jour de l'inauguration de la classe, qui se tient au pavillion restauré, le petit Kai Shek se prosterne avec son frère ainé, Si Heou, neuf fois devant la tablette de Confucius et trois fois devant le maitre. Celui-ci commence aussitôt à lui apprendre à lire à haute voix:

Enfant, on ètudie

Homme, on agit:

Pour secourir le peuple d'en bas,

Pour étendre sa renommée.

Pour faire honorer ses parents.

((C'est un passage du petit livre rimé Canon aux Trois mots, dont le texte est composé de sentencès à trois mots et par la récitation duquel les garcons commencaient leurs études)). Dr. Sié, *Le Maréchal Chang Kai Shek*. Berne 1942, p. 51.

obbligato a condurre una vita virtuosa che faccia brillare il nome dei suoi genitori.

Gli onori dovuti ai parenti non finiscono con la morte dei parenti stessi, ma continuano negli ossequi e principalmente nelle oblazioni rituali agli antenati.

Se il figlio usa tanta attenzione per non macchiare il nome dei genitori, egli avrà pure cura di potere copiare le virtù dei parenti. Dopo la loro morte il figlio, ripensando ai parenti, ne ricorderà le virtù, sforzandosi di imitarle.

((Confucio disse: Chi vive per tre anni osservando la volontà del padre defunto e ricordando le sue buone azioni, è veramente un figlio pio))[30].

((Confucio disse: Se dopo tre anni uno non s'è tolto dalla buona strada del padre, egli può essere chiamato un figlio pio))[31].

Gli ossequi sono segni dell'estrema riverenza e dell'estremo amore verso il parente defunto; quindi in Cina questi segni assumono un significato tutto speciale per la pietà filiale. A costo di rovinarsi finanziariamente, il figlio non può dispensarsi dal celebrare i funerali con la solennità e pompa richieste dal rango sociale del padre e del figlio. Gli anni di lutto sembrano troppo lunghi, ma non lo sono affatto per un figlio pio. Ci furono casi, nei quali il figlio uscì dalla casa e visse e dormì accanto alla tomba del genitore defunto per tre anni, in penitenza e in lutto.

Dopo gli anni di lutto, le oblazioni rituali mensili e annuali continuano a rievocare la memoria dei parenti. In Cina, fatta eccezione dei monaci di ambo i sessi, le pratiche religiose si riducono tutte alla

---

(30) Lun-Ngu, cap. I, part. I, n. 11.
(31) Lun-Ngu, cap. II, part. II, n. 20.

memoria dei parenti defunti. Poche volte i viventi ricorrono alle divinità per chiedere un favore a proprio favore, ma ripetono sempre le oblazioni rituali e fanno pregare i monaci per gli antenati.

((Nei giorni di digiuno (in preparazione alle solennità delle oblazioni rituali) si pensa alla camera, ai sorrisi, alle parole dei parenti defunti; ci si ricorda dei loro buoni propositi, delle loro inclinazioni e delle cose amate da loro))[32].

---

(32) Li-Chee, cap. Chi-yi

Capitolo X
La Società Civile

SOMMARIO: L'imperatore, l'autorità imperiale, le qualità dell'imperatore, i ministri, le qualità dei ministri.

Dopo aver parlato della istituzione familiare facciamo un passo avanti per studiare il pensiero confuciano intorno alla società civile. Dai tempi immemorabili la Cina era organizzata sotto la direzione di un governo monarchico. Ai vertici dell'istituzione sociale sta un imperatore, sotto il quale, nell'antichità, stavano dei principi feudali sostituiti dal secolo secondo avanti Cristo dai governatori. L'imperatore nella sua persona incarna tutto il sistema politico confuciano.

La società civile si compone di provincie, le quali si dividono in distretti e questi in famiglie. Ma in realtà in Cina esistono solo due organizzazioni ben costituite: la famiglia e l'impero; la seconda è l'amplificazione della prima.

Chi è l'imperatore? L'imperatore è il vicario del Cielo (Dio): ((Un uomo — dice il libro Shu-king — che fa le veci del Cielo)), perchè ((il Cielo non governa personalmente il popolo, ma costituisce l'imperatore per governarlo. L'imperatore non governa da solo, ma chiama i ministri in suo aiuto. L'imperatore e i ministri formano il vicariato del Cielo))[1].

Il titolo più espressivo che rivela questo concetto, è quello di ((Figlio del Cielo)). Come un padre che vuole riposarsi, lascia la direzione della famiglia al figlio, così il Cielo mette nelle mani dell'imperatore tutto l'impero:

---

(1) Shu-King, cap. Kao-tao-mo.

((L'imperatore che è stato favorito dal Cielo come suo figlio, si chiama Tien-tze (il fglio del Cielo)))[2].

Il Cielo manda il figlio non per fare da usurpatore e da tiranno sul popolo, ma per essere un padre. L'impero, secondo il concetto confuciano, è una grande famiglia; e allora l'imperatore deve essere il capo di questa famiglia:

((Il figlio del Cielo (l'imperatore) è il grande padre del popolo))[3].

L'idea della dominazione, il desiderio di godere e la smania di gloria non si conoscevano affatto dai primi imperatori, i quali intendevano la loro missione, come una vera missione paterna: cioè amare e servire il popolo come un padre. I parenti, donatori dell'esistenza ai figli, sono cause della vita dei loro discendenti; così l'imperatore partecipa alla ragion di causa, ((Il popolo nasce da tre cause e deve avere per esse lo stesso rispetto. Il popolo è messo alla luce dai parenti, è educato dai maestri ed e nutrito dall'imperatore. Senza i genitori l'uomo non nasce, senza l'insegnamento l'uomo non si perfeziona, senza il nutrimento l'uomo non cresce))[4].

Ma l'imperatore non cura soltanto il nutrimento del popolo, egli provvede anche alla educazione del popolo, anzi egli deve essere il primo ad impartire gli insegnamenti con l'esempio buono. Quindi l'imperatore è anche il grande maestro dell'impero. Tutti gli occhi dell'impero sono rivolti verso la sua persona e ne scrutano ogni azione con il desiderio di copiarla. ((Il Cielo ha costituito al popolo un imperatore e un grande maestro...))[5].

Se l'imperatore è il vicegerente del Cielo, è chiaro che la sua

---

(2) Tong-Tchong-Chou, Tchuun-chiu fan-lu.

(3) Hong-Fang, cap. Fang-chii.

(4) Kuo-Yu, cap. Cheng yu, n. 1.

(5) Shu-King, cap. Tai-shi.

missione e la sua autorità devono venire dal Cielo: ((Il Cielo altissimo ha dato il comando, e allora i due imperatori hanno ricevuto la missione))[6].

Nel libro canonico Shu-king abbondano queste espressioni. Ogni imperatore è rappresentato come un eletto del Cielo, e ogni eletto non osava assumere la dignità imperiale se non già sicuro della propria elezione. I primi imperatori Yao, Shun, Yu si succedettero per designazione imperiale; ma la designazione doveva essere approvata da un segno esplicito della volontà del Cielo. Questo segno della volontà divina nell'eleggere l'imperatore era il volonteroso e cordiale consenso del popolo. L'elezione dell'imperatore, fatta in qualsiasi forma dagli uomini, deve avere un riscontro nella volontà del Cielo. Come constatare la volontà del Cielo? Il segno esplicito è la volontà del popolo:

((La intelligenza del Cielo è manifestata dalla intelligenza del nostro popolo; la disapprovazione del Cielo si manifesta con la disapprovazione del nostro popolo))[7].

((La dilezione o l'odio del Cielo sono simili al cuore del popolo. Il cuore del Cielo si riconosce attraverso il cuore del popolo))[8].

Queste sono espressioni audacissime. Si direbbe che questo concetto del popolo rappresenti il pensiero ultra-democratico! Tuttavia non si deve confondere la manifestazione della volontà del Cielo riguardo a un imperatore con le altre manifestazioni riguardo alle altre cose. La volontà del popolo rappresenta la volontà del Cielo solamente nel caso dell'imperatore e non in altri casi. Gli antichi sapienti non avevano certamente intenzione di identificare il cuore del popolo con il cuore del Cielo.

---

(6) Shu-King, Kao-tao-mo.
(7) Shu-King, cap. Kao-tao-mo.
(8) Shu-King, cap. Kan-she.

Un imperatore è stato eletto o è stato confermato dal Cielo se può contare sull'approvazione di tutto il popolo. Quando morì l'imperatore Yao, il suo designato Shun cedette la dignità al figlio dell'imperatore defunto, ma il popolo dava la sua approvazione a Shun, e questo assunse l'ufficio imperiale. Così fece Yu col figlio di Shun.

Montze, banditore energico di queste i idee, affermava che un imperatore rimane nella sua dignità e conserva il suo officio, finchè egli fa la volonta del Cielo e riscuote l'approvazione del popolo; il giorno nel quale l'imperatore abusa della sua dignità e della sua autorità per opprimere il popolo, decade dal suo officio e diventa un uomo ordinario, soggetto alla punizione del popolo))[9]. Quindi se uno uccide un tiranno, non commette delitto ((lesae majestatis)), avendo ucciso un uomo colpevole.

Come si spiega questo concetto democratico? La democrazia moderna esalta la volontà del popolo, riconoscendola come fattore ed origine dell'autorità suprema dello Stato. La democrazia confuciana invece considera la volontà del popolo non come origine dell'autorità imperiale, ma semplicemente come un mezzo di riconoscimento della volontà del Cielo. L'imperatore fu voluto dal Cielo per provvedere agli interessi del popolo; un imperatore, come vicario, può rimanere nel suo mandato, finchè eseguisce fedelmente la volontà del Cielo, mandante. Il popolo direttamente esperimenta la fedeltà o la infedeltà dell'imperatore; quando il popolo è contento d'un imperatore, è segno che l'imperatore ha curato i suoi interessi e lo ha amato. Egli fa il suo dovere e merita di conservare il mandato divino, rimanendo nella sua altissima dignità. Invece quando il popolo si lamenta dell'imperatore, è segno che questo ha abusato della sua autorità ed e divenuto un tiranno; allora egli non è più il rappresentante del Cielo che vuole il bene del popolo, ma è un usurpatore. Per sapere se un imperatore pensa seriamente o no agli interessi del popolo, la prova evidente è la approvazione o disapprovazione del popolo. Anche nel caso di

_____

(9) Montze, cap. I. p. II, n. 10.

elezione la volontà del popolo si spiega con questo ragionamento, perchè non si elegge uno che non abbia mai avuto contatti col popolo, ma si elegge chi ha già cooperato coll'imperatore precedente nel governo; così il popolo può giudicare l'avvenire di un personaggio da quello che ha fatto im precedenza.

E' opportuno mettere in evidenza anche il fine dell'autorità imperiale. Tutto l'impero appartiene all'imperatore come la sua casa, come le cose della sua famiglia. L'imperatore può disporre delle cose dell'impero liberamente e può legittimamente godere di tutte. Ma ad una condizione, dalla quale dipende tutto l'operare dell'imperatore, cioè ch'egli si sforzi di conseguire il fine dell'autorità imperiale. Il Cielo ha eletto un imperatore non perchè egli godesse dell'impero, soddisfacendo ai propri desideri capricciosi, ma perchè lo governasse provvedendo al benessere dei cittadini. Nel programma delle sue attività, l'imperatore deve tenere sempre presente il vantaggio dei suoi sudditi. Cosa ha fatto e cosa fa il Cielo in favore degli esseri creati? Il Cielo ha dato loro l'esistenza e li conserva semplicemente per amore; così l'imperatore ha il dovere d'imitare il Cielo governando il popolo con amore. Un padre di famiglia lavora e soffre per dare da mangiare ai suoi figli, per vestirli e per educarli; altrettanto deve fare l'imperatore: deve pensare a nutrire, a vestire, ad educare milioni e milioni di figli. Non tutti gli imperatori hanno avuto sempre davanti agli occhi questo programma nobilissimo, nè tutti possono arrivare a tanta altezza; però tutti devono sapere almeno conciliare i propri interssi con gli interessi del popolo.

Mencio andava a fare una visita al re Liao-hui-uoang. Il re stava presso la sponda d'un lago artificiale nel suo giardino, e vedendo arrivare Mencio, gli rivolse questa domanda: L'uomo sapiente e virtuoso gode anche delle gioie della sontuosità e della magnificenza ? (indicando gli animali e gli uccelli del giardino reale). Mencio rispose: Solamente i sapienti e i virtuosi possono godere di queste cose; gli stupidi e i malvagi non possono goderne anche se le hanno... Gli antichi imperatori sapevano godere insieme con il popolo. Nel capitolo T'an-shi del libro Shu-king si dice: O maledetto sole, (indica l'imperatore Chie) quando sarai distrutto? Preferiamo morire per procurarti la fine. Ora se il popolo vuole con la propria morte distruggere il principe, questi non potrà mai essere contento, anche se ha tutte le più belle cose))[10].

Ai tempi di Mencio tutti i principi feudali erano egoisti e volevano allargare il proprio territorio ed accresecere la propria potenza. Mencio andava da questi principi per dissuaderli dalla difficile ed inconcludente impresa:

((Tchuan-pao disse a Mencio: Io sono andato a vistare il re, il quale mi diceva di amare la musica; io non gli ho risposto niente. Che ti pare di quest'amore alla musica? Mencio disse: Se il re ama la musica, si potrà sperare qualche cosa di buono. All'indomani Mencio domandò al re: E' vero, Maestà, che voi avete detto a Tchuan-pao che amate la musica? Il re si fece rosso e rispose: Io veramente non amo la musica degli antichi santi; amo solamente la musica volgare. Mencio disse: Se la vostra Maestà ama veramente la musica, il vostro regno sarà salvo. La musica moderna è simile alla musica classica. Il re si meravigliò: Come si spiegherebbe questa somiglianza? Mencio disse: E' meglio godere da solo o in compagnia con gli alrti? Il re rispose: Sarebbe meglio godere insieme con gli altri. Mencio replicò: E' meglio godere con pochi o con molti? Il re rispose: Sarebbe meglio godere con molti. Allora disse Mencio: Io voglio spiegare il modo di godere la musica. Se adesso vostra Maestà fa un bel concerto qui nel giardino, il popolo sentendo le campane, i tamburi, i flauti e i violini, comincia a scuotere la testa, ad oscurarsi in faccia e a dire con sospiri: Il nostro re ama tanto la musica da non lasciarci in pace. Noi non potremo

---

(10) Montze, cap. I. part. I, n. 2.

avere più i nostri figli e i nostri padri insieme con noi a casa; e
i nostri fratelli e le nostre moglie saranno dispersi. Se la vostra
Maestà fa la caccia qui nel giardino, il popolo sentendo i
rumori dei cavalli e delle carrozze e vedendo i colori delle
bandiere e delle armi, comincia a scuotere la testa, ad oscurarsi in faccia e a dire con sospiri: Il nostro re ama tanto la
caccia da non lasciarci in pace. Noi non potremo avere più i
nostri figli e i nostri padri insieme con noi a casa e i nostri
fratelli e le nostre moglie saranno dispersi! Perchè si odono
questi lamenti? Perchè la vostra Maestà non ha saputo godere
insieme con il popolo. Inceve se la vostra Maestà fa un bel
concerto qui nel giardino, il popolo sentendo le campane, i
tamburi, i flauti e i violini, comincia a sorridere e a dire: Il
nostro re sta bene in salute, altrimenti non potrebbe assistere al
concerto. Ora se la vostra Maestà fa un caccia nel giardino, il
popolo sentendo i rumori dei cavalli e delle carrozze e vedendo
i colori delle bandiere e delle armi, comincia a sorridere e
a dire: Il nostro re sta bene in salute, altrimenti non avrebbe
potuto assistere alla caccia. Perchè queste cordiali sollecitu-
dini? Perchè la vostra Maestà sa godere insieme con il popolo
))[11].

Godere insieme con il popolo. Questo è il minimo programma
politico, a cui deve attenersi l'imperatore per potere godere del suo
regno; altrimenti il popolo scontento con una ribellione farà scomparire il tiranno.

D'altra parte però l'autorità imperiale riveste una inviolabilità
così augusta che deve essere riverita con una totale dedizione e con
una perfetta obbedienza. Si chiama l'imperatore ((il volto celeste))
che significa l'altissima dignità del figlio del Cielo, oppure ((il volto

---

(11) Montze, cap. I, part. II, n. 1. ((Goder col popolo)) significa che l'imperatore
    non deve sacrificare il popolo per   accrescere la gioia personale, ma deve
    dare la possibilità al popolo di godere anche la gioia della vita.

del dragone)), perchè il dragone è un animale misterioso e maestoso. Gli antichi Confucianisti avevano un'idea più democratica dell'imperatore, come Confucio e Mencio si mettevano quasi alla pari dei principi feudali, perchè i maestri consideravano se stessi come esseri mandati dal Cielo per insegnare ai principi a praticare la retta dottrina. In seguito si è esagerato; specialmente dopo la dinastia Hang, la dignità dell'imperatore fu resa quasi divina.

Qui dobbiamo ricordare di nuovo la caratteristica speciale dell'autorità imperiale nella concezione confuciana, cioè la paternità. L'imperatore è il padre dell'impero che è una grande famiglia. Questa metafora non è soltanto rettorica, ma ha dei riflessi sul diritto e sul sistema polititco. Nel diritto comunemente si distingue l'autorità statale dall'autorità disciplinare dei parenti. Invece se si concepisce l'autorità come simile a quella paterna, allora l'ambito dell'autorità imperiale abbraccia quello che apppartiene comunemente e all'autorità statale e all'autorità paterna, L'autorità statale come autorità pubblica riguarda per se stessa soltanto il bene comune e mira agli atti esteriori. L'autorità paterna ha cura del benessere della famiglia e di ciascuno dei figli in particolare; essa vigila sugli atti esteriori dei figli e vigila pure su quelli interiori, fin dove riesce possibilie, per la loro buona educazione. Così l'autorità imperiale, secondo la concezione confuciana, si estende al campo del bene comune dello Stato e del bene di ciascun cittadino; essa vigila le azioni esteriori dei sudditi, ma può arrivare anche ad imperare sulle azioni interiori. Può sembrare questa una grande confusione dottrinale, ma in realta l'imperatore cinese considerava tutti i cittadini, sia come individui sia come membri della società, come pienamente affidati alle sue cure e alla sua giurisdizione.

71. Le qualità necessarie all'Imperatore

Non è possibile stabilire in antecedenza le condizioni per eleggere un imperatore; gli imperatori succedevano uno all'altro senza mai consultare nessun consiglio. Tuttavia il Confucianesimo ha voluto fissare almeno qualche linea di condotta e per guidare i passi dell'imperatore di buona volontà, e per aprire al popolo giusti criteri di giudizio intorno all'imperatore.

Si tratta di qualità che mirano molto in alto.

Se l'imperatore è posto dal Cielo a governare il popolo, e il governo non può effettuarsi senza l'aiuto dei ministri, la prima qualità dell'imperatore è di sapere scegliere buoni ministri e di affidarsi a loro. Non si può pretendere che tutti gli imperatori siano saggi e capaci e virtuosi, perchè non tutti i primogeniti della famiglia possono essere uomini eccezionali. Ma per poter governare, se l'imperatore stesso non è uomo capace, si richiede almeno che egli sia prudente e sappia affidare il governo ad uomini capaci. I letterati e gli storici cinesi giudicavano gli imperatori anzitutto da questa qualità di prudenza; quelli veramente cattivi o stolti sono circondati sempre da ministri indegni ed incapaci e rovinano la dinastia; gli imperatori prudenti, anche se mediocri, ma che sanno circondarsi di elementi buoni, governano sapientemente. D'altronde questa qualità suppone pure delle altre qualità buone, come la conoscenza degli uomini, la prudenza di giudizio, ecc.

Se l'imperatore è padre dell'impero, si richiede in lui un vero interesse per il bene dei suoi cittadini. Il primo passo da fare è conoscere il popolo e rendersi conto delle sue reali condizioni. Poi deve dimostrarsi volenteroso nel realizzare i provvedimenti necessari, cercando di infondere in tutti i cuori una fiducia piena e filiale.

Inoltre l'imperatore è maestro del popolo, non nell'impartire gli insegnamenti, ma nel dare l'esempio e le direttive. Si richiede perciò che l'imperatore sia un uomo moralmente perfetto nell'osservanza del Li. Le leggi stabilite dall'imperatore non obbligano l'imperatore stesso; questo principio lo riconoscono pure i Cinesi; ma vi sono tante altre leggi che trovano la loro espressione concreta nel Li e che sono precetti dell'ordine perenne; riguardo a queste leggi, l'imperatore non gode esenzione alcuna e deve dimostrarsi osservantissimo di esse.

Deriva di qui un'altra qualità dell'imperatore, l'attaccamento alle tradizioni paterne. Il figlio pio medita sempre sugli esempi del padre e si sforza di mantenersi sulla strada di lui; così l'imperatore non deve essere facile a cambiare le istituzioni stabilite dai suoi precedessori.

Se si deve venerare la memoria dei parenti defunti, molto più si deve venerare il nome del Cielo ed osservarne i precetti. La qualità massima per un santo imperatore è di sapere sempre imitare il Cielo nelle sue azioni. Il culto al Cielo è il più grande dovere dell'imperatore: e la volontà del Cielo è la stella polare del suo cammino.

L'imperatore ideale del Confucianesimo è davvero un uomo santo.

72. Il governo

Un fenomeno naturale insegna all'imperatore ad organizzare il governo. Il Cielo nel governare tutto l'universo adopera degli esseri intermediari, inquadrandoli in una ordinata gerarchia come il sole, la luna, la pioggia, le stagioni, ecc. Così l'imperatore nel governare l'impero ha bisogno di agenti intermediari, i quali coordinati in gerarchia, aiuteranno il governo. Difatti l'antichissimo schema di governo nel libro Tchou-li mette in chiara luce il pensiero di imitare i fenomeni naturali; i sei ministri del governo si chiamavano: ministro Cielo, ministro Terra, ministro Primavera, ministro Estate, ministro Autunno e ministro Inverno. Questo concetto è anche una deduzione naturale dal concetto confuciano sull'autorità imperiale. Se l'imperatore è il vicario del Cielo, i suoi ministri sono simili agli agenti naturali che aiutano il Cielo nel governo universale. Nel libro Shu-king esprime un altro pensiero riguardo ai ministri che considera come le braccia dell'imperatore.

L'organizzazione del governo è differente nelle diverse dinastie;

le linee fondamentali, conservate sempre, sono le seguenti:

A. Contro il concentramento dei poteri nel primo ministro

Nello schema antico di governo del libro Tchou-li, i primi ministri sono tre: essi formano un consiglio imperiale e decidono, nelle sedute davanti all'imperatore, tutte le cose più importanti dell'impero. Questi tre però non hanno il potere esecutivo e sono piuttosto i consiglieri della corona. Nei secoli posteriori i titoli sono rimasti, ma il potere di questi ministri si è continuamente diminuito e s'è ridotto infine a una dignità onorifica. I poteri invece del primo ministro sono passati ai tre capi di tre dicasteri ministeriali: la cancelleria imperiale, la camera imperiale e il dicastero esecutivo. Questi tre capi erano i veri Tsaichan (primi ministri). Nelle ultime dinastie furono creati altri titoli: i presidenti delle accademie imperiali, che erano i primi ministri. La tendenza generale e costante era di dividere i poteri del primo ministro, lasciandoli nelle mani almeno di due persone per evitare il totalitarismo servile. Ma in realtà però furono parecchi i personaggi che tennero nelle proprie mani tutti i poteri dell'impero con titoli speciali: e i loro abusi hanno dimostrato la sapienza del sistema confuciano.

B. La distinzione e la divisione dei poteri civili, dei poteri giudiziari e dei poteri militari

In teoria questi tre poteri sono distinti e divisi in differenti dicasteri; ma in pratica molti tennero insieme gli offici civili e militari e più spesso anche quelli giudiziari. Era un principio quasi comunemente ammesso che un bravo letterato e perfetto confuciano dovesse essere capace di disimpegnare gli affari civili e militari. Si disprezzava un comandante militare che non sapesse scrivere bene; invece un comandante militare e letterato godeva sempre una grandissima fama.

C. Il controllo del governo

Nella oranizzazione attuale del governo cinese c'è un dicastero di controllo. Esso ha una storia molto antica e famosa. Nel sistema morale confuciano si insiste molto sulla correzione amichevole perchè l'uomo non può vedere da sè i propri falli. L'imperatore, benchè figlio del Cielo, è sempre uomo e perciò soggetto a sbagliare. Per correggere questi errori anticamente l'imperatore faceva raccogliere i canti popolari che esprimevano la gioia e i lamenti del popolo. Da questi canti l'imperatore poteva conoscere gli effetti della sua politica. Poi, durante la dinastia Han, apparve il dicasteri di controllo con gli alti officali ((Yu-se-ta-fu)), che avevano il compito ingrato ma importantissimo di opporsi all'imperatore e di censurare gli altri ministri. Si sceglievano gli uomini di carattere forte e di moralità alta, i quali dovevano saper morire per tenere in alto la propria missione.

D. Gli esami pubblici

Quando la dinastia Han ebbe definitivamente organizzato il governo, tipico per le dinastie successive, pensò pure ad un sistema di reclutamento dei funzionari. Si cominciarono a bandire dei concorsi pubblici con un esame sui libri canonici e classici o sulle questioni di attualità. I candidati di questi concorsi erano destinati a prendere gli uffici governativi. Durante la dinastia Tang, il sistema degli esami divenne il mezzo regolarissimo per reclutare tutti i funzionari dell'impero. Dall'esame comunale all'esame provinciale, da questo al nazionale e infine all'esame imperiale, in cui l'imperatore personalmente interrogava i candidati. Il candidato, dopo ogni esame, riceveva un titolo onorifico e il diritto di aspettativa per essere nominato agli uffici pubblici. Con questi esami il Confucianesimo trionfò su tutti gli altri sistemi dottrinali, assicurandosi la direzione della vita nazionale; infatti nell'esposizione di tutte le questioni, bisognava ispirarsi agli insegnamenti di questa scuola.

73. Le qualità dei ministri

Il buon andamento del governo e lo sviluppo prospero della politica dipendono dalle qualità dei ministri. L'organismo politico confuciano non è una macchina rigorosamente congegnata a mezzo di leggi scritte, la quale una volta messa sul binario cammina da sè, anche trovandosi nelle mani di incapaci. Questa dottrina della scuola giuridica fu combattuta severamente da Mencio. L'organismo politico confuciano consente molta elasticità e dipende dalle iniziative e dalle direttive dei dirigenti. Perciò le qualità personali dei ministri influenzano profondamente l'andamento della politica.

Perciò la scuola confuciana insiste molto sulla scelta dei ministri. Non è facile elencare le qualità necessarie perchè un ministro si possa dire moralmente sano e intellettualmente capace. Fra tutte, la pi ù importante è la fedeltà.

((Fedele all'imperatore e riconoscente alla nazione)): questo è il proverbio e il motto di tutti i cinesi sia funzionari pubblici che cittadini privati.

Confucio e Mencio facevano una distinzione fra l'imperatore e la nazione, e mettevano gli interessi della seconda avanti al primo. Verso la nazione il ministro ha l'obbligo di una fedeltà assoluta, verso l'imperatore il ministro è tenuto ad una fedeltà relativa. Nei secoli posteriori la fedeltà all'imperatore arrivava ad assorbire la fedeltà alla nazione e diventava schiacciante, in modo da creare questo proverbio:

((Se l'imperatore vuole che il ministro muoia, il ministro non può non morire; se l'imperatore vuole che il ministro viva, il ministro deve vivere)).

La fedeltà dei ministri prima di tutto è fedeltà perfetta ai propri uffici. Non si può rifiutare un incarico da parte dell'imperatore, se non in casi straordinari. Accettato un ufficio, si deve avere il coraggio di sacrificare piuttosto la vita che trascurare gli obblighi assunti. La pietà filiale in tempi ordinari ha la precedenza sugli incarichi pubblici, ma nei casi estremi, il figlio è obbligato a sacrificare la vita per la fedeltà, anche se i parenti non avessero altri figli per la loro assistenza. La fedeltà agli uffici impone l'obbligo di fare conoscere ai superiori e allo stesso imperatore i difetti e gli errori nella politica. I membri dell'ufficio di controllo hanno l'obbligo specialissimo — come s'è già detto — di denunciare gli abusi e i difetti, ma anche ogni funzionario ha l'obbligo verso l'imperatore di denunciare tutto ciò che sia male per l'impero. Un imperatore che non voglia sentire le denuncie dei ministri, si condanna ad essere annoverato fra gli imperatori tiranni.

Nel caso di una ribellione, i ministri sono obbligati a seguire la sorte del principe, e ad esporsi anche al pericolo della morte. Nel pensiero di Confucio e di Mencio ritorna la distinzione fra l'imperatore e la nazione. Morire con il principe è una bella cosa; ma se la nazione aspetta molto dalle attività d'un ministro, egli può e deve salvarsi per il bene comune. Invece nel pensiero dei Confucianisti posteriori, la distinzione decade, e si esige o la morte dei ministri o il ritiro a vita privata. Un ministro che serva il nemico del suo principe defunto, è biasimato da tutti. Quindi ogni volta che si cambia la dinastia (la famiglia regnante), i ministri devono o morire o ritirarsi a vita privata. Questo però non corrisponde perfettamente al pensiero di Confucio e di Mencio:

((Tze-lu domandò : Quando il principe Fan uccise suo fratello Chou, il suo ministro Chio-fu morì insieme con lui; l'altro ministro invece che era Huen-tsong, non volle morire. E allora Kuan-tsong mancò alla fedeltà? Confucio rispose: Il principe Fan ha potuto nove volte riunire tutti i principi feudali, senza adoperare le armi; tutto è stato merito di Kuan-tsong. Fossero tutti perfetti come Kuan-tsong!)).

((Tze-kong disse: Kuan-tsong non mi sembra un uomo perfetto.

Il principe Fan uccise suo fratello Chou; Kuan-tsong non solo non morì con il suo signore, anzi accettò l'ufficio di primo ministro del principe Fan. Confucio rispose: Kuan-tsong facendo il primo ministro, riuscì a porre il principe Fan come capo di tutti i principi feudali, e così restaurò l'impero. Il popolo fino ad oggi fruisce ancora delle sue sapienti istituzioni. Se non ci fosse stato Kuan-tsong, sarebbe costretto a vivere da barbaro))[12].

Confucio e Mencio peregrinavano da un regno all'altro, assolutamente liberi da ogni legame personale con i principi: essi considerarono loro primo dovere quello d'essere portatori e realizzatori della dottrina degli antichi sapienti, per salvare il popolo. Essi concepivano l'impero come universale.

Fra le altre virtù che rendono saggio e perfetto un ministro, tre specialmente sono necessarie: l'amore per il popolo, il disinteresse, il distacco.

Se l'imperatore per la sua paternità deve amare il popolo, i ministri che sono suoi cooperatori nel governo, devono necessariamente amare il popolo, partecipando anch'essi alla paternità imperiale. Il popolo, secondo tutta la tradizione, chiamava il sindaco padre del popolo; è lui infatti che ha il contatto diretto con il popolo, è lui che deve provvedere ai bisogni dei cittadini.

Considerandosi il padre del popolo, il magistrato si purifica dalla cupidigia. Per descrivere un funzionario pessimo in Cina si adopera questa espressione: ((l'uomo che ha raschiato il grasso ed ha inghiottito il sangue del popolo)). Per lodare un funzionario esemplare si dirà ch'egli è partito dal suo officio ((con le due maniche piene di aria pura)), senza riempire le sue valigie di denaro e di cose preziose.

---

(12) Lun-Ngu, cap. VII, p. II, n. 17-18.

Soppressa la cupidigia, il magistrato si distacca dall'officio in modo da poterlo lasciare in ogni momento, senza fatica. Questo distacco è indispensabile al magistrato per essere un uomo di carattere. Il Confucianesimo insiste perchè il magistrato innanzitutto metta in pratica la retta dottrina; se l'ambiente non gli permette di farlo, o se i superiori sono malvagi, egli deve saper rinunziare subito all'ufficio e ritirarsi a casa sua. La dottrina retta precede ogni onore, ed il carattere conta assai più di qualsiasi ufficio.

Capitolo XI

La Dottrina Politica

SOMMARIO: Moralismo politico, anti-utilitarismo, là formazione del popolo, l'amore al Li, politica umanitaria, lo spirito di pace, l'universalismo.

74. Il moralismo politico

La dottrina politica confuciana è strettamente congiunta con i principi generali della sua scuola. L'autorità imperiale proviene dal Cielo per provvedere al benessere del popolo. La volontà divina in questa provvidenza mira specialmente alla felicità degli uomini, come la volontà divina in generale vuole la riproduzione e la conservazione degli esseri viventi. Il più grande bene dell'uomo è la sua perfezione morale che garantisce la felicità individuale e collettiva. Quindi la politica deve rivolgersi al conseguimento di questa mèta. La dottrina politica confuciana ha due caratteri speciali che ne sono i fondamenti: la moralità e la umanità.

La politica si unisce strettamente alla morale, o per meglio dire, la politica è una parte e un'applicazione della morale nel campo politico. Questo moralismo penetra nel midollo della politica e controlla tutte le istituzioni sociali e civili. L'autorità statale è fondata su un fondamento morale, perchè la sua origine è divina ed ha la sua sfera di esercizio controllata dai principi morali; le leggi sia costituzionali che civili e penali, sono una sanzione dei principi morali. La giustiza regola la vita individuale e regola pure la vita pubblica dello stato. Se la famiglia è un istituto vincolato dalle leggi morali, l'impero che è una grande famiglia, dovrà pure sottostare alle direttive della morale. E' inconcepibile che la politica possa separarsi dalla morale. Allora che cosa varrebbe insegnare che l'uomo prima di assumere un officio, deve perfezionarsi nelle virtù e che l'arte del governare consiste nella perfezione morale? Come si può supporre che l'imperatore, il figlio del Cielo, agisca contro le leggi stabilite dal Cielo, mentre è tenuto al massimo ossequio per gli ordini divini? L'ordinamento giuridico e sociale è un ordine della società umana che si muove al di dentro dell'ordine universale. E qui ritorna il grande principio dell'armonià generale dell'universo creato. L'ordinamento sociale dell'umanita deve essere in armonia con l'ordine generale; e quest'armonia si ottiene con l'osservanza dell'ordine perenne, espresso nel Li. Un individuo per regolare la propria vita deve tenere il Li come regola: un impero per regloare la politica deve pure tenere il Li come regola. La politica che respinge la morale e nega la sua dipendenza dai principi morali, si ribella all'ordine perenne e causa la disfunzione generale del mondo.

In antico, l'ordine giuridico e l'ordine morale, presso tutti i paesi, erano uniti: solamente nei tempi moderni la scienza li ha voluti separare. Fautrice di tale separatismo fu anche in Cina, la scuola giuridica, ma la scuola confuciana combattè energicamente questa tendenza e tenne la politica cinese sempre vincolata alla dottrina morale.

75. Anti-utilitarismo

La prima conseguenza del moralismo politico è l'anti-utilitarismo. Nella ploitica macchiavelliana, il criterio è la utilità. Il principe regnante tiene fissi gli occhi sopra due punti luminosi: l'accresimento della potenza e la moltiplicazione della ricchezza. Si bada alla opportunità e non alla moralità dei mezzi. Ora nessuno dubita che fra utilità ed onestà esista una distanza assai grande. Nel caso che l'utilità non si concili con l'onestà, l'utilitarismo sacrifica senz'altro la onestà, dichiarando che nella politica non si bada alla morale. La scuola confuciana lotta spietatamente contro questa tendenza:

Mencio va a visitare il re Lian-hui-ouang. Il re gli dice: Rispettabile maestro, voi avete sopportato un lungo viaggio per venire al mio regno, e vorrete certamente rendervi utile. Mencio risponde: Maestà, perchè parlate di utilità? Parlate piuttosto di carità e di giustizia. Se la vostra Maestà dice come si può essere utile al vostro regno, i nobili diranno come si può essere utile alle mie famiglie e gli altri diranno come si può essere utile alla mia persona; allora i governanti e i sudditi cercheranno tutti la propria utilità, e il vostro regno sarà veramente in pericolo. Nel regno che ha un tributo di diecimila carrozze da guerra, colui che ucciderà il principe per usurpare il trono sarà della famiglia che ha mille carrozze da guerra; nel regno che ha mille carrozze da guerra, colui che ucciderà il principe per usurpare il trono, sarà della famiglia che ha cento carrozze da guerra. La famiglia che ha mille carrozze da guerra, in un regno di diecimila carrozze, è già assai grande; la famiglia che ha cento carrozze da guerra, nel regno di mille carrozze da guerra, è pure assai grande. Ma se si mette la giustizia al di sotto della utilità, uno non sarà mai soddisfatto della propria condizione e dovrà fare la guerra per forza. Invece non sarà possibile che uno che ha la carità, abbandoni i propri parenti; nè che uno dimentichi il suo principe, se ama la giustizia. Perciò è meglio che Vostra Maestà parli soltanto della carità e della giustizia. Non è necessario parlare della utilità))[1].

Motivo della politica non deve essere l'utile. Gli uomini nascono con l'istinto di cercare la propria utilità, ma i beni che possono soddisfare i loro desideri sono limitati; e allora è inevitabile che nascano dei conflitti e scoppino delle guerre. Il governo è voluto dal Cieol appunto per mettere una disciplina ai desideri degli uomini, affinchè tutti possano partecipare ai beni comuni e vivere in pace. Se il governo invece di mettere un freno alle passioni degli uomini, le eccita con il

---

(1) Montze, cap. I, part. I, n. 1.

proprio esempio di cupidigia, la società umana diventa un inferno di ogni sorta di guai.

La concezione della separazione assoluta dell'onesto dall'utile è un errore contraddittorio. Secondo il pensiero di Mencio l'onesto include l'utile, perchè la utilità vera dell'uomo è l'armonia con l'ordine generale. Da questa armonia vengono poi anche la prosperità della ricchezza e della potenza. Quando il governo batte la strada della carità e della giustizia, non può soffrire in alcun modo: anzi ne ha grandissimi vantaggi. L'interesse del principe non è forse di guadagnare il cuore del popolo? Con la carità e con la giustizia il popolo di tutto l'impero sarà con lui.

76. Formazione del popolo

La politica morale ha per iscopo la formazione del popolo, perchè un impero perfetto si forma con un popolo perfetto.

Prima di incominciare la formazione spirituale, si deve presupporre un certo livello di benessere materiale. Non si può parlare di educazione, quando gli sforzi sono tutti rivolti a calmare la fame:

((Mencio disse: Senza beni stabili soltanto gli eroi possono avere una volontà stabile. Il popolo ordinario non può avere una volontà stabile quando non ha dei beni stabili. Chi non ha la volontà stabile, sarà sopraffatto dagli istinti cattivi e dalle cupidigie, e commetterà dei delitti. Contro questi delitti interverrà la legge: e ciò significherà mettere il popolo in una fossa per soffocarlo. Come si può pensare che un principe giusto scavi la fossa per farvi morire il suo popolo? Perciò il principe sapiente nella sua amministrazione dispone che il popolo abbia il necessario per provvdere ai bisogni dei parenti e per nutrire la moglie e i figli. Negli anni di buon raccolto, la famiglia avrà l'abbondanza dei viveri; negli anni di carestia, tutti potranno scampare dal morire di fame. Allora si pensa a spingere il popolo a fare del bene e il popolo segue queste direttive con molta facilità. Adesso i principi nella loro amministrazione dispongono in modo che il popolo non abbia mai il necessario per poter assistere ai bisogni dei parenti nè per nutrire la moglie e i figli. Negli anni di buon raccolto, il popolo lavora e soffre, e negli anni di carestia tutti muoiono di fame. Come potrà il popolo avere il pensiero rivolto alla educazione morale, se con tutti i suoi sforzi non riesce a salvarsi dalla fame? Se la Vostra Maestà vuole fare una buona politica, deve incominciare dal fondamento))[2].

Quando il popolo avrà avuto tutto l'essenziale per vivere, si procederà alla educazione che ha lo scopo di formare gli uomini a viver con rettitudine.

((Confucio disse: La politica consiste nel raddrizzare))[3]. Raddrizzare la vita. Gli uomini per l'istinto della cupidigia e del piacere, camminano spesso fuori della strada tracciata dal Cielo. Di qui nascono conflitti e le miserie della società. La saggia politica sta nell'indicare al popolo la strada diritta, che permetta a tutti di vivere tuanquillamente e pacificamente, con un relativo godimento della felicità.

Quessta formazione del popolo incomincia con la preparazione personale di tutti quelli che hanno avuto qualche incarico pubblico dall'imperatore. Perciò la perfezione e la rettitudine personale del principe è il primo passo della saggezza politica.

((Confucio disse: Se la vita personale del principe è retta, egli non troverà molte difficoltà nella politica; ma se la sua vita personale non e retta, come potrà mettere gli altri sulla buona strada?))[4].

((Confucio disse: Se la vita persnoale del principe è retta, il popolo lo seguirà anche senza legge; ma se la vita personale

---

(2) Montze, cap. I. part. II, n. 7.
(3) Lun-Ngu, cap. IV, part. II, n. 16.
(4) Lun-Ngu, cap. VII, part. I, n. 13.

del principe non è retta, il popolo non lo seguirà, nonostante tutte le leggi))[5].

La rettitudine personale del principe è il supposto necessario per una politica saggia. Questa verità elementare ha una profonda ragione psicologica.

((Confucio disse: Quando il principe nella politica esercita veramente le virtù morali, egli diventerà una stella polare e tutte le altre stelle (i ministri) lo circonderanno))[6].

Un imperatore saggio e virtuoso sa scegliere dei ministri saggi e virtuosi. Quando il governo è composto di elementi degni,il popolo ha un esempio vivo di perfezione morale dinnanzi agli occhi.

((Se i superiori amano il Li, i sudditi non possono non averne rispetto. Se i superiori amano la giustizia, i sudditi non possono non praticare l'ubbidienza. Se i superiori amano la sincerità, i sudditi non possono non avere la cordialità))[7].

Per formare il popolo sarà bene conquistare prima il suo cuore. Quando il popolo ha la piena fiducia nel principe e nel suo governo, il principe può fargli accettare facilmente le sue direttive.

((Tze-kong domandò sulla politica. Confucio rispose: Dare cibo sufficiente, preparare una forza armata sufficiente e avere la sincerità. Tze-kong domandò di nuovo: Se per necessità si dovesse lasciare una di queste tre cose, quale si potrebbe lasciare? Confucio rispose: La forza armata. Tze-kong replicò: Se si dovesse ancora lasciare una fra le due rimanenti, quale si potrebbe lasciare? Confucio disse: Il cibo, poichè tutti gli

---

(5) Lun-Ngu, cap. VII, part. I, n. 6.

(6) Lun-Ngu, cap. I, part. II, n. 1.

(7) Lun-Ngu, cap. VII, part. I, n. 4.

uomini, presto o tardi, devono pur morire, Ma il popolo senza la sincerità non si governa))[8].

A ogni costo si deve guadagnare la fiducia del popolo con la sincerità, la quale traduce fedelmente il pensiero dell'imperatore ed ispira una completa comprensione. Per essere sinceri, tutti devono essere esatti nell'uso delle proprie dignità e nell'esercizio delle proprie funzioni. Ogni officio ed ogni dignità hanno un nome che significa diritti e doveri stabiliti secondo le prescrizioni del Li. Ogni personaggio della gerarchia governativa deve sapere rispondere alle attribuzioni del proprio titolo e nome.

((Tze-lu domandò a Confucio: Maestro, il re Wei vuole che voi andiate a dirigere il suo governo. Quale sarà la prima cosa che farete dopo aver accettato l'officio? Confucio rispose: La prima cosa sarà di dare ad ogni nome il suo giusto significato. (Cheng-ming). Tze-lu disse: Farete così? Voi siete troppo in ritardo nelle idee! Che cosa c'è da mettere nel giusto senso? Confucio si agitò: Tu sei un maleducato! Tchuun-tze (uomo retto) sa stare in silenzio, quando non comprende la cosa. Se il nome non ha il suo senso giusto, la parola non esprime più il pensiero: se la parola non rende giusamente il pensiero, l'opera non può essere compiuta bene: se l'opera non si compie bene, l'armonia e la legge non restano più : se la legge e l'armonia non restano, le sanzioni penali non si applicano giustamente: se le sanzioni penali non si applicano giustamente, il popolo non saprà più dove dovrebbe mettere il piede. Quindi Tchuun-tze (uomo retto) ...nel suo parlare non ama la leggerezza))[9].

Mettere ogni titolo al proprio posto: l'imperatore fa da imperatore, il ministro da ministro, il padre da padre, il figlio da figlio, il

(8) Lun-Ngu, cap. V, part. II, n. 7.
(9) Lun-Ngu, cap. VII, part. I, n. 3.

marito da marito e la moglie da moglie[10]. Allora l'impero avrà un ordine e godrà la pace.

77. L'amore al Li

Perchè ciascuon nella sociteà stia al proprio posto e compia tutti i propri doveri, occorre stabilire i diritti e i doveri di ciascuno. Perciò la politica confuciana apprezza molto il Li che è il complesso dei precetti morali, delle leggi statali, dei costumi e delle cerimonie. In questo complesso legislativo ognuno trova la sua strada ben definita. Il governo si serve di questo mezzo per istruire il popolo a vivere con rettitudine.

Confucio nutriva un grande disprezzo per la tendenza della scuola giuridica ((Fa-chia)). Il Fa, come abbiamo già detto, indica la legge scritta che è sempre accompagnata dalle sanzioni penali. Il metodo educativo confuciano è metodo preventivo; invece di punire il popolo dopo la colpa, si deve prima istruirlo facendo in modo che cammini sulla retta via. Le sanzioni penali si adoperano solo come un mezzo ausiliare.

((Confucio disse: Se si cerca di dirigere il popolo con la politica e di moderarlo con le sanzioni penali, egli s'asterrà dal fare il male; tuttavia mancherà di pudore interno agendo unicamente per paura. Se si cerca di dirigere il popolo con le virtù morali e di moderarlo con il Li, il popolo avrà il pudore sincero e da se stesso starà lontano dal male))[11].

Il Confucianesimo considera la politica come educazione non soltanto circa le cose e le cognizioni esterne, ma anche per formare una buona coscienza. La dottrina giuridica romana insegna che la legge civile controlla soltanto le azioni esterne e il tribunale non giudica se non i delitti esternamente conoscibili. La legge non si preoccupa della

---

(10) Lun-Ngu, cap. I, part. II n. 3.
(11) Lun-Ngu, cap. VI. part. II, n. 11.

coscienza dei sudditi. Per il governo è sufficiente che il popolo cammini sulla strada voluta dalla legge, e non è necessario domandare se è veramente convinto della rettitudine della legge stessa. Il Confucianesimo invece si preoccupa anche della coscienza dei sudditi. Non basta che il popolo cammini nella legge, ma si deve anche fare in modo che sia convinto della necessità dell'osservanza della legge e si formi la coscienza di voler fare il bene. La differenza tra queste dottrine sta nella concezione della politica; se si concepisce la politica come un mezzo per tenere semplicemente l'ordine esterno e per promuovere il benessere prevalentemente materiale, la disciplina esterna è sufficiente; se si concepisce la politica come un mezzo di educazione al bene che è prevalentemente spirituale, la formazione della coscienza diviene indispensabile. Confucio si proponeva sempre la educazione morale del popolo; di qui il suo profondo attaccamento alle prescrizioni del Li.

78. Politica umanitaria

Un altro distintivo della politica confuciana è il suo carattere umanitario. Confucio non ha costruito la sua dottrina politica su un piano fantastico, ma sulla umanità concreta. Si prende l'umanità con i suoi dolori e le sue esigenze. Il Taoismo detesta le tragiche conseguenze dell'ambizione politica, vuole ricondurre il popolo allo stato puro della natura umana, rinnegando tutti i legittimi desideri del cuore umano. Tutte le istituzioni sociali sono opera umana e aggiunta alla natura, perciò sono una malattia. Se l'uomo non apprezzasse il denaro, nessuno lo cercherebbe; se l'uomo non facesse differenza fra bene e male, non ci sarebbero delle azioni cattive e dei delitti. Distruggere tutte queste istituzioni umane e fare ritornare l'uomo alla sua natura: questo è il programma politico di Lao-tze. Secondo lui, l'uomo quando ha il necessario per soddisfare ai bisogni essenziali della natura, può e deve rimanere contento. Se l'uomo si accontentasse del necessario per i suoi bisogni naturali, non sorgerebbero conflitti e guerre per contestare delle ricchezze superflue e dei titoli vani. Ma Lao-tze ha dimenticato che gli uomini non possono essere ridotti alla semplicità puramente naturale; essi, avute le cose necessarie, cercheranno istintivamente le superflue per la propria comodità. L'umanità è dotata dell'istinto del progresso. Poi Lao-tze misconosce la natura umana, supponendola nel suo stato puro, come perfetta ed impeccabile. L'utopia dello stato naturale di Lao-tze è simile alla manìa di Rousseau. Il Buddismo, in Cina, non pretendeva di formulare un programma politico; ma i suoi principi dottrinali sulla falsità e sulla non-esistenza delle cose esterne conducono necessariamente ad una politica negativa. Se le cose esterne del mondo non esistono realmente, che cosa deve fare un principe riguardo all'impero? Si dovrebbero seguire i precetti buddistici annientando tutti i desideri umani ed insegnando agli uomini a vivere poi nel nirvana. Come è possibilie che l'umanità senza desideri continui la sua esistenza ? La scuola confuciana prende l'umanità tale quale si presenta ogni giorno. L'uomo ha dei grandi difetti, ma ha pure delle qualità meravigliose; l'uomo ha delle cattive passioni, ma ha anche delle buone aspirazioni. Correggere le passioni, sopprimere le qualità cattive, sviluppare le qualità buone, soddisfare i desideri legittimi: questo è il programma della politica confuciana.

L'uomo non vive in solitudine; non si può realizzare la solitudine taoistica o buddistica. La società e le relazioni sociali sono naturali all'uomo. Il Confucianesimo stabilisce anzitutto la regola delle buone relazioni sociali. Si distinguono cinque relazioni reciproche: tra imperatore e sudditi, tra genitori e figli, fra fratelli e fratelli, fra marito e moglie, fra amici e amici[12]. Ogni categoria di relazioni ha la propria regola stabilita dal Li. In mezzo a queste relazioni si trova l'uomo-individuo, a svolgere la sua vita giornaliera.

L'uomo nella sua intima convinzione sa d'avere una vita indipendente, sa d'avere i suoi propri desideri e cerca di soddisfarli. Il Confucianesimo non idealizza la politica nella superesaltazione dello Stato, ma pone al centro il popolo.

---

(12) Tsong-Ying, cap. XX.

((Il popolo — dice Mencio — è al primo posto; lo Stato tiene il secondo, poi viene l'imperatore))[13]. Senza il popolo non c'è lo Stato e conseguentemente neppure l'imperatore. Il Cielo ha costituito l'imperatore per governare il popolo, provvedendo al auo bene. L'uomo nasce con tante esigenze, e da solo non ha la possibilità di procurare i mezzi per soddisfarle. La società è il mezzo naturale per assicurarci con più facilità il benessere.

Una politica che si interessa veramente e costantemente del bene del popolo, non può non essere ispirata dallo spirito d'amore. Amare il popolo: ecco il principio politico confuciano. Non è forse un comando del Cielo quello di amare gli uomini? Non è forse, l'imperatore, il vicario del Cielo?

((Il re Lian-hui-ouang disse a Mencio: Vorrei sinceramente apprendere i vostri insegnamenti. Mencio rispose: Allora la Vostra Maestà favorisca rispondere a una mia domanda: tra ammazzare il popolo con il bastone o con il coltello, c'è qualche differenza? Rispose il re: Non c'è differenza. Mencio disse: Tra ammazzare il popolo col coltello o colla politica, c'è qualche differenza? E il re: Non c'è alcuna differenza))[14].

Il segno tangibile di questo amore, nella parte negativa, è diminuire per quanto possibile le pene e le tasse. Gli imperatori cinesti che volevano avere il titolo di saggi e di santi, costantemente cercavano di alleggerire i pesi del popolo: altrimenti il regnante sarebbe mancato alla sua missione.

((Mencio disse al re Chee-suan-ouang: Un vostro funzionario che voleva partire per recarsi al regno Tzu, raccomandava sua moglie e i suoi figli a un amico. Quando fu di ritorno dal viaggio, trovò che la moglie ed i figli, trascurati dell'amico, avevano perfino sofferto la fame. Come regolarsi con questo

---

(13) Montze, cap. VII, p. II, n. 14.

(14) Montze, cap. I. part. I, n. 4.

amico? Il re rispose: Rompendo senz'altro l'amicizia. Mencio riprese la domanda: Se un vostro magistrato non governasse bene il suo distretto, cosa si farebbe con lui? Rispose il re: Si dovrebbe destituirlo dall'officio. Se il regno — disse Mencio — non è in buon ordine, cosa si deve fare? Il re cambiò discorso))[15].

79. Lo spirito di pace

Diretta conseguenza della politica d'amore è lo spirito di pace. Muoiono migliaia di persone nelle battaglie e ne muoiono altre migliaia a causa della guerra. Questa è una crudeltà inumana. Poi perchè si fa la guerra? Per soddisfare all'ambizione. Il Taoismo nega assolutamente ogni giustificazione della guerra, la quale non è altro che una conseguenza naturale dello sbagliato sistema politico di volere il progresso. Anche la scuola di Mo-ti non ammette la possibilità della guerra, perchè egli predica un amore universale ed indistinto senza gradazioni. Il Buddismo ha pure orrore della guerra, che è uno dei più grandi dolori dell'umanità. Il Confucianesimo è all'unisono con tutti nel negare la necessità della guerra.

Al popolo cinese che è paziente di natura, e che passa i suoi giorni nei lavori agricoli, contento delle poche cose che si possono ottenere dalla terra, l'insegnamento dell'amore confuciano e dello spirito di equilibrio contribuì a formare un carattere decisamente contrario alla guerra violenta. La sua letteratura canta la bellezza della vita pacifica e descrive i dolori delle conquiste belliche; i suoi storici esaltano gli imperatori pacifici e detestano gli imperatori bellicosi. Insomma tutta la tradizione cinese è permeata da questo spirito pacifico. Per l'agricoltura che cosa c'è di più disastroso della guerra? Quando i contadini vedono le loro case distrutte, i loro campi devastati e le terre dei padri bruciate, sentono la fine del mondo. Un popolo ama la guerra quando non è stabile e non ha dei beni stabili; invece un

---

(15) Montze, cap. I. part. II, n. 6.

popolo agricoltore ama la terra, ama la stabilità, ama la pace.

Molte guerre ha avuto la Cina, e negli scritti dei Confucianisti si trovano pure degli elogi per i comandanti e per gli eroi. C'è quindi una differenza nei riguardi alla guerra tra il Confucianesimo e le altre scuole amanti di pace.

Il Confucianesimo condanna la guerra per il suo principio di amore, di gentilezza e di equilibrio. Ma questa condanna non è assoluta: ci sono casi, nei quali la guerra è lecita, anzi qualche volta necssaria. Il criterio per giudicare la necessità e la legittimità della guerra è la causa giusta. Un proverbio cinese dice che ((l'esercito si muove con un titolo)), cioè che la guerra si fa per una ragione giusta. Quando un popolo non è abituato alla guerra e il suo spirito è pacifico, per spingerlo a combattere occorre un vero motivo che darà alla guerra un ideale.

Qual'è la ragione giusta per fare la guerra? Confucio ha affermato la necessità della forza armata e ha detto che è compito dell'imperatore di prepararla. Egli tuttavia non amava l'uso della forza armata ed era in pieno accordo con il detto del proverbio: ((l'esercito pur non essendo adoperato per mille anni, non può essere impreparato nemmeno per un giorno)). La forza armata è un mezzo per impedire che altre forze possano disturbare la società. La prima ragione giusta per la guerra è domare la ribellione e distruggere le bande dei ladri. Per il benessere comune è necessario che ci siano ordine e tranquillità. I ribelli ed i ladri distruggono l'ordine sociale, perciò l'imperatore deve con la forza restituire l'ordine alla società.

Un'altra ragione per la giusta guerra è la legittima difesa. Quanti biasimi hanno avuto i ministri che negoziarono la pace con le forze aggressive dei Mongoli e dei Mancesi! Invece i ministri e i comandanti che si sono sacrificati per la difesa della dinastia contro gli invasori, furono esaltati come eroi nazionali. Come si può stare in pace con un popolo che vuole dominarci con la forza e rapire le terre dei nostri padri? Contro la forza devastatrice si oppone la forza. La legittimità della guerra difensiva fu sempre difesa dai Confucianisti. Negoziare la pace con gli invasori significa tradire la propria famiglia, consegnando l'eredità dei padri agli stranieri.

Nemmeno la guerra aggressiva è sempre condannata dai Confucianisti. Nella mentalità di quei maestri la cosa più importante è la retta dottrina, la quale assicura la felicità a tutti. Quando un regno si trova in condizioni tristi per la tirannia del suo principe, si deve marciare con la forza armata per detronizzare il tiranno e liberare il popolo dal giogo duro. E' un dovere di umanità e di fraternità soccorrere i popoli vicini. Il Confucianesimo ha condannato senza riserva l'ambizione della conquista per amore di gloria o per avere dei territori: e non ha approvato mai le imprese degli imperatori per accrescere la propria potenza, portando la guerra ai popoli circostanti. Invece ha sempre sostenuto la necessità di aiutare i popoli oppressi, anche con la forza armata se è necessario.

In tutte le guerre, specialmente nelle aggressive, l'imperatore deve comportarsi con dignità e umanità ed obbligare i suoi soldati a fare altrettanto, perchè il fine non giustifica i mezzi. Quando l'imperatore, andando a liberare un popolo vicino, pensa di tenersi il territorio conquistato, il giusto motivo della guerra cessa immediatamente e la guerra diventa ingiusta.

((Il re Chee fece una guerra contro il regno Yen e lo conquistò, Gli alrti principi feudali radunarono una grande armata per venire in soccorso al re di Yen. Il re di Chee ebbe paura e domandò consiglio a Mencio: Molti principi vogliono fare la guerra contro di me; cosa debbo fare? Mencio rispose: Io ho sentito dire che un paese di settanta miglia quadrate ha cominciato a dominare gli altri paesi: non ho sentito che un regno di mille miglia quadrate abbia paura degli altri.... Ora il regno di Yen opprimeva il suo popolo, e Vostra Maestà lo ha punito. Il popolo di Yen, credendo che Vostra Maestà fosse andato per liberarlo dalle sofferenze, uscì a ricevere il vostro esercito con manifestazioni di gioia e di cordialità entusiasta. Ma se Vostra Maestà ha fatto arrestare i loro parenti e fratelli e li ha condannati alla morte, se Vostra Maestà ha ordinato di distruggere i loro templi commemorativi e di portare via i loro tesori nazionali, come si può giustificare la vostra guerra? Il mondo temeva già della potenza di Chee, ed ora che il vostro territorio s'e duplicato con la conquista di Yen, è naturale che i principi feudali si mettano insieme per farvi la guerra. Vostra Maestà deve ordinare subito la restituzione di tutte le bandiere dei reggimenti di Yen e la riconsegna di tutti i tesori nazionali rubati; consulti Vostra Maestà il popolo di Yen, gli dia un re e poi si ritiri. Credo che arriverete ancora a fermare l'azione dei principi feudali))[16].

80. L'universalismo

Il fine massimo della politica confuciana è la fratellanza universale di tutti i popoli. L'amore insegnato da Confucio abbraccia tutti gli uomini del mondo, i quali formano o almeno possono formare una grande famiglia. Tutti gli uomini vivono sotto un medesimo cielo e sopra una stessa terra, e hanno una medesima legge. Il mondo non è forse uno? L'ordine perenne non abbraccia tutto l'universo? Se l'universo per opera dell'ordine perenne è tutto armonia, perchè gli uomini non potranno realizzare un ordine sociale e vivere in una pace universale? Pacificare l'universo: ecco l'aspirazione dei nobili imperatori, dei saggi ministri e dei sapienti letterati.

((La convinction que ((L'Univers ne forme qu'une famille et que la Chine n'en est qu'un membre)) se manifeste abondamment dans les textes de toute nature et tant anciens que modernes - depuis l'Antique Etymologie jusqu'a l'Hymne national actuel, en passant par les Canons classiques, sans compter les textes officiels))[17].

Il processo pedagogico confuciano incomincia con la perfezione personale dell'individuo, poi si passa alla perfezione della famiglia, e in fine alla perfezione dell'impero, arrivando così alla perfetta pacificazione dell'universo. Questo non vuol dire dominare tutto l'universo: sarebbe una follià volere conquistare con la forza tutti i popoli

---

(16) Montze, cap. I. part. II, n. 11.

(17) Dr. C. K. Sié, *L'esprit chinois en face du problème des races*, Berne. 1942, P. 12.

Vicino al popolo cinese vivevano altri popoli di cultura inferiore. La politica cinese, secondo la dottrina confuciana, cercò sempre di vivere in pace con tutti; e quando la Cina ricevette un popolo come suo vassallo, lo lasciò sempre pienamente libero e si curò solo di aiutarlo per levare più in alto il livello della sua civiltà. Gli imperatori cinesi non pensarono mai di colonizzare gli altri popoli; e con questa politica anticolonizzatrice, la civiltà cinese conquistò tutti i popoli vicini. La sapienza confuciana insegna che un popolo non si conquista con la sottomissione forzata; un popolo segue istintivamente un altro popolo, quando di sua volontà vuole assimilarne la civiltà. L'umanitarismo politico di Confucio ha il suo pieno e definitivo sviluppo nella pacificazione universale. Confucio ha descritto questo stato di pace con un senso apocalittico:

((Quando il Grande principio sarà realizzato, l'Universo apparterrà a tutti. I sapienti e i capaci saranno eletti. La sincerità sarà stabilita con l'armonia. Gli uomini non limiteranno i loro affetti soltanto ai propri parenti, e le loro cure paterne ai propri figli. Si cercherà di fare che la vecchiaia possa arrivare a una felice fine, che l'età matura possa essere ben utilizzata, che l'infanzia possa ricevere una conveniente educazione, che i vedovi e le vedove, gli orfani, i vecchi senza figli, gli infermi, abbiano tutti quello che è necessario per il sostentamento. Gli uomini avranno i loro offici, le donne i loro focolari familiari. La gente, pur temendo di perdere i beni terreni, non desidererà però di accrescerli a dismisura: e lavorerà per se e per gli altri. Tutte le intenzioni cattive saranno disperse. Non vi saranno più nè frodi, nè ladri, nè disturbo alcuno. Le case terranno permanentemente aperte le loro porte anche di notte. E questa sarà la Pacificazione universale))[18].

---

(18) Li-Chee cap. I, Li-yun.

Appendice I

Cronologia Di Confucio

551 av. C. — anno 21 dell'imperatore Lin-wang della dinastia Tcheou Confucio nasce.

549 av. C. — anno 23 di Tcheou Ling-wang: muore il padre di Confucio.

533 av. C. — anno 12 dell'imperatore Tcheou Chen-wang: Confucio sposa una giovane della famiglia Pien-kuan.

532 av. C. — anno 13 di Tcheou Chen-wang: nasce il figlio Peye Confucio aveva l'ufficio di gentiluomo del duca Tche.

531 av. C. — anno 14 di Tcheou Chen-wang: Confucio aveva l'ufficio di sopraintendente dell'agricoltura.

530 av. C. — anno 15 di Tcheou Chen-wang: Confucio cominciò l'insegnamento.

528 av. C. — anno 17 di Tcheou Chen-wang: muore la madre di Confucio.

518 av. C. — anno 2 dell'imperatore Ching-wang: Confucio si recò alla capitale imperiale e vide Lao-tze.

516 av. C. — anno 4 di Tcheou Ching-wang: fuggendo i tumulti bellicosi del regno Lu, Confucio si recò al regno Tche.

510 av. C. — anno 10 di Tcheou Ching-wang: Confucio ritornò al regno Lu.

505 av. C. — anno 15 di Tcheou Ching-wang: Confucio è nominato governatore della capitale del regno Lu.

503 av. C. — anno 17 di Tcheou Ching-wang: Confucio nominato senatore del regno Lu.

501 av. C. —   anno 19 di Tcheou Ching-wang: Confucio nominato supremo giudice del regno Lu.

500 av. C. —   anno 20 di Tcheou Ching-wang: Confucio nominato Magno Cancelliere del regno Lu, accompagnava il re ad incontrare il re del regno Tche.

499 av. C. —   anno 22 di Tcheou Ching-wang: Confucio rinunciò al suo officio e abbandonò il regno Lu, peregrinando i diversi regni feudali.

490 av. C. —   anno 34 di Tcheou Ching-wang: muore la moglie di Confucio.

488 av. C. —   anno 36 di Tcheou Ching-wang: Confucio ritorna nel regno Lu.

487 av. C. —   anno 37 di Tcheou Ching-wang: muore il figlio Pe-yu.

479 av. C. —   anno 41 di Tcheou Ching-wang: muore Confucio.

Appendice II

Cronologia Di Mencio

385 av. C. —   anno 17 dell'imperatore An-wang della dinastia Tcheou o nell'anno 372 av. C., anno 4 dell'imperatore Nai-wang della dinastia Tcheou: Mencio nasce. (data incerta).

366 av. C. —   anno 3 dell'imperatore Tcheou Schen-wang: Mencio sposa una giovane della famiglia Tien.

356 av. C. —   anno 13 dell'imperatore Tcheou Schen-wang: Mencio cominciò i suoi insegnamenti.

338 av. C. —   anno 31 dell'imperatore Tcheou Schen-wang: Mencio si recò al regno Song.

336 av. C. — anno 33 dell'imperatore Tcheou Schen-wang: Mencio si recò al Wei-vei-wang.

327 av. C. — anno 42 dell'imperatore Tcheou Schen-wang: Mencio si recò al re Teng-wen-kong.

320 av. C. — anno 2 dell'imperatore Tcheou Shen-chen-wang: Mencio si recò nel regno Tche.

318 av. C. — anno 4 dell'imperatore Tcheou Shen-chen-wang: Muore la madre di Mencio de egli ritorna nel regno Lu.

315 av. C. — anno 6 dell'imperatore Tcheou Shen-che-wang: Mencio si recò di nuovo nel regno Tche.

312 av. C. — anno 3 dell'imperatore Tcheou Nai-wang: Mencio ritorna al proprio paese.

303 av. C. — anno 12 dell'imperatore Tcheou Nai-wang: Mencio ha finito di scrivere il suo libro.

289 av. C. — anno 26 dell'imperatore Tcheou Nai-wang: muore Mencio.

Appendice III

Cronologia Di Tsuun-Tze (le date della vita di questo maestro sono tutte incerte)

334? 230? 298? av. C. — nasce Tsuun-tze.

314? av. C. — Tsuun-tze si recò nel regno Jen.

284? av. C. — Tsuun-tze si recò nel regno Tche.

266? av. C. — Tsuun-tze si recò nel regno Tsin.

256? av. C. — Tsuun-tze si trovava nel regno Tsu e copriva l'in carico di prefetto di Lan-lin.

238? av. C. — si dimette dall'incarico.

236? av. C. — muore Tsuun-tze.

Appendice IV

Cronologia Di Tchou-She

1130 d. C. — anno 4 di Chieng-jen dell'imperatore Song-kao-tsong: nasce Tchou-she.

1148 d. C. — anno 18 di Chio-shen dell'imperatore Song-ka-tsong: Tchou-she si laureò agli esami imperiali.

1163 d. C. — anno 1 di Long-shen dell'imperatore Song-shieu-tsong: Tchou-she riceve il titolo del ((Dottore nelle cose militari)) dall'imperatore.

1170 d. C. — anno 6 di Chien-tao dell'imperatore Song-shieu-tsong: muore la madre di Tchou-she ed egli si dimette dagli uffici.

1171 d. C. — anno 7 di Chien-tao dell'imperatore Song-shieu-tsong: Tchou-she riceve la direzione del centro di studio ((Tsong-tao-kuen)) di Tai-chow.

1175 d. C. — anno 2 di Shun-she dell'imperatore Song-shieu-tsong: Tcheou-she riceve la direzione del centro di studio ((Tsong-yun-kuen)) di Wu-shiu-san.

1178 d. C. — anno 5 di Shun-she dell'imperatore Song-shieu-tsong: Tcheou-she riceve il comando dell'armata Nan-kan.

1179 d. C. — anno 6 di Shun-she dell'imperatore Song-shieu-tsong: Tcheou-she è nominato ispettore della provincia Kie-kan.

1183 d. C. — anno 10 di Shun-she dell'imperatore Song-shieu-tsong: Tcheou-she ricopre l'ufficio di direttore del centro di studio ((Tsong-tao-kuen)).

1187 d. C. — anno 14 di Shun-she dell'imperatore Song-shieu-tsong: Tcheou-she è nominato ispettore generale dei tribunali della provincia di Kia-she.

1190 d. C. —   anno 1 di Shio-she dell'imperatore Song-kuang-
tsong: Tcheou-she è nominato assistente alla Cancelleria imperiale.

1191 d. C. —   anno 2 di Shio-she dell'imperatore Song-kuang-
tsong: muore un figlio di Tchou-she ed egli si è
dimesso dall'ufficio.

1200 d. C. —   anno 6 di Ching-yuan dell'imperatore Snog-Ning-
tsong: muore Tchou-she.

Appendice V

Cronologia Di Wang-Yang-Ming

1472 d. C. —   anno 8 di Chen-fa dell'imperatore Ming-shen-tsong:
nasce Wang-yang-ming.

1484 d. C. —   anno 20 di Chen-fa dell'imperatore Ming-shen-
tsong: muore la madre di Wang-yang-ming.

1488 d. C. —   anno 1 di Hong-che dell'imperatore Ming-shieu-
tsong: Wang-yang-ming sposò una giovane della
famiglia Tchou.

1499 d. C. —   anno 12 di Hong-che dell'imperatore Ming-shieu-
tsong: Wang-yang-ming si laureò agli esami imperiali.

1504 d. C. —   anno 17 di Hong-che dell'imperatore Ming-shieu-
tsong: Wang-yang-ming è nominato esaminatore
degli esami della provincia Shan-tong, poi nominato ufficiale del ministro di guerra.

1506 d. C. —   anno 1 di Chen-tei dell'imperatore Ming-wu-tsong:
Wang-yang-ming è degradato ed esiliato a Long-
chinag.

1510 d. C. — anno 5 di Chen-tei dell'imperatore Ming-wu-tsong: Wang-yang-ming è nominato ufficiale del ministero di giustizia.

1511 d. C. — anno 6 di Chen-tei: Wang-yang-ming è nominato ufficiale ciale del ministero degli Uffici pubblici.

1512 d. C. — anno 7 di Chen-tei: Wang-yang-ming è nominato grande ufficiale della corte imperiale.

1516 d. C. — anno 11 di Chen-tei: Wang-yang-ming è nominato grande ufficiale dell'ufficio di controllo ed ispettore generale della provincia meridionale di Kiashe, dirige la campagna contro i banditi.

1519 d. C. — anno 14 di Chen-tei: Wang-yang-ming dirige la campagna contro i ribelli di Shen-hao.

1520 d. C. — anno 15 di Chen-tei: Wang-yang-ming è nominato conte ((Shen-chien)).

1522 d. C. — anno 1 di Chia-chen dell'imperatore Ming-si-tsong: muore il padre di Wang-yang-ming.

1525 d. C. — anno 4 di Chia-chen: muore la moglie di Wang-yang-ming.

1527 d. C. — anno 6 di Chia-chen: Wang-yang-ming, nominato grande ufficiale dell'Ufficio di controllo e comandante supremo contro i ribelli di Si-tien.

1528 d. C. — anno 7 di Chia-chen: muore Wang-yang-ming.

Complete Works of Lokuang Vol. 40-2

Una Concezione Filosofica Cinese

(Il Taoismo)

Student Book Co. LTD.

是書出版之日正值中國抗戰勝利後

中國第一位樞机被選中華通帝

神職統序咸立羅馬人士俱注意中

國文化希望其為世界和平之建

設份咸故此書頗能供友邦人士之

需求助其認識中華

羅光識

六月

孟夏華梵尚

Indice

Preface

One day, after the famous post-war Consistory, after I had heartily congratulated my Ecclesiastical Counsellor, Mgr. Lokuang, on his recent elevation to the rank of Monsignor and we had discussed the appropriate translation into Chinese of this last honorific term, he said;

— Now may I ask you to write a preface for my new book?

— Oh! You are going to publish a new book. I have then to congratulate you anew. Well, what is the new book about?

— Its title is ((A Chinese Philosophical Conception: Taoîsm)).

— It is a great, delicate and complex subject!

And, with a smile of modesty, Mgr. Lokuang resumed slowly;

— Perhaps ((the subject is too great for me)) as a French dramatist said, and I have been too ambitious.

— Not at all, I only meant that with Taoîsm you have to deal with the ((Weltanschauung)), the conception of life and the religious aspect, even with superstitions.

— Yes, even with superstitions.

— But however great, delicate and complex be the subject, I am convinced that you are highly qualified to handle it. I remember what a great success your last work on Confucianism was, so well planned and worked out in such a logical way. Now, how have you proceeded this time?

— I divided the matter into three parts; the metaphysics of the Taoîsts, their conception of life and Taoîsm as a religion.

— You begin naturally by explaining the Tao which in Indo-European languages has been called the ((Way)).

— Oh yes, since the Tao is the very key of the Taoist philosophy. In spite of the difficulty of terms, I have tried to explain, on the one hand, how the Universe derived from Being, Being from the Void and the Void is the Tao, and, on the other hand, why the Tao is One; One produces Two — i. e. female and male — Two produces Three — essence, matter and form — and Three produces the Whole.

— It is subtle and fascinating!

— It is because we are on purely metaphysical ground. But in the second chapter the contents become more matter of fact.

— I think this chapter might be condensed into one word: Nature.

— In fact, Lao Tse, the creator of Taoïsm was a hundred percent naturalist. As reaction against the corruption, the unrest and the immorality of his time, he went so far as to advocate a return to a primitive life, by condemning differentiation, knowledge and organization.

— So much so that I remember Lao Tse said, among other things;

   ((Destroy the measure and the weight and there will be no dispute)).

   ((The greatest crime is passion, the greatest unhappiness, not being satisfied, the greatest wrong, the desire of possession)).

   ((During the perfect reign the stomach is filled, the brain is emptied)).

— This ((No Action)) or ((Let Nature act)) doctrine gave birth to the theory of Yang Tse's Integral Egoïsm and to a sort of naturalistic epicureanism of our ((Talkers)) of the 5th century.

— Also, nearer our time, to the French Physiocrats of the 18th century, whose famous slogans ((Laissez faire)) and ((Laissez passer)) originated in Chinese philosophy.

— And the Taoïst indifference to honour and material interest remains still generally strong among our cultivated people.

— Most of them have what is called ((a Taoîstic inner life and a Confucianist outer life)).

— That means a very rigid code of behaviour in the outer life and some indifference in the inner life.

— That is so. Now do you think Taoîsm has had an influence only on the leading class?

— I never meant that. As a religion, as a collection of superstitions, Taoîsm has had much influence on the others too, on the mass in general.

— So you reach the religious aspect of Taoîsm?

— Although Lao Tse, by no means, pretended to create a religion, they made him, with the legendary Yellow Emperor, the founder of the religion of Tao; Taoîsm.

— That will be the object of the last chapter then?

— Yes. Here I describe how the seekers of immorality, by alchemical formulae or the practice of a ((no cereal)) diet contributed, little by little, during several centuries B. C., to form a religion with Lao Tse's theories and how, in the 2nd century A. D., the Hea Venly Mastership of Chang was established.

— Thus the Taoîst Religion was founded?

— In a way, since it was a degeneration, comprising a whole system of talismans, charms and incantations which constituted the Chinese popular beliefs or superstitions. It was only during the Tang Dinasty (618-905 A. C.) that the Emperors consacrated Taoîsm as a regular religion.

— How did they do that?

— They confered the posthumous title of ((Old Emperor of Heaven)) on Lao Tse, and the followers of the latter created a whole series of religious personages; a Superior Being of Highest Heaven, Three Purities eight Genii, etc. And with this my book ends.

— This work will have, I am sure, a very great historical and philosophical value. Now that you have written about Confucianism and Taoîsm, it remains for you to write about our third traditional religion: Buddhism.

— But I forgot to say that, in my present book, I have devoted an appendix to the introduction of Buddhism into China and the principles of Buddhism.

— Perfect, then. It is most interesting all the more so as all this is described by a Chinese Christian thinker.

— Then may I renew my request to have a preface to honour my book?

— I will write it with great pleasure.

I will write it with great pleasure... Easy to say! To write a fitting preface for such a book needs a great sum of knowledge in History and Philosophy which, alas, I lack. Yet, a good idea came to my mind; by way of preface, I have only to reproduce the very conversation with Mgr. Lokuang, such as it is. I did as suggested, without adding anything, except a fervent wish that the book be successful; and that, not because of my sincere friendship for the author, not even because of the intrinsic value of the work, but for the sake of mutual understanding between peoples.

C. K. Sié

Rome, March 1946

Introduzione

Sommario: Nome, Lao-tze, Tchuang-tze, Lie-tze, Epicureismo, sette religiose.

1. Nel volume sul Confucianesiomo ho tracciato in linea di massima ed in forma organica i principi che i Cinesi tengono come regola della vita; per questo ho intitolato il volume ((La sapienza dei Cinesi)). In questo volume che sta per incominciare, tratterò dell'aspirazione ardente di molti cinesi che non si rassegnarono alla rigidità e ai sacrifici del Confucianesimo, ma cercarono comodità e godimento nella vita. Questi sono i Taoisti.

Il Taoismo è un sogno che dà un incanto a coloro che sono stanchi della lotta.

Tutti gli autori cinesi moderni sono concordi nell'ammettere che la scuola confuciana e la scuola taoistica rappresentano le correnti culturali delle due parti della Cina: la scuola confuciana rappresenta la Cina delNord e la scuola taoistica rappresenta la Cina del Sud. I maestri confucianisti difatti sono uomini delle regioni settetrionali, ed i maestri taoistici, secondo i pochi documenti scritti, sono uomini delle regioni meridionali. Nel libro Lün-ngu (dialogo di Confucio) si narra che Confucio, viaggiando nel regno Tzu che si trovava nel Sud, incontrò parecchi uomini sapienti solitari, i quali disdegnarono di entrare in colloquio con lui.[1] Questi uomini sapienti seguivano un programma di vita differente da quello di Confucio. La scuola confuciana insegnava l'obbligo per ciascuno di contribuire al miglioramento

---

(1) Lün-ngu Cap. IX. parte II. n. 4-7.

della societa; i sapienti solitari vivevano disinteressandosi completamente della vita sociale. Il loro ideale era la tranquillità: una casa modesta, un piccolo podere in una campagna lontana senza contese politiche. La vita tranquilla è in qualche modo l'aspirazione comune di tutti i sapienti Cinesi: i poeti hanno cantato sempre la bellezza della vita campestre, i grandi uomini di Stato hanno conservato il desiderio di passare la vecchiaia in una casa ritirata. Quanti Cinesi ancora oggi accarezzano il sogno di vivere tranquillamente, senza preoccupazioni di sorta!

Il Taoismo ha coltivato questo sogno di vita in sommo grado, e gli ha dato una spiegazione dottrinale, deducendone le conseguenze estreme.

Ma quest'aspirazione è un desiderio assai modesto, mentre esistono persone con un'aspirazione ben più alta e un'ambizione più lungimirante: costoro non si accontentano di passare feli-cemente la vita presente nella tranquillità, ma desiderano di rendere la vita perenne, sforzandosi di superare le stessè barriere della morte.

Nel secolo terzo avanti Cristo si cominciava a parlare di certi uomini chiamati Scien-ren (Genio) che godevano della immortalità. La religione taoistica ha raccolto queste vaghe notizie ed ha escogitato la teoria sul Genio.

Vivere tranquillamente e vivere eternamente formano un sogno ammirevole ed altrettanto attraente che affascina il cuore di milioni di Cinesi.

2. In principio la scuola di Lao-tze non si chiamava scuola Taoistica. Nella prima metà della dinastia Hang (206 a. C. 221 d. P.) la dottrina di Lao-tze veniva chiamata dottrina di Huang-Lao. Si pensava che il fondatore della scuola fosse stato l'imperatore Huang-ti (2697-2598 a. C.) e che Lao-tze ne fosse solamente un continuatore. Alla metà di questa dinastia fu adoperato il nome ((Lao-tchuang)) per designare i seguaci di Lao-tze, abbandonando la leggenda di Hauang-ti e riconoscendo definitivamente Lao-tze e Tchuang-tze come gli iniziatori della scuola. Finalmente nel primo secolo avanti Cristo, fu usato il nome Taoismo ad indicare la dottrina di Lao-tze e dei suoi discepoli.[2]

Naturalmente questo nome deriva dal contenuto del libro di Lao-tze, nonchè dal suo titolo. Il libro ((Tao-te-king)) (nome ufficialmente dato durante la dinastia Tang) ripetutamente ritorna al concetto del Tao, nel quale si racchiudono tutti gli altri concetti. Quindi il Taoismo può essere detto benissimo la dottrina che tratta del Tao.

Il termine ((Tao)), adoperato nei libri antichi e della scuola confuciana, significa la ragione, il principio morale e la via del cammino; nel libro di Lao-tze acquista un significato astratto e metafisico, alquanto oscuro.

Lao-tze

3. La dottrina della scuola taoistica, benchè non possa vantare una tradizione antica come quella della scuola confuciana, ebbe nondimeno inizio in tempi molto remoti. All'aurora della storia cinese, già appare una classe di uomini sapienti e solitari i quali, ritirati in una casuccia modesta, vivono lontani dal mondo, e sentono una ripugnanza profonda per gli onori e le ricchezze.

Il disprezzo per i beni materiali e l'amore per la vita tranquilla sono gli elementi essenziali della scuola taoistica riguardo alla vita dell'uomo. Perciò questi uomini solitari appaiono i predecessori inconsci di Lao-tze.

Nella concezione metafisica precedette Lao-tze, il libro I-king. Da questo libro, Lao-tez ha estratto i maggiori elementi percostruire la sua dottrina cosmologica. Qualche sapiente che visse probabilmente prima di Lao-tze, aveva già enucleato il pensiero di I-king, che nella dottrina sta molto vicino a Lao-tze. [3]

---

(2) She-ma chen, She-chee. Introduzione. " Il Taoismo insegna agli uomini a concentrare lo spirito, a vivere distaccati dalle forme esterne ed a contentarsi di qualsiasi cosa "
(3) Hong-yu-lang; La storia della filosofia cinese Shanghai 1938. v. I. p.193-208.

Il fondatore della scuola taoistica filosofica è stato Lao-tze, un personaggio popolarissimo in tutta la Cina, ma altrettanto oscuro nelle fonti storiche. Lo storico Shee-ma-chen (145-86 a. C.), nella sua storia She-Chee, narra la vita di lui, ma ci dà solamente delle notizie vaghe. Lao-tze si chiamava Ly-rh, ed era nato nel villaggio Tchuu-jen-ly nel distretto Kun-hsien della provincia attuale di Ho-nan. Fu un funzionario della biblioteca imperiale e coltivatore della dotrina di Tao-te. Poi disgustato dei mali del tempo, abbandonò l'officio e la corte e si diresse verso la parte occidentale. Così egli sparì dalla storia. Quando stava per varcare la fortezza Han-ku-kuan, fu pregato dal magistrato locale di mettere in iscritto la sua dottrina; e fu allora ch'egli scrisse il libro Tao-te-king. [4]

Taoisti posteriori della setta religiosa non si rassegnarono a considerare il loro gran maestro come uomo sconosciuto dalla storia, e lo collocarono quindi al centro della mitologia, attribuendogli una biografia leggendaria.

Il primitivo stato dell'Universo era un caos aereo. Dal caos sortì il dio Mieu-wu-chan-ti. Per una missione speciale nei riguardi degli uomini, questo dio scese diverse volte nel mondo con forma e vita umana. Il Lao-tze è il dio Mieu-wu-shan-ti nella sua nona incarnazione.

Lao-tze ha quindi un'origine divina e un'origine umana. L'origine umana la ebbe da una vergine Hsuan-mineu-yu-ngü. Questa vergine di vita casta e ormai già ottantenne, un giorno che si riposava nel suo giardino, sdraiata su una sedia, ebbe una visione curiosa. Vide il sole che si era trasformato in una piccola palla e volava dirigendosi verso di lei. Quando la pallina fu davanti alla sua faccia, essa aprì la bocca e la inghiottì. Si accorse subito che portava nel suo seno il germe di una vita nuova. Dopo altri ottant'anni, un giorno del secondo mese dell' anno, la vecchia incinta passeggiava nel giardino, quando

---

(4) She-ma-chen; She-chee. Vol. V. art. I.

d'improvviso riebbe la visione avuta nel momento del concepimento. Il sole si era trasformato di nuovo in una pallina e volava verso la sua bocca. Ma la pallina non entrò nel suo seno attraverso la bocca, bensì dalla parte sinistra del costato. Avvenne immediatamente la gravidanza, e nacque un vecchio bambino con rari capelli bianchi. Vennero subito due dragoni che sputavano l'acqua dalla bocca per il bagno del neonato. Al bambino fù imposto il nome Ly, perchè nato sotto l'albero del prugno che in lingua cinese si chiama Ly; egli fu chiamato Laotze, perchè nato vecchio. [5]

4. Il libro ((Tao-te-king)) si divide in due parti e in ottantuno capitoli. Già nel più vecchio commento autentico di Wangpi si trovano queste divisioni. Ho shang-kung ha posto in principio a ciascuno degli ottantun capitoli un titolo di due caratteri, i quali danno poca luce e non consentono di farci avere un'idea del contenuto. Moltissimi commenti si sono perduti, e non conosciamo che i nomi dei loro autori. I commenti delle varie dinastie che possediamo oggi si possono distinguere in quattro categorie, cioè quelli dei confucianisti, dei buddisti, dei taoisti e dei misti delle scuole precedenti. I commentatori generalmente non potevano mettere da parte le loro convinzioni, cosicchè i buddisti trattarono il Tao-tz-king come fosse un testo del buddismo, e come non esistessero differenze fra le teorie del buddismo e quelle di Laotze, e i confucianisti trattarono il Tao di Lao-tze come fosse uno della propria scuola. Invece i taoisti, che aveano colto gli elementi dal libro Tao-te-king per una religione che non ha nulla di comune clo pensiero filosofico di Lao-tze, vi cercarono il segreto della lunga vita e credettero che questo libro fosse la guida d'oro per raggiungere l'immortalita del corpo. Il Tao-te-king può essere considerato la più alta espressione del pensiero cinese. Vi si trovano infatti gli elementi più importanti di un sistema filosofico: una metafisica che ravvisa e descrive nel Tao la causa prima e il supremo bene dell' universo; una morale che indica all'uomo la via per raggiungere il proprio fine e una politica che pretende indicare la via che il governo

---

(5) Pietro Huang-fi-mei. Collezione critica della mitologia cinese. Shan-ghai 1879. Vol. I. p. 29.

deve percorrere per il benessere del suo popolo e per aiutarlo a raggiungere il giusto fine dell' umanità. [6]

Il libro Tao-te-king nella parte metafisica parla sovente del Tao, come principio di tutti gli esseri. Questo principio è un essere e quasi non-essere con una esistenza reale, oscura ed indefinita. Dal Tao partono due elementi: positivo e negativo. Attraverso i congiungimenti di questi elementi si formano gli esseri dell'universo.

Partendo dalla dottrina metafisica, Lao-tze forma la sua dottrina etica in un naturalismo puro. Lo stato felice dell'uomo è lo stato della natura pura, che è la stessa infanzia coscienziosamente voluta. Il bambino conosce soltanto quello che è necessario alla sua esistenza, ed esige solamente le cose indispensabili per la sua propria vita, senza pretese di comodità, di lusso e di piaceri. Il bambino in ogni suo movimento agisce secondo un estinto naturale, senza curarsi del bene e del male, e senza commettere colpa alcuna. Questo è lo stato ideale dell'uomo. Tutto quello che si dice cultura, progresso, civiltà, non è altro che una falsificazione pericolosa che distacca l'uomo dalla sua natura, spingendolo in una vertigine di agitazioni. Si deve compiere un lavoro di retrogressione facendo ritornare l'uomo allo stato genuino di vita.

Tchuang-tze

5. Se le lezioni schematiche e dure del libro Tao-te-king fossero rimaste sole e peregrine nel pensiero cinese, Lao-tze non avrebbe avuto certamente la immensa fortuna d'un capo d'una scuola filosofica. Ma il libro Tao-te-king ha avuto dei grandi e brillanti seguaci, i quali con la originalità delle idee e con l'arte della penna sviscerarono il pensiero di Lao-tze, conquistando i cuori degli uomini. Uno dei più illustri seguaci fu Tchuang-tze.

Questo personaggio bizzarro e portentoso è più oscuro nelle fonti storiche di Lao-tze. Poche e vaghe notizie si trovano nel libro She-

---

(6) Paolo Siao sci-yi. Il Tao-te-king. Bari 1941. Introduzione.

chee. Tchuang-tze è oriundo dalla città di Mong nella provincia Honan verso il secolo IV a. C. Amò la studio e seguì la dottrina di Laotze, scrisse molti libri adoperando abbondan-temente le allegorie e le parabole. La sua fama raggiunse i vertici alla corte di Tzuu-wui-wang, e il re mandò a chiamarlo per affidargli l'officio di gran cancelliere del regno. Tchuang-tze rispose: ((Mille monete d'oro sono una grande ricchezza; l'officio di gran cancelliere è un altissimo onore. Però avete mai visto le vacche che servono per i sacrifici? Dopo parecchi anni di buon nutrimento, esse sono grasse, e nel giorno del sacrificio sono ornate di preziosi drappi e condotte con alto onore al tempio, ove dovranno morire. Le vacche solo allora comprendono il significato del buon trattamento che le preparava alla immolazione: e preferirebbero la magrezza per sfugire al pericolo, Ma è ormai troppo tardi. Andate a dire a sua maestà che io preferisco di vivere nella povertà e nella miseria, anzicché legarmi a un officio del governo.)) [7]

Tchuang-tze ha l'aria d'un filosofo scettico. L'elemento primordiale dell'universo, il Tao, non è conoscibile. L'uomo può parlare del Tao con la terminologia degli esseri concreti; ma fra il Tao e gli esseri concreti esiste un'assoluta equivocità. La vita umana è un mistero. Tchuang-tze pensa che l'uomo, anche quando vive, sogna. La morte è il ritorno all'universo. Gli esseri sono reali, però in continuo movimento nascendo e morendo incessantemente, come le onde che si spingono una sull'altra e ritornano al grande padre, il mare.

Lie-tze

6. Possediamo un libro che ha per titolo ((Lie-tze)). Di quale secolo è questo libro? Chi n'è autore? I critici non sono riusciti a darci una risposta certa. Si ritiene che probabilmente l'autore ne sia un taoista che si chiamava Lie-tze, vissuto un pò dopo Confucio. La vita di questo personaggio rimane sempre sconosciuta.

---

(7)She-ma-chen. She-chee. vol. V. art. I.

L'agnosticismo di Tchuang-tze s'afferma in questo libro e la vita si concepisce pure come un sogno. L'evoluzione cosmologica si spinge avanti attraverso un procedimento dinamico che è la teoria dei pensatori della dinastia Han (206 a. C. 221 d. C.) I filosofi o piuttosto i compilatori della dinastia Han hanno cercato di riunire le due correnti della scuola confuciana e della scuola taoistica, mescolandole con le opinioni popolari del tempo. La teoria sincretista si presenta con tendenza materialistica e meccanica. Dal Tao si formano due elementi: Ying-Yang; da questi due elementi si formano altri cinque elementi: metallo, legno, fuoce acqua, fango; questi cinque elementi si congiungono poi colle figure dell'Ottogramma producendo gli esseri. La teoria così compilata non è nuova in sè, ma è nuova nello spirito; difatti questo procedinento ha lo spirito meccanico, perchè l'universo si svolge da sè a causa di una forza vitale. Tutti gli esseri sono congiunti strettamente nella unicità dell'elemento costitutivo, il quale porta in sè la materialità.

Epicureismo taoistico

7. Dopo la dinastia Han, la scuola taoistice ha ccssato di vivere come scuola filosofica, ma ha lasciato due cose in eredità: il pensiero etico e il nome. Una corrente di pensiero, che si trova pure negli scritti dei letterati confucianisti, ha ereditato lo spirito di vivere del Taoismo, e una organizzazione religiosa ha ereditato il nome del Taoismo che invece non ha relazione con gli antichi maestri.

Nel quarto e quinto secolo dopo Cristo, una corrente filosofica travolgeva le più belle menti del secolo, portandole a professare una concezione di vita che è una conclusione logica del Taoismo. L'unico bene dell'uomo è la vita presente. Questo bene è misurato e circoscritto dentro un brevissimo spazio di tempo e circondato da innumerevoli dolori. Gli sforzi continui per acquistare la perfezione morale e l'aspirazione tenace di beneficare l'umanità, come la scuola confuciana propone agli uomini, sono lavori inutili, anzi dannosi. L'uomo deve concentrare la propria attenzione nel cercare e mantenere la tranquillità della vita per potere godere in pieno la sua breve vita. Gli onori, gli offici, le dignità, la fama e la ricchezza sono i vermi che rodono e compromettono la felicità dell'uomo, perchè accumulando le preoccupazioni e le ansietà, logorano le energie umane. Quindi gli uomini sapienti che hanno pure un senso innato della moralità, pigliano la strada degli antichi Taoisti nella ricerca di una vita racchiusa in un egoismo che si disinteressa di tutto. Si cerca di vivere tranquillamente senza badare agli altri.

Ma non tutti seguono il senso innato morale. Dal concetto di godere la vita logicamente scaturisce la corrente epicureistica che nella ricerca della felicità dell'uomo pone il piacere sensuale come fine della propria esistenza.

Un epicureismo spirituale e un epicureismo carnale hanno continuato il pensiero taoistico fino al giorno d'oggi. Non fu il popolo che seguì l'epicureismo, poichè esso vivendo faticosamente nei propri lavori, ha sempre aderito agli insegnamenti confucianisti; fu la classe colta che si conpiacque di ornare l'epicureismo taoistico con le forme poetiche e di considerarlo un mondo elevato di vita. I letterati erano tutti confucianisti, ma nelle loro aspirazioni volevano incosciente-mente riunire la rigidezza della morale confuciana con la tranquillità taoistica. L'uomo ono tradisce nè contraddizioni nè doppia person-alita; egli ha in sè la tendenza alla perfezione e la tendenza al piacere. Gli uomini eletti vogliono vivere moralmente e piacevolmente: quindi il Confucianesimo sta per la morale e il Taoismo per il piacere.

Tchang-tao-ling

8. Il nome di Taoismo, dopo la dinastia Han, fu assunto da un movimento che in principio aveva la fisionomia di una sedizione polit-ica ed in seguito ha preso la forma di una setta religiosa. Sorse di qui la religione taoistica Gli esponenti di questa religione hanno rivendi-cato il Lao-tze come loro gran maestro e padre spirituale. Ma in realtà la religione taoistica non ha nessuna connessione con il Taoismo filosofico di Lao-tze.

Nel secondo secolo dopo Cristo, durante il regno dell'imperatore

Han-huang-ti, nella provincia Sce-chuan, viveva un oscuro letterato di nome Tchang-tao-ling. Egli menava una vita semplice e povera come migliaia di altri suoi simili. Un giorno l'umile Tchang-tao-ling dichiarò d'avere scoperto la medicina dell'immortalità e si ritirò sul monte K'o-ming per provarla. Ma i tempi erano difficili; l'impero era dilaniato dai militari, le carestie e i banditi devastavano la campagna. Tchang-tao-ling, spinto da compassione per il popolo, scese dalla montagna e cominciò il suo mestiere magico. Visitava gli ammalati e dava loro un'acqua miracolosa. Gli uomini che aderivano a lui, gli presentavano una piccola quantità di riso.

Tutto il suo segreto consisteva in qualche formula magica. Se alcuno era ammalato, il maestro Tchang faceva portare una tazza d'acqua, sulla quale egli recitava delle formule inintelligibili ed ordinava di darla a bere all'ammalato. L'effetto dell'acqua doveva essere la guarigione. Se la malattia persistevea, era per la mancanza di fede del povero uomo. Egli praticava anche un altro metodo di guarigione. Faceva scrivere su tre fogli di carta le colpe dell'ammalato; una delle carte si seppelliva, un'altra si portava sopra una colina vicina e l'ultima s'immergeva nell'acqua, Queste carte erano la confessione delle colpe e una implorazione della guarigione dagli spiriti della terra, della montagna e dell'acqua..

Tchang-tao-ling fu un uomo certamente comune come gli altri e morì di morte naturale. Ma i suoi aderenti non potevano credere che il loro maestro, possedendo la famosa medicina, fosse morto, come tutti gli altri. Anche se fosse morto, la sua morte non poteva essere altro che apparente, e il maestro doveva vivere ancora. Fioriscono dunque i più curiosi racconti sulla sua vita leggendaria che esaltava il maestro Tchang come uno dei geni immortali.

Dal groviglio di confusione e di contraddizioni della narrazione si può ricostruire la seguente linea biografica della leggenda di Tchang.

Il fondatore del Taoismo religioso fu un discendente del famoso ministro Tchang-lian. consigliere imperiale dell'imperatore Han-kao-tzu. Un giorno egli vide in una visione, Lao-tze, il quale gli consegnò dei libri arcani che contenevano l'arte di fabbricare la medicina della immortalità e per guarire le malattie. Raccolse dei discepoli e formò una setta religiosa. Con le offerte del popolo, Tchang-tao-ling comprò le materie preziose per compilare la medicina miracolosa. Al termine del lavoro di tre anni, tre dragoni verdi apparirono alla sua porta e diedero la perfezione alla medicina. Il maestro ne inghiottì una metà perchè non voleva lasciare subito i suoi discepoli. Era però già in condizioni di compiere cose portentose: il volo, la bilocazione, la invulnerabilità. Un Tchang-tao-ling stava sempre a ricevere le visite e un altro Tchang-tao-ling stava a divertirsi in compagnia dei suoi intimi sulla barca in un lago artificiale. Diceva ai discepoli che essi erano ancora molto mondani e non in grado di realizzare lo stato d'immortalità; potevano però disporre di qualche mezzo per prolungare la vita: e la sua dottrina doveva essere continuata da un uomo che un certo giorno sarebbe venuto a raggiungerlo dall'Oriente. Nel giorno stabilito venne infatti un giovane di nome Tchao-shing. Allora Tchang-tao-ling raccolse tutti i suoi discepoli e li condusse su un altissimo precipizio. Sulla parete del precipizio cresceva un albero di pesco. Il maestro disse ai discepoli che colui il quale avesse potuto andare a cogliere la pesca, sarebbe destinato a ricevere il secreto. Trecento uomini si guardarono l'un l'altro, ma nessuno aveva il coraggio di raggiungere l'albero. D'improvviso Tchao-shing saltò nel precipizio e si arrampicò sull'albero. Egli raccolse trecentodue pesche e le gettò su precipizio. Per tirarlo su, il maestro tese il suo braccio che si allungò fino a raggiungere il giovane discepolo. Dopo che tutti ebbero finito di mangiare la pesca, Tchng-tao-ling disse sorridendo di volere provare se egli stesso fosse capace a discendere. E scese lui e montò sull'albero; lo seguì il giovane Tchaoshing. Ma egli chiamò pure a sè il suo discepolo prediletto, Wang-chang. Sull'albero il maestro comunicò il suo secreto della immortalità ai due fedeli seguaci. Infine Tchang-tao-ling sali in cielo. [8]

---

(8) Pietro Huang-fi-mei. o. c. vol. III. p. 182-200.

Suo figlio Tchang-heng, e suo nipote, Tchang-lu, continuarono l'opera paterna, organizzando i loro seguaci in armata e occupando il territorio Hang-tsong. Morto Tchang-lu, il figlio Tchang-sheng si ritirò sul monte Long-fu-san, tenendosi la direzione della setta religiosa. Il primogenito della famiglia di Tchang-tao-ling ereditò l'officio di capo religioso con il titolo di ((Maestro divino)) (Tien-shih).

Wei-pe-yang

9. La setta religiosa iniziata da Tchang-tao-ling e continuata dai suoi discendenti appariva come un movimento sociale-politico con forme superstiziose. Per darle una forma religiosa e un contenuto dottrinale, lavorarono parechi maestri posteriori.

La organizzazione esterna e le cerimonie della religione taoistica sono senza dubbio una copia della religione buddistica. La propaganda buddistica è stata effettuata in Cina nel medesimo tempo colla propaganda del Taoismo. I propagandisti delle due religioni s'ostacolavano a vicenda e si copiavano a vicenda. Il buddismo comprendeva benissimo che la filosofia taoistica riguardo alla vita corrispondeva all'aspirazione di molti Cinesi: la fece quindi propria. Il Taoismo ammirava l'organizzazione monastica del Buddismo, e la introdusse nelle proprie file. Questa reciproca imitazione avveniva nei secoli quarto e quinto dopo Cristo.

Ma il contenuto dottrinale al Taoismo fu dato da maestri di spirito cinese, i quali hanno raccolto il cumulo delle superstizioni popolari sotto una veste scientifica.

Il primo che contribuì a consolidare l'edificio dottrinale del Taoismo fu Wei-pe-yang. Di questo personaggio nessuna notizia si trova nella storia ufficiale; unico documento è il suo libro Ts'an-tong-chi. Egli visse dal secolo terzo al quarto dopo Cristo.

La dottrina di questo libro rappresenta la geniale congiunzione delle superstizioni colle opinioni metafisiche antiche. Il titolo del libro ne rivela appunto il significato, cioè un miscuglio della dottrina del libro I-king con i sistemi moderni.

Wei-pe-yang prende la metafisica dello I-king come base della sua cosmologia. L'unico esser è costituito dall'elemento ontologico, il Ch'i (aere puro); questo elemento è di due specie Ying-yang. Da questi due elementi poi si producono gli esseri. La costituzione dell'uomo è identica alla costituzione cosmologica. Dalla costituzione ontologica si passa a stabilire le più strane regole per prolungare la vita umana. Sparisce la distinzione della metafisica dalla fisica, ed entra anche la medicina sperimentale. Tutte tre si compenetrano in una confusione tale che fa dubitare fortemente della serietà del pensatore.

Il mondo universo si conserva in grazia dell'armonia dei due elementi costitutivi: Ying-yang. Qualora avvenisse un disaccordo, il mondo andrebbe immediatamente in frantumi. La vita dell'uomo quindi si conserva nello stesso modo: con l'armonia dei due elementi. Questo è un principio ontologico. Dalla metafisica alla fisica il passaggio fu compiuto gia dai pensatori della dinastia Han, costrendo un mondo di analogia. Si classificano tutti gli elementi costitutivi dell'essere fisico in due grandi categorie negativa e positiva (Ying-yang), secondo un criterio tutto arbitrario. Wei-pe-yang da questa teoria tira le conseguenze circa la conservazione della vita. Egli pure insegna i metodi pratici, che sono due.

Il primo metodo pratico è il sistema della respirazione. Nella setta della contemplazione del Buddismo s'esercita un metodo di respirazione per garantire la perfetta pace dell'animo, che è una imitazione della dottrina eterodossa indiana, Yoga. Wei-pe-yang prese questo metodo e lo compilò con prescrizioni minuziose.

Il secondo metodo è la pallina d'oro. Il secreto, che i primi maestri vantavano d'avere ricevuto dai geni, consiste nel saper combinare la giusta quantità degli elementi minerali nella composizione della pallina.

K'o-hong

10. Nell'evoluzione del Taoismo religioso ha avuto una grande parte il maestro K'o-hong. La storia di questo personaggio è rimasta sempre oscura; sembra che egli sia vissuto probabilmente nel quarto secolo dopo Cristo, Il luogo nativo è Tan-yang nella provincia attuale di Kan-su; egli ha lasciato molti scritti, di cui il principale è il libro Pao-p'o-tze.

Nel suo libro K'o-hong afferma anzitutto la possibilità della immortalità e la esistenza dei geni (uomini immortali). Chi legge gli episodi dei geni si trova in un mondo tutto fantastico, in cui insieme con gli uomini comuni vivono migliaia d'esseri umani spiritualizzati. Sulle altissime montagne, nelle remotissime isole si costruiscono splendidi palazzi, ornati d'oro fino e di marmo pre-zioso;ivi dimorano i geni che conducono una vita casta, tranquilla ed eterna. Ad alcuni favoriti questi geni si fanno vedere ed ad essi insegnano il secreto. Nella profondità della notte ecco si sente un frusscio di veste; è il genio che viene ed in un batter d'occhi la figura celeste sparisce. L'uomo allora vive in continua suggestione di comunicare con gli esseri superiori, e tenta di spezzare il cerchio della materialità della vita, trasformando il corpo in aria pura.

Questa trasformazione si effettua con metodi insegnati dai ge-ni. Il metodo elementare è la conservazione delle energie. L'uomo muore perchè le sue energie si sono consumate; quindi per con-servare la vita, è mecessario risparmiare le proprie energie. Si lavora poco e tran-quillamente, e ci si astiene dagli atti matrimo-niali; sopratutto si deve mantenere la calma. Un altro metodo, è quello della respirazione: con esso l'uomo può arrivare a nutrirsi solamente d'aria, riducendo la materialità del corpo. Viene poi in aiuto la pallina d'oro. Questa medicina miracolosa darà all'uomo la consistenza indissolvibile e la solidità perenne per garantire una vita immortale. K'o-hong dichiara che il genio (Uomo immortale) non favorirà mai gli uomini immorali. Così egli introduce nella religione taoistica il sistema morale confuciano.

K'eou-k'ien-tze

II. E'necessario che brevemente noi ricordiamo l'evoluzione del Taoismo religioso. Questo movimento era sorto alla fine della dinastia Han in mezzo a una società agitatissima. Tre capi si dividevano l'impero celeste, e ciascuno pretendeva di essere l'imperatore autentico. Dopo una quarantina di anni, una mano forte della famiglia Tsin riuscì ad unire l'impero, e regnò in una pace relativa, finchè i popoli mongolici incominciarono ad invadere la parte settetrionale della Cina. Si trasferì allora la capitale a Nankino e il Nord cinese diventò il mondo dei Tartari. In mezzo al fuoco e al ferro, il Taoismo si propagò guadagnando la simpatia e l'adesione di tutti quelli che erano stanchi della vita. Si desiderava ardentemente la pace e s'aspirava a una vita tranquilla. Il Taoismo venne propriamente a soddisfare questo desiderio del popolo.

L'atmosfera sociale era favorevole e la corrente filosofica si poteva dire taoistica. Ostacolo principale era la propaganda buddistica. Questa religione, trapiantata dall'India nel primo secolo dopo Cristo, si era sviluppata, con una rapidità sorprendente e aveva guadagnato non soltanto il popolino, ma molti principi regnanti. Contro i monaci buddisti si doveva lottare.

L'autorità imperiale naturalmente non riconosceva le reli-gioni come istituzioni independenti; interveniva però raramente negli affari esclusivamente religiosi, lasciando la massima libertà alle persone private. Quando per una causa politica o semplice-mente per simpatia, un regnanti si dimostrava favorevole a una religione, conseguente-mente la religione favorita prendeva una prosperità che danneggiava le altre. Era quindi necessario di assicurare la simpatia dei regnanti. I monaci taoisti e buddisti lavoravano per questo incessantemente alla corte imperiale.

La prima persecuzione cruenta contro i Buddisti fu prepa-rata dai ministri taoisti nell'anno 438 d. C. Fra i ministri c'era il famoso Keou-k'ien-tze.

La storia ci dice poco di questo uomo. Egli aveva coltivato una fede sincera nel Taoismo fin dalla sua gioventù e poi si era ritirato sul monte Soong. Nell'anno 414 d. C. K'eou-kien-tze ebbe una visione di Lao-tze, il quale rimproverò le aberrazioni di alcuni taoisti e lo incaricò di sostenere la dottrina genuina, consegnandogli un libro misterioso. Nell'anno 423 egli ebbe una altra visione del genio Ly-pou-wen , e ricevette da lui un libro magico. Egli offrì il libro al re Wei-tai-wu-ti e col primo ministro del regno sollecitò la persecuzione contro i Buddisti.

K'eou-k'ien-tze è stato riconosciuto come il capo del Ta-lisma taoistica. Il maestro Tchang-tao-ling aveva già adoperato delle formule magiche per ls guarigione delle malattie, e K'éou-k'ien-tze le perfezionò come una pratica necessaria della religione.

Tao-Hong-king

12. Mentre K'eou-k'ien-tze andava a piene vele nella sua propaganda presso i regnanti del Nord, un altro famoso taoista, T'ao-hong-king, capeggiava la stessa propaganda nel Sud della Cina. T'ao-hong-king era molto studioso della teoria dei cinque elementi e degli indovinelli superstiziosi e coltivava il metodo della spiritualizzazione. L'imperatore Liang-wu-ti, prima di sa-lire al trono, aveva stretto intima amicizia con T'ao-hong-king: poi,diventato imperatore, favoriva con la sua autorità in tutti i modi la propaganda taoistica. La morte di T'ao-hong-king av-venne probabilmente verso l'anno 536 d. C.

La tendenza principale di T'ao-hong-king fu il talismano. Questo metodo di fortuna presso i Buddisti del Tibet era in uso molto esteso, ma nella Cina interna non era coltivato dai monaci. Forse T'ao-hong-king lo aveva appreso dai Buddisti aggiungen-dovi delle spiegazioni ricavate dalle teorie dei pensatori della dinastia Han.

Insieme col Talismano fioriva pure il metoodo dell'indovino. A meta della dinastia Han si erano già formate delle teorie che materializ-zavano la cosmologia del libro I-king, adoperandolo per spiegare gli eventi sociali e peeersonali. Tutte le cose dell'universo, anche gli eventi storici, sono composti dei cinque elementi; così il tempo e così anche il luogo. La data quindi del giorno può essere fausta o infausta; il luogo per costruire o per seppellire può essere propizio o avverse; e la vita futura dell'uomo è disegnata sulla sua fisionomia.

T'ao-hong-king compose un libro dal titolo San-min-tsao per annunziare il destino dell'uomo, e un altro libro dal titolo Shan-king sulla fisionomia umana. Nel secondo libro espone la possibilità di relazione tra la fisionomia umana e gli eventi futuri dell'uomo. Tutti i grandi eventi d'un uomo apparentemente dipendono dalla sua volontà, ma in realtà dipendono dagli elementi cosmologici, i quali non soltanto compongono l'essere dell'uomo, ma compongono pure gli eventi umani. Il secreto per prevedere il futuro dell'uomo sta nel cogliere la relazione tra la fisionomia umana e l'operare dell'uomo.

La dinastia Tang

13. Nell'anno 589 d. C., l'imperatore Soei-win-ti chiuse un periodo di divisione politica, abbattendo tutte le case regnanti nel Nord e nel Sud: così egli unificò l'impero sotto la sua autorità. Ma il successore Soei-yang-ti dissipò il patrimonio e perì ignominios-samente. Nell'anno 620 d. C., la dinastia Tang incominciò il suo regno, che durò fino al 906 d.C. I primi imperatori di questa dinastia erano uomini di grande capacità e promovevano con slancio generoso la riforma letteraria. Il governo seguiva naturalmente i principi tradizionali confucianisti, ma una simpatia speciale si manifestava nei regnanti nei riguardi del Taoismo. Una strana coincidenza aveva dato inizio a questa fortuna taoistica. La famiglia regnante della dinastia Tang si chiamava Ly; ora il gran padre del Taoismo si chiamava pure Ly, perchè Lao-tze aveva per cognome Ly. Perciò la famiglia regnante volle riconoscere Lao-tze come uno dei suoi antenati, e la religione taoistica come religione della famiglia imperiale.

Il primo imperatore di questa dinastia Tang-kao-tsu, nell'anno 620, aveva ricevuto un certo avviso da un taoista di nome Ki-shen-ren. Costui diceva che Lao-tze, in una visione, gli aveva espresso il desiderio di avere un imperatore tra i suoi discen-denti. L'imperatore ordinò immediatamente l'edificazione di un tempio in onore di Lao-tze. Il suo successore Tang-tai-tsong decretò che Lao-tze fosse venerato al di sopra di Budda. L'impera-tore Tang-kao-tsong che lo seguì, nell'anno 666 d. C., si recò personalmente a venerare Lao-tze nel tempio commemorativo, gli conferì il titolo onorifico di ((Imperatore supremo e misterioso)), e obbligò i funzionari a studiare il libro di Tao-te-king. Il quarto imperatore, Tang-tsong-tsong, ordinò che in tutte le provincie fossero inalzati dei tempi commemorativi per Lao-tze.

Nell'anno 741 d. C., l'imperatore Tang-shuen-tsong fondò un'accademia chiamata Tsong-shuang-Kuang, con lo scopo di stu-diare gli scritti di Lao-tze, di Tchuang-tze e di Lie-tze. I membri di questa accademia, ogni anno, potevano presentarsi agli esami governativi, come studiosi di Confucianesimo. Nell'anno se-guente, l'imperatore decreto di conferire i titoli onorifici agli antichi maestri della scuola taoistica e di inserire il libro Tao-te-king nella lista dei libri canonici.

La venerazione verso il Taoismo arrivo al culmine durante il regno dell'imperatore Tang-wuo-tsong, il quale trasformo il palazzo imperiale in un convento taoistico. Ottanta monaci con a capo Tchao-kui-king, vivevano nel palazzo e circondavano l'imperatore con tutte le più fantastiche visioni. Sotto l'influsso di Tchao-kui-king, scoppiò una ferocissima persecuzione contro i Buddisti.

Un maestro taoista di nome Lu-tong-pin, fece un altro passo circa la dottrina morale. Egli era un letterato confuciano laureato sotto il regno di Tang-yi-tsong (860-874), ebbe due volte l'officio di sindaco, poi si ritirò sul monte Tsong-nan-san, e infine diventò uno degli otto geni principali del Taoismo. Lu-tong-pin escogitò un complemento della dottrina morale taoistica: affermò la necessità delle buone azioni per guadagnare l'immortalità e compilò un lista di precetti morali.

14. Dopo la dinastia Tang, un periodo di divisione e di sangue dilaniò nuovamente l'impero cinese. Nell'anno 960 d. C. la dinastia Song ristabilì l'unione e l'ordine nella Cina: essa regnò fino all'anno 1279. Durante questa dinastia la religione taoistica perdeva i privilegi acquisti mentre regnava la dinastia Tang, conservò però sempre la libertà e godette anche i favori di qualche imperatore.

L'imperatore Song-king-tsong (996-1023), catechizzato dai taoisti, prestò una ferma credenza nei libri misteriosi, donatigli dai geni, ma fabbricati dai ministri. L'imperatore edificò un sontuoso tempio a Lao-tze e conferì il titolo di ((Maestro puro e pacifico)) a Tchang-ching-soei, discendente da Tchang-tao-ling. Il suo successore rimase invece indifferente verso tutte le religioni, e nell'anno 1030, quando il grande tempio di Lao-tze fu distrutto da un incendio, egli non volle aderire alle richieste dei Taoisti di riedificarlo. Un altro imperatore di questa dinastia che favorì molto il Taoismo, fu Song-fei-tsong (1101-1126). Egli accettò il titolo di gran pontefice del Taoismo, e nello stesso tempo venerò il monaco taoista, Lin-sui, come suo maestro. Furono istituiti dei gradi onorifici per gli esami sulla dottrina taoistica, come per gli esami confucianisti; si ammisero dei monaci taoisti agli offici della corte; si curò la compilazione della storia del Taoismo e si creò un'accademia taoistica. La fine di questo imperatore fu molto misera perchè, catturato dai Tartari, morì fuori dell'impero.

La dinastia mongolese (1280-1368), Yuan, che succedeva alla dinastia Song, era di religione buddistica, ma tollerava le credenze di tutte le religioni. L'imperatore Yuan-se-tsu nominò il monaco Chang tsong-yen, discendente da Tchang-tao-ling, capo della religione taoistica del Sud della Cina, e il monaco Chiu-tchui-chii, capo della religione taoistica del Nord. Durante la dinastia Yuan, il Taoismo religioso fu diviso in quattro grandi rami: il ramo del Sud trasmesso dai discendenti di Tchang-tao-ling col nome di Ching-yi-chiao: il ramo dal Nord creato dal monaco Wang-tsong-yang con Chiu-tchui chii a capo e con il nome Tchuan-king-chiao; il terzo ramo, creato da Liu-te-ren dei tartari con il nome di Kin-ta-tao-chiao il quarto ramo, creato da Siao-pao-king, con il nome di Tai-yen-chiao .

Il primo imperatore della dinastia Ming (1368-1644), Ming-tai-tsu, si dimostrò ostile alle suggestioni dei Taoisti, ed ordinò l'abolizione del titolo di ((Maestro celeste)) dei discendenti di Tchang-tao-ling; rifiutò pure l'offerta dei libri misteriosi. L'imperatore Ming-se-tsong (1522-1566) invece simpatizzò profondamente per il Taoismo e praticò con fatua serietà i mezzi della immortalità. Prima di morire, egli si accorse dell'imganno.

Gli imperatori della dinastia Ts'ing (1644-1911) non ebbero speciali entusiasmi per la credenza taoistica. Si pensò durante questa dinastia di dare una certa gerarchia alla organizzazione religiosa, e si istituì un officio imperiale per il culto taoistico, da cui dipendevano tutti i monaci taoistici.

In questi ultimi anni la religione taoistica è in una lenta ed inconscia agonia di morte. Mentre il Buddismo dopo lungo tempo di dissoluzione sembra ridestarsi e riprendere vita nuova, il Taoismo religioso si va sempre più disfacendo, ed è destinato a scomparire. [9]

---

(9) cfr. Pietro Huang-fi-mei. Riassunto della collezione critica della mitologia cinese. Shanghai p. 57-72.
Yang-tong-tchouen. La storia della cultura cinese Shanghai 1932. p.255.

Capitolo I

Filosofia Metafisica

Sommario: **Agnosticismo, Nulla, Primo essere.**

Il tao

15. Il punto centrale della filosofia metafisica taoistica consiste nel concetto Tao. Furono spese molte parole e adoperate diversissime espressioni pr spiegare questo termine; ha infine i maesri stessi hanno dovuto confessarsi impotenti davanti a questo essere indeterminabile, perchè si sono trovati come davanti a una muraglia impenetrabile e sono stati fermati ad una soglia inesorabilmente chiusa.

Anche noi filosofi cattloici dinnanzi alla idea di Dio, l'essere per essenza ci sentiamo impotenti, perchè non abbiamo una ter minologia adeguata alla oggettività. Tra un Essere infinito e un essere finito corre una differenza infinita. I nostri concetti, ricavati dagli esseri relativi non possono essere applicati ad un essere assoluto ed illimitato senza deformare l'essenza di questo Essere infinito. Nio però non ci disperiamo, e possiamo trovare un possibile ponte che riunisca la nostra relatività con l'assolutezza di Dio. Questo ponte è l'analogia. I nostri concetti, che vengono adoperati per significare gli attributi di Dio non sono univoci ma analogici, perchè le perfezioni dell'essere finito sono effetti voluti dallo stesso Essere infinito; donde le perfezioni delle creature esistono nell'Essere infinito che ne è la causa prima. [1]

Invece il Taoismo pone un abisso insormontabile tra la mente umana e il Tao, ed afferma una equivocità assoluta che conduce l'uomo all'agnosticismo metafisico.

L'agnosticismo taoistico non abbraccia tutti gli aspetti della conoscenza umana. Se vi sono delle espressioni che sembrano suggerire un dubbio generale in tutte le cognizioni, il Taoismo in fondo non nega la capacità dell'intelletto umano. Nega però la possibilità dell'intelletto umano a conoscere l'essenza del Tao. Ogni concetto umano è ricavato da un essere finito e determinato, e può essere soltanto applicato ad un essere finito e determinato Il Tao è un essere infinito ed indeterminato. Fra l'essere infinito ed indeterminato e l'essere finito e de erminato non esiste una analogia che permetta alla mente umana di unirli in un concetto, sia pure analogicamente.

Nel primo capitolo del Tao-te-king si dichiara già apertamente:

((Il Tao di cui si può parlare
non è l'eterno Tao;
il nome che può essere nominato
non è l'eterno nome.
Il senza nome è l'inizio del cielo e della terra.)) [2]

Tao è il senza-nome, cioè innominabile. perchè quando un essere può avere un nome che lo esprima, questo essere ha avuto una figura determinata, la quale può essere espressa in un concetto determinato, e conseguentemente non può essere il Tao. L'essenza del Tao è indeter-

---

(1) S. Tommaso. S. T. p. I. q. I. art. VII. ad Primam:
"Quod licet de Deo non possumus scire quid sit, utimur tamen in hac doctrina effectu ejus (vel naturae, vel gratiae) loco definitionis, ad ea quae de Deo in hac doctrina consideratur".
Jacques Maritain. Les degrès du savoir. Paris 1932. pp. 447.
"Notre connaissance de Dieu ne procède pas seulement par intellection ananoétique ou par analogie. Il faut ajouter que cette analogie est incontenante, incirconscriptive".
(2) Tao-te-king. cap. I. (Per la traduzione seguiamo possibilmente quella del Prof. Siao sci-yi. Bari 1941).

minata, e non può essere inquadrata nel contenuto di un concetto determinato:

> ((Si guarda e non si vede, si chiama invisibile,
> si ascolta e non si sente, si chiama inaudibile,
> si tocca e non si nomina, si chiama impalpabile:
> questi tre non si possono interrogare;
> perciò si confondono insieme.
> L'alto non è chiaro,
> il basso non è oscuro,
> inesauribile e non si può nominare;
> ritornare ancora al non essere
> è chiamato forma senza forma
> la figura senza figura;
> è chiamato l'inconoscibile e l'impenetrabile.
> Se lo affronti, non vedi la testa,
> se lo segui, non vedi il suo dorso.)) [3]

Da queste descrizioni simboliche, ma esplicite, si conclude alla inconoscibilità del Tao. La invisibilità, la impenetrabilità, la impalpabilità, la forma senza forma, la figura senza figura sono tutte espressioni per significare la impossibilità di arrivare a conoscere la natura del Tao. Ogni sforzo umano per decifrare la natura del Tao fu vano, perchè tutti i concetti umani non sono trasferibili ad indicare gli attributi dell'essere indefinito. Esiste una assoluta equivoeità. [4]

16. Riguardo alle altre cognizioni, la logica di Tchuang-tze presenta anche qualche specialità. Nega anzitutto l'utilità delle discussioni Uno discute una questione con un altro; egli afferma e l'altro nega. Chi dei due ha ragione?

> ((Ho incominciato una discussione con lui. Se egli mi vince e io

(3) Tao-te-king. cap. XIV.
(4) Matteo Tchen La concezione del mondo secondo i taoisti cinesi.
   " Il pensiero missionario " . 1941. Luglio-sett. p. 213.

perdo, ha lui veramente ragione? Se vinco io e lui perde, ho io veramente ragione? Uno ha ragione o non ha ragione? o tutti due hanno ragione o tutti due non hanno ragione? Io e lui non possiamo saperlo. Gli altri uomini saranno pure confusi da questa discussuone; e allora da chi deve essere giudicata la cosa? Se si domanda ad uno che ha la sua stessa opinione, il giudizio non potrà essere giusto, perchè il giudice ha una opinione come la mia. Se si domanda ad uno che ha una opinione diversa dalle nostre, il giudizio non potrà essere giusto, perchè il giudice ha una opinione diversa dalle nostre. Se si domanda ad uno che la pensa come noi, il giudizio non potrà essere giusto, perchè egli ha una opinione come la nostra. Allora da chi si aspetta un giudizio?)) [5]

Nessuno è capace a decidere se la propria opinione e le opinioni degli altri siano vere o false. Allora è inutile disputare e discutere; ciascuno prende e conserva la propria opinione. Ma Tchuang-tze va avanti e dà una ragione profonda di questo suo atteggiamento di indifferenza. Tutte le opinioni dell'uomo sono relative e limitate; quindi esse non si deducono, nè sono contradittorie fra di loro, ma sono vere ciascuna dal proprio punto di vista. La grandezza e la piccolezza delle cose sono termini quantitativi relativi; una cosa può essere relativamente piccola in confronto di altre cose e nello stesso tempo grande in se stessa. Una colomba è un uccello piccolo relativemente all'aquila, ma la colomba è grande in sè, perchè ha tutte le sue perfezioni.

((Dal punto di vista della differenza, guardando le cose attraverso la grandezza, tutte le cose del mondo sono grandi; guardando le cose attraverso la piccolezza, tutte le cose del mondo sono piccole. Se sa vedere il mondo, piccolo come un grano di riso, e la punta di un capello, grande come una montagna, allora uno sa comprendere la differenza. Dal punto di vista dell'effetto, guardando le cose attraverso l'esistenza, tutte le cose sono esistenti; guardando le cose attraverso la non esistenza, tutte le cose sono inesistenti.)) [6]

---

(5) Tchuang-tze. cap. Chi-wu. (tutte le cose eguali)
(6) Tchuang-tze. cap. Chiu-sui. (acqua dell'autunno)

Se sono cose relative, è segno che ciascuna cosa ha qualche cosa in sè e difetta in molte altre cose. Quindi se si guardano le cose dal punto di vista delle qualità che hanno, tutte le cose sono esistenti; se invece si guardano le cose dal punto di vista delle qualità che non hanno, tutte le cose possono essere considerate come non esistano.

E' evidente questo sofisma. Ma Tchuang-tze dà la sua ultima ragione. Tutti gli esseri nell'ultima loro costituzione sono eguali, perchè l'elemento costitutivo è il medesimo. Le diferenze esistono e sono reali; la identità esiste pure ed è essenziale. Gli uomini sapienti sanno penetrare attraverso le differenze nella identità ontologica delle cose. [7]

Nulla

17. Con lo spirito agnostico i Taoisti s'accingono a trattare del primo essere dell'universo. Il primo termine che si pongono è il Nulla.

((Inesauribile e non si può nominare,
ritorna ancora al non essere.))

((Le cose del mondo sono nate dall'essere;
l'essere è nato dal non-essere ⟨Nulla⟩.)) [8]

Nel principio esiste il Nulla, che è senza essere e senza ((nome.))

Questo Nulla non si riferisce vagamente all'essere nel suo senso ontologico, perchè Lao-tze ammette esplicitamente l'esistenza dell'essere indefinito, ma si riferisce alla nostra cognizione. Davanti all'intelletto umano, il primo essere è Nulla, perchè l'intelletto umano non percepisce niente. Come mai l'intelletto umano non percepisce l'esistenza del Tao? Perchè il Tao è senza quelle manifestazioni, dalle quali noi possiamo arrivare a costatar la sua esistenza.

---

(7) Hu-she. Storia della filosofia Cinese. Shanghai 1928. p. 266-274.

(8) Tao-te-king. cap. XL.

Il primo essere è senza volere, perchè la volontà e l'intelletto sono perfezioni dell'uomo, essere relativo e non sono riferibili all'essere indefinito.

> ((Nutre gli esseri senza impadronirsene,
> sempre senza voglie
> può essere chiamato piccolo.)) [9]

((Senza volere)) per conseguenza porta con sè il ((senza operare)). Quindi il primo essere è senza operazioni.

> ((L'eterno Tao non agisce
> e riesce in tutto.
> Se i regnanti potessero osservarlo
> le cose si riformerebbero da se stesse.
> Se mutandosi crescono le voglie
> io le reprimerei
> con la semplicità senza nome.
> La semplicità senza nome
> è il non desiderare.
> Non desiderare è tranquillità.
> Così il mondo si correggera da se stesso.)) [10]

Senza operare, il primo essere rimane in somma tranquillità. Quando un essere invisibile rimane in una tranquilità assoluta, si rende allora inconoscibile all'intelletto umano, perchè l'intelletto umano per arrivare alla conoscenza ha bisogno degli effetti visibili delle operazioni. Donde il primo essere dinanzi all'intelletto umano rimane senza figura o senza forma:

> ((è chiamato forma senza forma
> la figura senza figura.))

---

(9) Tao-te-king. cap. XXXIV.
(10) Tao-te-king. cap. XXXVII.

Senza forma conseguentemente rimane senza nome:

((Il senza nome è l'inizio del cielo e della terra))
((L'eterno Tao è senza nome.)) [11]

Senza nome è senza concetto; senza concetto è necessariamente inconoscibile. Il Nulla del Taoismo non è nel suo senso assoluto, cioè non significa che l'essere non esiste, ma relativamente all'intelletto umano. Questo Nulla è un non-essere dialettico.

Non-essere dialettico o logico non esclude la esistenza ontologica. Trattandosi del Taoismo, si deve badare sempre all'ambiguità del significato di questo Nulla.[12] Lao-tze ammette esplicitamente la realtà del primo essere e si sforza anche a balbettare riguardo alla sua essenza.

((La natura del Tao
è elusiva e impalpabile:
elusiva e impalpabile
e tuttavia contiene qualche immagine;
elusiva e impalpabile
e tuttavia contiene qualche cosa.
Come è profonda ed oscura
e tuttavia contiene qualche essenza.
L'essenza è molto reale.
In ess c'è sincerità ⟨vierita ⟩.)) [13]

Lao-tze sa che essiste il primo essere realmente, se ne accorge

---

(11) Tao-te-king. cap. XXXII.
(12) Per illustrare questo punto, si può leggere S. Tommaso:
" Quod ex quo intellectus noster divinam substantiam non adaequat, hoc ipsum quod est Dei substantia remanet, nostrum intellectum excedens, et ita a nobis ignoratur: et propter hoc illud est ultimum cognitionis humanae de Deo quod sciat se Deum nescire, in quantum cognoscit illud quod Deus est, omne ipsum quod de eo intelligimus, excedere " . (de Potentia 7. 5. a. 14.)
(13) Tao-te-king. cap. XXI.

anche la capacità dell'intelletto a conoscerlo; chiama quindi il primo essere un Nulla.

Il Tao.

18. Il nome ((Nulla)) esprime assai bene il concetto che il Taoismo ha riguardo al primo essere del mondo, ma è un termine negativo che può suggerire molte considerazioni equivoche; perciò Lao-tze adoperò un altro termine per denominare il primo essere, e lo chiamò Tao.

> ((vi è qualche cosa indefinibile
> nata prima del cielo e della terra...
> Non so il suo nome,
> sforzandomi lo chiamo Tao,
> e sforzandomi lo nomino grande.)) [14]

Il termine ((Tao)) contiene in sè molti significati e si adopera in differenti casi. Si legge nel Tze-yuan (dizionario enciclopedico):

((Tao significa la via, come nel She-king si dice: tutte le vie (Tao) sono di pietre dure; significa la ragione (Tao)secondo la quale tutti gli uomini devono camminare, come nel Tsong-ying si dice: secondo la natura si chiama la perfezione (Tao); significa l'arte di agire, cosi tutti i metodi di agire si chiamano Tao, come nel She-chee si dice: questo è un metodo (Tao) pericoloso; significa via aperta, come nel Tzuo-tchuen si dice: sarà meglio momentaneamente rimuovere l'ostacolo per lasciare la via aperta (Tao); significa correre speditamente, come nel shu-king si dice: i nove fiumi corrono speditamente; significa il nome di una religione cioè il Taoismo; significa la divisione geografica, la dinastia Tang divide l'impero in dieci Tao; significa il nome di una famiglia; significa il detto (parola),

---

(14) Tao-te-king. cap. XXV.

come nel Sho-king si dice: non si parla se non i detti degli antichi santi imperatori; significa la causa, come nel Li-chee si dice: anche se non ci sono degli uomini di fedeltà, la ragione non viene meno alla sua causalità; significa governare, come nel Lün-ngü si dice: governare con la politica... governare con la morale; significa condurre, come nel Tzuo-tchuen si dice: si prega la Vostra Maestà di volere dimenticare gli antichi attriti, il nostro paese vuole essere il vostro conduttore per la guerra; significa attraversare, come nel Han-shu si dice: attraversare Ta-yuen per entrare nel territorio di Tai-ting.)) [15]

In questi tredici significati non si enumera il senso che il Lao-tze ha attribuito a questo termine. Gli autori cinesi non sono d'accordo nel precisare il significato del Tao nella dottrina di Lao-tze. Hong-yu-lang nella sua storia della filosofia cinese, dice:

((Il termine Tao, che gli antichi adoperavano, indica sem-pre la ragione o la norma di agire. Lao-tze ha dato un senso metafisico a questa parola. Egli pensa che tutti gli esseri dell'universo nel loro essere devono avere una ragione universale della propria esistenza. Questa ragione universale si chiama Tao.)) [16]

Tsai-yuen-pei nella storia dell'etica cinese parla in un altro modo:

((Gli studiosi della parte settentrionale adoperano il term-ine Tao per significare la ragione o la norma dell'universo; Lao-tze invece adopera questo termine per indicare l'essènza dell'universo. Allora Tao è un termine astratto dell'Universo.)) [17]

---

(15) Tze-yuan. Shanghai 1922. vol. II. part. IV. p. 204.
(16) Hong-yu-lang. Storia della filosofia cinese. Shanghai 1937. vol. I. P.218.
(17) Tasi-yuen-pei. Storia dell'etica cinese. Shanghai 1937. p. 40.

Mi sembra che questi autori abbiano spiegato il termine Tao secondo il commento che essi vogliono dare alla teoria di Lao-tze e che non corrisponde esattamente all'oggettività. Il termine Tao nel Taoismo significa il primo essere dell'universo. Che questo primo essere sia o no la ragione universale o l'essenza dell'universo, è un'altra questione. Il Neoconfucianesimo adoperò il termine ((Tao)) per indicare la ragione intrinseca e formale di tutti gli esseri; invece Laotze adoperò questo termine in un senso differente. Se s'intendesse la parloa come essenza dell'universo, si spingerebbe il Taoismo al materialismo. [18]

Primo essere

19. Il Tao è il primo essere. Gli antichi Cinesi pensano che prima di tutti gli esseri particolari ci fossero due esseri quasi-generici: il cielo e la terra. Il Taoismo afferma che prima del cielo e della terra esisteva il Tao, il quale è l'origine di tutti gli esseri dell'universo.

((Il senza nome (Tao) e l'inizio del cielo e della terra.))

((Vi è qualche cosa di indefinibile
nata prima del cielo e della terra.))

---

(18) Sio-sci-yi. Tao-te-king. Introduzione. p. 18.

" Il Tao laotsiano è diverso da quello di Confucio, e anche da quello che si trova negli altri testi antichi. Per Confucio (e Confuciani) il Tao significa la legge che governa l'ordine dell'universo, che regola le azioni umane, e la strada che l'uomo dabbene deve percorrere. "

" Il Tao laotsiano è la causa prima incomprensibile il creatore, l'alimentatore, il conservatore dell'universo, compresi gli dei. Esso è l'intelligente semplice, perfetto, supremo bene, infinito, onnipotente, eterno, giusto, uno solo, indivisibile, immutabile. Il motivo fondamentale del Tao è quello di ritornare a uno stato statico, che è lo stato originale, attraverso la debolezza. In altre parole il fine del Tao è se stesso, ed è anche l'ultimo fine dell'universo... "

" La terminologia laotsiana è quasi indipendente dalle altre, cioè non adopera i termini nei significati comuni. Il Tao di Laotze può essere chiamato nulla, e insieme madre d'ogni cosa, semplicità, mistero, l'eterno, ecc. Il carattere Tao può significare la causa prima. la regola della natura e la regola dell'uomo "

((Il grande Tao si spande
a sinistra e a destra
Le cose derivano da lui la vita.)) [19]
((Lo spirito della valle (Tao) non muore (mai),
ed è chiamato la femmina nera.
La porta della femmina nera
è la radice del cielo e della terra.)) [20]
((Il Tao è vuoto ed adoperandolo
non trabocca mai.
Come è profondo!
Sembra la sorgente di tutte le cose.)) [21]
((Dal passato al presente
il suo nome non muta,
ed è stato l'origine di tutte le cose.
Se posso conoscere l'origine di tutte le cose,
è a causa di esso.)) [22]
((Il Tao produsse l'uno,
l'uno produsse il due,
il due produsse il tre,
e il tre produsse tutti gli esseri.)) [23]

Dai testi succitati appare chiaro il concetto della priorità assoluta del Tao su tutte le cose dell'universo. Esiste quindi prima di tutti gli esseri dell'universo, un essere indefinito che si chiama Tao. Questo essere è l'origine di tutti gli altri esseri.

20. L'idea della priorità non include necessariamente il concetto di eternità, nè di aseità. Ma il Lao-tze è detto esplicitamente che il Tao è eterno.

---

(19) Tao-te-king cap. XXXIV.
(20) Tao-te-king cap. VI.
(21) Tao-te-king cap. IV.
(22) Tao-te-king cap. XXI.
(23) Tao-te-king cap. XLII.

((Il Tao di cui si può parlare,
non è l'eterno Tao.)) (24)

Il Tao di cui si tratta, è quello di cui non si può parlare;quindi
questo Tao è eterno.

((L'eterno Tao non agisce
e riesce in tutto.)) (25)

Si chiama il Tao esplicitamente eterno, e poi dice anche:

((Dal passato al presente
il suo nome non muta.)) (26)

Il nome ((Tao)) non muta, perchè il Tao rimane sempre il medesimo. Riguardo al concetto della eternità, c'è molta incertezza sul suo
contenuto; Lao-tze non ha mai toccato questa questione. Si può dire
che un essere è eterno quando rimane sempre; se questo essere invece
abbia avuto o no l'origine nel tempo, il Lao-tze non lo ha detto, e lo ha
detto invece il maestro Lie-tze.

Lie-tze nella sua cosmologia ha distinto gli esseri in due categorie: l'essere senza origine e l'essere con origine. L'essere senza origine può dar origine agli altri esseri; l'essere con origine non può dar
origine agli altri. L'essere senza origine è senza trasformazione, ma
può trasformare gli altri esseri; l'essere con origine è trasformabile, e
non può trasformare gli altri.

((Quello che ha la capacità di produrre, non si produce; quello
che ha la capacità di trasformare, non si trasforma. Quello che
non si trasforma, può trasformare gli esseri trasformabili;
quello che non si produce, può produrre quello che è produt-
tibile. Quello che è prodotto, non può produrre; quello che è

(24) Tao-te-king cap. I.
(25) Tao-te-king cap. XXXVII.
(26) Tao-te-king cap. XXI.

trasformato, non può trasformare. Perciò quello che produce e trasforma, produce e trasforma sempre. Quello che produce e trasforma sempre, produce eternamente.)) [27]

Il concetto dell'aseità non è meno chiaro del concetto della eternità. La ragione dell'aseità è fondata su un argomento ontologico che sembra desunto dalla filosofia scolastica. Se il Tao è l'origine di tutti gli esseri, il Tao produce; se il Tao produce, esso quindi non può essere prodotto, perchè il prodotto non può produrre. La prima causa deve avere tutta la ragione della causalità in sè stessa, deve agire da sè, deve possedere l'essere per potere donarlo agli altri.

Il Tao quindi è eterno ed a sè stante.

21. Se il Tao è un essere a sè, perchè allora esso è un essere senza forma? Nella filosofia scolastica, la forma ontologica è la perfezione dell'essere; un essere a sè deve avere una forma perfetta, anzi è la forma per eccellenza. Per i Taoisti la cosa è diversa. Ogni forma è una determinazione particolare; quindi il primo essere che è l'origine di tutti gli esseri, non può essere un ente particolare e determinato. Il senza-forma significa essere generale, indeterminato ed indefinito.

Questa indeterminazione, questa indefinibilità, questa genericità, vuole significare un essere informe, vago ed indefinibile o un essere trascendente dalle forme particolari?

La distinzione dell'Actus e della Potentia non si è affacciata alla mente dei Cinesi; non esisteva il concetto dell'Actus purus, nè il concetto della Potentia pura. La scolastica nella sua cosmologia discende da un Actus purus agli esseri composti di Actus e di Potentia; Taoisti e Neoconfucianisti seguono invece la cosmologia empirica secondo il principio che gli esseri particolari seguono esseri più generali e l'essere determinato segue l'essere meno determinato. Il germe di

---

(27) Lie-tze. cap. Tien-sui.

un fiore ha forma meno determinata del fiore formato; una foglia appena spuntata ha una forma indecisa, che poi viene pian piano definita crescendo in grandezza.

Se il Tao è la causa prima di tutti gli esseri, deve essere indefinito e non può avere una forma determinata, perchè una volta deterninata la forma, cessa la possibilità di una ulteriore determinazione.

Si dovrà concludere che il Tao è una materia informe, una pura potenza per essere determinata? Poichè la forma è la perfezione dell'essere, l'essere senza forma sarebbe una pura potenza, una materia, un essere più imperfetto. Invece nella metafisica cinese la concezione è un po differente. Il termine ((forma)) è preso in senso di figura esterna; non figura puramente accidentale, ma figura esterna completa che corrisponde al requisito essenziale dell'essere. Per esempio l'uomo ha la propria figura esterna che è diversa dalla figura di tutte le altre cose. Questa forma esterna è una determinazione che dà all'essere esistenza reale. Gli elementi che compongono questa figura, non sono precisamente le dimensioni concrete e i vari colori, perchè questa figura esterna si concepisce come figura quasi-geometrica, cioè figura che un essere assume nello spazio. L'uomo nella sua esistenza concreta assume una forma nello spazio che lo distingue da tutti gli altri esseri. Si mette in disparte la diversità personale nei colori e nelle dimensioni, ma si considera la forma esterna che tutti gli uomini devono avere. [28]

E' evidente che questa forma porta con sè la nota della materialità. Manca nella metafisica cinese una distinzione netta dell'essere spirituale dall'essere materiale. Il Neconfucianesimo ha diviso gli esseri in esseri sopra-figurabili ed esseri sottofigurabili. I primi sono

---

(28) Nell'antichità la scrittura cinese in gran parte era composta di caratteri che imitavano la figura dell'oggetto. Per dire l'uomo, il monte, il sole, la luna... si tracciava in poche linee la figura dell'uomo: del monte, del sole e della luna. Con la parola " figura " s'intendeva certamante la figura esterna dell'oggetto, la figura ccmune di tutti gli oggetti dello stesso genere o della stessa specie, e non la figura individuale.

esseri che non hanno la forma esterna e che sono generalmente astratti; gli esseri sotto-figurabili sono gli esseri che hanno la forma e generalmente sono concreti. Questa divisione non corrisponde esattamente alla divisione dello spirituale e del materiale. Una idea simile alla idea della spiritualità è espressa dalla parola Shen che indica un essere invisibile, impapabile e indipendente dalle dimensioni locali.

Il Tao è senza forma esterna, non ha una determinazione concreta, non ha una figura nello spazio. Ma il Tao è un essere reale che ha la sua esistenza e la ragione della esistenza.

> ((La natura del Tao
> è elusiva e impalpabile,
> elusiva e impalpabile
> e tuttavia contiene qualche immagine;
> è impalpabile e elusiva
> e tuttavia contiene qualche cosa;
> come è profonda e oscura!
> e tuttavia contiene qualche essenza.
> L'essenza è molto reale.
> In essa c'è sincerità (verità) [29]

Lao-tze ammette la realtà del Tao. Questa realtà contiene una specie di forma, di essere (cosa) e di essenza. L'essenza è la ragione dell'essere; l'essere significa la esistenza; la forma (ima-gine) indica qualche forma indefinita, indecisa o piuttosto una forma non quantitativa che conviene a un essere indivisibile ed impalpabile.

Puo'essere considerato il Tao un essere spirituale?

22. Non troviamo una idea precisa della spiritualità o essere spirituale nella metafisica cinese; mentre troviamo tante descrizioni che corrispondono agli attributi dell'essere spirituale. La prima descrizione è il vuoto.

---

(29) Tao-te-king. cap. XXI.

((Il Tao è vuoto ed adoperandolo
non trabocca mai.
Come è profondo!
Sembra la sorgente di tutte le cose.)) [30]

Il vuoto esige che non si occupi lo spazio: ora, ciò che non occupa lo spazio, è un essere non quantitativo.

Essere vuoto ha un altro significato. Il Tao deve essere il producente di tutti gli esseri; la sua attività deve continuare perpetuamente. Se il Tao non fosse un essere vuoto. sarebbe un essere concretamente determinato; una volta determinato, la sua attività sarebbe pure determinata. Un commentatare del capitolo IV dice:

((Il Tao è profondo e non può essere immaginato. Malgrado che nella sua attività scorra in tutto, non trabocca... Perciò esso non accumula mai. Ciò che si accumula traboccherà e ciò che trabocca da una parte, mancherà dall'altra. Se così accadesse, le cose una volta fermate, sarebbero fissate ed ogni divenire cesserebbe. Appunto perchè nella sua attività non trabocca mai, cambia milioni di volte e non cessa mai. Così è profondo come la sorgente di tutte le cose.)) [31]

Poi le altre descrizioni riguardano la impalpabilità, la invisibilità, la indefinibilità. Un essere impalpabile, invisibile ed indefinibile può essere anche materiale; ma generalmente si adoperano queste espressioni per indicare qualche essere non quantitativo, non materiale.

Il Tao quindi è un essere non quantitativo, non materiale. Più avanti non possiamo andare.

---

(30) Tao-te-king. cap. IV.
" Il grande pieno sembra vuoto il suo uso rimane inusato " .
(Tao-te-king. cap. XLV.)
(31) cfr. Siao sci-yi. oc. p. 32.

23. Essendo l'origine di tutte le cose, la dignità del Tao deve esser massima. Difatti se il Tao è il primo essere dell'universo, deve essere anche l'essere più grande.

((Vi è qualche cosa di indefinibile,
nata prima del cielo e della terra,
tanto silenziosa e senza forma,
assoluta e immutabile;
gira e non fa danni,
può essere la madre del cielo e della terra.
Non so il suo nome
sforzandomi lo chiamo Tao,
e sforzandomi lo chiamo grande.
Grande significa procedere;
procedere significa essere lontano,
andare lontano significa ritorno;
perciò il Tao è grande e il cielo è grande
la terra è grande e l'uomo è grande.
Nell'universo ci sono quattro grandezze:
l'uomo è una di queste.
La norma dell'uomo è la terra,
la norma della terra è il cielo,
la norma del cielo è il Tao,
la norma del Tao è la propria natura.)) [32]

Quattro grandezze nell'universo: il cielo, quell'essere generale che sostiene tutti gli esseri celesti, il sole, la luna le stelle ecc.; la terra, quell'essere generale che sostiene tutti gli esseri terrestri, le montagne, i fiumi, le piante ecc.; l'uomo, quell'essere mirabile che gode di una attività stupenda; ma il Tao è la prima grandezza, perchè esso è la sorgente di tutte le grandezze. ((Grande significa procedere)) : vuole che la grandezza consista nel produrre cioè nel fare procedere

---

(32) Tao-te-king cap. XXV.

le cose da sè. ((Procedere significa essere lontano)): indica la attività che arriva all'oggetto al di fuori di se stesso. ((Andare lontano significa ritorno)): delinea il modo di agire cioè esce e ritorna in sè. Difatti l'universo prodotto dal Tao in fine ritorna al Tao, come al suo principio.

24. Se il Tao è il più grande degli esseri, perchè sorgente degli esseri, si potrà dire che il Tao e il Dio creatore?

Siamo nel campo metafisico; le qualità, malgrado l'agnosticismo, attribuite da Lao-tze all'essere assoluto, il Tao, convengono alle perfezioni che noi attribuiamo all'essere in sè esistente, Dio. Possiamo veramente chiamare il Tao, l'Iddio del Taoismo? Io rispondo di no.

Il Tao nel sistema taoistico non è un essere personale. Il Tien, Cielo, nel sistema confuciano ha tutte le qualità d'un essere personale, dotato di intelligenza e di volontà, e agisce come un Dio personale. Nel sistema taoistico invece il Tao non è apparso mai con le qualità personali: è un essere impersonale che non si è manifestato mai con operazioni intellettuali e volitive.

Il Tao non è il creatore. La idea di creazione se nel Confucianesimo si trova quasi implicitamente, nel Taoismo non si trova affatto. Anzi il processo degli esseri dell'universo è contro l'idea creativa. Se si ammette che il Tao sia Dio, sarà inevitabile ammettere il panteismo nel sistema taoistico.

I maestri taoistici non parlano affatto di Dio. La loro concezione della vita umana suppone la negazione d'un Dio. Hu-he nella sua storia della filosofia afferma che Lao-tze ha voluto distruggere la concezione tradizionale d'un Dio personale, sostituendolo con il Tao. Questo essere trascendente del cielo e della terra produce gli esseri ciecamente secondo la sua natura senza la volontà e la intelligenza. [33]

---

(33) Hu-she. La storia della filosofia cinese. Shanghai. 1928. p. 55.

Il cielo (Tien) nella tradizione antica indica un Dio personale. Confucio riceve questa tradizione e la consacra con i suoi insegnamenti; il Me-ti esalta sopratutto il significato di un Dio personale e lo difende energicamente contro ogni attacco! Mencio talvolta adopera la parola ((Cielo)) per indicare la natura, pur non escludendo il significato di un Dio personale; Lao-tze invece adopera la parola ((cielo)) per indicare solamente quell'essere generale che sta sopra gli uomini e sostiene gli esseri celesti; e mette il Tao al di sopra del cielo. Quindi egli ha distrutto il significato tradizione di un Dio personale. [34]

---

(34) Hong-yu-lang. La storia della filosofia cinese. Shanghai. 1935. vol. I. p. 218.

Il Mondo

Sommario: Te, Il processo produttivo, Ch'i, Tre Stati statici.

25. Posta la esistenza del primo essere, il Tao, si passa a studiare la relazione che interede fra il Tao e l'universo.

Il Taoismo afferma che il Tao è la causa e l'origine di tuttigli esseri del mondo; ora dobbiamo vedere quale sia e in che consistano questa causalità e questa origine.

Il Tao, quale primo essere dell'universo, è un essere senza forma determinata, e la sua attività può arrivare da per tutto. Il Tao in sè ha una energia intrinseca, per la quale esso agisce e produce. Questa energia intrinseca si chiama Te.

Il libro Tze-yuan (dizionario enciclopedico) ci spiega il significato della parola ((Te)). Dice infatti:

((Significa l'abitudine acquistata nelle pratiche dei principi morali cioè una virtù come nel I-king si dice: gli uomini retti progrediscono nel Te (virtù); significa la beneficenza, come nel libro she-king si dice: è stato colmato di Te (beneficenza); signigica la gratitudine, come si dice nel libro Tzuo-tchuan: si avrà almeno la gratitudine (Te) verso di me; significa la energia ontologica, come si dice nel libro Li-chee: la energia della primavera è rappresentata dall'acqua e l'energia dell'estate è rappresentata del fuoco.)) [1]

Nel libro Tao-te king la parola Te si adopera nei significati di virtù e di energia ontologica.

---

[1] Tze-yuan. Shanghai 1922. vol. I. part. III. p. 260.

L'energia intrinseca del Tao viene considerata non in sè, ma in relazione agli esseri dell'universo. Te è la forza intrinseca che spinge il Tao ad uscire da se stesso, dando luogo al processo produttivo.

((Il Tao dà loro la vita (alle cose)
la sua virtù le nutre.)) [2]

Questa virtù o energia, per cui il Tao produce gli esseri, può essere considerata la causa che spinge il Tao ad agire; perciò il Te viene chiamato anche la causa degli esseri particolari, perchè esso incomincia e sostiene il processo produttivo degli esseri particolari.

((Il Te è il recipiente del tao. Gli esseri particolari per causa del Te, hanno avuto la loro esistenza.)) [3]

Hong-yu-lang nella sua storia della filosofia cinese dopo avere affermato che il Tao è la ragione universale di tutti gli esseri, dice che il Te è la ragione particolare di ogni essere particolare. Io invece ho parlato del Tao come primo essere dell'universo e sostengo che il Te è la causa particolare degli esseri particolari, in quanto esso è il movente del processo produttivo. [4]

Questa è un'energia intrinseca del Tao, una sua proprietà, una forza che il Tao ha in sè e da sè. L'attività del Te esce dal Tao e arriva agli oggetti estrinseci del Tao, e vale a produrre degli esseri al di fuori del Tao stesso.

Il processo produttivo

26. Abbiamo già detto che il Tao è considerato senza operazioni. Ma questo non vuole dire che il Tao rimanga senza attività; vuole dire solamente che l'attività del Tao è priva di tutti i movimenti percepi-

---

(2) Tao-te-king. cap. LI.
(3) Kuen-tze. cap. Sin-yu. part. I. (Opera omnia vol. XIII.)
(4) Hong-yu-lang. o. c. p. 222.

bili dall'intelletto umano; l'attività del Tao è operare per eccellenza. Non agire è agire in sommo grado: questo è uno dei paradossi di Laotze, che lo descrive con termini misteriosi:

((Il Tao chiaro sembra oscuro,
il Tao progrediente sembra retrocedente,
il Tao piano sembra montuoso;
il Te superiore sembra la valle,
il gran candore sembra il nero,
il vasto Te sembra insufficienza,
il sano Te sembra fragile,
il semplice (puro) Te sembra torbido;
il grande quadrato è privo di angoli,
il grande oggetto tardi è compiuto,
il gran tono è senza suono;
una grande figura è senza forma.
Il Tao si nasconde ed è senza nome.
Soltanto il Tao dà bene e compie bene.)) [5]

Ho riportato questo brano di letteratura laotziana per mostrare il suo stile paradossale. Lasciamo tutti i paradossi e consideriamo solamente ((Agire del Tao è non agire)). Lao-tze ha preso la parola ((agire)) nel suo senso comune ed usuale. L'agire comunemente significa un movimnto dell'agente a produrre un'attività. L'essere particolare dell'universo che ha la forma con un sapore quasi di materialità, nel suo movimento deve avere il moto locale. Quindi l'agire comunemente significa un moto locale dell'agente. Se un essere non ha una forma determinata (esterna), non si muove localmente, e di conseguenza il suo agiro non sarà accompagnato dai movimenti sensibili. Allora questo agire è come non agisse nel senso che non è percepito dall'uomo. Ma questo non agire è agire eccellentemente ed è agire in sommo grado, perchè esso è sommamente produttivo, come viene

---

(5) Tao-te-king. cap. XLI.

affermato: ((L'eterno Tao non agisce e riesce in tutto)).

> ((Il più debole del mondo
> penetra il più duro del mondo;
> il non essere penetra da per tutto,
> perciò si comprende il vantaggio del non agire.
> Insegnamento senza parole,
> vantaggio del non agire,
> il mondo vi arriva raramente.)) [6]

Ritorna il paradosso di Lao-tze. In questo brano Lao-tze vuole applicare l'insegnamento del non agire ontologico o piuttosto gnoseologico alla vita pratica, ed afferma il vantaggio della tran-quillità e dell'umiltà. Il Tao agisce nel suo modo proprio in virtù della propria forza; questo agire è tanto efficace da potere produrre gli esseri dell'universo.

27. Il processo produttivo secondo Lao-tze, si compie per gradi:

> ((Il Tao produsse l'uno,
> l'uno produsse il due
> il due produsse il tre,
> e il tre produsse tutti gli esseri.
> Tutte le cose abbracciano Ying
> ed abbracciano Yang;
> la calma del Ch'i forma l'armonia.)) [7]

((Alcuni studiosi dicono che l'uno, il due e il tre in questo capitolo sono semplicemente le prime enumerazioni. Molti altri sostengono che si parli di un certo triplicismo dell'universo che si trova già nel libro I-king.)) [8]

---

(6) Tao-te-king. cap. XLIII.

(7) Tao-te-king. cap. XLII.

(8) Saio sci-yi c. c. p. 84.

Nella grande varietà dei commenti, mi sembra che il più aderente allo spirito taoistico, sia un brano di Lie-tze, che è un bellissimo commento a Lao-tze.

((Tze-Lie-tze dice: Gli antichi sapienti con il sistema del Ying-Yang regolano il mondo. Quello che non ha ancora la forma, nasce da quello che è senza forma. Allora dove nasce il mondo (il cielo e la terra)? Perciò si dice che ci sono Tai-yi, Tai-tzu, Tai-she, Tai-su. Il Tai-yi significa ciò che non ha ancora il Ch'i; il Tai-tzu significa ciò che è l'inizio del Ch'i; il Tai-she signific ciò che è l'inizio della forma; il Tai-su significa ciò ch'è l'inizio dell'essenza.)) [(9)]

Secondo Lie-tze vi sono quattro stati nel processo produt tivo. Il primo stato è lo stato del Tao, in cui è nulla. Dal nulla si produce il Ch'i; dopo il Ch'i viene la forma; dopo la forma viene l'essenza. Per avere un essere, bisogna che questi tre elementi convengano insieme. Il tre che Lao-tze dice d'essere prodotto dal due, indica propriamente questi tre elementi.

((Tao dal Nulla produsse l'uno Ch'i che si chiama il Ch'i calmo; questo Ch'i calmo produsse Ying e Yang, due specie del Ch'i; Ying e Yang si congiungono producendo: forma, materia (Ch'i) e essenza. Queste tre si congiungono, producendo gli esseri)). [(10)]

Lo stato del Tao fu già spiegato. E' stato di Nulla che davanti all'intelletto umano non apparisce niente.

Per virtù del Te, il Tao agisce, e il primo effetto della sua azione è il Ch'i calmo. Questo Ch'i viene concepito come un Ch'i senza movimento, senza agitazioni e senza attivita.

---

(9) Lie-tze. cap. Tien-tzui.

Ch'i

28. Nel processo produttivo il primo frutto è il Ch'i. Tao in sè è chiamato Nulla, perchè esso è indeterminato, invisibile ed impalpabile. Da questo Nulla si passa all'essere; questo essere si chiame Ch'i.

((Le cose del mondo sono nate dall'essere,
l'essere è nato dal non-essere.)) [11]

((Nel grande principio era il Nulla. Il Nulla era indeterminato. Il primo essere che fu (essere si adopera in opposizione al non-essere), l'uno, era impercepibile)). [12]

L'essere (riguardo all'intelletto umano), l'uno, è la prima forma che il Tao assume davanti all'intelletto umano. Col Ch'i il Tao incomincia a trovarsi nella possibilita d'essere oggetto della mente umana. Il Tao nel suo stato proprio è un Nulla, inconoscibile, e davanti all'intelletto umano è non-essere; nel Ch'i il Tao prende la prima determinazione, ancora molto vaga, ed impercepibile dai sensi, ma già percepibile dall'intelletto. Con l'essere incomincia il nome; col nome comincia la conoscenza. Lao-tze nel suo libro dice:

((Il senza nome è i'inizio del cielo e della terra, il nominato è la madre di tutte le cose.)) [13]

Senza nome significa il Tao che è l'inizio dell'universo; il nominato significa il Ch'i calmo che è la madre di tutte le cose. Il primo essere dell'universo nel suo stato statico originale si chiama Tao, nella sua prima determinazione si chiame Ch'i.

L'elemento che costituisce ogni essere reale è il Ch'i. Nella filosofia confuciana il Ch'i ((figura come l'elemento materiale o mate-

---

(10) Cheng-uo-chang. Commento al Tao-te-king. Shanghai 1926. p. 43.

(11) Tao-te-king. cap. XL,

(12) Tchuang-tze. cap. Yu-nien (Parabola).

(13) Tao-te-king. cap. I.

ria prima nella filosofia scolastica. e che nella lingua cinese significa l'aria. Per dire che la materia non ha forma, l'aria si presta assai bene, perchè mobile, indeterminata, ma determinabile; l'aria è pronta a ricevere una figura dall'ambiente, e difatti riceve una figurazione, quando condensandosi appare sotto forma di nuvole, di pioggia e di ghiaccio)).[14] Nel Taoismo il Ch'i è l'elemento che dà la realtà, la concretezza all'essere. Non si considera il Ch'i espressamente come l'elemento materiale, ma lo è in realtà. Però la nozione di ((elemento materiale)) non implica necessariamente la materialità come nel sistema scolastico, ma vuole dire solamente quell'elemento che si presta a ricevere una forma esterna secondo la propria ragione; perchè nella filosofia cinese ogni essere reale è costituito dal Ch'i, sia soprafigurabile, sia sotto-figurabile.Quindi la domanda se il Ch'i è di una natura spirituale o materiale, non può avere risposta che per mezzo di una distinzione. Il Ch'i nel suo essere generale o indefinito è quasi-spirituale; il Ch'i nel suo essere determinato è materiale.

Ogni forma esterna ha sapore di materialità. Questa materialità non è uguale per tutti gli esseri, come abbiamo visto nell'esempio dell'aria. Il Ch'i varia nella sua pesantezza, solidità e sensibilità, secondo che la sua forma è più o meno determinata. La forma meno determinata concede al Ch'i di avere un grado minore di materialità, come l'aria ha meno materialità quando ha la forma di nuvola di quando ha la forma di pioggia, e ne ha meno ancora quando ha la forma di ghiaccio. Il Ch'i nel suo essere generale ed indefinito, come prima determinazione del Tao, è senza forma ancora; di conseguenza è anche quasi-spirituale.

Ying-yang

29. Il processo produttivo ha uno speciale movimento. In virtù del Te, il Ch'i si sviluppa o si muove in due moti contrari: procedere e ritornare.

---

(14) Stanislao Lokuang. La sapienza dei Cinesi. Roma 1945. p. 57.

((Il ritornare e movimento del Tao.)) [15]
((Sforzandomi lo chiamo Tao,
e sforzandomi lo nomino grande.
Grande significa procedere,
procedere significa andare lontano,
andare lontano significa ritorno.)) [16]

Si pensa forse a questo punto alla teoria di Hegel: la posizione e la negazione. [17] se non che la negazione non corrisponde esattamente alla parola e al significato ontologico della parola ((ritorno.)) Del resto il movimento ((procedere e ritornare)) non è una teoria esclusiva del Taoismo; di essa è penetrata tutta la cultura cinese. Nel libro I-King questa idea è espressa gia chiaramente. Il movimento non è una contrapposizione, bensì un circolo: si parte da un punto e si ritorna allo stesso punto, perciò questo è un processo circolare. Dalla nozione metafisica si desume l'applicazione alla vita pratica. Nella storia i Cinesi guardano a questo processo circolare come a un principio direttivo; essi non credono mai alla permanenza perenne della condizione sociale: una famiglia ricca diventerà un giorno necessariamente povera; una famiglia povera un giorno diventerà necessariamente ricca. Un uomo potente ha un limite nella sua prosperità; passato quel limite, egli decadrà dalla sua fortuna. Una dinastia regnante fiorisce per un certo tempo, poi decade. Una nazione nella sua storia ha dei periodi di potenza e dei periodi di decadenza. La storia umana circola incessantemente.

Questi due movimenti, procedere e ritornare, differenziano le due specie del Ch'i: il Ch'i procedente si chiama Ch'i positivo, il Yang; il

---

(15) Tao-te-king. cap. XL.
(16) Tao-te-king. cap. XXV.
(17) " L'uno non era che l'opposizione del Nulla passando dallo stato transcendente allo Stato di relatività fenomenica. Ora da questo Uno increato procede ogni creazione come se dal Nulla sempre esistente, fosse trasformato in un creatore di ogni cosa, e nella prima sorgente dell'universo tangibile " . Matteo Tchen — il mondo e l'uomo nella concezione taoistica. " Il pensiero missionario " . 1943. Gennaio-Marzo. p. 18.

Ch'i ritornante si chiama Ch'i negativo. il Ying. Non si tratta di due modalità semplici del Ch'i, bensì di due specie, perchè ciascuna specie ha le proprie qualità.

La terminologia ((Ying-Yang)) è comune ai Taoisti e ai Confucianisti:

((La posizione si concepisce come attività; la negazione come riposo. Il riposo concettualmente precede l'attività e tutti e due si succedono necessariamente. Questa virtù di posizione e di negazione attua il Ch'i e lo determina in due specie: Ch'i positivo e Ch'i negativo; il primo si chiama Yang e il secondo si chiama Ying. Questa divisione è la prima formazione e la prima attuazione dell'ente nell'universo. Il Ch'i illimitato ed informe, attuato dalla ragione di posizione e di negazione, receve la propria forma: una forma molto vaga ed indecisa che aspetta ancora la perfezione, come l'aria per la temperatura bassa si condensa in nuvole, una forma molto mobile e vaga che poi si concretizza in pioggia e in ghiaccio)). [18]

Questa divisione del Ch'i in Ying-Yang è il secondo stadio statico del Tao; il Tao determinato non si chiama più Tao. come Laotze afferma: ((Il Tao di cui si può parlare, non è l'eterno Tao.))

((Ying e Yang si succedono l'uno all'altro continuamente e costantemente nell'universo e in ogni essere individuale. Questa successione costante è un principio metafisico che spiega la forza costitutiva dell'universo, è un principio anche moralesociale, che illumina i misteri della storia umana. Queste due qualità non si escludono categoricamente, ma possono compenetrarsi e coesistere in un medesimo essere.)) [19]

Abbiamo quindi due elementi cosmologici che entrano nella costituzione di ogni essere dell'universo. Questi due elementi figurano non

---

(18) Stanislao Lokuang. o. c. p. 60.
(19) Stanislao Lokuang. o. c. ibid.

come la materia e la forma della ontologia scolastica, ma tutti e due in funzione della materia; essi sono la causa delle qualità individuali. Gli antichi hanno già pensato così: ((dalla divisione del Ch'i si effetua la divisione degli esseri: ad Yang appartengono gli esseri positivi, maschili, attivi, forti, rigidi, caldi, chiari, giusti, completi, vittoriosi..! ad Ying appartengono gli esseri negativi, femminili, inattivi, deboli, fragili, freddi, oscuri, misericordiosi, incompleti, vinti, poveri...)) [20]

Tre elementi: materia, essenza, forma (figura)

30. Continuando il processo produttivo, ((il due produsse il tre.)) Questo tre significa i tre elementi costitutivi dell'ente: la forma, la materia e l'essenza.

Il verbo ((produrre)) qui non significa propriamente la causalità efficiente, ma solamente le derivazione, cioè il Tre deriva dal Due perchè, come vedremo, non tutti i tre elementi sono prodotti da Ying e Yang.

Il Te, energia intrinseca del Tao, nella sua costante attività, spinge il Ying e il Yang a congiungersi. La congiunzione non termina in una sloa volta, ma si sviluppa in infinite volte. Ogni congiunzione è diversa dalla precedente a causa della ragione propria di ciascuna: e ciò costituisce la differenza degli esseri.

Il Taoismo non parla espressamente della ragione dell'essere, come il Neoconfucianesimo che la chiama Ly; però la suppone, perchè il Te non è solamente considerato come la virtù dell'agente, ma anche la ragione determinante degli esseri individuali.

Quindi Ying-Yang costituiscono la realtà oggettiva dell'ente, cioè la materia, se vogliamo chiamarla così. Ogni ente ha come elemento costitutivo il Ch'i, non il Ch'i indefinito ed indeterminato, ma definito e determinato. La determinazione del Ch'i viene fatta nella congiunzione del Ying-Yang per la ragione propria di ogni

---

(20) Stanislao Lokuang. o. c. ibid.

congiunzione. La ragione determinante è la forma, non la forma esterna, come abiamo detto sopra, ma la forma intrinseca. Il Ch'i determinato dalla ragione della congiunzione forma l'essenza dell'essere individuale. L'essenza nella ontologia scolastica è quello per cui un ente è tale e si contraddistingue da tutti gli altri. In questo senso pure è intesa l'essenza nel Taoismo. Ognuno degli esseri è costituito dalla congiunzione del Ying-Yang per una ragione propria Ying-Yang prima della congiunzione sono determinabili, poi per una raragione vengono determinati in un essere individuale che è tale perchè ha la tale essenza e non un'altra.

Ma per la costituzione d'un essere completo manca ancora un elemento, la forma (figura) esterna. Il termine ((forma)) in questo caso è preso nel senso di figura. Il Ch'i del Ying-Yang, determinato dalla ragione individuale, esige una forma esterna corrispondente all'essenza che lo rende concreto e distinguibile esternamente dagli altri. Non tutti gli esseri hanno la forma esterna, come abbiamo detto parlando degli esseri sopra-figurabili; soltanto gli esseri determinati e concreti hanno la forma esterna.

La relazione fra il Tao e gli esseri dell'universo

31. Il Tao è l'origine, da cui si producono tutti gli esseri. Questa origine non è una creazione. Il Taoismo non ha mai detto che il Tao fosse Dio. Quindi la produzione degli esseri non può essere considerata come un'azione creatrice del Tao.

La relazione fra il Tao e gli esseri dell'universo non è una emanazione, come insegnano i brahamahisti; gli esseri dell'universo sarebbero emanati dalla suprema divinità, e il mondo non sarebbe, come credono i panteisti, una parte della divinità o la divinità. Se il Tao non è una divinità, non vi si può trovare la base per una emanazione panteistica.

Il Tao considerato in sè, è Nulla, il non-essere; quindi non ha nè può avere relazione con gli esseri dell'universo che in questo è il principio da cui gli esseri possono derivare la loro esistenza, cioè il principio del processo produttivo. Gil esseri sono frutto del processo produttivo, e sono anche frutto del Tao. La causalità del Tao non arriva direttamente agli esseri individuali, ma mediante il Ch'i. Gli esseri individuali non emanano direttamente dal Tao, non sono parti del Tao, non partecipano neppure della natura del Tao. Donde sorge la grande questione dell'equivocità, per cui gli attributi degli esseri relativi non possono essere mai applicati al Tao, essere assoluto.

Dal Tao si produce il Ch'i; il Ch'i però non è il Tao nel suo essere assoluto. Dal Ch'i si producono Ying e Yang, dal Ying-Yang si producono i tre elementi e poi gli esseri dell'universo. Quindi il Ch'i è il costituente, è la sorgente diretta degli esseri. Perciò Lao-tze dice: ((il nominato è madre di tutte le cose)), cioè il Ch'i che è il primo essere che ha un nome proprio, è madre di tutti gli esseri; e ((il senza nome è l'inizio del cielo e della terra)), cioè il Tao che è senza nome, è l'inizioo il principio dell'universo.

Il Tao entra in tutti gli esseri. Questo è un pensiero comune a tutti i Taoisti. Lao-tze lo esprimeva dicendo che il Tao arriva a tutti gli esseri e abbraccia tutte le cose. Tchuang-tze diceva che circolare in tutte le cose, stare da per tutto, ed abbracciare tutte le cose esprimono una sola cosa (il Tao) [21]. Se il Tao non ha una relazione diretta con gli esseri, come può essere da per tutto ed entrare in tutti gli esseri? Il Tao è in tutti gli esseri, prima di tutto perchè il Tao è l'inizio di tutti gli esseri e contiene in sè tutti gli esseri come suoi frutti, e poi perchè la energia del Tao, il Te, agisce in tutti gli esseri per continuare il processo produttivo; infine il Ch'i, come elemento costitutivo, entra certamente in tutti gli esseri, poichè il Ch' è la prima determinazione del Tao, quindi si può dire benissimo che anche il Tao entra in tutti gli esseri.

Il Tao nel suo essere assoluto può considerarsi anche come la causa esemplare di tutti gli esseri dell'universo, in quanto la energia intrinseca, il Te, agisce secondo la ragione che gli dà il Tao. Se il Te

---

(21) Tchuang-tze. cap. Chi-pe-yiu.

conferisce a ogni essere la ragione sua individuale, questa ragione individuale deve venire dal Tao; perciò il Tao può essere considerato come la causa esemplare di tutti esseri dell'universo.

((La norma dell'uomo è la terra,
la norma della terra è il cielo,
la norma del cielo è il Tao,
la norma del Tao è la propria natura.)) [22]

L'uomo, essere terrestre, nel suo agire imita la terra che è la madre di tutti gli esseri terrestri, perchè li sostiene tutti; la terra nel suo agire, imita il cielo, perchè il cielo sta sopra la terra, deve essere superiore della terra; il cielo nel suo agire, imita il Tao, che è l'inizio del cielo; il Tao nel suo agire non imita nessuno altro che la propria natura. La norma di agire è anche la norma d'essere. Quindi l'uomo, la terra, il cielo, o in una parola tutti gli esseri dell'universo nel loro agire e nel loro essere, hanno come norma, il Tao.

32. Il Tao agisce secondo la propria natura. Con questo principio il Taoismo intende pure che il processo produttivo è un processo dinamico che va da sè, spinto da una forza cieca. Il Tao ha in sè l'energia intrinseca, il Te; avendo il Te, il Tao non può non agire, non può non produrre, perchè il Te è una virtù essenzialmente dinamica; quindi il produrre è la natura del Tao.

Il Tao agisce necessariamente ed anche incessantemente. Il processo produttivo non si ferma, nè cessa:

((Gli esseri si producono; come i cavalli, corrono celerissimi; ogni movimento è una trasformazione e in ogni momento c'è il movimento.)) [23]

---

(22) Tao-te-king cap. XXV.
(23) Tchuang-tze. cap. Chiu-sui (L'acqua dell'autunno).

Nel mondo si può constatare questo processo produttivo incessante; in tutti i momenti gli esseri si distruggono e nascono. La grandezza del Tao davanti all'intelletto umano non sta nell'essere illimitato ed assoluto, perchè davanti all'uomo questi attributi non si concepiscono bene, ma sta nel processo dinamico incessante, che può essere osservato benissimo dall'intelletto umano. Nel libro I-king s'esaltava già la virtù che agisce nell'universo incessantemente, e anche Confucio osservava con meraviglia l'attività incessante del Cielo. Il Taoismo attribuisce quest'attività incessante al Tao.

Tutti gli esseri si muovono nell'universo in virtù dell'energia del Tao, cioè del Te; il Te però agisce negli esseri non come una forza estranea, ma come una forza intrinseca, perchè il Te penetra ogni essere.

((Cosa io farò? Che cosa io non farò? Mi trasformerò da da me stesso.)) [24]

((Mi trasformerò da me stesso)). Ogni essere può dire questo; ogni essere agisce secondo la propria natura, cioè naturalmente e necessariamente.

((Lo sviluppo di dieci mila cose cioè di tutte le cose è differente. Però quello che ogni cosa ha in sè, è la cosa stessa; perciò non può pretendere diversamente.)) [25]

Il processo produttivo continuamente agisce ed ogni essere, in questo processo, segue la propria natura. Tutto l'universo procede regolarmente come l'acqua corre nel suo corso senza ostacolo. Il Taoismo parla del non-operare del Tao, perchè esso agisce senza movimenti sensibili; così si può parlare anche del non-operare della natura, perchè essa agisce speditamente e necessariamnte senza sforzo.

---

(24) Tchuang-tze. cap. (L'acqua dell'autunno). Chiu-sui
(25)Tchuang-tze. cap. Chi wu. (L'eguaglianza di tutte le cose).

L'Universo

33. Quindi l'universo non è una evoluzione intrinseca del Tao. L'universo sta al di fuori del Tao, è distinto da esso. Tutti gli esseri hanno la propria individualità, la quale non si perde in una concezione panteistica. Concepire l'universo come una sola cosa con il Tao significa distruggere la metafisica taoistica.

Si dovrà forse constatare la presenza del monismo nella metafisica taoistica. Però ci sembra più ragionevole lasciare ogni denominazione occidentale che non può esprimere appieno il contenuto del sistema; e d'altra parte c'è pericolo di compro metterlo.

Nella metafisica taoistica il Ch'i è l'elemento comune a tutti gli esseri, ma il Ch'i non è il solo elemento che forma l'ente, perchè esso suppone l'energia intrinseca, la ragione individuale e la forma esterna. Quindi, rigorosamente parlando, il Taoismo non è un monismo. Si potrebbe invece parlare di un monismo-materialismo. L'elemento comune degli esseri, cioè il Ch'i, che ha la funzione dell'elemento materiale nell'ente, non è propriamente materia, perchè, come abbiamo accennato parlando della spiritualità del Ch'i, esso nel suo essere generico, non determinato, è quasi-spirituale, invisibile ed impalpabile.

La concezione del Buddismo di vedere tutto l'universo come un fenomeno apparente, destituito dell'oggettività reale, non corrisponde neanche alla mentalità di Lao-tze. L'universo secondo il Taoismo, è prodotto dalla diversità delle congiunzioni del Ying-Yang; però questa diversità è una diversità reale, in quanto dà la individualità agli esseri. Il Buddismo invece afferma che tutto l'universo è una diversità di apparenza della unica realtà, il Budda, e non amette la realtà della diversità. Esiste quindi una differenza radicale fra queste due concezioni metafisiche.

Altra questione sta nel vedere se nell'universo gli esseri sono prodotti dal processo produttivo secondo una certa gradazione o senza di essa. Si è cercato di trovare negli scritti di Tchuang-tze un precursore di Darwin nell'affermare il principio che gli esseri nel processo produttivo si sviluppano dal più semplice al più complicato. [26]

L'evoluzione graduale è un principio ammesso dalla scuola taoistica, però questo non vuol dire che si ammetta l'evoluzionismo darwinistico. Negli scritti di Tchuang-tze ci sono parabole e favole, che l'autore si compiaceva d'adoperare; esse insinuano che un essere derivi da un altro essere. Se però si volesse ricavare una teoria evoluzionista da queste favole, si cadrebbe nel servilismo che, troppo ligio alla lettera, dimentica lo spirito e perciò il vero significato.

Tutto l'universo è come un forno immenso, in cui per la forza del fuoco la terra si trasforma in diversissimi oggetti: vasi di terracotta, di ceramica e di porcellana. Questi oggetti vengono tutti dalla terra, ma sono enti distinti e reali; così il Ch'i per virtù del Te, energia intrinseca del Tao, si sviluppa in differentissimi esseri, i quali hanno l'elemento comune, ma sono esseri distinti per la ragione determinante e sono realmente individui.

Il processo produttivo continua nella sua vitalità, ed il movimento, procedere e ritornare, spinge a un alternarsi perenne della produzione e della distruzione.

---

(26)Hu-she. o. c. p. 260.

L'uomo

34. Tra gli esseri delluniverso, l'uomo occupa un posto eccellente. L'eccellenza dell'umon deriva dalla sua costituzione ontologica. E' vero che l'uomo nella sua costituzione non ha degli elementi speciali; lo Ying e lo Yang si congiungono formando una determinata sostanza con una forma esterna corrispondente. Ma la materia, cioè il Ch'i, dell'uomo è più pura che negli altri esseri.

((L'esistenza dell'uomo è la congiunzione del Ch'i. Quando esiste la congiunzione, esiste l'uomo; quando si scioglie il Ch'i, l'uomo muore. Tutti gli esseri hanno l'unico elemento comune. Quello che s'apprezza, è il misterioso; quello che si disprezza, è la cenere. Ma la cenere si trasforma di nuovo in misterioso: il misterioso ritorna di nuovo in cenere. Quindi tutto l'universo è il Ch'i. Gli uomini santi sanno apprezzare questa verità della unicità.))[1]

L'uomo è detto misterioso, perchè egli ha un'essenza superiore agli altri esseri. Ciononostante l'uomo entra nel circolo del processo produttivo. L'energia intrinseca, il Te, movendo il Ch'i, e passando attraverso le categorie degli esseri, produce l'uomo al vertice dell'universo. L'uomo è un frutto necessario del processo produttivo. Non si può parlare dell'amore di un creatore, da cui gli esseri hanno avuto l'esistenza, come si parla nel Confucianesimo. Gli esseri si producono e si distruggono per una forza necessaria.

----

(1) Tchuang-tze. cap. Tze-pe-yiu.

((Cielo e terra non hanno umanità,
considerano gli esseri come cani di paglia.
Il saggio non ha umanità,
considera il popolo come cani di paglia.
Lo spazio tra il cielo e la terra
è forse simile ad un mantice?
si svuota senza esaurirsi,
più si muove e più produce.)) [2]

I cani di paglia sono un simbolo che si brucia nei funerali e nei sacrifici. Lao-tze con queste parole vuole dire che l'universo non tiene gran conto degli esseri, ma li considera come un oggetto di cui si serve in una data occasione. Passata l'occasione, l'oggetto sparisce. Si fabbricano e si distruggono i cani di paglia con facilità. Gli esseri dell'universo si producono e si distruggono per le necessità di un momento. Tra questi esseri c'è anche l'uomo.

L'uomo non ha nulla di speciale e proprio che abbia avuto da sè, ma è tutto un prodotto dello sviluppo universale:

((Chounn domandò a Chin: Si può ottenere il Tao? Chin rispose: Se il tuo corpo non è neppure tuo, come si potrà ottenere il Tao? — Come? se il mio corpo non è mio, allora di chi è? — Il tuo corpo è una figura lanciata dall'universo. La tua nascita non è tua, ma è una congiunzione dell'universo; la tua vita non è tua, ma è un corso armonioso dell'universo; i tuoi figli, non sono tuoi, ma sono frutti dello sviluppo dell'universo. Quindi l'uomo, mentre cammina, non sa dove si dirige; mentre sta fermo, non sa dove si trova.)) [3]

Il tono dell'agnosticismo ritorna. L'uomo è un anello del processo produttivo, non ha nè un fine nè un significato speciale, Tchuang-tze dice che l'universo è come un grande forno. Vi si gettano

---

(2) Tao-te-king. cap. V.
(3) Liz-tze. cap. Tien-tzui.

tutti i pezzi di metallo; e la forza intriseca è come il fuoco che brucia, distrugge, trasforma. Nessun essere nel momento della sua formazione può scegliere la sua forma e volere essere il tale ente e non un altro. Così l'uomo è un prodotto di questo gran forno, non un prodotto volontario dei genitori. [4]

Nella costituzione dell'uomo ci sono tre elementi: materia, essenza e forma. La materia, come abbiamo detto sopra, è il Ch'i, cioè le due specie: Ying e Yang.

La concezione confuciana dell'uomo s'esprime nel libro Li-chee:

((L'uomo è l'azione del cielo e della terra, l'unione degli elementi Ying e Yang per una fusione del sensitivo e dello spirituale. Esso ha in sè la parte più sublime dei cinque elementi.)) [5]

La concezione taoisitica dell'uomo non è molto lontana da questa. Perciò la costituzione ontologica dell'uomo è identica come per gli altri esseri; la particolarità dell'uomo sta nella superiorità del Ch'i. Il Confucionesimo dice che ((esso ha in sè la pare più sublime dei cinque elementi)). I cinque elementi sono una ulteriore determinazione del Ch'i dopo la divisione in Ying e Yang. La parte più sublime del Ch'i è la parte immateriale. Nell'uomo si constata una cognizione che non è una operazione dei sensi; è quindi necessario ammettere in lui un altro principio di azione. Questo principio di cognizione nonsensitiva esige un elemento costitutivo non-materiale, quindi esige che il Ch'i, che costituisce l'uomo, sia il Ch'i sottile, puro, capace di un'azione non-sensitiva.

L'anima

35. Negli scritti di Lie-tze e di Tchuang-tze si trovano i termini ((Natura)) e ((Cuore)). La natura umana indica quello che è propria-

---

(4) Tchuang-tze cap. Ta-tsong-she.
(5) Li-chee. cap. Li-yun.

mente dell'uomo, che è innato nell'uomo, che non è cosa aggiunta dopo la sua nascita.

((La natura non si può cambiare; il destino non si può mutare.)) (6)

La natura rimane sempre ed è la norma dell'uomo.

((Lasciando la natura per seguire il cuore, l'uomo non sarà più capace di governare il mondo con il suo cuore e le cognizioni del cuore.)) (7)

Il cuore nella filosofia cinese è ((il principio delle azioni umane. Nell'uomo seiste un certo regolatore e moderatore di tutte le facoltà ed azioni dell'uomo. Questo centro si chiama cuore. Il contenuto del cuore è più ampio di quello della natura. perchè il cuore comprende il ((Li)) e il ((Ch'i)), mentre la natura è solamente ((Li)). Il cuore non può essere neppure paragonato alla volontà, perchè il cuore comprende anche l'intelletto.)) (8)

Il cuore è formato dal Ch'i. Questo Ch'i è superiore agli altri esseri, perchè il cuore è capace di avere cognizioni immateriali, le quali esigono la immaterialità della facoltà. Si può dire che il cuore è spirituale della spiritualità di cui abbiamo parlato sopra.

((K'ang-tzuan-tze dice: Il mio corpo è congiunto con il mio cuore, il mio cuore è congiunto con Ch'i, il Ch'i è congiunto con lo spirito, lo spirito è congiunto con la *vacuità*.)) (9)

La vacuità, — abbiamo già notato sopra — esprime l'assenza della materialità; lo spirito è vacuo, perciò può ricevere tutte le

---

(6) Tchuang-tze. cap. Tien-yun.
(7) Tchuang-tze. cap. Shien-shin.
(8) Stanislao Lokuang. o. c. p. 67
(9) Lie-tze. cap. Tsong-ni.

cognizioni. Nel'uomo c'è un corpo, poi c'è un cuore, ill quale è costituito dal Ch'i superiore ed è quasi-spirituale, come esprime il testo citato: il corpo congiunto con il cuore, il cuore congiunto con il Ch'i, il Ch'i congiunto con lo spirito, lo spirito con la vacuità.

Si domanda allora: questo cuore è o non è il principio vitale dell'uomo, cioè l'anima? Noi non siamo in grado di rispondere con certezza. Ci sembra che i Taoisti ammettano che il cuore sia il principio vitale dell'uomo, ma non lo dicono esplicitamente. Dall'atteggiamento che i Taoisti prendono riguardo alla morte si deve dedurre che essi non ammettono un'anima che possa vivere separatamente dal corpo. L'uomo è costituito dal Ch'i, la parte superiore del Ch'i costituisce il principio vitale, la parte inferiore del Ch'i costituisce il corpo. Il corpo dopo la morte, si discioglie, e il principio vitale si diparte pure, perchè il Ch'i, elemento costitutivo dell'uomo, dopo la morte, ritorna al suo stato primitivo; cosicchè dell'uomo individuale non rimarrà nulla.

((Il principio positivo (Yang) e il principio negativo (Ying) si congiungono, e si ha l'esistenza degli esseri. Il Ch'i rozzo costituisce gli insetti, e il Ch'i fine costituisce l'uomo. Quindi lo spirito dell'uomo appartiene al cielo, e il corpo appartiene alla terra. Quando lo spirito rientra al suo posto originale (cielo) e il corpo ritorna alla sua radice (terra), cosa rimane dell'essere dell'uomo?)) [10]

L'autore di questo testo è un incognito della dinastia Han, e la sua opinione porta l'impronta della credenza popolare della sua epoca. ((La concezione della composizione dell'anima di due parti differenti, era stata adombrata nei commenti dei testi canonici fatti durante la

---

(10) Huai-nan-tze. cap. Ch'ing-chen-shunn.

dinastia Han. Questa concezione distingue l'anima umana in una parte spirituale, che si chiama Fen e in un'altra parte meno spirituale, che si chiama P'ai. Alla morte dell'uomo, la parte meno spirituale si discioglie e la parte spirituale rimane per una sopravvivenza indeterminata.)) [11]

Ma nel testo sopra citato la parola ((cielo)) e la parola ((terra)) si prendono nel senso taoistico, cioè di due esseri generici che con l'uomo formano le grandezze dell'universo; il cielo non significa affatto il posto dove stanno gli spiriti celesti che fanno corona a Dio. Perciò il senso del testo citato non corrisponde neppure alla opinione dei Confucianisti della dinastia Han che ammettono una sopravvivenza della parte superiore dell'anima umana; esso invece s'interpreta secondo il senso tradizionale taoistico che il Ch'i, elemento costitutivo dell'anima, dopo la morte ritorna al suo principio.

Ma i Taoisti religiosi hanno creato una nozione singolare dell'anima umana per conto loro. Il maestro K'o-hong, pure aderendo alla opinione dei pensatori della dinastia Han nell'ammettere due parti nell'anima, ha escogitato la teoria di tre esseri spirituali. Nell'uomo ci sono tre esseri che si chiamano She e che sono spirituali e abitano nell'anima. Il corpo umano è un carcere per questi tre esseri, che cercano di liberarsene con abbreviare la vita dell'uomo. [12] Esiste forse una somiglianza tra questa liberazione e la teoria di Platone riguardo all'anima umana? Qualche somiglianza si può trovare nel pensiero della liberazione, ma rimane pure una grande differenza. Platone ammette espressamente che l'anima preesistente nel corpo è l'anima del corpo, il Taoismo invece non dice chiaro se i tre esseri spirituali siano o no l'anima dell'uomo.

Quindi riguardo all'anima umana, il Taoismo ha tenuto un linguaggio più o meno come il Confucianesimo.

---

(11) Stanislao Lokuang. o. c. p. 36.
(12) K'o-hong. Pao-p'o-tze. cap. 6.

La costituzione fisica

36. La costituzione fisica dell'uomo si manifesta nella sua forma esterna. L'uomo è un piccolo mondo; nella sua costituzione ontologica, l'uomo imita l'universo; così nella sua costituzione fisica ha per norma l'universo. Era tendenza comune degli studiosi della dinastia. Han di mettere l'uomo come tipo-modello del mondo. Il filosofo confuciano Tong-tchoung-chou (secolo II a. C.) espose questi pensieri, esagerando il parallelismo fino al ridicolo.

((L'uomo ha il suo modello nel cielo. Il cielo è il grande padre dell'uomo; perciò egli gli assomiglia nolto. La figura dell'uomo è la combinazione dei numeri celesti; il carattere dell'uomo è l'impressione della volontà del cielo; la vita morale dell'uomo è la giustizia della norma celeste; le inclinazioni dell'uomo sono l'imitazione della serenità o della tempesta del cielo; l'amore o l'ira dell'uomo è l'imitazione del caldo o del freddo del cielo. L'uomo ha trecento sessanta ossa; questo unmero corrisponde al numero del cielo (i giorni dell'anno); il corpo umano assomiglia nella pesantezza alla terra; la sensibilità degli occhi e degli orecchi è immagine del sole e della luna. le sue cavita e le sue vene sono immagine delle valli e dei fiumi; le passioni del cuore sono immagine della temperatura. Il cielo, come tipo dell'armonia del Ying e del Yang, trova una perfetta corrispondenza nel corpo umano, il quale è strettamente legato al cielo nella sorte e nella costituzuone. Il numero nel corpo umano corrisponde pienamente al numero dei giorni dell'anno, cioè trecentosessanta ossa sono come i trecen-tosessantatre giorni dell'intiero anno. Le grande ossature sono dodici; questo numero ha riscontro nel numero dei mesi dell'anno; gli intestini dell'uomo sono cinque e questo numero corrisponde ai cinque elementi ontologici; le quattro membra umane sono come le quattro stagioni...)) [13]

37. Questo parallelismo ha la sua base nella metafisica che

---

(13) cfr. Siè-wu-liang. La storia della filosofia cinese. Shanghai 1927. Parte II. p. 9.

afferma la comunanza con l'elemento costitutivo dell'universo. L'elemento comune è il Ch'i, il quale nella diversità della congiunzione costituisce la diversità degli esseri del cielo empirico, e nello stesso tempo anche il corpo umano. Siccome l'uomo è considerato l'essere superiore a tutti gli esseri, si è pensato di ritrovare in qualche modo un compendio della costituzione dell'universo nell'uomo.

Nel libro Huai-nan-tze, libro sincretico ma spiccatamente taoistico, noi abbiamo questo parallelismo accentuato:

((Lo spirito viene dal cielo, il corpo viene dalla terra. Perciò si dice: dall'uno si produce il due. dal due si produce il tre, da tre si producono gli altri esseri, i quali appoggiandosi al Ying ed abbracciando il Yang, concordano col Ch'i armonioso.. Dopo dieci mesi il bambino nasce. Il suo corpo è completo ed i suoi visceri sono formati. Il suo polmone si connette con gli occhi; i suoi reni si connettono con il naso; il fiele si connette con la bocca; il fegato si connette con l'orecchio: gli organi esterni sono le forme degli organi interni, e tutti i movimenti hanno le loro norme prestabilite. La testa dell'uomo in forma rotonda somiglia al cielo, e il piede in forma piana quadrata assomiglia alla terra. Il cielo ha quattro stagioni, cinque elementi, nove divisioni, trecentosessantatre giorni; l'uomo ha quattro membra, cinque viscere, nove aperture e trecento sessanta tre ossa. Il cielo ha varie temperature; l'uomo si comporta variamente nella manifestazione delle sue passioni. Si possono paragonare il fiele con la nuvola, il polmone con l'aria, la milza con il vento, i reni con la pioggia e il fegato con il tuono: questi organi si connettono strettamente con i fenomeni naturali.)) [14]

In questo testo si parla dei cinque elementi. Negli scritti antichi

---

(14) Huai nan-tze. cap. Ch'in-chen-shuen.

della scuola taoistica non si trova questa terminologia, perchè essa è una nozione filosofica, sviluppata dai pensatori della dinastia Han.

((I dottori Confucianisti della dinastia Han, sviluppando il libro I-king, hanno perfezionato la teoria dei cinque elementi. Secondo costoro, la successione e la compenetrazione del Ying e del Yang si compiono gradatamente e i gradi sono quattro; crescente, massimo, decrescente e minimo. Ying e Yang vanno sostituendosi vicendevolmente; quando Yang è nello stato di crescenza, Ying sarà nello stato di decrescenza; quando Yang è nello stato massimo, Ying sarà nello stato minimo; quando Yang è nello stato decrescente, Ying sarà nello stato crescente; quando Yang è nello stato minimo, Ying sara nello stato massimo. Il primo stato (Yang crescente, Ying decrescente) si dice Legno; il secondo stato (Yang massimo, Ying minimo) si dice Fuoco; il terzo stato (Yang decrescente, Ying crescente) si dice Metallo; il quarto stato (Yang minimo, Ying massimo) si dice Acqua, e quando due elementi rimangono in equilibrio, il loro stato si dice Terra.

((Come gli esseri furono classificati secondo la divisione nei due elementi Ying e Yang, così fu introdotta una classificazione secondo il numero cinque, anzi ha avuto una applicazione assai vasta, p. es. le quattro stagioni, i cinque colori, i cinque intestini, le cinque virtù, le cinque voci.))

((Tong-thcoung-chou, non contento della divisione nel numero cinque, pensò e costruì la teoria dell'ordine dei cinque elementi prendendone le nozioni dai Taoisti e dalle superstizioni popolari. L'ordine di origine fra i cinque elementi si svolge nel seguente modo: il legno produce il fuoco, il fuoco produce la terra, la terra produce il metallo, il metallo produce l'acqua, e l'acqua produce il legno. L'ordine di distruzione s'effettua così: il metallo distrugge il legno, l'acqua distrugge il fuoco, il legno distrugge la terra, il fuoco distrugge il metallo, la terra distrugge l'acqua.)) [15]

---

(15) Stanislao Lokuang. o. c. p. 61.

Questa teoria fu applicata alla costituzione fisica dell'uomo. Gli organi esterni e gli intestini sono classificati secondo il numero cinque; sono quindi composizioni del Ch'i. Di questa teoria si servì largamente il Taoismo religioso nel sistema della immortalità.

Capitolo II

La Concezione Filosofica Della Vita Umana

La concezione filosofica

38. L'uomo è un frutto del processo produttivo ed ha una esistenza reale ed individuale. Di questa esistenza l'uomo è consapevole, perchè dotato di intelligenza e di volonta, egli vive della propria vita. Quindi oltre la vita fisica l'uomo ha una vita razionale, che si svolge sotto la sua direzione personale. L'uomo per dirigere la propria vita, deve averne un'esatta idea.

Quale è l'idea del Taoismo circa la vita umana?

La nascita, la vita e la morte dell'uomo sono tre cose che si connettono e completano. Esse hanno un significato eguale e non costituiscono una tragica interruzione della esistenza: sono una cosa sola.

((Di chi sa considerare la nascita come la testa, la vita come il tronco, e la morte come la coda, di chi sa considerare la nascita, la vita e la morte come le stesse cose per il corpo, io sarò amico.)) [1]

Il godimento, i'attaccamento alla vita e il terrore per la morte sono conseguenza di un'ignoranza pericolosa. Il Ch'i indeterminato, per virtù dell'energia intrinseca, si sviluppa dinamicamente e continuamente, e nel suo processo produttivo dà l'essere agli enti, e poi li

---

(1) Tchuang-tze. cap. Ta-tsong-she.

riconduce allo stato del nulla. La nascita dell'uomo è la partenza o la determinazione particolare del Ch'i indeterminato, e la morte è il ritorno del Chi'i allo stato suo primitivo. La vita dell'uomo è un breve intervallo che intercede fra la partenza e il ritorno e che costituisce la esistenza individuale dell'uomo.

((Tze-kong (un discepolo di Confucio) domandò: La longevità è desiderata dagli uomini mentre la morte è detestata: allora perchè tu consideri la morte come una cosa piacevole? Lin-nui rispose: La nascita e la morte sono come andare e ritornare. Come puoi tu sapere se muore uno adesso qui e non rinasce subito là? Io mi rendo conto della differenza di queste due cose; però dubito se quelli che cercano affannosamente di attaccarsi alla vita, non siano in errore. Infatti che ne so io di ciò che segue la morte? Non potrebbe darsi che il dopo morte sia migliore della vita presente?)) [2]

Il Ch'i è come un mare immenso, che agitato dal vento, fa uscir fuori delle diversisime onde. L' uomo è una di queste onde, che ha bensi una forma propria, ma ricadendo nel mare, perde subito la sua esistenza indipendente.

39. Allora quale atteggiamento l'uomo dovrà prendere dinnanzi alla morte?

((Morta la moglie di Tchuang-tze, l'amico Fei-tze andò per presentargli le condoglianze, ma trovò Tchuang-tze che seduto a terra, batteva un vaso e cantava. Fei-tze lo rimproverò dicendo: Tu vivi in un società umana; muore la donna che ti ha dato ed ha allevato i figli, e se tu non piangi, è già abbastanza; ma ti metti a cantare e questo è veramente troppo: Tchuang-tze rispose: Non fraintendermi! Al momento della morte della mia donna, io mi sentivo un gran dolore. Poi pensai che un giorno essa non era nata; e non soltanto non era nata, ma non esisteva

---

(2) Lie-tze. cap. Tien-tzui.

neppure un'ombra della sua forma; e non soltanto non esisteva neppure l'ombra della sua forma, ma non c'era neppure il Ch'i del suo essere. Da un groviglio informe si è trasformato il Ch'i, poi il Ch'i si trasformò in figure diverse, poi la forma diede la vita. Adesso la vita si è trasformata in morte. Questo è come la successione delle quattro stagioni: la primavera, l'estate, l'autunno e l'inverno si succedono continuamente. La donna morta adesso riposa già nell'immenso pelago dell'universo; se io mi metto a piagnucolarle accanto, dimostro di ignorare la natura dell'uomo. Perciò ho posto fine al mio dolore.)) [3]

Cantare accanto alla propria donna morta è una ribellione ai sentimenti naturali e alle opinioni pubbliche. Tchuang-tze aveva l'idea di distruggere la concezione tradizionale sulla morte, perciò aveva preso un atteggiamento strano. Ad ogni modo la sua concezione sulla morte deriva logicamente dai principi del suo sistema.

((Tze-suan-fu è morto. Tze-kong andò a fare le condoglianze (a nome di Confucio); Mont-tze-fan e Tze-chen-tchang, appoggiati alla porta, cantavano. Tze-kong al suo ritorno raccontò questa scena a Confucio, domandando: Chi sono quelli che non badano alle proprie azioni e disprezzano il proprio corpo, cantando accanto a un cadavere senza nessuna traccia di tristezza sul volto? Chi sono quelli, maestro? Qual nome debbo dar a quegli uomini? Confucio rispose: Quegli sono uomini che stanno al di fuori del mondo. Sono due categorie di uomini che non hanno contatti fra di loro: cioè quelli che vivono al di fuori del mondo e noi che viviamo al di dentro del mondo. Non pensando a questo, ho mandato te a fare le condoglianze; è stato uno sbaglio mio. Quelli cercano di farsi una cosa sola con il produttore dell'universo e di perdersi nel Ch'i indeterminato. Essi considerano la vita come una cosa superflua e la morte come una liberazione.

---

(3) Tchuang-tze. cap. Tze-lo. (La gioia suprema).

Essi guardano i diversi esseri come esseri di una medesima sostanza, dimenticando le forme che producono le differenti membra e le viscere. Essi credono al processo continuo senza conoscere il principio e la fine. Essi vivono al di fuori del mondo reale e si perdono nella convinzione di un naturalismo puro; quindi non si degnano di sottostare alle meticolose prescrizioni sociali per un semplice rispetto umano.)) [4]

La scena descritta nel testo è certamente una immaginazione, ma il pensiero è reale e chiaro. La spiegazione supposta di Confucio ha toccato veramente il midollo del pensiero taoistico riguardo alla vita e alla morte dell'uomo. Il Ch'i si congiunge in una forma determinata che si dice uomo, e l'uomo nasce; la forma dell'uomo, costituita dalla congiunzione del Ch'i, si scioglie, e l'uomo muore. Perchè allora si devono avere tante attenzioni per la vita e tante preoccupazioni per la morte?

40. La vita dell'uomo non ha quindi un valore speciale;   vita lunga o vita breve non significa altro che la durata di un essere particolare che in fine dovrà ritornare al Ch'i universale. Tutti gli esseri particolari hanno una esistenza più o meno lunga, e l'uomo come gli altri segue la medesima strada.

La vita umana non può costituire un ideale alto. Il Confucianesimo insegna una morale ideale, predica la perfezione morale e mette dinnanzi agli uomini un modello di virtù che è il santo. Per il Taoismo questa esaltazione ideale è un controsenso. L'esistenza dell'uomo è come quella di tutti gli altri, nè si pensa mai che un creatore per amore speciale abbia messo l'uomo in una condizione privilegiata. Il Confucianesimo ha collocato l'uomo al centro dell'universo, predicando l'alto valore della vita umana; il Taoismo fa una esatta uguaglianza fra tutti gli esseri, mettendo l'uomo alla pari di tutti. L'esistenza degli esseri si svolge secondo la propria natura, senza pretese senza autoesaltazione; una pianta non pensa mai a diventare una superpianta,

---

(4) T'chuang-tze. cap. Ta-tsong-she.

perfezionandosi nelle proprie azioni; un'animale non fantastica certamente per farsi un programma di perfezione. E perchè l'uomo dev'essere singolare?

Nel Taoismo esiste pure un tipo di uomini superiori, cioè gli uomini santi. Il concetto però di santità significa tutt'altro che la santità nel senso comune. Nel Confucianesimo la base della santità è l'attività incessante nel perfezionamento morale; nel Taoismo la santità è il totale annientamento degli sforzi umani: quindi un uomo santo del Taoismo è l'uomo che agisce unicamente secondo gli istinti naturali che sono sempre retti.

((Perciò il saggio (santo) abbraccia l'unità,
e il modello del mondo,
brilla perchè non si esibisce,
s'impone perchè non pretende d'avere ragione,
ha meritato perchè non si vanta,
splende a lungo perchè non si gloria,
appunto perchè non contende,
perciò nessuno al mondo può contendere con lui.)) [5]

((Per questo il saggio (santo)
non opera, perciò non fallisce,
non afferra, perciò non perde...
Per questo il saggio (santo)
desidera il non-desiderare,
non apprezza le cose difficili ad aversi,
ritorna dove gli altri sono passati,
aiuta la natura delle cose
e non osa agire.)) [6]

((Non agire)) ecco il principio massimo dell'uomo santo! Il Tao non agisce, allora neppure l'uomo perfetto deve agire.

---

(5) Tao-te-king cap. XXII.
(6) Tao-te-king cap. LXIV.

Negli scritti di Tchuang-tze e di Lie-tze si trovano delle descrizioni fantastiche delle qualità meravigliose di questi superuomini, i quali non si chiamano santi, ma Uomini Veri. Questi uomini convinti della identità del proprio elemento costitutivo con l'elemento costitutivo degli altri esseri, cercano di uniformarsi con loro in tutto, dimenticando le differenze formalistiche: e riescono a vivere in una unione quasi miracolosa con gli esseri dell'universo. Essi camminano incolumi in mezzo alle fiamme, passano tranquillamente sulle onde, giocano familiarmente con gli animali. [7]

La ragione di questi miracoli è che ((se l'uomo sa uniformarsi con gli esseri, gli esseri non gli nuociono.)) [8]

((Tze-lie-tze domandò a Kuenyuun: Gli uomini puri camminando sulle acque, non si affogano. attraversando le fiamme non si bruciano, marciando sopra ogni cosa, non si spaventano; quale n'è la ragione? Kuenyuun rispose: Questo si spiega unicamente con il penetrare il Ch'i; non è un'arte di magia. La ragione per cui le cose si differenziano, principalmente sta nella figura e nei colori. Nel momento della produzione, le cose sono senza figure e colori, e nel principio tutte le cose si trovano nel Ch'i universale. Considerando le cose in questa maniera, esse certamente appaiono differenti. Allora l'uomo si comporta con un atteggiamento armonioso, penetrando nella origine incausata delle cose e le comprende dal principio alla fine. Unificando la natura degli esseri, ragionando secondo l'unità del Ch'i, armonizzando le loro energie, si arriva allo stato delle cose nel momento della produzione (senza forme). E allora l'uomo conserva tutto quello che è della natura e possiede uno spirito intatto. Quindi le cose non gli possono nuocere.)) [9]

---

(7) Lie-tze. cap. Huang-ti.
(8) Lie-tze. cap. Huang-ti.
(9) Lie-tze. cap. Ta-sen.

41. Di conseguenza la vita umana non ha un fine speciale, nè l'uomo vale ad imporsi un fine della vita. La sua nascita è un frutto maturato del processo produttivo, la sua morte è un passaggio obbligatorio, e la sua vita è un corso che segue lo sviluppo naturale. Così la vita umana è ridotta a una materialità schematica, scompaiono le iniziative della libera volontà, s'annientano le alte aspirazioni: l'uomo si uniforma con le piante e con gli animali.

((I Taoisti pensano che l'idea della finalità sia un carcere di piccole mentalità che non ebbero nai una visione globale dell'universo e della vita cosmica, perchè ogni idea di finalità racchiude un dualismo che limiterebbe l'assoluto...

((Non altrimenti sarà della vita del pensiero e della coscienza umana. Il destino dell'uomo è di rientrare nel Nulla. Questa è una necessità della realtà stessa dell'uomo ((La realtà umana reclama ogni momento il ritorno al suo principio))... La vita ci strappa dell'universale, la morte ci porta all'universale. Pretendere che la vita abbia finalità al di fuori di questo, è uno sbaglio.)) [10]

Negata la finalità della esistenza, l'uomo cade in un fatalismo stoico.

((Pensando alla ragione del mio stato attuale, non riesco ad afferrarla. Non è probabile che i miei parenti abbiano desiderato la mia miseria. Neppure il cielo e la terra hanno voluto maliziosamente la mia miseria, perchè il cielo copre tutti e la terra sopporta tutti senza distinzione. Non riesco a conoscere la ragione del mio stato. Infine devo crescere, se sono arrivato a questo stato; questo deve essere il mio destino.)) [11]

La visione della inevitabile fine deve essere il pensiero diretto delle azioni;

---

(10) Matteo Tcheng.. Il mondo e l'uomo nella concezione taoistica o. c. p. 21.
(11) Tchuang-tze. cap. Ta-tsong-she.

((Raggiunta la suprema vuoteza,
si vive fermamente in tranquillità;
mentre la moltitudine delle cose accade,
io contemplo io loro ritorno,
malgrado che le cose finiscano
esse tornano tutte alla loro radice.
Ritornare alla propria radice è essere tranquillo.
Essere tranquillo è tornare al proprio destino.
Tornare al proprio destino è essere eterno.
Conoscere l'eterno è essere illuminati,
non conoscere l'eterno è agire ciecamente danneggiandosi.
Conoscere l'eterno è essere modelli,
essere modelli è essere giusti,
essere giusti è essere re (capaci di governare),
essere re è essere il cielo,
essere il cielo è essere il Tao,
essere il Tao è vivere lungamente
e non incontrare mali per tutta la vita.)) [12]

L'uomo illuminato da questo pensiero vive in una fredda indifferenza davanti alla vita e alla morte, davanti alla povertà e alla ricchezza, davanti alla prosperità e all'avversità.

((Gli uomini veri dell'antichità non bramano la vita, nè temono la morte. Non si gioisce di uscirne, nè ci si rattrista di entrarvi. Placidamente si va e placidamente si ritorna. Non si dimentica la propria origine, non si domanda della propria fine.)) [13]

---

(12) Tao-te-king cap. XVI.
(13) Tchuang-lze. cap. Ta-tsong-tze.

Naturalismo Puro

Sommario: Vivere secondo la natura, Senza cognizioni, Senza nozioni della moralità.

Vivere secondo la natura

42. Dopo avere presentato la vita umana in una visione cruda, il Taoismo passa a dare un principio fondamentale per la vita: seguire la natura. Anche il Confucianesimo insegna agli uomini a vievere secondo la propria natura, ma questo insegnamento ha un senso totalmente differente dall'insegnamento taoistico. Il Confucianesimo mette la natura umana come norma di azione, perchè essa porta in sè le leggi del Cielo, e quindi può essere il criterio del bene e del male; per il Taoismo invece non esiste il problema della moralità, esiste solamente la impellente necessità di agire secondo l'esigenza innata.

Tutti gli esseri agiscono secondo la propria natura, cioè secondo l'esigenza innata: così gli alberi, gli animali. La natura ha determinato la sfera, ha tracciato la strada, ha prestabilito il modo di muoversi a ciascuno essere vivente. La legge di seguire la natura è una legge universale che ha la sua radice nel Tao, perchè il Tao agisce propriamente secondo la sua natura.

((La norma dell'uomo è la terra,
la norma della terra è il cielo,
la norma del cielo è il Tao;
la norma del Tao è la propria natura.)) [14]

---

[14] Tao-te-king. cap. XXV.

La natura dell'uomo vuole dire l'esigenza innata dell'uomo in riguardo alla vita. L'uomo sente in sè un impulso irresistibile a soddisfare i bisogni della sua esistenza; questi bisogni sono come il grido della natura.

Non è vero che l'uomo seguendo gli istinti naturali vada necessariamente alla depravazione, ma la depravazione fu causata da una falsa cognizione delle esigenze naturali. La natura umana non esige, nè può esigere che quello che è il puro necessario della vita. Le piante e gli animali per la loro esistenza non chiedono altro che quello che serve alla conservazione della loro vita; quando c'è il necessario, tutti sono contenti, nè ci può essere il pericolo di competizioni e di guerre. L'uomo dovrebbe accontentarsi di poche cose materiali che sono necessarie per la sua esistenza. Il male fu che gli uomini impararono a volere troppe cose; e di qui naquero tutti i mali.

Senza cognizioni

43. Perchè gli uomini desiderano tante cose? Perchè le credono buone e necessarie. Tutti aspirano alla santità, perchè si dice che la santità è cosa buona; tutti desiderano gli onori, perchè si dice che gli onori fanno bene agli uomini; tutti desiderano le ricchezze, perchè s'apprezza una veste di lusso oun oggetto prezioso. In realtà tutti questi giudizi sono inventati dagli uomini. Per poter avere una vita felice e tranquilla, bisogna abolire queste nozioni e queste cognizioni, riducendo l'uomo allo stato di natura pura.

((Rigettate la santità e la saggezza,
 il vantaggio del popolo sarà centuplicato.
 Rigettate l'umanità e la giustizia,
 il popolo ritornerà alla pietà filiale e paterna.
 Rigettate l'arte e l'abilità,
 briganti e ladri scompariranno.
 Queste cose

servono per decorare, nè sono sufficienti.
Ecco quello che dovete scegliere.
Essere semplici, restare naturali,
avere pochi interessi e pochi desideri.)) (15)

L'uomo nella società è una palla che rotola in avanti spinta dalle consuetudini e dalla opinione pubblica. Le consuetudini e le opinioni in principio sono sempre una estimazione o un giudizio di qualche persona che ha riputazione di saggio e di santo. Tutta la tradizione cinese, che si è conservata nel Confucianesimo fu un insegnamento degli antichi santi. Quindi per potere far cambiare strada al popolo occorre anzitutto distruggere l'autorità del santi antichi e buttarne via tutta la dottrina. L'uomo per vivere bene e felicemente, non solo non ha bisogno di questi insegnamenti, ma soffre per l'impostura di questi santi, Le molteplici cognizioni sono la causa originale dei mali della vita umana. Semplificare le cognizioni e seppellire i saggi, ecco il mezzo per ricondurre il popolo allo stato della natura pura.

Senza nozioni di moralità

44. Le nozioni morali che gli antichi hanno inventato, sono mezzi di riparazione. Gli antichi santi, i quali vedevano i mali della società, hanno pensato di adoperare un sistema morale per condurre gli uomini entro una norma di vita; ma essi non sanno che questi mezzi che propongono degli ideali, eccitano l'emulazione del popolo, dall'emulazione vengono le competizioni, e dalle competizioni nascono le contese e le guerre. Per la felicità dell'uomo invece si deve sanare la radice dei mali, togliere cioè la causa delle competizioni e ricondurre l'uomo alla propria natura.

La santità, la virtù, la giustizia... cosa sono se non una classifi-

---

(15) Tao-te-king. cap. XIX.

cazione delle azioni umane? Sono tutti titoli inventati dagli uomini. Anzi peggio! quando c'è la giustizia, c'è anche la ingiustizia; quando esiste la santità, esiste anche il peccato; perchè tutte queste nozioni sono relative. La natura pura non contiene queste nozioni relative.

((Quando il grande Tao venne dimenticato,
si inventò l'umanità e la giustizia.
Quando apparvero abilità e scaltrezza,
allora vi fu grande ipocrisia.
Quando i sei congiunti non furono concordi,
allora vi fu la pietà filiale e paterna.
Quando il regno cadde nel disordine,
allora vennero i leali funzionari)). [16]

Se tutti gli uomini fossero pii, non ci sarebbe bisogno di predicare la pietà filiale; se tutti gli uomini fossero giusti, non ci sarebbe bisogno di insegnare la giustizia. le nozioni della moralità denotano una decadenza dell''uomo dalla propria natura. Per sanare questa decadenza, il rimedio non sta nell'insegnare qualche principio relativo della moralità, ma consiste nel ricondurre l'uomo alla moralità assoluta che è la natura pura.

Il Tchuang-tze pensa che è eguale aberrazione contro natura, sia desiderare la santità che desiderare la ricchezza. Desiderare significa non agire secondo la natura, perchè uno che agisce secondo la natura, non desidera, ma segue istintivamente l'esigenza innata.

((Adoperare della regole e degli istrumenti per mettere una cosa nella rettitudine, è contro la natura della cosa; adoperare le gomme e altri mezzi per congiungere insieme le cose, denota un difetto delle cose; fasciare gli uomini di prescrizioni morali e musicali, rivestirli con i precetti della giustizia e dell'amore, è pregiudicare la norma ordinaria dell'universo. Nell'universo

---

(16) Tao-te-king. cap. XVIII.

esiste un'ordinaria norma. Secondo questa norma, ciò che è curvo, non ha bisogno di un strumento speciale per esserlo; ciò che è diritto, non ha bisogno di un istrumento speciale per essere diritto; ciò che è rotondo, non ha bisogno di un istrumento speciale per essere rotondo; ciò che è quadrato non ha bisogno di un istrumento speciale per essere quadrato. Le cose che stanno già insieme non hanno bisogno di gomma; ciò che è regolato, non ha bisogno di regole. In tutto l'universo placidamente si nasce, senza che alcuno se ne accorga. Tutti ottengono il necessario e non se ne accorgono. Questo principio vale per tutti i tempi ed è inderogabile. Allora che bisogno c'è d'avere la giustizia e l'amore come istrumenti e regole della moralità?)) [17]

Quando ci si distacca dalla natura, si cerca il rimedio. Ma se si esalta la santità, si eccita la emulazione, si cerca l'onore, allora nasce l'ambizione. Invece:

((Non apprezzate gli onori,
   e il popolo non contenderà più.
Non apprezzate le cose difficili ad aversi,
   non vi saranno più ladri nè briganti.
Non si veda quello che si fa desiderare,
   e il cuore del popolo non sarà turbato.
Perciò il saggio (santo) per governare
   svuota il cuore e riempie il suo ventre,
   indebolisce la sua ambizione e fortifica le ossa,
   tiene sempre il popolo nell'ignoranza e senza desideri,
   e fa che gli scaltri non osino agire.
Fa il non-fare
   ed allora non c'è (cosa) che non si governi.)) [18]

---

(17) Tchuang-tze. cap. Pien-tze.
(18) Tao-te-king. oap. III.

45. Tutto il male viene dai desideri. Lao-tze propone il bambino che vive senza desideri e senza sciegliere, a modello dell'uomo perfetto.

((Io solo sono calmo e senza inizi di desideri,
come il neonato che non ha sorrisi.)) [19]
((La virtù costante non si disperde
e si ritorna al neonato.)) [20]
((Gira il respiro finchè è tenero
per rassomigliare al bambino.)) [21]
((Possedere la virtù al massimo grado
si è paragonabile al bambino.)) [22]

Lo stato del neonato rappresenta idealmente la perfezione taoistica. Il neonato ha solamente le esigenze della natura, non pensa al superfluo, non desidera la comodità nè il lusso; egli vive e dorme tranquillamente senza preoccupazioni. Questo stato psicologico è invidiabile per i Ttaoisti che mettono la somma felicità dell'uomo nella tranquillità.

Lao-tze si compiace di potere arrivare a questo stato e ne gode le gioie:

((Tutti gli uomini sono raggianti,
come quando tripudiano nei giorni di grandi feste,
come quando salgono la torre in primavera (per godere);
io solo sono calmo e senza inizii di disederi
come il neonato che non ha sorrisi,
tanto randagio che non abbia casa.
Tutti gli uomini abbondano (di desideri),
io solo non ne ho

(19) Tao-te-king. cap. XX.
(20) Tao-te-king. cap. XXVIII.
(21) Tao-te-king. cap. X.
(22) Tao-te-king. cap. LV.

io solo ho il cuore dello stolto
quanto sono ignorante
i volgari sono illuminati,
io solo sono oscuro;
i volgari scrutano le cose,
io solo sono indifferente.
Sono tranquillo come il mare,
sono come l'alto vento che sale senza confini.
Tutti gli uomini agiscono,
io solo sono incapace;
io solo differisco dal volgare,
ma so bene seguire la madre ⟨natura⟩.)) [23]

Il Taoismo religioso prenderà la parola ((Bambino)) per significare lo stato perfetto dell'uomo, ma in un senso materiale. Il bambino è un uomo che fino dal primo giorno della sua vita ha tutto l'organismo destinato allo sviluppo, e che è ancora molto lontano dalla decadente vecchiaia. Il Taoismo religioso che desidera sempre il ringiovanimento del corpo, prende opportunamente il corpo del bambino come modello, perchè se un uomo rimarrà sempre nello stato del bambino, egli non perverrà mai alla vecchiaia. Il Lao-tze invece parla del bambino nello stato psicologico e invita tutti a diventare bambini, imitando la tranquillità dell'anima dell'innocente neonato.

---

(23) Tao-te-king. cap. XX.

Il Quietismo

Non agire

46. Non è possibile mettere in pratica tutte le conclusioni altamente mistiche di Lao-tze. Come si può ridurre l'uomo alle esigenze della sola natura pura? Come un uomo maturo può ritornare allo stato del neonato senza desideri e forse senza ragionamenti? Come si può dire all'uomo di accontentarsi delle poche cose che rispondono strettamente ai bisogni della natura? Bisgna perciò mitigare il rigore di tali affermazioni e stabilire un livello accessibile a tutti.

Si fissa un idea centrale: la tranquillità della vita. Tutto il sogno del Taoismo mira a questo, e tutte le sue affermazioni filosofiche hanno questo centro. La vita ideale e felice è una vita tranquilla.

Per avere una vita tranquilla, la prima cosa o la prima condizione, è di stare tranquilli senza fare nulla.

Il non-agire è un principio del Tao; il Tao che l'uomo prende come modello dell'esistenza, deve essere modello nell'agire. Il significato del non-agire del Tao fu già spiegato am piamente sopra, cioè agire senza movimenti sensibili. La tranquillità dell'uomo consiste precisamente nel non muovere i suoi organi. Stare tranquillo significa stare senza muoversi; sedere tranquillamente significa pure sedere senza muoversi.

La prima condizione necessaria per non avere dei movimenti è di accontentarsi delle poche cose che sono strettamente necessarie alla vita; altrimenti nascono i desideri e i desideri spingono l'uomo a cercare quello che egli vorrebbe avere; dalla ricerca germogliano tutte le preoccupazioni e le ansietà. Allorchè tutto l'uomo è in continui movimenti interni ed esterni, egli perde inesorabilmente la sua tranquillità.

Quindi ci si deve purificare dai desideri:

> ((Non c'è delitto più grande dei desideri,
> non c'è sfortuna più grande
> del non sapersi accontentare;
> non c'è male più grande
> della voglia di guadagnare;
> perciò saper accontentarsi
> sempre è sufficiente.)) [1]

Sapere accontentarsi è la felicità della vita. Chi è contento, non sarà agitato nè da ambizioni, nè da timori:

> ((Chi troppo ama, troppo spende;
> chi molto possiede, molto perde.
> Chi sa accontentarsi non è sprezzante;
> chi sa fermarsi non corre pericolo di sorta
> e può durare a lungo.)) [2]

Le ambizioni e i desideri sono le vere cause della infelicità, le quali non soltanto non portano l'uomo alla perfezione, ma danneggiano seriamente la perfezione, sostituendo lo sviluppo naturale con gli artifizi umani.

> ((I cinque colori accecano gli occhi,
> i cinque toni assordano l'orecchio,
> i cinque sapori ottundono il palato;

---

(1) Tao-te-king. cap. XLVI.
(2) Tao-te-king. cap. XLIV.

le corse e la caccia alienano la ragione,
le cose rare ad aversi determinano le falsificazioni;
perciò l'uomo saggio (santo)
cura il venter e non gli occhi,
perciò rinunzia a questi e preferisce quello.)) [3]

Non-agire ha un,altra ragione ancora: la prosperità della vita sta nel seguire la natura e lasciar lavorare e svilupparsi la natura; se invece l'uomo cerca di fare le cose secondo il proprio genio, sperando di potere correggere o completare la natura con le proprie azioni, andrà certamente a rovinare la natura e di conseguenza rovinerà anche la propria felicità. Quindi sarà sempre meglio non imporre delle inziative proprie alla natura.

La vita ritirata

47. Una forma di vita tranquilla consiste nella vita ritirata che rassomiglia molto alla vita eremitica degli anacorerti della Chiesa cattolica. La società umana è il fomite delle competizioni e delle agitazioni. Le dignità, gli onori e le ricchezze simboleggiano le aspirazioni varie che tengono l'uomo in una stretta di preoccupazioni senza potere mai gustare le gioie della tranquillità. Perciò un taoista che desidera condurre una vita felice, deve abbandonare la società, ritirarsi nei luoghi meno abitati e nascondersi nell'oscurità e nella povertà. Questo nascondimento racchiude necessariamente un disprezzo per gli altri uomini, e porta a rompere anche i contatti necessari.

Nel capitolo nono parte seconda del libro Lün-ngü di Confucio, si raccontano parecchi episodi.

((Chiè-yu, un matto del regno Tzu, passava davanti a Confucio e cantava: O Fenice! O Fenice! Perchè la tua vita è così bassa? Il passato è ormai passato, ma il futuro è ancora correggibile.

---

(3) Tao-te-king. cap. LXXIV.

Fermati, fermati! Tutti quelli che adesso fanno politica, sono in trappola. Confucio discese dalla carrozza, volendo parlare con lui, ma il matto scappò, e il colloquio non ebbe luogo.)) (N. 5.)

Confucio lo chiamava matto, ma nel profondo del cuore lo stimava, e scendeva dalla carrozza per parlargli. Questo non è un matto, ma uno di quegli uomini che vivono stranamente segregati dal consorzio umano.

((Chang-tzu e Chie-ni aravano la terra insieme. Confucio passando là, mandò Tze-lu a chiedere indicazioni delle strade. Chang-tzu domandò a Tze-lu: ((Chi sta sulla carrozza?)) Tze-lu rispose: ((Confucio)). ((E' Confucio del regno Lu?)) ((Si è lui.)) ((Allora egli dovrebbe conoscere la strada.)) Tze-lu si rivolse poi a Chie-ni, che a sua volta lo interrogò: ((Chi sei tu?)) ((Io sono Tsonyin)). ((Sei tu un discepolo di Confucio?)) ((Sì, lo sono.)) Chie-ni disse a Tze-lu: ((Tutto il mondo è come un mare turbolento, chi potrebbe tranquillizzarlo? Se vuole essere un uomo moralmente segregato dagli altri, bisogna che egli anche materialmente stia segregato dal mondo.)) E continuò il suo lavoro senza badare più a Tze-lu. Questi ritornò al maestro e gli raccontò tutto. Confucio sospirò dicendo: ((Non possiamo abitare con gli animali; se abbandoniamo gli uomini, chi saranno i compagni della nostra vita? Se il mondo fosse tutto in buon ordine, io pure sarei in pace senza la preoccupazione di trasformare nessuno.)) (N. 6.)

I due contadini sono uomini di educazione elevata, ma hanno una concezione della vita totalmente differente da quella di Confucio. Essi preferivano di vivere nella oscurità e nella povertà rassegnata pur di non essere disturbati dalle preoccupazioni del mondo.

((Tze-lu (un certo momento) era rimasto un pò indietro ed

incontrava un vecchio, il quale con un bastone portava dei
canestri di bambù. Tze-lu gli domandò se avesse visto il
maestro. Il vecchio rispose: Chi è il vostro maestro? Non lavo-
rate con i vostri membri, non saprete distinguere le varie
specie di cereali; chi è il vostro maestro? Piantò il bastone
nella terra ed incominciò a strappare l'erbaccia dalla risaia.
Tze-lu attendeva rispettosamente. Venuta la notte, il vecchio
condusse Tze-lu alla sua casa e gli preparò una buona cena con
dei buoni polli, e gli presentò i suoi figli. All'indomani Tze-lu
raggiunse il maestro e gli raccontò il fatto. Confucio disse:
Quel vecchio devbe essere un uomo di vita ritirata. E mandò
Tze-lu a cercarlo. Ma il vecchio si era già allontanato da casa.))
(N. 7)

Questi eremiti non sono uomini immorali e senza principi morali;
sono anzi rigidi nella moralità. Però non vogliono saperne della società.

((Cheou voleva cedere l'impero a Shen-tchuan. Shen-tchuan
rispose: Io vivo nell'universo. Nell'inverno porto la pelliccia,
in estate porto le vesti di lino. Nella primavera lavoro la terra,
affaticando le mie membra; nell'autunno raccolgo le messi,
riposando il mio corpo. Mi levo insieme con il sole e mi
riposo quando esso tramonta. Liberamente vivo nel mondo con
il cuore contento. Perchè devo pensare all'impero? Peccato
che vio non mi conosciate. Egli rifiutò l'offerta e si ritirò
su un'alta montagna. Nessuno sapeva più dove fosse nascosto)). [4]

Vita campestre

48. Un'altra forma di vita taoistica s'effettua in una casa modesta

---

(4) Tchuang-tze. cap. Nian-wang.

di campagna. Con poco terreno, uno lavora da sè e vive tranquillamente nella propria famiglia. Si lavora comodamente, si riposa tranquillamente, si festeggiano le ricorrenze domestiche e si gode delle
bellezze della natura.

((Voi mi domandate perchè io dimoro sulle montagne verdi, io
sorrido con il cuore tranquillo senza rispondere:

I fiori caduti e la corrente limpida se ne vanno senza traccia;
questo mio mondo è differente dal mondo degli uomini.)) [5]

((Dopo quarant'anni ho cominciato a simpatizzare col
Taoismo, nella mia vecchiaia sono venuto a stabilirmi ai piedi
del monte Nan-san.

Quando sento il piacere di passeggiare, esco sempre da solo,

e mi gusto tutte le bellezze.

Andando e vagando arrivo fino al termine dell'acqua corrente,

mi siedo a contemplare il levarsi delle nuvole.

Qualche volta incontro dei vecchi contadini,

che chiaccherano dimenticando di ritornare.)) [6]

Dal secolo quarto d. C. si è iniziata una scuola di poesia
campestre in Cina; il capo di essa fu il poeta T'ao-ts'ien (365-427). Si
cantano le bellezze naturali della campagna, si esalta la vita povera ma
tranquilla e libera nei piccoli villaggi. La considerazione di questo
genere di vita presso i letterati crebbe sempre così che un vero poeta
cinese non poteva prescindere dalla vita dei campi. In qualunque
condizione uno si trovasse cercava sempre di potere gustare le bellezze
naturali. La vita campestre è idealizzata come la migliore, perchè in
essa si rendono trasparenti il disinteresse e il distacco da ogni

---

(5) Li-po; La risposta agli uomini volgari (poesia).
(6) Wang-wei. La villa di Tson-nan (poesia).

ambizione. L'uomo si fa superiore alle esigenze sociali. La vita lussuosa invece si concentra nella banalità degli interessi e delle comodità. I letterati ci tengono ad essere uomini superiori.

Una vita modesta tranquilla è accessibile ad ognuno che sappia accontentarsi di poco. T'ao-ts'ien era povero, ma amava tanto l'indipendenza della sua vita che rifiutò l'ufficio di sottomagistrato.

((Da giovane ho imparato a leggere i libri e a suonare il violino; amo solamente la tranquillità e il riposo. Quando apro un libro e trovo delle cose belle, rimango così contento da dimenticare il cibo. Quando contemplo l'ombra azzurra degli alberi ed ascolto le melodie degli uccelli nelle diverse stagioni, divento allegro e provo veramente le gioie pure della vita. Nell'estate, adagiandomi sotto la finestra a settentrione ed accarezzando le fresche brezze, ho l'impressione d'essere un superuomo dell'era preistorica.)) [7]

Sarà difficile avere tutte le cose necessarie per potere godere della vita; ma per godere la tranquillità di una vita modesta, non ci vuole molto.

((Nel mondo tutte le cose hanno il proprio padrone. Io non potrò prendere neppure un filo, di cui non sia padrone. Ma il vento puro che si agita sul fiume e la luna chiara che brilla sugli alti monti diventano colori nei nostri occhi e voci nei nostri orecchi. Il vento e la luna possono essere liberamente, inesauribilmente usati. Questi sono i tesori del Creatore, e noi tutti possiamo usufruirne.)) [8]

Per gustare le gioie di questa tranquillità si richiede una disposizione psicologica che escluda i desideri e le agitazioni, e conservi sempre la calma e l'indifferenza.

((Il mio tugurio è costruito nel mondo degli uomini,

---

(7) T'ao-ts'ien. Lettere ai figli. (Manuale di letteratura per la scuola superiore). Zikawei, Shanghai. 1921. vol. IV. p.121.

(8) Su-shih. Racconto del viaggio in Ci-pi. (Manuale di letteratura). v. II p. 130.

ma ivi non giungono i rumori delle carrozze e dei cavalli.
Mi si domanda come si è potuto fare così.
Se il cuore si tiene lontano la casa diventa eremitica.
Colgo i miei crisantemi nell'aiuola orientale,
contemplo placidamente i monti ad occidente;
le nuvole e le nebbie appaiono mattina e sera,
gli uccelli vanno e tornano in coro.
Una grande verità si nasconde nel mio modo di vita,
volendo scrutarla dimentico le parole e le espressioni.)) [9]

Desiderio della tranqillita'

49. Non tutti i leteterati, nè tutti gli uomini illustri possono
vivere realmente sempre nelle campagne. Ci devono essere degli
uomini che si dedicano alla società e alla nazione; poi gli uomini illustri e i grandi letterati furono tutti Confucianisti che, sinceramente
desiderosi del benessere comune, cooperarono attivamente a conservare l'ordine sociale. Il Confucianesimo impone l'obbligo a tutti di
contribuire al mantenimento e al progresso della vita sociale; non
impedisce però che uno nello stesso tempo cerchi la tranquillità e
goda le bellezze naturali. Un funzionario del governo che vuole presentarsi come uomo perfettamente colto, farà certamente di tutto per
adempire scrupolosamente i propri offici secondo i principi confuciani
e nello stesso tempo saprà anche coltivare il gusto della tranquillità
della campagna. Se è un governatore, egli sceglierà subito un luogo
tranquillo in mezzo a un bel panorama campestre, e ivi fabbricherà
una piccola villa. Nei momenti liberi dall'ufficio egli andrà alla villa
con gli amici letterati a bere il vino e a cantare le poesie.

Nella letteratura cinese esiste un ramo di prosa che è costituito

_____

(9) T'ao-ts'ien. Poesia al vino.

dai racconti di queste case e ville, luoghi di convegno letterario dei magistrati. Sono letterati e magistrati confucianisti, che hanno però voluto conciliare in sè il gusto taoistico.

((Nelle ore libere dagli uffici, vesto la grande tunica e il cappello del monaco taoistico; con in mano un libro del I-king, con l'incenso profumato sulla tavola, mi siedo silenzioso e meditabondo, lontano dai pensieri del mondo. Vedo i monti e i fiumi, e poi le vele e gli uccelli, il fumo, le nuvole, gli alberi e i bambù. Quando e passata la ubbriachezza del vino, ed ho finito il tè e la pipa, prendo congedo dal sole cadente e vado incontro alla luna. Questa è davvero una gioia intima dopo la mia degradazione.)) [10]

Dopo un tempo sufficiente di servizio al governo, i magistrati prudenti desiderano di potere avere una casa modesta in campagna e ivi si ritirano con la propria famiglia a vivere tranquillamente. Il Confucianesimo insegna pure ai magistrati di ritirarsi a tempo, non precisamente per godere una vita tranquilla, ma per evitare una caduta possibile, perchè nelle carriere governative si nascondono tante insidie. Uno arrivato già al colmo della gloria, deve saper ritirarsi per conservare intatto il suo bel nome, altrimenti egli sarà esposto a tutte le invidie dei maligni e ai pericoli della propria imprudenza ed ambizione. Ma lo spirito taoistico nel ritirarsi è di poter goder la pace della vita in riposo.

Quando il poeta Po-kiu-yi (772-846) ebbe fabbricato una casetta sul monte Lü, conchiudeva così il suo racconto:

---

(10) Wang-yu-tsin. La casa di Bambù di huang-kang (manuale di letteratura...). vol. I. p. 161.

((Aspetto quando i miei fratelli e le mie sorelle saranno sposati, e il mio officio di She-ma sarà arrivato al termine e potrò cessare per mettermi in piena libertà; allora senza indugio prenderò con la sinistra la mia moglie, e con la destra i libri e il violino, e verrò a finire la mia vecchiaia in questa casetta. Così alfine sarà soddisfatto il desiderio di tutta la mia vita. Voi, sassi e acqua corrente di questo monte, ricordatevi di queste mie parole.)) [11]

---

(11) Po-kiu-yi. La casetta di Lusan. (Manuale di letteratura). v. II. p. 126.

Epicureismo

Sommario: Godere, La donna, Il vino, Egoismo.

Godere

50. Gli spiriti eletti seguendo la inclinazione taoistica, vanno alla ricerca della vita tranquilla entro i limiti della morale confuciana; invece gli uomini carnali, spinti dalla ideologia taoistica, finiscono col professare un epicureismo sensuale. Se la vita corre fatalmente verso il suo termine senza un fine superiore, senza un significato speciale, perchè non si deve godere di questa sua brevità con tutti i mezzi possibili? E' facile dire che uno per la propria felicità deve spogliarsi dei desideri, delle ambizioni e delle aspirazioni, ma è difficile sempre sradicare i desideri dal cuore umano. La conseguenza più consolante sarebbe quella di lasciar godere l'uomo secondo gli istinti naturali.

Nel secolo quarto dopo Cristo, l'impero cinese si trovava in una situazione tormentosa: nel Nord le invasioni dei barbari, nel Sud i capi militari fomentavano le ribellioni. Nessuno era sicuro e specialmente i ministri erano esposti a gravissimi pericoli. Sorse allora la corrente taoistica, predicando la vita tranquilla e il godimento epicureistico. Si formò la brigata dei ((sette saggi del boschetto di bambù)). Questi letterati volontariamente praticavano una vita che calpestava tutte le prescrizioni sociali.

((Si spogliavano del cappello e dei vestiti, e esponevano tutte le nudità come le bestie.)) [1]

---

(1) Yang-tong-tchuan. Storia della cultura cinese. Shanghai. 1933. p. 388.

Ma questi uomini erano in qualche modo giustificati delle loro stranezze, perchè erano spinti dalla triste situazione della societa alla disperazione. Nel secolo ottavo d. C., il più grande poeta cinese, Li-po, fece sorgere una vera corrente di epicureismo sensuale, rivolto semplicemente al godere.

((Mentre il sole stava per tramontare dietro il monte Hien,
io stavo, ebbro, davanti una siepe fiorita,
e portavo sulla testa il cappello rovesciato.
I ragazzi di Sian-yan battevano le mani
e cantavano per la strada la canzone ((Po-tong-ti)).
I passanti domandavano; perchè tutti ridono?
Si ride del vecchio montanaro ubbriaco,
insensibile come il fango della strada.
E' vero! Col bicchiere Lu-tze e colla coppa Yin-wu
devo tracannare trecento bicchieri ogni giorno
dei tremila e seicento giorni di cent'anni.
Guardando il fiume Han
e le macchie azzurre sulle teste delle anitre
che nuotano nell'acqua
penso al vino appena fermentato;
se questo fiume diventasse il vino della primavera,
io costruirei una torre col deposito lasciato dal vino.
Con mille denari comprerei una giovane cantatrice
e cavalcando cantarei la canzone ((Lo-mei));
al fianco della mia carrozza appenderei una bottiglia di vino
e passeggerei trai flauti e le chitarre.
Gli uomini della città imperiale di Han-yan
si lamentano sempre di perdere tempo,
ma perchè non vengono a tracannare con me
coppe ricolme al chiaro di luna?
Non vedete Yang, il più famoso ministro dei Tsing?
Ci è rimasto soltanto un vecchio epitaffio

cui manca persino la testa di tartaruga, ed è tutto coperto di muschio:

Io non mi commuoverò certo per la sua sorte,
nè verserò lacrime per lui:
Chi potrà mai occuparsi degli affari dopo la morte,
quand'anche gli anatroccoli d'oro e le anitre di argento
accompagnino il cadavere alla tomba?
La bella luna e lo zeffiro delizioso non ci costano nulla;
anch'io morirò, ma per l'ubbriachezza, non ucciso da alcuno.
O coppa d'oro, o bottiglia di bianca giada,
Li-po vi terrà sempre accanto in vita e in morte!
Dove sono le magnificenze del re Sian?
Si vede soltanto il fiume correre all'oriente
e si odono solo le tristi grida delle scimmie nella notte.))[2]

La donna (lussuria)

51. Due elementi costituiscono il godimento epicureo e sensuale: il vino e la donna.

Nella corruzione non può mancare la donna. La lussuria corrisponde a un forte istinto sensuale, e quando manca il freno morale, l'istinto diventa tirannia. Se l'uomo deve seguire le esigenze naturali, senza babare alle leggi, logicamente il suo desiderio lussurioso cercherà un soddisfacimento.

Nella letteratura cinese non esiste la forma cavalleresca petrarchiale che idealizza la donna amata, fondendo i sentimenti amorosi con espressioni delicate. Nelle poesis antiche cinesi si trovano dei versi che decorosamente cantavano la femminilità; ma la poesia che canta propriamente la donna, è quella che si chiama ((Tze)) ed è una specie di sonetto, sozzo di sensualità e di lussuria.

---

(2) Li-po. Il canto di Sian-yan (poesia).

((Frattanto, dal IX secolo, una nuova forma ritmica incomincia a fiorire nei sonetti popolari destinati alle ballerine. Sorto dall'influenza esercitata dalle melodie tartare sulla musica cinese, il sonetto, o Tze, abolisce la ugualianza del numero dei caratteri nella strofa e presto si fissa in più di cento forme varie e definitive: è un genere di poesia sensuale e galante, adeguato alle passioni del popolo, ma che appunto per la sua semplicità, invita i poeti più raffinati a cercar di superare la difficoltà in ciò che è facile. E come decisa esaltazione dell'amore sensuale, si sviluppa nel periodo che va dalla fine della dinastia Tang al principio della dinastia Son, ravvicinandosi alla poesia taoistica.)) [3]

Questo genere di poesia sensuale ha per motivo sempre le ballerine o le meretrici. In un paese come la Cina, in cui il libero amore è costretto entro strettissimi limiti, la passione non trova altro sfogo che nelle donne perdute, conseguentemente la poesia, destinata a queste professionaliste di libidine, non può essere espresione di un amore casto.

Il vino

52. Il vino ha avuto un senso mistico per i poeti cinesi. I Confucianisti considerano il vino simbolo di gioia, e lo circondano di molte prescrizioni rituali. Si beve poco, e si beve con cerimonie. La considerazione taoistica circa il vino si differenzia a secondo della concezione che si ha della vita. Prima considerazione è quella che vede nel vino un mezzo per distrarsi dalle preoccupazioni del mondo; il convegno per bere in luoghi poetici è riguardato come segno di superiorità spirituale dell'uomo. I letterati cinesi che desideravano sempre di godere le bellezze naturali, si riunivano spesso a bere nelle ville campestri o

---

(3) Stanislao Lokuang. I lineamenti e i capolavori della letteratura cinese (vol. Lettere). Milano. 1943. p. 886.

nei conventi buddistici. Questa considerazione poetica del vino fa di esso un elemento necessario per la letteratura.

La seconda considerazione taoistica sul vino è dei pessimisti che considerano la vita come un destino doloroso e il vino come un mezzo per ingannare il tempo. Un ubbriaco dimentica anzi non percepisce affatto il dolore. Erano generalmente uomini grandi che concepirono grandiosi disegni, ma poi, per l'avversità dei tempi, furono schiacciati dalle miserie della vita: e allora, disperati e sfiduciati, si diedero al vino.

Il poeta rimane incompreso e la delusione angoscia il suo cuore: Hsin-ch'i-chi (1140-1207) diventa triste e malinconico. Dapprima è come un velo d'ombra sulla sua poesia, che esprime l'intimo affanno come nel sonetto ((Pusaman,)) scritto sul muro di Tas-koeu:

((Nelle acque del limpido fiume,
sotto la collina Yu-ku-tai
cadono le lacrime dei viandanti.
Ad occidente si dovrebbe vedere la citta imperiale di Cha-an,
ma ce lo impediscono le montagne.
Non possono però le montagne impedire il corso del fiume:
l'acqua finalmente corre verso oriente.
Il tramonto sul fkume mi dà infinita malinconia,
il canto del Tcheou-ku dal profondo dei boschi
aumenta la mia tristezza.))

Oppure è tentato di ristabilire la serenità interiore, tra le delusioni di tanti sogni, come nel sonetto ((Chiu-nu-er)):

((Quando ero ragazzo e non conoscevo la malinconia,
amavo frequentare le nobili sale,
e per scrivere i bei sonetti mi fingevo triste.
Oggi che conosco la vera malinconia
e voglio parlarne, non ne sono capace,
e posso dire soltanto: il cielo è limpido e terso, l'autunno
è bello.))

Ma, con l'andare degli anni, una vera disperazione penetra nell'animo del poeta, e il vino diventa il suo compagno inseparabile. Così si rivolge ai figli nel sonetto ((Shy-chang-yueh)):

((Tutte le cose come le nubi passano rapidamente,
  e cent'anni di vita come l'erba p'o-liou, disseccano presto:
ed ora che più mi resta?
Una sola cosa: ubbriacarmi, passegiare e dormire.
Pagate voi, o figli, le tasse,
  preparate voi il bilancio dell'anno,
  ma lasciate che vostro padre sia padrone di una sola cosa:
  ammirare i bambù, le colline e i fiumi.))

E ancora più crudo, pieno di sconforto, è il sonetto ((Shy-chang-yueh)). ((Per divertirmi)):

((Nel vino trovo almeno la felicità
  e se anche voglio essere malinconico
  non ho tempo di pensarci.
Adesso comincio a capire
  che errore è credere agli antichi libri.
Jeri notte, ubbriaco, dormivo sotto un pino,
  e chiesi al pino se ero molto ubbriaco.
Sentii che il pino voleva alzarmi con le sue braccia,
  ma io lo espinsi dicendo: Va via!)) [(4)]

Riportando queste lunghe citazioni intendo soltanto di mostrare la genesi psicologica del contatto dei poeti con il vino.

Benchè ci sia un certo senso di epicureismo nei precedenti atteggiamenti riguardo al vino, esiste in fondo una certa aspirazione agli ideali più alti. Anche i poeti dal pessimismo più nero conservano

---

(4) Stanislao Lokuang. I lineamenti e capolavori... p. 887.

sempre il desiderio di potere ancora lavorare per la società. Invece c'è una concezione veramente epicureistica che fa bere il vino semplicemente per il gusto sensuale. Il poeta Li-po è un autentico rappresentante di questa concezione. Egli canta:

((Due uomini bevono faccia a faccia, i fiori della montagna s'aprono.

Una tazza, un'altra ed un'altra ancora.
Sono stanco, io mi metto a dormire, tu puoi andare.
Domani vieni di nuovo con il tuo mandarino)). [5]

Il senso quindi epicureistico del Taoismo ha diverse manifestazioni secondo lo spirito degli uomini. Per gli uomini di spirito elevato che disdegano la sensualità, si manifesta nella ricerca della tranquillità per mezzo di una vita ritirata. La vita è così breve, che non conviene affannarsi per guadagnare un pò di fama o un pò di denaro. Sarà preferibile godere un pò di tranquillità arando la terra e pescando. Chi si contenta di una vita modesta, gode veramente la felicità. Per gli uomini di poco spirito il senso epicureistico si manifesta nel sensualismo che cerca i mezzi di godere nei piaceri carnali. Il primo senso epicureistico si associava spesso alla concezione confuciana della vita, e difatti molti Confuciani vissero con la morale confuciana e con la ricerca della tranquillità taoistica. Il secondo senso epicureistico si distacca netamente dal Confucianesimo e fu praticato generalmente dagli uomini disordinati nello spirito.

Egoismo

53. Una conseguenza strana. ma logica del Taoismo è l'egoismo assoluto di Yang-tze (Yang-tchou). Questo filosofo ha vissuto proba-

---

(5) Li-po. Si beve con un solitario della montagna (poesia).

bilmente circa la prima metà del secolo quarto avanti Cristo,[6] ed è considerato come il maestro di una scuola indipendente. I suoi scritti si trovano nel libro di Lie-tze: e questo non è una coincidenza accidentale, ma può fare comprendere l'origine della sua dottrina. Gli insegnamenti di Yang-tze concordano mirabilmente con i principi taoistici. Quindi lo considero come un seguace originale della scuola taoistica.

Il motivo dell'egoismo di Yang-tze è la brevità della vita umana:

((Cent'anni di età sono il limite massimo, al quale neppure uno tra mille uomini può arrivare. Ma se anche uno arrivasse a quell'età, la sua infanzia e la sua vecchiaia occupano quasi metà dei suoi anni; inoltre il sonno della notte e la spensieratezza del giorno ne occupano quasi un'altra metà. S'aggiungano i dolori, le malattie, le avversità e le preoccupazoni che occupano ancora gran parte del suo tempo. Rimane all'uomo soltanto una de cina di anni. Ma anche in questi anni l'uomo non troverà un momento, in cui egli si senta veramente contento senza la minima preoccupazione. E allora perchè l'uomo è nato? Per quali piaceri? Forse per godere comodità, delle belle musiche, delle graziose donne? Ma le comodità non appagano sempre i desideri umani, e le belle musiche e le deliziose donne non possono sempre essere a sua disposizione. Ci sono poi le leggi, i costumi e l'opinione pubblica che intervengono a proibire o limitare il soddisfacimento. Perciò l'uomo agitato in ogni minuto va a cercare la buona fama del tempo presente e l'onore nel dopo morte. Si deve stare sempre attenti ai movimenti dei sensi, vigilare sulla moralità dei desideri; si perde così non soltanto la vera felicità della vita, ma ci si carica di una pesante catena. Gli uomini invece dei tempi primitivi comprendevano bene che la vita passa presto e

---

(6) Hu-she. o. c. p. 176.

la morte arriva immediatamente. Essi seguivano gli impulsi dei loro cuori e non contradicevano le esigenze della natura. La gioia della propria esistenza non deve essere sacrificata. Non si deve badare alle sollecitazioni della riputazione pubblica, ma si deve andare secondo la propria inclinazione naturale. Non ci si deve curare del buon nome dopo la morte, nè ci si deve preoccupare delle leggi penali.)) [7]

Durante la sua breve vita, l'uomo fissa lo sguardo nella propria felicità che consiste nella tranquillità. L'uomo non sarà agitato nè per il buon nome, nè per le dignità, nè per le ricchezze. L'unica legge del buon vivere è soddisfare ai desideri del suo cuore. Allora logicamente l'uomo si chiude in se stesso senza pensare al prossimo. La concentrazione di Yang-tze sull'Io ha la sua base nella inclinazione naturale. Ogni essere tende alla propria conservazione. L'egoismo è la manifestazione piena di questa inclinazione. Ma la teoria di Yang-tchou si spinge a conseguenze estremistiche.

((Tchen-tze domandò a Yang-tze: Se si volesse prendere un capello dal tuo capo per la salvezza del mondo, tu lascieresti fare? Yang-tze rispose: Il mondo non può essere salvato da un capello. Tchen-tze insistette: Se ammettiamo che il mondo si salvi per un capello, tu che farai? Yang-tze rimase in silenzio.)) [8]

Non ci si lasci prendere neppure un capello per il bene comune. Questo è il principio di Yang-tze, diventato proverbio fra i Cinesi per indicare gli egoisti.

---

(7) Lie-tze. cap. Yang-tchou.
(8) Lie-tze. cap. Yang-tchou.

Però Yang-tze che non vuole far niente per gli altri, non vuole neppure spogliare gli altri per arricchirsi. Il suo egoismo è un puro individualismo; ciascuno pensa a se stesso senza danneggiare il prossimo; altrimenti la tranquillità della società sarebbe disturbata dalle contese, e l'ideale della vita pacifica non potrebbe essere mai raggiunto. Per mettere in pratica il pensiero di Yang-tze sarà pure necessario il distacco dai beni materiali di questo mondo, predicato da Lao-tze, perchè se uno desidera di godere tutte le comodità, non gli sara facile di chiudersi in un egoismo assoluto, abolendo ogni contatto con il prossimo. Questo conferma la mia affermazione che la dottrina di Yang-tze è la conseguenza logica dei principi taoistici.

La Sociologia

Sommario: Anarchia, Senza istituzioni, Senza intervento,
Anti guerra.

Anarchia

54. Se ciascun uomo pensa solamente a se stesso, e non vuole riconoscere i doveri sociali, il consorzio umano si disgrega, e la nazione o lo Stato civile si disciolgono necessariamente. Il Confucianesimo con la grandiosa concezione dell'origine divina dell'autorità imperiale afferma la legittimità e la inderogabilità della società civile, e d'altra parte impone agli individui dei doveri stretti verso la comunità. Il Taoismo invece non vuole riconoscere la necessità della vita sociale.

Lao-tze non ha insegnato espressamente l'anarchia, anzi ha parlato dell'uso legittimo dell'autorità pubblica e del migliore modo di governo; e neppure i suoi seguaci hanno mai affermato apertamente di voler distruggere l'autorità civile, perchè praticamente l'uomo vive già nella società, nè sarebbe possibile ricondurlo a vivere individualmente senza nessun legame. Ma in fondo all'anima l'anarchia è l'ideale della sociologia o meglio dell'anti-sociologia taoistica.

Nel libro di Lie-tze vi sono moltissime parabble e favole che servono ad esprimere i pensieri profondi dell'autore. In una di queste favole si legge una prescrizione avuta in sogno dall'imperatore Huang-ti:

((Huang-ti... si riposava di giorno ed ebbe un sogno. Egli sognava di trovarsi nel regno di Hua-chu... In questo rengo non ci sono comandamenti, nè magistrati. Tutti vivono secondo la natura. Il popolo non ha desideri, tutti vivono secondo la natura.)) [1]

Vivere naturalmente da soli senza organizzazioni sociali: questo sarebbe il sogno dei Taoisti. Un'anarchia pacifica e naturalistica è fine della sociologia taoistica, la quale è una reazione radicale provocata dal cattivo governo dei tempi di Lao-tze. La società d'allora soffriva terribilmente per la guerra civile, perchè i principi feudali si contendevano fra di loro la superiorità politica e militare. Lao-tze indignato dalle cattive azioni del governo, desiderava l'abolizione del regime esistente.

Senza istituzioni

55. Non essendo possibile l'anarchia il Taoismo per la riforma vuole conservare l'autorità civile, riducendola però a una attività puramente assistenziale.

Il primo passo della politica taoistica è distruggere gli istituti sociali e i costumi tradizionali. Se per una necessità storica l'autorità pubblica non è sostituibile nella fase della evoluzione sociale, gli istituti e i costumi che non sono compatibili con la riforma, devono essere assolutamente aboliti. Senza distruggere questi, la mentalità del popolo non sarà mai riformata; senza cambiare la mentalita del popolo, la società non si rinnoverà mai. Quindi:

A. Bisogna cancellare l'estimazione sociale della santità, dell'onestà, della ricchezza e della dignità.

((Rigettate la saggezza e la scaltrezza, e il vantaggio del popolo sarà centuplicato. Rigettate l'umanità e la giustizia, e il popolo ritornerà alla pietà filiale e paterna. Rigettate l'arte e l'abilità, e i briganti e i ladri scompariranno.)) [2]

---

(1) Lie-tze. cap. Huang-ti.
(2) Tao-te-king. cap. XIX.

Non si deve tirare una falsa conclusione dalle parole di Lao-tze. Egli non intende distruggere la moralità. nè vuloe in fischiarsi del valore della virtù; vuloe soltanto distruggere quelle nozioni di santità, di virtù, di onestà che non sono una emanazione istintiva della natura. Si combatte contro il metodo confuciano di inculcare al popolo i precetti morali e di imporgli molteplici istituti di sorveglianza.

B. Inoltre occorre il non intervento del governo

La somma saggezza del governo sta nel saper non agire. Il fine della politica è il bene del popolo; questo bene può essere effettuato, quando il governo lascia il popolo allo stato naturale per potere agire liberamente ed individualmente. Il saggio governo s'astiene dall'intralciare il libero cammino dei cittadini.

((Di colui che tiene l'impero e vuole agire,
io vedrò l'insuccesso.
L'impero è un meccanismo delicato,
che non consente di agire.
Chi agisce, lo fa fallire.)) [3]

Lao-tze paragonava il governo al cuocere i pesciolini. Se il cuoco vuole togliere le interiora e le spine dei pesciolini non rimarrà quasi più nulla. Per cuocere i pesciolini bisogna lasciarli intatti senza toccarli.

((Governare il regno grande
è simile al cuocere i pesciolini.)) [4]

Sotto un governo che agisce meno, il popolo si troverà meglio.

((Quando è calma, è facile governare.)) [5]

---

(3) Tao-te-king. cap. XXIX.
(4) Tao-te-king. cap. LX.
(5) Tao-te-king. cap. LXIV.

((Il buon regnante non combatte,
il buon guerriero non si arrabbia,
il buon vincitore non contende.
Chi impiega bene gli uomini, si abbassa;
questo si chiama Te nel non contendere;
questo si chiama assimilarsi al cielo)). [6]

Senza intervento

56. Anche il programma del non intervento assoluto non può essere messo in pratica dai governanti che desiderano di conservare l'ordine seciale. Allora gli uomini politici di spirito taoistico cercano di praticare una politica di tranquillità, la quale consiste nel lasciare il popolo in una vita tranquilla. Non si molesta il popolo senza una grave necessità. Le tasse devono essere ridotte al minimo grado; le leggi penali devono essere mitigate il più possibile; e le guerre devono essere abolite. Sarà provvidenziale questo programma di governo, quando l'impero fu dilaniato da lunghe guerre civili o dalle diverse e crudeli calamità. Nella storia cinese alla fine di ogni periodo turbolento si attua sempre questo programma di politica indulgente per lenire le sofferenze del popolo. Questo programma politico può essere ben coordinato con quello confuciano. Nella storia cinese non si trova un imperatore che ha messo in pratica i precedenti programmi politici taoistici, ma di questo ultimo programma sono molti i governanti che ne hanno voluto sinceramente l'attuazione. Uno di essi fu l'imperatore Hanwen-ti (179-156 a. C.), il quale era un uomo di natura soave ed amava il popolo. La dinastia Han incominicò a regnare dopo quattro secoli di fendalismo bellicoso, ma trent'anni non furono sufficienti a sanare le ferite sociali. Han-wen-ti fin da principio pensò a dare una vita sicura e tranquilla al popolo, in cominciando con un atto di umanità: abolì le pene contro i consanguinei innocenti dei criminali e

---

(6) Tao-te-king. cap. LXVIII.

abrogò pure le leggi riguardanti le pene corporali.

((Wen-ti ha già regnato venti anni — dice lo storico ufficiale. — I palazzi, i giardini imperiali, i cavalli, i cani, le carrozze e la corte non sono aumentati. Quando c'erano delle calamità, l'imperatore elargiva subito soccorsi speciali. Voleva costruire una torre per l'estate, ma dopo d'avere sentito dall'architetto che sarebbe costata cento monete d'oro, disse che preferiva con tale somma di formare il patrimonio di dieci famiglie medie. Temeva d'essere indegno di custodire i palazzi degli antenati, e avrebbe dovuto costruire ancora? L'imperatore si vestiva di abiti semplici e proibiva alle mogli favorite di portare le vesti lunghe fino a terra e di usare i baldacchini da letto ricamati. Voleva dimostrarsi esempio di sorbrietà al popolo. Costruendo Pa-ling (tomba della famiglia imperiale) prescrisse che i vasi fossero di terracotta, e che non si adoperassero oggetti d'oro e d'argento per le decorazioni, temendo che esse divenissero un peso per il popolo. Il re delle provincie del Sud, Yu-tou, si proclamò imperatore; Hang-wen-ti richiamò i fratelli del re ribelle alla città imperiale e li trattò nobilmente. Yu-tou allora commosso depose il titolo di imperatore. I Barbari del Nord, Chen-nu, ruppero il trattato di pace e fecero delle incursioni rovinose: l'imperatore si limitò ad ordinare ai soldati della frontiera di vigilarli senza mandare un grande esercito a punirli, perchè temeva con il servizio militare di molestare il popolo. Il principe reale U-wang non veniva a fare la visita obbligatoria alla città capitale, fingendosi malato: l'imperatore gli mandò un bastone e una sedia per la sua convalescenza. I ministri, Yuen-yeng e i colleghi, disputavano senza rispetto davanti all'imperatore; e tuttavia Wenti accettava i loro consigli. Gli altri ministri, Chang-ou ed i suoi colleghi, furono accusati di corruzione: e l'imperatore mandò loro del denaro tolto dal proprio tesoro, e non li sottopose alla giustizia. L'imperatore Wen-ti si sacrificava per educare il popolo con la morale, Perciò l'impero era prospero e ricco: e la moralità del popolo si era molto elevata.)) [7]

Anti guerra

57. Ogni sistema morale e politico veramente cinese, deve essere anti-bellico, perchè la psicologia del popolo cinese è pacifica. Il Confucianesiomo insegna il pacifismo, inquadrandolo in una cornice giusta senza deviazioni estremistiche. Il sistema di Me-ti condanna assolutamente e universalmente la guerra sotto ogni aspetto. Il Taoismo sta quasi nel mezzo, condanna la guerra, pur ammetteendo la guerra slol per eccezione.

L'ideale politico taoistico è la vita tranquillita, del popolo: la guerra è l'antitesi della tranquillità, e deve essere abolita.

> ((Colui che preferisce le armi
> compie cosa nefasta...
> non sono cose da saggio.
> Adoperarle per esservi costretto.
> Essere tranquilli sopratutto;
> vincere e non vantarsi.
> Colui che si vanta gioisce di uccidere gli uomini;
> colui che gioisce di uccidere gli uomini,
> non può regnare sul mondo.
> Quando ha ucciso molta gente in guerra,
> piange sopra di loro.
> Quando ha vinto,
> commemora i defunti.)) [8]

---

(7) She-ma-cien. She-she. vol. II. cap. Han-shio-wen-ti.
(8) Tao-te-king. cap. XYX.

((Colui che aiuta il regnante col Tao,
non fortifica il regno con le armi:
questo affare tende ad essere ricambiato.
Dove sono le truppe,
nacono sterpi e spine;
dopo i grandi eserciti
seguono anni sfortunati.
Il buon combattente adopera le armi solo per necessità.))[9]

In questi testi, Lao-tze abbandona il suo linguaggio abituale misterioso, ma scende alla cruda realtà, ed esprime gli orrori della guerra con descrizioni vivissime, perchè egli ne ha esperimentato le conseguenze nefaste.

---

(9) Tao-te-king. cap. XXX.

Capitolo III

La Religione

Sommario: L'uomo immortale, Le classi, I Mezzi (morali e fisici)

Il genio

58. Per una più chiara intelligenza, si devono trattare il Taoismo filosofico e il Taoismo religioso separatamente, come due cose nettamente distinte. Nei due capitoli precedenti noi abbiamo studiato il Taoismo filosofico nella sua metafisica e nella sua morale pratica; in questo capitolo trattiamo del Taoismo religioso. Il titolo potrà far pensare ai lettori, che la religione di cui parlamo sia la religione di tutti i Taoisti. In realtà la religione taoistica è solo la religione dei Taoisti che hanno aderito al credo dell'associazione religiosa taoistica; i Taoisti filosofici antichi e posteriori non hanno una credenza religiosa proppria: o sono atei o credono nella religione naturale del Confucianesimo.

La religione taoistica ebbe origine da Tchang-tao-ling, e fu perfezionata da K'o-hong e da K'èou-kien-tze. In principio questo movimento religioso constava solamente di qualche pratica magica compiuta sui malati; in seguito si profilò sempre piu chiaramente sopra un punto centrale che è il fine del Taoismo religioso, cioè il diventare Genio.

Negli scritti di Tchuang-tze e di Lie-tze, come abbiamo già visto, esisteva una figura dell'Uomo vero ((Chen-ren)); questi uomini avevano la proprietà speciale di non patire offesa nè dal fuoco nè dall'acqua. Dal contesto però traspare che si trattava di favole immaginarie. [1]

---

(1) Wieger, Textes philosophiques. Hien-hien 1930. p. 317-326.

Di questi uomini puri parla anche il libro Huai-nan-tze con maggiore precisione e con maggiore completezza. [2]

Verso la fine della dinastia Chou (verso il secolo III a. C.) si cominciò a credere che fosse possibile divenire immortali. Coloro che predicavano questa credenza, si chiamavano Fan-se. Nella vita dell'imperatore Tsin-shen-huan, scritta da She-ma-chen, si narra di un Fan-se di nome Tsu-se. Questo personaggio oscuro un giorno si presentò all'imperatore dicendo che in mezzo al mare Giallo esistevano tre isole misteriose, nelle quali risiedevano uomini speciali, ((i Geni)), e cresceva la pianta della immortalità. Egli chiedeva che l'imperatore mandasse delle persone a prednere la pianta miracolosa. L'imperatore lo mandò, accompagnato da ragazzi e ragazze, per incontrarsi con i Geni; ma la missione falli per ragione evidente. [3]

Verso l'anno 133 a, C., un altro Fan-se di nome Ly-siao-tchuun, persuadeva l'imperatore Han-ou-ti a praticare un certo metodo d'immortalità. Ma Ly-siao-tchuun morì per primo, e l'imperatore credette che egli fosse morto solo apparentemente. Vennero altri Fan-se a raccontare cose straordinarie, e l'imperatore prestò loro volentieri ascolto. [4]

Verso la stessa epoca, incominciò a circolare la leggenda del primo imperatore cinese, Huagn-ti. Un certo Fan-se di nome Kong-suan-chen, narrava all'imperatore Hang-ou-ti, che Huang-ti aveva relazioni intime con le divinità, le quali un giorno avevano mandato un dragone miracoloso a portarlo in cielo. [5]

La leggenda della dea She-wang-mou è pure una creazione di questo periodo di tempo; di essa si parla nel libro di Lie-tze, ed è presentata come la dea della immortalità. [6]

---

(2) Wieger, Histoire des croyances religieuses et des opinions philosophiques en Chine. Hien-hien 1927. p. 299.

(3) She-ma-chen. She-chee. vol. I. cap. Tsin-se-fan.

(4) She-ma-chen. She-chee. vol. II. cap. Siao-ou-ti.

(5) She-ma-chen. 1. c.

(6) Lie-tze. cap. Cheou-wang.

59. Questa credenza mitologica venne raccolta dai Taoisti poseriori e formò il punto centrale della religione taoistica. Il Taoismo religioso ha per fine di insegnare agli uomini a diventare immortali, cioè a diventare il ((Genio)); tutto il resto della sua dottrina è in funzione di questo punto centrale. Il fondatore Tchang-tao-ling non pensava veramente a questo fine irraggiungibile; ma il grande riformatore del Taoismo, K'o-hong, ha riportato la religione a questo punto. Nel suo libro ((Pao-p'o-tze,)) con tutta l'energia difese la esistenza del Genio ed espose diffusamente i metodi per raggiungerlo.

L'uomo immortale che si dice Genio, in lingua cinese si chiama Sien-ren. Originariamente Sien significava cambiare luogo; quindi Sien-ren significa l'uomo che cambia dimora. Inoltre, la lettera ((Sien)) è un segno composto da due altri segni che sono Uomo e Monte; quindi Sien indica l'uomo della montagna. Siccome nella credenza taoistica l'uomo immortale si ritira sugli altissimi monti, Sien-ren viene a significare l'uomo che trasferisce la sua dimora dal mondo alle alte montagne. [7]

Il Genio è un uomo immortale, pur rimanendo sempre uomo. Egli ha il suo corpo, il quale va sempre più spiritualizzandosi; è invisibile agli occhi carnali, e non ha bisogno di cibo materiale; vola e penetra dovunque come lo spirito, non ha le passioni sensuali.

Ci sono dei Geni venerati come dei, e questi sono preposti al governo universale delle divinità, come vedremo nella mitologia taoistica. Ma la nota caratteristica del Genio rimane sempre la elevazione alla dignità di spirito tutelare della vita umana, senza mai essere divinità.

Il Genio non deve morire. L'uomo immortale passa dallo stato normale della vita allo stato della immortalità senza subire la condizione della morte. Però tutti quelli che sono creduti Geni, sono passati attraverso una morte, testimoniata dai loro contemporanei, se sono veramente personaggi storici. E allora per spiegare questa

---

(7) Pietro Huang. Sommario della collezione critica della mitologia cinese. Shanghai 1879. p. 201.

contraddizione si dice che la morte è stata solamente apparente e che il Genio ha poi ripreso il suo corpo. I Taoisti chiamano questa morte apparente con il termine She-chie (scioglimento del cadavere). Tale scioglimento può avvenire in diverse maniere, come la morte praticamente viene a colpire l'uomo in differentissimi modi, o con la malattia, o con l'arma, o con l'acqua, o con il fuoco... A ciascun modo di morire si è pensato di dare un nome proprio. [8]

Esistono veramente questi uomini? Il pubblico non lo crede. Il Taoismo lo proclama.

Non si crede al Genio, perchè nessuno lo ha visto. K'o-hong risponde che sono tante le cose che l'uomo non vede e non potrà vedere mai: eppure esse esistono. Non si crede al Genio, perchè l'uomo non può non morire. K'o-hong risponde con moltissimi esempi, tratti dalle cose naturali e dai racconti storici: ci sono animali e anche uomini che hanno avuto una vita lunghissima di migliaia di anni.

Non si crede al Genio perchè Confucio e gli altri antichi sapienti non ne hanno parlato. Ma ci sono tante cose che Confucio non ha detto, e questo non esclude la loro esistenza.

Non si crede al Gnio, perchè nessuno è arrivato a questo stato. K'o-hong si è indignato contro questa obiezione, affermando che la storia ha testimoniato di tanti uomini che sono diventati Geni. Gli uomini non diventano Geni, perchè non vi credono e non conoscono i mezzi per divernirlo. [9]

Le classi

60. Esiste veramente secondo K'o-hong, il Genio (l'uomo immortale) in due classi: il Genio celeste e il Genio terrestre. La prima classe è superiore alla seconda e ha la sua dimora in cielo; la seconda classe, inferiore, abita nel mondo, cioè sulle altissime montagne e nelle isole dipesse nell'oceano. Però non esiste una differenza essenziale fra

---

(8) Pietro Huang. o. c. p., 204.
(9) K'o-hong. Pao-p'o-tze. cap. 2. 3. 5. 6. 7. 8. 9.

queste due classi; la differenza sta solo nel modo di acquitare lo stato della immortalità, perchè vi sono dei metodi perfetti e ci sono dei metodi imperfetti. Per diventare un Genio celeste è necessario adoperare un metodo perfetto e superiore a qullo che usa l'uomo per diventare un Genio mediocre. Ma infine tutto dipende dal destino: un uomo è destinato allo stato del Genio celeste, un altro è destinato ailo stato del Genio terrestre, e ci sono altri che non sono destinati allo stato di Genio. Contro il destino non vale qualunque sforzo umano. [10]

Esistono due figure nella mitologia taoistica che sono considerate come capi dei Geni: una figura maschile e una femminile. La figura maschile si chiama Tong-weng-kong ed è considerata il capo dei Geni maschi; la figura femminile si chiama She-wang-mou, ed è il capo dei Geni femmine.

Su queste due figure sono state create diverse leggende contraddittorie. Le riassumiamo in poche linee essenziali.

Il Tong-wang-kong è stato formato dall'aere puro prima della formazione di tutti gli esseri del mondo. Egli ha la sede nella parte orientale e rappresenta l'elemento positivo, lo Yang. Sembra che sia il marito della dea She-wang-mou, ma nelle leggende non è chiaro. Della dea She-wang-mou poi si dice:

((sul Kuen-luen-shan, una delle più alte cime dell'Himalaya, dimora She-wang-mou, la dea dal corpo di tigre, trasformatasi poi in uomo e infine in donna di divina bellezza. Essa era regina di tutti gli dei, inferiore solo al Signore del Cielo, il dio creatore del quale la mitologia non parla mai. Casta e pura, servita da bellissime vergini, She-wang-mou possedeva il filtro dell'immortalità e lo concedeva agli uomini che si elevavano a vita perfetta.)) [11]

---

(10) "Quant'à la différence entre les Génies célestes et terrestres, Keuehoung (K'o-hong) refette l'hipotèse que les Gènies terrestres auraient absorbé une dorse de la drogue, insuffisante pour les élever dans les hauteurs. Il déclare nettement, que c'est l'insuffiasnce des bonnes actions qui fait la différence". Wieger. L'histoire... p. 389.

(11) S. Lokuang. Miti e leggende cinesi vol. Le lettere. Milano. 1942 p. 148.

Queste due divinità non sono uomini divinizzati: furono sempre tali. Gli uomini e le donne immortali, dopo l'acquisto del loro stato miracoloso, devono presentarsi alle rispettive divinità a rendere loro il debito ossequio. [12]

Mezzi morali

61. Lo stato del Genio è uno stato d'acquisto, non è innato; quindi può essere una mèta di aspirazioni umane.

Non tutti gli uomini però possono arrivare a questo stato; soltanto quei pochi che hanno le qualità richieste e praticarono i mezzi necessari.

La prima qualità necessaria è il buon destino. L'uomo nasce con un destino fisso; con giorni fissi di vita e un avvenire fisso. Ognuno sulla terra ha una sorte corrispondente, scritta in una stella del cielo, Ma la determinazione del destino non è ferrea ed immutabile; in certi casi e a certe condizioni, il destino può essere mutato dalle azioni dell'uomo.

Ci sono uomini destinati alla immortalità e ce ne sono di non destinati. Questi ultimi non hanno assolutamente la possibilità di diventare Geni. I primi invece possono, se vogliono, arrivare allo stato di Genio immortale. [13]

Il primo mezzo per raggiungere la immortalità è la vita morale. Le divinità non possono nè vogliono aiutare un malfattore a divenire Genio, e lo stato di Genio senza l'aiuto delle divinità, non s'acquista assolutamente. Quindi la buona vita morale è la condizione indispensabile, poichè il peccato ha la nefasta efficacia di abbreviare la vita.

---

(12) Pietro Huang. Collezione critica della mitologia cinese. Shanghai. 1879. vol. III. p. 201.
(13) K'o-hong. Pao-p'o-tze. cap. 12.

Evidentemente allora l'uomo che desidera lo stato d' immortalità, deve evitare il pericolo che mette la ruota a rovescio. Secondo l'insegnamento taoistico, il peccato porta con sè, come pena, la diminuzione dei giorni della vita umana; un peccato grave abbrevia di trecento giorni la vita; un peccato leggiero l'abbrevia di tre giorni. [14] Ora se si vuole acquistare l'immortalità, sarà anzitutto necessario che i giorni fissati per la vita dal destino non vengano abbreviati dalle cattive azioni.

Non basta non far del male, bisogna fare del bene, perchè le buone azioni hanno l'effetto contrario delle male azioni, cioè quello di allungare la vita dell'uomo. Per acquistare lo stato d'immortalità, un certo numero di buone azioni fu richiesto dall'insegnamento taoistico. Per lo stato di Genio celeste occorre la pratica continua di milleduecento buone opere; per lo stato di Genio terrestre si richiedono trecento buone opere. La pratica e l'esercizio delle buone opere richieste deve esser continua, cioè non interrotta da una cattiva azione; altrimenti una cattiva azione distrugge tutte le opere buone precedenti. [15]

Prescidendo da questa stranezza matematica, la vita morale è un requisito necessario allo stato d'immortalità per una ragione ovvia. L'uomo che desidera la vita immortale, deve rinunciare assolutamente agli istinti dei sensi. Non si può parlare di vita immortale, se non si vive tranquilli. Questa tranquillità esige anzitutto che l'uemo riduca al minimo possibbile i suoi desideri in modo da non essere agitato da nessuna ansietà; poiesige che l'uomo consumi il meno possibile le proprie energie. Infine il secreto della mdicina della immortalità non si perfeziona se non sugli alti monti o nei luoghi solitari. Quindi è necessario che il novizio dello stato di Genio, s'astenga almeno negativamente da ogni atto passionale.

---

(14) K'o-hong. o. c. cap. 3. 6.
(15) K'o-honnl. o. c. cap. 3.

62. La morale taoistica è una copia della morale confuciana la quale costituisce la tradizione popolare. Le cose vietate dai precetti morali confuciani non possono essere considerate dai Taoisti come lecite; essi però sono liberi d'aggiungere qualche precetto in più. Ecco i dieci divieti per quelli che desiderano di raggiungere lo stato di Genio. Si deve:

A. Evitare la lussuria;

B. evitare l'ubbriachezza;

C. evitare l'invidia e crudelta;

D. evitare la impudicizia;

E. evitare di mangiar la carne dell'animale nato nel giorno della stessa enumerazione, come nel giorno della nascita del padre di chi mangia;

F. Evitare mangiare la carne dell'animale nato nel giorno della stessa enumerazione come nel giorno della nascita di chi mangia;

G. evitare di mangiare la carne;

H. non accontentare la gola;

I. non ammazzare i vermi;

J. non vituperare la parte settentrionale.

Questi divieti hanno il sapore dei divieti buddistici, come vedremo in appendice; ed hanno pur sapore di superstizione che è la caratteristica del Taoismo. Il numero del giorno d la parte settentrionale non hanno niente di comune nè con il Confucianesimo nè con il Buddismo.

Nel secolo ottavo d. C., il taoista Lü-tong-pin (nato verso il 755 d. C.), compilò uno schema di esame di coscienza in cui, secondo la morale confuciana, si enumerano le principali azioni buone e cattive verso i genitori, i fratelli, la moglie, gli zii, gli amici e discepoli, i servi, il prossimo, gli animali; riguardo ai propri sentimenti, riguardo alle azioni esteriori, riguardo alle parole, riguardo alle passioni, riguardo al mangiare e al bere, riguardo ai beni e al commercio, e sulla lussuria. [16]

Mezzi fisici

63. Per arrivare alla conquista della immortalità, non è sufficiente che l'uomo conduca una vita morale buona; è necessario che l'uomo pratichi anche dei mezzi fisici. L'insegnamento taoistico ha tramandato ai posteri molteplici mezzi fisici, il quali hanno tutti, che più chi meno, l'efficacia miracolosa di prolungare la vita umana. I principali fra questi mezzi sono i seguenti: l'astinenza dai cibi materiali, la respirazione artificiale, la conservazione delle energie, e le droghe della perennità. L'ultimo mezzo è il più efficace, gli altri sono ausiliari, e da solo possono solamente prolungare la vita dell'uomo per un periodo determinato.

La concezione dottrinale dei mezzi fisici, che concorrono alla immortalità, si connette strettamente con la concezione filosofica della costituzione fisica dell'uomo, di cui abbiamo parlato nel primo capitolo.

---

(16) Wieger. Histoire des croyances...; p. 579-588.
" A l'égard des parents. — Etre avec eux amiable, doux et gracieux, un mérite pour un jour. Les saluer matin et soir, un mérite par jour. Se bien conduire et bien travailler pour leur fair plaisir, un mérite par jour. Se fatiguer pour eux, un mérite chaque fois. Recevoir humblement une réprimande, un mérite. Leur donner un conseil profitable, trois mérites. Les apaiser ou les consoler, trois mérites. Dépenser libérement pour eux, trois mérites. Les exhorter dicrètement à s'amender, dix mérites. Leur apprendre à bien agir, dix mèrites. Réparer une faute, ou payer une dette de ses parents, dix mérites... "
"Régles relatives aux serviteurs et aux servantes. — Leur fournir libéralement la nouritoure et les vêtements nécessaire, un mérite par jour. Les encourager, et les consoler dans leur labeur, un mérite chaque fois. Leur pardonner une petite faute, deux mérites. Les bien soigner quand ils sont malades, vingt mérites..... forcer ses esclaves au célibat, cent démérites....
" Passer un jour, content du nécessaire, un mérite. Ramasser des grains tombés à terre, un mérite. Manger ce qui est servi, sans choisir, un mérite. Désirer mieux que ce qui convient, dix démérites. Se vêtir au-dessus de sa conditon, cinq démérites....".

L'elemento costitutivo dell'uomo è il Ch'i, il quale si divide nello Yang — e nello Ying, e poi si suddivide in cinque elementi: metallo, legno, acqua, fuoco, e terra. Il Taoismo religioso prendendo questa dottrina ontologica dagli antichi filosofi, l'ha modellata in un senso grossolanamente materiale, trasportandola dalle sfere metafisiche alle sfere fisiche. Mentre nella mente dei filosofi taoisti tutti gli elementi costitutivi erano elementi ontologici, nella mente dei taoisti religiosi sono tutti elementi fisici. Quindi il Ch'i è un elemento materiale e fisico che costitutisce il mondo e l'uomo; così anche lo Yang e lo Ying, e i cinque elementi. Il parallelismo e l'analogia che gli antichi hanno visto nella constituzione del macrocosmo e del microcosmo sono diventati identificazioni materiali e fisiche.

Le spiegazioni e le applicazioni dei mezzi fisici in realtà sono elementarmente ridicoli e puerili, se non stranamente stupidi. Ma se si considera la cosa dal punto di vista filosofico, si trova logica e ragionevole. Il suo peccato originale è nella concezione dottrinale.

Astinenza dai cibi materiali

64. Ordinariamente l'uomo si nutre di cibi materiali e in Cina particolarmente di riso. Il cibo materiale mangiato si trasforma in sostanze fisiche del corpo umano. Siccome i cibi materiali sono sostanze consuntibili, il corpo umano, nutrito di questi cibi, rimane sempre consuntibile, cioè soggetto alla distruzione della carne. Invece nell'universo esiste anche un elemento fisico, che è il Ch'i e che è inconsuntibile. Questo elemento, che costituisce l'universo, rimane sempre incorruttibile, perchè il suo effetto, che è l'universo, è durevole e perenne. L'uomo è pure costituito da questo elemento, e il corpo umano è un prodotto di Ch'i. Perciò se l'uomo potrà astenersi dal prendere i cibi materiali, e nutrirsi solamente del Ch'i, cioè ridurre il bisogno dei cibi materali al minimo richiesto per la conservazione del corpo, egli avrà la possibilità d'avere un corpo inconsuntibile. Però nello stato ordinario non è possibile che l'uomo s'astenga da tutti i cibi materiali; e allora si deve praticare la astinenza dal riso, la quale ha come effetto di prolungare la vita dell'uomo. [17]

Il metodo per praticare quest'astinenza, secondo K'o-hong, ha centinaia di forme, che consistono nell'usare medicine diverse. I nomi delle medicine sono stranissimi, e non si arriva a intendere che cosa propriamente egli volesse significare. Infatti parla di medicine che possono conservare i cibi mangiati per lunghi anni non digeriti cosicchè l'uomo non senta più la fame; o di altre medicine che possono accompagnare i sassi inghiottiti e conservati nello stomaco; o di vini speciali e di acque esorcizzate con formule misteriose che possono eliminare il bisogno del cibo. Egli racconta pure curiose storielle di uomini, che hanno ottenuto l'effetto con questi metodi. [18]

Respiro artificiale

65. I Buddisti hanno molto in onore la contemplazione; e fra questi contemplativi ve ne sono che seguono la setta yoga con la prat-

---

(17) " Sur l'abstention du grain, c'est-à-dire sur l'espoir de pouvoir vivre exclusivement d'air et de rosée, renonçant absolument au riz et autres grains, but que tous les Taoistes cherchaient alors à atteindre, Keue-houg (K'o-hong) s'expreme ainsi... D'abord, il ne faut pas se tromper soi-même et tromper les autres, comme font ceux qui mâchent des aliments, avalent le suc et refettent la pulpe. Ce n'est pas là une abstinence. Il parle ensuite au long des jeûneurs, nombreux, de son temps... Beaucoup, emploient des médicaments, qui leur permettent de rester quarante ou cinquante, jusqu'à cent et deux cent jours, sans prendre nuoriture, les médicaments employés supprimant les affres de la faime. Ceci, dit-il, est chose naturelle, certaine connue do tous. D'autres, dit-il, usent d'eau sur laquelle des formules ont été récitées, dans laquelle des talismans ont été trempé... Keue-houang conclut: Des médicaments permettent de s'abstenir de nourritoure durant plusieurs dizaines de jours. Des formules permettent de s'abstenir de nourriture des dizaines d'années. Mais jeûner ne suffit pas pour arriver à l'état de Génie " . Wieger o. c. p. 397.

(18) K'o-hong. o. c. cap. XV.

ica del respiro artificiale. [19] Il metodo taoistico del respiro artificiale rassomiglia a quello buddistico, ma con fine totalmente diverso. Il Buddismo insegna la pratica del respiro per calmare le agitazioni delle passioni ed ottenere la tranquillità interna; il Taoismo religioso pratica il respiro artificiale per ottenere la trasformazione del corpo umano in una sostanza aerea quasi-spirituale (Ch'i), che lo renda incorruttibile.

L'uomo è costituito del Ch'i, una sostanza sottilissima ed incorruttibile; il corpo umano dovrebbe uscire incolume dalle mille insidie dello spazio e del tempo, ma è diventato corruttibile per il contatto con la materia, e specialmente per il bisogno di nutrimento materiale. Per attuare la incorruttibilità del corpo umano è necessario adoperare dei metodi che siano efficaci a diminuire la materialità del corpo. Uno di questi è il respiro artificiale. Il quale si attua in tre momenti: respirazione, ritenzione ed aspirazione. Si respira lentamente dal naso e si dilatano la gola e i polmoni. Si ritiene l'aria respirata con la progressiva durata da un colpo a cento colpi del polso, Poi s'aspira così cautamente da non muovere neppure una piuma che sia davanti al naso.

---

(19) " Perciò presupposito essenziale della tecnica yoga è la concentrazione su un punto solo, la quale frena le due cause dell'istabilità nel nostro complesso mentale, cioè l'attivita sensoria e l'impulso del subconscio. La disciplina che a questo risultato conduce, comprende cinque momenti preparatori e cioè il controllo morale, la disciplina , le posture specifiche del corpo, la regola del respiro, l'emancipazione degli organi dei sensi dall'impero degli oggetti esteriori... Il terzo momento, quello cioè delle posture, ha avuto una grande importanza ed è stato specialmente elaborato nelle scuole del Hatha yoga, le quali hanno in maniera particolare insistito sul lato pratico, si potrebbe dire psicologico terapeutico dello yoga. Alcuni testi elencano ottantaquattro diversi modi di sedere, giacere o atteggiarsi durante la meditazione...

Il quarto momento consiste nella regola del respiro, cioè nel controllo del ritmo respiratorio; controllarlo signifioa di fatto rallentarlo... Il processo del ritmo respiratorio avviene attraverso tre momenti: ispirazione, ritenzione dell'aria ed espirazione... " G. Tucci — Forme dello spirito asiatico. p. 185-187.

Siccome l'aria, Ch'i, ha due specie: Yang è Ying il respiro deve essere praticato con aria salubre. Difatti lo Yang è salubre e lo Ying è mortifero. L'uomo deve respirare solamente l'aria Yang, che corre nel mondo dalla mezza notte al mezzo giorno.

K'o-hong non annette una virtù eccezionale a questa pratica, sconfessando gli altri maestri che attribuiscono la forza di cerennità al metodo del respiro; K'o-hong ammette solamente la virtù di evitare le malattie, e non dà troppa importanza alle posizioni del corpo durante la pratica. [20]

Parlando del concetto della vita umana, abbiamo notato che Lao-tze guardava allo stato del bambino neonato come allo stato ideale dell'uomo. Lo stato infantile di Lao-tze però deve essere inteso come uno stato morale e psicologico, che consiste nell'assenza degli instinti delle passioni. Il bambino non ha desideri, ha solo le esigenze elementari della natura. Lao-tze guarda a questo stato come allo stato ideale della perfezione, riducendo l'uomo a non desiderare, e a non agitarsi come il bambino. Il Taoismo religioso invece prende il principio di Lao-tze in un senso materiale e fisico, e vuol ridurre il corpo umano allo stato fisico del corpo del bambino. Le stato infantile del corpo è lo stato ideale, perchè il corpo del bambino è tenero, mobile, pieno di energie, destinato allo sviluppo, cioè ad uno stato di vitalità e di potenza. Se l'uomo potesse rimanere sempre bambino, la vecchiaia sarebbe allontanata per sempre, e di conseguenza anche la morte, Il respiro artificiale ha appunto leffetto stupendo di riportare il corpo decrepito ed invecchiato alla pelle molle del corpo infantile, cioè al ringiovanimento in senso pieno. Il Taoismo parla dell'autonascita (endogenèse de l'enfancon): l'uomo attraverso il congiungimento dell'elemento positivo e dell'elemento negativo in se stesso, può avere un concepimento, non come un bambino, ma della sostanza dell'embrione che verrà trasformato nel corpo che effettuerà il ringiovanimento

---

(20) K'o-hong. o. c. Appendice alla prima parte.

dell'uomo. [21]

Conservazione delle energie

66. L'uomo muore perchè affaticandosi in molte cose, consuma le proprie energie e logora il proprio organismo. Se si desidera una vita lunga, è indispensabile risparmiare l'energia. Il Taoismo filosofico, secondo il principio morale, ha inculcato la vita tranquilla e sedentaria. Lavorare il meno ch'è possibile: ecco il programma della vita. Il Taoismo religioso dal campo morale passa al campo fisico, affermando che la somma tranquillità della vita contribuisce a prolungare la vita stessa.

Il principio della tranquillità abbraccia tutti gli aspetti della vita umana. Sradicare gli istinti passionali per vivere nella pace senza troppi desideri; eliminare il lavoro per stare in riposo senza consummarsi in molti movimenti: Tra i mezzi di conservazione delle energie, c'è quello che riguarda l'atto coniugale. Non s'insegnava l'astinenza totale, ma moderata. Si dice che ci sono delle regole minuzionse, che

---

(21) " Le principe fondamental de l'endogenèse de l'enfançon (de l'être transcendant capable de suivre) est que cet être est produit par la combinaison du sperme avec l'air. Si le sperme et l'air ne se combinent pas, les deux âmes ne s'y attachent pas. Or la combinaison du sperme avec l'air, est produite par l'achauflement passionnel. La femelle et le mâle se recherchent, l'achauflement sexuel combine le sperme et air; voilà les êtres aissent. On appelle communément la génération sexuelle " fonctionnement du métier a tisser des transformation " . De cette génération sexuelle (à deux) des sages ont conclu à la possibilité d'une génération à un les elements mâle et femelle qui existent dans l'homme, sperme fourni par les testicules, air fourni par les poumons, se combinant dans le coeur doucement échauffé par le feu cosmique. Dans ces conditions, de la combinaison l'âme superieure, foetus de survivre dévoluppe et finit par s'envoler comme être capable de survivre (état de Génie)... " Chou-tsu-tze, Tai-she-king.

cfr. Wieger, Textes philosophiques. p. 349.

per decenza non si trasmettono in iscritto. [22]

La droga della immortalità

67. I primi maghi che incominciarono ad affermare la conquista del segreto della immortalità, dicevano che esistevano delle piante miracolose in certe isole inaccessibili e sopra altissimi monti. Queste piante, custodite gelosamente dagli spiriti e nascoste agli occhi profani, hanno il potere di rendere immortale la vita umana. L'imperatore Tsin-she-huang mandò degli uomini a cercare queste piante in isole misteriose. Siccome però queste piante sono assai rare e quasi introvabili, i Taoisti hanno cominciato a divulgare un altro mezzo infallibile, creato dalla industria umana per conquistare la perennità della vita. Esso è la droga della immortalità.

Il mago Ly-siao-tchuun parlò all'imperatore Han-ou-ti non di piante miracolose, ma di grani d'oro artificiale. In seguito i Taoisti diedero un'importanza notevole a quest'oro artificiale, battezzandolo con il nome di droga della perennità. La cosa in se è molto semplice, perchè si mettono insieme, secondo una ricetta. alcune sostanze minerali ed a forza di fuoco si produce una combinazione chimica. Ma un velo di misteriosità avvolge queste formule strane e praticamente non effettuabili. K'o-hong nel suo libro, dopo l'enumerazione dei diversis-

---

(22) "Ménagement du sperme, Keue-houang (K'o-hong) commence paravertir que cette matière n'est jamais expliquée dans les livres avec les détails qu'il faudrait, pour la raison de decence... La continance absolue, dit il, est mauvaise; car elle rende toujours morose et souvent malade. Les actes sexuels ne sont interdits à personne, même pas aux candidats à l'etat de Genie. Mais la dépence doit être strictement réglèe. Elle ne doit jamais excéder la production. Hélas dit-il, c'est à peine un homme sur dix mille, arrive à realiser cette formulo. Or la dépence excessive ruine l'organisme plus qu'aucun autre excès, car le sperme est de la cervelle liquefiée. Keue-hong termine cette bréve note, en se vantant que lui fuit parfaitement instruit en la matière, par son maître Tcheng-sen-yuan". Wieger, Histoir... p. 393.

simi metodi di combinazione, confessò che il metodo dell'oro artificiale era il secreto massimo dei maestri. [23]

Comunemente si conosce che l'oro artificiale o la droga della immortalità è una combinazione di sostanze minerali. Il nome è derivato dalla natura dell'oro ch'è solido e duro: e indica che l'effetto della droga consiste nel trasformare il corpo umano in una durezza simile a quella dell'oro così da durare per molti e molti secoli. Le essenze che compongono la droga, sono molteplici e contengono ordinariamente zolfo, arsenico, mercurio ecc... Il modo di combinarle è un mistero, che non viene insegnato se non a pochi fedeli discepoli. Chi possiede il segreto, è destinato allo stato di genio.

Ma ci sono tre condizioni comuni e indispensabili: il fuoco, un monte, e il patrocinio divino.

Le droghe si compongono di diverse essenze; la combinazione si effettua sotto la forza del fuoco. Si mescolano le essenze in un piccolo forno, s'accende il fuoco che può durare uno o tre o più mesi, Il segreto sta nel saper proporzionare le essenze con il calore del fuoco. K'o-hong nel suo libro ha ricopiato dai famosi maestri parecchie maniere di combinazione con descrizioni dettagliate circa la quantità delle essenze. Però nè lui nè altri hanno potuto ottenere l'effetto desiderato con il loro insegnamento.

Il fuoco s'accende in un forno che deve essere collocato su un alto monte per togliersi dagli sguardi profani. Non si pensi che sia facile andare su un'alta montagna per produrre la droga della immortalità, perchè gli spiriti della montagna non lasciano l'uomo in tranquillità a compiere la sua opera. K'o-hong nel suo libro insegna ai desiderosi della droga di munirsi dei diversi espedienti che difendono dalle cattive influenze degli spiriti. Espediente sicuro è portarsi le formule scritte del talismano. [24]

---

(23) K'o-hong. Pao-p'o-tze. cap. 4, 16.
(24) K'o-hong. Pao-p'o-tze. cap. 17.

Il patrocinio dei buoni spiriti è pure necessario per ottenere il successo. Naturalmente la combinazione non può realizzarsi perchè gli elementi minerali, messi insieme con il fuoco, non possono produrre una droga d'oro, e molto meno una droga dell'immortalità. Quindi è condizione necessaria l'intervento della divinità che operi una trasformazione miracolosa. E qui entra in azione la mitologia taoistica.

La Mitologia Taoistica

Sommario: La divinità suprema, Gli spiriti inferiori, I Geni.

68. Quale è l'idea dei Taoisti riguardo alla divinità? I Taoisti antichi come Lao-tze e Tchuang-tze, ci sembrano atei. Essi non hanno combattuto apertamente l'idea di Dio, in cui il Confucianesimo credeva, ma neppure ammisero esplicitamente l'esistenza della divinità: Vi si trovano delle espresioni che potrebbero indicare la credenza dei Taoisti in Dio; però questo possono essere anche interpretati in senso naturalistico.

((Il Tao del cielo
è forse simile al tirare dell'arco.
Quel che è alto si abbassa;
quello che è basso si alza;
si diminuisce il sovrabbondante,
si completa l'insufficiente.
Il Tao del cielo
diminuisce il sovrabbondante
e completa l'insufficiente.
Il Tao dell'uomo non è così;
diminuisce l'insufficiente
per offrire al sovrebbondante)). [1]

((Il Tao del cielo non ha parenti,
è sempre coi buoni.)) [2]

((Il Tao del cielo
avvantaggia e non danneggia.
Il Tao del saggio dà e non contende.)) [3]

---

(1) Tao-te-king. cap. LXXVII.
(2) Tao-te-king. cap. LXXIX.
(3) Tao-te-king. cap. LXXXI.

In questi tre testi del libro di Lao-tze si parla della norma (Tao) del cielo e della norma (Tao) dell'uomo, come di due opposti. Si pensa subito che il cielo, nel senso usato da Lao-tze, è il cielo del Confucianesimo, cioè il Dio del cielo, il quale regola il corso dell'universo. Ma la conseguenza logica dei principi dottrinali ci induce a preferire la interpretazione che intende la parola ((cielo)) per natura, come intendono gli autori cinesi moderni. [4]

Infatti i Taoisti antichi, quando erano veramente sinceri, disprezzavano anche le prescrizioni cerimoniali e avversavano il rituale tradizionale. Perciò non praticavano l'offerta ai parenti defunti e nemmeno sacrificavano alle divinità.

Quando il Taoismo si vestì di una veste religiosa e divenne religione, la credenza alle divinità andò intensificandosi più che nel Confucianesimo, e creò un cumulo di leggende mitologiche.

In Cina non esiste una mitologia organica che sviluppi le diverse serie di esseri trascendentali; esistono delle leggende mitologiche.

((Dell'antica mitologia cinese ci sono rimasti così pochi e poveri frammenti che i moderni sinologi, non riusecndo a esporla in sintesi organica, hanno dovuto ammettere in essa una deficienza di origine. Si è detto che la naturale inclinazione del popolo cinese verso la vita pratica ha impedito il fiorire della mitologia; si e pensato che l'influenza confuciana, accentuando e dando un sistema a questa inclinazione, abbia cancellato le tracce di una mitologia primitiva; si è immaginato che il lavoro spossante che affaticava l'esistenza del popolo cinese minuto ne abbia oscurato la fantasia; si è affermato infine che la trasformazione della mitologia nella storia, avvenuta fin dalle origini della civiltà cinese, abbia spezzato la continua della formazione dei miti.

((Ma è anche vero che se la fantasia mitica cinese non si dispie-

---

(4) Hu-she. o. c. p. 55.

Hong-yu-lang. o. c. vol. I. p. 218.

gava alle origini con quella abbondanza e organicità caratteristiche dei primitivi popoli europei, essa mantenne poi una vitalità nel tempo, che permise il formarsi di miti anche in epoche piu recenti, facendo nascere leggende nuove che si frammischiarono intimamente con le antiche e rendendo vano qualunque tentativo di stabilire una precisa concatenazione degli episodi e una precisa cronologia.)) [5]

La formazione della mitologia nei secoli posteriori è dovuta al Taoismo. Il motivo principale della mitologia taoistica è la incarnazione della divinità. Si crede comunemente, nel Taoismo, che una divinità può venire nel mondo assumendo la forma umana: e dopo un certo tempo di vita, essa ritorni al suo stato primitivo. Noi sceglieremo le figure principali da questa mitologia, raccontando le loro vicende umane.

La divinità suprema

69. Il Taoismo religioso crede a una gerarchia celeste, che è composta di tre categorie di spiriti. La corte celeste si divide in tre sfere; in ciascuna di essa domina una divinità, circondata dagli spiriti inferiori. Queste tre sfere ci chiamano le Tre Purità: Yu-ts'in, Shan-t'sin e Tai-ts'in. Nella prima sfera domina Yu-huang-shan-ti ed abitano gli spiriti santi; nella seconda sfera domina Tao-tchuun ed abitano gli spiriti puri; nella terza sfera domina Lao-tchuun ed abitano i Geni. [6]

Nel Taoismo religioso esiste una divinità suprema che si chiama Yuan-che-tien-tzun (primordiale, altissimo signore del cielo). D'altra parte la mitologia delle tre divinità dominanti nelle tre sfere, fà supporre una triplice divinità suprema. Ben lontano è la somiglianza di questa trilogia taoistica con la trinità cristiana, perchè queste tre divinità taoistiche sono tre spiriti distinti e indipendenti. La spie-

---

(5)Lokuang. I miti e leggende cinesi. o. c. p. 145.

(6)Pietro Huang. o. c. vol. I. p. 59.

gazione che ci sembra più ammissibile, sta nelle differenti incarnazioni della divinità supre ma. I tre spiriti dominanti sono tre incarnazioni principali del dio supremo.

Il dio supremo Yuan-she-tien-tzun è un ente supremo, formato prima di tutto l'universo dall'aria purissima (Ch'i purissimo). Questo è l'origine di tutti gli esseri e l'ordinatore dell'universo; egli abita nel cielo superiore all tre sfere celesti. Al principio di ogni nuovo mondo egli trasmette il segreto della immortalità agli uomini eletti. [7]

Il dio Yuan-huang-shan-ti rappresenta la prima incarnazione del dio supremo, avvenuta nel regno Kuan-yen-miao. ((Il re di questo regno, Ching-te e la regina Pao-yueh, non avendo figli, ordinarono che i monaci taoisti impetrassero dal cielo un erede; e una notte la regina vide in sogno il dio Lao-tchuun seduto sul suo dragone, con un bambino sulle ginocchia, verso il quale ella tese supplichevole le braccia. Svegliatasi, Pao-yueh sentì di essere divenuta madre, e dopo un anno si sgravò. Il giovane principe, incarnazione di dio, salì sul trono alla morte del padre, ma presto abdicò, si fece eremita, e con divino potere sanò le infermità del suo popolo.)) [8] L'impratore Cheng-tsong della dinastia Song, nell'anno 1015 e nell'anno 1017, proclamò il figlio del re Ching-te, dio altissimo, conferendogli il titolo ((Yu-huang.)) [9]

---

(7) Pietro Huang. o. c. vol. I. p. 57.

Wieger. o. c. p. 518-519.

" Au-dessus de tout, est le Venerable célecte de la première origine, qui fut avant l'émanation primordiale, et dont personne ne sait l'origine; qui est toujours le même, sans aucun changement... Dans le vide primordiale, sans intérieur ni estérieur, une lumiére brilla. Cette lumiére était esprit. L'esprit s'epanouissent, devint les Trois Purs ... Mon opinion personnelle est, que les T'aoistes de la Chine, qui plus tard frayérent avec les Manichéens puis rejatérent leurs dogmes, qui empruntèret à l'Amidisme certaines pratiques pour s'assumer des revenus, sont au fond, depuis le troisiéme siécle de l'ére chrétienne, des disciples du gnostique Bassilide " .

(8) Lokuang. Miti e leggende cinesi. p. 147.

(9) Pietro Huang. o. c. p. 61 vol. I.

Il dio Tao-tchuun è rimasto incognito. Dal nome sembra che si trattasse di Lao-tze, ma in realtà egli si trova nella terza sfera della purità.

Il dio Lao-tchuun è il Lao-tze divinizzato. La sua vita leggendaria è stata riportata da noi nell'introduzione.

Gli spiriti inferiori

70. ((Le divinità preposte alla vita sociale, a tutti i mestieri e alle professioni, sono uomini illustri, benemeriti del paese, che la fantasia popolare ha fatto divenire immortali. Spesso sono considerate incarnazioni di divinità superiori: così il dio della letteratura è il genio della stella Wench'ang, il quale s'incarnò al principio della dinastia Cheou (circa il 1000 a. C.). Nella moglie fin allora sterile del vecchio Chang, una notte la stella Wench'ang brillò più del solito rispondendo alle fervide preghiere di Chang, che chiedeva un figlio. Wench'ang, fatto uomo, salvò il paese da un'inondazione; la sua fidanzata, morta di dolore perchè il padre si opponeva alle sue nozze, risuscitò per unirsi a lui; infine egli divenne ministro dell'imperatore e, dopo la morte, risalì al cielo. Il dio dell'arte è Lu-pan, che nel V sec. a. C. fu scultore e ingegnere. Cinque fratelli, i Lu-ten (geni delle cinque contrade), presiedono al commercio e alla ricchezza. Più tardi appare la dea dei marinai, Tien-fiei: essa nasce nel secolo VIII a. C. per virtù della dea Kuan-yin; un giorno, mentre i suoi quattro fratelli commercianti navigavano per mare, essa andò in estasi e, ridestata dai suoi parenti, scoppiò in lacrime perchè le era stato così impedito di salvare i suoi quattro fratelli in pericolo. Al loro ritorno, essi raccontarono che, durante una tempesta, avevano visto una fanciulla governare la vela, ma improvvisamente ella era scomparsa e il maggiore di loro era caduto in mare. Tsan-ngü, dea della seticultura, è un pò l'Aracne cinese: nel XIIsec. a. C., una fanciulla, addolorata per l'assenza del padre, che non faceva più ritorno a casa, rifiutava di prendere cibo. La madre la promise allora in matrimonio a chi avesse ritrovato il padre; subito il cavallo del padrone si slanciò fuori della stalla e dopo vari giorni, ritornò portando in groppa il disperso. Da quel giorno il cavallo era agitato, e nitriva inquieto ogni volta che vedeva la fanciulla; il padre, saputo della promessa fata dalla madre, uccise l'animale e ne distese la pelle nel cortile per asciugarla; davanti a quella pelle, la fanciulla si fece beffa della passione del disgraziato cavallo. Improvvisamente la pelle si mosse e rapì la ragazza che, entro di essa, si trasformò in un baco di seta. Una notte essa apparve ai genitori annunziando loro di essere divenuta la dea della seticultura.

((Dea del parto è Chen-fu-ren (la matrona Chen), che, durante la dinastia Tang, offrì alle divinità il frutto del suo seno per fare cessare una sicità. Subito ella abortì, e la pioggia cadde abbondante.

((Infinite, infine, sono le divinità tutelari della vita famigliare, anch'esse derivate da uomini virtuosi. Le più importantisono Chen-su-pao e Wu-chen-te: una volta che l'imperatore Tang-t'ai-tsong (627-650) era ammalato e non poteva dormire perchè sentiva gli spiriti maligni agitarsi fuori del palazzo, questi due suoi generali domandarono l'onore di fare la guardia. Subito gli spiriti maligni sparirono e l'imperatore ordinò che l'effige dei due fossero dipinti sulla porta del palazzo. Il popolo volle imitare l'imperatore e i due generali divennero geni tutelari. Altre divinità proteggono la cucina, il letto, la salute, le attività famigliari in genere; e spesso la letteratura vi si ispirò sentendo sempre attuali e presenti questi miti, a cui il popolo continua a dar vita.)) [10]

Una divinità femminile che gode di una grande poplarità in Cina, è la dea Kuan-yin, la quale è stata una creazione del Buddismo ed ha pure una vita leggendaria taoistica. ((Kuan-yin era la terza figlia di Miao-chuang-wang, re di She-lin; fin da bambina essa desiderava dedicarsi alla vita monastica, e dopo avere vinto l'opposizione del padre, era entrata nel convento di Lung-shu-shien. Ma più tardi il padre, non riuscendo a farla tornare alla vita profana, ordinò che fosse strango-

---

(10) Stan. Lokuong. Miti e leggende cinesi. o. c. p. 148-149.

lata. L'anima Kuanyin, dopo essere stata negli inferi, rientrò nel suo corpo, e la fanciulla risuscitata fu miracolosamente trasportata nell'isola p'o-t'o. Ammalatosi il padre Kuan-yin tornò alla sua casa e, per guarirlo, sacrificò le proprie braccia. Il padre, commosso, ordinò allora che una statua ((con mani e piedi perfetti)) le venisse innalzata con grandi onori. Questa frase in cinese può facilmente confondersi con l'altra ((con mille mani e con mille piedi)); e tale, per errore, sorse la statua di Kuan-yin. Essa rimane la dea della pietà, della bontà spesso avvicinata alla Madonna cristiana.)) [11]

Geni

71. Il numero dei Geni dovrebbe essere grandissimo, dato che la tradizione taoistica ha esaltato moltissimi uomini come immortali. Per raccontare le storie leggendarie di tutti i Geni, ci vorrebbe un'opera voluminosa. Noi secgliamo qualche figura principale per dare ai nostri lettori un'idea della vita dei Geni.

I principali Geni taoistici sono otto; il numero è consacrato dalla tradizione antica. Si chiamano: Tsong-li, Lu-tong-pin , Tchang-koo, Lang-tsai-ho, Hanshan-tze, Tsao-kuo-cheou Ho-shen-ku, Ly-yuan-tsong.

Tsong-li era un uomo storico, il quale viveva durante la dinastia Han, ed era comandante di divisione. La leggenda vuole che nella sua vecchiaia si ritirasse sul monte Yang-ko-shan, acquistando la immortalità.

Lü-tong-pin visse nel secolo ottavo d. C.; ma le diverse leggende lo fanno nascere in diverse epoche. A vent'anni rifiutò di prendere moglie e andò a visitare i monti più famosti. Sul monte Lu-shan s'incontrò con un Genio, il quale gli consegnò il segreto della perennità.

---

(11) Stan. Lokuang. Miti e leggende cinesi. p. 148.

Coltivò quindi l'arte della immortalità. Nel suo sessantesimo egli superò gli esami imperiali e cominciò carriera governativa. Ma un giorno s'imbattè con il Genio Tsong-li in un ristorante della città imperiale. Tsonli lo invitò a pranzare con lui. Mentre aspettavano d'essere serviti, Lu-tong-pin s'addormentò ed ebbe un sogno significativo. Gli parve di salire nella carriera fin all'incarico più onorifico dell'impero; ma un giorno, passati cinquant'anni, venne degradato ingiustamente. Mentre si affannava per recarsi al suo posto nelle provincie più remote, si svegliò e trovò la tavola non ancora pronta. Tsong-li gli mostrò la falsità degli onori umani, e lo condusse sul monte Tsong-nan-shan.

Tchang-koo, figura leggendaria, ebbe una storia quanto mai fantastica. Si narra che egli visse durante il regno dell'imperatore Tang-suen-tsong (712-756) sul monte Tsong-liaoshan, divenne più volte centenario. Dopo molte insistenze dell'imperatore, accettò l'officio di governatore Viaggiava su un asino bianco; il quale mentre camminava, era veramente asino e quando invece cessava dal suo servizio, diveniva un pezzo di carta che Tchang-koo piegava e metteva in tasca. Dopo una lunga carriera, egli morì; ma allorchè i discepoli andarono ad esaminarne il cadavere, trovarono la cassa vuota e credettero alla sua immortalità.

Lang-tsai-ho fu una figura bizzarra. Si dice che egli vivesse alla fine della dinastia Tang. Vestiva non secondo la stagione; ma d'inverno con una veste leggiera, e d'estate con una veste pesantissima. Mendicava di porta in porta cantando sempre allegramente. Un giorno entrò in un ristorante e domandò da bere. Ubbriacatosi, saltò fuori e scomparve.

Han-shan-tze è riconosciuto come il nipote del famoso letterato, Han-yu (768-824). Da giovane lo zio cercò di farlo studiare, ma rispondeva d'aver imparato un'altra arte: quella di far comparire d'improvviso i fiori. Sotto gli occhi dello zio, Han-shan-tze prese un vaso vuoto, lo riempì di terra ed all'istante fece spuntare una pianta di rose con fiori freschissimi. Sapeva pure passare da un luogo all'altro come un lampo, e predire le cose future. Quando suo zio, degradato dall'imperatore, dovette attraversare una montagna altissima carica dineve, per raggiungere il suo nuovo ufficio, egli d'improvviso comparve a fianco dello zio e lo aiuto a fare la strada nella neve, e gli assicurò che sarebbe tornato alla sua carriera nella corte imperiale.

Taso-kuo-cheou si chiamava Tsao-chen-shiu perchè era fratello maggiore della imperatrice Taso. Coinvolto in un atto criminoso di un suo fratello, fu condannato alla reclusione; liberato per un ammista generale, egli si ritirò su un monte solitario. S'incontrò con i Geni Tsong-li e Lü-tong-pin, i quali gli consegnarono il segreto della immortalità.

Ho-shen-ku, giovane ragazza di quindici anni, ebbe la fortuna di un incontro con un Genio, il quale le suggerì di in ghiottire la polvere di un marmo speciale con la droga della perennità. Ella rifiutò il matrimonio, e s'astenne dal cibo. Viveva sui monti, ma ritornava a casa alla sera, portando le frutta selvatiche per la propria madre Infine essa volò in cielo.

Il Genio Ly-yuan-tsong si confonde con il Genio Ly-t'ie-kuai, ed è molto probabile che si tratti della medesima figura mitologica. Ly-t'ie-kuei da giovane aveva ricevuto da Lao-tze il segreto della immortalità e si radunava intorno alcuni discepoli. Un giorno, desiderando di visitare il famoso monte Huashan, decise di andarvi solamente con lo spirito, lasciando il corpo nei giardini pubblici, vicino alla sua casa. Raccomandò a un suo discepolo di fare la guardia al suo corpo col comando di brucciarlo dopo il settimo giorno, se il suo spirito non fosse ritornato. Ma il discepolo frattanto fu chiamato di urgenza a casa per la malattia del padre, e prima di andarvi, brucciò il corpo del maestro. Nel settimo giorno lo spirito di Ly-t'ie-kuai ritornò e, visto un corpo nel giardino, vi entrò; ma il corpo morto era di mendicante deforme, con una gamba zoppicante, con una testa enorme, con i cappelli irti come il filo di ferro, con due occhi enormi. Quando Ly-t'ie-kuai si accorse dello sbaglio si sforzò di lasciare quel corpo, ma Lao-tze lo impedì e gli donò un bastone di ferro per camminare. Perciò egli fu chiamato il signor Genio dal bastone di ferro (T'ie-kuai-shen). [12]

---

(12) Pietro Huang. o. c. vol. III. 208-218.

Appendice

Il Buddismo In Cina

La storia del buddismo in cina

1. La storia del Buddismo in Cina per una più facile comprensione, si può dividere in tre periodi: a) Perodo di propagazione che incomincia dal secolo I d. C., e va fino al secolo VII d. C.; b) Periodo dello sviluppo dal secolo VII d. C. al secolo X d. c.; c) Periodo di decadenza che decorre dal secolo X fino ai tempi mostri.

Il fondatore del Buddismo è stato Budda, la cui vita è narrata nei libri canonici Pitakas. Budda, Siddartha Gautama, è nato circa l'anno 560 a. C. a Matavi, capitale del regno Sakya. A sedici anni, sposò la figlia del principe Kolivan, Bimba Yasoshara. A venti abbondonò la casa, la moglie e il figlio e cominciò a praticare una vita ascetica con gravi mortificazioni corporali. Dopo una lunga peregrinazione spirituale di ricerca della verità, un giorno Budda venne improvvisamente illuminato da quattro grandi verità infallibili: la vita umana è un continuo dolore; la liberazione dai dolori si attua nel distruggerne le cause che consistono principalmente nella ignoranza e nella cupidigia; la distruzione dei dolori sta nella illuminazione degli uomini. Budda cominciò a propagare la sua dottrina e a radunare seguaci nelle diverse comunità monastiche. Viaggiava per quaranta quattro anni attraverso le differenti contrade dell'India, annunziando la salute degli uomini, e moriva nel paese di Kutagara.

Le leggende cinese hanno lavorato intorno alla nascita di Budda, collorandola alla pari di quella di Lao-tze. Si narra generalmente che una regina del reno Ca-ye-wei per virtù della divinità del dio sole, concepì Budda e lo partorì dopo dieci mesi di gravidanza. La sua nascita avveniva nel giardino reale, dove la regina passeggiava e s'appoggiava all'albero ((Senza dolori)). Sull'albero spuntò immediatamente un fiore ((Lotus)), e il neonato saltò sul fiore. Sopravenivano all'improvviso due dragoni che dalle loro fanci versavano l'acqua sul fiore per pulire il bambino.

Il primo periodo del buddismo in cina

2. Le prime notizie del Buddismo nei documenti storici cinesi sono dei tempi dell'imperatore Han-ou-ti (140-87 a. C.), il quale mandando successivamente il generale Koo-chui-pin e il ministro plenipotenziario Tchang-chieng nei paesi del Turchestan cinese, aveva raccolto alla corte delle statue buddistiche e delle notizie religiose sul Buddismo.

L'ingresso ufficiale del Buddismo in Cina venne fissato dagli storici buddisici nell'anno 67 d. C., l'imperatore Hanmin-ti aveva avuto un sogno singolare, nel quale aveva visto un gigante d'oro a camminare sul tetto del palazzo imperiale, Il gioro seguente, l'imperatore domandò ai suoi ministri quale divinità potesse essere quella. E uno dei suoi ministri certo Funin, rispose che l'uomo d'oro era Budda, un uomo santo d'occidente. Allora l'imperatore mandò diciotto persone con a capo Tsai-yin e Tsin-gin nel Turchestan cinese a ricercare i discepoli e i libri di Budda. Dopo sette anni, i legati imperiali ritornarono con la statua di Budda, con quaranta testi e con due monaci. L'imperatore eresse subito un tempio con un convento nella città imperiale. Il tempio si chiamò tempio del Cavallo Bianco, perchè il cavallo che aveva potato i libri era bianco. I due monaci avevano nome Kai-je-mou-teng (Kasyoha-ma-tanga) e Tze-fa-lan (Dharma-aranya) Uno tra i primi seguaci fu il fratello dell'imperatore, il principe Yin dal Tzui, il quale fu giustiziato dopo un tentativo di ribellione. I lavori dei primi monaci consistevano nel tradurre i testi buddistici in lingua cinese e lo stesso faranno tutti i monaci posteriori. Sarà questo mezzo efficacissimo di propaganda del Buddismo.

Nel secondo secolo dopo Cristo, la dinastia Han andò in disfacimento: e il Buddismo rallentò la sua diffusione. Nell'anno 160 d. C. il monaco An-she-kao arrivò alla città imperiale e diede un grande impulso alla versione dei testi buddistici; nello stesso tempo un governatore di Chui-chow, Tzui-yin, per primo edificò molti tempi nel suo territorio, fuori dalla città imperiale.

Circa l'anno 260, il primo monaco cinese, Tchu-se-ren, prendeva l'abito religioso; il numero dei conventi si moltiplicava tanto che nella sola città imperiale verso l'anno 419, se ne contavano quarantuno; e l'adesione degli imperatori diveniva sempre più cordiale.

Nel secolo V d. C., la Cina era divisa in due parti: la settentrionale che era occupata da diversi capi tartari, la meridionale che era sotto dinastia cinese la quale però si cambiava con una straordinaria facilità, e celerità. Il Buddismo durante questo turbolente periodo di divisione ebbe una grande diffusione; e quando, nell'anno 690 d. C., la dinastia Soei riuniva la Cina sotto un unico comando. esso si era già propagato in tutta la Cina con numerosissimi conventi.

Questa rapida espansione venne favorita dalle speciali circonstanze dei tempi. Nella parte settentrionale fu più rapida e più facile che nella meridionale, perchè aveva facili comunicazioni con paesi vicini all'India e con l'India stessa, donde i monaci indiani potevano facilmente passare in Cina Si deve poi tener presente che la cultura dei popoli tartari era inferiore a quella della Cina e della India. I principi tartari con animo aperto assorbivano le istituzioni sociali e politiche cinesi, ed abbracciavano volentieri il Buddismo, venerando i monaci come maestri di vita. Nella meridionale il Confucianesimo e il Taoismo reagivano energicamente contro il Buddismo, ma le condizioni sociali erano tanto tristi che il popolo non desiderava altro che la tranquillità della vita; perciò il Taoismo filosofico prendeva il sopravvento sul Confucianesimo e conseguentemente il Buddismo che esaltava la vita tranquilla. Infine il popolo cinese è sempre stato un popolo aperto a tutte le dottrine che non urtano contra la sua natura e la sua tradizione.

La diffusione del Buddismo nella parte settentrionale

3. Dopo occupazione della parte settentrionale da parte dei tartari, moltissimi funzionari e la classe elevata della società erano

passati nella parte meridionale insieme con la dinastia regnante; ma le città imperiali Chang-an e Lo-yang nella parte occupata rimaenvano sempre un alto centro di cultura, e i monaci nei conventi buddisti continuavano le loro opere di versione senza interruzioni.

Il monaco Fou-tou-teng (Bubha-janga), di origine indiana, era arrivato a Lo-yang verso l'anno 310 d. C., prima della divisione territoriale. Dopo l'occupazione della città, il monaco si presentò al re tartaro Cheu-lei, che se lo volle vicino e lo nominò gran maestro del regno. Si narra che Cheu-lei fosse uomo di carattere furioso e crudele, ma il gran maestro Fou-tou-teng riuscì ad addolcire l'asprezza del suo carattere, e lo persuase a fondare novecentonovanta conventi buddisti. Il popolo venerava il monaco, perchè appariva in lui quasi una forza sovrumana; e la venerazione tanto si avrebbe che bastava il nome del gran maestro a far dessitere da una cattiva azione; ((il gran monaco ci vede)), era il monito salutare del popolo.

Ma il monaco più celebre ai tutti fu Chiu-mo-lo-she. Originario dal regno K'eui-tze, nella sua giovannizza godeva già una grande fama. Il re Fu-chien, inteso il suo nome, mandò il generale Lü-kuang a domandarlo al re di K'eui-tze. Al ritorno del generale, Fü-chien era sconfitto, decapitato dai suoi nemici: e il successore accolse il monaco con benevolenza, e lo costituì maestro del regno. Chiu-mo-lo-she dimorava nel palazzo reale e lavorava per le versione di testi. Ottocento monaci lo aiutavano, e le opere tradotte furono ben noventaquattro libri distribuiti in quattrocentoventicinque volumi. Ma la sua vita privata era censurata da molti confratelli, perchè assecondando ai desideri del re, viveva più da ministro che da monaco: aveva parecchie mogli, prendeva il vino e la carne e trasgrediva impunemente la disciplina monastica. Il suo influsso nel Buddismo cinese fu molto profondo, e il suo passaggio del Hinayana al Mahayana fu il motivo fondamentale della corrente buddista in Cina.

Il metodo della propaganda buddistica era duplice: il favore dei regnanti e la versione dei testi. Tutti i principi regnanti della parte settentrionale hanno manifestato simpatia per il Buddismo, e non pochi di loro ne furono pure entusiasti sostenitori. L'ativià buddistica godeva della massimà liberta e di tutte le facilitazioni governative;

indubbiamente l'esempio dei regnanti esercitò un grande influsso in favore del Buddismo.

La versione dei testi indiani in lingua cinese fu veramente un lavoro degno di lode. Dai primi monaci al famoso monaco Chiu-mo-lo-she tutti vi hanno contribuito; e in questo periodo di duecentosettant'anni, più di settanta monaci hanno lasciato delle buone traduzioni. I più celebri fra i traduttori sono Kia-je-mou-teng, Tzu-fan-lang, An-cheu-kao, Tze-leu-kai-tch'ang, Tan-fu-thc'an e Fu-to-pato-lo.

Fra i testi di Buddismo, quattro sono considerati in Cina come testi fondamentali: Pen-sho, Fa-hao, Fa-pen-nien-pen, Hoa-nien. Questi quattro testi furono tutti tradotti nella parte settentrionale. Il raduttore dei due primi fu Chin-mo-lo-she; del terzo, Tan-fu-tch'an; del quarto, Fu-to-pa-to-lo. Fra gli altri testi ce ne sono pure di importanti, come il libro A-han e il lipro Fu-lean-shen-fu.

La versione dei primi monaci non ha tutta la perfezione, sia nella lingua sia nella integrità; i monaci del secondo periodo hanno ritradotto parecchi libri, sopratutto per avere una versione completa, perchè gli antichi taduttori avevano scelto solo i brani migliori.

Le persecuzioni

4. L'animosità tra Confucianisti, Taoisti e Buddisti, da principio latente e poi aperta, andava sempre diventando più acuta. I Taoisti non tolleravano che i principi prodigassero favori a una religione straniera e cercavano ogni occasione per colpire e rallentare la invasione buddistica. Nella parte settentrionale vi sono stati dei principi che professarono sinceramente il Taoismo. I monaci Taoisti aprofittarono di questi regnanti, per mettere in cattiva luce il Buddismo e provocare delle reazioni violenti. La pima persecuzione contro il Buddismo fu precisamente ispirata da loro a un re tartaro della dinastia Wei, la quale era riuscita ad unificare tutta la parte settentrionale. Nel secolo quinto il primo imperatore di questa dinastia che si chiamava Wei-tao-ou-ti, favoriva grandemente il Buddismo e colpiva con pene severe i

disturbatori della religione buddistica: mentre il monaco Fa-k'o era stato creato gran maestro del regno. Il successore Wei-tao-tsong seguiva le vestigia paterne, beneficando i conventi buddisti. L'imperatore Wei-tai-ou-ti che seguì wei-tao-tsong nella sua gioventù favorì pure la religione di Budda, ma poi cambiò opinione e scatenò la prima persecuzione cruenta.

I veri autori della prima persecuzione sono però stati i due Taositi: Ts'oei-hao e K'eou-kien-tze; il primo era gran cancelliere del regno e il secondo era consiliere reale. Verso l'anno 438, l'imperatore Wei-tai-ou-ti scoprì improvvisamente delle armi nascoste e delle celle segrete per le donne in un convento della città reale: indignato di queti crimini, egli ordinò l'uccisione di tutti monaci del convento. Il gran cancelliere del regno, cogliendo la bella occasione, fece pubblicare un decreto che ordinava la distruzione di tutti i conventi e la secolarizzazione di tutti i monaci buddisti. Ma il principe ereditario di opinione contraria, cercò di ritardare l'esecuzione del decreto. Poco tempo dopo, l'imperatore morì e il nuovo imperatore Wet-wen-chen-ti ridonò la fiducia al Budismo e fece innalzare un ricchissimo monumento a Yun-kan-an per riparare il gesto violento di suo padre. Il menumento a Yun-kan-an è costituito da una collina rocciosa; nella roccia sono scavate diverse grotte, decorate di una moltitudine di statue di viva pitra; fuori delle grotte ci sono gigantesche statue di Budda, alte talvolta diecine di metri, scolpite semper sulla stessa roccia. Gli archeologi e gli artisti considerano questo come uno dei più insigni monumenti della Cina.

Dopo la restorazione compiuta dall'imperatore Wei-wen-chen-ti, il Buddismo nella parte settentrionale contava più di venti mila conventi e di due milioni di monaci e monache. La dinastia Tcheou succedeva alla dinastia Wei verso la seconda metà del secolo quinto d. C., e l'imperatore Tcheou-ou-ti fece scatenare la seconda persecuzione. L'antagonismo fra il Taoismo e il Buddismo non s'era spento con la rifioritura del monachismo buddismo, ma si era anzi più acuta. Durante il regno dell'imperatore Tcheou-ou-ti, due Taoisti, Tchang-pin e Wei-tuan-son, machinarono la perdizione dei Buddisti.

Circolava un rumore di profezia che un uomo nero sarebbe diventato imperatore. Il padre dell'imperatore Ou-ti si chiamava nero, ed aveva preso il trono imperiale dalla famiglia Wei; quindi la profezia s'era avverata nella famiglia Tcheou. Ma la diceria non cessava dal predire che un uomo nero sarebbe diventato capo dello Stato. Ora l'imperatore Tcheou-ou-ti di natura superstiziosa, non si dava pace e ordinò che nessuno del suo regno portasse l'abito nero. I monaci buddisti che avevano il costume di portare l'abito nero, anche dopo l'editto imperiale continuarono a portarlo senza esitazione, pensando che l'imperatore non arrivasse a supporre tale ambizione politica nei monaci. Invece i Taoisti fecero clopire subito i monaci buddisti, accusandoli di ribellione e di secreta ambizione al trono imperiale. Dinnanzi al pubblico però l'accusa non appariva convincente, il popolo sapeva bene che i monaci erano uomini al di fuori del mondo; quindi per colpire il Buddismo ci voleva un altro capo di accusa. L'imperatore Tcheou-ou-ti allora ordinò che i seguaci del Confucianismo, del Taoismo e del Buddismo secgliessero dei loro rappresentanti per sostenere una disputa pubblica sulla veracità delle loro dottrine. La disputa avveniva al cospetto dell'imperatore e dei ministri, e tirava avanti senza un risultato concreto. L'imperatore con la propria autorità, ne impose la fine, dichiarando che il Confucianesimo e il Taoismo erano dottrine della Cina e il Buddismo era una dottrina straniera. I monaci Buddisti insoddisfatti della sentenza imperiale, scrissero moltissimi libretti in propria difesa, scaricando atroci ingiurie contro il Taoismo. Il che fece scoppiare la furia dell'imperatore, che fulminò i Buddisti con la spogliazione di tutti i conventi e la secolarizzazione di tutti i monaci. Si narra che tre milioni di monaci di ambo i sessi furono costretti a ritornare a casa. In severità, questa seconda persecuzione aveva superato la prima.

La diffusione del Buddismo nella parte meridionale della Cina

5. Nell'anno 420 d. C. la dinastia Soong aveva trasferito la città capitale in Nankino, e i ministri e molti altri della classe intellettuale erano venuti nella parte meridionale insieme con la casa regnante. Il Buddismo, già propagato nelle provincie meridionali, con la venuta dell'imperatore in Nankino. prese un grande incremento. Il fondatore del Buddismo nella parte meridionale può essere considerato il monaco cinese Fiyuan, il quale fù un discepolo del monaco Tao-an e un seguace di Fou-tou-teng. Viveva Fi-yuan con il suo maestro Tao-an nella parte settentrionale, ma venne nella parte meridionale durante la prima persecuzione, e si stabilì sul monte Lu-shan. Egli era dotto nella letteratura classica cinese e uomo di ascetica austera; godeva quindi di larga fama presso la classe intellettuale e s'era attirata la simpatia di molti letterati. Egli fondava una associazione chiamata del ((Lotus bianco)), a cui partecipavano illustri scrittori del suo tempo.

Il carattere distintivo della corrente buddistica nel Sud, si era già reso palese nella condotta di Fi-yuan. Mentre la corrente buddistica nel Nord si spingeva alla ricerca dottrinale e si dava alla forma esteriore; la corrente del Sud accentuava la vita ascetica e sulla contemplazione.

Il monaco Fi-yuan apparteneva alla setta dell'Amidista.

Uno dei principali propagandisti del Buddismo nel Sud fu il monaco indiano Fu-to-pa-to-lo (Tchoo-shen). Nella suo gio vinezze aveva aiutato il monaco Chiu-mo-lo-she a fare molte versioni. Quando la sua fama si era ormai levata come un nuovo astro, assicurandosi con la venerazione dei monaci, anche un gruppo di discepoli, Chiu-mo-lo-she si faceva insofferente e persecutore. Questo cattivo spirito s'accrebbe a dismisura allorchè Tchoo-shen abbandonò la parte settentrionale e si recò a Lu-shan, ed esercitò una grande influenza sulla propagazione del Buddismo nel Sud con le sue numerose versioni.

6. Gli imperatori della dinastie della Cina meridionale non avevano lo stesso entusiasmo verso il Buddismo, come i regnanti tartari del Nord; non sono però mancati imperatori che hanno sinceramente aderito alla religione buddistica, aiutandone la diffusione con la loro vita di credenti esemplari. L'imperatore Chi-ou-ti (483-494) mangiava di magro, perchè voleva osservare il precetto buddistica di non ammazzare le bestie. Ma il più fervente imperatore Buddista fu Lean-ou-ti (502-550). Voleva egli abdicare al trono imperiale, e non potendo effettuare il suo proposito per la opposizione dei ministri egli trasformò il suo palazzo in un convento buddistico; si vestiva da monaco, osservava l'astinenza perfetta, interveniva a tutte le cerimonie religiose e faceva lui stesso le prediche, interpretando i testi canonici. Il popolo seguiva l'esempio dell'imperatore, e quarantotto mila persone si facevano monaci e monache. La fine dell'imperatore fu però molto misera, perchè assediato dall'esercito ribelle, morì di fame.

Anche l'imperatore Chen-Ou-ti (557-560) favorì il Buddismo, partecipando personalmente alle cerimonie religiose; così i suoi successori che dimostrarono buone disposizioni verso la religione di Budda.

Nella parte meridionale i conventi erano già seminati in tutte le provincie e il lavoro di versione andava innanzi con progresso soddisfaciente. Fra i grandi monaci di questo periodo deve essere ricordato Ta-mou-ta-she (Bodhidharma).

Bodhidharma, oriundo da una nobile famiglia indiana, arrivò in Cina verso l'anno 520 d. C. dal mare. La sua partenza dall'India fu attribuita a discordie dottrinarie con gli altri monaci indiani e a controversie interne della propria famiglia. Bodhidharma da Canton passò a Kien-kan (Nankino), dove trovò molta opposizione fra i monaci confratelli; allora egli si recò al monte Son-shan e fondò il celebre convento Chiao-lin-tze. La venerazione e l'adesione dei monaci cinesi furono tanto entusiaste tanto che riuscì a fare della setta della contemplazione la più diffusa della Cina.

Gli altri fondatori delle diverse sette che poi si diffusero durante il secondo periodo, sono il monaco Cheng-t'i (venuto in Cina verso 546 d. C.), fondatore della setta Kiu-chee-tsong, e il monaco Chi-Kai (557-588 nella Cina), fondatore della setta Tie-tai-tsong.

In conclusione si può affermare che il Buddismo nel primo periodo della sua propagazione, estese il suo influsso dottrinale in tutta la

Cina. La fede religiosa non era ancora profondamente fondata e la pratica religiosa difettava di comprensione; ma il lavoro di propaganda era già fatto e nel periodo seguente esso sarà lavoro di penetrazione e di approfondimento. La vera situazione religiosa di questo primo periodo non si può esattamente descrivere per mancanza di documenti storici. Gli scrittori buddisti danno cifre sbalorditive che non ci garantiscono la veracità. Ecco un esempio, che riportiamo dalla storia buddistica. Verso l'anno 405 d. C. nella parte settentrionale si contavano, credenti del Buddismo, nove su ogni dieci famiglie, e nell'anno 512 i conventi esistenti nel regno Wei settentrionale erano tre mila; verso l'anno 538 nella parte settentrionale, i conventi erano trenta mila con due milioni di monaci d'ambo i sessi.

Secondo periodo del Buddismo in Cina

7. Questo periodo va parallelo con la dinastia Tang che durò dall'anno 620 all'anno 907 d. C. I primi imperatori della dinastia Tang furono tra i più grandi imperstori della Cina ed hanno rialzato la cultura e la potenza militare al massimo grado della storia cinese. Poeti e prosatori allargarono il campo della letteratura con uno stile nuovo, e il teatro allietò la società con nuove musiche. Il Taoismo aveva guadagnato il favore della famiglia imperiale, come religione della corte, ma il Confucianesimo manteneva sempre la sua supremazia legale. In mezzo a questa fioritura culturale, il Buddismo spingeva avanti la sua diffusione con vigoria nuova. Mentre i monaci indiani erano molto diminuiti e quasi scomparsi, i monaci cinesi crescevano di giorno in giorno. Questi maestri dei monasteri sviluppavano la dot trina buddistica con tanta libertà ed eleganza, che la dottrina buddistica aveva preso una fisionomia tutta propria intonata alla mentalità locale. Il lavoro delle versioni continuava nei primi anni di questo periodo; poi si lavorava per scrivere i commenti. Dai commenti nasceva la differenza delle opinioni e si formavano diverse sette buddistiche. La vita monacale rispondeva mirabilmente alle aspirazioni, nonostante la ripuganza della pietà filiale al celibato. Ma in seno a cui bella fiorit-

ura si nascondeva il germe della dissoluzione e della decadenza; la divisione e la mancanza di direzione condannavano inesorabilmente il Buddismo alla sterilità; il forte numero dei conventi e dei monaci inevitabilmente portava alla rilassatezza della disciplina e conseguentemente faceva perdere la stima del popolo.

8. Il favore dei regnanti della dinastia Tang verso il Buddismo fu largo ed efficace. Il primo imperatore Tang-Kao-tsou (620-627) onorò la religione buddistica, cedendo la propria residenza ai monaci per fondarvi un convento. Il secondo imperatore Tang-tai-tsong che fu il genio della grandezza della dinastia, favorì il Buddismo con discrezione. Egli nel combattere con suo padre contro i nemici, era stato generalissimo, e temendo di avere commessa qualche crudeltà senza ragione, ordinò che nei conventi buddistici si pregasse per lui, e che nei dieci campi di battaglia si edificassero dieci grandi conventi buddistici. Curò poi che le versioni dei testi fossero rifatte con eleganza letteraria e fu severo nell'esigere la disciplina circa l'accettazione nei novizi d'ambo i sessi. Il terzo imperatore Tang-Kao-tsong (650-684) venerò grandemente il monaco Shuantsang fino a pregarlo che imponesse il nome al principe neonato. L'imperatrice Ouheou lasciò che il monaco Huai-yi fosse il più influente e più tiranno dei suoi ministri. Anche gli altri regnanti dimostrarono benigne disposizioni verso la religione di Budda, ma la opposizione dei ministri Confucianisti ci faceva sempre pù sentire, specialmente circa il tentativo di risanare la vita monastica. Più volte gli imperatori intervennero a rimandare un grande numero di monaci a casa, e a stabilire un controllo governativo della vestizione. Nessuno poteva essere ricevuto nel convento senza una autorizzazione governativa. Il numero però dei monaci andò sempre crescendo fino alla terza terribile persecuzione. Prima della persecuzione avveniva però un fatto singolare. Nell'anno 817 d. C., una reliquia di Budda (si dice che fosse un dito) veniva trasportata nella città imperiale, e l'imperatore Tang-shen-tsong con tutto il popolo andava a riceverla con solenne cerimonia. Il famoso letterato Han-yu protestava contro la condotta dell'imperatore, e veniva immediatamente degradato. Nell'anno 839 d. C., il censimento

imperiale mostrò che il numero dei conventi buddistici era di quarantaquattromila e seicento, e il numero dei monaci d'ambo i sessi di quattrocentosessantacinque mila. Se si paragona questo numero con il numero del periodo precedente, lo si trova diminuito più della metà; e questo avvenne per le restrizioni del controllo governativo.

9. Durante la dinastia Tang pochi monaci indiani arrivarono in Cina e i lavori per la diffusione del Buddismo furono portati avanti quasi intieramente dai monaci cinesi. Fra questi uno merita una menzione speciale, cioè il monaco Shuan-tsang. Alla fine del secolo quarto un monaco cinese di nome Fang-chen era andato in India per studiare il Buddismo nel suo paese di origine e vi era rimasto per diciassette anni (399-416); il monaco Shuan-tsang partì pure per India nell'anno 629 d. C. e dopo diverse difficoltà, arrivò sul posto di studio, visitando moltissimi conventi e acquistando copiosi testi. Ritornò egli in Cina nell'anno 646. Limperatore Tang-tai-tsong lo ricevette con grande onore e lo esortò a completare il lavoro della versione. E Shuan-tsang con l'aiuto dei suoi discepoli tradusse in cinese seicentocinquantasette libri. I suoi discepoli raggiunsero il numero di tre mila, di cui settanta furono i più celebri. Shuan-tsang morì verso il 664 d. C., a settanta-cinque anni di età.

Un altro monaco cinese andato pure in India e che ebbe molta influenza sul Buddismo in Cina, fu Yi-chen. Il nome che egli portava nel secolo, era Tchang-wen-min. Questo monaco fin dalla sua gioventù sentì una grande emulazione per i monaci Fan-chen e Shuan-tsang, e votò di compiere un viaggio in India. Difatti partì da Canton con una nave per l'India verso il 671 d. C.; ma lungo il viaggio, i suoi dieci compagni morirono tutti e lui solo arrivò in India ove rimase venticinque anni. Ritornato in Cina, si mise a lavorare risolutamente per la versione dei testi e compliò sessantuno libri. Morì verso l'anno 713 d. C. a settantanove anni.

Mentre questi monaci studiosi preparavano le versioni, altri dei celebri conventi commentavano la dottrina di Budda e dei suoi immediati discepoli, creando una molteplice varietà di sette buddistiche in Cina.

10. Le sette buddistiche in Cina sono diverse; generalmente si enumerono o dieci o otto. Nel numero otto è compreso il dieci:

Hinayana	Kiü-chee-tsong (Fa-shan-tsong) Chen-she-tsong (San-luun-tsong)
mista	Lütsong
Mahayana	Fa-nien-tsong Tien-tai-tsong Cheng-nien-tsong Chen-t'ou-tsong Shen-tsong

Sotto il termine generico di Buddismo si nasconde una molteplicità di dottrine, prodotte dai diversi commenti dei principali maestri dei celebri conventi. Tale diversità ha però il suo fondamento nella diversità dottrinale dei testi indiani. La grande divisione del Buddismo in Hinayana e Mahayana trova il suo sviluppo nel Buddismo cinese, e le sottodivisioni indiane hanno pure offerto dei testi come libri canonici delle diverse sette cinesi. La schema tracciato sopra ci presenta la divisione e le appartenenze delle sette buddistiche della Cina. Noi seguiamo le enumerazione del numero otto, perchè ci sembra più sintetico.

A. Kiü-chee-tsong. La setta Kiü-chee-tsong è una evoluzione della setta Fa-shan-tsong. Verso l'anno 563 d. C. il monaco Cheng-ti cominciava a propagare la dottrina del monaco indiano Vasubandhu, creando la base di questa setta. Quando il monaco Shuan-tsang si mise a tradurre le opere di Vasubandhu, questa setta acquistò la sua perfezione. La dottrina di Kiü-chee-tsong appartiene all'Hinayana con tendenza realistica, ammettendo la realtà dele cause dei dolori e lo possibiliteà della liberazione. La parola Kiü-chee è una traduzione della parola sanscritta Kosa, e il testo fondamentale è kosa-sastra,

B. Chen-she-tsong. Fondatore di questa setta fu il monaco Chiu-mo-lo-she e, resturatore fu il monaco Cha-tchuang (del secolo VI. d. C.), e il testo fondamentale è satya siddhi-sastra. Questa setta s'avvicina all'idealismo mahayana, negando la realtà delle cose. La personalità umana non è altro che una creazione dei sensi; l'uomo è come una bottiglia vuota; egli esiste solo esteriormente, ma non ha l'essenza.

C. Lü-tsong. Nei testi canonici buddisti c'è una divisione tripartita: la dottrina, la disciplina, i discorsi di Budda. Questa setta Lü-tsong aderisce principalmente alla disciplina, promuovendo l'osservanza della disciplina monastica. Il testo principale è Dharmagupta, e ne fu sostenitore principale il monaco Tao-shuan.

D. Fa-nien-tsong. La versione del libro Fa-nien (avatam-sakasutra) costituisce la base dottrinale della setta Fa-nien-tsong. Il principale propugnatore fu il monaco Fa-tchuang (642-711).

La dattrina di questa setta si riassume in queste parole: il cuore dell'uomo cioè l'intelletto umano, abbraccia tutte le cose esistenti e ne causa la loro esistenza. Si può immaginare il processo gnoseologico in quattro gradi: le cose visibili che hanno una differenza particolare; queste cose differenti si riducono alla stessa realtà dell'intelletto conoscitivo; per la stessa realtà le cose apparentemente diverse comunicano fra di loro; dalla comunicazione si arriva alla identificazione di tutte le cose nell'intelletto umano.

E. Tien-tai-tsong. La seta Tien-tai-tsong rappresenta il Buddismo cinese elaborato dalla dottrina indiana, addatata alla mentalita dei Cinesi. Ià testo fondamentale è il libro Fa-hoa. Il fondatore della seta fu il monaco Chih-k'ai della dinastia Soui e ne fu propugnatore il monaco Kuan-tin, della dinastia Tan.

Le linee principali di questa dottrina si possono descrivere così: Esiste un ente assoluto che riempie di se stesso tutti gli enti e costituisce la causa e il fine di tutti. L'esistenza di tutti gli altri enti si riduce a una realtà irrisoria che conserva solamente la diversità di modi di concepire l'ente assoluto. Quindi la realtà dell'universo è unica cioè dell'ente assoluto; la realtà degli altri esseri ha il senso reale in quanto gli enti partecipano alla stessa realtà dell'ente assoluto. Scoprire la irrealtà delle cose e conoscere la realtà dell'nete assoluto costituisce la liberazione dell'uomo.

F. Chen-tou-tsong. Questa setta appartiene all'Amidismo buddistico. Chen-tou significa la terra pura o il regno puro.

Questa setta ha avuto i suoi primi fondatori nelle persone di Fi-yuan e Tao-an; ma essi coltivarono piuttosto la vita contemplativa che la vita futura nella terra pura. Nel secolo sesto il monaco Tan-loan fu uno zelante predicatore del regno puro, e dopo di lui venne il monaco Tao-tch'ao (m. 645) con il suo discepolo Chan-tao.

Il testo principale è il libro Amidokin. Eiste un regno di pace e di felicità dopo la morte. Siccome l'uomo per la sua debolezza non può arrivare a questo regno puro con le proprie forze, è necessario confidarsi intieramente al Budda Amida, invo candolo continuamente. Il culto di Amida si è diffuso in tutta la Cina e i credenti laici della religione buddista sono quasi tutti zelanti verso questa divinità

G. Shen-tsong. Questa è la setta della contemplazione. La contemplazione entra in tutte le sette, perchè è un elemento comune del Buddismo; ma la setta Shen-tsong coltiva la contemplazione in modo speciale e la fa unica dottrina e pratica religiosa. Il fondatore della Shentsong fu il monaco Bodhidharma. Dopo di lui vengono Houi-kuei, Seng-tsang, Tao-shen, Huang-jen, e Houi-meng. Dopo questo ultimo, sono apparse quattro scuole: Lintsi, Tsao-tong, Yu-men, e Fa-yen.

La contemplazione buddistica consiste nel contemplare il Budda che non è altro che il cuore dell'uomo cioè l'intelletto umano o meglio la propria coscienza, che è l'unica realtà. Distogliendosi dall'attaccamento alle cose esterne e identificandosi con l'unica realtà, l'uomo arriva alla buddificazione ed entrerà al Nirvana.

H. Cheng-nien-tsong. Questa setta è considerata dai Buddisti come eretica, che ha contaminato molto la purità del Buddismo.

Difatti la setta Cheng-nien-tsong venera una moltitudine di divinità e coltiva molti misteri. Perciò si chiama anche la setta dei misteri o sempliceemente la setta del Tantrismo.

Il Tantrismo è una dotrina o una pratica religiosa preesistente al Buddismo in India. I testi del Tantrismo furono tradotti in cinese nel secolo III d. C. dal monaco Peslimitola, e nel secolo ottavo furono divulgati dai monaci Vajabodhi e Amogha. Una gran parte delle pratiche religiose buddistiche in Cina si deve a questa setta, come l'idea dell'inferno, le preghiere magiche, le formule misteriose.

11. Durante la dinastia Tang il Buddismo in Cina arrivò al culmine dello sviluppo: i conventi furono disseminati in tutte le contrade, il popolo seguiva le pratiche religiose, la classe culturale leggeva con avidità i libri buddistici, la dottrina lasciava moltissime traccie nella letteratura e nella filosofia. Numerosi erano i maestri celebri dei conventi e molti erano i monaci letterati. La stima verso la dottrina di Budda era alta e sincera. Però in questa fioritura si nascondeva il germe della decadenza e della sterilità. La divisione delle sette indeboliva la forza vitale della religione, le sottigliezze e la speculazione della dottrina impedivano che il popolo la potesse ben conoscere; inoltre la rilassatezza della disciplina monacale faceva secmare la stima comune. Nel secondo periodo della dinastia Tang arrivarono in Cina altre religioni come il Nestorianesimo, il Maomettanesimo e le religioni persiche. Nasceva quindi una specie di competizione religiosa, e di conseguenza il risentimento dei Confucianisti e dei Taoisti si riaccendeva. Avveniva allora la terza grave persecuzione contro il Buddismo.

Questa prescrizione fu scatenata dall'imperatore Tang-ou-tsong (841-847). Le cause furono molteplici: la istigazione dei Taoisti Tcho-keu-kin e Ly-te-yu, la dissolutezza dei costumi buddistici, le ricchezze dei conventi e la povertà dell'erario pubblico. L'imperatore Tang-ou-tsong ambiva di ottenere i beni immobili dei conventi per potere coprire il deficit della finanza imperiale: perciò fece pubblicare il decreto di spogliazione. Intervenne brutalmente l'Imperatore stesso nel regolare la vita monastica, chiudendo tutti i conventi, e conservandone soltano quattro nella città imperiale e uno in ogni provincia; così limitò assai il numero dei monaci: venti per un convento di prima classe, dieci per un convento di seconda classe e cinque per un convento di terza classe. Istituì poi un severo controllo per la vestizione dei novizi. I decreti imperiali furono eseguiti con vigorosa energia, colpendo a morte il Buddismo in Cina.

Terzo periodo del Buddismo in Cina

12. Dal secolo decimo, con la fine della dinastia Tang, il Buddismo in Cina entrò nel periodo della decandenza e dello ristagno. Cessata la persecuzione imperiale e riacquistata la libertà, cercò di restaurarsi ripopolando i conventi con monaci di amdo i sessi, ma lo sviluppo fu stroncato inesorabilmente.

La cause principale della decadenza deve essere ricercata nella essenza stessa della dottrina buddistica. Una religione formata solo dal genio umano conserva in sè possibilità di sviluppo vitale in determinate epoche per ragione delle circostanze sociali. Raggiunta la maturità di sviluppo, la vitalità si esaurisee; allora è necessario o perire o trasformarsi con nuovi elementi dottrinali. Il Buddismo è una religione umana e una filosofia razionale.

La psicologia del popolo cinese davanti al Buddismo rimase sempre ostile. Quando si dice che il popolo ha accettato la religione buddistica, si vuole dire soltanto che segue le pratiche religiose, le quali non sono la parte essenziale del Buddismo, e non sono nemmeno la parte propria della dottrina di Budda. Il popolo cinese pratica le cerimonie e fa le funzioni religiose per i propri defunti secondo il cerimoniale buddistico, ma nello stesso tempo eseguisce ed osserva le prescrizioni cerimoniali confuciane e i riti taoistici. Quindi l'adesione del popolo non significa una fede propriamente detta nel Buddismo, anzi la mentalità cinese rimane sempre ostile alla speculazione metafisica indiana.

La vita monastica buddistica corrispondeva a una aspirazione intima della psicologia popolare della Cina, e prese quindi uno sviluppo senza confronto con gli altri paesi. Ma quanto più si desidera ed apprezza la vita monastica per il suo lato ideale, tanto più si detesta e disprezza la dissoluzione e l'abbassamento della disciplina monastica. A causa degli immensi beni posseduti, la disciplina dei conventi decadeva aprendo la via anche alla immoralità. Sorse una letterature mordace contro i monaci e il nome di Bonzo (monaco buddista) diventò un titolo di imbecillità e di irrisione.

In queste circostanze il Buddismo si spegneva lentamente mell'animo dei Cinesi; negli ultimi secoli la dottrina buddistica era ormai morta nella storia della cultura cinese.

13. Gli Imperatori delle dinastie seguenti non sono diversi da quelli delle preecdenti, conservano una buona disposizione verso il Buddismo. La dinastia Song che dopo un periodo di divisioni alla fine della dinastia Tang, riuscì a riunire l'impero, ha lasciato la religione buddistica nella propria libertà, senza troppo favori e senza troppe restrizioni. Ma poco prima di questa dinastia c'era stata la quarta persecuzione contro il Buddismo. L'imperatore Heu-tcheou-tsong nell'anno 955 d. C., ritornò sulle idee dell'imperatore Tang-ou-tsong limitando il numero dei conventi e dei monaci. Sciolse più di trentamila conventi e secolarizvò tutti i monaci, eccettò un piccolo numero stabilito dal decreto Ordinò sotto pena di morte il deferimento di tutte le statue metalliche di Budda al governo per essere utilizzate a fabbricare le monete.

Durante la dinastia Song, la metafisica buddistica veniva assorbita dalla filosofia cinese. Da lungo tempo si sentiva la mancanza di metafisica nel Confucianesimo, e si fecero tentativi durante la dinastia Han per creare una metafiscia confuciana; ma il successo fu meschino. Nel secolo decimosecondo si iniziava il movimento neoconfuciano, il quale raccoglieva gli elementi metafisici dalla traduzione antica, dal Taoismo e dalla dottrina speculativa indiana e riusciva a costruire un sistema metafisico confuciano. Il Neoconfucianesimo è un effetto parziale della dottrina buddistica, specialmente in riguardo alla psicologia. Mentre i dottori assorbivano le tesi metafisiche del Buddismo, respingevano energicamente la religione; perciò i maestri

Neoconfuciani furono tutti Confuciani rigidi per la tradizione cinese. A questo modo il Buddismo perdeva terreno anche nella classe intellettuale.

La dinastia Yuan dei Mongoli abbracciava il Buddismo come religione dello Stato. Il Buddismo coltivato dai Mongoli fu la setta chiamaa Lamaismo, vicino al Lamaismo tibetano. I monaci godevano di moltissimi privilegi e di grandi favori; il gran pontefice era venerato come gran maestro dell'impero ed aveva la potestà di emanare decreti con lo stesso valore dei decreti imperiali. L'imperatore lasciava pure libertà a tutte le altre religioni, e nella sua concezione sociale e politica seguiva sempre le tradizioni confuciane. Dopo la dinastia Yuan venne la dinastia Ming. Il fondatore di questa dinastia da giovane fu monaco in un convento buddistico. Dopo l'ascesa al trono nell'anno 1348 d. C., conservò molta gratitudine verso la religione di Budda, non dimenticando le deviazioni di parecchi monaci. Egli controllo la libertà della vestizione religiosa e l'ammissione di nuovi elementi nel convento. La politica d'intervento andò crescendo in misura sempre maggiore: l'imperatore Ming-chen-tzu stabilì che il numero dei monaci fosse di quaranta per ogni provincia, di trenta per ogni prefettura e di venti per ogni comune. Però questa restrizione non entrò in vigore assoluto, e poco dopo la libertà fu lasciata di nuovo al Buddismo.

Successe alla dinastia Ming una famiglia imperiale della Manciuria, la dinastia Tsing. I primi imperatori amarono molto lo studio del Confucianesimo e del Buddismo e anche del Cristianesimo. Una edizione completa dei testi Buddistici e dei taoistici fu curata dai più famosi monaci e stampati a cura del governo imperiale. Il Buddismo aveva ripreso lo spirito dello studio e sembrava sopravvenuto un risveglio generale. Quando però l'impero cominciò a invecchiare, sotto le pressioni diplomatiche e militari delle potenze occidentali, la vita sociale e politica iniziò un lungo periodo di prostrazione e di languore, e così anche il risveglio buddistico fu stroncato dalle vicende politiche.

Dopo la costituzione del regime repubblicano nell'anno 1911, la società cinese non ha potuto godere ancora la tranquillità, indispensabile per un serio lavoro di ricostruzione; però anche in mezzo alle rivoluzioni, tutto il popolo è animato da uno spirito di rinnovamento; di conseguenza la religione buddistica si è ridestata dallo stato di inerzia e desidera rinnovarsi. In questi ultimi anni furono fondate scuole buddistiche e furono editi libri che trattano sistematicamente la storia e la dottrina del Buddismo [1].

La dottrina buddistica

La dottrina filosofica

14. Nello studio della dottrina del Buddismo, noi ci avventuriamo in un campo pieno di incertezze e di sottigliezze. Il numero grandissimo dei testi ci opprime e la oscurità della loro versione ci impedisce d'avanzare sicuramente. In questo riassunto dottrinale si sforzermo di tracciare uno schema semplice e chiaro della dottrina religoisa buddistica in Cina.

Cominciamo dalla patre filosofica che è base del sistema buddistico. Prima di tutto qual'è il fine del Buddismo?

Il fine del Buddismo può essere riassunto in una parola cinese: ((Ming-sin-chien-sing)). Ming significa conoscere; Sin significa cuore; Chien significa vedere; Sing significa natura. Quindi il fine del Buddismo consiste nel conoscere e vedere chiaramente la coscienza e la natura umana.

Tutti lamentiamo che la vita umana non sia altro che un cumulo di dolori. E' una verità inconfondibile. Ma perchè ci sono questi dolori? perchè l'uomo deve soffrire? La ragione dei dolori sta nelle ignoranza

---

(1) Per questi cenni storici abbiamo adoperato:
Chiang-hui-chao. — La storia del Buddismo in Cina. Shanghai 1933. 3. v.
Pietro Huang. Sommario della collezione critica della mitologia cinese. Shanghai 1879.
Wieger, Histoire des croyances religieuses et des opinions philosophiques en Chine, 1927. Sien-hien.

dell'uomo; ignorando la vera natura delle cose l'uomo s'affligge dei dolori. Il Buddismo vuole che si combatta contro questa nefasta ignoranza.

((Ming-Sin-Chien-Sing)), conoscere e vedere chiaramente la coscienzae la nateura umana esprime adeguatamente il fine del Buddismo, il quale benchè sia una religione, ha la sua base nella filosofia metafisica. [2]

La gnoseologia

15. La parola Cuore presso i Buddisti come presso i Neoconfucianisti, ha un significato molto vago ed assai largo. Cuore significa anzitutto l'intelletto umano; e significa pure la volontà umana. Perciò si trovano sempre queste espressioni: il Cuore conosce, il Cuore comanda, il Cuore ha la direzione della vita umana. Il Cuore ha un significato che si avvicina alla parola Natura, considerata come principio delle azioni e delle passioni. Il Buddismo ammette una realtà nel mondo, e questa reltà è il Cuore, cioè l'intelletto umano.

Le facoltà conoscitive sono di quattro secie: la prima è la facoltò sensitiva, composta di cinque elementi, cioè l'occhio, l'orecchio, il naso, la lingua e il tatto (corpo).

La seconda è la riflessione, per la quale l'uomo si rende conscio delle prorie cognizioni.

La terza si chiama Manas ed è la facoltà di giudizio. L'uomo

---

(2) " Donc le but du Budhisme, c'est l'obtention du fruit de l'illumination. Ce fruit, c'est le passage en des régions où l'illusion n'existe plus. Faire passer de l'erreur à l'intelligence, voilà de but du Bhudhisme. "

" Ignorer le sens, la raison d'être de l'univers, voilà l'erreur. Savoir la raison d'etre de tout, voilà l'intelligenoe. De vrai, cette raison d'être resplendit dans le monde, n'est pas cachée. Mais nous hommes, victimes de l'erreur, nous ne discernons pas cette raison d'être évidente. Le mirage de l'illusion nous cache la lumiére de la vérité. Quiconque pourra le dissiper, obtiendra l'intelligence. Ne cherchons pas cette intelligence hors de nous. Dissipons le nouage intérieur de nos illusions, et l'intelligence resplendira en nous d'elle-même". Wieger. Textes philosophiques. Sien-hien 1930. p 357.

riflettendo su le proprie congnizioni, giudica se esse hanno o non la realtà oggettiva.

La quarta si chiama Alaya, e contiene in sè i semi o gli elementi, causati dalle azioni della vita precedente. Questi semi hanno un deciso influsso sul giudizio umano [3].

La cognizione umana può essere vera o falsa. La cognizione vera asserisce che le cose esterne conosciute dall'uomo sono fenomeni e manifestazioni di una realtà unica. La cognizione falsa invece asserisce che le cose esterne e la personalità umana sono tutte cose reali ed esistenti.

Come si produce una cognizione vera e come si produce una cognizione falsa? Spieghiamo il problema con un esempio concreto. L'acqua secondo la sua natura è limpida; ma quando viene presa in un recipiente, l'acqua conserva o no la sua limpidezza secondo che il recipiente è pulito o no. Così la cognizione diventa vera o falsa secondo le disposizioni dell'uomo.

La cognizione ha il suo inizio nella sensazione; la facoltà sensitiva percepisce un oggetto esterno, producendo una sensazione. Questa

---

(3) "On y distingue la connaissance visuelle, auditive, olfactive, linguale, tactile; l'intellectuelle; plus la connaissance mouo-na (manas) et la connaissance a-lai-ye (alaya). On appelle les cinq premières des ces sortes de oonnaissances, les précédentes... L'intelligence (qui les classes), est la sixiéme connaissance."

" Les cinque connaissance précédentes répondent aux cinq poussiéres produites par les cinq sens, c'est-à dire, comme disent les psycologues modernes, aux impressions de cinq sens. La sixiéme connaissance, l'intelligence comme disent les savants, le coeur comme dit le vulgaire, trie et juge ces impressions. Le Buddhisme s'occupe beaucoup du coeur, qu'il appelle la grande racine. Il nous reste à parler des deux connaissance mouo-na et a-lai-ye. "

" Nous savons que le coeur est identique, est un, avec l'essense cosmique; qu'il n'y a ni toi ni moi, mais seulement un absolu unique. .. Or, aprésque l'intelligence a trié et jugé les émotions que le sens lui ont donhees, il se produit une connaissance nouvelle, l'illusion du moi... C'est là la connaissance mouona, du moi distingué des au tres étres. Cette connaissance doit étre rectifiée par la connaissance a-lai-ye, qui est la connaissance globale de l'essence cosmique contenant en type tous les étres et toutes les choses " . Wieger. o. c. p. 375.

sensazione si ripercuote sul Cuor; la ripercussione produce la cognizione intellettiva. Nel momento della cognizione intellettiva l'uomo riflette sulla cognizione forma il giudizio che è la cognizione Manas, cioè l'asserzione della realtà o irrealtà dell'oggetto conosciuto. La facoltà Manas subisce l'influsso dell'Alaya.

Nella facoltà ((Alaya)) ci sono dei così detti semi della cognizione, i quali sono creati dalle azioni della vita precedente. Questi semi sono innati nell'uomo e possono essere buoni o cattivi. I semi buoni, frutto delle buone azioni della vita passata, fanno che l'uomo giudichi la irrealtà dei oggetti esteriori secondo la vera natura delle cose. I semi cattivi, frutto delle cattive azioni, fanno che l'uomo apprenda le cose esterne irreali come cose reali.

Quindi la cognizione completa è composta di due specie di elementi: la sensazione e il seme innato. La sensazione e la cognizione intellettuale non portano con sè la falsità del giudizio; la vericità e la falsità del giudizio, la base della felicità e della infelicità dell'uomo, dipendono dall'elemento innato dell'Alaya.

La realtà delle cose

16. Questo problema può essere considerata come centro del Buddismo. La vita umana è un cumulo di dolori; e i dolori sono causati dal fatto che l'uomo ha dei desideri, che non possono essere soddisfatti. I desideri nascono, perchè l'uomo crede che le cose esistano realmente e siano desiderabili. Il Buddismo per distruggere la causa dei dolori nega assolutamente la realtà delle cose esistenti nell'universo. Se le cose non esistono realmente, esse non sono desiderabili, quindi i desideri umani non hanno motivo di essere; calmati i desideri, i dolori della vita scompariranno.

Circa la irrealtà delle cose, tutte le sette buddistiche, eccetto il realismo hynayana, sono concordi; ma non sono concordi nell'asserire la esistenza di una realtà unica nell'universo. La setta che rappresenta propriamente il Buddismo cinese ammette la esistenza di una realtà assolua.

La setta Fa-shan-tsong, sotto la guida del monaco Shuan-tsang, propugna la tesi dell'idealismo assoluto. Le cose non sono altro che creazioni del Cuore umano, cioè dell'intelletto umano. L'unica realtà che può esistere, è il Cuore umano.

La setta Fa-nien-tsong e la setta Tien-tai-tsong ammettono una realtà assoluta, esistente al di fuori del cuore umano. La setta Fa-nien-tsong chiama questa realtà assoluta con il nome di Chèn-sin; la setta Tien-tai-tsong la chiama Chèn-shu.

Chèn-sin significa il vero cuore, cioè il cuore umano ordinario, ma un cuore realmente esistente.

Chèn-shu significa il vero modello, cioè il modello reale delle cose esterne. [4]

Tutte le cose esterne sono manifestazioni dell'unica realteà. La setta Fa-nien-tsong espone questa verità con la metafora del leone d'oro. Uno vede un leone d'oro, e naturalmente afferma che il leone d'oro esiste realmente. Ma l'uomo iliuminato saprà fare una distinzione, dicendo che l'esistenza del leone d'oro appartiene all'oro e non al leone, perchè l'oro senza la forma di leone può esistere ed esiste realmente, invece la forma di leone non può esistere senza l'oro. L'oro è la sostanza, la forma di leone è la forma accidentale; così il Chèn-sin o Chèn-shu è la sostanza reale di tutti gli esseri dell'universo ed esiste realmente; tutti gli esseri sono forme accidntali e non esistono realmente [5].

---

(4) " Le terme Tchenn-jou (Chèn-shu) désigne la substance de l'universe (unique rèalité et norme), qui ne nait ni ne meurt, qui n'augmente ni ne diminue, qui ne commence ni ne finit... Tout ce qui parait dans le monde, devient et cesse, augmente et diminue, commence et finit, ce sont wan-fa les êtres... Fantasmagorie souflée par la réalité istente. "
" Le texte dit: Tchenn veut dire vrai, sans mélange d'erreur... jou veuit dire toujours ainsi, sans aucune changement. Tous les êtres sont des manifestations du Tchenn-jou " . Wieger... o. c. p. 362.

(5) " La diversitè et l'agitation des êtres qui peuplent l'univers, visibles à tous les yeux, trompent les ignorants et les font croir à la réalité de ces apparonces. Aussi le Buddhisme commence-t-il par avertir, que toute multiplicité et agitation est impermanente, que les êtres n'ont pas de mio réel que le cosmes est une vaste fantasmagorie... " Wieger. o. c. p. 358.

L'unica realtà dell'universo è Chèn-sin o Chèn-shu. Questa realtà è assoluta ed immutabile. In tutti gli esseri c'è questa realtà totale e in tutti gli esseri esiste la stessa realtà. Questo si spiega con un esempio: mettiamo una statua di Budda in mezzo a una camera; in ogni parte della camera colloghiamo uno specchio, cioè sei specchi. Allora se guardiamo in uno specchio, noi troviamo la immagine della statua e nello stesso tempo troviamo pure l'immagine della statua riflessa in tutti gli altri specchi. Così in uno specchio c'è la statua, e il riflesso della statua negli altri specchi. Perciò si dice che la Chèn-sin o Chèn-jou esiste totalmente in un essere e la stessa realtà esiste in tutti gli esseri. La Chèn-shu si chiama Budda; nei testi la parola Budda moltissime volte deve essere intesa come la realtà unica; perciò si dice che il Budda sta al di dentro di tutti gli uomini e tutti gli uomini hanno il Budda totale.

Un'altra espressione curiosa e tipicamente buddistica dice che sul corpo umano ci sono migliaia di cappelli e che sull'ultima punta di un cappello sta tutto l'universo. Questa espressione sembra paradossale, ma contiene la verità ontologica del Buddismo, perchè l'universo non è altro che la Chèn-shu, e la Chèn-shu si trova in ogni essere dell'universo con tutta la sua essenza; quindi su qualsiasi punta di cappello, si trova l'universo. Nella contemplazione il monaco concentra la sua meditazione sulla unica realtà assoluta, non solamente in genere, ma praticamente sulle cose particolari, e deve sapere vedere in tutti le parti del proprio corpo la esistenza del Budda o meglio della unica realtà.

Da questa contemplazione viene un altra conseguenza ancora più stravagante: la identificazione di tutti gli esseri dell'universo. Per un buddista consumato la differenza e la disparità devono scomparire, perchè se in tutti gli esseri sta la totale e identica Chèn-shu, logicamente si deve concludere che tutti gli esseri sono eguali, anzi identici. Le forme esteriori hanno significato solamente per quegli uomini che non sono arrivati alla illuminazione e vedono soltanto le cose esteriormente; ma davanti agli occhi degli uomini illuminati le forme esteriori delle cose perdono tutto il significato di realtà e non formano oggetto di cognizione nè di considerazione degli uomini illuminati. Ridurre tutto l'universo alla sola esistenza di Budda (non Budda storico, ma Budda me tafisico) e identificarsi nel Budda (Buddificazione): questo è il fine ultimo del Buddismo.

La persondità

17. La questione della personalità umana è la più difficile del Buddismo. Esiste il proprio Io? Buddismo afferma che l'adesione al proprio Io e la causa di tutti i dolori umani. Questa adesione è conseguenza della ignoranza. Quindi l'uomo illuminato dovrebbe ammettere che il proprio ((io)) non esiste e conseguentemente che non c'è la personalità. Se tutti gli esseri sono solamente delle manifestazioni accidentali della unica realtà Chèn-shu, allora anche l'uomo, la persona umana, è solamente una manifestazione accidentale di Chèn-shu. Una manifestazione accidentale non può costituire una personalità che abbia un'esistenza individuale.

Ma allora quell'Io che mi sento di essere, cosa è ? che significato può avere? Il Buddismo risponde che l'Io che l'uomo sente in se stesso è un insieme di diversi elementi mutabili che attraverso una concatenazione, creano un'unità coscienziosa. L'uomo nell'intimo del proprio Io, cioè nella propria coscienza, sa di essere qualche cosa che ha una esistenza sua; ma questa convinzione è conseguenza di un'erronea apprensione. L'uomo è un quid totum di cause concatenate, le quali una dopo l'altra si susseguono e producono la illusione dell'unità personale. [6] Quindi non esiste propriamente una personalità umana, ma una falsa convinzione di una esistenza individuale.

---

(6) De la foule des êtres qui remplissent le monde, il n'y a aucun moi particulier... C'est-à-dire qu'il n'y a aucun être particulier permanent, indépendant, qui soit le maitre de quoi que ce soit. Ainsi mon corps qui parait composé de terre d'eaux de feu et de vent, des quatre grandes irréalitês... ce corps ne contient aucune moi d'aucune sorte. C'est un agrégat formé par la causalité, que la causalité défera. Wieger. o. c. p. 360.

L'anima umana

18. Se non esiste la personalità umana, conseguentemente non può esistere un'anima umana; se non esiste l'anima umana, come si può spiegare la metempsicosi? Il Nirvana non esige propriamente la esistenza dell'anima, perchè, come il Buddismo afferma, l'uomo nella Nirvana perde la propria esistenza e ritorna alla esistenza della unica realtà, la Chèn-shu. Ma gli uomini che non raggiungono la vita nel nirvana, dovranno rinascere attraverso le vie della purificazione. Nella rinascita, fra la vita precedente e la vita seguente deve esistere qualche legame comune, altrimenti non sarebbe più rinascita, la purificazione non otterrebbe l'effetto. Il corpo certamente non può essere il legame comune, perchè dopo la morte il corpo non rinasce, ma si dissolve; allora dovrebbe essere l'anima umana che passa da un corpo a un altro. Solo così si spiega la rinascita. Per ammettere la esistenza della anima umana, come essere reale, si dovrebbe pensare a distruggere tutto il sistema buddistico. Il Buddismo non parla chiaramente dell'anima; soltanto la credenza popolare ammette che l'anima umana dopo la morte vada nell'inferno ad espiare i propri peccati.

Onotologicamente l'anima umana non esiste; esiste invece una falsa convinzione della personalità umana, cioè una falsa coscienza del proprio Io; questa falsa conscienza passa dalla vita precedente alla vita seguente. L'uomo che non è arrivato allo stato di perfezione illuminata, s'attacca al proprio Io, credendo alla propria personalità; l'attaccamento al proprio Io, è la causa della rinascità. Nella rinascità che s'effettua attraverso la morte con la dissoluzione della forma precedente, quello che rimane dell'uomo antico è la falsa convinzione della propria personalità. Questa convinzione si ha come un pensiero dell'unica realtà, la Chèn-shu; nella rinascità, questo pensiero si riveste di un'altra forma ed effettua un'esistenza momentanea. Quando questa falsa convinzione della propria personalità, mediante la illuminazione, viene cancellata, allora si spegne l'attaccamento al proprio Io, l'uomo non desidera più la propria esistenza ed entra nel Nirvana.

Le cinque negazioni della realtà

19. Alla negazione della propria esistenza, cioè della propria personalità e delle cose esterne dell'universo, l'uomo arriva non improvvisamente, ma attraverso un esercizio lungo e paziente fatto di diversi gradi. La contemplazione buddistia insegna la pratica di cinque gradi di negazione della realtà.

Il primo grado di negazione è per gli incipienti nella perfezione, che insegna all'uomo a negare in globo la esistenza reale delle cose esterne. Le cose mondane passano e periscono, quindi non sono desiderabili.

Il secondo grado cominia a spiegare la ragione della irrealtà delle cose, dicendo che le cose esterne sono percezioni create dalla facoltà cognoscitiva dell'uomo. Il cuore umano, cioè l'intelletto, è la causa onnipotente della produzione delle cose dell'universo.

Il terzo grado avanza di un passo ed insegna all'uomo a contemplare la irrealtà delle cose. Nei gradi precedenti si insiste molto sulla verità della irrealtà delle cose, perchè l'uomo ignorante sia convinto di questa verità; invece, nel terzo grado, si suppone che l'uomo sia già illuminato, quindi non occorre di inculcare la falsità delle cose, ma si invita alla contemplazione.

Il quarto grado distrugge la nozione della esistenza o non esistenza, perchè indirizza l'uomo alla realtà assoluta senza pensare mai più alle cose particolari. La nozione ((esistenza)) è una nozione relativa, in quanto si oppone alla non esistenza; così la nozione non esistenza è relativa, in quanto si oppone alla nozione esistenza. La nozione ((realtà)) e la nozione ((irrealtà)) sono termini relativi. Quando l'uomo arriva a fissarsi nella realtà assoluta, perde le nozioni relative e diventa transcendentale.

Il quinto grado è la contemplazione dell'unica realtà in modo che l'uomo s'unifica con Chèn-shu e gode la felicità della Nirvana.

La liberazione dell'uomo

La possibilita della liberazione

20. Il fine del Buddismo consiste nella liberazione dell'uomo dai dolori della vita presente. I dolori della vita sono canusati dalla ignoranza dell'uomo che con una falsa convinzione della propria personalità o delle cose esterne reali, s'attacca al proprio Io e alle cose del mondo. La liberazione dell'uomo consiste anzitutto nella illuminazione dell'intelletto umano affinchè questo arrivi a percepire la falsità dei suoi giudizi ed a capire la irrealtà delle cose dell'unverso. La ignoranza dell'intelletto umano è frutto di un falso giudizio; il falso giudizio è stato influenzato dalla facoltà Alaya, la quale conserva i semi delle azioni cattive della vita precedente. Per correggere la falsità del giudizio, sarà necessario distruggere i semi delle azioni cattive; i semi cattivi possono essere eliminati dai semi buoni che sono frutto delle buone azioni. Perciò il principio o l'inizio della liberazione dell'uomo consiste nell'operare moralmente.

Le divisioni e i dissensi delle sette buddistiche riguardano appunto il processo della liberazione.

La setta Shen-tsong insiste sulla contemplazione, perche secondo questa setta la illuminazione, che è il mezzo necessario della liberazione, s'ottiene attraverso le meditazioni o progressive o subitanee, senza l'aiuto di altre pratiche.

La setta Chen-tou-tsong insegna invece che l'uomo ordinariamente non arriva a liberarsi da se ed ha il bisogno di aiuti divini, quindi sono necessarie le invocazioni al Budda. Entrano allora a fare parte della religione tutte le pratiche religiose.

Le altre sette ritengone più o meno che la librazione attraverso la illuminazione, sia opera di pazienti esercizi ascetici e contemplativi.

Noi cercheremo di descrivere sommariamente il processo della liberazione dell'uomo.

La preparazione alla illuminazione

21. A ricevere la illuminazione ci vuole un Cuore, cioè un intelletto adatto che nell'Alaya non abbia dei semi cattivi.

Esistono invece molti uomini che per il triste rettaggio della vita precedente portano con se nell'Alaya dei semi cattivi numerosissimi. Per preparare questi uomini alla illuminazione il Buddismo vuole una vita morale che serva ad eliminare i semi cattivi mediante le buone azioni. Nella prepazione non si parla della illuminazione che si considera troppo alta per gli uomini colpevoli, ma si parla dell'inferno e della rinascita.

Per regolare la vita morale il Buddismo ha desunto molti precetti morali dal Confucianesimo, come ha fatto il Taismo, aggiungendo quella parte che è propriamente buddistica.

A) Ecco i precetti generali

L'azione umana si compie mediante la bocca, il corpo e il Cuore semplicemente.

Per la bocca il Buddismo insegna: non dire le bugie, non dire parole sconvenienti, non dire parole ingiuriose...

Per il corpo il Buddismo insegna: non ammazzare nessun vivente, non commettere impudicizie; non rubare....

Per il Cuore: non nutrire ambizioni, non desiderare la vendetta, non pensare falsamente.... [7]

B) I precetti morali particolari

I figli hanno cinque regolamenti riguardo ai loro genitori: provvedere alla conservazione della vita dei parenti; prestare loro il

---

(7) " Pour morigéner le corps il y a trois régles, pour morigéner la bouche il y a quate pour morigéner l'esprit il y en a trois... " Wieger. o. c. p. 378.

nutrimento; non contristarli; aiutarli a fare del bene; curare le loro infermità.

Altrettanti sono gli uffici dei parenti verso i figli: preservarli dal male; dare loro una buona educazione; insegnare loro i precetti morali; procurare loro un buon matrimonio; lasciare a loro buona eredità.

Cinque sono i precetti dell'alunno nei riguardi del maestro. l'ossequio; la gratitudine; la docilità; seguirne i detti; parlare del maestro con rispetto e con onore. Il maestro ha pure cinque uffici verso l'alunno: non lasciare l'alunno al vizio; dargli la migliore educazione secondo le sue possibilità; dargli delle nozioni vere; risolverne i dubbi; cercare di rendere l'alunno più capace di se stesso.

Cinque sono gli uffici della moglie verso il marito: buona accoglienza al marito che ritorna dal lavoro; buona amministrazione della casa durante l'assenza del marito; non amare nessun altro uomo nè lamentarsi di suo marito; non appropriarsi le cose della famiglia; stare nello stesso letto con il marito. Il marito ha cinque offici verso la moglie: rispetto verso di essa; darle il nutrimento e il vestito necessario; avere tutto in comune con la moglie; procurare le cose necessarie all'ornamento della moglie; non tradirla.

Cinque sono gli uffici degli amici: gli ossequi; i regali; la correzione fraterna; l'aiuto reciproco nelle difficoltà; non divulgare i delitti e i difetti dell'amico.

Cinque sono gli uffici del padrone verso il servo: provedergli le cose necessarie; curarne le infermità; non punire senza ragione; pagargli bene il salario; trattare egualmente tutti i servi. I servi hanno cinque uffici verso il padrone: alzarsi presto la mattina; compiere bene tutti i lavori; non danneggiare le cose del padrone; presare la riverenza o l'ossequio al padron; parlare delle cose belle del padrone, ma tacere delle cose cattive che lo riguardano.

L'uomo comune ha cinque uffici verso il bonzo (monaco): buona accoglienza; parlargli con rispetto e con docilita; salutarlo con riverenza; amarlo sinceramente; riconoscerlo suo maestro della vita. Il Bonzo ha sei uffici verso l'uomo comune: evitare l'avarizia nel ricevere l'elemosina e il benficio; dare buon esempio; essere paziente con tutti; essere zelante nel fare del bene; essere serio nelle relazioni; essere prudente nelle manifestazioni di se stesso.

Il primo grado della illuminazione.

22. Agli uomini che hanno il cuore adatto a ricevere l'illuminazione, il Buddismo comincia a insegnare quattro massime verita: La esistenza del dolore; la causa del dolore; la soppressione del dolore; la via della soppressione.

((Ecco, o monaci, la verita santa sul dolore: la nasita e dolore, la malattia e dolore, la vecchiaia e dolore, la morte e dolore, l'unione con cio che non si ama e dolore, la separazione da cio ha si ama e dolore, non soddisfare il proprio desiderio e dolore: insomma, i cinque oggetti dell'umano attaccamento sono dolore.

((Ecco, o monaci, la verita santa sull'origine del dolore: e la sete (dell'esistenza) quella che conduce di rinascita in rinascita, accompagnata dal piacere e dalla cupidigia, e trova qua e la il suo piacere, la sete d'esistenza, la sete d'impermanenza.

((Ecco, o monaci, la verita santa sulla soppressione del dolore: l'estinzione di questa sete per mezzo dell'ambientamento completo del desiderio, bandendo il desiderio, rinunciandovi, liberandocene, non lasciandogli posto.

((Ecco, o monaci, la verita santa sulla via che conduce alla soppressione del dolore: e quella via sacra, con otto diramazioni, che si chiama: fede pura, volonta pura, linguaggio puro, azione pura, mezzi d'esistenza puri, applicazione pura, memoria pura, meditazione pura.)) [8]

Certamente il primo grado della illuminazione non consiste semplicemente in una esposizione di queste quattro verità; ma esige una fede sincera e una adesione convinta da parte del credente. Una volta sentite queste verità, l'uomo comincia a pensare ed a credere.

---

(8) H. **Oldenberg**. Budda. ed. Corbaccio, Milano. 1937. p. 233-234.

Credendo alle verità circa il dolore, l'uomo vedrà il suo desiderio della vita, tutto vuoto di fondamento, e quindi prenderà la deisione di distacarsi dalle cose terrene. Di qui incomincia propriamente la illuminazione.

Il secondo grado della illuminazione

23. Dopo che uno ha aderito praticamente alle verità sul dolore, il Buddismo procede a spiegare le cause del dolore per introdurre il credente nella vera cognizione della vita.

Le cause del dolore sono dodici e sono concatenate fra di loro in modo che una è causa dell'altra. Queste dodici cause sono: l'ignoranza, la formazione (sankara), la conoscenza (vinnana), nome e corpo, sei domini, contatto, sensazione, sete, attaccamento, esistenza, nascita, vecchiaia, e morte.

((Dall'ignoranza provengono le formazioni (sankara); dalle formazioni proviene la conoscenza (vinnana); dalla conoscenza provengono nome e orpo; dal nome e corpo provengono i sei domini; dai sei domini proviene il contatto; dal contatto proviene la sensazione; dalla sensazione proviene la sete; dalla sete proviene l'attaccamento; dall'attaccamento proviene l'esistenza; dall'esistenza proviene la nascita; dalla nascita provengono vecchiaia e morte, sofferenza e lamento, dolore, afflizione e disperazione. È questa l'origine di tutto l'impero del dolore.

((Ma se l'ignoranza è soppressa dal totale annientamento del desiderio, ciò produce la soppressione delle formazioni; con la soppressione delle formazioni è soppressa la conoscenza; con la soppresione della conoscenza sono soppressi nome e corpo; con la soppressione del corpo sono soppressi i sei domini; con la soppressione dei sei domini è soppresso il contatto; con la soppressione del contatto è soppressa la sensazione; con la soppressione della sensazione e soppressa la sete; con la soppressione della sete è soppresso l'attaccamento; con la soppressione dell'attaccamento è soppressa l'esistenza; con la soppressione dell'esistenza è soppresa la nascita; con la soppresione della nascita sono soppresse la vecchiaia e la morte, la sofferenza e il lamento, il dolore, l'afflizione e la disperazione. Tale è la soppressione di tutto l'impero del dolore)). [9]

L'ignoranza significa la falsa convinzione della realtà del proprio Io e delle cose esterne. La formazione significa le male azioni che sono prodotte dalla ignoranza. Queste due cause appartengono alla vita precedente. Da queste due cause si producono nome e corpo: corpo significa il corpo umano e il nome significa il Cuore, cioè il corpo umano che si forma nel seno materno. Dalla concezione o formazione del corpo si producono sei domini che significano i sei sensi o facoltà sensitive. Coi i sei sensi si produce il contatto che è il contatto delle facoltà sensitive con i loro oggetti. Dal contatto si producono le sensazioni. Queste quattro cause si considerano nello stato fra la concezione e la nascita. Quando il corpo umano è addatto alle sensazioni, viene il desiderio (sete) delle cose mondane; da questa sete di piacer nesce l'attaccamento alla propria persona e alle cose proprie. Così l'uomo viene a rinascere; dalla rinascita vengono la vecchiaia e tutti gli altri dolori.

((Se la conoscenza (falsa convinzione), o Ananda, non discendesse nel seno della madre, forse che il nome e il corpo si formerebbero nel seno della madre? — No Signore. — E se la conoscenza, o Ananda, dopo questa discesa nel seno della madre, abbandonasse di nuovo il suo posto, forse che il nome e il corpo nascerebbero a questa vita? — No Signore. — E se nel fanciullo o nella fanciulla, o Ananda, mentre sono ancora piccoli, la conoscenza venisse di nuovo a perdersi, forse che il nome e il corpo avrebbero erescenza, sviluppo, progresso? No Signore.)) [10]

---

(9) H. Oldenberg. o. c. p. 249.

(10) H. Oldenberg. o. c. p. 251.

La somma causa del dolore è la falsa convinzione della propria persona; quindi per distruggere il dolore, è necessario applicare il rimedio radicale, disconosecendo la propria personalità.

((Se, o Ananda, la conoscenza non trovasse il nome e il corpo, come punto d'appoggio, forse che in seguito nascita, vecchiaia e morte, origine e sviluppo del dolore verrebbero a manifestarsi? — Non sarebbe possibile, Signore. — Di conseguenza, o Ananda, è quella la causa, è quello il fondo, è quella la base della conoscenza: il nome e il corpo.)) [11]

((Nome e corpo)) significano la esistenza concreta dell'uomo; cioè il corpo materiale. Ma per arrivare alla negazione della propria personalità è necessario disfarsi del proprio corpo; e Budda dice al suo discepolo diletto:

((Questo non e il vostro corpo nè il corpo degli altri; bisogna considerarlo piuttosto come l'opera del passato, che ha preso una farma, realizzata dalla volontà, divenuta tangibile.)) [12]

Se la propria persona non esiste realmente, nemmeno le cose esterne possono esistere realmente. Allora le cose esterne come si trovano nell'universo?

((Budda disse a Sariputta: le cose, o Sariputta, non esistono nel modo che credono, nel loro attaccamento ad esse, gli uomini ordinari e ignoranti che non hanno ricevuto l'insegnamento su questo argomento. — Sariputta disse: E come esistono dunque, Signore? — Budda rispose: Esistono, o Sariputta, solo in quanto esse in realtà non esistono. E in quanto esse non esistono sono chiamate Avidya, cioè a dire il non

---

(11) H. Oldenberg. o. c. p. 254.
(12) H. Oldenberg. o. c. p. 255.

essere o il non sapere. A ciò si attaccano gli uomini ordinari e ignoranti che non hanno ricevuto l'insegnamento su questo argomento.
Essi rappresentano tutte le cose come esistenti, mentre in realtà
nessuna essiste)).

((Che ne pensi tu ora, o Subuti, l'illusione è una cosa e la
corporeità un'altra? le rappresentazioni un'altra? le formazioni un'altra? La conoscenza un'altra? — Subuti risponde: No, Signore, no; l'illusione non è una cosa e la corporeità un'altra. La stessa corporeità è
l'illusione e la stessa illusione è la corporeità, le sensazioni, la rappresentazioni, le formazioni, la conoscenza.)) [13]

Il terzo grado della illuminazione

24. Dopo la cognizione delle cause dei dolori, l'uomo illuminato
inizia la sua ascesa alla vita perfetta. Quest'ascesa si effettua
attraverso sei pratiche buone che si chiamano sei Paramita: l'elemosina, l'osservanza della disciplina, la pazienza, il fervore, la
contemplazione e il nirvana.

A) L'elemosina — Lo spirito dell'elemosina deve essere universale e sincero, come il sole distribuisce la sua luce a tutti senza
distinzione. Ma esiste una classe di uomini che hanno maggiore
bisogno e meritano maggior aiuto; questa classe è il monaco. Quindi il
vero credente nel Budda darà volontariamente tutti i beni per i bisogni
del convento. Da parte sua, anche il monaco deve fare una ben più alta
elemosina, cioè la distribuzione della dottrina santa di Budda.
Esistono quindi due tipi di elemosina: l'elemosina materiale e la
elemosina spirituale.

---

(13) H. Oldenberg. o. c. p. 266.

B) L'osservanza della disciplina — La disciplina serve per distruggere i desideri. Attraverso la lotta incessante contro le passioni l'uomo s'avanza lentamente nella via della illuminazione. Fra i precetti della disciplina, ecco cinque principali: Non ammazzare i viventi; non rubare; non commettere fornicazione; non mentire; non bere vino.

C) La pazienza — Ci sono due specie di pazienza. La prima è la pazienza nel sopportare le diffioltà della vita; la seda consiste nel sopportare le difficoltà per acquistare la perfezione.

D) Il fervore — L'avanzamento nella perfezione per illuminazione è un'opera difficile; quindi è necessario che l'uomo abbia sempre il fervore e la costanza. Chi si stanca nel lavoro della perfezione, non potrà arrivare all' annientamento perfetto dei desideri e conseguentemente rimarrà sempre l'uomo volgare che si attacca alle cose.

E) La contemplazione — La contemplazione è una meditazione continua e concentrata sulla unica realtà chèn-shu. Nelle sale del convento buddistico i monaci convengono ogni giorno in ore determinate e seggono sul pavimento con la postula ben tenuta per praticare la contemplazione, distogliendosi dai pensieri delle cose esterne. La contemplazione si inizia con la tranquillità interna e si perfeziona nella concentrazione del cuore o intelletto. Si distinguono diversi gradi di contemplazione: il primo consiste nella tranquillità interna, in cui l'uomo rimane con il cuore tranquillo come l'acqua del lago senza vento. Il secondo annienta la sensazione del piacere, ma ritiene ancora il piacere spirituale di possedere. Il terzo grado toglie l'uomo dal pensiero del piacere e gli fa considerare la felicità umana in un senso transcendentale. In questo grado l'uomo si eleva al di sopra della considerazione della moralità, perchè le nozioni del bene e del male morale sono nozioni relative e l'uomo illuminato deve fissarsi nella unica realtà senza pensare alle cose relative. Il quarto grado porta l'uomo allo stato della somma tranquillità ch'è un Nirvana anticipo. [14]

F) Nirvana — Che cosa è il Nirvana? Budda non ha voluto rispondere a questa domanda, nè i suoi più celebri discepoli. Le opinioni posteriori riguardo al Nirvana sono diverse: Di esse due sono principali: una afferma che il Nirvana è l'annientamento perfetto di se stesso, perchè l'uomo illuminato entrando nel Nirvana s'immerge nella unica realtà, Chèn-shu, perdendo la coscienza della propria essistenza; la seconda opinione invece insegna che il Nirvana è il luogo della perfetta felicità e l'uomo deve ritenere la propria coscienza per godere la felicità. [15]

---

(14) " La contemplation du prmier degré a clarifiié l'eau en faisant déposer terre. Mais cette eaux maintenent pure, ne refléte pas encore parfaitement la vérité entiére. Pourquoi?... parce que le frémssement   de joie ride sa surface. Pour que l'eau refléte en perfection, il faut qu'elle soit, non seulement llmpide, mais absolument calme. L'obtention de ce calme, est le but de la contemplation du deuzième degré. La contemplation du premiér dégré a eteint la peur; la contemplotion du deuxiéme dégré doit éteindre la joie, doit procurer le bonheur sans joie. Ce bonhenr sans joie prépare la félicité abstraite... troisiéme dégré, félicité abstraite Cet état est entache d'une derniere impureté. Qui dit félicité dit crainte de la perdre. Quelque attenuée quélle soit, cette crainte est une crainte. Mais ells tient indissoluble ment à la félicité acquisé par le trois premières contemplations, puisqu'elle en est comme le revers. Il faut dcnc, pur la détruir cette felicité abstraite, obtenue par tant d'efforts. Il faut lui substituer la quiète atone; ce qni est l'effet cu quatrième et dernieg degrè de   contemplation. Quiètude sans pensé, atonie sans sentiment, Nirvana anticipè qui prèpare au Nirvana futur, extinction avant annihilation. "
Wieger. Histoire des croyances religieuses et des opiniens philosophiques en Chine. Kien-hien 1927. p. 424.

(15) The word Nirvana etymologically means motionless. It is a Sanskrit word conposed of Nir "without" and Wana "to go",. In pali language it is called Neibana, a word composed of Ni "negation"and wana "desire", it means, therefore extinction of desire. Nirvana is ofen compared to extinction of a lamp... "Fr. Zacharias O. C. D. - A study of Hinduism. Ed ahulam 1931. p. 218. "

Neppur noi sappiamo rispondere a questa domanda. Ci sembra soltanto che la opinione della perfetta e assoluta distruzione del proprio Io per godere il Nirvana non corrisponda alla mentalità cinese. Come è concepibile per un Cinese che la sua ultima felicità consista nel distruggere se stesso totalmente? Quindi ci pare che la seconda opinione sia maggiormente accettata dai Buddisti cinesi. [16]

Le pratiche religiose

L'inferno

25. Nella filosofia e nella religione buddistica non ci dovrebbe essere il concetto dell'inferno; ma nella credenza popolare, specialmente nelle pratiche religiose, essa occupa il posto centrale. Il popolo cinese accetta e pratica la religione, in quanto questa ha la idea della vita futura dell'anima. Il Confucianesimo nella sua sobrietà non ha voluto spiegare chiaramente quale sia la mentalità nei riguardi della morte; il Buddismo ha portato in Cina la idea della vita d'oltretomba.

---

(16) Le nie-p'an (nirvana) c'est la région dans la quelle les Budha rèsident. L'atteindre c'est le but final des Budhistes. La manière dont les hinayanistes se figuret le nirvana. n'est pas la même. Pour les hinayanistes le nirvana est la cessation de la succession des naissances et des trépas, dissolution pour toujours et de l'esprit et du coeur. Pour les mahayanistes le nirvana est la concentration et l'absorption dans le tout-bien absolument pur. Toute vérité-bonté, voilà ce que les mahayanistes appellent tout-bien. L'absence en toute fausseté-mauvaiseté-laideur voilà ce qu'ils appellent purete absolue. Pour le bon peuple fidéiste, dépourvu de philosophie, fervent et pratiquant, le nirvana c'est le fruit de l'observance, de la pratique, un état définitif de béatitude, qu'il se figure en cette sorte: immuabilité du corps, paix et bonheur sans aucune peine ni duleur, liberté et pouvoir de ee satisfaire en tout sans qu'aucun lien ou souillure. En résumé, un séjour où il n'y a que rectitude, pureté, beauté, liberté, contentement.
Wieger. - Textes philosophiques. p. 384.

Il fine del Buddismo è la vita nel Nirvana; al Nirvana sono ammessi solamenti gli uomini illuminati; quelli invece che hanno conservato attaccamento alla propria persona e alle cose esterne a causa della ignoranza dovranno rinascere in questo mondo. Prima di rinascere, l'uomo che aveva commesso moltissimi delitti, dovrà essere gettato nell'inferno a espiare propri delitti. Dopo la espiazione, intesa come l'abbiamo spiegata, l'anima riprende la strada di ritorno nel mondo umano. Quindi l'inferno non ha carattere di un luogo d'espiazione perpetua; ma di purgatorio per un tempo determinato.

La credenaz e la superstizione popolare hanno costruito un inferno minutamente descritto. L'inferno ha diciotto gradi o sfere; in ciascuna sfera sono gli uomini che hanno commesso un determinato delitto; per la espiazione di ogni delitto c'è una pena speciale. Ci sono dei governanti delle sfere che si chiamano Nienwang, e ci sono dei satelliti che sono i diavoli.

Per alleggerire le sofferenze degli uomini condannati e per abbreviare il tempo delle loro sofferenze, il Buddismo insegna al popolo parecchi mezzi. Primo mezzo di soccorso in favore dei defunti sono le preghiere dei monaci. Il Buddismo, come il Taoismo, dà una grande importanza alle preghiere liturgiche dei monaci. Queste preghiere possono essere fatte dai monaci o nelle case private nei giorni dei funerali, o nei conventi. I monaci hanno l'obbligo delle preghiere quotidiane; queste preghiere possono essere applicate ai defunti. Il popolo cinese alla morte dei parenti osserva i prescritti cerimoniali confucianistici per il funerale, ma invita i monaci buddisti e taoisti a dire le preghiere in suffragio del defunto. Esiste pure la preghiera privata buddistica che però avvantaggia piuttosto il vivente che il defunto. La setta Chen-tou-tsong insegna a praticare il pio esercizio della corona buddistica, toccando ogni granello della corona con una invocazione al Budda O-mi-do-fu.

La campana presso i Buddisti ha un significato propriamente mistico. Il suono della campana ha il potere di fendere l'atmosfera empirica e di penetrare nell'inferno, porgendo un senso di sollievo all'anima condannata. Ogni convento ha le sue campane che suonano con regolamento speciale, giorno e notte. Molti poeti cinesi, nella notte profonda, sentendo il tonno grave, lento e metodico, provarono quasi una pace e spiritualizzazione dell'anima, e descrivono questo stato misterioso nei loro carmi.

L'elemosina in genere e specialmente quella data ai monaci, ha forza liberatrice dalla condanna dell'inferno sia per i vivi che per i morti.

Poi la superstizione popolare ha introdotto molte diverse prassi riguardo ai defunti. Si costruiscono delle case e dei mobili di carta e si bruciano, dicendo che la casa e i mobili servono all'anime defunte. Davanti alla porta e nelle vicinanze della tomba si bruciano anche delle carte che si chiamano moneta cartacea perchè queste monete servono ai morti per pagare i diavoli.

La metempsicosi

26. L'anima di un uomo defunto che non era arrivato allo stato della perfetta illuminazione e non poteva entrare nel Nirvana, deve necessariamente rientrare, o attraverso la purificazione dell'inferno o senza la purificazione, nel mondo umano. Questo si chiama rinascita, e si chiama pure metempsicosi. La quale ha un significato più largo e più preciso della rinascita, perchè la rinascita nel Buddismo non esige necessariamente che l'uomo rinasca di nuovo in un altro unom, ma può benissimo rinascere in un animale. L'anima umana non essendo una sostanza individuata, ma una cosienza singolare appiccicata all'unica realtà, Chèn-shu, può prendere qualunque forma accidentale esterna, o di uomo o di bruto; perfino di insetto. La rinascita è una punizione: e in questa punizione porta i meriti o i delitti della vita precedente. Un uomo che ha fatto del bene, rinascerà in un uomo ricco, sapiente e facoltoso; un uomo che ha fatto del male, rinascerà in un uomo povero e stupido e morirà presto; un uomo che ha commesso dei delitti, rinascerà in un animale brutto, o cane o cavallo o porco. Di qui il precetto buddistico di non ammazzare i viventi, animali e insetti, perchè in quell'animale o in quell'insetto ci può essere uno degli antenati.

Le strade che conducono all'altra vita, sono tre: la buddificazione nel Nirvana per gli uomini perfettamente illuminati; la dannazione all'inferno e conseguentemente la rinascita umiliante per gli uomini malfattori; la rinascita immediata dell'uomo buono.

Questa idea di rinascita oggi e ancora viva presso i Tibetani riguardo al grande monaco Dalay-lama. Difatti quando egli muore, per scegliere il suo successore, si deve ricercatre un bambino che sia nato nello stesso momento, in cui e spirato il Dalay-lama, perche si crede, come esprimono certi segni, che l'anima del Dalay-lama sia da cercarsi in questo mondo nella forma di quel neonato.

La vita monastica

27. La piu grande istituzione che il Buddismo ha portato dall'India in Cina, e il monachismo. La tendenza del popolo cinese alla vita tranquilla e alla contemplazione meditativa, offre un terreno molto adatto alle istituzioni monastiche. La religione buddistica ha popolato tutta la Cina con i suoi conventi; in qualunque luogo che abbia un bel panorama, esiste certamente un convento di bonzi. Se la religione di Budda, nonostante tante vicende, ha potuto sopravvivere fino ai nostri giorni, si deve alle istituzioni monastiche che hanno perpetuato la vita religiosa. Il giorno in cui venissero a mancare, il Buddismo dovrebbe inevitabilmente scomparire dalla terra cinese,

Il concetto della vita monastica e alto e puro. Infatti nel testo Fan-wang-king, si dice che il monaco deve assolutamente rinunciare ai beni terreni, deve osservare esattamente le prescrizioni, deve sforzarsi d'avanzare nella perfezione, deve desiderare il bene del prossimo, deve difendere l'integrita della dottrina.

Il procedimento nella vita monastica assomiglia alla vita monastica della religione cattolica. Esise la domanda esplicita di ammissione; il noviziato funziona perfeettamente per istruire e provare i postulanti. L'ammissione ufficiale si celebra con grande solennita: in caso di trasgressioni gravi, c'e l'espulsione.

La vita monastica si conduce presso comunità ben definita, in un convento sotto il comando del preposto. I monaci d'ambo i sessi abitano separatamente nei rispettivi conventi senza comunicazione fra di loro. I monasteri sono indipendenti; solamente i monasteri filiali, cioè fondati dai maestri di un altro monastero più celebre, dipendono dai monasteri che li hanno creati. In ogni convento la direzione spetta la preposto e al suo capitolo.

La disciplina vieta ai monaci di possedere i beni, e di contrarre matrimonio.

Dieci precetti ha il noviziato: Non uccidere, non rubare, non commettere impudizie carnali, non mentire, non bere vino, non mettere ornamenti sul proprio corpo, non cantare nè ascoltare canti lascivi, non sedere in luoghi elevati nè il luoghi troppo comodi, non mangiare fuori dall'orario, non toccare il danaro.

In quattro casi il novizio può essere espulso: per delitto d'impudicizia carnale con altra persona o con un animale; per il delitto di possedere qualche cosa propria; per il delitto di amare la vanità mondana.

Cinque precetti ha il monaco: — Non amazzare i viventi; non appropriarsi nulla; non commettere impudicizie; non mentire; non bere liquori inebbrianti.

In quattro casi avviene espulsione del monaco: — per delitto d'impudicizia carnale con altra persona o con un animale; per il delitto di appropriazione di cose come proprie; per il delitto di ammazzare volontariamente un essere vivente; per il delitto di amare la vanità mondana.

In otto casi avviene espulsione della monaca: — per delitto d'impudicizia carnale con persona umana o con un animale; per il delitto di possedere cose come propria; per il delitto di ammazzare un animale o un insetto; per il delitto di menzogna che causi litigi nella comunità; per il delitto di avere aontatto con uomini; per il delitto di tenere nascostamente conversazione con un uomo; per il delitto di tenere visite famigliari con uomini; per il delitto di tener nascosta una grande colpa o un grande incoveniente di un'altra monaca; per il delitto di difendere o conservare contatti famigliari con una monaca condannata dal capitolo del monastero.

Nei primi tempi del Buddismo in Cina, la vita monacale fu un'aspirazione alla perfezione morale, che portò alla società un soffio vivificante; ma poi presto degenerò in vita oziosa, se non addirittura colpevole. Oggi la vita monastica langue ed è appena tollerata nella società. Se il Buddismo vuol avere una rinascita religiosa in Cina, dovrà incominciare il proprio lavoro con la riforma dei conventi, dovrà ripristinare l'osservanza della disciplina e ristabilire lo studio. Altrimenti la Cina, uscita dalla rivoluzione politica e sociale ch'è imbevuta di principi positivistici ed agnostici, non sarà più l'ambiente che consenta una sopravvivenza tranquilla alla religione di Budda; e gli ultimi avanzi della vita secolare del Buddismo in Cina cadranno in dimenticanza.

Complete Works of Lokuang Vol. 40-3

La Storia Delle Religioni In Cina

Student Book Co. LTD.

Indice

Sezione I

La Tradizione Confuciana

Sezione II

Il Taosimo E Il Buddhismo

Il pensiero religioso nel Taoismo filosofico. L'uomo ideale nella filosofia taoista. La fondazione della Religione Taoista. La medicina della immortalità. Le formule magiche.

L'introduzione del Buddhismo in Cina. Lo sviluppo del Buddhismo in Cina. Le sètte Buddhistiche in Cina. Le dottrina del Buddhismo in Cina. La illuminazine. La contemplazione. La morale buddhista. Le credenze popolari.

Sezione III

Vita Religiose Del Popolo Cinese

I miti cosmici. I miti taoisti. Miti Buddhisti. I miti protettori. Gli eroi.

Il culto degli antenati. Le feste familiari. L'occasione del lutto. La religiosita sociale. La morale popolare della Cina.

Sezione I

La Tradizione Confuciana

I. Le Vicende Storiche Del Popolo Cinese

1. Storia ufficiale

Una caratteristica tutta speciale della cultura cinese, meno notata in Occidente, è il possedere essa una storia ufficiale ininterrotta per più di quattro mila anni. Dalla dinastia Han, che comincia a regnare al secondo secolo prima di Cristo, fino all'ultima dinastia esiste una storia ufficialmente compilata che riporta ampiamente i fatti dell'impero cinese. Accanto a questa storia ufficiale degli imperatori esistono altre due serie di documenti storici che integrano la narrazione della vita del popolo cinese attraverso i secoli: la storia delle famiglie, la storia dei comuni. In Cina ogni grande famiglia possiede la propria storia, e ogni comune compila pure una cronaca, sempre aggiornata, della vita del paese.

Con questi documenti storici la lunghissima durata e la vastità immensa della Cina viene quasi diminuita, perche la vita nazionale appare ordinata e continua.

Prima della dinastia Han, da cui s'incomincia la storia ufficiale, noi abbiamo il libro Tchuůn-chiu, libro storico scritto da Confucio. Intorno a questo libro si scrissero tre commentari perchè Confucio non soltanto redasse gli eventi storici in stile lapidario, ma dispose anche i fatti secondo il proprio criterio dottrinale.

Prima di Confucio noi possediamo ancora un altro libro storico, cioè il Shu-king, nel quale sono riportati i discorsi degli antichi imperatori. Questi due libri: Tchuůn-chiu e Shu-king fanno parte dei libri canonici della tradizione confuciana.

La data dei discorsi riportati nel libro Shu-king va dal 2357 fino al 627 avanti Cristo e la data dei fatti narrati nel Tchuůn-chiu va dal

732 fino al 481 avanti Cristo. Naturalmente ora non è possibile giudicare della genuinità di tutti i capitoli del Shu-king con una certezza assoluta, date le vicende che il libro ha dovuto subire attraverso i secoli, ma la grande parte del libro è ritenuta genuina dai critici moderni.

Gli inizi della storia del popolo cinese non ci sono noti attraverso documenti storici, ma solo per mezzo di leggende e delle scoperte archeologiche.

Nella grande storia ((She-Chee)) scritta da She-ma-chen, scrittore del primo secolo avanti Cristo, vi sono raccolte tutte le notizie leggendarie e storiche, riguardanti i più antichi imperatori cinesi.

2. Nomi leggendari

L'origine del popolo cinese, studiata e discussa da tanti studiosi, oggi rimane ancora nell'oscurità preistorica. La tradizione cinese ritiene che questo popolo sia originario della parte settentrionale ed occidentale della Cina, le attuali province Shensi e Shansi, e abbia poi seguito il percorso del fiume Giallo verso il centro e la parte orientale. Le antiche capitali riportate dai documenti storici si trovano tutte in queste province e gli scavi archeologici hanno confermato la tradizione.

Dal principio il popolo cinese appare un popolo agricoltore, che lotta giornalmente contro le condizioni climatologiche ambientali. La valle del Fiume Giallo, ricoperta da un fango leggero, (loess) è feconda per la produzione alimentare, ma è anche molto soggetta alla siccità da una parte, e dall'altra, alle inondazioni del Fiume, che straripando, trascina con sè strati di fango. Fenomeni, questi, contro cui il popolo agricoltore dovrà sempre lottare.

I primi nomi di personaggi ricordati dalle leggende sono nomi di inventori e maestri di vita: Ren-Tsau insegna l'abitazione sugli alberi con grandi nidi per evitare il pericolo degli animali feroci e dei serpenti velenosi; Tsui-ren l'arte di trovare il fuoco strofinando fra di loro due pietre; Fu-she la fabbricazione delle reti per la pesca; Shen-long l'agricoltura; Huang-ti la fabbricazione delle case, e la sua consorte insegna alle donne l'allevamento dei bachi da seta e la tessitura.

Con la vita agricola e la coltivazione dei bachi da seta, la tribù cinese incomincia la sua era di civiltà. Difatti Huang-ti viene considerato come il primo imperatore della Cina e She-ma-chen nella sua opera storica: *She-chee*, dedica il primo capitolo ai primi imperatori, e comincia da Huang-ti.

3. Gli imperatori Santi

Invece, la tradizione confuciana, che è quella ufficiale dell'antica Cina, incomincia con l'imperatore Yao. Nel 2357 avanti Cristo l'imperatore Yao succedeva sul trono a suo fratello, Ti-Chih, discendenti ambedue di Huang-ti, come il quinto regnante. Egli è considerato come prototipo dell'imperatorepadre, che governa il popolo come il padre cura la propria famiglia, provvedendo al nutrimento e all' educazione dei cittadini. L'organizzazione statale e la composizione della corte fu portata da lui a un livello assai perfetto, e la sua prudenza seppe affidare l'amministrazione a uomini capaci ed integri. Il figlio, suo successore naturale, stimato da lui indegno, fu scartato e sostituito da un uomo virtuoso di nome Shuun, al quale donò due sue figlie e l'impero. Shuun, come imperatore, iniziò il suo regno nel 2257 a. C. e meritò il titolo di Santo per le sue virtù. Egli era stato un figlio estremamente pio prima di ascendere al fasto imperiale, e questo stesso sentimento di pietà portò nel culto verso le divinità.

Mencio diceva dell'imperatore Shuun: ((Wang-tchang disse al suo maestro Mencio: si dice che Choenn (Shuun) quando andava pei campi pregasse, piangendo, il Cielo misericordioso; perchè mai piangeva? Egli si doleva di non sentirsi amato. [1] Wang-tchang: Un figlio deve rallegrarsi ed essere riconoscente, quando è amato dai suoi

---

(1) Il padre di Shun prediligeva il figlio minore e tutti due tentavano di ucciderlo.

genitori. Se questi lo respingono, soffre, ma senza lamentarsi. Perchè Choenn piangeva? — Mencio:...Mentre l'imperatore Jao (Yao) gli mandava i suoi figli, nove ragazzi e due fanciulle, mandarini, armenti e riso in abbondanza, per sopperire ai bisogni di Choenn nella campagna; mentre i letterati dell'impero accorrevano a lui numerosi e Jao lo chiamava a cooperare con lui nel governo dell'impero, che poi gli avrebbe ceduto completamente, Choenn era come un miserabile che non sapesse dove rifugiarsi, semplicemente perchè non aveva l'affetto di suo padre Kusen. La stima dei letterati è una cosa che tutti ambiscono; e tuttavia non basta a lenire il suo dispiacere. Ognuno desidera un matrimonio felice: egli sposò le due figlie dell' imperatore; eppure questo non riuscì a calmare la sua afflizione. La ricchezza è bramata da tutti: in fatto di ricchezze, egli possedette l'impero, e neppure questo potè placare la sua amarezza. Tutti ambiscono l'onore: in fatto di onori, egli ebbe la dignità imperiale; ed essa non bastò a far tacere il suo affanno. L'affetto dei genitori solamente riuscì a fare quello che, nè la stima degli uomini, nè un felice matrimonio, nè le ricchezze e gli onori avrebbero potuto ottenere. Durante l'infanzia amiamo i genitori; quando l'uomo diventa sensibile alla voluttà, ama la fidanzata, poi ama la moglie ed i bambini; nella magistatura, ama il suo principe, e se non ne ottiene i favori, è insoddisfatto. L'uomo dotato di una grande pietà filiale, ama i genitori per tutta la vita; e noi abbiamo in Choenn l'esempio di un cinquantenne che li amava ancora come quand'era bambino)). [2]

Durante il suo conregno coll'imperatore Yao l'acqua dei fiumi inondò una grande parte del territorio e per diversi anni non riuscì a liberare il popolo da questa calamità. Alla direzione del lavoro di prosciugamento era stato posto il ministro Wun, il quale, incapace e negligente, non riuscì ad assolvere il proprio compito. Venne quindi

---

(2) Traduzione di Luciana Magrini-Spreafico, *I Quattro libri*, Bocca editori, Milano, 1945, p.225.

destituito con sentenza di morte, e gli successe suo figlio di nome Yu. Questi addolorato per la morte ingloriosa del padre, prodigò tutte le proprie energie e capacità e lavorò indefessamente per nove anni. Si dice che durante questi anni egli passasse diverse volte vicino a casa sua senza entrarvi per non desistere dal lavoro. Finalmente riuscì ad incanalare l'acqua nei fiumi che poi la conducevano al mare. Per questo merito insigne egli acquistò la stima dell'imperatore Shuun che lo designò come suo successore.

Mencio nel suo libro narra a questo proposito: ((Al tempo dell'imperatore Jao, le acque immense scorrevano e straripavano da tutte le parte dell'impero; le savane e le foreste erano impenetrabili, gli animali si moltiplicavano oltre misura; le messi non potevano crescere; le belve divoravano gli uomini, i sentieri formatisi con le loro orme si intersecavano ovunque. L'imperatore ne fu desolato, e scelse Choenn (Shuun), per regolare questo stato di cose. Choenn comandò ad I d'impiegare il fuoco. I incendiò le foreste delle montagne e le erbe delle pianure, e gli animali disparvero. Il ministro Iu (Yu) diede ai nove fiumi delle direzioni differenti, ripulì i letti del Tsi e del Ta, e diede loro una foce nell'oceano; regolò il corso dei fiumi Ju, Han, Hoai e Sen, e li fece sboccare nel fiume Azzurro. Solamente allora, in Cina, si ebbe di che nutrirsi. Durante tutto questo tempo, Ju fu per otto anni fuori di casa, passò tre volte davanti alla sua abitazione senza entrarvi)). (3)

4. Tre dinastie

L'imperatore Yu successe all'imperatore Shuun nel 2205 a. C e forma con i suoi due predecessori la prima triade degli imperatori santi della Cina. Confucio nel suo Libro dei Dialoghi diceva dell'im-

---

(3) Traduzione di Luciana Magrini-Spreafico, p.201.

peratore Yao: ((Che imperatore fu Yao! Come fu grande! Il cielo solo è sublime, e Jao lo imitava. Come fu nobile! I popoli non ebbero parole per celebrarlo degnamente. Come sono perfette le sue opere, come sono straordinarie le sue istituzioni!)).[4] Dell'imperatore Yu ((Confucio disse: Io non posso rilevare alcun difetto nell'imperatore Iu (Yu); era sobrio nel vestimento, devotissimo agli spirti, semplice nel vestire ordinario, sfarzoso quando indossava il costume imperiale (per offrire i sacrifici), abitava un'umile dimora e cercava ovnuque di far scavare dei canali. Oh! non c'è un solo difetto da rilevare in lui)). [5]

L'imperatore Yu lasciò il trono imperiale a suo figlio e costituì così la prima dinastia, che col nome Hsia regnò fino al 1766 a. C. e contò diciassette imperatori. La tradizione antica ha tramandato poche notizie a riguardo degli imperatori di questa dinastia ed ha reso popolare l'ultimo imperatore, lo Shen, come tipico dei tiranni dissoluti. Contro la tirannia dello Shen si levò il duca Taan, il quale nel 1766 a. C. ascese al trono imperiale ed iniziò il regno della dinastia Shan. I recenti scavi archeologici hanno scoperto molti residui dell'arte della dinastia Shan, come i vasi di argilla con vive decorazioni, venuti alla luce nei villaggi di Yang-shao e di K'in-wan-shai, nella provincia del Honan; i vasi di ceramica di Panshan della provincia di Kansu e i vasi di bronzo di Ngan-yang della provincia dei Honan. Secondo le opinioni degli archeologi codesti vasi sono tutti della prima metà della dinastia Shan, la quale regnò dal 1766 fino al 1122 a. C. con venticinque imperatori. L'ultimo imperatore Chiu, tiranno dissoluto, provocò la ribellinoe dei principi feudali; uno di questi principi, il duca Tcheou, con la fama delle sue virtù seppe conquistarsi la simpatia universale e suo figlio detronizzò il tiranno Chiu e fondò

---

(4) *Op. cit.*, p.127.
(5) *Op. cit.*, p.128.

la dinastia Tcheou, la più grande dinastia della Cina, che durò fino
al 249 a. C.

5. La dinastia Tcheou

Il primo imperatore della dinastia Shan, il T'an-wang e il primo
imperatore della dinastia Tcheou, Ou-wang con suo padre Wen-wang,
formano la seconda triade dei santi imperatori dell'impero cinese. La
vita sociale e le istituzioni politiche erano arrivate a un livello molto
alto durante la dinastia Tcheou così da fare esclamare a Confucio:
((La nostra dinastia attuale Tcheou ha per modello le due che l'hanno
preceduta. Come è sfolgorante la sua magnificenza! Io m'attengo ai
suoi usi)). [6]

Ma dalla metà di questa dinastia l'autorità imperiale andava declinando rapidamente e nello stesso tempo la potenza dei principi feudali
cresceva di giorno in giorno. Nel secolo sesto quando Confucio insegnava, i principi s'arrogavano dei privilegi imperiali e Confucio
dovette protestare diverse volte contro gli abusi: ((Confucio disse,
parlando di Hi, ministro del regno di Iu: Nel suo palazzo ha otto bande
di musicanti (privilegio imperiale); se osa permettersi questo, che
cosa non si permetterà?)). [7] ((Le tre famiglie principesche facevano
suonare alla fine dei pasti l'inno imperiale "Iung ". Confucio disse:
Come queste famiglie s'arrogano il diritto di cantare questo inno, in
cui è detto: " Non vi sono che re assisi alla sua mensa, come è
maestoso l'imperatore? "). [8]

René Grousset nella sua storia della Cina dice: ((La Cina arcaica,
dal secolo VIII al III avanti Cristo, potrebbe fornire ai nostri studiosi
del Medio Evo un interessante materiale per uno Studio comparato del
regime feudale attraverso la storia. Nella società cinese di quel tempo,
come nella Francia del secolo X, la scomparsa del potere regio

---

(6) *I Quattro libri*, p.112, n.14 (Libro dei Dialoghi).

(7) *I Quattro libri*, p.111, n.1.

(8) *I Quattro libri*, p.111, n.2.

produsse infatti delle istituzioni abbastanza simili. Lo sminuzzamento delle signorie fu inizialmente spinto molto innanzi, poi anche qui un certo numero di grandi baronie prepararono il raggruppamento territoriale)). [9]

6. La dinastia Tsin

Si indeboliva sempre più l'autorità imperiale, cresceva la prepotenza dei grandi principi feudali, dei quali cinque tennero successivamente il comando dell'impero. Questi sono chiamati Ou-pa e sono Chin-Fan-Kon, Sun-Shan-Kon, Gin-Wen-Kon, Tsin-Mon-Kon e Tsou-Tchuang-Wang. Ciascuno dei grandi principi ambiva di ingrandire il proprio principato e ciascuno dei piccoli si armava per difendersi; così guerra contro guerra e diplomazia contro diplomazia, e ne uscì un periodo singolarissimo nella storia cinese. Da una parte la vita sociale soffriva delle profonde devastazioni causate dalle guerre e la tradizione confuciana veniva quasi interrotta dalla corrente utilitaristica del mondo politico; dall'altra si coltivava una grande libertà di spirito e fioriva una multiforme cultura dottrinale.

---

(9) René Grousset, *Storia della Cina*, Mondadori, 1946, p. 29.

Alla domanda: In che relazione stanno i dati ufficiali con la realtà storica? ha risposto l'archeologia. Scavi archeologici eseguiti alla fine del secolo scorso dal Dott. J. G. Andersson nell'Honan e nel Kansu, in modo particolare a Yang Shao, villaggio del distretto di Mien Chin Hsien, nella parte nord ovest dell'Honan, e in seguito a Ho Yin Hsien (Honan), Sha Kwo Tue nel sud della Manciuria, Hsia Hsien nello Shansi sud occidentale; e poi specialmente gli scavi archeologici eseguiti dal Consiglio Nazionale delle Ricerche a An Yang nella provincia di Honan hanno messo in luce utensili di pietra e di osso e ceramica di tipo neolitico e calcolitico. Caratteristica soprattutto la bellissima ceramica dipinta con disegni geometrici e spirali multiple confluenti, tracciate con vigore. Il tipo di decorazione ha portato ad avvicinare codesta ceramica a quella di Tripolje nella Russia sud Occidentale, nonché a quella di Susa e di Anau nel Turchestan occidentale. Ora, ammessa una simile connessione, la ceramica di Yang Shao sarebbe da collocarsi non molto dopo il 2000 a. C. (periodo cui risale quella di Tripolje). inoltre, la presenza, tra i reperti, del tripode *li*, noto nel periodo successivo di civiltà sicuramente cinese, e il carattere fisico dello scheletro, molto simile al tipo nordico odierno, rendono non inverosimile una continuità nello sviluppo della civiltà dal periodo di

Confucio e Mencio insorsero contro questo stato di confusione e reagirono energicamente. Ma la loro efficacia si limitò a conservare la tradizione antica tramandandola ai propri discepoli, i quali a suo tempo diedero buoni frutti, riconducendo la società sulla via maestra.

Verso la metà del secolo terzo avanti Cristo il principe del Tsin dopo lunghi anni di lavoro diplomatico e bellico conquistò l'impero e concentrò tutto il potere nelle proprie mani. Ammaestrato dalle tristi esperienze del regime feudale, egli abolì questa istituzione e divise tutto l'impero in trentasei prefetture, assoggettate direttamente al governo imperiale. Da questo tempo in Cina scomparvero i principi feudali e la classe della nobiltà ereditaria. Nelle dinastie successive i consanguinei dell'imperatore e i grandi ministri dell'impero portavano titoli di nobiltà, ma erano titoli senza potere e non ereditari. L'ambizione del primo imperatore della dinastia Tsin si spinse molto avanti. Egli infatti mirava ad assicurare per sempre l'impero alla

---

Yang Shao ai successivi, sicchè la forma di civiltà Yang Shao sarebbe già anch'essa da giudicarsi ((cinese)). Ma le conferme maggiori ai dati della storia ufficiale sono venute dalle scoperte ad An Yang (detta prima Chang Fè Fu) di ossa di tartaruga (v. cap. II), utensili di bronzo e pietra, con tre tipi di ceramica distinti da quello di Yang Shao, avori e corna di cervo scolpiti, ecc.; soprattutto le ossa di tartaruga con iscrizioni antiche, hanno gettato una gran luce sulla storicità della dinastia Shang (pur senza apportare molti nuovi particolari) ridonandoci i nomi di 25 re già conosciuti dalla tradizione ufficiale, confermando così le liste di re e nomi dei più antichi documenti storici cinesi, che gli studiosi stimavano di dover giudicare assolutamente leggendari. Aggiungasi che le iscrizioni su tartaruga sono già redatte in carattere ((cinese)) (pur in forma molto arcaica) e si avra una dimostrazione sicura sull'antichità delle origini e sulla natura ((cinese)) della civiltà che le ha prodotte. Scavi ulteriori di questi ultimi anni (la relazione è del 1947) eseguiti a Hsiao T'un presso An Yang permettono di fissare una successione continuata nei periodi preistorici della Cina. Infatti a Hsiao T'un vennero in luce sedi preistoriche occupate a turno da uomini del periodo Yang Shao, della cultura ((Lung Shan)), intermedia tra Yang Shao e Shang e, fina¹mente, strati della cultura Shang. Per ora tuttavia difettano ancora testimonianze archeologiche che vengano a confermare la storicità della dinastia Hsia, la quale avrebbe preceduto quella Shang. Tale storicità sembra però potersi raggiungere per mezzo di induzioni di altro genere. Cfr. La storia della dinastia Han e gli studi delle lamine ossee. Tchono-Fan-Tu. Shanghai 1935.

propria famiglia. emanò quindi degli ordini stranissimi: fece costruire la grande muraglia per proteggersi contro i tartari; trasferì tutti i grandi o ricchi dell'impero nella città capitale Chang-an; vietò a tutti di portare armi, e quelle requisite le fece fondere in statue giganti; proibì di criticare il regime politico e seppellì vivi tre mila intellettuali che avevano osato alzare la voce; ordinò che tutti i libri fossero consegnati alle autorità pubbliche e fossero conservati nelle biblioteche. Egli chiamò se stesso Tsin She Huang, cioè il primo imperatore della famiglia Tsin e desiderava che i suoi successori si chiamassero il secondo imperatore, il terzo e così via.

Ma una società educata già da anni alla piena libertà di azione e di pensiero sopportava la tirannia gemendo, e quando Tsin She Huang morì improvvisamente, i ribelli si armarono con gli strumenti agricoli dei contadini e trasformarono l'impero in un immenso campo di battaglia. Uscì vittorioso dalla voragine di sangue il piccolo impiegatuccio Liu-pan, il quale salì al trono imperiale col nome Han-Kao-Tsu e fu il fondatore della dinastia Han (206 a. C.-221 d. C.).

7. La dinastia Han

Colla dinastia Han la società cinese entrò nel suo assestamento definitivo e trovò delle istituzioni che divennero poi i tipi fissi della vita del popolo. Prevalse definitivamente il Confucianesimo. i cui principi morali formarono lo spirito della cultura e del costume cinese. Gli studiosi ricomposero faticosamente gli antichi testi dei libri canonici, distrutti da Tsin-She-Huang ed organizzarono il regime imperiale secondo le prescrizioni della dottrina di Confucio.

((La personalità, dice Grousser, più forte della dinastia degli Han fu l'imperatore Wu-ti. Questo principe ebbe il vantaggio di regnare per un periodo eccezionalmente lungo. Salito al trono all' età di sedici anni, vi restò per cinquantatre anni (140-87). Dotato di una prodigiosa attività, d'un vigore straordinario, si prodigò senza risparmiarsi. D'intelligenza notevole, pieno di concezioni innovatrici ed ardite, piuttosto incline verso l'autocrazia, sapeva tuttavia ascoltare gli altri. Fu così che, all'inizio del suo regno, si circondò di letterati confuciani di cui sollecitava ostentatamente i consigli)). [10]

Han Wu-ti fu però giudicato dalla storia cinese come un imperatore assoluto e ambizioso; infatti concentrò tutta l'autorità imperiale nelle sue mani e obbligò i suoi ministri a una soggezione completa, giustificandola con gli insegnamenti di Confucio; organizzò la classe dei dirigenti del governo, scegliendoli soltanto dalla classe dei letterati confuciani e non permise che una nobiltà ereditaria si costituisse; per tutta la sua vita guerreggiò contro gli Unni del Nord della Cina e sottomise al suo comando l'Asia centrale fino ai confini della Sogdiana e della Battriana.

((Riassumendo quest'opera: all'interno, il cesarismo cinese definitivamente stabilizzato col riconoscimento dei letterati e la dispersione degli ultimi feudi; il territorio della vera Cina definitivamente circoscritto fino ai porti del Che-kiang e fino a Canton; all'esterno il dominio storico dell'imperialismo cinese limitato anch'esso attraverso l'Asia Centrale fino al Turkestan russo, attraverso la penisola di Corea fino all'altezza di Seul, attraverso l'Indocina ai passaggi di Huê. Effettivamente se ancora oggi i Cinesi si onorano del titolo di Figli di Han, lo devono al grande imperatore degli anni dal 140 all'87. Era l'epoca in cui le vittorie di Mario e Silla completavano il dominio romano sul mondo mediterraneo, analogamente le armi di Wu-ti avevano stabilito nell'Asia Centrale ed Orientale una Pax sinica, equivalente estremo-orientale della Pax romana.)) [11]

Dopo la morte dell'imperatore Wu-ti, la prosperità e la gloria della dinastia Han andò declinando inesorabilmente, sia per la incapacità dei regnanti, sia per la deficienza finanziaria. Uu fenomeno singolare che si verificò alla corte di questa famiglia imperiale, fu il potere degli eunuchi, i quali, favoriti dalle imperatrici, si resero potenti tanto da essere padroni assoluti della politica dell'impero, e da costringere gli imperatori e i ministri a subire le loro imposizioni. Infine i generali militari si ribellarono contro questa tirannia ignomin-

---

(10) René Grousset, o.c., p.60.
(11) René Grousset, o.c., p.66.

iosa, massacrando tutti gli eunuchi della corte e impadronendosi del potere. Nel 221 dopo Cristo tre generali misero fine alla dinastia Han ed iniziarono il periodo della divisione. La prima fu la divisione dell'impero in tre regni. Nel Nord regnava il generale Tsao-tsau, nell'Ovest regnava il generale Liu-pi e nel Sud il generale Sun-tchuan. Dopo la unificazione dei tre regni sotto il dominio della dinastia Chin, la parte settentrionale venne occupata dai popoli tartari che vi costituirono numerosi staterelli. Si combattè fra i capi tartari, e si guerreggiò fra i generali militari cinesi. Le dinastie a sud di Nankino si cambiarono l'una dopo l'altra e in trecento anni si succedettero cinque dinastie imperiali. Fra i Tartari la divisione andò diminuendo con la incorporazione dei piccoli regni nei grandi ed unificandosi infine in un unico regno del Chow settentrionale.

8. La dinastia Tang

Un ministro di questo regno unificato dei Tartari, il generale Yang-kien, nel 589 d. C. ricostituì l'unità nazionale cinese e fondo la nuova dinastia Swei, che andò distrutta dal suo suo figlio Yan-ti. La dinastia susseguente, fondata da Li-yuan, si chiamò Tang e regnò dal 620 fino al 907 d. C. Questa dinastia, per la grandezza, può essere considerata alla pari con la dinastia Han. Il secondo imperatore Tai-Tsung, il vero fondatore della dinastia, fu il regnante più abile della storia cinese. Egli estese il suo dominio fino ai confini indoiranici e rese il popolo prospero e florido con una vita pacifica e raffinata. ((Dopo ventitre anni di regno dei più gloriosi della storia cinese, Tait-sung morì all'età di cinquantatre anni in un palazzo di Chiang-an, il io luglio 649. Fu sepolto lì, vicino a Li-ch'iuan-Lien. Aveva fatto scolpire intorno alla sua tomba le statue dei re vinti e anche l'effige dei suoi cavalli di guerra. La devozione dei suoi veterani era tale che uno di essi, il vecchio capitano Turco A-she-na She-ul, si uccise sulle sue spoglie, alla vecchia maniera tartara ((per custodire la tomba dell'imperatore)). [12]

---

(12) René Grousset, o.c., p.155.

La prosperità sociale della dinastia Tang favorì grandemente lo sviluppo della letteratura. ((Nessuna meraviglia se, sotto la dinastia Tang, la letteratura romanzesca prende grande sviluppo, rivolgendosi non più ai soli amori imperiali, come i racconti della dinastia Han, ma arricchendosi di tutte le vicende della vita cavalleresca, di leggende mitologiche, di avventure amorose del popolo. Sono racconti inorganici, non ancor tali da costituire una vera prosa narrativa, ma che mettono già, accanto alla lirica più evoluta, una nuova tradizione letteraria. D'altra parte il Confucianesimo non decade; comprende anzi di dovere ritrovare in sè elementi vivi, capaci di reagire alle nuove tendenze, di dovere superare la vuota retorica in cui minacciava di rimanere. E contro la prosa retorica si leva sopratutto Han-yu (768-824), il nemico del buddhismo, che riafferma le esigenze più intime della speculazione filosofica confuciana. Così nell'VIII secolo, due correnti traversano la lettteratura cinese: quella in cui il confucianesimo persiste con la sua austera concezione di vita, ossequente alle forme classiche, che segue talora con squisita eleganza; e la taoistica che da quelle forme cerca di evadere verso una più ariosa e colorita libertà di immaginazioni e di emozioni. La prima trova il suo rappresentante in Tu-fu, la seconda in Li-po, i due maggiori poeti della dinastia Tang e forse i maggiori poeti cinesi)). [13]

Ma la catastrofe che portò la dinastia alla decadenza, scoppiò proprio durante il regno dell'imperatore, poeta e musicista, Hsuantsung (712-756). Egli, da giovane, liberò la propria casa dinastica dalla usurpazione della imperatrice Wei, e a ventotto anni successe sul trono al padre. Era intelligente ed attivo, proteggeva le lettere e si era circondato di una pleiade di poeti, ma amava molto la sontuosità e la raffinatezza e infine si abbandonò ad un amore fatuo con la giovane Yang-Kwei-fei, che portò un malcontento generale nell'impero e favorì la rivolta del generale tartaro An-Lu-shan nel 755. Questa rivolta coincideva con la sollevazione di tutti i popoli dell'Asia

---

(13) Stan. Lokuang, *Le lettere*, Milano, Bianchi-Giovini, I edizione, p.882.

centrale ed inflisse una debolezza mortale alla potenza cinese. La dinastia Tang dopo la rivolta di An-Lu-shan non riebbe mai più la precedente grandezza e languì lentamente sotto gli attacchi dei popoli tartari. L'autorità imperiale era passata nelle mani dei grandi governatori militari, e nel 907 il generale Tchu-Wen depose l'ultimo imperatore della dinastia Tang, che era un fanciullo di appena tredici anni, e si proclamò imperatore egli stesso. L'impero però non rimase tutto sotto il suo comando, perchè regnavano nello stesso tempo sedici principi autoproclamatisi nelle diverse province. L'anarchia politica e militare durò per mezzo secolo e finì con l'avvento al trono imperiale del generale Chao Ch'ang-yin. Egli combattè contro tutti quelli che condividevano l'onore del regno ed unificò l'impero dando inizio alla dinastia Tsung (960-1280). Dall'esperienza della dinastia Tang egli, conseguita la pace, tolse ai suoi generali il comando militare e nominò governatori delle province tutti letterati. Però questa sua disposizione, che mirava ad impedire che i generali usurpassero l'autorità imperiale, indebolì le forze armate dell'impero, cosicchè la sua dinastia dovette sempre sopportare gli attacchi e l'occupazione territoriale dei Tartari e finì poi per essere detronizzata dai Mongoli.

9. Le dinastie sung e Yuan

Alla fine della dinastia Tang tutti i popoli dominati dalla sua potenza si sollevarono e si distaccarono dall'impero cinese. Durante poi il periodo di anarchia la parte settentrionale fu occupata dai Kilat, i quali ebbero Pekino come la loro capitale. Questi Kilat vennero sconfitti dai primi imperatori della dinastia Sung, però, verso la metà della dinastia essi invasero di nuovo la parte settentrionale; ma un nuovo popolo della Manciuria, i Giurcheti, prese il dominio e fece prigionieri l'imperatore Hwei-Tsung e suo figlio, all'inizio del 1127. Il successore Kao-Tsung continuò a regnare a sud del Fiume Giallo e tentò vanamente alcune spedizioni per riconquistare il territorio perduto. Nello stesso tempo la parte occidentale della Cina cadeva sotto il dominio dei Tungusi o Si-sha, affini ai Tibetani. Intanto era sorta una nuova grande potenza nell'alta Mongolia, cioè il terribile Gengis Khan, il quale iniziò la sua conquista in Cina al principio del secolo decimo terzo, e dopo accaniti e lunghi attacchi, entrò in Pekino nel maggio 1215. Tuttavia la dinastia Sung non fu distrutta che nel 1279. Kubilai, nipote di Gengis Khan, fece scomparire nel mare di Canton l'ultimo superstite dei difensori cinesi.

Cominciò allora la dinastia Yuan dei Mongoli in Cina. Dal tempo di Gengis Khan al tempo di Kubilai, i Mongoli penetrati nel territorio cinese avevano già fatto cammino verso l'incivilimento. Il Gengis Khan nel massacrare la popolazione risparmiò uno degli antichi Kitan, il Ye-lu-tzu-tzai e lo fece suo consigliere. Il Ye-lu-tzu-tzai, totalmente trasformato nella cultura cinese, cominciò l'opera di civilizzazione dei Mongoli.

La dinastia dei Mongoli nel suo governo della Cina seguì scrupolosamente la tradizione cinese, fatta eccezione di poche particolarità, e gli imperatori mongoli si abituarono pure agli usi cinesi. La durata della dinastia non doveva essere lunga, perchè dopo i due primi regnanti gli altri successori furono deboli di intelligenza, ma forti nei vizi. Nel 1368 una sollevazione generale impose la fine alla dominazione dei Mongoli e restaurò il potere imperiale della dinastia cinese Ming (1368-1644).

((La dinastia Sung fu la dinastia più feconda della cultura cinese. Il rinnovamento della prosa cominciato da Han-yu nella dinastia Tang fu ripreso con nuovo slancio dai letterati di Sung e diede sei degli otto più grandi prosatori della Cina. Nello stesso tempo i prosatori furono pure grandi poeti e uno di loro, il Su-shi (1036-1101) potè essere considerato il genio universale dell'arte; prosatore, poeta, pittore e calligrafo (in Cina la scrittura costituisce un'arte) liberò la composizione "Tze" (forma poetica) dal suo unico motivo amoroso e la rese atta a cantare tutti i sentimenti umani. Così il sonetto diventò forma espressiva agile e varia, che, nel breve giro di pochi versi può racchiudere una meditazione profonda, o una sensazione fugace, può seguire liberamente l'occasionale passaggio di un'impressione o cesellarsi in perfetta fattura. Durante la dinastia Sung, il sonetto divenne dominante nella poesia cinese)). [14]

Accanto alla rifioritura letteraria si sviluppò la scuola neoconfuciana nel campo filosofico. Dopo quello dei grandi pensatori, contemporanei di Confucio, questo sarebbe il secondo periodo nel quale la Cina vide tanti maestri di pensiero che esposero i frutti delle loro lunghe meditazioni. La scuola neoconfuciana, iniziata da Tcheout'oun-yi (1017-1073), perfezionata da Tchou-she (1130 - 1200) ((espose l'essenza della natura umana, spiegò le cause del bene e del male, e stabilì la norma della moralità)), [15] dando un fondamento metafisico alla dottrina di Confucio.

Dopo l'interruzione della dinastia Yuan dei Mongoli, la dinastia Ming riprese il cammino della cultura.

10. La dinastia Ming

Ma la dinastia Ming fu forse la più conservatrice della Cina. Nella letteratura la prosa e la poesia seguirono servilmente le tracce degli scrittori delle dinastie Tang e Sung, e nella filosofia si perdettero nelle minuziose sottigliezze della terminologia, senza la visione completa della metafisica neoconfuciana. Soltanto il maestro Wang-yang-ming si distinse per l'arditezza nel risolvere la questione sulla natura e la coscienza umana.

Durante la dinastia Ming s'incominciò il contatto diretto coi popoli stranieri attraverso i porti marittimmi. Nei secoli precedenti i popoli occidentali avevano avuto frequenti contatticon la Cina attraverso la propaganda buddhistica e la conquista armata dei Mongoli. Codesti contatti però erano scambiati sempre attraverso le comunicazioni terrestri, e una volta interrotte le comunicazioni per ragioni politiche, essi si perdettero immediatamente. Inoltre i popoli che ebbero contatti con la Cina, furono tutti inferiori alla cultura

---

(14) Le lettere, p.886.

(15) Lokuang, La sapienza dei Cinesi, Roma, 1945, p.16.

cinese, eccetto l'India. Durante la dinastia Ming la Cina entro in relazione con i Giapponesi e con i Portoghesi e gli Spagnoli per le vie marittime. Sotto il regno dell'imperatore Yon-lo ((le sue squadre fecero conoscere la supremazia della bandiera cinese sulle coste del Champa, del Cambogia, de Siam, della penisola di Malacca, di Giava, di Sumatra, di Ceylon, del Bengala e dell'India meridionale. Esse incrociarono ·fino a Ormuz sul golfo Persico, a Aden e a Gedda, il porto della Mecca. Siamo negli anni 1405-1424, al principio di quel secolo la cui fine vedrà l'arrivo dei Portoghesi alle Indie)). [16] Ma questa supremazia marittima fu abandonata dai Cinesi a causa della loro poca attitudine alla vita marinara e a causa dello spirito ostile della classe dirigente al dominio troppo esteso.

Nella metà del secolo decimo sesto arrivarono improvvisamente alle coste cinesi delle province di Che-kiang e di Fu-Kien gli avventurieri giapponesi, i quali come corsari di mare infestarono i porti cinesi, rapinando e bruciando i villaggi e scomparendo poi nell'arcipelago, e restando sempre inafferrabili. Gli attacchi si trasformarono durante il regno dell'imperatore Wan-li (1573-1620) in una campagna offensiva contro la Corea per impadronirsi di Pekino attraverso la penisola di Leao-tung. Ma i Coreani resistettero agli attacchi giapponesi e l'esercito cinese sopraggiunto cacciò gli invasori dalla Corea.

Al tempo dei corsari giapponesi giunsero nei porti cinesi i primi naviganti Portoghesi (1514) e cinquant'anni dopo ottennero l'autorizzazione di stabilirsi a Macao.

Data la triste esperienza dei pirati venuti dal mare, il governo imperiale cinese nutriva un grande sospetto contro tutti quelli che arrivavano in Cina dal mare e comminarono gravissime pene contro chi osasse entrare in Cina senza una speciale autorizzazione. Unico gruppo di stranieri che riuscì a vincere il sospetto e a stabilirsi nell'interno della Cina, furono i missionari cattolici, condotti da P. Matteo Ricci, il quale arrivò in Cina nel 1582 ed entrò in Pekino nel 1601.

---

(16) René Grousset, o.c., p.283.

11. La dinastia Tsing

Ma nella parte nord orientale della Cina sorgeva la potenza dei Mancesi, i quali, discendenti degli antichi Giurcheti, dominavano tutto il territorio dell'attuale Manciuria. Nell'anno 1640 una banda di ribelli iniziò la guerra civile nelle province centrali della Cina, e dopo quattro anni di conflitti sanguinosi, i ribelli s'impadronirono della capitale, Pekino, e l'imperatore si suicidò. Un ufficiale cinese. Wu San-Kwei invocò l'intervento dei Mancesi, i quali entrando in Pekino vittoriosi, occuparono il trono imperiale e fondarono la dinastia Tsing (1644-1911).

La mentalità mancese si adattò più facilmente alla cultura cinese che non i Mongoli, e gli imperatori della dinastia Tsing furono completamente trasformati in Cinesi, fatta eccezione di qualche uso mancese alla corte. Nella prima metà della dinastia l'impero riprendeva rapidamente l'ascesa, tanto nel campo militare, quanto nel campo culturale. L'autorità imperiale si estese, attraverso riconquiste militari, nelle province della Mongolia, del Tibet e del Turkestan cinese. Coi missionari gesuiti la scienza moderna, specialmente l'astronomia, s'introdusse in Cina, e vi riformò il calendario imperiale. Lo studio degli antichi testi classici portò una rifioriturra del pensiero filosofico del Confucianesimo e del Buddhismo.

Ma ((appartiene al ritmo stesso della storia cinese il fatto che le stirpi imperiali, dopo due o tre generazioni di uomini di valore, cadano nell'imbastardimento. Il vecchio impero che i fondatori di dinastie avevano periodicamente ricostruito, si dissocia nuovamente. La famiglia Manciù, che era salita al trono nel 1644 e che doveva conservarlo fino al 1912, non sfuggì a questa legge. A partire dal suo quinto sovrano, Kia-K'ing (1796-1820), la degenerazione fu evidente e doveva continuamente accentuarsi)). [17]

Alla debolezza interna, aggravata dalle guerre civili, s'aggiunse

---

(17) René Grousset, o.c., p.320.

l'irruzione delle potenze occidentali con intendimento di espansione imperialistica. La dinastia Tsing aveva continuato la politica della dinastia Ming nel chiudere i porti marittimi ai popoli stranieri, fatta eccezione dei missionari cattolici, che insegnavano la scienza ai Cinesi. Al princio del secolo nono la pressione delle potenze occidentali si accentuava fortemente per forzare la porta. Infine nell'anno 1844 scoppiò la guerra dell'oppio e il muraglione di ferro fu infranto così le potenze occidentali fecero irruzione nella Cina per disputarsi diritti e privilegi.

Dopo la guerra dell'oppio si susseguirono a breve distanza le guerre contro la Francia (1858), contro il Giappone (1984), e poi contro l'esercito unito di otto potenze (1900). La incapacità e la incomprensione della corte imperiale irritò il popolo cinese e si riaccese lo spirito antimancese. Nell'anno 1850, nel sud della Cina era scoppiata una ribellione contro la dinastia regnante; i ribelli avanzando verso nord, occuparono Nankino nel 1853 e il loro capo Hong-shiu-chuan si proclamò Re celeste. Soltanto undici anni dopo l'esercito imperiale, comandato dal generale cinses Tze Kuo-fan, riprese Nankino e pose fine alla ribellione. Ma i tredici anni di guerra civile devastarono le migliori province della Cina e l'impero uscì dalla catastrofe più indebolito e più dissanguato. Si sentiva la necessità urgentissima di una riforma, molto più che la sconfitta subita per opera del Giappone aveva aperto gli occhi ai Cinesi, indicando loro che la civiltà occidentale adottata dai Giapponesi doveva essere anche il mezzo della riforma della Cina. Nel 1898 un gruppo di giovani, capeggiato da K'ang Yu-wei e da Leang Ki-ch'ao persuase il giovane imperatore Kwang-Hsu ad attuare un vasto programma di riforma. Ma la corte imperiale con la vecchia imperatrice nona, la terribile Tzu-Hsi, soffocò questo movimento, fece giustiziare sei dei giovani riformisti e sequestrò il Kwang-Hsu. Allora lo spirito di riforma si trasformò in una rivoluzione antidinastica ed operò lentamente, ma tenacemente, sotto la guida di Sun Yat-sen. La lotta fra il partito di Sun Yat-sen, che oggi si chiama Kuomintang e la forza della dinastia Mancese terminò nel 1912 coll'abdicazione dell'imperatore. Il 10 ottobre 1911 la rivoluzione scoppiò proclamando la Repubblica cinese a Wu-chang, e il 30 dicembre fu nominato Sun Yat-sen come primo presidente provvisorio della Repubblica. Nel febbraio dell'anno seguente venne l'abdicazione dell'imperatore, e la capitale della Cina ritornò a Pekino. Dopo vari eventi tragici il partito Kuomintang diretto da Chang Kai-shek e trasferito a Nankino, prese la politica del governo dal 1928. Finita la guerra contro il Giappone il Governo fece pubblicare la prima Costituzione repubblicana il 25 dicembre 1946. Secondo questa Costituzione, entrata in vigore un anno dopo la sua pubblicazione, fu convocata l'assemblea nazionale il 29 marzo 1948 e fu eletto il primo Presidente dello Stato il Maresciallo Chang Kai-shek. Gli ultimi avvenimenti sono noti.

II. Il Dio Supremo

12. Idea di Dio nei tempi della dinastia Shan

Nel 1899 alcuni contadini d'un villaggio del distretto di Ngan-yang nella provincia del Honan lavorando la terra, estrassero una quantità considerevloe di ossi di tartaruga e di altri animali. Sugli ossi si videro dei segni incisi. La cosa destò l'attenzione degli studiosi e s'organizzarono scavi archeologici. Proseguendo il lavoro degli scavi negli anni del 1934 e 1935 vengono scoperti anche dei vasi antichi di bronzo. L'opinione degli archeologi è unanime nel riconoscere che An-yang fu una delle città capitali dell'antichssima dinastia Shan e che gli ossi servirono per la divinazione. Simili scoperte furono fatte pure nei villaggi di Yang-shao e K'in-wang-shai nella stessa provincia e nel Pan-shan nella provincia di Kansu.

Due studiosi hanno pubblicato i risultati parziale dei loro studi sugli ossi di An-yang: Liu-ngo e Lo-chen-yu. Secondo questi studi i segni incisi sugli ossi appartengono all'antica scrittura cinese tanto diversa dalle scritture posteriori da renderne difficile l'interpretazione. I libri pubblicati dagli studiosi in merito a codeste interpretazioni ci forniscono i primi documenti per la ricerca delle idee religiose dei Cinesi. [1]

Studiando le iscrizioni della divinazione, Lo-chen-yu ha scelto millecentosessantanove iscrizioni classificandole in diverse classi: sacrificio, convivio, ritorno, caccia, raccolta, guerra, tempo e miscellanea. Le iscrizioni per i sacrifici sono cinquecentotrentotto; il resto delle iscrizioni benchè non formi un oggetto diretto della religione, ha pure relazione con la vita religiosa.

---

(1) Liu-Ngo, *Le tartarughe raccolte da Tieh-yu,* Shangai 1903. Lo-chen-yu *Le iscrizioni degli scavi di Shan, shangai.* 1910. E il supplemento al volume precedente. Shanghai 1933.

Da queste iscrizioni emerge anzitutto l'idea di un Dio. La vita sociale della dinastia Shan era arrivata a un livello assai evoluto, che dalla vita pastorale progrediva alla vita agricola e dagli strumenti di bronzo agli strumenti di ferro. L'idea di Dio appare dominante nella vita religiosa ed ha tutte le qualità di un Dio monoteistico.

Dio si chiama ((Di)). Il valore originario di questo termine è stato variamente spiegato dagli autori cinesi, tuttavia una di queste spiegazioni ci sembra molto probabile. La parola ((Di)) nella sua scrittura originale deriverebbe dalla parola ((Ti)) che significa il gambo o lo stelo del fiore e anche la radice. Infatti la parola ((Di)) originariamente scritta 果 果 , 米 米 poi trasformata in 帝 e finalmente in 帝 帝 conserva sempre la figura della radice della pianta. [2]

La figura della scrittura della parola ((Di)) somiglia anche alla imagine di una corona antica dell'imperatore che aveva un tetto piano e dalle cui due estremità scendevano delle infule di pietre preziose.

Dalla prima interpretazione si ricava che il termine di Dio significa l'origine, cioè la radice di tutte le cose. Nella seconda interpretazione l'idea di Dio simboleggia il regnante, cioè il dominatore o l'imperatore dell'universo. Queste due interpretazioni non importano delle contraddizioni fra di loro, anzi si completano a vicenda. Quello che è la causa di tutte le cose ed è regnante dell'universo, si chiama Dio o il ((Di)).

Il filosofo cinese Hu-she vuole vedere l'origine della parola ((Di)) in una derivazione da un termine comune a diversi popoli. Egli pensa che la parola sanscrita ((Deva)), greco ((Zeus)) e latino ((Deus)) sia di origine comune con ((Di)) e che abbiano lo stesso significato. [3]

Un altro studioso invece vede una somiglianza fra la parola ((Di)) e la parola babilonese ((e-dim ↑ , il cielo)) e ((dingir o dimer 米 , il signore del cielo)), perchè la parola ((Di)) nelle iscrizioni sui vasi di bronzo si scrive così 帝 e sugli ossi degli scavi si scrive 果 果 果 帝 che prende una certa somiglianza con la parola babilonese.

---

(2) Ou-Ta-Ching, citato nel libro *Le opinioni del secolo XX*, ed. Su-fa-fu 1935, p.191.

Inoltre la parola ((Di)) in cinese ha lo stesso significato che la parola Pu, la quale anticamente era sinonimo della parola P'i. Questa parola nelle iscrizioni sui vasi di bronzo era 㐭 e sugli ossi era 个 仐 che somiglia pure al segno babilonese e-dim 𝄈 .[4]

Gli autori cinesi in un punto sone d'accordo: nell' affermare che la parola ((Di)) originariamente significasse ((radice)) o ((origine)) e che poi per un'evoluzione semantica sia venuta a significare ((Imperatore)).

13. Il dio ((Di)) è un dio monoteistico

Se sulla origine del termine ((Di)), gli studiosi non convengono in una opinione comunemente accettata, sono però d'accordo nel riconoscere a ((Di)) la qualita di dio monoteistico. Nelle iscrizioni noi troviamo che tutte le espressioni che riguardano il ((Di)), implicano il concetto di un dio unico e supremo, cui spetta il comando della pioggia e del vento e il destino dell'uomo:

(("Di" comanda che venga la pioggia in quest'anno)).[5]

((Nel mese terzo il "Di" comanda una abbondanza di pioggia)). [6]

(("Di" non manda la pioggia)). [7]

((Se noi offriamo il sacrificio, il "Di" ci manderà la prosperità; se noi non offriamo il sacrificio, il "Di" non ci manderà la prosperità)). [8]

---

(3) Fu-She, ((*Di*)) e ((*Thien*)), ed. nella collezione ((Studi critici della storia antica)), Pekino, vol.I, p.199.

(4) Liu-Fu, ((*Di*)) e ((*Tien*)), collezione ((Studi critici della storia ci nese)), vol.II, p.26-27.

(5) Lo-Chen-Yu, o.c., parte prima, tom.I, p.50.

(6) Lo-Chen-Yu, o.c., parte prima, tom.III, p.18.

(7) Liu-Ngo, o.c., p.123.

(8) Lo-Chen-Yu, o.c., parte I, tom.III, p.38.

((Si vede quindi che il "Di" venerato dal popolo dello Shan ha una grandissima potenza. Il vento, la pioggia, la serenità e la tempesta sono nella potestà del "Di"; perciò ci sono delle iscrizioni sugli ossi per prevedere il vento e la pioggia. La prosperità o la contrarietà della vita dell'uomo dipendono dalla volontà del "Di"; perciò ci sono delle iscrizioni per la pesca e per la caccia. Anche la guerra deve essere fatta secondo la volontà del "Di"; e si hanno iscrizioni che riguardano la guerra e la vittoria. Altre iscrizioni per il raccolto dell'annata, sono pure segin per conoscere la volontà del "Di". Quando c'è la protezione del "Di" in qualunque cosa l'uomo avrà sempre la prosperità...Il "Di" venerato dal popolo dello Shan è una divinità suprema)). [9]

Questo carattere di dio monoteistico, manifestato nelle iscrizioni viene poi confermato largamente dai documenti scritti dei libri canonici della tradizione confuciana che risale anche alla dinastia Shan.

Per le epoche più antiche della dinastia Shan, non abbiamo dei documenti sicuri che attestino la vita del popolo. Nei libri canonici ci sono degli scritti che dicono di essere di quelle epoche antiche ma gli studiosi ne dubitano seriamente.

14. L'idea di Dio nei documenti scritti antichissimi

I documenti tradizionali più antichi che ci dànno gli elementi per conoscere la vita religiosa degli antenati nostri delle remote epoche sono i libri canonici della scuola confuciana, i quali sono sei: I-king, Shu-king, She-king, Tch'uun-chiu, Li-chee, e Yao-chee. Il libro I-king composto di tre parti è generalmente ritenuto come il più antico documento scritto della Cina, benchè la prima parte del libro fosse attribuita all'imperatore leggendario Fu-she. In questo libro è esposto il sistema metafisico della concezione confuciana del mondo, ma nello

---

(9) Li-Chen-Fu, *La vita religiosa del popolo dello Shang dalle iscrizioni degli ossi scavati*, Collezione ((Le opinioni del secolo XX)), p.220.

stesso tempo detto sistema era adoperato per la divinazione. Il libro Shu-king che riporta i discorsi degli antichi regnanti dal duemila fino al seicento avanti Cristo, è il primo libro storico della Cina. Quei brani dei discorsi dell'imperatore Yao, dell'imperatore Shuun, dell'imperatore Yu e degli imperatori della dinastia Shan sono però ritenuti dai critici non genuini, invece i discorsi attribuiti agli imperatori della dinastia Tcheou sono certamente autentici. Il libro She-king è una raccolta di poesie antiche cinesi, che rispecchiano la vita del popolo dal secolo XII al secolo VI avanti Cristo. Le poesie sono distribuite in tre classi: la prima raccoglie le poesie popolari dei tredici regni cinesi; la seconda contiene le poesie delle corti regali e principesche; la terza le poesie dei sacrifici. La tradizione vuole che questa raccolta sia stata redatta da Confucio personalmente. Il libro Tch' uun-chiu è un'opera di Confucio e narra i fatti storici dall'anno 732 fino al 481 avanti Cristo. I fatti vengono raccontati con uno stile lapidario, come epigrafi, secondo la concezione morale dell'autore, e poi tre discepoli di Confucio redassero tre commenti a questo libro, ampliando la narrazione dei fatti. Il libro Le-chee raccoglie le antiche cerimonie della dinastia Tcheou e il libro Yao-chee, reportorio delle regole della musica antica cinese, è andato perduto.

In codesti documenti si trova spessissimo il nome della divinità suprema. Questa divinità viene chiamata Tien (cielo) o Di. ((C'erano pure altri appellativi per l'Essere supremo: Shan-tien (cielo altissimo) , Shan-di (imperatore altissimo), Huan-di (imperatore eccellente), Huan-tien (cielo eccellente), Chao-tien (cielo massimo), Huan-tien-shan-di (imperatore supremo del cielo altissimo), Chao-ti-shan-di (imperatore supremo del cielo massimo), o semplicemente Min-tien (cielo misericordioso):

((Il nome di Dio nei libri canonici si incontra spesso: il libro Shu-king nomina Dio almeno in trecent'otto luoghi: in ventinove dei quali Dio è chiamato col titolo di Tien, in dodici luoghi si trova il termine Shan-di, in quattro il termine Di, in tre il titolo Huang-tien, in uno il titolo Huang-di e Huang-tien-shan-di. Il libro She-king fa menzione di Dio in ventisette poesie, e adopera il termine Tien in diciannove, Chao-tien in dodici, Di in nove, Shan-di in otto, Huang-tien in quattro, Chao-tien-shan-di in una. Tutti questi termini sono gli appellativi del Dio supremo, e differiscono solo in quanto designano l'attributo di Dio in senso figurativo)). [10]

((Il termine Tien nei libri cinesi può essere preso in tre sensi: o significa il cielo empirico, o significa il creatore e il dominatore dell'universo cioè il Dio, o significa la natura cioè quello che è nato da tale ente. Il primo significato è il principale e precede gli altri due, perchè è il senso etimologico; il secondo significato si adopera prevalentemente nei libri canonici e anche nei libri classici; il terzo si trova nei libri del neoconfucianesimo)). [11]

Nelle iscrizioni degli scavi ricorre raramente il termine Tien, ma poi esso diventò frequente e comune nei documenti scritti della dinastia Tcheou mentre il termine "Di" veniva riservato a designare l'imperatore.

Come spiegare questo cambiamento? Gli etnologi lo spiegano dicendo che l'origine del popolo del Tcheou era differente da quella del popolo dello Shan. Dato che la tradizione cinese afferma che gli antichi padri della dinastia Tcheou provenivano dalle regioni della parte occidentale, oggi Turchestan cinese, gli etnologi ne concludono che la dinastia Tcheou sarebbe imparentata coi popoli Turchi. Ora il Dio o l'essere supremo presso i popoli Turchi si chiama Tengeri (Tengerä), che è il cielo. Quindi è naturale che la dinastia Tcheou chiami il Dio col nome ((Cielo)) che si dice ((Tien)); così la parola Tien può essere derivata dalla parola Tengeri. [12]

Però per sostenere codesta ipotesi occorrono molte supposizioni

---

(10) Lokuang, *La sapienza dei Cinesi*, Roma, 1945, p.22.

(11) Lokuang, o.c., p.21.

(12) W. Schmidt, nella prefazione al libro di Tien-tcheu-kang, *L'idée de Dieu dans les huit premiers classiques chinois*, Fribourg in Svizzera, 1942, p.11.

che creano delle difficoltà. Prima di tutto la questione della differenza razziale fra il popolo della dinastia Tcheou e il popolo della dinastia precedente Shan è controversa, e poi l'uso di Tien si rriscontra già nelle iscrizioni degli scavi della dinastia Shan. Si può pensare pure alla derivazione di Tien dal sumerico e-dim (cielo) che s'assomiglia alla parola Tien nella scrittura, perchè e-dim si scrive 𐎜 e Tien si scriveva anticamente così 𡗕 𡗕 𡗞 ·

Sarebbe forse più naturale il pensare che siccome Di veniva riservato a significare l'imperatore, Tien sia stato adoperato prevalentemente a significare Dio.

La parola Tien, scritta sugli ossi e sugli antichi bronzi, somiglia a un bamboccio in cui sono visibili una grossa testa, un tronco, due braccia e due gambe, cioè così 大. Nel più vecchio e più autentico dizionario cinese, che si chiama Sueh-wen, Tien significa la sommità, cioè il più alto, che non può essere superato. La scrittura della parola Tien deriva ed è composta da due radicali: ((uno)) 一 e ((grande)) 大, le quali compongono appunto la parola Tien nella scrittura attuale 天.

Nella figura attuale Tien può fare pensare a un uomo sotto il firmamento. Questo senso starebbe a indicare il cielo empirico. Ma nella figura originale Tien ha il significato di un grande uomo, e questi due sensi hanno il loro peso nella interpretazione della idea di Dio.

((Gli etnologi si domandano se il popolo cinese nei primi anni della sua storia abbia avuto un monoteismo puro, ovvero sia passato da un politeismo al monoteismo. Alcuni autori hanno cercato di appoggiarsi agli appellativi usati per designare Dio, perchè — secondo loro — se il termine Tien è originale, allora c'è il feticismo; se il termine Di (Ti) è originale, allora c'è invece il monoteismo puro; e se poi questi due termini sono stati inventati ed adoperati promiscuamente, allora c'è il politeismo. A noi interessa il fatto che nei documenti antichi il termine Tien si trova più comunemente; nè potremmo comprendere come mai, se questo termine è originale e fu per primo adoperato, la Cina abbia avuto il feticismo, dal momento che il termine Tien nella scrittura cinese è composto da due figure che significano Uno e Grande. Ci sembra che ((Uno e Grande)) possa significare benissimo Dio in senso monoteistico puro e perfetto)). [13]

15. La natura di Tien (Dio)

Studiando attentamente i libri canonici della tradizione confuciana si arriva necessariamente alla conclusione che il Tien, cioe il Dio della tradizione antica cinese, si presenta nella chiara concezione di un Dio personale e monoteistico. Nessun autore cinese anche se materialista può negare questa conclusione, perchè gli attributi di un Dio personale e monoteistico appaiono con troppa evidenza nei capitoli di questi testi, tenuti dagli antichi cinesi come sacrosanti. Diciamo pertanto qualcosa sulla natura di Tien (Dio).

A. Dio monoteistico

Il senso che il dizionario Sueh-wen dà alla parola Tien ci porge un buon argomento per il monoteismo cinese; difatti Tien significa quello che è superiore a tutti. I critici possono però obiettarci che il dizionario Sueh-wen è un'opera posteriore, della dinastia Han. Rifacciamoci quindi ai testi dei libri canonici. In primo luogo desideriamo precisare subito che nei libri sacri della tradizione cinese non si trova nessun'altra divinità che sia considerata pari al Tien. La divinità della

---

(13) Lokuang, *La sapienza dei Cinesi*, p.25.

Tien-tcheu-kang, nel libro: *L'idee de Dieu dans les huit premiers classiques chinois*, dice: ((à prendre Ti (Di) pour nom primitif du Dieu chinois, en envisageant Tien comme le nom métaphorique de Ti, nous avons le monothéisme pur des premiers Sinologues, les Jésuites, et de la plupart des savants laiques du XVIme au XVIIme siecle; ou bien considérer Tien comme premier nom de Dieu, chronologiquement et ontologiquement anférieur au "Ti", qui n'est alors qu'une animation ou personification du "Tien" ciel matériel. C'est la théorie fétichiste, animiste, largement répandue au sein des Sinologues du XIXme siècle. Enfin, soutenir "Ti" et "Tien" comme deux êtres essentiellement différents et séparés. L'un et l'autre sont *sui generis* indépendants dans leur genre: cela constitue le dualisme théologique chinois du célébre Sinologue C. de Harlez)) p.52.

terra, posteriore al Tien, non e mai posta allo stesso livello del Dio supremo, ed anche nel culto la Terra viene dopo il Cielo.

Gli appellativi che si usano nei libri canonici testimoniano pure la unicità del Tien, perchè egli veniva chiamato l'imperatore altissimo, l'imperatore eccellente, Cielo altissimo, l'imperatore supremo del cielo massimo o l'imperatore supremo del cielo altissimo. Gli appellative ((Supremo)) ed ((Altissimo)) benchè nel testo cinese non implicassero l'esclusività, hanno dato sempre ai Cinesi l'idea di un Dio unico e superiore a tutti gli altri spiriti. Inoltre nei testi ci imbattiamo con delle affermazioni sull'autorità e dignità di Tien che competono solamente a un Dio supremo.

((Solo Shan-ti (imperatore altissimo) non muta.

Egli manda tutti i beni a quelli che fanno del bene, tutti i mali a quelli che fanno del male)). [14]

Solo a Dio compete il diritto di premiare le buone azioni e di castigare le azioni cattive. Sopra di lui non esiste un'altra divinità superiore che possa mutare la sentenza da lui pronunciata.

((Ora l'imperatore della dinastia Shan non obbedisce (al Cielo), non venera Tien e fa tanti mali al popolo...Huangtien (Cielo eccellente) si è molto adirato contro lui, dà quindi il comando al nostro antenato Wen di rappresentare piamente il castigo divino....

Il Tien protegge il popolo, gli manda un imperatore, gli manda il maestro, perchè questi cooperi degnamente con Shanti per pacificare tutto l'impero)). [15]

Tutto l'impero dipende dal volere di Tien. Egli l'imperatore vero ed unico del popolo. L'imperatore che regna umanamente nell'impero, non è altro che un rappresenttante del Cielo. In questo senso sono tutti i testi del libro Shu-king dove si fa accenno a Dio.

---

(14) *Shu-king*, cap. Yi-shuun.
(15) *Shu-king*, cap. Tai-she, I.

B. Dio personale

La personalità di Dio, Tien, è resa manifesta dalla intelligenza e dalla volontà che gli è attribuita. Egli è una persona che vuole, che comanda, e che premia le azioni umane. Ora tutti questi atti suppongono una volontà personale.

((Tien (Dio) protegge quelli che hanno l'ordine...Tien (Dio) protegge quelli che hanno la legge... Tien protegge quelli che hanno le virtù.. Tien castiga quelli che hanno le colpe)). [16]

((Solamente Tien (Dio) benefica il popolo e l'imperatore è tenuto a venerare il Tien, Ma il Chieh dello Shan non ha seguito il Tien, facendo male a tutto l'impero. Il Tien comanda all'imperatore Tang di togliere la dignità al Chieh)). [17]

In tutti gli altri testi il Tien viene invocato o con le lodi della santità della sua volontà o con l'esaltazione della sua potenza o con il lamento dei suoi castighi. Ora tutte queste espressioni non possono essere attribuite a un essere collettivo o a un essere inanimato o al cielo materiale.

((Huang-tien non fa parzialità, aiuta solamente quelli che sono virtuosi)). [18]

((Shang-Ti vigila sul popolo)). [19]

((Tien ha fatto nascere il popolo. Il destino del popolo non sarà superficiale)). [20]

La divinità che dà la vita al popolo, che vigila sul popolo, e che giudica pure le azioni umane, non può essere che un Dio personale.

---

(16) *Shu-king*, cap. Kao-tau-mo.
(17) *Shu-king*, cap. Tai-she, II.
(18) *Shu-king*, cap. Tsai-tsong-tse-ming.
(19) *Shu-king*, cap. Lui-jen.
(20) *She-king*, poesia Tan.

16. Gli attributi di Dio

A. Tien è immateriale

Il concetto della spiritualità è uno dei punti più difficili della metafisica cinese, difettando essa di chiarezza a questo riguardo. Tuttavia le qualità che s'attribuiscono a Dio, lo rendono senza dubbio immateriale.

Il Tien è detto invisibile, non è circoscritto in un luogo, non è toccabile, non ha una imagine, è onnisciente. Egli non è neppure un uomo deificato; non si raccontano di lui leggende umane di Dio, come nella mitologia greca. Gli antichi Cinesi per venerare il Tien non richiesero nè tempio, nè imagine, nè statua, ma adoravano Dio in spirito.

B. Tien è la causa di tutte le cose

Nella filosofia cinese non si trova l'idea della creazione dal nulla; però nei libri canonici s'afferma continuamente che l'origine di tutte le cose e degli uomini è da attribuire a Dio.

((Tien dà l'origine agli spiriti e alle cose; il santo segue l'esempio del Tien)). [21]

((Tien facendo nascere gli uomini, ha dato loro il desiderio; così senza un regnante, il popolo verrà in conflitto)). [22]

((Tien fa nascere gli uomini e conferisce loro leggi proprie)). [23]

((Tien costruisce l'alto monte; il grande re lo coltivò)). [24]

Da queste citazioni si vede chiaro che i Cinesi credevano nella creazione di tutte le cose da Dio, benchè non si preoccupassero del come la creazione fosse venuta.

---

(21) *I-king, Shi-tse* parte I, cap. II.
(22) *Shu-king*, cap. Tsong-fei-tse-kao.
(23) *She-king*, poesia Ching-ming.
(24) *She-king*, poesia Tien-tsuo.

C. Tien è il dominatore dell'universo

Nella mentalità degli antichi Cinesi, l'impero cinese rappresentava tutto l'universo, non conoscendo essi le altre parti del mondo. L'impero cinese era governato da un imperatore, il quale era il rappresentante del Tien. Tutto l'impero appartiene al Tien; elgi è il vero imperatore; per governare, il Tien si fa rappresentare da un uomo scelto da lui. La scelta del Tien viene manifestata dalla volontà del popolo. Quando tutto il popolo va liberamente da uno, proclamandolo imperatore, questo uomo è l'eletto del Cielo. Quando tutto il popolo abbandona un regnante, questo non conserva più il mandato del Tien. Quindi sorgerà un altro a ricevere il mandato dal Tien per scacciare il decaduto dal trono.

((Ora il regnante dello Shan non obbedisce, non venera Shan-tien e fa tanti mali al popolo... Huang-Tien si è molto adirato contro di lui, dà quindi il comando al nostro antenato Wen di rappresentare piamente il castigo divino)). [25]

((Il Tien protegge il popolo, gli manda un imperatore, gli manda il maestro, perchè questi cooperi degnamente con Shan-Ti per pacificare tutto l'impero)). [26]

Il cambio delle dinastie era considerato, non come un fatto di conquista dalla parte del vincitore, ma come un ordine del Tien, perchè il vinto era decaduto per le proprie colpe ed abbandonato dal popolo. Il mandato del Tien non veniva dato sensibilmente in una apparizione di Dio, ma mediante lo svolgimento naturale degli eventi sociali, guidati dalla volontà divina.

D. Tien è il giudice delle azioni umane

Il Tien nel fare nascere gli uomini, conferì loro delle leggi. Queste leggi servono a far sì che la vita umana sia ordinata e felice. Chi viene meno a queste leggi, sarà punito da Dio; chi osserva invece

---

(25) *Shu-king*, cap. Tai-she, I.
(26) *l. c.*

fedelmente queste leggi, viene premiato da Dio. I castighi e i premi consistono nei mali e nei beni di questo mondo.

((I beni sono cinque. Primo la longevità, secondo la ricchezza, terzo la serenità, quarto l'amore alla virtù, quinto la buona morte naturale. I mali sono sei. Primo la morte prematura e violenta. secondo la malattia, terzo la tristezza, quarto la povertà, quinto la deformità, sesto la debolezza)). [27]

Tutti i mali e tutti i beni hanno sempre il significato di una retribuzione divina, la quale però non significa necessariamente che chi riceve sia il bene che il male sia il diretto responsabile. La divina retribuzione si fa non sempre alla persona responsabile delle azioni buone o cattive, ma anche, anzi spesso, ai discendenti della sua famiglia. Il Dio è giustissimo e fa il giudizio senza parzialità e senza ignoranza.

((Huang-Tien non fa parzialità, aiuta solamente quelli che sono virtuosi)).[28]

((Tien protegge quelli che hanno l'ordine... Tien protegge quelli che hanno la legge... Tien protegge quelli che hanno le virtù.. Tien castiga quelli che hanno le colpe)). [29]

Sotto però il peso del castigo il popolo geme, si lamenta e si lascia sfuggire espressioni che suonano ribellione.

((Io solo soffro! Che male ho fatto contro il Tien!))[30]

((Chao-Tien non è giusto, mandandoci questo male estremo!

Chao-Tien non è benigno, mandandoci questa grande sventura)).
(31)

Talvolta la ribellione si indirizza al cielo empirico che diventa la rappresentazione simbolica di Dio personale:

---

(27) *Shu-king*, cap. Huang-fan.
(28) *Shu-king*, cap. Tsau-tsong-tse-ming.
(29) *Shu-king*, cap. Kao-tau-mo.
(30) *She-king*, poesia Shio-pien.
(31) *She-king*, poesia Chieh-nan-shan.

((Immenso, immenso cielo azzurro, come mai hai avuto questa crudeltà!)). [32]

((Questo cielo azzurro mi ha tolto il mio uomo))! [33]

In altre poesie il cantore si sottomette pienamente al volere divino, riconoscendolo giusto.

((Immenso Chao-Tien, tu sei il padre e la madre nostro! Perchè gli innocenti soffrono tanto? Chao-Tien sei già adirato; ma io sono innocente. Chao-Tien sii immensamente misericordioso, perchè io sono innocente)). [34]

((Cielo azzurro, Cielo azzurro, guarda i superbi e abbi pietà per gli oppressi)). [35]

Ma il poeta riconosce sempre:

((Shan-Tien sapiente vigila l'universo)). [36]

17. L'idea di Dio nella tradizione confuciana

La religione che ordinariamente viene chiamata religione confuciana, non è una religione nel vero senso della parola. Il Confucianesimo è un sistema di vita che abbraccia tutti gli aspetti della vita umana, dettandole delle regole morali. La vita religiosa costituisce una parte della vita totale dell'uomo, anzi la parte più importante. A riguardo della vita religiosa il Confucianesimo, come per altri aspetti della vita, raccoglie tutte le norme e le pratiche che si trovano già nella tradizione precedente e le completa con nuove regole.

((Nei libri cinesi antichi, sia canonici che classici, non si trova il termine "Religione" nè la parola "società religiosa"; si trova solamente, distribuita nei diversi libri, la dottrina che riguarda le relazioni

---

(32) *She-king*, poesia Pao-yu.
(33) *She-king*, poesia Huang-nieu.
(34) *She-king*, poesia Ciao-nien.
(35) *She-king*, poesia Hang-pei.
(36) *She-king*, poesia Shi-ming.

tra la divinità e gli uomini. Gli antichi Cinesi avevano il concetto del Dio supremo e la fede in lui, e credevano pure alla sopravvivenza dell'anima dei loro antenati; tuttavia questa dottrian non formava un sistema distinto e completo a sè, nè costituiva la base di una qualsiasi comunità di credenti, ma faceva parte della dottrian confuciana che dirigeva la vita della nazione...

((Il popolo cinese non ha saputo considerare la religione come un sistema dottrinale e religioso, nè come una comunità religiosa, distinta, ma l'ha considerata come un complesso di diversi articoli di fede religiosa, facente parte della dottrina morale tradizionale e controllata, sotto la vigilanza dell'imperatore. Non c'è stato nessuno tra i filosofi che abbia mai pensato a fondare un sistema religioso, ma tutti hanno scritto qualche cosa sulla religione; nessun libro tra i testi antichi tratta esclusivamente di religione, ma tutti i testi classici e canonici hanno qualche accenno alla religione. Non si sono costruiti dei templi appositamente per le solennità religiose e per i sacrifici, ma il palazzo imperiale, i monumenti commemorativi le residenze ufficiali e le stesse case private servivano per offrire oblazioni alle divinità e agli antenati. Non esisteva un sacerdozio nel pieno senso, ma l'imperatore, gli ufficiali e i padri di famiglia avevano l'obbligo di offrire i sacrifici e le oblazioni. Tutto questo dimostra che il popolo cinese considerava la religione come una parte organica della vita privata e sociale. L'atteggiamento verso la religione non fu cambiato neanche dopo l'introduzione del Buddhismo e la fondazione del Taoismo)). [37]

Quindi la religione confuciana non è altro che il complesso delle idee e delle pratiche religiose che dal principio della sua esistenza il popolo cinese ha seguito ed ha conservato. L'idea di Dio, esposta nei libri canonici e anche nei documenti degli scavi, fa certamente parte della tradizione confuciana e ne costituisce il fondamento. Qui noi parliamo della tradizione confuciana cominciando da Confucio per poi scendere ai secoli posteriori.

---

(37) Lokuang, La sapienza dei Cinesi, p.19-20.

A. La vita e le opere di Confucio

L'anno scorso 1952 il governo cinese di Formosa decretò che la commemorazione della nascita di Confucio venisse celebrata il 28 settembre come ((La Giornata dei maestri di scuola)). Questa decisione rappresenta il risultato di mature discussioni fra gli studiosi in merito alla data della nascita di Confucio. [38]

Secondo i recenti studi Confucio sarebbe nato il 27 del mese decimo del calendario lunare (28 settembre) dell'anno 551 a. C. Sua patria sarebbe il villaggio Chiang-pin del principato Lu, nella provincia attuale dello Shangtung. Il principe feudale di Lu era un discendente del fratello del primo imperatore della dinastia Tcheou, il famoso primo ministro Tcheou-kong-tang, autore delle prescrizioni rituali e sociali del libro Tcheou-li. Perciò il principato Lu era considerato come il paese che conservava le antiche tradizioni ed era quindi rispettato dagli altri principi, benchè fosse piccolo di territorio.

Confucio ancora ragazzo aveva perduto il padre Conci, discendente della famiglia Sung, la quale aveva avuto per suo capostipite Wei-tze, il fratello dell'ultimo imperatore della dinastia Shan. La madre di Confucio di nome Yeng-king-tsai, allevò il figlio con scrupolosa cura secondo le antiche tradizioni, e Confucio fin da ragazzo dimostrò subito una inclinazione naturale verso le cerimonie rituali. La famiglia era povera, come Confucio confessa candidamente:

((Io da ragazzo ero povero, ecco perchè ho qualche attitudine pratica)). [39]

Nella sua gioventù ebbe umili incarichi come ispettore in sottordine per la conservazione dei granai pubblici e ispettore degli animali. Gli storici affermano che sotto l'ispettorato di Confucio il bilancio era

---

(38) Chen-fa-shen *La data della nascita di Confucio nelle ricerche e nel cambiamento.* ((Rivista democratica)) Hong Kong. 1952. Ott. p.26.
(39) *Libro dei dialoghi* (Lun-yu), Cap. IX, n.6.

giustissimmo, e che gli animali si moltiplicavano. Questo dimostra che Confucio metteeva grande diligenza nei suoi uffici benchè umili. Ma la maggior diligenza la mise sopratutto negli studi, come egli stesso ricorda volentieri.

((Io mi sono dedicato allo studio fin dall'età di quindici anni)). [40]

((In un villaggio di dieci famigli è facile trovare un uomo fedele e sincero al pari di me, ma non è facile trovarne uno che nutra più amore di me allo studio)). [41]

((Io non sono nato con la scienza infusa; ho cercato la saggezza per amore dell'antichità ed a forza di studio)). [42]

Per studi Confucio intendeva lo studio della perfezione morale. Gli studi che portano alle cognizioni della cultura e delle scienze, erano giudicati da lui inferiori; quelli invece che portano l'uomo alla cognizione e alla pratica della perfezione morale, sono i superiori.

((Io cerco di elevarmi dalle cognizioni inferiori alla grande saggezza)). [43]

((La grande scienza consiste nel coltivare la bontà naturale, nel riformare il popolo, nel fermarsi nel supremo Bene)). [44]

Nella ricerca della perfezione Confucio si proponeva di attuare la riforma generale secondo la tradizione antica, nella consapevolezza che il Cielo gli avesse affidato codesto incarico. Perciò, venendosi a trovare in difficoltà, egli rammentava a sè ed ai discepoli questa convinzione:

((Confucio era in pericolo a K'iang; (egli assicurò i suoi discepoli) e disse: Dopo la morte di Wen (imperatore santo) l'antica

---

(40) *Lun-yu*, cap.II, n.4.
(41) *Lun-yu*, cap.V, n.27.
(42) *Lun-yu*, cap.VIII, n.19.
(43) *Lun-yu*, cap.XIII, n.37.
(44) *Ta-sho*, cap.I.

tradizione non risiede forse in me? Se il Cielo volesse che questa tradizione abbia a perire i posteri non potranno avere parte a questa tradizione. Se il Cielo non vuole che essa perisca, gli uomini di K'iang, che cosa potranno fare contro di me?))[45]

Stimando l'attuazione della riforma impresa impossibile per un uomo solo, Confucio incominciò ben presto a raccogliere intorno a sè dei discepoli. Quando egli aveva trentaquattro anni uno dei tre grandi ministri del principato Lu, il Monscitzee, gli affidò i suoi due figli come discepoli.

Nell'anno 516 a. C. i tre grandi ministri del principato Lu si ribellarono contro il principe, il quale fuggì nel principato vicino ((Chi)). Anche Confucio lasciò il suo paese nativo e si ricoverò nello stesso principato. Il principe Ching-Kong del ((Chi)) domandò a Confucio quale fosse la sana dotttrian del governo e Confucio gli rispose:

((Che il re agisca da re, il padre da padre e il figlio da figlio. Che bella risposta! disse Chi-Ching-kong. Difatti, se il re non si comportasse da re, il padre non da padre e il figlio non da figlio, pure avendo il riso, forse non potrei mangiarlo)). [46]

Ammirando la saggezza di Confucio, Chi-Ching-kong voleva affidargli un importante incarico, ma il primo ministro Yengying si oppose a tale nomina. Appena sedata la ribellione, Confucio ritornò al suo paese. Nel frattempo il principe di Lu morì e gli successe Ting-kong. Il potere in realtà era però tenuto da un cortigiano Yang-fu, che desiderava di avere l'appoggio di Confucio ma Confucio glielo rifiutò. Tuttavia sconfitto Yang-fu Confucio prese parte al governo e nell'anno 505 venne nominato governatore della capitale del principato Lu; due anni dopo fu promosso ministro dei lavori pubblici e nell'anno susseguente ministro di giustizia con l'autorità infine di

---

(45) *Lun-yu*, cap.IX, n.5.
(46) *Lun-yu*, cap.XII, n.11.

gran cancelliere. Due fatti ci dannò la misura della sua capacità politica. Come gran cancelliere avendo egli accompagnato il suo principe a
un incontro diplomatico col principe del principato ((Chi)) seppe
affrontare con calma tutte le ingiuste pretese di questo principe riuscendo così a salvare la sua patria. Tentò anche di salvare il suo
principe dalle prepotenze delle tre grandi famiglie di ministri ed ideò
un piano per eliminare i cortigiani di queste famiglie. Una sola
famiglia s'oppose a questa sua politica e la fece fallire. Allora Confucio decise di abbandonare la corte, e a ciò fare si valse dell'occasione
in cui il suo principe acconsentì di ricevere dal principe Chi una
compagnia di ottanta belle cantatrici. S'iniziò così per Confucio l'era
della vita di pellegrino attraverso i diversi Stati feudali: Wei, Sung,
Tsao, Ching, Chen, Tsai; peregrinazione che durò per tredici anno,
senza tuttavia che gli riuscisse di conseguire lo scopo per il quale
l'aveva intrapresa. Era cioè suo desiderio trovare un principe che
potesse offrirgli il modo di attuare la sua politica di riforma; ma
nessuno dei principi feudali volle accoglierlo. Anzi nel paese di
K'iang, (v. la citazione diretta di Confucio fatta più su) si attentò alla
sua vita e altro attentato subì per opera di un generale del principato
Sung. In quest'occasione egli affermò ai discepoli)):

((È il Cielo l'autore delle mie virtù ; Hoan-toei (il generale)
che cosa potrà fare contro di me?)). [47]

Arrivando nella campagna fra i paesi Chen e Tsai, vi incontrò la
carestia. Per alcuni giorni mancarono i viveri e i discepoli s'am-
malarono; ma Confucio rimase tranquillo.

((Il principe Ling-kong del principato Wei interrogò Confucio
sull'arte della guerra. Confucio rispose: ((Io ho studiato le cerimonie
dei sacrifici e non l'arte della guerra)), e l'indo mani lasciò la corte.
Arrivato a Chen, mancarono di nuovo i viveri, e i suoi discepoli ne
soffrirono, tanto che qualcuno era nell'impossibilità di continuare il
cammino. Tse-lu diede sfogo alla indignazione: Anche l'uomo saggio

---

(47) *Lun-yu*, cap.XII, n.2.

e retto deve avere la miseria? — Sì, rispose Confucio, ma la sopporta con costanza, mentre l'uomo imperfetto ne è subito vinto)). [48]

Nel paese del Sud, il principato Tsu, Confucio incontrò dei Laoisti, i quali davano un giudizio assai sfavorevole sulla sua condotta.

((Tch'ang-kiu e Kie-ni aravano insieme. Confucio passò loro vicino. Mandò Tsi-lu a chiedere loro dove fosse il guado. Tch'ang-kiu domandò a Tse-lu: Chi c'è in quella vettura? — Confucio, rispose Tse-lu. — Oh! costui sa bene dov'è il guado! Allora Tse-lu si rivolse a Kie-ni. Kie-ni gli domandò: Chi sei? — Sono Tse-lu. — Il discepolo di Confucio del regno di Lu? — Per servirti. — Ebbene, soggiunse Kie-ni, l'impero assomiglia ad un torrente straripato, da un sito all'altro, non faresti meglio ad imitarci e fuggire il mondo? E continuò il suo lavoro. Tse-lu riferì queste parole a Confucio che esclamò gemendo: Potrei vivere con le bestie? Quale compagnia potrei cercare, se non quella degli uomini? Se il mondo fosse in ordine io non mi sforzerei per trasformarlo)). [49]

Si racconta da alcuni scrittori antichi che Confucio avrebbe avuto anche un incontro con Lao-tze stesso al quale avrebbe chiesto notizie sulla tradizione delle cerimonie antiche.

Dopo tredici anni di viaggio infruttuoso Confucio rientrò definitivamente nel suo paese nativo e si dedicò in modo esclusivo all'insegnamento. La tradizione afferma che ebbe tremila discepoli, dei quali settanta costituivano i continuatori piu fedeli della sua dottrina. Confucio morì nel 479 a. C. a settanta due anni di età. I discepoli portarono il lutto per tre anni, come i figli per i loro genitori. La sua tomba si venera ancora oggi a Ch'u-fu nella provincia di Shangtung.

Opera specifica di Confucio fu l'insegnamento e il riordinamento dei libri canonici. Egli disse di se stesso.

---

(48) *Lun-yu*, cap. VII, n.22.
(49) *Lun-yu*, cap. XV, n.1.

((Io commento, io tramando le antiche opere, ma io non creo nulla di nuovo. Ho fede negli antichi, li amo e procuro di emulare Lao-peng (saggio della dinastia Shang))). [50]

L'insegnamento di Confucio ha esercitato un influsso secolare, perchè egli inaugurò un nuovo sistema di educazione, che divenne il prototipo di tutte le scuole private e pubbliche dei secoli posteriori della Cina. Egli non insegnava opinioni proprie, ma i testi antichi; egli non sceglieva i discepoli dalle classi alte, ma riceveva tutti quelli che avessero buona volontà; egli conviveva con i suoi discepoli ed impartiva l'insegnamento a loro con dialoghi.

Ma il vero influsso sul popolo cinese Confucio lo esercitò mediante la sua opera di riordinamento dei testi canonici. Dalla dinastia Han in poi, per più di venti secoli, la Cina s'era formata sulla tradizione dei sei libri canonici e dei quattro libri classici. Ora dei quattro libri classici tre sono attribuiti a Confucio, non perchè egli ne sia stato l'autore, ma perchè gli autori, suoi discepoli, hanno riferito le sue sentenze. I sei libri canonici: I-king, Shu-king, Shi-King, Lichee, Yao-chee e Tch'uun-chiu, sono tutti attribuiti a Confucio come riordinatore. Il libro canonico Tch'uun-chiu fu scritto da Confucio sui documenti antichi del Principato Lu; gli altri libri canonici esistevano prima di lui, ma egli li riordinò. Molti critici, specialmente tra i moderni, dubitano assai del fondamento storico di codesto riordinamento. Però nessuno può negare che i testi canonici abbiano ricevuto la loro autorità nazionale dall'insegnamento di Confucio.

Altro motivo dell'influsso secolare di Confucio è la sua personalità morale. Egli infatti, è considerato dai Cinesi un gran Santo e un sublime Maestro.

La caratteristica principale della figura morale di Confucio è data dal suo amore alla tradizione antica e dal suo zelo di conquistare

---

(50) *Lun-yu,* cap.XVIII, n.1.

la perfezione. Delle antiche prescrizioni cerimoniali egli era uno scrupoloso osservante. Il capitolo decimo del libro dei dialoghi Lun-yu ci dà un gustoso quadro di questa sua osservanza. Fra le descrizioni noi leggiamo: ((Non parlava nè quando stava mangiando nè mentre rimaneva sdraiato. Anche in un pasto usuale non mancava di fare l'oblazione rituale con rispetto sacrificale)) (cap. n. 8).

((Confucio non si metteva a sedere se la stuoia non era ben distesa)). (n. 9)

((Confucio in vettura, tenvea le redini conservando la posizione eretta. Non guardava dietro di sè, parlava poco e non additava niente)). (n. 17)

Però la gravità del comportamento non gli impediva di essere affabile.

Così nel capitolo decimo di Lun-yu noi troviamo gli aspetti molto umani del grande Maestro.

((In privato aveva una espressione piena di affabilità. Alla vista di un uomo in lutto, si trattasse anche di uno dei suoi intimi conoscenti, prendeva subito L'aspetto di tristezza. Ricevendo un magistrato o un cieco, rendeva loro gli onori dovuti, anche nelle visite private)). (n. 16)

((Le scuderie di Confunio bruciarono. Al suo ritorno dal palazzo, egli chiese se vi fossero dei feriti, ma non si preoccupò per nulla dei suoi cavalli)). (n.12)

Questa sua affabilità, la dimostra specialmente coi suoi discepoli nella pazienza dell'insegnamento.

((Confucio disse: Meditare per acquistare la saggezza, studiare senza annoiarsi, insegnare senza stancarsi; quale di queste cose ho potuto avere?)) [51]

---

(51) *Lun-yu*, cap. VII, n. 2.

((Confucio disse: Come potrei osare di vantarmi di santità? Solo mi esercito in essa e la insegno agli altri senza tregua)). [52]

((Confucio disse: O miei discepoli, pensate voi che io abbia nascosto qualche cosa? No, io nulla so e nulla ho fatto che non ve lo abbia comunicato)). [53]

Allora un suo discepolo prediletto ed anche più virtuoso pensando al Maestro disse con piena ammirazione:

((Yen-yen esclamò: Più guardo alla dottrina (del Maestro) più la trovo sublime; più la medito, più mi appare profonda. La trovo avanti a me e la trovo subito dietro a me. Il Maestro con pazienza e con ordine sa condurre bene i discepoli. Egli mi arricchisce con le scienze, mi regola con i riti. Anche se io mi volessi fermare, non lo potrei)). [54]

Confucio sapeva pure essere allegro e gaio nella vita giornaliera e i discepoli dissero di lui:

((Quando Confucio non era occupato era gaio ed espansivo)). [55]

La gaiezza di Confucio era il frutto del suo equilibrio. La perfezione morale consiste nell'imitare il Cielo. Le attività del Cielo che si manifestano nell'universo, sono ordinate con grande equilibrio per favorire la produzione degli esseri viventi. Nell'universo i fenomeni naturali: il sole, la pioggia, le stagioni.... procedono con mirabile ordine al raggiungimento dello scopo di produrre le messi. L'uomo nella sua vita morale deve quindi esercitare l'amore universale, temperato dall'equilibrio. Quando l'uomo ha in sè questo amore equilibrato, egli sarà certamente contento e gaio.

---

(52) *Lun-yu*, cap. VII, n.33.
(53) *Lun-yu*, cap. VII, n.23.
(54) *Lun-yu*, cap. VII, n.10.

((Se-ma-niu interrogò Confunic sul saggio. Confucio rispose: Saggio è chi non s'affligge di nulla. Se-ma-niu gli chiese: Dunque voi chiamate saggio L'uomo che è senza tristezza e senza timore? Certo, disse Confucio, se il saggio si esamina nel suo intimo e non trova che debba rimproverarsi alcun vizio, di che cosa dovrà essere triste e preoccupato?))[56] Ma per conquistare questo equilibrio Confucio non risparmiò nessuna fatica.

((Il principe Ye interrogò Tse-lu su Confucio. Tse-lu non gli rispose. Confucio disse in seguito a Tse-lu: Perchè non dirgli: Confucio è un uomo che per applicarsi allo studio di perfezione, scorda anche di mangiare, e gode a tale segno della perfezione da obliare le tristezze e la vecchiaia che s'avvicina)). [57]

Quindi la persona di Confucio appariva ai discepoli come una sintesi armonica delle diverse virtù.

((Confucio era affabile con dignità, grave senza rigidezza, premuroso senza servilità)). [58]

((Confucio sradicò da sè quattro vizi: sradicò la presunzione della propria volontà, l'attaccamento alle proprie opinioni, l'ostinazione ai propri giudizi e l'egoismo ai propri interessi)). [59]

La personalità di Confucio s'ingrandiva sempre più davanti ai discepoli, i quali la consideravano come una cosa irraggiungibile.

((Il ministro del principato Lu, Su-suen-u-su, trovandosi a corte, disse ai magistrati: Tse-fu-kin-pe, riferì queste parole a Tse-kung che gli rispose: Prendiamo come esempio il muro di cinta d'un palazzo. Il muro del mio palazzo arriva all'altezza delle spalle, guardando al di sopra si può scorgere tutto l'interno. Quello del maestro ha parecchie

---

(55) *Lun-yu*, cap.VII, n.4.
(56) *Lun-yu*, cap.XII, n.3.
(57) *Lun-yu*, cap.XII, n.4.
(58) *Lun-yu*, cap.VII, n.19.
(59) *Lun-yu*, cap.VII, n.37.

tese di altezza. Chi non trova la porta per entrarvi, non potrà ammirare la bellezza degli edifici e lo splendore del servizio)). [60]

((Su-suen-u-su denigrava Confucio. Tse-kung esclamò: Non farlo, Confucio non può essere calunniato! La sagggezza degi altri saggi può essere paragonata ad una collina che si ascende con facilità. Confucio assomiglia al sole ed alla luna, che non si possono raggiungere)). [61]

((Tcheng-tze-kin disse a Tse-kung: Tu sei veramnete troppo modesto; perchè Confucio dovrebbe essere più perfetto di te? Tse-kung rispose,... Confucio non può essere eguagliato, come non si potrebbe raggiungere il cielo valendosi di scale)). [62]

Questo concetto che la personalità di Confucio fosse irraggiungibile nei secoli posteriori andò sempre più affermandosi e Confucio venne venerato come il più grande Maestro della Nazione cinese.

B. L'idea di Dio presso Confucio

A noi è noto l'atteggiamento di Confucio in riguardo alle questioni religiose. Egli non discorreva mai su queste questioni coi discepoli, ma seguiva fedelmente le pratiche religiose nella sua vita giornaliera. Nel libro dei suoi dialoghi ci sono però dei testi che manifestano la fede di Confucio in un Dio supremo. Egli credeva che Dio gli avesse conferito un mandato speciale di restaurare la sana dottrina e che perciò la sua vita stesse sotto la protezione divina sicchè la malignità degli uomini non potesse insidiarla. Si veda, addietro, l'episodio di K'iang. [63]

---

(60) *Lun-yu*, cap.IX, n.4.
(61) *Lun-yu*, cap.XIX, n.23.
(62) *Lun-yu*, cap.XIX, n.24.
(63) *Lun-yu*, cap.XIX, n.25.

Anche i suoi discepoli pensavano così. Essi credevano che il Maestro fosse favorito dal Cielo con speciali virtù.

((Il governatore del regno di U domandò a Tse-kung; Confucio non è un uomo perfetto? Oh! ha un bell'ingegno! — Oh sì, disse Tse-kung, il Cielo gli ha dato e la santità e l'alto ingegno)). [64]

Confucio ammirava la grandezza e la santità di Dio e lo proponeva a se stesso come il più alto modello di perfezione.

((Confucio disse: Che imperatore fu Yao! fu grande! Il Cielo solo è sublime, e Yao lo imitava. Come fu nobile)). [65]

((Confucio disse: Io non vorrei più parlare. — Oh! Maestro, disse Tse-lu, se non parli più , che trasmetteranno i discepoli tuoi alla posterità? — Confucio rispose: Da quando in qua il Cielo si è fatto sentire? Le stagioni si avvicendano, gli esseri si riproducono; come parla dunque il Cielo?)) [66]

Il Cielo non parla, ma opera e vigila su tutti. Nessun uomo e nessuna azione può sfuggire a Dio.

((Essendo Confucio gravemente ammalato, Tse-lu mandò uno dei suoi subordinati ad amministrare gli affari del filosofo (secondo le prescrizioni vigenti per i dignitari della corte, ma Confucio da tempo era già ritirato dalla corte). Quando Confucio fu tornato in sè (e se ne accorse) esclamò: Da molto tempo il modo d'agire di Tse-lu è ingannatore. Non ho più cariche ed agisce come se ne avessi. Se inganno gli uomini, potrei ingannare il Cielo?)) [67]

Perchè peccando contro il Cielo, non si può avere nessun'altro protettore.

---

(64) *Lun-yu*, cap.IX, n.5.

(65) *Lun-yu*, cap.IX, n.6.

(66) *Lun-yu*, cap.XVII, n.18.

(67) *Lun-yu*, cap.IX, n.11.

((Il governatore di Wei, Wang Suen-kia, domandò a Confucio:

Che significa il proverbio: " È meglio adulare il rappresentante dei mani che non lo spirito stesso?" Confucio rispose: Mai piu! Si invertirebbe l'ordine stailito (dal Cielo): e non c'è nessuno che interceda per chi ha peccato contro il Cielo)). [68]

Confucio poi era un osservante esattissimo delle cerimonie dei sacrifici e intendeva perfettamente il senso profondo del culto verso il Cielo. Difese strenuamente contro ogni abuso le cerimonie tradizionali e ne inculcave l'adempimento ai suoi discepoli. L'idea quindi di Confucio sulla divinità suprema è la continuazione genuina del monoteismo della Cina antica.

C. L'idea di Dio presso Men-tze

Il secondo maestro della scuola confuciana, Men-tze (Mencio) del secolo quarto avanti Cristo cercò di tenere accesa la fiamma dell'osservanza alla tradizione degli antichi sapienti imperatori. Naturalmente la fede in Dio in lui era viva e la venerazione alla divinità suprema era sinceramente sentita. Egli era meno rigido e meno formalista di Confucio ed era più elegante nello scrivere e nel parlare; non di meno egli è stato un discepolo degno del grande maestro.

Nella dottrina politica Men-tze tiene il principio che l'autorita imperiale deriva dalla volontà di Dio.

((Wan-tchang disse a Mencio: È vero che l'imperatore Yao conferì la dignità imperiale a Choenn (Shuun)? — No; l'imperatore può dare l'impero a nessuno. — Ma chi dunque donò a Choenn l'impero che egli possedette? — Il Cielo glielo diede. — Il Cielo glielo

---

(68) *Lun-yu*, cap.III, n.13.

diede esplicitamente (con un esplicito mandato)? — No, il Cielo non ne parla; esso segnala la sua volontà con gli avvenimenti)). [69]

Nella sua vita personale Men-tze pensa pure come Confucio, che egli ha un incarico speciale dal Cielo di fare rifiorire la tradizione genuina. Quindi gli avvenimenti della sua esisenza dipendono dalla volontà del Cielo.

((P'ing, re di Lu, stava uscendo, Il cortigiano Tsang-ts'ang disse al re: — Gli altri giorni, quando esci, non manchi mai di avvertire il tuo servo dove ti rechi: questa volta i cocchi sono già pronti, ed io ignoro ancora dove vada il mio Signore. Potrei informarmene? — Il re: — Vado da Mencio. — Tsang-ts'ang: — Oh! Sire, che fai, è un diminuirti fare visita per primo ad un privato. Credi proprio che sia così addentro nella saggezza? Ma i riti presuppongono saggezza, e Mencio non se ne intende per niente. Poichè i funerali che ha appena fatto (a sua madre), hanno superato quelli che fece tempo addietro (a suo padre). Non andarci, ti prego. — Il re: Sia! — Poco dopo entrò dal re Io-tcheng-tze e gli disse: — Sire, perchè non sei andato a visitare Mencio? — Io re: — Qualcuno mi ha avvertito che l'ultimo funerale fatto da Mencio ha superato il primo; ecco perchè non sono andato da lui. — Io-tchen-tze: — Sire, che intendi per superare? Vuoi dire che i funerali che Mencio fece tempo addietro a suo padre, furono fatti secondo il rito del letterato e con l'offerta dei tre vasi, e quelli che fece recentemente a sua madre, si effettuarono secondo il cerimoniale del magistrato, e con l'offerta dei cinque vasi? — Il re: — No, quello che voglio criticare è il lusso della bara e delle decorazioni. — Io-tchen-tze: — Ma questo, Sire, non si chiama superare (non è una differenza di rito), è una semplice differenza fra ricco e povero. — Io-tchen-tze andò a Mencio e gli disse: — Avevo parlato di te al re, e per questo il re veniva a visitarti; ma un cortigiano, Tsang-ts'ang, ha trat-

---

(69) *Men-tze*, (Mencio), cap. V, parte I, n.5.

tenuto Sua Maestà. Ecco perchè il re non è venuto. — Mencio rispose: — Se la dottrina si diffonde è perchè la si favorisce, se non ha successo e perche la si contrasta; ma che essa abbia successo o non ne abbia non è cosa che dipende dall'uomo. È per una disposizione del Cielo che non ho potuto ottenere la fiducia del principe di Lu; altrimenti come avrebbe potuto questo individuo della famiglia Tsang impedirmi di ottenerlo?))[70]

Perciò Mencio non si rattrista del proprio insuccesso poichè la sua fede in Dio lo sostiene.

((Mencio abbandonò Ts'i; il suo discepolo Tch'ong-ju gli disse lungo il cammino: — Maestro, hai un'aria triste; io ti ho sentito dire una volta che il saggio non si rammarica nè del Cielo, nè degli uomini. — Mencio: — Le circostanze sono cambiate. (Secondo la storia) ogni cinquecento anni, sono apparsi un grande re e un grande ministro che hanno nobilitato il loro secolo. Ora siamo a settecento anni dalla fondazione della nostra dinastia, sarebbe dunque tempo. E se si giudica dallo stato (miserabile degli affari), il momento (della riforma) sarebbe arrivato. Tuttavia il Cielo non vuole dare ancora la pace al mondo. Se lo volesse, chi potrebbe incaricare oggi di quest'opera se non me? Perchè dunque non rassegnarmi ⟨ alla volontà del Cielo? ⟩))[71]

Egli sa sempre discernere il tempo stabilito dal Cielo. L'uo-mo deve agire secondo la volonta del Cielo; contro la volonta del Cielo l'uomo perisce.

((Mencio disse: — Quando l'ordine regna in un impero, la gente di meschina virtù è sottomessa ai più virtuosi, e gli ignoranti ai saggi. In tempo di anarchia, è il piccolo che viene sacrificato al grande ed il

---

(70) *Men-tze*, cap.I, parte II, n.16.
(71) *Men-tze*, cap.II, parte II, n.13.

debole al forte. Questi due stati di cose si determinano per volere del Cielo. I re che si sottomettono alla provvidenza sono conservati, quelli che le resistonoperiscono)). [72]

Ma nel libro di Men-tze la parola Tien (cielo) viene talvolta adoperata in senso di natura. Tutto quello che l'uomo ha dalla propria nascita, si chiama il cielo (Tien) dell'uomo. Questo significato di Tien si trova anche nel libro canonico I-king, e poi nel libro classico Tsung-yin. Mencio, che per primo tratta la questione della natura umana, adopera non di rado la parola Tien a significare la nature nel senso generale. Questo senso della parola Tien viene in seguito sviluppato dai filosofi dei secoli posteriori, specialmente dai maestri della scuola neoconfuciana del medio evo.

D. L'idea di Dio nella tradizione confuciana dei secoli posteriori

Nello studio sull'idea di Dio nella tradizione confuciana dei secoli posteriori si deve tenere sempre presente questo criterio: che i maestri posteriori non sono sempre coerenti con se stessi nell'insegnamento e nella vita pratica. Nessuno dei Confuciani ha rifiutato di praticare la fede in Dio e di insistere sul culto al Cielo; ma nella teoria ci furono dei maestri che negarono implicitamente l'esistenza di un Dio personale. Questa tendenza si iniziò con un filosofo confuciano, contemporaneo di Men-tze, il maestro Tsuun-tze. Negli scritti di lui la parola Tien si trova più spesso nel senso di natura che di Dio personale, e poi anche di cielo empirico che si vede al di sopra degli uomini. Il filosofo critico Fu-she nella sua storia della filosofia cinese dice esplicitamente: ((Tsuun-tze nella scuola confuciana e un uomo singolare, perchè egli con il Cielo (Tien) impersonale della scuola taoista di

---

(72) *Men-tze*, cap.IV, parte I, n.7.

Lao-tze corregge il senso del Cielo personale e del rimuneratore della tradizione confuciana e della scuola Me-ti. Nello stesso tempo egli evita anche il senso di fatalismo nella idea del Cielo della scuola taoista)). [73] Non siamo certamente d'accordo con Fu-she nella assolutezza dell'affermazione che Tsuun-tze fosse un rinnovatore del concetto di Dio nella scuola confuciana e che egli fosse un ateo. Tsuntze ha insistito soltanto sul senso della natura, senza ricorrere all'autore della natura.

La scuola neoconfuciana che fiorì dal secolo decimo secondo dopo Cristo in poi, ha concentrato tutta la propria attenzione sui problemi metafisici, lasciando in disparte la teodicea tradizionale. Nella loro concezione cosmologica prevale il sistema taoista d'un elemento primordiale da cui derivano tutti gli esseri dell'universo. Il Lao-tze chiama questo essere o elemento il Tao, i neoconfucianisti lo chiamano Tai-chi o Ou-chi o Tai-shui. Siccome questo elemento è descritto come primordiale, non derivato da altro elemento o essere, non esiste più l'idea della creazione, e, conseguentemente, non c'è più l'idea di Dio. Se si considera questo elemento primordiale come Dio, allora si cade nel panteismo. Noi siamo piuttosto inclini all'opinione che il Tai-chi non può essere tenuto come Dio, bensì come un elemento metafisico, in cui tutti gli esseri si risolvono nella. costituzione ontologica. Ciò non di meno l'idea di Dio degli antichi Cinesi è stata alquanto oscurata dalla concezione metafisica neoconfuciana.

L'idea di Dio dei primi secoli fu poi anche contaminata dalla mitologia taoista sviluppata attorno alla divinità suprema. La superstizione popolare a sua volta ha cooperato a inquinare la purezza della idea di Dio, perchè nella immaginazione del popolo la divinità

---

(73) Fu-she, *La storia della filosofia cinese*, vol.I, Shanghai, 1928, p.310.

suprema venne moltiplicata in tante altre divinità. Ma la fede in un Dio supremo rimase sempre radicata nella vita del popolo cinese, che per lunghi secoli nella vita giornaliera ha adoperato sempre gli stessi sentimenti e le stesse espressioni verso il Dio supremo come si trovano già nel libro She-king, che raccolgono le espressioni popolari composte in semplici canti. Infine il culto ininterrottamente praticato dall'autorità imperiale verso il Cielo testimonia anche la ferma credenza della Cina in un Dio supremo e personale.

III. Gli Spiriti Inferiori

18. La divinità della terra

Accanto al culto del Cielo (Dio supremo), esisteva un altro culto ufficiale verso la divinità della terra. Questa non entra nel concetto del governo universale, il quale appartiene interamente a Dio, il Tien. Nè s'incontra mai la terra associata al Cielo nei testi che parlano della divina provvidenza; l'associazione invece avviene nel concetto del ringraziamento. Per un popolo agricolo la terra ha un significato speciale nella vita perchè tutto quello che si desidera per la vita, viene dalla terra. Nella produzione agricola, i fenomeni celesti, come il sole, la pioggia, il vento ed il calore, influiscono molto, ma la terra ha pure la sua parte importante. Perciò quando si tratta di ringraziare la divinità per i prodotti agricoli si pensa pure alla terra, la quale merita la riconoscenza degli uomini.

Nell'associazione del cielo alla terra nella protezione per il lavoro agricolo, il cielo è preso piuttosto ad indicare il cielo empirico, che è composto dal complesso dei fenomeni celesti, aventi influsso sul raccolto annuale. Questo concetto di cielo non corrisponde perfettamente al concetto di Cielo nel significato di Dio supremo. Nè è il puro cielo empirico che meriti la riconoscenza dell'uomo, bensì la divinità che governa i fenomeni celesti: il Cielo, Tien, considerato limitatamente in riguardo alla provvidenza per il raccolto dell'anno. Durante i lunghi mesi di atttesa per il raccolto si facevano delle preghiere al Cielo, perchè i fenomeni celesi favorissero il lavoro dei contadini. Ma non basta che il Cielo sia propizio al raccolto, è necessario pure che la terra cooperi alla produzione. Ora se essa deve cooperare al lavoro dell'uomo, avrà un'intelligenza e una volontà; quindi deve esistere una divinità della terra.

Per lo studio dell'origine della divinità della terra, occorrerebbe potersi rifare ai tempi più antichi. Gli etnologi invece disputano ancora oggi sul come il culto a questa divinità sia sorto. Si crede generalmente che esso non abbia la stessa origine del culto al Cielo, ma sia una creazione posteriore delle opinioni filosofiche che concepiscono due elementi correlativi per la costituzione dell'universo. Però dagli scavi di An-yang gli studiosi hanno costatato l'esistenza del culto alla Terra durante la dinastia Shan. [1] Nell' antichità si associava al culto alla Terra lo spirito dell'uomo illustre che aveva iniziato il popolo alla vita agricola e tale associazione avveniva solo nel momento del sacrificio. ((Questo personaggio fu in primo tempo Ciu, figlio del leggendario Scennon (Shen-eung), e poi... prese il posto del primo, Cchi (Ch'i), il favoloso capostipite dei re della terza dinastia Ceu (Tcheou). Ciu poi Cchi forse non furono veramente identificati col dio delle messi, ma furono come ((associati umani)) di questo dio nelle offerte di cibi che gli si facevano)). [2]

Vicino alla divinità della terra esisteva il dio del suolo. La distinzione viene dalla gerarchia; il dio della terra era la divinità di tutto il territorio dell'impero, che rappresentava per i Cinesi l'universo, e il suo culto apparteneva alle prerogative dell'imperatore; il dio del suolo era invece la divinità del territorio del principe feudale o della provincia, e il suo culto era di competenza del principe o del governatore. Uno studioso, il Chavannes, che ha fatto una ricerca speciale su questo culto, ci attesta che ((il culto del dio suolo è eccessivamente antico in Cina)).[3] Egli conclude pure: ((In realtà, nonostante l'oscurità di cui le discussioni dei letterati hanno circondato questo problema, non sembra che il sacrificio alla terra risalga a un'alta antichità. È verso l'epoca degli Han che vediamo formarsi nettamente la concezione della terra madre per opposizione al Cielo padre)). [4]

---

(1) Tchou-fan-pu. *La storia della dinastia Shan e gli studi delle ossa archeologiche* , Shanghai 1935. vol.I, sez.VI, p.10.

(2) Pasquale D'elia, *Cina politeista o Cina monoteista?* (estratto dalla ((Rivista degli studi orientali))). Roma, vol.XXII, p.108.

(3) E. Chavannes, *Le dieu du sol dans la Chine antique.* Appendice au Tai Chan. Annales du Musée Guimet, XXI, Parigi, 1910, p.437.

(4) E. Chavannes, o.c., p.524.

19. Gli imperatori celesti

L'idea di Dio supremo, come dominatore e imperatore del cielo, viene oscurata dalla concezione filosofica e dalla superstizione che ammetteva l'esistenza di cinque esseri celesti come cinque dominatori del cielo. Nei libri canonici non si trova certamente allusione a questi spiriti, nè si trova nei libri classici dei filosofi del tempo di Confucio. Troviamo invece questa concezione curiosa nei libri della dinastia Han. Durante codesta dinastia si era venuta formando la concezione metafisica dei cinque elementi costitutivi dell'universo. L'elemento originale è il Chi (aria); il Chi si divide in due specie: Yin (elemento negativo o femminile) e Yang (elemento positivo o maschile). Da questi due elementi derivano altri cinque elementi: ferro, legno, acqua, fuoco e fango. Questi cinque elementi sono cinque composizioni degli elementi Yin e Yang; dai cinque elementi si formano tutti gli esseri. A completare la concezione di cinque elementi si costruisce la teoria dell'analogia, con la quale gli esseri e i fenomeni naturali (più essenziali) si classificano in cinque classi assegnando ciascuno a uno dei cinque elementi; così si hanno le cinque virtù, i cinque toni di musica i cinque sapori e i cinque colori.

L'universo si divide pure in quattro parti, le quali con il centro fannoo dunque il numero cinque. Allora si è pensato di escogitare cinque dominatori dell'universo, di cui ciascuno domina una parte. Il dominatore celeste del centro sembra essere il *Primus inter pares*. Nella storia ufficiale della dinastia Han si descrivono i sacrifici offerti a quseti dominatori celesti, [5] e i loro nomi sono distinti dai cinque colori: dominatore bianco, dominatore rosso, dominatore azzurro, dominatore nero e dominatore giallo. Il fondatore della dinastia Han, Liu-pan, nella sua gioventù aveva ucciso un grosso serpente e

---

(5) She-ma-chen, *She-chee*, vol.II, tit. Sacrifici; e cfr. p.109.

poi nella lotta per la conquista del trono imperiale, aveva avuto in sogno la spiegazione di questa uccisione: il serpente è un discendente del dominatore celeste, il dominatore bianco, e protettore della dinastia precedente mentre egli era un discendente del dominatore celeste rosso. Liu-pan iniziò quindi il culto al dominatore celeste rosso, il capostipite della dinastia.

Si legge nella storia di She-ma-chen: ((Nel secondo anno, (l'imperatore Kao-tsu, il fondatore della dinastia Han) ritornò dopo avere sconfitto Han-chie e rientrò in Kuen-tsong. Domandò del culto di Shan-ti (imperatore altissimo) della dinastia Tsin, cioè a quale dominatore si sacrificava. I ministri risposero che si sacrificava a quattro dominatori celesti, e che si facevano sacrifici ai dominatori bianco, giallo, azzurro e rosso. Kao-tsu chiese: — Perchè ci sono solamente quattro dominatori se io ho sentito dire che in cielo vi sono cinque dominatori? Nessuno seppe rispondere. Allora Kao-tsu disse: — So io la ragione, perchè si aspettava me per completare il numero di cinque. E comandò che si facesse il sacrificio al dominatore nero)). [6]

Ma questa credenza dei cinque dominatori celesti, benchè si fosse mantenuta per molto tempo, non riuscì mai a trasformare l'idea monoteista di Dio supremo in un politeismo, sia perchè il sacrificio ufficiale al Tien era sempre riservato a un Dio unico e supremo, sia perchè la fede popolare era sempre rivolta a un Dio provvidenziale e rimuneratore.

((L'elemento sano dei letterati condannò con mirabile unita e zelo queste innovazioni, e le conseguenti stravaganze. Fin dall'anno del primo sacrificio ai Cinque Dominatori, 165 a. C., essi fecero osservare: "Il Cielo non è che unico; dire dunque che vi sono Cinque Dominatori è rinnegare l'antichità". O ancora "Il Dominatore non è che unico; come mai ve ne sarebbero cinque?". Alcuni anni dopo, nel 113

---

(6) She-ma-chen, l.c..

a. C., essi notano ancora: "I Cinque Dominatori sono gli assistenti del Sommo Uno. Bisogna erigere (un tempio) in onore del Sommo Uno, al quale l'Imperatore in persona dovrà fare il sacrificio riservato alla divinità)). Le loro osservazioni dovettero diventare sempre più incalzanti poichè vediamo che nel 32 a. C. uno di questi letterati, Ccoamhem (Kuang Heng), ottiene dal Sovrano la soppressione di questo culto ai Cinque Dominatori. Ma esso riappare nel 14 a. C. per poi sparire e riapparire di nuovo. Finalmente nel 266 d. C. assistiamo a un nuovo decreto di soppressione in seguito a un forte memoriale dei letterati, nel quale si diceva: ((I Cinque Dominatori non sono che il Dominatore del Cielo, il cui benefico influsso varia secondo le stagioni, e perciò si dice che ve ne sono cinque. D'ora in poi si sopprimano gli altari dei cinque Dominatori tanto nella Sala Luminosa quanto nel sobborgo meridionale)). Soppresso infatti anche questa volta, il culto riapparisce però nel 289 d. C., così volendo forse l'incostanza degli uomini o la paura superstiziosa di qualche infortunio. Parecchie altre volte si assiste così a questa altalena religiosa, come per esempio nel 462 e nel 656. Il punto finale a questa controversia non venne messo che nel 1067 d. C. quando il ventenne imperatore Scenzon (Shentsong) emise il seguente decreto: ((Da parecchie generazioni nelle associazioni ai sacrifici che si praticano alla corte vi si è immischiata la teoria dei Sei Cieli, introdotta da certi antichi Confuciani, ciò che Noi non approviamo per niente. Quando d'ora in poi si sacrificherà al Nostro defunto padre nella sala luminosa lo si associ soltanto al Supremo Dominatore, sopprimendo i sacrifici a qualunque altro spirito)). A cui il commento ufficiale aggiunge: ((Le tre espressioni di cui si serve il Rituale di Ceu (Tcheou) cioè: l'Augusto Cielo, e Supremo Dominatore, oppure il Supremo Dominatore, o ancora i Cinque Dominatori, non indicano che un solo Dominatore. La teoria dei Sei Cieli incominciò con l'introduzione delle dottrine di Cemsciuem, ma essa non è contenuta nei Classici)). Questo decreto e questa dichiarazione portarono il colpo mortale alla dottrina dei Cinque Dominatori, che d'allora in poi non riappare mai più nella storia religiosa della Cina. Un punto che merita di essere attentamente notato però è questo: anche durante il millennio e più in cui con intermittenza si era prestato culto ai Cinque Dominatori, questi non arrivarono mai a sostituire il Cielo o Supremo Dominatore, poichè furono sempre onorati di un culto distinto ed inferiore, proprio delle divinità di secondo ordine)). [7]

20. Spiriti inferiori nei libri canonici e classici

Dagli scavi antichissimi non risulta ancora chiaro quale fosse la credenza dei Cinesi verso gli spirite inferiori, data la scarsità di documenti. Nei libri canonici e classici troviamo delle allusioni esplicite agli spiriti inferiori. Nel libro Shu-king, nella parte che appartiene agli imperatori della dinastia Tcheou, s'incontrano molti accenni:

((Perciò io, umile Fa, nella qualità di principe regnante del regno vicino, andai a vedere le situazioni dell'impero Shan. L'imperatore imponeva delle gravi ingiustizie senza minimo segno di pentimento. Egli si comportava orgogliosamente, non venerava Shan-ti (Imperatore altissimo) e Shenn e Chi)). [8]

Nel delitto di empietà dell'imperatore si enumerano le mancanze al culto al Cielo, il supremo Dominatore, e il culto agli Shenn e Chi. Gli shenn-Chi sono gli spiriti; gli Shenn spiriti celesti e i Chi spiriti terrestri.

((Nostro padre Wen-wang... non ha potuto compiere la grande opera. Io, suo umile figlio, devo continuare a realizzare il suo proposito. Annunciamo quindi i delitti dell'impertore dello Shan al Huang-Tien (Cielo eccellente), alle divinità della terra, dei monti famosi e dei grandi fiumi)). [9]

---

(7) Pasquale D'elia, *Cina politeista o Cina monoteista?* p.114-116.
(8) *Shu-king*, cap. Tai-she, 1.
(9) *Shu-king*, cap. Ou-chen.

In questo capitolo si dice più chiaramente che gli spiriti terrestri sono gli spiriti della terra, dei nonti e dei fiumi. Nel discorso attribuito all'imperatore Shuun, troviamo ancora un accenno più particolare sugli spiriti. Tuttavia i critici non sono d'accordo sulla genuinità di esso.

((L'imperatore Shuun (dopo l'ascesa al trono) offre il sacrificio al Shan-Ti (Dio supremo) e sacrifica pure a sei Tsong, ai monti e fiumi, ed a tutti gli spiriti)). [10]

Abbiamo qui il Dio supremo, e i sei spiriti che si chiamano Tsong e che sono gli spiriti del tempo, delle stagioni, del sole, della luna, delle stelle e delle piogge. Poi abbiamo pure gli spiriti dei monti e dei fiumi. Gli spiriti dei sei Tsong sono gli spiriti celesti, che si chiamano Shenn, e gli spiriti dei monti e dei fiumi sono gli spiriti terrestri, che si chiamano Chi.

Nel libro Tch'uun-chiu, scritto da Confucio, e poi commentato dal suo discepolo Tsuo-chiu-ming (il commento si chiama Tch'uun-chiu-tsuo-chuan) noi troviamo anche degli altri testi che testimoniano la credenza negli spiriti inferiori.

((Nell'anno decimoprimo del duca Shan-Kung, i principi feudali fecero una spedizione punitiva contro il principe Chen. Questi, terrorizzato, chiese pace e fece un patto con tutti i principi nella città Pê. Si era scritto sulla tavola del patto: Tutti i firmatari del patto... si soccorreranno vicendevolmente nei casi di calamità, daranno aiuti nei casi di ribellioni interne, hanno per nemico comune o amico comune il nemico o l'amico d'uno dei firmatari e difenderanno la casa imperiale.

Se qualcuno verrà meno ai suoi obblighi, gli spiriti della fedeltà delle convenzioni, gli spiriti dei grandi monti e dei famosi fiumi, tutti gli altri spiriti venerati e gli spiriti degli antenati dei nostri dodici regni, puniranno il colpevole facendogli perdere il suo popolo, e distruggere la sua vita, la sua famiglia e il suo regno)). [11]

---

(10) *Shu-king*, cap. Shuun-tien.
(11) *Tch'uun-chiu-tsuo-chuan*, cap. XXVII.

((Nell'anno ventesime ottavo del duca she-kung...Wang-tze-fu fece firmare un patto fra i principi feudali. Il patto dice sommariamente: Tutti i principi difenderanno la casa imperiale e non combatteranno fra di loro. Se qualcuno non osserva questo patto, gli spiriti lo puniranno facendogli perdere il suo esercito e il suo regno)). [12]

La credenza negli spiriti inferiori si manifesta chiara in questi principi che ne invocano l'intervento per sancire la loro fedelta.

21. Gli spiriti inferiori nel libro Tchuu-tze

Il Tchuu-tze è una raccolta di diciassette poesie di Kiu-yuen, di Tsung-yu, di Chia-ni e degli altri poeti, tutti del regno del Tchuu. Questo regno si trovava nella parte meridionale della Cina e i poeti Kiu-yuen e Tsung-yu erano del secolo IV e secolo III avanti Cristo. Gli studiosi cinesi oggi sono d'accordo nel dire che la popolazione del sud della Cina era più portata alle superstizioni e alle credenze mitologiche. La ragione di questo fenomeno etnologico va ricercata nell'indole e nell'ambiente della popolazione medesima. I Cinesi del Sud hanno un temperamento più vivace e più esuberante che i Cinesi del Nord e vivevano in contatto continuo con la popolazione barbara aborigena molto superstiziosa.

Nel grande poema Li-sao (incontro al dolore), Kiu-yuen, ministro giovane e brillante, respinto dal suo sovrano per le calunnie dei nemici invidiosi, descriveva un immaginario viaggio celeste alla ricerca d'una saggia donzella, simbolo di un re sapiente, per cui egli potesse spiegare le sue belle virtù. In questo viaggio sono menzionate le divinità del sole, della pioggia, del vento, dei fulmini e delle nuvole.

((La mattina parto da Tzang-ou (dimora degli spiriti),
giungo la sera sulla cima di Hsuen-pou;
vorrei fermarmi alquanto presso il portico decorato,
ma il sole di repente tramonta e si fa notte.

---

(12) *Tch'uun-chiu-tsuo-chuan*, cap. XIII.

Ordino a Hsi-Ho che temperi il suo corso (cocchiere del
che non si affretti davanti la montagna di Yen-tze, [sole),
che, quantunque la via sia lunga e noiosa,
pure io voglio, salendo discendendo, esplorare ogni recesso.
Abbevero il mio cavallo nelle acque di Han-chi
e lo lascio riposare vicino a Fou-sang.
Colgo il fiore d'ambrosia per ripararmi dai suoi raggi,
e frattanto erro e mi sollazzo.
Mando avanti Wang-Chou (cocchiere della luna) che mi preceda,
di dietro mi sospinge Fei-lien, signore dei venti,
un paio di fenici m'aprono il cammino,
però il sole signore dei tuoni m'avvisa che non è pronto.
Guido le fenici affinchè volino sempre più in alto:
di giorno e di notte senza posa ascendiamo.
Ma ecco i venti radunarsi e disperdersi,
essi ci illuminano con l'arcobaleno.
Quei colori e quell'enormi nuvolaglie ora s'addensano, or
si disfanno,
di sopra, di sotto, coi variopinti colori si confondono.
Vorrei che il sommo Re dicesse al suo celeste portiere d'aprirmi,
ma questi appoggiato alle porte del cielo noncurante mi fissa
Il tempo s'oscura, si fa buio fitto,
io colgo di nuovo le tacite orchidee e aspetto.
Il mondo è sudicio e non sa distinguere,
oscura il bene, ed è invidioso.
La dimane m'incamminai verso la ((Limpida Sorgente))
e salii la cima di Lan-fong ove legai il mio cavallo,

quando subitamente volsi indietro lo sguardo, le mie lacrime
caddero,

e piansi che neppure sull'eccelsa cima potei trovare la saggia compagna.

D'un tratto io vado a trastullarmi nel palazzo di primavera,
ivi rompo le frondi dell'albero di giada per ornarmene il
mantello.

Sino a quando i suoi gloriosi fiori non sian caduti,
io scorgo laggiù una donzella cui posso offrirli.
Fong-Iong, signore dei nembi, mando in sulle nubi
affinchè cerchi la dimora di Fou-fei.
Io mi sciolgo la fascia ai lombi onde parlare di nozze
e invio Tsien-siou a farmi da paraninfo.
Ella dapprima imbarazzata or vuole or non vuole.
Ma poi di repente resiste e non approva.
Quand'ella di sera ritoran a casa pernotta a Tchong-hi
e la dimane si lava i capelli nelle acque di Wei-pang.
Ella coltiva la sua bellezza per insuperbirsene
e di giorno vive tra i piaceri e i sollazzi.
Quantunque sia davvero bella, tuttavia è senza ritegno,
quindi io l'abbandono e me ne cercherò un'altra)). [13]

Il poema continua nell'affanno della ricerca della saggia
compagna e finisce nel disperato dolore di volere suicidarsi.

((Addio! Addio!
Tutto è passato. La patria non ha un uomo.
Nessuno mi conosce.
E perchè penso alla terra dei miei padri?
Giacchè non v'ha chi mi possa aiutare a governarla
io m'incammino verso la dimora di Pen-Hsien)).

Nell'originale questo poema è il più bello della poesia della Cina,
perchè l'autore descrive il suo disperato dolore con una fantasia originale e con una forma elegantissima e vivace. Per il nostro studio
questo poema ha valore come testimonianza d'una concezione religiosa che ha la maggiore somiglianza con le credenze popolari dei
secoli posteriori. Nei libri canonici confuciani gli spiriti inferiori

_____

(13) Kiu-yuen, Li-sao (*Incontro al dolore*), traduzione di Gabriele Allegra, Shanghai, 1938, p.47-58.

vengono considerati come esseri senza forma e senza corpo umano. Essi sono spiriti puri, nè hanno avuto una storia come l'uomo. La concezione di Tchuu-tze invece dà agli spiriti una fisionomia umana, perchè gli spiriti venivano conosciuti come esseri che hanno pure una vita, simile agli uomini, quantunque molto superiore. Questa mentalità viene confermata da un altro poema, pure attribuito a Kiu-yuen, e intitolato Chiu-ko (nove canti). La tradizione letteraria afferma che questi nove canti erano quelli cantati dal popolo nei sacrifici e che Kiu-yuen li trascrisse dopo una correzione. Essi sono dedicati alla divinità Tai-yi imperatore orientale (divinità dell'Oriente), alla divinità dei nembi, alla divinità del fiume Shan, alla Signora del fiume Shan, alla divinità maggiore del destino, alla divinità minore del destino, alla divinità del sole, alla divinità dei fiumi e alla divinità dei boschi. Poi segue un canto dedicato agli eroi della guerra.

Nel canto alla divinità Tai-yi si descrive brevemente la sontuosità e la riverenza durante il sacrificio e si conclude che il do Tai-yi, il re nobile dell'oriente, gode grandemente del sacrificio.

((Tutta la sala si riempe di fiori variopinti,
i cinque toni della musica danno un'armonia delicata.
Il Signore lietamente si mostra contento)). [14]

Nel canto alla divinità dei nembi si esalta lo splendore del dio nelle nuvole.

((Lo Spirito rimane con affettuoso sguardo,
il suo splendore illumina Fei-yan.
Si ferma quietamente sulla sala sacrificale,
risplende come il sole e come la luna.

Egli ha il dragone per cocchiere e si veste del manto imperiale, vagando sul cielo guarda trtto l'universo.

---

(14) Tchuu-Tze, poema Chiu-ko, canto ((Tong-huang-tai-yi)).

Lo spirito è disceso solennemente,
ma volò d'improvviso sulle nuvole)). [15]

La divinità del fiume Shan e la Signora dello stesso fiume sono due donne, figlie dell'imperatore Yao e moglie dell'imperatore Shuun, le quali, morte nel lago Tung-ling, furono venerate come due divinità del fiume Shan, che si versa nel lago suddetto.

((Lo Spirito ritarda a partire,
perchè rimane nell'isola centrale?
I begli occhi brillano deliziosamente perfetti;
batto velocemente i remi della barchetta di lauro, (a riceverlo).
Comandi che i fiumi Feen e Shan siano placidi senza onde,
che l'acqua scorra placidamente)). [16]

((La figlia imperiale discende sulla sponda settentrionale,
La guardo in lontananza con malinconia.
Il vento autunnale agita mollemente le foglie,
le foglie cadono sul lago Tung-ling)). [17]

Il Canto alla divinità maggiore del destino accenna al potere suo:

((Le porte celesti si spalancano grandi,
mi siedo con dignità sui nembi coloriti,
mando i veloci venti dinanzi,
invio le piogge fresche a purificare il cammino.
Il Signore discende lentamente,
ti seguirà dopo il passaggio del monte K'ung-tsang.
Le nove regioni (l'universo)sono tanto popolate;
chi vive e chi muore, tutto sta nella mia volontà)). [18]

---

(15) *Chiu-ko*, canto alla divinita dei nembi ((Yun-tsong-tchuun)).

(16) *Chiu-ko, canto* ((Shan-tchuun)) al Signore del fiume Shan.

(17) *Chiu-ko, canto* ((Shan-fu-ren)) alla Signore del fiume Shan.

(18) *Chiu-ko, canto* ((Ta-se-ming)) alla divinità maggiore del destino.

La divinità minore del destino è lo spirito di una stella che aiuta il Dio supremo nel governo universale regolando la vita degli uomini. Alla conclusione del canto si dice:

((Le penne dei pavoni ornano la carrozza,
egli sale ai nove cieli a dirigere la cometa.
Tenendo una spada lunga in alto si appoggia su un bel giovane
Egli pensa solamente alla giustizia per la rettitudine del popolo)). [19]

La divinità del sole è detta pure il Signore dell'oriente, ma e inferiore all'omperatore dell'oriente. Nel suo canto si celebra la bellezza del sole nascente al mattino.

La divinità del fiume ha la sua abitazione in un palazzo sotto acqua:

((Un palazzo ornato di squame di pesci e dragone,
la sala rivestita di perle rosse;
perchè lo Spirito abita sotto acqua?
Egli cavalca sulla tartaruga bianca a dare la caccia ai pesci)). [20]

Gli spiriti dei boschi sono demoni terribili, ma hanno una bella forma di donzella.

((Sembra una persona, sta alla cima dei monti,
Vestita dei fiori di wistaria e delle foglie di Ngu-lo.
Gli occhi soavi sorridono delicatamente.
Tu, Spirito, pensi forse a me con questi begli sguardi?)) [21]

---

(19) *Chiu-ko, canto* ((Shio-se-ming)) minore divinità del destino.

(20) *Chiu-ko, canto* ((Ho-pei)) al conte del fiume.

(21) *Chiu-ko, canto* ((Shan-kui)) allo spirito del boschi.

Il canto agli eroi nazionali è un'esaltazione della battaglia combattuta valorosamente dagli eroi, e si conclude:

((Siete stati veramente valorosi e forti,
intrepidi ed inflessibili fino alla fine senza lasciarivi sconfiggere.
Siete morti nel corpo, ma lo spirito vostro vive gagliardo
le vostre anime diventano spiriti eroici)). [22]

22. Le anime dei defunti

Siccome nel paragrafo precedente si è accennato alle anime degli eroi defunti fra gli spiriti inferiori, conviene dirne qui una parola.

Nel libro Tch'uun-chiu-tsuo-chuan si narrano molti episodi di morti che apparivano ai viventi, specialmente per vendicarsi delle ingiustizie commesse a loro riguardo.

((Nell' anno settimo del duca Chio-kung, il ministro Tze-ch'an del regno Chen viene a fare una visita al principe Tchen. Il ministro Han-suan-tze andò a riceverlo e gli disse segretamente: — Il mio principe si è ammalato da tre mesi ed ha fatto pregare tutti gli spiriti, ma non è stato guarito. Recentemente egli ha visto nel sogno un orso giallo entrare nella sua camera da letto. Quale spirito maligno può essere questo? — Tze-ch'an rispose: — Data la sapienza del vostro principe e dato che voi tentet il governo, come può essere uno spirito maligno? Anticamente quando l'imperatore Yao aveva ucciso il ministro Wuun, lo spirito di costui si strasformò in un orso giallo e s'immerse nel profondo del fiume. Ma egli fu il capostipite della dinastia Shia e le tre dinastie offrivano un'oblazione rituale a questo spirtio. Ora il principe Tchen è il capo di tutti i princip i feudali, forse il vostro principe non ha offerto l'oblazione allo spirito di Wuun? — Han-suan-tze offrì subito l'oblazione allo spirito del capostipite

---

(22) *Chiu-ko, canto* ((kuo-shan)) canto agli eroi nazionali.

della dinastia Shia, e il duca di Tchen migliorò)). [23]

((Nell'anno decimoquinto del duca Suan il generale Koo del Wei sconfisse l'esercito di Tsin nel distretto Fushe e catturò Tuwei, grande grerriero di Tsin. Il duca Wei-wu-tze amava molto una delle sue mogli, la quale però non gli aveva dato figli. Quando Wei-wu-tze si ammalò, comandò al generale Koo di rimaritare la sua diletta; ma quando egli entrò nell'agonia, comandò al generale Koo di seppellire la sua favorita viva per seguirlo nella stessa tomba. Dopo la morte di Wei-wu-tze il generale Koo fece rimaritare la donna, dicendo che il comando dato nell'agonia era dato senza controllo della ragione e che egli preferiva seguire il comando precedente, dato nella lucidità della mente. Durante la battaglia di Fushe il generale Koo vedeva un vecchio che metteva del fieno per ostacolare il cavallo di Tu-wei. Avendo urtato contro il cumulo di fieno, Tu-wei inciampò e fu catturato. Nella notte il generale Koo vide di nuovo il vecchio in sogno, il quale gli disse che egli era il padre della donna rimaritata, e che egli veniva per ringraziarlo di avere seguito un comando ragionevole del duca)). [24]

Questa credenza agli spiriti dei defunti era generale in tutta la Cina, e ne abbiamo pure una spiegazione da uno dei più grandi esponenti politici di quel periodo:

((Nell'anno settimo del duca Chio-kung il popolo del ducato Chen era spaventato dallo spirito di Pei-yu (ucciso dal duca Chen). Gridando che lo spirito di Pei-yu li inseguiva, tutti fuggivano senza sapere dove andavano. Nell'anno precedente, nel paese, Pei-yu vestito di armatura aveva detto a molti che avrebbe ucciso il suo nemico Se-tai e nell'anno seguente avrebbe ucciso Kun-suen-tuen. Poi morì veramente Se-tai, e lo spavento invase tutti. Morì in seguito anche Kun-suen-tuen, e il popolo fu preso dal terrore. Allora il ministro Tze-ch'an fece nominare il figlio di Pei-yu e il figlio di Tze-Kun grandi uffi-

---

(23) *Tch'uun-chiu-tsuo-chuan*, cap. XXXVI.
(24) *Tch'uun-chiu-tsuo-chuan*, cap. XX.

ciali del ducato con diritto di sacrificare ai loro antenati. Cessò subito la minaccia di Pei-yu. Il ministro Ta-sui ne domandò la ragione a Tze-ch'an. Egli rispose: — Kui (lo spirito del defunto) quando ha un posto di riposo, non diventa uno spirito maligno. Io ho dato un posto di riposo (allo spirito di Pei-yu, cioè dandogli la possibilità di avere un luogo di sacrificio)... — Quando Tze-ch'an andò nel principato Chen, il ministro Chiao-ching-tze gli domandò se Pei-yu fosse capace ancora di essere Kuei. Tze-ch'an rispose: — Certamente. L'uomo appena nato forma in se il Pee (anima sensibile), dopo il Pee si forma il Wen che è l'anima positiva. Se l'uomo nella vita adopera molto lo spirito, l'anima Wen si sviluppa fortemente e diventa chiara ed intelligente da sembrare uno spirito splendente. Se un uomo qualunque o una donna qualunque muore violentemente, la sua anima Pee e Wen può entrare in un uomo vivente per essere uno spirito maligno, allora Pei-yu certamente può diventare Kuei. Pei-yu era un discendente della famiglia ducale del mio principe Mu-kung, era nipote di Tze-liang, era figlio di Tze-er, era ministro del mio regno, e questo ufficio la sua famiglia aveva occupato già da tre generazioni. Anche se il principato Chen è senza tradizione, tuttavia si dice comunemente che in un piccolissimo regno se una famiglia occupa per tre generazioni il posto di ministro, esercita certamente una larga potenza e adopera molto l'intelligenza. Perciò la famiglia di Pei-yu era una famiglia grande, e di lunga tradizione. Egli morì violentemente; era quindi naturale che la sua anima fosse capace di essere Kuei)). [25]

Questa teoria dell'anima Wen e Pee verrà poi ripresa dai pensatori dei secoli posteriori, specialmente nella scuola del Neoconfucianesimo.

---

(25) *Tch'uun-chiu-tsuo-chuan*, cap. XXXVI.

IV. Il Sacrificio Nella Tradizione Confuciana

23. Idee generali sul sacrificio

Nel libro Li-chee, la raccolta delle cerimonie antiche, noi troviamo sei capitoli che parlano espressamente del sacrificio. Tre capitoli, cioè Li-yun, Li-ci, Chio-te-sen, parlano dei sacrifici al Cielo ed agli spiriti; gli altri tre capitoli, cioè Tsi-fan, Tse-yi, e Tsi-tuung, parlano delle oblazioni agli antenati. I critici discutono sulla genuinità di codesti capitoli, ma generalmente si ammette che essi non siano anteriori al tempo di Confucio e che possano essere lavori dei discepoli suoi. Però le cerimonie esposte nel libro Li-chee, sono certamente quelle della dinastia Tcheou; e quindi ci presentano in certo modo il quadro della vita sociale anteriore a Confucio.

Da questi capitoli del Li-chee noi possiamo sapere che esistevano tre classi di sacrifici: la prima classe è costituita dal sacrificio al Dio supremo, la seconda classe dai sacrifici agli spiriti inferiori e la terza da quelli agli antenati.

((Gli antichi imperatori temevano che l'ordine cerimoniale non arrivasse al popolo, l'imperatore sacrifica quindi al Cielo fuori della porta imperiale per esaltare la dignità del Cielo; egli sacrifica alla divinità della Terra per illustrare l'utilità della terra; le oblazioni al tempio familiare sono per la pietà; i sacrifici agli spiriti dei monti e dei fiumi sono per venerare gli spiriti; i cinque sacrifici ai protettori di casa sono per gli affari ordinari)). [1]

In ogni classe di sacrifici vi sono ancora delle divisioni secondo il tempo, le stagioni e le circostanze varie. Nella prima classe vengono: il sacrificio solenne al Cielo che si chiama ((Chio)), il sacrificio straor-

---

[1] *Li-chee*, cap.IX, Li-yun.

dinario che si chiama ((Lu)), il sacrificio per la guerra detto ((Ma)), e il sacrificio per le visite imperiali chiamato ((Lei)). Nella seconda classe si trovano: il sacrificio alla terra detto ((Chè)), il sacrificio ai cinque protettori denominato ((Ou-tze)), il sacrificio agli spiriti dei monti e dei fiumi detto ((In)). Nella terza classe stanno: le oblazioni agli antenati nelle quattro stagioni dette: ((Yuê)) della primavera, ((Ti)) dell'estate, ((Chian)) dell'autunno e ((Ching)) dell'inverno; poi ogni tre anni hanno luogo le oblazioni solenni, ((Hsia)), e ogni cinque anni le oblazioni ((Ta-Ti)).

Il sacrificio è l'espressione della sudditanza alla divinità; l'uomo esprime questo suo sentimento con diverse specie di sacrifici, a seconda delle diverse circostanze. Al principio del regno, al prinicipio dell'anno ed all'inizio della guerra l'imperatore che offre un sacrificio al Cielo, intende di chiedere protezione e prosperità al Dio supremo: questo è il sacrificio di impetrazione. Quando l'impero è minacciato da una carestia, dalla siccità o dalla inondazione si sacrifica agli spiriti: ed è un sacrificio di espiazione; quando l'imperatore ha riportato una vittoria o ha avuto un anno di buon raccolto, egli offre un sacrificio alle divinità: che è un sacrificio di ringraziamento. Le oblazioni agli antenati o a Confucio sono invece un atto di pura venerazione, di pietà e di amore. In tutti questi atti sacrificali il motivo fondamentale sta sempre nel sentimento della sudditanza alla divinità.

Inoltre nella tradizione confuciana il sacrificio assume anche il significato di educazione popolare. ((Il sacrificio nella dottrina confuciana, dottrian satura di senso pratico, si propone d'essere uno dei più efficaci mezzi di educazione popolare. Le ragioni del sacrificio educano già da se stesse il popolo a coltivare lo spirito nei riguardi della divinità ma il Confucianesimo vede ancora nei riti sacrificali un mezzo efficacissimo di educazione sociale, perchè il sacrificio non insegna solamente le relazioni fra le divinità e gli uomini, insegna anche i principi dottrinali delle relazioni sociali. Il sacrificio viene celebrato con un rito, regolato con rigide norme di ordine e di senso gerarchico. L'ordine gerarchico è la base della educazione confuciana. Nel capitolo ((Principi dottrinali del sacrificio (Li-yi))) del libro Li-chee si spiega chiaramente questo concetto: ((Il sacrificio è una cosa importantissima, perchè seguendo un ordine completo nelle cerimonie, fa vedere una cosa perfetta. Così il sacrificio è base della educazione... Nel sacrificio si intravvedono dieci cose: la norma di servire la divinità, la sottomissione dei sudditi al principe regnante, la relazione fra i parenti e i figli, la differenza fra la nobiltà e il popolo, la classificazione dei consanguinei, la ragione della retribuzione, la regola fra il marito e la moglie, l'equità nell'amministrazione civile, l'ordine fra gli anziani e i giovani, il contegno reciproco fra superiori ed inferiori. Queste sono le dieci cose)). [2]

24. Il sacrificio al Cielo

Il culto più antico e più solenne è il sacrificio al Cielo (Tien). Dai primi anni della storia cinese fino agli ultimi anni del regime monarchico esistette sempre questo culto, che era il sacrificio ufficiale dell'impero e riservato personalmente all'imperatore.

Sull'origine di codesto culto non si hanno documenti certi. Secondo gli studiosi della dinastia Han, il sacrificio al Cielo sarebbe incominciato fin dagli inizi della storia cinese, [3] perchè ogni regnante all'inizio del suo regno si recava al monte Taishan per offrire al Cielo, e al monte Lian-fu per venerare la terra. Questo duplice culto si chiamava Fen-shen. Ma l'affermazione pare un semplice riflesso delle dottrine filosofiche della dinastia Han. Di fatto il culto Fen-shen incominciò non prima della dinastia Tsin, che precede immediatamente la dinastia Han; anticamente, ed anche poi nei secoli posteriori, il sacrificio si offriva semplicemente al di fuori della porta meridionale della città imperiale. Nel libro Li-chee si trova il capitolo Chiote-sen che parla della vittima di questo sacrificio e in un altro capitolo dello stesso libro, il capitolo Yueh-lin, che elenca gli uffici dell'imperatore secondo le stagioni come un calendario imperiale, noi troviamo le prescrizioni dei quattro sacrifici al Cielo nelle quattro stagioni

---

(2) Lokuang, La sapienza dei Cinesi, p.40.
(3) See-me-chenn, She-chee, Tom.II, cap.19.

dell'anno. Quindi possiamo essere sicuri dell'esistenza del sacrificio al Cielo almeno durante la dinastia Tcheou. Ma forse possiamo far risalire la data del sacrificio all'imperatore Shuun o all'imperatore Yu, perchè troviamo degli accenni espliciti a un sacrificio al Cielo offerto dall'imperatore Shuun, nel libro canonico Shuking, e nel libro dei dialoghi di Confucio, Lun-yu, altro accenno al sacrificio al Cielo fatto dall'imperatore Yu. Non tutti i critici ammettono la genuinità del capitolo dello Shu-king sull'imperatore Shuun, invece la genuinità del libro Lun-yu è più sicura. Nel testo in questione Confucio così si esprime: ((Io non posso rilevare alcun difetto nell'imperatore Yu; era sobrio nel vestimento, devotissimo agli spiriti, vestiva in genere con semplicità, ma era sfarzoso quando indossava il costume imperiale (Fu-mien); abitava un'umile dimora e cercava ovunque di scavare dei canali. Oh! Non c'è un solo difetto da rilevare in lui)). [4]   Ora il costume imperiale Fu-mien era appunto la veste rituale che l'imperatore indossava per il sacrificio al Cielo, e l'imperatore Yu era sfarzoso in questo vestito per dimostrare la propria venerazione a Dio. Se i critici non dimostreranno che le parole di Confucio sono una falsificazione posteriore, noi possiamo dire che al tempo dell'imperatore Yu, cioè nel secolo ventesimo-secondo avanti Cristo, secondo la cronologia tradizionale, il sacrificio al Cielo esisteva già in Cina.

Il culto al Cielo subì, durante i lunghi secoli, delle variazioni, che però non erano sostanziali. Sarebbe troppo lungo descrivere tutte le prescrizioni cerimoniali antiche, d'altra parte non tutte conservate nei documenti scritti, e le variazioni successive. Riportiamo in breve un documento che ci permette di intravvedere tutta la complessità del sacrificio al Ceilo. Nell'anno 1322 d. C., durante il secondo anno di regno dell'imperatore Yin-tsong della dinastia Yuan dei Mongoli, fu convocato un consiglio dei ministri e dei maestri di cerimonie per decidere una riforma sulle norme rituali del sacrificio al Cielo. Codesto consiglio presentò all'imperatore un *Memorandum* che trat-

---

(4) *Lun-yu*, Cap.IV, parte II, n.19.

tava tutti gli aspetti della questione e costituisce un documento prezioso sul culto al Cielo. [5] Esso enumera tredici punti:

A. Il tempo del sacrificio Chio

Secondo le tradizioni delle dinastie precedenti si sacrificava ogni tre anni. L'imperatore dopo tre anni di regno offriva il grande sacrificio.

B. Il titolo del Cielo

Secondo il cerimoniale della dinastia Tcheou il titolo del Cielo era Hao-tien-shan-ti. Nello stesso tempo c'erano pure altri titoli. Al principio della dinasttia Han il titolo del Cielo era Shan-ti, o Tai-yi (unico supremo), o Huan-tien-shan-ti; durante la dinastia Wei il titolo Huan-Huan-ti-tien; durante la dinastia Lian il titolo Tien-Huan-ta-ti; durante la dinastia Tsin il titolo Hao-tien-shan-ti, come durante la dinastia Tcheou. Dalla dinastia Tang in poi sull'altare centrale c'era il titolo Hao-tien-shan-ti, sugli altari laterali c'erano pure i titoli di Tien-Huan-ta-ti i titoli dei cinque dominatori celesti Tai-yi, Tien-yi ecc.

C. Gli spiriti associati al culto del Cielo

Durante la dinastia Tcheou nell'atto di sacrificare al Cielo si sacrificava pure agli spiriti degli antenati e allo spirito di Heu-gi (primo maestro dell'agricoltura). Questo esempio era imitato dai regnanti della dinastia Han e della dinastia Tang.

D. Invito agli spiriti associati

Nell'ultimo periodo della dinastia Tcheou, quando i principi feudali si arrogavano i privilegi imperiali, fu introdotto l'uso che alla vigilia del sacrificio al cielo si offrisse un sacrificio al tempio degli antenati, per significare che gli spiriti degli antenati erano invitati

---

(5) Cfr. *Storia ufficiale della dinastia Yuan*, cap. Discussioni sul sacrificio al Cielo.

all'imminente sacrificio al Cielo. Questo uso poi fu conservato dagli imperatori posteriori.

E. La veste rituale

Secondo il cerimoniale della dinastia Tcheou l'imperatore si recava al sacrificio a Chiao vestito di un grande mantello di pelliccia nera (ta-cheau) e con un cappello di dodici infule (Mian). Gli imperatori della dinastia Tang e della dinastia Sung hanno osservato questa prescrizione.

F. I vasi

Secondo le prescrizioni di Li-chee le coppe di libazione erano di terra cotta perchè il sacrificio al cielo doveva essere il più vicino possibile alla natura. Nei tempi posteriori si adoperavano pure coppe di giada per libazione, ma sempre agli spiriti associati al sacrificio.

G. Il giuramento del digiuno

Secondo le prescrizioni rituali della dinastia Tang, sette giorni prima del sacrificio, o dieci giorni prima, secondo l'uso della dinastia Sung, l'imperatore radunava tutti i dignitari che dovevano accompagnarlo al sacrificio e faceva leggere una formula di giuramento di digiuno da un funzionario del dipartimento cerimoniale.

H. I digiuni

Secondo le tradizioni anteriori i digiuni per la preparazione del sacrificio erano di due specie: digiuni interni e digiuni esterni. I primi imponevano le riflessioni su cinque cose: luogo di abitazione, le proprie parole, i propri pensieri, i propri piaceri e le proprie inclinazioni, per vedere se ci fossero delle deviazioni. I digiuni esterni imponevano la cessazione di passeggi, di conviti e di feste. Si osservavano quattro giorni di digiuno interno e tre giorni di digiuno esterno.

I. I tappeti

Anticamente il sacrificio al cielo s'offriva sulla terra nuda, scopata, ma senza tappeti, per ragione di naturalezza. Poi, durante la dinastia Tcheou, si stendevano dei tappeti rozzi senza ornamenti. Durante la dinastia Han invece s'adoperavano tappeti preziosi in vista della dignità altissima del Cielo. Dal che si vede come nei secoli posteriori l'idea di naturalezza e l'idea della dignità del cielo si siano andate alterando.

J. Le vittime

Durante la dinastia Tcheou per il sacrificio Chio s'offriva un vitello. Questo uso fu osservato sempre dagli imperatori posteriori, però s'aggiungevano altre vittime per gli spiriti associati al culto. Le vittime aggiunte potevano essere agnelli, maiali e cavalli.

K. Il vaso d'incenso

L'uso dell'incenso non esisteva nelle prescrizioni rituali della dinastia Tcheou, secondo le quali si bruciava una pianta e si spargeva il vino sulla terra per ottenere un odore gradito. Nei secoli posteriori si introdusse l'uso dell'incenso. Al principio della dinastia Yuan per il sacrificio al Cielo si collocavano cinquanta vasi d'incenso sulla terra e poi due piccoli vasi d'incenso sulla tavola sacrificale.

L. La maniera di offrire le vittime sacrificali

Secondo le prescrizioni rituali della dinastia Tcheou c'erano due maniere di offrire le vittime: una era d'offrire la vittima cruda, divisa in sette parti: il tronco, due spalle, due zampe anteriori e due zampe posteriori; l'altra era d'offrire la vittima cotta e divisa in ventuna parti. La dinastia Yuan ha osservato pure questa prescrizione.

M. Le tende

Per il sacrificio al Cielo non esisteva tempio, perciò si rizzavano due tende, una grande e una piccola, per accogliere l'imperatore e i ministri.

Dal documento riportato sopra noi abbiamo tutti gli elementi riguardanti il sacrificio al Cielo. Questi elementi nei secoli successivi hanno subìto ancora dei cambiamenti, ma sono rimasti sostanzialmente identici. L'offerente del sacrificio era sempre l'imperatore, il quale talvolta si faceva sostituire da qualche alto funzionario della corte. Il luogo del sacrificio era un semplice altare, momentaneamente eretto nella vicinanza della porta meridionale della città imperiale. Durante l'ultima dinastia si costruì il tempio del Cielo, il quale contiene un'altare, costituito da una terrazza rotonda e scoperta, e il palazzo destinato ad accogliere l'imperatore. La stagione del sacrificio cadeva nei primi giorni dell'inverno, però si faceva anche il sacrificio al Cielo nella primavera, quando il popolo cominciava i lavori della terra, e si sacrificava al Cielo in altri Casi straordinari: quando l'imperatore si recava in battaglia o ritornava vittorioso, quando una calamità devastava l'impero o succedeva qualche strano fenomeno celeste. Quindi l'idea di un Dio supremo, celebrato in questo solenne sacrificio rimase sempre viva ed operante presso il popolo cinese. È vero che il popolo non partecipava a questo sacrificio, ma la sua assenza non era causata da indifferenza religiosa, bensì da un grande senso di venerazione. Il popolo cinese concepiva il Dio come una divinità suprema di sovrana dignità, a cui soltanto l'imperatore può accedere per offrire il sacrificio. Siccome nell'impero il privilegio di avvicinarsi all'imperatore è concesso solamente a pochi funzionari d'alta dignità, e non per questo la venerazione all'imperatore resta sminuita presso il popolo, così il popolo cinese venerava il Dio e attraverso il suo alto rappresentante, l'imperatore, gli offriva i suoi omaggi. ((All'Augusto e Maestoso, il Cielo supremo, che governa e vigila il mondo, che raccogie tutto lo spirito della terra, che ordina il vento e la pioggia, per cui tutti i viventi ottengono la loro esistenza e conservano la loro natura, io, rappresentante di tutti gli uomini del passato e del presente, offro la più profonda venerazione per ringraziarlo dei suoi benefici)). (Preghiera del sacrificio al Cielo recitata dall'imperatore Chio-ti della dinastia Han; 86-74 a. C.). [6]

---

(6) Cfr. *Antologia Han-Fen-leo della letteratura antica e moderna, Shanghai,* 1933, vol.IV, Tom.XX, p.70.

Nella vita giornaliera l'idea di Dio (Cielo) era presente dovunque: il Cielo vede tutto, il Cielo castiga e premia, il Cielo tiene nelle mani la vita di ciascuno, ed ogni avvenimento lieto o triste viene dal Cielo. Questa credenza non fu turbata dalle concezioni filosofiche dei Neoconfuianisti, nè dalle teorie superstiziose del Taoismo e del Buddhismo, ma fu sempre tramandata dalla inconscia tenacia della tradizione familiare.

25. Il sacrificio alla Terra

Dopo il sacrificio al Cielo viene il sacrificio della Terra. Sulla origine di esso i documenti non ci forniscono dati certi.

Dagli scavi di An-yang appare evidente l'esistenza del sacrificio alla Terra. Nei libri canonici, come Shuking e Shiking e Li-chee noi troviamo diversi accenni al sacrificio Tu e Sheh il quale era certamente il sacrificio alla Terra. Nel capitolo Chio-te-sen del libro Li-ckee dice:

((L'imperatore al sacrificio Sheh-ci offre tai- Lao ⟨ cioè tarro, capra e porco ⟩)), e cosi un altro capitolo dice: ((L'imperatore sacrifica al Cielo e alla Terra)). [7] Quando poi, al principio della dinastia Han, la teoria filosofica dei due elementi Yin e Yang invase tutti i campi del pensiero cinese ed esercitò il suo influsso su tutti gli aspetti della vita, acquistò una posizione il dio della terra, inferiore appena al Cielo supremo. Abbiamo infatti una preghiera indirizzata alla Terra dall'imperatore Chio-ti di detta dinastia. ((Alla Terra immensa, che colla potenza del Cielo ordina il vento e la pioggia per dare la vita e la fioritura, alle piante ed alle messi, in modo che si dia pace e tranquillità nell'impero, io, rappresentante di tutti, offro la più profonda venerazione)). [8]

---

(7) Cfr. S. Couvreur, Li-ki, Hokien, 1913, vol.I, pp.90, 508.
(8) Cfr. *Antologia Han-Fen-leo*, l.c..

La tradizione confuciana ha sempre curato che il culto alla Terra fosse parallelo al culto al Cielo, sia nell'origine, sia nello sviluppo. Nel decorso dei secoli guesta eguaglinanza subì dei cambiamenti, che però non spezzaarono mai l'unione dei due culti. Riportiamo qui un documento storico dell'anno 1368 d. C. nella traduzione del P. Pasquale d'Elia.

((Gli imperatori servendo il Cielo capivano e servendo la Terra esaminavano. Perciò al solstizio d'inverno ringraziavano il Cielo e al solstizio d'estate ringraziavano la Terra, conformandosi con ciò al significato del principio maschile e del principio femminile. Essi sacrificavano al Cielo sopra un poggetto rotondo nel sobborgo meridionale (della Capitale), e sacrificavano alla Terra in un'isoletta quadrata nel sobborgo settentrionale (della Capitale), conformandosi con ciò al posto (all'importanza) del principio maschile e del principio femminile.

((Secondo il rituale dei Ceu (Tcheou), il gran maestro di musica al solstizio d'inverno (suonava) in onore dello spirito del Cielo e al solstizio d'estate (suonava) in onore dello spirito della Terra.

((Secondo le Memorie sui Riti (gli antichi re) sacrificavano al Dominatore nel sobborgo (meridionale) e sacrificavano alla Terra nella capitale. E ancora: il sacrificio del sobborgo era ciò con cui si capivano le leggi del Cielo e il sacrificio alla Terra era ciò con cui si capivano le leggi della Terra.

((Gli Annali Storici (Shu-king) riferiscono: Oso chiaramente avvertire l'Augusto Cielo e la Sovrana Terra.

((Tra gli antichi, alcuni parlarono dello spirito della Terra, altri della Sovrana Terra, altri del dio del suolo: Tutti però esaminarono la Terra e tutti ne parlarono per opposizione al Cielo. Questo fu il vero culto delle prime tre dinastie e questo è la vera spiegazione dei libri canonici.

((Ma dal tempo (770 a. C.) in cui (i principi) Zzin eressero i quattro santuari in cui sacrificarono ai quattro Dominatori, il bianco, il verdi, il giallo e il rosso, e l'Imperatore Caozu degli Han vi aggiunse il santuario del nord in cui sacrificò anche al Dominatore nero, fino all'epoca in cui l'Imperatore Wu ebbe i cinque santuari di Jom, (cioè) i Cinque Dominatori di Ueiiam, (oltre) il tempio del Sommo Uno a Canziüen, non si face più il sacrifico al Supremo Dominatore e Immenso Cielo.

((Dopo le due dinastie Wei e Tsin un certo Cemiüen (Chang Yüan) della famiglia imperiale, pensando che il Cielo ha sei nomi, (sostenne) che bisognava fare nove sacrifici all'anno. Ma Uansu (parimenti) della famiglia imperiale (protestò dicendo): la natura del Cielo è una, come mai ve ne sarebbero sei? In un anno si fanno due sacrifici; perchè farne nove? Benchè per questo ci fosse un cambiamento, pure in genere ambedue le scuole ebbero molti seguaci.

((Dopo poi che l'Imperatore degli Han, dietro consiglio del Sacrificatore Ceoannin, incominciò a sacrifficare alla Sovrana Terra sopra il monticello ((Croppa)) a Fenin e che personalmente fece quel rito come se sacrificasse al Cielo, durante le generazioni seguenti, fuori del sobborgo del nord si continuò a sacrificare alla Sovrana Terra. E poichè Ccemiüen si domandò se nel (sacrificio) del solstizio d'estate sopra un poggetto quadrato, di cui parlano i libri dei Numeri l'Imperatore non sacrificasse allo spirito dei (Monti) Coenlüen, e se (il sacrificio) della VII luna sull'altare del gran poggio quadrato non fosse un sacrificio allo spirito della Cina, li separò e ne fece due: perciò durante le generazioni seguenti, in un anno c'erano due sacrifici (alla Terra).

((L'anno 5 d. C. Uammam (Wang-Mang) proclamò la espressione del grande santuario di Canziuen e ristabilì in Ciamngan (Changan) (gli altari) del sobborgo meridionale e del sobborgo settentrionale; il primo giorno Sin o Tim del primo mese, il Figlio del Cielo in persona sacrificava nel sobborgo meridionale al Cielo e alla Terra riuniti. Perciò durante più di mille anni, dagli Han ai Ttam (T'ang), tutti gli imperatori sacrificavano ai due riuniti, eccetto quattro, vale a dire l'imperatore Uen (Wen) dei Uei (220-226), U dei Ceu (del Nord)(561-677), Caozu dei Soei (Sui) (581-604), e Tüenzom (Yüan Tsung) dei Ttam, i quali sacrificavano in persona (alla Terra) nel sobborgo settentrionale.

((Negli anni 1078-1085 si decise di sopprimere il sacrificio (al Cielo e alla Terra) riuniti, ma tra il 1094 e il 1117, a volte i due sacrifici erano separati e a volte riuniti. Dopo che Caozum (Kao-Tsung) ebbe passato il Fiume Azzurro (nel 1127) si praticò soltanto il sacrificio collettivo.

((Timur dei Tartari (1295-1307) incominciò a sacrificare collettivamente al Cielo, alla Terra e ai Dominatori delle cinque regioni, dopo di che eresse un altare nel soborgo meridionale per sacrificare unicamente al Cielo. Durante gli anni 1324-1327 vi si aggiunse pure collettivamente il sacrificio a Uenzom (Wen-Tsung).

((Dal 1330 in poi si sacrificò unicamente al Sovrano Dominatore e Immenso Cielo.

((Adesso bisogna seguire l'antico statuto e quindi sacrificare separatamente al Cielo e alla Terra (rispettivamente) nel soborgo meridionale e nel soborgo stettentrionale. Al solstizio d'inverno si faccia il sacrificio al Supremo Dominatore e Immenso Cielo sul poggetto rotondo, e accanto si sacrifichi pure al sole, alla luna, alle stelle e al pianeta Giove. Al solstizio d'estate si sacrifichi all'augusto spirito della Terra spopra un poggetto quadrato, eaccanto si sacrifichi pure alle Cinque Montagne, ai Cinque Picchi e ai Quattro Corsi di acqua)). [9]

26. Il culto agli antenati

Dopo i sacrifici al Cielo e alla Terra, viene l'oblazione rituale agli antenati, che è stata praticata universalmente e continuamente da tutti i Cinesi e che costituiva la base dell'ordinamento familiare.

Sugli ossi degli scavi recenti accanto al culto di Dio vi era già il culto degli antenati defunti. Dalle iscrizioni noi apprendiamo che gli imperatori della dinastia Shan offrivano delle oblazioni solenni ai loro parenti defunti, che questo culto s'estendeva alle generazioni più remote degli antenati, le quali, secondo il cerimoniale imperiale della

---

(9) D'elia, o.c., p.125-128.

dinastia Tcheou, non conservavano più il diritto alle oblazioni. La storia tramanda i nomi degli imperatori della dinastia Shan, che sono i nomi dell'enumerazione ciclica dei giorni, perchè i figli dopo la morte dei parenti chiamavano i parenti defunti con i nomi dei rispettivi giorni, in cui si offrivano le oblazioni in loro memoria. Le donne defunte ottenevano pure delle oblazioni distinte per la loro memoria; invece nelle dinastie successive le donne defunte venivano commemorate insieme coi loro mariti e non avevano diritto alle oblazioni separate.

I sacrifici e le oblazioni sacrificali hanno diversi nomi nelle iscrizioni; così le oblazioni sono designate con i termini che si riscontrano nelle stori posteriori.

Nel suo compendio della storia del pensiero religioso cinese, il prof. Wang-chi-sin pensa che il culto degli antenati fosse anteriore alla dinastia Shan e abbia avuto origine dalla morte dell'imperatore Huang-ti, fondando la propria opinione su un documento antico nel quale si dice che, morto Huang-ti, i suoi ministri presero i suoi indumenti e li venerarono nel tempio. [10] Da questo atto di venerazione s'iniziò il culto agli antenati dei regnanti. Inizialmente il popolo cinese era costituito in tribù e così i primi regnanti erano della stessa famiglia. Perciò il culto agi imperatori defunti si faceva secondo la volontà del regnante, il quale sceglieva fra gli imperatori morti quelli che lui voleva venerare. Si era così formato il principio di venerare i virtuosi defunti. Dalla dinastia Hsia la successione dei regnanti fu resa ereditaria, quindi da questa dinastia s'incominciò il culto agli imperatori defunti, antenati del regnante, e si continuò fino agli ultimi imperatori del regime monarchico.

Dal culto agli imperatori defunti si passò al culto agli antenati delle rispettive famiglie di tutto il popolo. Ognuno venerava i propri parenti defunti e ogni famiglia si perpetuava attraverso questo culto ai morti.

---

(10) Wang-chi-sin, o.c., Shanghai, 1933, p.33.

Il diritto di offrire l'oblazione ai parenti defunti spettava al primogenito, ma tutti i capi della famiglia avevano il diritto e l'ufficio di compiere gli atti commemorative semplici verso i propri antenati giornalmente a casa. I defunti che avevano l'onore di ricevere questo culto, erano i parenti morti più vicini all'offerente. Esistevano pure dei sacrifici più solenni che si offrivano ogni cinque anni per commemorare e venerare tutti i morti della grande famiglia, che si può chiamare clan o tribù. Nel libro cerimoniale antico noi troviamo la prescrizione riguardante i tempi commemorativi degli antenati. L'imperatore aveva un tempio con sette sale, perchè in ognuna delle sale si venerava la memoria di una generazione, così l'imperatore venerava i suoi antenati di cinque generazioni con le due prime generazioni della propria dinastia. Gli altri dignitari della corte avevano i loro templi commemorativi per i parenti con cinque, o tre, o una sala, secondo il loro rango di nobiltà. La plebe commemorava i suoi morti nella propria casa, senza il tempio commemorativo. [11] Ma nei secoli posteriori ogni grande famiglia possedeva un tempio famigliare, in cui si compivano tutti gli atti riguardanti la famiglia, e i sacrifici agli antenati.

Durante il periodo dei primi imperatori esisteva un deificio speciale che si chiamava Min-tang, la Sala Luminosa. Questa sala da principio era adoperata come sala ufficiale dell'imperatore, in cui il regnante presiedeva a tutte le manifestazioni solenni della sua corte; quindi ivi s'offrivano anche i sacrifici. L'edificio aveva forma rotonda per il tetto, è forma ottagonale per la struttura, non aveva pareti, ma un tetto sostenuto da colonne. Nella dinastia Tcheou la Sala Luminosa è formata da nove sale di cui otto erano disposte in circolo e una al centro. Ognuna delle sale aveva quattro porte e otto finestre e tutte le sale erano interomunicanti. In questo edificio l'imperatore dava gli ordini circa l'educazione del popolo, specialmente quanto alle virtù familiari, e offriva le oblazioni agli antenati defunti. Quindi la Sala Luminosa era diventata il simbolo del culto verso i parenti

---

(11) *Li-chee*, cap. Chee-Fa (Le regole dei sacrifici).

defunti. Dalla dinastia Han in poi l'edificio della Sala luminosa andò in disuso.

Nell'antichità per il sacrificio agli antenati si costituiva un rappresrntante dei parenti defunti, il quale si chiamava She. La persona che fa da rappresentante deve essere un ragazzo della generazione inferiore della persona offerente il sacrificio, cioè il nipote della persona defunta. Il rappresentante si siede in mezzo alla sala e riceve le riverenze, poi assaggia i cibi offerti, perchè egli è il simbolo della presenza degli spiriti degli antenati defunti. Durante la dinastia Han questo costume veniva abbandonato dal popolo e fu sostituito dall'uso della tavoletta del sacrificio. Nella sala centrale veniva collocato al posto d'onore una tavoletta, su cui stava scritto il titolo dell'antenato defunto. L'uso della tavoletta si è perpetuato fino ad oggi. Al centro sta la tavoletta del capo della stirpe (clan); ai due lati, alla sinistra stanno le tre tavolette del padre, del nonno e del bisnonno, alla destra le tre tavolette della madre, della nonna, della bisnonna. Una tavoletta d'un nuovo defunto fa scomparire la tavoletta dell'antenato più lontano, cosicchè rimangono sempre e solamente le tavolette dei defunti di tre generazioni. Un ragazzo morto non ha tavoletta, un giovane morto invece può avere la sua tavoletta, per il fatto che egli può avere un figlio adottivo.

Nel sacrificio agli antenati s'offrivano cibi preparati secondo il cerimoniale. Gli atti principali erano gli inchini e le prostrazioni, l'offerta dei cibi preparati come per un pranzo, e il versare un bicchiere di vino a terra. Dal secolo decimo secondo fu introdotto l'uso di candele. Anticamente il sacrificio o oblazione agli antenati si faceva nel crepuscolo, era quindi necessario adoperare le candele per la luce.

Dal secolo decimo secondo il sacrificio si offriva durante il giorno, ma l'uso della candele rimase come una parte integrale del cerimoniale. Durante la invasione dei popoli tartari nella parte settentrionale della Cina, per tre secoli, fra la dinastia Han e la dinastia Tang, per opera dei Buddhisti si originò l'uso di bruciare l'incenso, che nell'antica Cina non era conosciuto. Nei secoli posteriori le superstizioni hanno fatto fiorire molti altri usi estranei alla idea primitiva del culto; fra questi la carta moneta ha acquistato una importanza universale. Secondo il cerimoniale antico, il patrono di casa con l'ospite scambiava dei doni per la visita, così nei sacrifici s'offrivano delle monete, come un dono per la visita degli spiriti. Dopochè il Buddhismo ebbe introdotto in Cina la credenza nell'inferno (purgatorio) s'incominciò l'offferta del denaro, come un prezzo agli ppiriti malignai per redimere l'anima del defunto. Siccome non era possibile bruciare il denaro di metallo si pensò di adoperare la carta bianca, ritagliata in piccoli pezzi quadrati, come per rappresentare l'argento e si bruciava questà moneta di carta. Poi invalse pure l'uso di bruciare case e mobilio, pure di carta, nel pensiero che le cose bruciate nel sacrificio diventassero cose utili per il morto. All'origine di questo uso è da vedersi la pietà filiale la quale faceva considerare i parenti morti come se fossero ancora vivi e offrire loro tutte le cose che loro avevano servito in vita. La superstizione buddhista venne poi ad alterare il senso originale.

Il culto degli antenati impone l'obbligo di compiere gli atti di riverenza giornalmente. Ogni mattina si cambiano i bastoncini di incenso, il primo giorno e il quindici di ogni mese si offrono dei cibi, dopo la raccolta s'offrono le primizie, nelle ricorrenze di compleanno, di matrimonio, di nascita, di partenza e di ritorno si fa un'oblazione agli antenati, in modo che i parenti defunti partecipino alla vita della famiglia.

27. Il culto agli uomini illustri

Un'altra specie di sacrificio o di oblazione era fatto alla memoria degli uomini illustri dell'impero. Come abbiamo accennato, anticamente l'imperatore faceva associare al sacrificio del Cielo o della Terra la memoria di qualche illustre benefattore della vita del popolo. Questo culto agli uomini illustri nel suo senso genuino era un atto semplicemente civile per venerarne la memoria, ma poi la credenza del popolo, mescolata di elementi di Buddhismo e Taoismo, interpretò questo culto come una domanda o una preghiera agli spiriti degli uomini illustri per ottenerne la protezione.

Fra gli uomini venerati, il culto a Confucio è il più antico e il più importante.

Nel 195 a. C. l'imperatore Kao-tzu della dinastia Han visitò la città natale di Confucio ed offrì alla memoria di lui un sacrificio con tre vittime, cioè agnello, vitello e maiale. Questo atto fu l'inizio del culto a Confucio. Nell'anno terzo dopo Cristo l'imperatore Pin-ti della dinastia Han decretò il titolo onorifico e postumo di Duca Suan-ni a Confucio e nel 72 d. C. l'mperatore Han-ming-ti ne visitò la casa nativa e gli offrì un sacrificio. L'imperatore Ou-ti, della dinastia Tchi meridionale, nel 485 stabilì che il sacrificio a Confucio fosse offerto secondo la dignità di gran Duca e l'imperatore Kao-tzu, della dinastia Tang, nel 624 d. C. decretò che Confucio venisse onorato con il titolo di Gran Maestro. Un decreto imperiale nel 630 dell'imperatore Tang Tai-tsong ordinò che in tutti i comuni e in tutte le province venisse costruito un tempio commemorativo a Confucio. L'imperatore Suan-tsong della dinastia Tang, nel 739 d. C. conferì a Confucio il titolo di principe Wen-suan e poco dopo stabilì che il sacrificio a Confucio fosse solenne, di seconda classe. Nel 1104 l'imperatore Fei-tsong della dinastia Song cambiò il titolo del tempio di Confucio ((tempio del principe Wen-Suan)) in ((Tempio Ta-Chen)) e nell'anno seguente onorò l'immagine di Confucio con le insegne d'imperatore.

Limperatore Song-Kao-tsong nel 1140 elevò il sacrificio a Confucio al primo grado, come i sacrifici al Cielo e alla Terra. L'imperatore Tai-tzu della dinastia Ming nel 1382 ordinò di sostituire le statue di Confucio con il tavolino iscritto con il titolo onorifico di Gran Maestro nei suoi templi, e l'imperatore Ming-She-tsong nel 1530 pubblicò un decreto con cui si stabilì che il sacrificio di Confucio non venisse più offerto con la stessa solennità del sacrificio al Cielo, bensì con la solennità di seconda classe e inoltre che il titolo onorifico di Confucio non dovesse essere il titolo principesco, ma il titolo ((Santissimo Maestro)). Il culto a Confucio fu poi continuato nei secoli seguenti fino ai primi anni del secolo ventesimo. [12] La Repubblica cinese oggi gli offre ancora ogni anno un atto di culto civile.

---

(12) Pietro Huang-fi-mei, *Collezione critica della mitologia cinese*, Shan-ghai, 1879, Vol.I, p.19-24.

28. Il sacrificio agli spiriti inferiori

Vari erano gli altri sacrifici, che s'offrivano agli spiriti come divinità inferiori, che si credeva avessero una grande parte nella vita giornaliera del popolo.

Ogni città, ogni villaggio e ogni famiglia ha le proprie divinità protettrici, a cui si offrono sacrifici. I monti, i fiumi ed i luoghi hanno pure i loro spiriti, che esigono un culto dalla popolazione. Nel tempo di calamità i magistrati devono offrire a nome del popolo il sacrificio di espiazione e di impetrazione agli spiriti tutelari. Riportiamo un testo di preghiera indirizzata dal famoso poeta Su-Tungpo alla divinità della pioggia: ((Nel sud del fiume Wei vi è una catena alta di montagne, generalmente conosciuta come le montagne di Tsinling, e in questa catena il più alto picco conosciuto è il maestoso Taipo. Sulla cima del monte Taipo, di fronte al tempio taoista, c'era uno stagno, dove dimorava il dio della pioggia, un dragone, che poteva dissimulare se stesso sotto forma di un qualsiasi piccolo pesce. Su-Tungpo andò al tempio e pregò (per la pioggia). Egli patrocinava la causa dei contadini, e come un buon avvocato, egli cercava di fare capire al dio drago che una siccità o una carestia non erano neppure un interesse per il dio stesso. Dopo avere lusingato un po' il dio, egli diceva nella sua preghiera ufficiale: ((Non c'è stata nè pioggia nè neve dall'inverno scorso. Tu sai bene che la vita del popolo dipende dal raccolto. Se adesso non viene la pioggia, ci sarà una carestia; il popolo soffrirà la fame e sarà spinto a diventare un popolo di banditi. Non è soltanto mio dovere personale di magistrato di prevenire; tu come spirito, non puoi stare tranquillamente indifferente. Sua Maestà ha conferito a te gli onori e noi abbiamo offerto i sacrifici: tutto questo è per questi giorni quando abbiamo bisogno di te. Vuoi tu avere la bontà di ascoltarci e di adempire i tuoi obblighi verso la Sua Maestà?)) [13]

----

(13) Cfr. Ling Yutang, The *Gay Genius* (la vita di Sutungpo), New York, 1947, p.61.

Nei casi di necessità pubblica il magistrato ha il dovere di rappresentare il popolo presso gli spiriti tutelari per ottenere la grazia. Questi casi sono la siccità, la inondazione, la pestilenza, la cattiva stagione, Negligere l'ufficio di pregare per il plpolo, farà cadere sul magistrato la infamia di empietà. Così anche i magistrati più liberali, come il poeta Su-Tungpo, s'inchinavano davanti all'esigenza comune ed offrivano il sacrificio d'impetrazione agli spiriti venerati dalla popolazione.

Accanto agli spiriti tutelari vi sono degli spiriti maligni che possono causare del male agli uomini se non vengono placati con un debito culto. Un altro grande letterato, Han-yu 768-824 d. C.), il maestro della prosa classica cinese, ci ha lasciato una preghiera alio spirito del coccodrillo. Quando Han-yu, a causa della sua ostinata opposizione al culto di Buddha in Cina, fu esiliato in un paesello lontano del Kwangtung, aveva trovato dei coccodrilli che facevano strage e causavano terrore tra la popolazione. Allora egli credette che fosse suo dovere d'indirizzare una preghiera al coccodrillo per persuaderlo ad allontanarsi dal paese. Questa preghiera e un capolavoro di prosa classica. ((Il governatore di Chiaochow, Han-yu manda il suo aiutante militare, Chan-ci a gettare una pecora e un porco nell'acqua del fiume come cibo ai coccodrilli, e gli ordina con questo scritto: ... Ora Sua Maesta l'Imperatore, dice Hanyu, salendo sul trono della dinastia Tang, con la sua santita e la potenza domina tutto il territorio incluso dai quattro mari... Voi coccordilli non potete coabitare insieme col governatore in questo territorio. Il governatore per mandato della Sua Maesta protegge questo territorio e governa il popolo; voi coccodrilli non contentandovi dei fiumi e dei laghi, osate impunemente rapire gli animali della popolazione e le bastie della foresta per ingrassarvi e per continuare le vostre generazioni con la intenzione di opporvi al governatore Se voi sapete ragionare, obbedite agli ordini del governatore. Al sud di Chiao Chow esiste un mare immenso, in cui le grandi balene e i piccoli granchiolini trovano rifugio, lì vivono e si nutrono. Voi coccodrili partite di qua alla mattina, alla sera sarete già arrivati al mare. Vi do quindi questo ordine: entro tre giorni voi coccodrilli con tutta la vostra cattiva razza dovete emigrare al mare del sud e così rispettare il magistrato di Sua Maestà.

Se non potete farlo in tre giorni, fatelo in cinque; se non potete in cinque giorni, fatelo in sette. Se dopo sette giorni rimmarrete ancora, allora significa che voi non volete emigrare. Voi non riconoscete il magistrato e non obbedite ai suoi ordini, perche se anche siete senza ragione voi non potete non sentire gli ordini dei magistrato. Tutti quelli che resistono agli ordini del magistrato di Sua Maestà, non li rispettano e fanno del male al popolo, devono essere giustiziati. Perciò il governatoree sceglierà i migliori della poploazione i quali con gli archi forti e le frecce velenose annienteranno tutta la razza di voi coccodrilli; allora voi vi pentirete troppo tardi)). [14]

Dopo la rifioritura delle religioni buddhistiche e taoistiche la credenza popolare vede spiriti o divinita da per tutto. Fra la moltitudine degli piriti, quelli che sono considerati protettori della casa sono di antichissima origine, ma rivestiti delle leggende taoistiche. Questi spiriti protettori della casa sono gli spiriti della porta d'ingresso, della sala centrale, della cucina e del passaggio. Il culto a questi spiriti varia secondo i luoghi.

---

(14) *Antologia Han-Fen-Leo*, p.74.

V. La Magia

29. La divinazione durante la dinastia Shan

Dalle scoperte degli scavi eseguiti nella provincia di Ho-nan sono venuti alla luce migliaia di ossi, adoperati un tempo per la divinazione. Il numero di questi ossi dimostra che la pratica superstiziosa era assai diffusa e che la vita religiosa del popolo era strettamente legata con essa. Il popolo non si muoveva a fare alcunchè un po' fuori dell'ordinario senza consultare prima la sorte onde sapere se fosse bene o male agire, e specialmente i regnanti ricorrevano sempre a questo mezzo per decidere sugli affari più gravi del regno.

Gli ossi adoperati son ossi di tartaruga e di altri animali. Della tartaruga s'adoperava l'osso inferiore, perchè è piatto e meno duro del coperchio superiore. Degli animali s'adoperavano le scapole o il femore. Quelli di tartaruga servivano per i casi più importanti che riguardavano i sacrifici; gli ossi di animali e più specialmente i femori e le scapole servivano per interrogazioni riguardanti questioni connesse con la guerra. Si tagliava l'osso in una tavoletta piana e lucida, e si praticava un foro nella tavoletta. Poi si accostava il foro al fuoco finchè la tavoletta si spaccava per il calore. Dalle linee della spaccatura si leggeva un qualche segno, che veniva interpretato secondo formule stabilite, e così s'indovinava il futuro. Infine si incideva il risultato sugli ossi spaccati.

La tartaruga era l'animale preferito per la divinazione nell'antichità della Cina. La filosofia cinese esaltava una intima relazione fra la vita umana e i fenomeni naturali dell'universo. Ora la forma della tartaruga porta in sè quasi il simbolo del cielo e della terra, perchè il suo coperchio superiore di forma rotonda e concava rassomiglia alla forma del cielo e la sua piastra inferiore piana rassomiglia alla forma della terra. Inoltre la vita della tartaruga dura centinaia di anni ed ha quindi il più lungo contatto con la natura. I Cinesi stimavano sempre che questo animale possedesse una maggiore attitudine a fare da Medium per la divinazione. Tuttavia non potendolo avere con facilità nè in quantità sufficiente, si vedevano costretti ad adoperare pure ossi di altri animali. Durante la dinastia Shan il popolo cinese doveva ancora trovarsi nel periodo della pastorizia e aveva quindi facilmente a sua disposizione ossi di animali. Di fatti nella dinastia susseguente, quando la popolazione passa all'agricoltura, cessa l'uso degli ossi di animeli ed è introdotto il sistema della divinazione per mezzo dell'erba.

Per queste consultazioni divinatorie esisteva una classe di persone che faceva la professione d'indovino e molte volte presiedeva i sacrifici. Erano uomini e donne. Gli uomini si chiamavano *Hsi* e le donne *Fu*. Non erano sacerdoti o sacerdotesse, ma individui che pretendevano d'avere una speciale capacità di mettersi in comunicazione colla divinità e si davano alla pratica della divinazione. La loro posizione sociale doveva essere assai alta e nobile e quelli che erano al servizio della corte imperiale erano considerati alti funzionari del governo. Senza consultare i loro oracoli il governo non prendeva alcuna decisione importante. Codesta classe di persone continuò ad esistere durante le dinastie posteriori benchè la loro importanza scemasse di molto e nonostante che le donne, mutando i costumi, non potessero più esercitare professioni e dovessero perciò ritirarsi pure dall'esercizio della divinazione. L'appellativo ((Fu)) diventò unico appellativo degli indovini che erano tutti maschi. [1]

Nel libro Kuo-yu, che è un libro storico del tempo del filosofo Men-tze, noi troviamo una illustrazione classica della persona del Medium per la divinazione:

((Nell'antichità la divinità e il popolo no avevano contatti. Fra il popolo c'erano quelli che erano spirituali e lucidi senza

---

(1) Li-chen-fu, *La vita religiosa della dinastia Shan, studiata dagli scavi*, Rivista ((Nan-shen)), ed. Kia-yin, anno II, n.7.

doppiezza. Essi coltivavano pure il digiuno, la gravità e la rettitudine. La loro intelligenza conosceva la logicità dei principi e le conseguenze. La loro santità poteva risplendere a lungo. Il loro intelletto era adatto alle illuminazioni superiori; il loro genio era capace di comprendere le cose arcane. Allora la divinità scendeva su di loro. Queste persone, se erano uomini, si chiamavano Hsi; se erano donne, si chiamavano Fu. Essi avevano il compito di stabilire l'ordine (nel sacrificio), la posizione e il luogo delle divinità e le vittime, i vasi e i vestimenti sacrificali)). (2)

Qualche storico cinese ha creduto di dover vedere nella potenza dei divinatori il segno della dominazione dei sacerdoti. Secondo loro la Cina sarebbe passata per un periodo di teocrazia, cioè di dominio della Società da parte della classe dei sacerdoti come rappresentanti della divinità. Ma i documenti fin ora scoperti non comprovano quest'affermazione; anzi da essi risulta che il governo era esercitato dai re o imperatori proprio quando i Fu e Hsi esercitavano la loro professione di indovini.

Dalle scoperte non possiamo nemmeno dedurre se la magia fosse anteriore al culto del Dio supremo o no. Ragionando, logicamente, dobbiamo dire che il tentativo di divinazione del futuro suppone la preesistenza della divinità, poichè l'esercizio dell'indovino mirava proprio a conoscere la volontà divina in riguardo a un atto futuro. Quindi si presupponeva l'esistenza della divinità, dalla cui volontà dipendeva il destino dell'uomo.

30. La divinazione durante la dinastia Tcheou

La pratiche della divinazione continuarono durante la dinastia Tcheou, che successe a quella Shan. Il modo di compierle subiva lentamente dei cambiamenti, perchè dai documenti scritti ci risulta che l'uso degli ossi di animali, eccetto quello della tartaruga, era scom-

---

(2) *Kuo-yu*, tom. XVIII, cap.I.

parso, sostituito dal sistema She, nel quale si adoperava l'erba speciale dette ((Shih)). In questo sistema She si spezzava l'erba Shih (Ss) e dal numero e dalla lunghezza dei pezzi risultanti dalla frantumazione del piccolo stelo si ricavava la figura di linee, che venivano poi interpretate secondo formole convenute. La credenza popolare vuole che quest'erba Shih fosse una pianta spiritosa perchè vive lungamente sugli alti monti. Il metodo di divinazione mediante la tararuga si chiamava ((Pu)).

((Settimo: per dissipare i dubbi, si scelgono le persone per Pu e per She (divinazione) e si chiede loro di compiere Pu e She... Se hai un grave dubbio, prima domandi alla tua coscienza, poi domandi consigli ai tuoi ministri, al popolo, e al Pu e She (divinazione). Se la tua coscienza approva, i ministri e il popolo e la divinazione Pu e She tutti approvano: questo si chiama la grande armonia, per cui la vita sarà prospera e i tuoi discendenti saranno pure fortunati. Se la tua coscienza approva, la tartaruga e Shih approvano, i ministri invece e il popolo disapprovano, il caso è prospero. Se il popolo approva, la tartaruga e Shih approvano anche, la tua coscienza invece, e i ministri disapprovano, il caso è prospero. Se la tua coscienza e la tartaruga approvano, lo Shih invece, i ministri e il popolo disapprovano, per le cose interne (sacrifici e altri affari interni) il caso è prospero, per le cose esterne (guerre e gli altri affari esteri), il caso sarà sfavorevole.

Se la tartaruga e lo Shih disapprovano quello che gli uomini approvano, sarà fortuna non agire)). [3]

Le forme stabilite per la interpretazione delle figure della divinazione si trovano nel libro canonico Yi-king. Sulla genuinità di questo libro si son fatte discussioni interminabili; ma la parte prima che contiene le figure simboliche, è riconosciuta da tutti come composta di scritti della dinastia Tcheou, se non delle dinastie precedenti. Le figure fondamentali sono otto, ciascuna risultante dalla combinazione di due figure elementari cioè di una linea continua —— e di una linea spezzata — —.

---

(3) *Shu-king*, cap. Hung-fan.

Le otto figure sono:

≡≡≡ Kien, simboleggia il cielo.
≡ ≡ ≡ K'oun, simboleggia la terra.
≡≡≡ Toei, simboleggia il fiume.
≡≡≡ Li, simboleggia il fuoco.
≡≡≡ Tchen, simboleggia il tuono.
≡≡≡ Suan, simboleggia il vento.
≡≡≡ Kan, simboleggia l'acqua.
≡≡≡ Ken, simboleggia il monte.

Poi queste otto figure si moltiplicano in sessantaquattro, raddoppiandole e scambiandole.

Ogni linea della figura ha il proprio senso metafisico e morale. La linea continua rappresenta l'elemento positivo Yan e la linea spezzata rappresenta l'elemento negativo Ying. La prima figura che ha tre linee continue simboleggia il cielo, il quale è la più grande potenza del mondo ed è l'elemento Yan al massimo. La seconda figura che ha tre linee spezzate, simboleggia la terra, la quale è il centro, in cui fluiscono tutte le cose, ed è l'elemento negativo al massimo. Il cielo rappresenta pure l'elemento maschile e la terra rappresenta l'elemento femminile. Dalla unione del cielo e della terra si producono tutte le cose del mondo. La unione non è nel senso della unione di due divinità maschile e femminile, ma nel senso che i fenomeni celesti e i fenomeni terrestri concorrono a favorire la produzione del raccolto della campagna. In questa unione è contenuto anche il significato metafisico, cioè la unione dei due elementi costitutivi di ogni essere, e il senso morale dell'armonia dell'elemento maschile e dell'elemento femminile per la pace della vita. Tutte le altre figure hanno pure i loro significati filosofici e morali, esposti nel libro Yi-king.

Nella prima parte del libro Yi-king ogni capitolo spiega una figura e nei sessantaquattro capitoli vengono spiegate tutte le figure con le note sulla prosperità ed avversità nella vita pratica. Così nella divinazione le figure prodotte sull'osso della tartaruga e sullo stelo dell'erba Shih vengono ad avere la propria interpretazione secondo le formule del libro Yi-king. Però, sia per conoscere bene le figure prodotte nella divinazione, sia per applicare le formule stabilite a un caso concreto, occorre una tecnica speciale. Perciò si avrà sempre bisogno della persona che conosca il mestiere; il che spiega che nei secoli in cui più nessuno crede alla discesa dello spirito nei Fu-Hsi (uomini o donne magici), esistessero delle persone che esercitavano la divinazione per professione.

31. La divinazione durante il periodo di Tsuo-chuan

Il periodo di Tsuo-chuan è il periodo di tempo che abbraccia gli anni di storia che è stata oggetto del libro di Confucio, il Tch'uun-chiu cioè dall'anno 732 all'anno 481 a. C. Questo periodo rientra di per sè nel tempo della dinastia Tcheou, ma per i vari motivi che la caratterizzano, da tutti gli storici cinesi viene distinto dalla dinastia Tcheou. Per ciò che riguarda la vita religiosa questo periodo ha accentuato molto le pratiche superstiziose sia nella credenza dell'intervento degli spiriti maligni nella vita umana, sia nella predizione degli avvenimenti futuri.

La pratica della divinazione si compiva con i metodi della dinastia Tcheou. Nella parte meridionale c'era pure un metodo proprio menzionato nel poema ((Incontro al dolore)) di Kiuyuan. Il poeta dopo gli insuccessi dei suoi viaggi celesti chiese a uno specialista di fargli conoscere il suo futuro:

((Prendo la corallina achillea con le esili frondi del bambù
e ordino a Lin-pang che mi predìca la ventura.
Ei dice: le due bellezze certo debbono unirsi,
dove mai un avvenente giovane non trova chi lo segua?
Pensa alle nove regioni vaste, sterminate,
Forsechè solo qui trovansi (sagge) donzelle?)). [4]

_____

(4) Versione di P. Allegra, p.65.

Il commentatore Wang-yi annota che la corallina achillea è una pianta spiritosa e che le esili frondi del bambù sono sette piccoli pezzi di bambù. Il divinatore per conoscere il futuro mescola l'erba spiritosa con i pezzi di bambù per avere una figura, sulla quale si può costruire una interpretazione appropriata alla situazione. Questo metodo però è simile al metodo dell'erba Shih.

Nel libro Tch'uun-chiu-tsuo-chuan sono raccontati diversi fatti di divinazione.

((Nell'anno ventesimosecondo del duca Ts'uan-kung,... il duca Fuan-kung del regno Chi nominò Ching-tsung ministro dei lavori pubblici. Il duca festeggiò il novello ministro con un pranzo, e godendo la gioia della compagnia disse: Si accende il fuoco per continuare il pranzo. Il ministro si scusò dicendo: Il vostro servo aveva interrogato colla tartaruga per conoscere l'esito del pranzo del giorno, ma non aveva interrogato per la notte; perciò il Vostro servo non osa continuare...Al tempo in cui la famiglia Yi voleva dare la figlia a Ching-tsung per moglie, la madre della ragazza interrogò il futuro mediante il Pu (divinazione per mezzo della tartaruga). La risposta fu: (famiglia regnante del Tcheng) crescerà nel Chang (famiglia regnante del Chi) e per cinque generazioni sarà prospero ed arriverà ad essere ministro del regno e dopo otto generazioni sarà la più grande di tutte le altre famiglie. Il padre di Ching-tsung, il duca Tcheng-li-kung, era nato da una donna di Tsai; per questa ragione il popolo del regno Tsai uccise Ou-fu e proclamò Tcheng-li-kung duca regnante. Egli ebbe un figlio, Tcheng-ching-tsung. Quando il figlio era giovane, un bibliotecario della corte imperiale Tcheou venne a fare visita. Il duca Tcheng lo richiese di fare lo She (divinazione per mezzo dell'erba Shih) e ottenne le figure Kuan e Pei. L'interprete disse: Vedrà la gloria del regno e sarà prospero d'essere ospite della famiglia regnante. Questo vorrebbe significare che Voi avrete il regno del Tcheng , però non in questo paese, ma in un paese straniero, non nella Vostra persona, ma nei vostri discendenti, perchè il simbolo è la luce che illumina lontano. Nelle figure ottenute il K'oun significa la terra, il Suan significa il vento e il Kien significa il cielo (perchè la figura Kuan è composta dalle figure Suan e K'oun e la figura Pei è composta dalle figure Kien e K'oun). Ora il vento dal cielo alla terra ha la forma di un monte (che in cinese si scriveva). Sul monte ci sono degli alberi; gli alberi illuminati dalla luce del cielo; questo vuole dire stare sopra la terra. Perciò si dice: vedrà la gloria del regno e sarà prospero d'essere ospite della famiglia regnante. Il palazzo sarà pieno di belle cose (questo trova pure spiegazione nelle figure), e gli altri porteranno dei preziosi doni; allora tutti i beni del mondo saranno accumulati. Questo vuole dire essere ospite della famiglia regnante. Però si deve ancora aspettare (in cinese si dice Kuan guardare); questo vuole dire che avrà dei grandi discendenti. Il vento vola alla terra; questo vuole dire che la prosperità sarà in un regno straniero. Se in un regno straniero, deve essere nel regno del Chang. La famiglia Chang è discendente del grande Yao che significa alto monte)) (Tutto questo si è verificato). [5]

Questo è un esempio classico di divinazione per mezzo della tartaruga. Le formule per le interpretazioni sono prese dal libro Yi-king, ma l'applicazione al caso dipende dall'abilità dell'uomo che compie l'interrogazione.

((Nell'anno venticinquesimo del duca Shan-kung, il duca Tang-kung del regno Chi morì. Il duca aveva per moglie la sorella maggiore di Tong-ko-jen. Alla morte del duca il grande ministro Ts'ui-ou-tze, accompagnato da Tong-ko-jen, andò a presentare le condoglianze ed avendo vista la moglie del duca defunto vagheggiò la sua bellezza, chiese quindi da Tong-ko-jen di poterla sposare. Si fece l'interrogazione She e uscirono le figure Kuun e Ta-ko. Tcheng-wen-tze spiegò le figure dicendo: Il marito è rappresentato dal vento, ora il vento (simboleggiato dalla figura Suan e trovantesi nella figura Ta-ko) è soppresso (perchè nelle figure Kuun e nella figura Ta-ko vi era la figura Toei che simboleggia il fiume, e la figura K'an che simboleggia l'acqua; l'acqua è contro il vento cioè il vento casca nell'acqua); perciò non si può prendere questa donna. Anzi il commento dice: inciamperà nei sassi e sarà agganciata dalle spine Tsi-li, entrando nel

---

(5) Tch'uun-chiu-tsuo-chuan, cap. VI.

palazzo non trova la moglie. "Sfortuna!"... Ts'ui-tze rispose: Una vedova non può danneggiare; la sfortuna s'era già avverata nel suo primo marito. La prese quindi per moglie. Il duca Tsuang-kung ebbe intime relazioni con la donna e si recava spesso dalla famiglia Ts'ui. Anzi il duca prendeva i capelli di Ts-ui-tze per donarli agli altri. Le persone del seguito gli dicevano di non farlo. Il duca rispose che senza Ts'ui-tze ci sono pure dei capelli. Ts'ui-tze concepì quindi l'odio (poi uccise il duca))). [6]

In questo caso l'interpretazine delle formule era applicata a perfezione per impedire le disastrose conseguenze di una donna dissoluta.

Quando l'interrogazione si fa con i due metodi Pu e She, si deve procedere prima con Pu e poi con She. Se il risultato del Pu è favorevole e la risposta dello She è invece sfavorevole, si può provare di nuovo con Pu. Se il primo è sfavorevole, si deve seguirlo.

((Nell'anno terzo del duca Shi-kung... Quando Ching-shen-kung voleva riconoscere la concubina Li-chi come sposa, interrogò il Pu e debbe una risposta sfavorevole; interrogò lo She, ebbe una risposta favorevole. Il duca dissa di seguire lo She. L'indovino rispose che l'erba è inferiore alla tartaruga e che si doveva perciò seguire la tartaruga...(il duca fece come voleva, ma la donna rovinò la famiglia ducale))). [7]

Altri esempi ricorrono nel libro di Tsuo-chuan. Tutti questi fatti ci dimostrano la credenza nella divinazione del futuro diffusa e praticata largamente presso le corti regnanti a proposito degli affari importanti del regno.

32. La divinazione durante la dinastia Han

Nella dinastia Han il libro Yi-king si distaccò dalle pratiche della divinazione e rimase come il libro metafisico per eccellenza; dall'altra

---

(6) *Tch'uun-chiu-tsuo-chuan*, cap. XXX.
(7) *Tch'uun-chiu-tsuo-chuan*, cap. IX.

parte si scrissero molti altri libri, come commentari dello Yi-king, i quali sviluppando le formule della divinazione sostituirono il testo originale a riguardo di queste pratiche. Questi libri si chiamano Tsan-wei. La caratteristica dello Tsan-wei è la stima dei numeri. Le otto figure e le sessantaquattro figure dello Yi-king sono rappresentate con i numeri, i quali hanno assunto un valore divinatorio.

Per decifrare numericamente, i Cinesi posseggono tre ordini di numeri: un ordine di dieci numeri, che sono i numeri ordinariamente adoperati per contare da uno a dieci e poi si moltiplicano; un altro ordine di dieci parole che hanno pure valore per decifrare; un terzo ordine di dodici parole che hanno pure il valore di cifra. L'ordine di dieci parole e l'ordine di dodici parole si combinano insieme in modo che la prima parola d'un ordine vada con la prima parola dell'altro ordine, le seconde vadano insieme e le terze pure. La undicesima parola dell'ordine di dodici va però con la prima dell'ordine delle dieci parole, e circolando così dopo sessanta combinazioni si ritorna da capo, cioè le prime parole vanno di nuovo insieme. La prima parola dell'ordine di dieci è detta Kia e la prima parola dell'ordine dei dodici è detta Tze; perciò il ciclo delle combinazioni si chiama pure Kia-tze. Dalla mezza notte alla mezza notte seguente il tempo è diviso in dodici ore, che vengono contate con le parole dell'ordine di dodici. L'ora designata dalla prima parola Tze è la mezza notte. I giorni invece, i mesi e gli anni vengono designati dal ciclo della combinazione Kiatze, cioè ogni giorno, ogni mese e ogni anno ha il proprio appellativo, fatto di due parole, combinate dagli ordini di dieci e di dodici. Così il poeta Kiu-yuan nel principio della sua poesia "Incontro al dolore" dice:

((Quando la stella She-ti brillava nel firmamento nel giorno Keng-ying venni alla luce)). [8]

Il giorno Keng-ying è il giorno designato dalla parola Keng, che è la settima dell'ordine di dieci, e dalla parola Ying, che è la terza dell'ordine dei dodici. Così i cattolici cinesi chiamano la persecuzione

---

(8) Versione di P. Allegra, p.1.

dei Boxers dell'anno 1900, persecuzione dell'anno Keng-tze, perchè quell'anno era designato dalla parola Keng (la settima dell'ordine di dieci) e dalla parola Tze (la prima dell'ordine dei dodici). Così cinesi celebrano solennemente il compleanno del sessantesimo, perchè gli anni del festeggiato hanno compiuto un ciclo.

Se il ciclo di numeri avesse valore solamente per decifrare numericamente le cose, i numeri non avrebbero significato nel sistema della divinazione. Ma siccome le figure dello Yi-king hanno una stretta relazione con le parole del ciclo e le figure dello Yi-king hanno dei significati simbolici (cielo, terra, vento...) i quali a loro volta hanno il valore rappresentativo dei cinque elementi costitutivi (metallo, legno, acqua, fuoco e terra), ne viene che tutti questi valori si accumulano sul ciclo dei numeri. Una combinazione, fatta da due parole dei due ordini (di dieci e di dodici) porta con sè un significato simbolico e un significato metafisico. Le figure dello Yi-king sono costruite con la teoria metafisica e si interpretano pure secondo i principi metafisici; per conseguenza i giorni, i mesi e gli anni vengono anche interpretati secondo gli stessi princìpi. Se uno desidera sposare una ragazza, egli deve domandare la data della nascita della donna e poi fare una divinazione o con Pu o con She. La figura ottenuta dalla divinazione secondo lo Yi-king darà una spiegazione della relazione fra la data di nascita dell'uomo e la data della donna. Se la siegazione è favorevole, il matrimonio si celebra; se la spiegazione è sfavorevole, il matrimonio non si dovrebbe celebrare.

I punti cardinali dello spazio sono pure designati, o, almeno, paragonati, con le figure dello Yi-king, perchè nel sistema metafisico cinese le quattro stagioni vanno parallelamente con i quattro punti cardinali e nello stesso tempo con i cinque elementi metafisici. Questo parallelo è costruito secondo la teoria dello Ying e Yang, e va nel modo seguente.

Il centro —	La metà dell'anno	La terra.
Oriente —	La primavera —	Il legno.
Sud —	L'estate —	Il fuoco.
Ovest —	L'autunno —	Il metallo.
Nord	L'inverno —	L'acqua.

Nel sistema delle figure dello Yi-king, i punti cardinali e le stagioni hanno le loro figure rappresentative. Il modo di rappresentare è duplice; il modo più comune è il seguente.

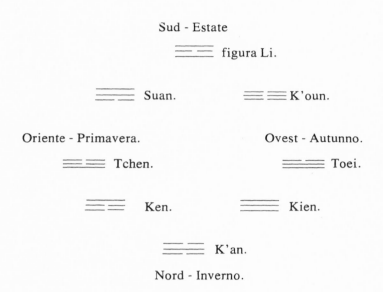

Sud - Estate

≡≡ figura Li.

≡≡ Suan.   ≡ ≡ K'oun.

Oriente - Primavera.   Ovest - Autunno.

≡≡ Tchen.   ≡≡ Toei.

≡≡ Ken.   ≡≡ Kien.

≡≡ K'an.

Nord - Inverno.

Con questo parallelismo i punti cardinali e le stagioni acquistano anche valore metafisico e divinatorio. Se uno vuole costruire una casa e, specialmente, se vuole costruire una tomba, deve necessariamente interrogare l'indovino sulla relazione del luogo scelto con la persona interessata. La risposta dell'indovino è la spiegazine della relazione fra la figura rappresentante il luogo e la figura rappresentante la nascita e la morte della persona interessata.

Naturalmente le interpretazioni e le spiegazioni non sono semplici nè facili. Infatti furono scritti moltissimi libri per facilitarne la pratica. Durante la dinastia Han e nei secoli seguenti la divinazione ha seguito sempre queste teorie delle figure e dei numeri. I mezzi per la pratica mutarono successivamente nel corso dei secoli e non si ricorse più alla tartaruga nè all'erba Shih. In loro vece si sostituirono gli usi di adoperare bastoncini di bambù, che si vedono oggidì ancora in Cina.

33. I fenomeni celesti

((La causa delle calamità è sempre da ricercarsi in mancanze del governo. Appena le mancanze del governo si fanno vedere, il Cielo manda delle calamità e dei fenomeni straordinari per ammonire i governanti. Se questi non sanno conoscerne il significato, il Cielo li minaccia con mostri e spiriti maligni. Se non vogliono ancora temere, allora il castigo arriva. Perciò si sa benissimo che la volontà del Cielo è benigna che non vuole danneggiare gli uomini)). [9]

Questa è la spiegazione data dal grande maestro della scuola confuciana, Tung-tsoung-shu, nel primo secolo a. C. in riguardo ai fenomeni straordinari della cometa, delle eclissi di sole e di luna, del terremoto, della siccità e delle altre calamità nazionali. La spiegazione non fu certamente inventata dal maestro Tung; prima di lui Confucio nel suo libro storico, Tch'uun-chiu elencò ben centoventitre fenomeni straordinari naturali, come moniti o castighi del Cielo.

((Nell'anno venticinquesimo del duca Tsuan-kung nel sesto mese durante l'estate ci fu eclissi di sole... Quando c'è una eclisse, s'offre del denaro alla divinità della terra e si suona il tamburo alla corte)). Il commento dice che l'offrire del denaro significa invocare l'aiuto, e suonare il tamburo significa invitare tutti quelli della corte a pentirsi delle proprie colpe. [10]

L'eclisse era considerata sempre come un segno sinistro che

---

(9) Tung-tsoung-shu, *Tch'uun-chiu-fan-lu*, cap. Pi-jen-cie-chi.
(10) *Tch'uun-chiu-tsuo-chuan*, cap. VII.

indica un malcontento del Cielo.

((Nell'anno venticinquesimo del duca Tsuan-kung nell'autunno avvenne una grande inondazione. Si suonò il tamburo, si sacrificò alla divinità della terra e della porta. Ciò fu contro le norme. Quando s'abbatte una calamità del Cielo, s'offre solamente il denaro, ma non sacrificio. Se la calamità non è l'eclisse, non si suona il tamburo)). [11]

Esistevano delle prescrizioni cerimoniali per placare l'iradel Cielo nelle varie calamità, i fenomeni celesti straordinari erano considerati un ammonimento superiore e più grave che non i fenomeni terrestri. A tutta prima potrebbe sembrare una cosa curiosa che nelle eclissi si offrano doni alla divinità della terra e non al Cielo. La spiegazione sta nella concezione astrologica. Il sole rappresenta l'elemento Yan, positivo e maschile, il quale nella eclisse deve essere eclissato dall'elemento opposto, Ying, negativo e femminile. Ora la terra rappresenta in modo eminente l'elemento Ying; era quindi naturale che durante l'eclisse si facesse un'offerta alla divinità della terra per scongiurare quella perturbazione. D'altra parte il duca non può, per sè, offrire il sacrificio al Cielo, il quale era una prerogativa dell'imperatore; il duca offre invece i sacrifici alla divinità del proprio territorio, che è la divinità tutelare della sua terra.

((Nell'anno decimosesto del duca Shi-kung, durante la primavera, caddero cinque pietre dal cielo nel principato del Song. Le pietre sono stelle cadute. Sei uccelli "Yi" volano indietro passando sulla capitale del Song. Questo avveniva perchè gli uccelli volavano contro un grande vento. Il bibliotecario della corte imperiale Tcheou veniva a fare visita al duca di Song. Il duca Song-shan-kung gli domandò che significassero codesti avvenimenti e se annunciassero bene o male. Rispose il bibliotecario imperiale: Ora il duca di Lu ha subìto un grave

---

(11) *o.c.*

lutto, nel prossimo anno il regno di Chi avrà delle ribellioni e Vostra Altezza potrà conquistare i territori, ma non per lungo tempo. Quando uscì dalla udienza, il bibliotecario disse ai presenti: Il duca ha fatto una domanda fuori di posto. Gli avvenimenti significavano i contrasti degli elementi Ying e Yan, ma non la prosperità o sfortuna nelle azioni umane, le quali dipendono dall'uomo stesso. Per non urtare il duca, ho risposto come lui voleva)). [12]

Questo bibliotecario imperiale si dimostra prima di tutto una pesona di poco carattere che risponde per adulazione contro la propria convinzione, e poi anche una persona ignorante, che ammetteva un principio e negava la conseguenza, perchè il contrasto degli elementi Ying-Yan nei fenomeni naturali è causato sempre dall'influsso delle colpe degli uomini e quindi tale contrasto diventa pure un presagio di disastri nella vita umana.

((Nell'anno ventesimo primo del duca Shi-kung durante l'estate ci fu una grave siccità, il duca voleva fare uccidere (bruciare vivi) i maghi Fu e Wang (Fu è la donna-mago, Wang è la persona ammalata della malattia da giacere sempre supino con la bocca al cielo perchè si diceva che il Cielo per non mandare l'acqua alla bocca di questi infelici, non faceva piovere). Il ministro Tchuan-wen-tsong lo impediva dicendo: Questo non è il rimedio contro la siccità. Si deve riparare i muri della città, fare astinenza e risparmio, coltivare il lavoro agricolo e persuadere i ricchi a contribuire. Queste sono le cose che si devono fare. I maghi Fu-Wang non c'entrano per nulla. Se il Cielo volesse ucciderli si sarebbe interessato a non farli nascere. Se questi miserabili possono provocare la siccità, ucciderli può provocare dei mali maggiori. Il duca seguì le parole del ministro, e in quell'anno la siccità non portò la fame. [13]

---

(12) *Tch'uun-chiu-tsuo-chuan*, cap. IX.
(13) *Tch'uun-chiu-tsuo-chuan*, cap. XI.

Il duca voleva gettare la causa della siccità sulle fattucchiere che avevano il compito di pregare per la pioggia, e sugli infelici ammalati che impedivano l'acqua dal cielo per la pietà del Signore del cielo, mentre la causa vera erano le mancanze da lui stesso commesse nel suo governo. Fortunatamente il ministro lo indusse a sani consigli e così salvò il paese dalla fame. Però nella rispota del ministro non veniva negato il principio che la siccità era causata dalle colpe degli uomini; il ministro rispondeva da saggio governante col proporre dei provvedimenti pratici che potevano portare dei rimedi immediati ed efficaci alla calamità.

Nella storia scritta da She-ma-chen noi troviamo moltissimi casi di calamità naturali, durante le quali l'imperatore si proclamava colpevole davanti al Cielo e nelle storie ufficiali delle dinastie susseguenti tanti ministri illustrano agli imperatori la volontà divina negli avvenimenti straordinari. All'avverarsi di ogni fenomeno naturale straordinario i ministri, che avevano il compito di ammonire il regnante, invitavano subito l'imperatore a correggersi da qualche mancanza per impedire un grave castigo del Cielo.

Nell'anno secondo dell'imperatore Wen-ti della dinastia Han si verificò due volte un'ecclisse solare; la prima volta nell'ultimo giorno dell'undicesimo mese e la seconda volta nella metà del mese duodecimo dell'anno.

((L'imperatore disse: Noi abbiamo sentito che il Cielo facendo nascere il popolo gli costituisce un regnante per nutrirlo e istruirlo. Quando il Signore dell'impero viene meno alla onestà e mance alla giustizia nella propria politica, il Cielo gli manda dei segni straordinari per avvertirlo della sua colpa. Ora nell'ultimo giorno del mese undicesimo c'è stata una eclisse di sole. Quale segno di riprovazione può essere maggiore di questo? Noi per grazia di Dio abbiamo potuto conservare i templi dei Nostri Antenati e nonostante la indegnità della Nostra persona, Noi siamo posti al di sopra di milioni di popoli e di principi regnanti. La pace o la guerra dell'universo dipende da Noi soli. Soltanto pochi ministri condividono la responsabilità con Noi. Noi non abbiamo saputo contribuire allo sviluppo dei cittadini, e così abbiamo oscurato la luce dei luminari celesti. La Nostra colpa è veramente grave! Ognuno visto questo decreto pensi alle Nostre mancanze e ce le indichi)). [14]

L'imperatore Han-wen-ti era uno dei migliori regnanti della Cina e coglieva volentieri questi avvisi celesti per qualche riforma politica e sociale,. Non tutti gli imperatori avevano la disposizione benevola di accogliere le proteste dei ministri nelle occasioni di eclisse o di calamità; e gli storici no risparmiano allora le critiche a codesti imperatori, ritenendo essi che l'imperatore abbia mancato al proprio dovere.

Fra i fenomeni segnalatori si annovera anche il sogno straordinario. Il mistero del sogno è stato sempre enigmatico per gli antichi, i quali non riuscivano a spiegare come una parte della propria persona vagasse al di fuori del corpo dormiente. Però essi comprendevano che vi doveva essere qualche relazione fra la vita reale e i sogni. Benchè nei casi ordinari questa relazione non si manifestasse chiaramente, nei sogni straordinari uno deve accorgersi del loro significato, perchè in essi è il Dio che palesa la sua volontà riguardo a qualche cosa della vita reale del dormiente, ovvero si tratta di interventi degli spiriti buoni o cattivi. La difficoltà sta nella interpretazione per la quale non esistevano formule, ma dipendeva unicamente dalla intelligenza dell'interprete.

Un'altra specie di divinazione è la fisonomia umana. C'erano degli uomini che sapevano leggere dalla fisonomia di un individuo i segni di preannuncio de futuro. La base di questa scienza occulta deve essere ricercata nella teoria dei punti cardinali, esposta nel paragrafo

---

(14) She-ma-chen, *She-chee*, tom. tit.: L'imperatore Shi-wen-ti.

precedente. Si divide la faccia umana o il corpo umano in tante zone, le quali vengono messe in paragone con le figure del libro di Yi-king e ricevono dei significati simbolici. Secondo questi significati la scienza della fisonomia procede a prevedere le relazioni fra le diverse parti del corpo umano e così anche il destion futuro della persona.

Sezione II

Il Taosimo E Il Buddhismo

VI. Il Taoismo

34. Il pensiero religioso nel Taoismo filosofico

Il nome ((Taoismo)) abbraccia due sistemi ben differenti: un sistema filosofico e un sistema religioso. Il Taoismo filosofico è il Taoismo antico; il Taoismo religioso è una creazione posteriore. Fra l'uno e l'altro non vi è altra relazione, se non che i maestri della religione taoista pretendono di avere i filosofi taoisti per loro antenati diretti.

Nell'antichità, al tempo di Confucio, esisteva una scuola filosofica che viene chiamata taoista. Questa scuoa aveva per fondatore il famoso Lao-tze, che ci ha lasciato un libro dal titolo Tao-te-king. Lao-tze è contemporaneo di Confucio nel secolo quinto a. C.; la storia cinese antica riferisce che Confucio avrebbe chiesto istruzione a Lao-tze in riguardo alle antiche istituzioni sociali e cerimoniali, poichè questi era biblotecario della corte imperiale. Però la storia ricorda poco della sua vita. Il secondo maestro della scuola taoista è Tchuang-tze, che nella storia è più oscuro del primo. Egli si chiamva Tchuangchow, era oriundo del sud della Cina ed era vissuto verso il secolo quarto avanti Cristo. Il terzo maestro è il Lie-tze, di cui non è rimasto alcuna traccia nella stori fuor che il libro intitolato col suo nome; ma di questo libro molti critici negano l'autenticità.

Nella stroia della cultura cinese la scuola taoista contendeva sempre il terreno per il primato con la scuola confuciana. Questa era considerata da tutti come rappresentante ufficiale della cultura della Cina; quella del Taoismo era la dottrina degli intellettuali dilettanti.

La filosofia metafisica del Taoismo si concentra tutta nella esposizione del Tao.

Lao-tze chiama il Tao, il principio di tutto l'universo. Il Tao è immenso, inconoscibile, impalpabile e senza nome. L'intelletto umano non riesce ad afferrare il contenuto del Tao, nè a definirlo nei suoi attributi caratteristici. Lao-tze non dice che questa ignoranza viene dalla incapacità dell'intelletto umano, me che è causata dalla indefinibilità del Tao, perchè questo essere è indeterminato e vago. L'uomo esprime le sue idee colle parole. le quali hanno un significato determinato; perciò l'uomo non può mai parlare del Tao, essendone l'essenza indeterminata e inqualificabile con un concetto determinato. Laotze dice quindi del Tao:

((Si guarda e non si vede, si chiama invisibile,
si ascolta e non si sente, si chiama inaudibile,
si tocca e non si nomina, si chiama impalpabile;
questi tre non si possono interrogare;
perciò si confondono insieme.
L'alto non è chiaro,
il basso non è oscuro,
inesauribile e non si può nominare;
ritornare ancora al non essere
è chiamato forma senza forma
la figura senza figura;
è chiamato l'inconoscibile e l'impenetrabile.
Se lo affronti, non vedi la testa,
se lo segui, non vedi il dorso suo)).[1]

Così il Tao viene chiamato il ((non essere)), il ((senza nome)), il ((non agire)) o il ((Nulla)). Queste negazioni non dicono però una negazione semplice ed assoluta, ma una negazione relativa all'intelletto umano. Il Tao è un Nulla in quanto non è conoscibile all'uomo, perciò per l'uomo il Tao è come se non esistesse.

Questo essere indeterminato, vago e impalpabile è il principio dell'universo. Il Tao esiste prima di tutti gli esseri, e in tutti gli esseri.

Nel Tao agisce una forza vitale che si chiama Te; questa forza è anche la ragione che determina ogni essere particolare.

---

(1) *Tao-te-king*, cap. XIV (versione di Shiao-sci-yi, Bari, 1941).

Il processo produttivo del Tao si svolge secondo Lao-tze per
gradi:

((Il Tao produsse l'uno
l'uno produsse il due,
il due produsse il tre,
e il tre produsse tutti gli esseri.
Tutte le cose abbracciano Yin
ed abbracciano Yang;
la calma del Chi forma l'armonia)).[2]

Su questo testo si sono scritti moltissimi commenti, dei quali
quello che esprime meglio il pensiero del maestro è un brano di Lie-
tze: ((Tze-lie-tze dice: gli antichi sapienti con il sistema Yin-Yang
regolano il mondo. Quello che non ha ancora la forma, nasce da quello
che è senza forma. Allora dove nasce il mondo (il cielo e la terra)?
Perciò si dice che ci sono Tai-yi Tai-tzu, Tai-she, Tai-su. Il Tai-yi
significa ciò che non ha ancora il Chi; il Tai-tzu significa ciò che è
l'inizio de Chi; il Tai-she significa ciò ch'è l'inizio della forma; il Tai-
su significa ciò ch'è l'inizio della essenza)). [3]

Secondo Lie-tze dal Tao che è Nulla, si produce il Chi; dal Chi
viene la forma che è composta dalle due specie del Chi, Yin e Yang;
dalla forma viene l'essenza. Da questi tre: Chi, forma, essenza, si
formano tutti gli esseri.

Il Chi è l'elemento indeterminato e determinabile, che ha la
funzione quasi come elemento materiale. Ma il Taoismo, così anche la
filosofia cinese in genere, considera l'elemento materiale come quello
che dà la realtà e la concretezza all'essere e che non deve necessariamente essere quantitativo cioè di materia. Ogni essere reale deve avere
la propria forma. La parola forma nella filosofia cinese non coincide
perfettamente colla forma della filosofia scolastica. La filosofia cinese

---

(2) *Tao-te-king*, cap. XLII.
(3) *Lie-tze, cap.* Tien-tzui.

intende per forma quella forma reale e concreta che l'essere ha in sè e che comprende pure la figura esteriore. L'essenza è la ragione dell'essere, Col Chi, e la forma e l'essenza si costituisce l'essere.

Nel libro del Tao-te-king noi non troviamo niente di simile ai libri canonici confuciani in riguardo alla idea di Dio. La parola ((Tien)) (Cielo) è adoperata nel senso di cielo empirico e di natura. Sorge quindi la questione se la parola ((Tao)) voglia o no indicare un essere supremo, il quale è il principio di tutti gli esseri ed è perciò Dio.

Prima di tutto dobbiamo dire che nel pensiero di Lao-tze e di Tchuang-tze l'idea di Dio non esiste, perchè essi non parlano mai di Dio ed intendono il processo produttivo del Tao nel senso naturale e necessario. Lao-tze onora molto la natura e vuole che le cose siano lasciate sempre nello stato naturale, perchè la norma di tutti gli esseri è la natura:

> ((La legge dell'uomo è la terra,
> la legge della terra è il cielo,
> la legge del cielo è il Tao
> la legge del Tao è la propria natura)). [4]

La legge del Tao è la natura: questo vuole dire che il Tao nel suo produrre le cose segue necessariamente la propria natura e non produce per mezzo di un atto di volontà libera.

> ((La grandezza del Tao
> e la nobiltà della sua virtù
> dipendono dal non ordinare
> e sempre (lasciando le cose) secondo natura,
> perciò il Tao dà loro la vita
> la sua virtù le nutre
> le fa crescere e le alimenta,
> le fa stabili e tranquille,

---

(4) *Tao-te-king*, cap. XXV.

le difende e le protegge,
le lascia nascere senza accaparrarle,
le lascia agire senza aiutarle,
le lascia crescere senza governarle
questo si chiama la buona virtù)). [5]

Questa buona virtù non è altro che la forza cieca e fatale della natura. Il Tao, secondo la propria natura, dà il principio a tutte le cose e le lascia vivere o esistere anche secondo la propria natura senza intervenire, anzi senza sapere intervenire. Questa idea di origine non conviene certamente a un Dio. D'altra parte gli attributi del Tao non possono essere paragonati agli attributi che noi distinguiamo in Dio. Il Tao è un essere indeterminato, non solamente perchè l'intelletto umano non riesce a formulare un concetto su di lui, ma anche perchè il Tao è indeterminato nella sua propria essenza. Nella filosofia cinese il determinato viene da un indeterminato; il Tao, il primo essere, è indeterminato al massimo, l'essere singolare è determinato al massimo, perciò è l'ultimo nel processo produttivo.

La nostra conclusione quindi è la seguente:

((Siamo nel campo metafisico; le qualità, malgrado l'agnosticismo, attribuite da Lao-tze all'essere assoluto, il Tao, convengono alle perfezioni che noi attribuiamo all'essere in sè esistente, Dio. Siamo dunque autorizzati a chiamare il Tao l'Iddio del Taoismo? Io rispondo di no.

((Il Tao nel sistema taoista non è un essere personale. Il Tien (Cielo), nel sistema confuciano ha tutte le qualità d'un essere personale, dotato di intelligenza e di volontà, e agisce come un Dio personale. Nel sistema taoista, invece, il Tao non è apparso mai con le qualità personali: è un essere impersonale, che non si è manifestato mai con operazioni intellettuali e volitive.

((Il Tao non è il creatore. L'idea di creazione, se nel Confucianes-

---

(5) *Tao-te-king.*

imo si trova quasi implicitamente, nel Taoismo non si trova affatto. Anzi il processo degli esseri dell'universo va contro l'idea creativa. Se si ammette che il Tao sia Dio, sarà inevitabile ammettere il panteismo nel sistema taoista.

((I maestri taoisti non parlano affatto di Dio. La loro concezione della vita umana suppone la negazione d'un Dio. Hu-she, nella sua storia della filosofia, afferma che Lao-tze ha voluto distruggere la concezione tradizionale d'un Dio personale, sostituendola con il Tao. Questo essere trascendentale del cielo e della terra produce gli esseri ciecamente secondo la sua natura, senza la volontà e la intelligenza.

((Il cielo (Tien) nella tradizione antica designa un Dio personale. Confucio riceve questa tradizione e la consacra con i suoi insegnamenti: il Me-ti esalta soprattutto il significato di un Dio personale e lo difende energicamente contro ogni attacco. Mencio talvolta adopera la parola ((Cielo)) per indicare la natura, pur non escludendo il significato di un Dio personale; Lao-tze invece adopera la parola ((cielo)) per indicare solamente quell'essere generale che sta sopra gli uomini e sostiene gli esseri celesti; e mette il Tao al di sopra del cielo. Quindi egli ha distrutto il significato tradizionale di un Dio personale)). [6]

35. L'uomo ideale nella filosofia taoista

Insieme con la negazione di un Dio, il Taoismo insegna che l'uomo deve vivere secondo la propria natura.

((La natura vuole dire l'esigenza innata dell'uomo a riguardo della vita. L'uomo sente in sè un impulso irresistibile a soddisfare i bisogni della sua esistenza; questi bisogni sono come il grido della natura.

((Non è vero che l'uomo seguendo gli istinti naturali vada necessariamente alla depravazione, ma la depravazione fu causata da una falsa cognizione delle esigenze naturali. La natura umana non esige, nè può esigere, che quello che è il puro necessario della vita. Le piante

---

(6) Lokuang, *Il Taoismo, Roma*, 1946, p.38, 2.

e gli animali per la loro esistenza non chiedono altro che quello che serve alla conservazione della loro vita; quando c'è il necessario, tutti sono contenti, nè ci può essere il pericolo di competizioni e di guerre. L'uomo dovrebbe accontentarsi di poche cose materiali che sono necessarie per la sua esistenza. Il male fu che gli uomini impararono a volere troppe cose; e di qui nacquero tutti i mali)). [7]

((Rigettate la santità e la saggezza,
il vantaggio del popolo sarà centuplicato.
Rigettate l'umanità e la giustizia,
il popolo ritornerà alla pietà filiale e paterna.
Rigettate l'arte e l'abilità,
briganti e ladri scompariranno.
Queste cose servono per decorare, nè sono sufficienti,
Ecco quello che dovete scegliere.
Essere semplici, restare naturali,.
avere pochi interessi e pochi desideri)).[8]

Il principio massimo per la vita umana è il ((Non agire)). Questo principio esprime tutta la forza della norma di seguire la natura, perchè chi segue la natura, sente d'essere trasportato dalla natura senza sforzi,senza ricercatezza, senza affanni, quindi vive tranquillamente.

La vita ideale dell'uomo consiste nell'essere segregato dagli altri, senza desideri di ricchezze e di onori, e contento del mi-nimo necessario per la esistenza materiale. Si riposa pacificamente, si agita di meno e lavora poco.

Questa concezione di vita favorisce la nascita del movimento degli uomine eremiti. Difatti, al tempo di Confucio si trovavano già degli uomini che vivevano nelle campagne, non ostante la loro alta cultura e ammirevole competenza nel campo della politica. Nei secoli

---

(7) Lokuang, o.c., p.76.
(8) *Tao-te-king*, cap. XIX.

posteriori gli uomini eremiti non costi tuiscono un numero grande, ma il loro spirito esercita sempre una grande attrazione sugli intellettuali. Così l'influsso del Taoismo stava propriamente in questa ricerca della vita tranquilla e semplice, ideale pure dei Confuciani.

Dallo spirito della vita eremitica nacque poi la credenza nei superuomini, denominati ((Geni)), cioè, uomini immortali. Il maestro Tchuang-tze nel suo libro descrive spesso lo stato sovrumano degli uomini che non subiscono l'influenza degli elementi naturali. Camminano sull'acqua senza sprofondarsi, si trovano in mezzo al fuoco senza essere bruciati, e si muovono liberamente senza la limitazione dello spazio. Tchuang-tze non intende queste descrizioni come una realtà, ma dà loro un valore simbolico; egli intende dire che l'uomo ideale, che vive senza desideri mondani, non subisce l'influsso delle cose del mondo, perchè sarà sempre tranquillo in qualunque condizione di vita. Due o tre secoli dopo sorse la credenza che esistono degli uomini, i quali senza subire la morte, sono diventati uomini immortali. Nella loro vita immortale essi non s'attaccano più alle cose materiali. Essi sono uomini spiritualizzati, vivono sui monti altissimi o nelle isole remote, non appariscono a occhi umani e non si servono di cibi e bevande.

Nella storia di She-ma-chen si racconta che un mago si presentò all'imperatore Tsin-she-huan, quello della grande muraglia, e gli consigliò di mandare tre mila giovani e ragazze alla isola del mare orientale affinchè s'incontrassero con gi uomini immortali e apprendessero la medicina della immortalità. L'imperatore, contento di potere prolungare la propria vita, mandò la missione sacra, ma non ricevette nessun messaggio del ritorno. La missione, invece di andare su una isola mitica, fu portata in Giappone a dare origine col contributo cinese alla popolazione insulare. [9]

Verso l'anno 133 a. C. un altro mago si presentò all'imperatore Ou-ti della dinastia Han e gli insegnò il metodo per rendere la vita

---

(9) She-ma-chen, *She-chee*, vol.I, cap. Tsin-she-huan.

immortale. Fortunatamente il mago morì prima; e fu così risparmiata la vita all'imperatore, libero dalle pericolose medicine. [10]

La credenza però non venne meno a causa di questi infelici incidenti, anzi si confermò ogni giorno di più . Si narra pure che un grande ministro che aiutò il primo imperatore della dinastia Han a conquistare il trono, aveva abbandonato il proprio ufficio e si era ritirato con un personaggio misterioso, Huang-she-kung, senza lasciare tracce di sè. Si dice che avesse appreso dall'uomo misterioso il metodo di astenersi dai cibi materiali e di vivere del Chi, cioè dell'aria che è l'elemento costitutivo dell'esistenza umana. [11]

La teoria di astenrsi dai cibi materiali, creata dalle leggende mitologiche, ha la sua base dottrinale nel sistema metafisico taoista. Nella sua constituzione ontologica l'uomo è costituito dal ((Chi)), elemento aeriforme, perchè la parola cinese ((Chi)) significa aria; quindi se l'uomo può arrivare a sostituire i cibi materiali, i quali si consumano presto, con l'elemento ((Chi)), che rimane sempre incorrotto, come il nutrimento dell'esistenza fisica, l'uomo diventerà incorruttibile ed immortale.

Queste leggende prepararono la strada alla religione taoista.

36. La fondazione della Religione Taoista

Nel secondo secolo dopo Cristo, allla fine della dinastia Han, l'impero era dilaniato dalle ribellioni dei generali e dalle incursioni dei briganti. In mezzo a questo sconvolgimento generale nella provincia interna dello Szechuan uscì dall'ombra della campagna un oscuro piccolo letterato di nome Tchang-tao-ling, il quale iniziò un movimento insignificante al principio che portò alla formazione della religione taoista.

È inutile domandare una storia documentata di Tchang-tao-ling ai libri taoisti, perchè i racconti leggendari hanno tanto trasformato e

---

(10) She-ma-chen, *She-chee*, vol.II, cap. Siao-ou-ti.
(11) She-ma-chen, *She-chee*, vol.IV, cap. Liu-heou.

deformato la storia che non si può più sapere nulla di certo sulla vita di questo personaggio e sul movimento da lui iniziato.

Egli era un oscuro letterato che viveva nella campagna. Un giorno egli dichiarò di avere trovato la medicina della immortalità e si ritirò sui monti di K'o-ming. Dopo un periodo di vita ritirata egli compare di nuovo in mezzo alla società e comincia a insegnare un miglioramento morale. Iniziava la sua opera di propaganda cogli ammalati. Diceva di possedere la forza magica di guarire l'uomo di ogni malattia. Quando uno era ammalato, andava ad invocare l'aiuto di Tchang-tao-ling. Questi faceva portare una tazza d'acqua, recitava sull'acqua delle formule misteriose, faceva dei segni arcani e poi ordinava di dare a bere questa acqua esorcizzata all'ammalato. L'uomo infermo dopo la bevanda dell'acqua misteriosa doveva guarire. Se l'effetto predetto non avveniva, si dava la colpa all'incredulità dei fedeli. Per corroborare la virtù dell'acqua il maestro Tchang insegnava agli ammalati a praticare la confessione dei propri peccati. Faceva scrivere i peccati dell'ammalato su tre fogli di carta, uno dei quali lo si seppelliva, l'altro lo si sospendeva ad un albero di una collina vicina e il terzo lo s'immergeva nell'acqua. Questa forma di confessione doveva servire come riconoscimento dei propri falli di fronte agli spiriti della terra, delle montagne e dell'acqua e ad invocare aiuto da questi spiriti misericordiosi.

Il movimento superstizioso e religioso si sviluppò lentamente sotto la direzione di Tchang-tao-ling. Dai seguaci il maestro Tchang esigeva cinque ((Teu)) (misura cinese) di riso, destinato a soccorrere gli indigenti, e inoltre incoraggiava la pia pratica di costruire dei posti di riposo e di tè per i viandanti. Dai contemporanei il movimento di Tchang-tao-ling veniva chiamato il Taoismo dei cinque Teu di riso, ((Ou-teu-min-tao)).

Dopo la morte di Tchang-tao -ling, suo figlio Tchang-heng e suo nipote Tchang-lu continuarono l'opera ed organizzarono i seguaci in armata, occupando il territorio di Hang-tsong nella provincia dello Shen-si. I seguaci portavano un fazzoletto giallo sulla testa e furono chiamati i banditi dal fazzoletto giallo. Sarebbe successo in Cina un movimento religioso, simile al Maomettanismo, se le armate della famiglia Tchang non fossero state annientate da altri capi ribelli, più forti di essa. Dopo la scomparsa della forza violenta il movimento religioso di Tchang-tao-ling continuò attraverso i suoi discendenti nella montagna di Long-fu-shan nella provincia di Kan-si col titolo di Maestro Celeste (Tien-she), e durò fino alla rivoluzione republicana nel secolo presente.

È sicuro che il maestro Tchang-tao-ling morì come tutti gli altri uomini mortali. Ma i religiosi i quali insegnano precisamente l'immortalità della vita presente come fine principale, non potevano ammettere che il loro maestro fosse stato un mortale qualunque. Perciò sorsero molti racconti leggendari sull'immortalità del maestro Tchang.

((Dal groviglio confuso e pieno di contraddizioni della narrazione si può ricostruire la seguente lines della biografia leggendaria di Tchang.

((Il fondatore del Taoismo religioso fu un discendente del famoso ministro Tchang-lian, consigliere imperiale dell'imperatore Han-kao-tzu. Un giorno egli vide in una visione Laotze, il quale gli consegnò dei libri arcani che contenevano l'arte di fabbricare la medicina della immortalità e per guarire le malattie. Raccolse dei discepoli e formò una setta religiosa. con le offerte del popolo, Tchang-tao-ling comprò le materie preziose per compilare la medicina miracolosa. Al termine del lavoro di tre anni, tre dragoni verdi apparvero alla sua porta e diedero l'ultimo tocco alla medicina. Il maestro ne inghiottì una metà, perchè non voleva lasciare subito i suoi discepoli. Era però già in condizioni di compiere cose portentose: il volo, la bilocazione, la invulnerabilità. Un Tchang-tao-ling stava sempre a ricevere le visite e un altro Tchang-tao-ling stava a divertirsi in compagnia dei suoi intimi sulla barca in un lago artificiale. Diceva ai discepoli che essi erano ancora molto mondani e non in grado di realizzare lo stato d'immortalità; potevano però disporre di qualche mezzo per prolungare la vita: e la sua dottrina doveva essere continuata da un uomo che un certo giorno sarebbe venuto a raggiungerlo dell'oriente. Nel giorno stabilito venne infatti un giovane di nome Tchao-shing. Allora Tchag-tao-ling raccolse tutti i suoi discepoli e li condusse su un altissimo precipizio. Sulla parete del precipizio cresceva un albero di pesco. Il maestro disse ai discepoli che colui il quale avesse potuto andare a cogliere la pesca, sarebbe destinato a ricevere il segreto. Trecento uomini si guardarono l'un l'altro, ma nessuno aveva il coraggio di raggiungere l'albero. D'improvviso Tchao-shing saltò nel precipizio e si arrampicò sull'albero. Egli raccolse trecentodue pesche e le gettò sul precipizio. Per tirarlo su, il maestro tese il suo braccio che si allungò fino a raggiungere il giovane discepolo. Dopo che tutti ebbero finito di mangiare la pesca. Tchang-tao-ling disse sorridendo di volere provare se egli stesso fosse capace a discendere. E scese lui e montò sull'albero; lo seguì il giovane Tchao-shing. Ma egli chiamò pure a sè il suo discpolo prediletto, Wang-chang. Sull'albero il maestro comunicò il segreto della immortalità ai due fedeli seguaci. Infine Tchang-tao-ling salì in cielo)). [12]

Dalla leggenda risultano i legami che uniscono la dottrina di Tchang-tao-ling con Lao-tze e con la credenza nei superuomini, o ((Geni immortali)). Tchang-tao-ling ebbe il suo segreto dal maestro Lao-tze, il quale poi venne riconosciuto come il gran padre della religione taoista. La leggenda esalta il maestro Tchang, divenuto immortale, come l'esempio di tutti i credenti della propria dottrina, la quale quindi è una continuazione della superstiziosa credenza popolare della dinastia Han.

Il fine principale della religione taoista consiste nella ricerca dei mezzi per diventare ((Genio)), l'uomo immortale.

Il Genio è un uomo che senza subire la morte diventa immortale. La vita del Genio trascorre o nei pianeti celesti o nei luoghi segreti su altissimi monti; egli non è visibile a occhi mondani; si muove come uno spirito senza le limitazioni d'un corpo materiale; non si nutre con i cibi materiali nè ha le senzazioni delle passioni. Per designarlo si usano gli appellativi ((Puro)), ((Giada limpida)) ((Essenziale)). Questi appellativi dimostrano la stima comune nella purezza

---

(12) Stan. Lokuang, *Una concezione filosofica cinese*, p.11.

dell'uomo immortale. Qualora il Genio venga macchiato da impurita o da mondanità ,cessa di essere un immortale, e dovrà subire un periodo di purificazione per riacquistare lo stato sovrumano.

Il genio non si classifica tra gli spiriti, nè è un uomo deificato, bensì un uomo immortale. Vi sono due classi di Geni: i geni celesti e i geni terrestri. La prima classe è superiore alla seconda senza però una differenza essenziale. La prima ha dimora in cielo, la seconda nel mondo. Per conquistare lo stato di Genio celeste ci vuole maggiore purità, raggiunta con la pratica di un metodo perfetto; per lo stato del genio terrestre la purità è minore e il metodo è anche imperfetto. Però nella pratica del metodo l'uomo deve seguire sempre il proprio destino.

37. La medicina della immortalità

La famiglia del maestro Tchang nel suo movimento religioso non aveva basi dottrinali e concetti precisi; furono i maestri dei secoli posteriori, a rinforzare la parte dottrinale.

Nel secolo terzo o quarto visse uno scrittore di nome Wei-pe-yang, il quale lasciò un libro intitolato Tsang-tong-chi nel quale cerca di applicare la dottrina metafisica del Yi-king, libro canonico della tradizione confuciana, alla teoria della immortalità; egli tenta quindi di dare al taoismo religioso una base dottrinale, combinata con elementi confuciani e taoisti e insegna pure i metodi pratici per ottenere l'immortalità. I metodi sono due: il primo è l'arte della respirazione, il secondo è la pallina d'oro.

Nel secolo in cui visse Wei-pe-yang, il Buddhismo era già diffuso in Cina. Nei contatti fra queste due religioni si scatenarono invidie violente e si venne a reciproche imitazioni. Nel Buddhismo si pratica molto la contemplazione e, nelle sètte tibetane, in modo particolare lo Yoga. Lo Yoga è un complesso di pratiche respiratorie che hanno per scopo di calmare le passioni e di ottenere la illuminazione. Ora i maestri taoisti copiarono dal Buddhismo queste pratiche, aggiungendovi la propria interpretazione. Come abbiamo già detto, le credenze popolari precedenti avevano tramandato la possibilità di sostituire i cibi materiali con l'aria che è l'elemento ((Chi)), primo costitutivo dell'uomo. Ora il metodo di respirazione insegna appunto all'uomo a cambiare l'aria nella sostanza del corpo umano affinchè il corpo diventi una sostanza non materiale. I metodi di respirazione erano differenti a seconda dei maestri, ma la linea generale era la medesima, cioè, ritenere il più a lungo possibile l'aria inspirata. Nella inspirazione l'uomo deve aprire tutto il polmone e inspirare la maggior quantità possibile di aria, e poi espirarla attraverso il naso, ma senza muovere una fiammella posta davanti alla faccia. Fra la inspirazione e l'espirazione ci si deve sforzare di ritenere l'aria nel polmone, perchè nel periodo di questa ritenuta, l'aria si trasforma in sostanza umana come il cibo materiale si trasforma in sostanza umana con il processo della digestione. La respirazione è accompagnata da gesti e da posizioni del corpo, proprie della scuola Yoga.

Il secondo metodo ((della pallina d'oro)) era ritenuto il metodo più misterioso e più efficace. La misteriosità consiste prima di tutto nell'intervento degli spiriti e dei Geni, perchè il segreto viene insegnato da un Genio e la combinazione della pallina è sotto la protezione degli spiriti. Per rendersi immortale, l'uomo deve cercare di rendere il proprio corpo incorruttibile; ora la materia che è ritenuta comunemente la più resistente è l'oro. Se l'uomo riesce a rinforzare il proprio corpo colla sostanza dell'oro, o, meglio, a trasformare la sostanza dell'oro nella sostanza del suo corpo, la morte, che è la dissoluzione degli elementi del corpo, non potrà più minacciare l'esistenza umana. Ma l'oro ordinario non è digeribile e quindi non è trasformabile in sostanza umana; esiste invece un'altra sostanza d'oro, ottenuta attraverso una combinazione chimica-religiosa, la quale può essere trasformata nella sostanza del corpo umano. L'insegnamento della pallina d'oro è basato su questi principi. Oltre a questo viene pure in aiuto ai maestri taoisti la medicina antica cinese. Le teorie medicinali cinesi distinguevano il corpo umano secondo la teoria dei cinque elementi (metallo, legno, acqua, fuoco e terra) e gli organi esteriori e interiori erano tutti classificati in relazione con i cinque elementi. Le relazioni fra questi cinque elementi sono prestabilite e seguendo le norme di queste relazioni si spiegavano le malattie e i rimedi. Se un organo è infermo, si cerca quell'organo o quegli organi che secondo la norma delle relazioni avrebbero esercitato l'influsso malefico o benefico sull'organo infermo. La teoria della pallina d'oro applica pure queste relazioni degli organi interiori del corpo umano e vuole spiegare come sarebbe possibile la trasformazione dell'oro in sostanza umana.

Il maestro Wei-pe-yang non ci ha fatto vedere se egli stesso abbia seguito o no questo metodo, perchè al di fuori del libro non ha lasciato nessuna traccia di sè nella storia.

Dopo Wei-pe-yang la sua teoria viene sviluppata e perfezionata da K'o-hong, un altro grande maestro del Taoismo religioso. Questo maestro visse nel secolo quarto dopo Cristo, senza però lasciare notizie storiche di sè eccetto un libro, intolato Pao-p'o-tze. La teoria della immortalità viene esposta ampiamente in questo libro. Prima di tutto K'o-kong difende la possibilità e l'esisterza dell'uomo immortale, raccontando delle leggende come prove storiche e poi spiega lungamente i diversi metodi di pratica in riguardo alla combinazione della pallina d'oro.

La combinazione esige anzitutto che l'uomo si rechi su un alto monte dove occhi umani non arrivino a scoprirlo, poi deve vigilare sul fuoco acceso in un piccolo fornello per disgregare le materie metalliche e rifonderle in sostanza d'oro. Durante il lavoro, che dura sempre per lunghi anni, l'uomo deve implorare di continuo il favore degli spiriti affinchè vogliano aiutarlo a ottenere l'effetto tanto desiderato. Le materie metalliche adoperate sono differenti negli insegnamenti dei diversi maestri e in questa differenza sta appunto il segreto. Ma comunemente entra sempre lo zolfo l'arsenico, il mercurio. Sono quindi essenze velenose che non di rado hanno prodotto la morte degli infelici aspiranti all'immortalità.

Una medicina molto più elegante sarebbe l'erba misteriosa detta Orchidea Miracolosa. Per premiare le buone azioni di qualche uomo grande il Cielo (gli spiriti taoisti) fa crescere la pianta di Orchidea Miracolosa e la svela all'uomo giusto il quale coglie le rugiade sull'erba misteriosa e poi con le rugiade e con l'erba combina la medicina della immortalità.

Per aiutare l'uomo a raggiungere l'immortalità ci sono pure altri mezzi che tendono a risparmiare all'uomo lo spreco delle proprie energie. S'insegna all'uomo a lavorare di meno, riposarsi a lungo e astenersi in certi periodi dall'uso del matrimonio.

38. Le formule magiche

La tendenza di K'o-hong fiorisce nella parte meridionale della Cina; nella parte settentrionale la tendenza magica della invocazione di Tchang-tao-ling prevale. Nel secolo quinto d. C., il taoista K'eou-kien-tze sviluppò questa tendenza e costitui la setta delle formule magiche taoistiche. K'eou-kien-tze era un ministro del potente regnante Wei-tai-wu-ti della dinastia Wei settentrionale e con il suo influsso spinse l'imperatore a mettere in opera una grave persecuzione contro il Buddhismo. Egli coltivava l'arte di prolungare la vita; ma in modo speciale il talismano taoista. Il fondatore del Taoismo religioso aveva insegnato ai suoi discepoli la pratica delle invocazioni magiche, K'eou-kien-tze fece rifiorire queste pratiche aggiungendovi il talismano. La pratica superstiziosa del talismano proviene dalle sètte buddhiste del Tibet e consiste nelle scritture arcane, le quali, fatte sulle carte gialle hanno il potere di scacciare i demoni e guarire le malattie. Il metodo di K'eou-kien-tze si chiama quindi il talismano taoista.

Nello stesso tempo un altro taoista famoso, T'ao-hong-king, esercita la medesima propaganda nel Sud della Cina. T'ao-hong-king, studioso specialista delle superstizioni popolari, applica il suo taoismo al talismano e alla divinazione. Egli scrisse dei libri sull'arte di conoscere il destino dell'uomo e il valore di ogni data di tempo nella vita umana. La scelta del giorno e del luogo esercita un influsso fausto o infausto sull'opera dell'uomo, e la fisonomia dell'uomo riporta dei segni conoscibili della sua vita futura.

In questo periodo il Taoismo religioso si impegnò a combattere il Buddhismo invadente, ma si diede pure a copiare molte istituzioni buddhistiche. Anzitutto volle avere dei propri monasteri. Il monastero taoista è modellato sul tipo di quello buddhista, con una disciplina meno rigorosa e con poche pratiche di pietà religiose. Il monastero budhista è un convento per i monaci, e nel medesimo tempo un tempio di preghiere per i fedeli. Il monastero taoista, invece, è un luogo di pace e di ritiro, riservato a pochi monaci. Le pratiche di pietà religiose nel Taoismo sono pure una imitazione del Buddhismo e consistono nella recita di preghiere.

Durante la dinastia Tang (620-906 d. C.)il Buddhismo in Cina arrivò al suo massimo splendore e il Taoismo religioso trovò pure il suo prosperoso sviluppo. La famiglia regnante della dinastia Tang si chiamava Ly; ora il maestro Lao-tze era della famiglia Ly. La famiglia imperiale quindi riconosceva il famoso filosofo come proprio antenato. La religione taoista aveva per proprio fondatore il maestro Lao-tze, per conseguenza il Taoismo veniva riconosciuto come la religione della famiglia regnante. Tuttavio ciò non pregiudicava la posizione del Confucianesimo, che restava sempre la dottrina ufficiale dell'impero. Il primo imperatore di questa dinastia per suggerimento di un taoista, il quale diceva d'avere avuto una visione di Lao-tze, edificò un tempio al suo grande padre e il suo successore decretò l'onore a Lao-tze, simile a Buddha. Il quarto imperatore ordinò che in tutte le province fossero costruiti dei tempi commemorativi a Lao-tze come a Confucio. La venerazione a Lao-tze arrivò al suo culmine durante il regno dell'imperatore Tang-wuo-tsong, e lo zelo dell'imperatore si spinse fino a trasformare il palazzo imperiale in un convento taoista, e a perseguitare crudelmente i seguaci di Buddha.

Nelle dinastie seguenti il Taoismo religioso potè appena mantenere la propria posizione nella vita sociale del popolo cinese e si incammina al declino. La religione di Lao-tze non aveva numerosi seguaci ed era continuata da monaci e da letterati fantastici.

Per sostenere la teoria del Genio, uomo immortale, il Taoismo creò una vastissima mitologia, nella quale i grandi maestri della religione sono divenuti tutti spiriti immortali.

Al di sopra di tutti gli spiriti esistono tre grandi imperatori delle tre sfere celesti: tre Purità. Nella prima sfera domina il dio Yu-huang-shan-ti; nella seconda Tao-chuun; nella terza Lao-chuun.

Ci sembra che sopra i tri dominatori puri, esista un dio supremo detto Yuan-che-tien-tzun (primordiale, altissimo Signore del cielo). Però questo grande signore celeste non è più il Dio della tradizione confuciana; bensì un uomo deificato o meglio, un dio che viene per diverse volte nel mondo, assumendo la vita umana e condivide la vita con gli altri uomini. I tre puri delle sfere celesti non sono altro che tre incarnazioni del dio supremo; così Lao-chuun, che è Lao-tze, rappresenta pure una incarnazione. A riguardo di questa mitologia si può forse pensare all'influsso del Nestorianesimo, arrivato in Cina durante la dinastia Tang. Siccome il Taoismo religioso era essenzialmente eclettico, può darsi che abbia pure imitato il Nestorianesimo.

Dopo gli dei dominatori viene uno stuolo di spiriti, governatori di astri, di monti, di fiumi, di mestieri umani. Tutti questi spiriti hanno avuto una vita umana, che rappresenta la loro incarnazione. Dopo vengono i Geni, otto dei quali sono i più importanti. Essi sono: Tsong-li, Lu-tong-pin, Tchang-koo, Lang-tsai-ho, Han-shan-tze, Tsao-kuo-cheou, Ho-shen-ku, Ly-yuan-tsong. Naturalmente Tchang-tao-ling, fondatore della religione, occupa un posto eminente nelle file dei Geni, egli però non compare fra i Geni principali. Questo fatto serve a dimostrare che la religione taoista non è una fondazione fatta da un uomo solo, ma da diversi maestri.

Con la creazione della mitologia il Taoismo religioso aggiunse anche un complesso di pratiche di pietà. S'insegnano il digiuno, le preghiere e la elemosina. Attraverso le pratiche di pietà il Taoismo arriva a penetrare nella vita del popolo e costituisce il terzo elemento della vita religiosa dei Cinesi.

Questa penetrazione è rimasta però sempre alla superficie.

VII. Il Buddhismo In Cina

39. L'introduzione del Buddhismo in Cina

Durante il regno dell'imperatore Han-Wu-ti il confine della Cina si spostò fino all'Asia Centrale e venne in contatto diretto con i paesi dominati dalla religione buddhista. L'esercito imperiale che aveva conquistato i regni cino-turchestani, fece portare in Cina le statuette preziose di Buddha e i preziosi volumi religiosi come bottino di guerra. S'inizio così la marcia del Buddhismo per conquistare a sua volta il più grande popole dell'Asia.

La tradizione buddhista ci deserive la venuta del Buddhismo in China con un colore più maestoso e sorprendente. ((L'ingresso ufficiale del Buddhismo in Cina venne fissato dagli storici buddhisti nell'anno 60 d. C., l'imperatore Han-yin-ti aveva avuto un sogno singolare, nel quale aveva visto un gigante d'oro camminare sul tetto del palazzo imperiale. Il giorno seguente, l'imperatore domandò ai suoi ministri quale divinità potesse essere quella. E uno dei suoi ministri, certo Fu-nin, rispose che l'uomo d'oro era Buddha, un uomo santo d'occidente. Allora l'imperatore mandò diciotto persone con a capo Tsaiyin e Tsin-gin nel Turchestan cinese a ricercare i discepoli e i libri di Buddha. Dopo sette anni, i legati imperiali tornarono con la statua di Buddha, con quaranta testi e con due monaci. L'imperatore eresse subito un tempio che si chiamò Tempio del Cavallo Bianco, perchè il cavallo che aveva portato i libri era bianco. I due monaci avevano nome Kai-jen-mou-teng (Kasyoha-ma-tanga) e Tzu-fa-lan (Dharma-aranya)". [1]

L'arrivo di questi monaci segnò l'ingresso effettivo del Buddhismo nella Cina. Il mezzo ne fu la versione dei testi buddhisti. Il monaco Kai-jen-mou-teng visse per poco tempo in Cina, il suo

---

(1) Stan. Lokuang, *Una concezione filosofica cinese*, Roma, 1946, p.135.

compagno Tzu-fa-lan invece morì nel 70 d. C. e durante i dieci anni della sua permanenza eseguì la versione di diversi testi.

L'opera della versione che fu il lavoro principale dei propagandisti in Cina, fu continuata per circa sette secoli da migliaia di monaci indiani e cinesi. Il Sig. Wang-ci-sin nella sua storia del pensiero religioso cinese, seguendo Liso-ci-ciao, distingue il lavoro di versione in tre periodi: dal primo secolo dopo Cristo alla fine del secolo terzo, dal secolo quarto alla fine del secolo sesto, dal secolo settimo alla metà del secolo ottavo. [2]

Il primo periodo corre dalla dinastia Han orientale alla dinastia Tin occidentale. In questo primo periodo la propaganda buddhista era ancora ai suoi inizi e la versione dei testi si faceva sui libri e volumi scelti dalle opere voluminose dei maestri. Era quindi un lavoro ancora frammentario. Dopo la morte di Tzu-fa-lan, verso l'anno 148 d. C. arrivò alla città imperiale il monaco Tze-Leou-Kia-tchan (Indoscita) e l'anno seguente arrivò il monaco An-chen-kao (Arsacide). Il primo allestì la traduzione di più di venti librie e il secondo compì la versione di trentanove libri. Successivamente il discepolo di Tze-Leou-Kia-tchan, il monaco Tze-Lean e il discepolo di lui, il monaco Kia-tchan, il monaco Tze-Lean e il discepolo di lui, il monaco nato in Cina, perchè suo padre era vissuto in Cina. Tze-chien possedeva una perfetta conoscenza di diverse lingue ed intraprese non solo il lavoro di versione, ma anche la radazione del commento. Tuttavia le versioni fatte sui testi liberamente scelti molte volte non rappresentavano il pensiero genuino e completo degli autori, perciò circa l'anno 260 d. C. un monaco cinese,Tchu-tze-ren si recò nei regni del Turchestan per ricercare dei testi originali e completi del buddhismo, e nell'anno 266 d. C. un altro monaco turchestano, Tzu-fa-fu si mise pure alla stessa ricerca. Ambedue i monaci contribuirono allo sviluppo della dottrina di Buddha in Cina, e il secondo può essere considerato il più grande traduttore del primo periodo.

---

(2) Wang Ci-Sin, *Storia del pensiero religioso cinese*, Shanghai, 1933, p.96.

Nel secondo periodo fra i numerosi grandi monaci che lavorarono per la versione, ci furono tre grandi maestri; Tao-an,Chiu-mo-lo-she e Fu-to-pa-tp-lo. Il monaco Tao-an era cinese di nascita, non conosceva le lingue straniere, ma colla collaborazione dei monaci indiani egli diede un impulso nuovo alla versione dei testi, stabilendo dei criteri secondo la natura della letteratura cinese e del testo buddhista. Egli incominciò pure a compilare un elenco delle versioni, che poi servì come la prima pietra della storia delle versioni. Il monaco Chiu-mo-lo-she è stato il più grande maestro nella propaganda buddhista in Cina. ((Originario dal regno K'eni-tze,nella sua giovinezza godeva già una grande fama. Il re Fu-chien, inteso il suo nome, mandò il generale Lü-Kuang a richiederlo al re di K'uei-tze. Al ritorno il generale trovò che Fu-chien era stato sconfitto e decapitato dai suoi nemici. Il successore tuttavia accolse il monaco con benevolenza, e lo costituì maestro del regno. Chiu-mo-lo-she dimorava nel palazzo reale e lavorava alla versione dei testi. Ottocento monaci lo coadiuvavano e le opere tradotte furono ben novantaquattro, distribuite in quattrocentoventicinque volumi. Ma la sua vita privata era censurata da molti confratelli, perchè assecondando i desideri del re, viveva più da ministro che da monaco: aveva parecchie mogli, prendeva vino e la carne e trasgrediva impunemente la disciplina monastica. Il suo influsso sul Buddhismo cinese fu molto profondo, e il suo passaggio dal Hinayana al Mahayana fu il motivo fondamentale della corrente buddhista in Cina)). [3]

Il monaco Fu-to-pa-to-lo era di origine indiana e arrivò in Cina dal mare nella provincia dello Shangtoung. ((Nella sua giovinezza aveva aiutato il monaco Chiu-mo-lo-she a fare molte versioni. Quando la sua fama si era ormai levata come un nuovo astro, assicurandosi con la venerazione dei monaci, anche un gruppo di discepoli, Chiu-mo-lo-she si fece insofferente e persecutore. Questo cattivo spirito s'accrebbe in lui a dismisura allorchè Tcheoo-shen (Fu-to-pa-to-lo) abbandonò la parte settentrionale e si recò a Lu-shan, ed esercitò una grande

---

influenza sulla propagazione del Buddhismo nel sud con le sue numerose versioni)). [4]

Alla fine del secondo periodo i quattro principali testi del Buddhismo in Cina erano gia tradotti: Pen-sho, Fa-hua, Ta-pen-nien-pen e Hua-nien. Due altri testi pure importanti: A-han e Fu-lean-shen-fu, avevano pure avuto la loro versione. (Pen-sho, la saggezza; Fa-hua, la dottrina splendida; Ta-pen-nien-pen, il Nirvana; Hua-nien, la dignità splendida; A-han, sommario di dottrina; Fu-lean-Shen-fu, il Buddha immortale).

Nel terzo periodo il più grande maestro è senza dubbio il monaco cinese Shuang-tsang. Shuang-tsang era nato dalla famiglia Tcheng nel distretto Yen-se, nella provincia Honan. Era partito per l'India nell'anno 629 d. C. e dopo diverse difficoltà era arrivato sul posto di studio, visitando moltissimi conventi e acquistando copiosi testi. Ritornò in Cina nell'anno 646. L'imperatore Tang-tai-tsong lo ricevette con grando onore e lo esortò a completare il lavoro della versione, e Shuang-tsang, con l'aiuto dei suoi discepoli, tradusse in cinese seicentocinquan-tasette libri. I suoi discepoli raggiunsero il numero di tre mila, di cui settanta furono i più celebri. Morì verso il 664 d. C., all'età di settantacinque anni)). [5]

In questo periodo il lavoro dei maestri buddhisti si rivolgeva maggiormente ai commenti e all'esposizione della dottrina, perchè i testi erano ormai tutti tradotti. A causa delle dispersioni non è possibile conoscere con esattezza il numero dei libri tradotti; quelli conservati fino ad oggi sono circa tre mila, in quindici mila volumi.

40. Lo sviluppo del Buddhismo in Cina

La storia della diffusione del Buddhismo in Cina può essere ricapitolata in tre grandi periodi. Il primo periodo incomincia al sec. primo d. C., e va. fino al secolo settimo d. C., si può chiamare il periodo di propaganda. Il secondo corre dal secolo settimo fino al secolo

---

(4) Stan, Lokuang, *l.c.,* p.142.
(5) Stan, Lokuang, *l.c.,* p.146.

decimo; e il periodo dello sviluppo. Il terzo periodo decorre dal secolo decimo fino ai nostri giorni; ed è il periodo di decadenza.

Dall'inizio della sua introduzione in Cina il Buddhismo sfruttò i favori degli imperatori della Cina per la propria diffusione. La capitale della dinastia Han stava nella parte del Nord della Cina, e per conseguenza anche la diffusione del Buddhismo cominciò nella parte settentrionale. Durante i tre secoli di scissione dopo la caduta della dinastia Han, la parte del Nord, dominata dai regnanti tartari, offriva un buon terreno per la propaganda buddhista, perchè i tartari, sentendosi inferiori culturalmente ed essendo inclini alla superstizione, abbracciavano volentieri il buddhismo come una religione superiore, la quale era adatta ad ingertilire i costumi e appagare il desiderio di tranquillità. I grandi monaci, come Budda-janga e Chiu-mo-lo-she, erano onorati con profonda venerazione dai regnanti e dal popolo. Giunti poi i monaci indiani o turchestani in Cina, iniziarono immediatamente l'istituzione della vita monastica e raccolsero migliaia di Cinesi, i quali nel monastero imparavano a praticare una vita, non conosciuta fin allora in Cina.

La prima diffusione del Buddhismo nella Cina meridionale fu opera del monaco cinese Fi-yuan. Nel secolo quinto d. c. questo monaco, col suo. maestro Tao-an, venne a stabilirsi in Lu-shan nella provincia attuale del kiang-she, e lo raggiunse poi il famoso monaco Fu-to-pao-to-lo. Mentre nel Nord, la corrente dottrinale del Buddhismo prevaleva, nel Sud la corrente ascetica era la dominante. Fi-yuan fondava un'associazione di simpatizzanti col Buddhismo, alla quale appartenevano molti letterati di grande fama. La familiarità dei letterati coi monaci buddhisti aprì la strada al Buddhismo per entrare nella classe intellettuale e influenzare il persiero cinese. Gli imperatori delle dinastie della Cina meridionale non accoglievano i monaci e le pratiche buddhiste con lo stesso entusiasmo come gli imperatori tartari della Cina settertrionale, perchè, conscii della superiorità della propria cultura, nutrivano un senso di diffidenza verso la religione di Buddha. Ci furono però anche degli imperatori che aderirono a qusta religione con vero transporto, come per es. l'imperatore Lean-ou-ti

(502-550). ((Volendo egli abdicare al trono imperiale, e non potendo effettuare il suo proposito per l'opposizione dei ministri, trasformò il suo palazzo in un convento buddhista; si vestiva da monaco, osservava l'astinenza perfetta, interveniva a tutte le cerimonie religiose e faceva lui stesso le prediche, interpretando i testi canonici. Il popolo seguiva l'esempio dell'imperatore, e quarantotto mila persone si facevano monaci e monache. La fine deli'imperatore fu però molto misera, perchè assediato dall'esercito ribelle, morì di fame)). [6]

Lo stato della diffusione del Buddhismo in Cina verso la fine del secolo sesto d. C. presentava dei risultati stupendi: non solo i testi tradotti in cinese erano ben curati e numerosi, ma i conventi disseminati in tutto l'impero raggiungevano una cifra altissima.

La dinastia di Tang ha la fama d'essere l'età aurea della letteratura cines, e sotto di essa la versione dei testi buddhisti toccò il suo apogeo.   Dopo le versioni vennero redatti numerosi commenti dai grandi maestri. Dallo studio dei testi e dei commenti fiorì il pensiero del Buddhismo e da questa fioritura nacquero le diverse sètte. Se ne enumerano dieci o otto principali:

	Hinayana	{ Kiu-chee-tsong (rinunciare a tutto) (Fa-shan-tsong) (manifestare la dottrina) Chen-she-tsong (sincerità e realtà) (San-lünn-tsong) (tre discussioni)
	mista	Lü-tsong (l'ascetismo)
	Mahayana	{ Fa-nien-tsong (la dignità splendida) Tien-tai-tsong (Tien-tai, monte della provincia Chekiang) Cheng-nien-tsong(la parola vera) Chen-t'ou-tsong (la terra pura) Shen-tsong (la contemplazione) [7]

---

(6) Stan. Lokuang, l.c., p.142.

(7) O.c., p.147-151.

41. Le sètte Buddhistiche in Cina

Lo schema precedente ci dà una pallida idea delle divisioni buddhistiche, sorte dalle interpretazione dei testi canonici; in realtà le sètte erano ben più di dieci. Non si deve tuttavia immaginare che le sette buddhiste, come le sètte scismatiche del cristianesimo. fossero sempre in lotta l'una contro l'altra; no, esse vivevano tranquillamente di comune accordo.

La base dottrinale della divisione sta in due grandi difficoltà del dogma buddhista: tutti gli uomini sono capaci o no di ricevere la illuminazione? La illuminazione avviene d'improvviso o gradatamente? Oltre a ciò la questione centrale della irreltà delle cose costituisce naturalmente anche un terreno di disputa e di divisione.

Comunemente si ritiene che le sètte hinayane sono meno profonde, memo assolute delle altre sètte mahayane. La setta Kiu-chee-tsong deriva dal testo sanscrito Kosa-sastra e ha come proprio padre il monaco indiano Vasubandhu in India e il monaco Cheng-ti in cina. La dottrina della setta Kiu-chee apre la strada al Buddhismo con l'ammissione dei dolori e delle cause dei dolori. La setta Chen-she-tsong, creata in Cina dal monaco Cha-tchuan nel secolo VI d. C., batte sul punto della irrealtà delle cose e della pesonalità dell'uomo ed ha come suo testo fondamentale il libro satya siddhisastra. Le sètte mahayane hanno una penetrazione filosofica più completa delle hinayane e s'addentrano anche più profondamente nella psicologia del popolo cines. Le due sètte: Tien-tai-tsong e Fa-nien-tsong sono le rappresentanti ufficiali del buddhismo in Cina. La setta Fa-nien, fondata dal monaco Fa-tchuang, sul testo fondamentale *Fa-nien* (avatam-sa-kasutra) costruisce la sua teoria della unica realta per aderire alla tendenza realistica dei cinesi e sviluppa la gnoseologia indiana per illustrare i concetti ascetici della tradizione cinese. La setta Tien-tai, fondata dal monaco Chi-kai nel secolo VI d. C. e sul testo *Fa-hoa*, accoglie le stesse idee della setta Fa-nien e gliene disputa il primato. Queste due sètte sono considerate come gli ultimi gradi dell'ascensione buddhista.

Due note comuni nelle sètte, che poi le distinguono in due sètte separate, sono la disciplina ascetica e la contemplazione meditativa. Tutti i monaci sono obbligati a praticare l'ascetismo come tracciato dalla disciplina monastica, e nella disciplina esiste la pratica della meditazione contemplativa. Questi sono due mezzi efficaci per aiutare i monaci a ricevere l'illuminazione. Alcuni maestri però considerano questi mezzi come unici mezzi efficaci e trascurano le dispute dottrinali per la liberazione dell'uomo dal dolore. Onde nascono la setta Lutsong, setta dell'ascetismo, e la setta Shen-tsong, setta della contemplazione. Se il Buddhismo ha potuto avere un grande influsso sul pensiero cinese, lo si deve alla sua disciplina ascetica e alla pratica della contemplazione, perchè queste due pratiche hanno sempre ispirato una grande stima e riverenza verso la religione di Buddha. La Cina confuciana, per quanto ostile alla introduzione delle teorie straniere, è sempre pronta a rispettare la vita ascetice e lo spirit di distacco. In virtù di questo rispetto molti intellettuali si sono avvicinati ai monasteri buddhisti per respirarvi l'aria calma e lontana dai rumori mondani.

Però il Buddhismo, con tutto il suo apparato metafisico e con la perfezione dell'ascetismo, non sarebbe ancora stato in grado di penetrare nella vita del popolo, se non avesse introdotto nel suo dogma degli elementi lontani dalla mente del fondatore, cioè quelle pratiche superstiziose che costituiscono la parte popolare del Buddhismo in Cina. Dall'ateismo di Buddha il Buddhismo in Cina si è trasformato in un politeismo con un pantheon di dèi. La setta Chen-tou-tsong insegna la venerazione del Buddha Amida come dio salvatore. La setta Chengnien pratica invec il Tantrismo, cioè i misteri religiosi, e venera gli dèi dai poteri miracolosi.

Nelle dinastie posteriori, il Buddhismo ha sviluppato queste sètte, disperdendosi in disquisizioni minute a danno dello spirito di distacco. Le due sètte della Hinayana toccano la causa dei dolori senza mai approfondirla; le sètte della Mahayana partono dal fondamento metafisico della negazione della realtà delle cose, eccetto l'una e unica realtà, costruiscono un edificio psicologico di ascesa ascetica per conquistare la pace perfetta del cuore e poi immergersi nel

Nirvana. Le sètte Fa-nien-tsong e Tien-tai-tsong rappresentano sempre il più alto pensiero buddhista in Cina.

Le vicende storiche del Buddhismo in Cina nei secoli successivi alla dinastia Tang non furono favorevoli alla rifioritura come i secoli precedenti. Il progresso della religione buddhista consisteva in un accrescimento numerico degli adepti dei due sessi, ma la disciplina monastica, lo studio dottrinale e lo spirito religioso andavano sempre decadendo tanto che gli imperatori si credettero in dovere d'intervenire onde limitare la accettazione dei religiosi. Ai nostri giorni la religione buddhista in Cina è rimasta come istituzione che va languendo lentamente verso la morte, se questa non verrà accelerata dall'ateismo materialista del comunismo.

42. La dottrina del Buddhismo in Cina

Non è agevole sintetizzare in breve la dottrina del buddhismo cinese, perchè ogni setta presenta qualche divergenza. Noi ci limiteremo quindi a vedere la dottrina rappresentata dal Tien-tai-tsong e dal Fa-nien-tsong nelle sue linee generali.

La vita umana è un dolore continuo, di cui i principali sono la malattia, la vecchiaia e la morte. Da che cosa dipendono questi dolori? Dall'ignoranza. L'uomo vede le cose esterne, le crede reali; dalla realtà delle cose esterne nasce la convinzione della realtà della propria esistenza; formata la convinzione del proprio Io, l'uomo desidera mantenere la sua persona. Da questo desiderio viene la nascita; dalla nascita prendono radice i dolori. Buddha insegna agli uomini a riconoscere la irrealtà di tutti gli esseri, incominciando dal proprio Io. L'esistenza dell'uomo è la congiunzione dei quattro grandi elementi: terra, fuoco, acqua e vento. Questi elementi formano pure gli altri esseri del mondo, i quali però non sono reali se non nella concezione dell'uomo. L'uomo concepisce la cosa irreale come cosa reale, perchè la sua cognizione viene oscurata da una nebbia nelle facoltà conoscitive. La nebbia che oscura o falsifica la cognizione è un frutto delle cattive azioni dell'uomo, fatte nella vita precedente. Per liberare l'uomo dai suoi dolori è necessario distruggere l'ignoranza, perchè se l'uomo viene a conoscere chiaramente che le cose e la sua persona non sono reali, egli non le desidera più. Quando l'uomo avrà estinto il desiderio, non soffrirà più nessun male.

In mezzo alla irrealtà degli esseri del mondo, esiste una realtà che è la realtà trascendentale ed universale e che in cinese si chiama Cheng-sen o Cheng-shu.

((Tutte le cose esterne sono manifestazioni dell'unica realtà. La setta Fa-nien-tsong espone questa verità con la metafora del leone d'oro. Uno vede un leone d'oro, e naturalmente afferma che il leone d'oro esiste realmente. Ma l'uomo illuminato saprà fare una distinzione, dicendo che l'esistenza del leone d'oro appartiene all'oro e non al leone, perchè l'oro senza la forma del leone può esistere ed esiste realmente, invece la forma del leone non potrà esistere senza l'oro. L'oro è la sostanza, la forma di leone è la forma accidentale; così il Cheng-sen o Cheng-shu è la sostanza reale di tutti gli esseri dell'universo e realmente esistente; tuti gli esseri sono forme accidentali e non esistono realmente)).[8]

L'uomo illuminato quindi riconosce la irrealtà della cose. Ma come si arriva a questa illuminazione?

Il Buddha, Sakya-muni, dopo avere abbandonato la casa, aveva ricercato per sette anni la sua illuminazione con le pratiche ascetiche di austerità, senza riuscire nel suo scopo. Finalmente un giorno mentre stava seduto sotto un albero, ricevette d'improvviso una luce nel suo intelletto e riconobbe la irrealtà degli esseri dell'universo. La illuminazione sta quindi nel conoscere la irrealtà delle cose; questa illuminazione viene acquistata dall'uomo sempre in modo imprevisto.

Il metodo d'acquistare la illuminazione differisce da setta a setta e può essere diviso in due classi; la illuminazione subitanea, e la illu-

---

(8) Stan, Lokuang, o.c., p.159.
   Cfr. il testo buddhistico: Capitolo sul leone d'oro, scritto da Fa-Tsuan.
   In esso Fa-Tsuan illustra questa verità con l'esempio d'un leone d'oro L'oro è reale; la forma di leone è una manifestazione d'oro. Così l'unica realtà è come l'oro, tutte le cose del mondo sono solamente manifestazioni accidentali.

minazione progressiva. Nella prima classe i metodi insegnati dai maestri sono la recita di brevi sentenze e trattamenti duri e improvvisi come per destare l'intelletto dal sonno. I metodi della seconda classe comprendono le practiche ascetiche e la contemplazione.

L'uomo non illuminato è un uomo volgare, il quale per ricevere la illuminazione deve premettere una preparazione. La preparazione consiste nell'osservanza dei precetti morali comuni. Nell'uomo volgare esistono dei frutti cattivi, lasciati dalle male azioni della vita precedente. Questi frutti cattivi riuniti nella facoltà Alaya, oscurano l'intelletto umano e generano l'ignoranza. Per eliminarli l'uomo deve contrapporre delle buone azioni morali, osservando i precetti comuni. Una volta diventato moralmente buono egli possiede la possibilità di ricevere l'illuminazione.

43. La illuminazione

La prima illuminazione consiste nel conoscere le quattro grandi verità, cioè: la esistenza del dolore; la causa del dolore; la soppressione del dolore; la via della soppressione.

Tutti gli uomini apprendono dalla propria esperienza che l'esistenza dell'uomo si svolge continuamente nei dolori; però non tutti gli uomini sono convinti di questa verità, altrimenti perchè doverbbero attaccarsi tanto alle cose esterne e ricercare affannosamente i piaceri sensibili? L'uomo illuminato nel buddhismo deve convincersi della verità che la vita sua nel mondo è un dolore continuo.

Da dove vengono questi dolori? Dalla brama insaziabile di accontentare se stesso. L'uomo ama la propria esistenza e si sforza di svilupparla e continuarla.

Una nuova illuminazione gli farà conoscere la irrelatà delle cose e della esistenza umana. Se le cose esteriori e la propria esistenza sono irreali, l'uomo deve convincersi che è ridicolo desiderarle e ricercarle; solo allora starà in pace.

A codesta negazione della realtà delle cose l'uomo ascende per gradi.

((Il primo grado di negazione è per gli incipienti nella perfezione, e insegna all'uomo a negare in globo la esistenza reale delle cose esterne. Le cose mondane passano e periscono, quindi non sono desiderabili.

((Il secondo grado comincia a spiegare la ragione della irrealtà delle cose, dicendo che le cose esterne sono percezioni create dalla facoltà conoscitiva dell'uomo. Il cuore umano, cioè l'intelletto, è la causa onnipotente della produzione delle cosè dell'universo.

"Il terzo grado avanza di un passo ed insegna all'uomo a contemplare la irrealtà delle cose. Nei gradi precedenti si insiste molto sulla verità della irrealtà delle cose, perchè l'uomo ignorante se ne convinca; invece nel terzo grado, si suppone che l'uomo sia già illuminato, e quindi non occorra inculcare la falsità delle cose, ma lo si invita alla contemplazione.

((Il quarto grado distrugge la nozione della esistenza o non esistenza, perchè indirizza l'uomo alla realtà assoluta, senza pensare mai più alle cose particolari. La nozione ((esistenza)) è una nozione relativa, in quanto si oppone alla ((non esistenza)); così la nozione ((non esistenza)) è relativa, in quanto si oppone alla nozione ((esistenza)). La nozione ((realtà)) e la nozione ((non realtà)) sono termini relativi. Quando l'uomo arriva a fissarsi nella realtà assoluta, perde le nozioni relative e diventa trascendentale.

((Il quinto grado è la contemplazione dell'unica realtà in modo che l'uomo s'unifica con Chen-shu e gode la felicità del Nirvana)).[9]

Gli uomini sono tutti capaci di ricevere codesta illuminazione? Alcuni maestri rispondono di no, altri rispondono di sì. In fondo tutti sono d'accordo, perchè quelli che ammettono la capacità in tutti gli uomini, intendono la capacità nelle successive nascite dell'uomo; quelli che negano la capacità, intendono la capacità nella vita presente.

L'opposto della illuminazione è l'ignoranza. L'ignoranza risiede

---

(9) Lokuang, *Un sistema filosofico cinese*, p.162.

nelle facoltà conoscitive. Il Buddhismo distingue le facoltà conoscitive in quattro classi: le facoltà sensitive, che sono cinque; la facoltà di riflessione, la facoltà di giudizio, che si chiama Manas, e la facoltà Alaya, che è il centro di racolta dei semi lasciati dalle azioni della vita precedente. Le azioni cattive lasciano dei semi cattivi che oscurano l'intelletto e causano la ignoranza; le azioni buone lasciano dei semi buoni che aiutano l'uomo a distruggere i semi cattivi e a ritrovare la verità. La cognizione umana parte dalle facoltà sensitive, suscita la riflessione dell'uomo sulla cognizione, e provoca un giudizio sulla realtà o no della cognizione. Nel formare il giudizio la facoltà Manas dipende dalla facoltà Alaya, che attraverso i semi determina il modo di giudicare.

L'uomo volgare che porta in sè molti semi cattivi non potrà certamente arrivare a ricevere la illuminazione in questa vita presente; egli invece deve sforzarsi di praticare la morale buddhista per sopprimere i cattivi semi con le buone azioni. Se le buone azioni di una vita non valgono a distruggere tutti i semi cattivi, l'uomo dovrà continuare il lavoro nella vita seguente o nelle vite successive fino al giorno di potere essere degno del gran dono della illuminazione. L'uomo destinato alla illuminazione non avrà se non pochi semi cattivi nella facoltà Alaya e con la pratica della morale si dispone alla luce liberatrice.

L'uomo illuminato conosce perfettamente la genesi dei dolori. I dolori nascono da una serie di cause concatenate tra di loro. Queste cause sono dodici.

((Dall'ignoranza provengono le formazioni (sankara); dalle formazioni proviene la conoscenza (vinnana); dalla conoscenza provengono nome e corpo; dal nome e corpo provengono i sei domini; dai sei domini proviene il contatto; dal contatto proviene la sensazione; dalla sensazione proviene la sete; dalla sete proviene l'attaccamento; dall'attaccamento proviene l'esistenza: dall'esistenza proviene la nascita; dalla nascita provengono vecchiaia e morte, sofferenza e lamento, dolore, afflizione e disperazione. È questa l'origine di tutto l'impero dei dolori)). [10]

---

(10) H. Oldenberg, *Budda, Milano*, 1937, p.249.

((Ignoranza significa la falsa convinzione della realtà del proprio Io e delle cose esterne. La formazione significa le male azioni che sono prodotte dalla ignoranza. Queste due cause appartengono alla vita precedente. Da queste due cause si producono nome e corpo; corpo significa il corpo umano, e il nome significa il cuore, cioè il corpo umano che si forma nel seno materno. Dalla concezione del corpo si producono dei domini che significano i sei sensi o facoltà sensitive. Con i sei domini si produce il contatto, che è il contatto delle facoltà sensitive con i propri oggetti. Dal contatto si producono le sensazioni. Queste quattro cause si considerano nello stato fra la concezione e la nascita. Quando il corpo umano è adatto alle sensazioni, viene il desiderio delle cose mondane; da questa sete di piaceri nasce l'attaccamento alla propria persona e alle cose proprie. Così l'uomo viene a rinascere; dalla rinascita vengono la vecchiaia e tutti gli altri dolori)). [11]

Per la sussistenza della concatenazione delle cause sembra necessaria l'esistenza dell'anima umana. Se l'anima umana non esiste realmente o si distrugge nel momento della morte, chi sente i dolori e chi rinasce? Il Buddhismo afferma che la successione delle cause non esige una sostanza, in cui sussistono, e la rinascita è come il germoglio che segue il seme. Ma questa illustrazione non spiega l'unità della persona umana, e fra tante negazioni s'ammette una specie di Io personale. Questo Io personale è la falsa convinzione della personalità umana.

((Ontologicamente l'anima umana non esiste; esiste invece una falsa convinzione della personalità umana, cioè una falsa coscienza del proprio Io; questa falsa coscienza passa dalla vita precedente alla vita seguente. L'uomo che non è arrivato allo stato di perfezione illuminata, s'attacca al proprio Io, credendo alla propria personalità; l'attaccamento al proprio Io, è la causa della rinascita. Nella rinascita che s'effettua attraverso la morte con la dissoluzione della forma prece-

---

(11) Stan. Lokuang, o.c., p.168.
    Cfr. il testo buddhistico: La dottrina del Mahayana, scritto da Fei-yuan, cap.IV.

dente, quello che rimane dell'uomo antico è la falsa convinzione della propria personalità. Questa convinzione si ha come un pensiero dell'unica realtà, la Cheng-shu; nella rinascita, questo pensiero si riveste di un'altra forma ed effettua un'esistenza momentanea. Quando questa falsa convinzione della propria personalità mediante la illuminazione, viene cancellata, allora si spegne l'attaccamento al proprio Io, l'uomo non desidera più la propria esistenza ed entra nel Nirvana)). [12]

44. La contemplazione

Nella pratica della illuminazione la contemplazione occupa un posto che costituisce il fondamento per la liberazione dell'uomo dai dolori.

Il buddhismo ha stabilito la catena delle cause dei dolori, la quale trae la sua origine dalla ignoranza. Quinidi i dolori dell'uomo hanno la loro causa nel campo gnoseologico e psichico. È vero sempre che l'uomo non fa nessuna azione senza essere mosso da una idea. Secondo il buddhismo l'uomo volgare nella sua mente ha costruito un mondo esterno che in realtà non esiste. Dalla costruzione mentale l'uomo s'incita al desiderio; dal desiderio si passa all'azione; nascono allora i dolori della vita umana.

---

(12) Stan. Lokuang, o.c., p.162.
    Cfr. *Boddhisme* par Louis de la Vallée-Poussin, Paris, 1925, p.85 ((L'embarras est grand de choisir entre la négation et l'affirmation de la personne, celle-ci confirmée par le dogme de l'acte et de la métempsychose, celle-là en rapport étroit avec le dogme de l'impermanence appliqué à la psychologie; mais, loin d'avoir à choisir entre ces deux hypothèses, ne devonsnous pas les rejeter toutes les deux? Le canon de l'école pâlie accorde en effet une place importante à une série de décrets épars dans les Discours, mi-doctrinaux, mi-pratiques, concernant les sujets dits prohibés, "à mettre de coté"; toutes les autres sectes les ont aussi, nous les avons, soigneusement enregistrés... Ma doctrine, dit le Buddha, est un chemin d'entre-deux; j'évite les extrèmes; je ne dis pas que la sensation est distincte ou non distincte du sujet de la sensation; que l'être vivant est distinct ou non distinct du corps; que l'être demeure ou ne demeure pas identique d'exsitence en exsistence. J'enseigne la vrai loi de salut: la douleur des renaissances vient de l'acte, qui procède du desir, et le désir a pour cause l'ignorance des vérités du salut)).

Per sanare la ignoranza dell'uomo sarà necessario togliergli la illusione dell'esistenza reale delle cose. Il rimendio sta nel convincere l'uomo della irrealtà del mond intiero: questo mezzo è la contemplazione. L'uomo concentra la propria forza mentale nella considerazione della vanità delle cose. La considerazione deve essere costante, volitiva e fattiva che imprime le sue orme nello spirito e influisce sulla volontà.

La contemplazione produce il suo primo effetto nel concentrare la mente dell'uomo, evitando gli svaghi e le dissipazioni. Il suo secondo effetto è la calma dello spirito. Quando l'uomo si è concentrato nel suo interno, si sente calmo e tranquillo. Nella calma l'uomo incomincia a considerare e a riflettere su ciò che significa la propria esistenza e l'esistenza delle cose esterne, e le trova inesistenti ed inutili. Da queste riflessioni l'uomo si purifica dalle ansie, dai desideri e dagli attaccamenti. Quindi il terzo effetto della contemplazione è la purificazione. Dopo questa purificazione la mente, resa più chiara e più penetrante sulla vanità del mondo esterno, s'eleva a considerare la realtà dell'unica esistenza che è Chang-shu o, come si chiama ordinariamente, il Buddha. La mente umana lascia la parte negativa della irrealtà delle cose e s'immerge nella considerazione positiva dell'unica realtà fino a immedesimarsi con essa; e allora sarà il Nirvana che sarà la liberazione totale dell'uomo.

Per practicare la contemplazione vi sono differentissimi metodi che variano dal semplice sedere, ai complicatissimi esercizi degli Yoghi. L'uomo si mette a sedere in una positura diritta, modera il respiro, allontana i pensieri e vede dinanzi a sè solamente il Buddha (Cheng-shu). Poi vengono gli altri esercizi i quali possono essere stranissimi, o acrobazie ipnotizzanti.

((Nelle sale del convento buddhistico i monaci convengono ogni giorno in ore determinate e seggono sul pavimento con la positura ben tenuta per practicare la contemplazione, distogliendosi dai pensieri delle cose esterne. La contemplazione si inizia con la tranquillità interna e si perfeziona nella concentrazione del cuore o intelletto. Si distinguono diversi gradi di contemplazione: il primo consiste nella tranquillità interna, in cui l'uomo rimane con il cuore tranquillo come l'acqua del lago senza vento. Il secondo annienta la sensazione del piacere, ma ritiene ancora il piacere spirituale di possedere. Il terzo grado toglie l'uomo dal pensiero del piacere e gli fa considerare la felicità umana in un senso trascendentale. In questo grado l'uomo s'eleva al di sopra della considerazione della moralità, perchè le nozioni del bene e del male morale sono nozioni relative e l'uomo illuminato deve fissarsi nell'unica realtà senza pensare alle cose relative. Il quarto grado porta l'uomo allo stato della somma tranquillità, ch'è un Nirvana in anticipo)). [13]

Lo stato della mente che, spogliata di tutti i pensieri, fissa permanentemente la realtà unica, si chiama buddhificazione. L'uomo s'unisce all'unica realtà e diventa Buddha. Questa buddhificazione dice il Nirvana in anticipo.

Il Nirvana quindi e la unione perfetta con l'unica realtà, cioè Cheng-shu. L'uomo attraverso la morte entra in questo stato di perfetta tranquillità e di somma pace.

Il Nirvana vuole dire la perfetta liberazione dell'uomo, perchè l'uomo una volta entrato nel Nirvana si libera dalla rinascita. Interrotta la rinascita l'uomo non sarà più soggetto ai dolori della vita.

Quale è questo stato di Nirvana? I buddhisti cinesi chiaman la morte dei grandi maestri: annientamento silenzioso, o, entrare nel riposo. Dopo la morte un grande maestro, illuminato dalla dottrina e dall'osservanza buddhista, trova la pace silenziosa. Ma questa pace è un annientamento totale di se stesso, o un godimento pieno? Sembra che il buddhismo cinese penda alla seconda risposta, in modo che nel Nirvana l'uomo si unisce allo Cheng-shu, ritiene la propria personalità e conquista la piena soddisfazione.

---

(13) Stan. Lokuang, o.c., p.172.

Cfr. Wieger, *Histoire des croyances religieuses et des opinions philosophiques en Chine*, Kien-hien, 1927, p.424. Cfr. i testi buddhistici: i sistemi principali della meditazione, e i sistemi principali del segreto contemplativo, tradotti da Chiu-mo-lo-she. Nel primo testo sono esposti dieci sistemi, e nel secondo trenta sistemi di meditazione.

Nelle interpretazioni buddhiste la parola Nirvana ha diverse spiegazioni. Ci sono di quelli che negano l'esistenza del Nirvana. per costoro Nirvana vuole dire semplicemente assenza o non esistenza, ciò assenza dei dolori. Per quelli che ammettono il Nirvana, la natura di questo stato è molto varia.

((La nozione del Nirvana, come abbiamo visto, è duplice: distruzione del desiderio, distruzione del dolore e dell'esistenza. Ci sono quindi due distruzioni che sono due asamskrtas distinte. La distruzione del desiderio è acquistata per una certa sapienza alla quale si dà il nome di Pratisamkhya (conoscenza discriminativa); si chiama quindi Pratisamkhyanirodha, (distruzione ottenuta grazie alla sapienza). Alla morte del santo l'esistenza cioè la rinascita, è distrutta. Questa distruzione risulta la prima, ma non è la conseguenza diretta della sapienza; essa proviene immediatamente dall'essenza delle cause che produrrebbero la rinascita; si chiama quindi apratisamkhyanirodha. Tale è la spiegazione delle due distruzioni presso gli Sthaviras. Per gli Sarvastivadini il Nirvana sotto i due aspetti è pratisamkhyanirodha; l'apatisamkhyanirodha s'intende d'un principio trascendentale il quale fa che tutte le specie delle cose, come la sensazione, come il peccato, il destino, sono tutte ridotte alla qualità di non potere essere riprod-otte)). [14]

45. La morale buddhista

Dopo la spiegazione della parte speculativa della dottrina del buddhismo vediamo ora la parte practica.

La morale nel buddhismo è il mezzo inferiore che serve a raddrizzare gli uomini imperfetti ed a condurli alla illuminazione. Gli uomini volgari, i quali sono affetti dalla ignoranza causata dai frutti delle male azioni compiute nella vita precedente, hanno bisogno di condurre una vita morale secondo i precetti buddhisti affinchè i buoni frutti

---

(14) Louis De La Vallée-Poussin, *Nirvana*, Paris 1925, p.181.
    Cfr. il testo buddhistico: Ta-nien-pen-king, il testo canonico sul Nirvana.
    Tradotto da Tang-wu-Tsang.

delle belle azioni possano eliminare i frutti delle cattive azioni. A questi il buddhismo parla sempre della causalità tra le azioni e la vita propria e dà loro i precetti comuni della moralità laica. Questi precetti sono molto simili ai precetti morali della tradizione confuciana, e riguardano le relazioni fra i genitori e i figli, fra i maestri e i discepoli, fra il marito e la moglie, fra gli amici, fra i padroni e i servi, fra i credenti e i monaci.

Nella morale buddhista l'amore s'estende a tutti i viventi e il comandamento di non uccidere vieta l'uccisione di tutti gli animali. secondo la concezione della metempsicosi, tutti i viventi sono della stessa natura; e tra gli animali uno può trovare i suoi antenati o amici, perchè l'uomo volgare e peccatore dopo la morte rinascerà o in un altro uomo o in un animale, secondo i suoi meriti o colpe. Quindi per un senso di rispetto l'uomo deve amare tutti i viventi senza ucciderli. Quest'amore si pratica con la famosa sentenza di Confucio: non fare agli altri quello che tu non desideri sia fatto a te.

Le cattive azioni portano il frutto deprecabile della rinascita. Prima di rinascere l'essere umano può venir gettato nell'inferno per l'espiazione. L'inferno nella credenza buddhista è un luogo di tormenti in cui l'uomo dopo la morte viene condotto a soffrire le torture secondo i peccati commessi. La credenza popolare ha poi colorito la concezione dell'inferno con la classificazione di torture e con la presenza dei demoni.[15] Però la permanenza nell'inferno non è eterna, ma è commisurata alla gravità dei misfatti dell'uomo. Dopo l'inferno l'essere umano passa nel mondo per riprendere un'altra vita. La rinascita si compie al di dentro del genere di essere sensitivo. L'essere umano nella rinascita può prendere la nuova vita nella forma di un cavallo o di un qualsiasi animale. Questo cambiamento non ripugna al principio metafisico buddhista perchè ogni essere particolare non è altro se non una forma accidentale della unica esistenza. L'uomo rinascerà in una condizione migliore o peggiore secondo i

---

(15) Nel testo buddhistico: la dottrina del Mahayana, scritto da Fei-yuan, nel capitolo ottavo c'è una descrizione dell'inferno, e lo si divide in otto sfere.

meriti o i peccati fatti durante la vita passata. Un uomo lussurioso può rinascere in un animale immondo, un uomo crudele può rinascere in un animale per essere dominato o ucciso. La varietà delle condizioni di vita è considerata come una retribuzione di giustizia in riguardo alla vita passata. Così il buddhismo tenta di spiegare le ingiustizie di questo mondo. Un uomo giusto soffre delle oppressioni e delle sventure, perchè egli nella vita passata aveva commesso dei misfatti; un uomo ingiusto invece gode della prosperità, perchè egli nella vita precedente aveva fatto del bene. La rinascita ritorna indefinitamente finchè l'uomo non avrà ricevuto la illuminazione e non avrà ottenuto la liberazione, annientando il desiderio del proprio essere. L'uomo illuminato per mezzo della liberazione entra nel Nirvana e si libera definitivamente dalla rinascita.

Una morale più rigida viene imposta alla classe dei monaci.

Per potere ottenere la propria liberazione è molto consigliabile, se non strettamente necessaria, la vita monastica. Il Buddha aveva vissuto per parecchi anni la vita eremitica; dopo la sua illuminazione egli cominciò ad avere dei seguaci fedeli; allora egli istituì la comunità religiosa, la quale poi si è sviluppata nella piena forma della vita monastica. Il buddhismo introdusse questa forma di vita in Cina e vi trovò una accoglienza entusiastica di modo che i monasteri fiorirono in ogni parte della Cina.

Il monastero è organizzato sotto una severa disciplina e sotto la direzione di un abate. I monaci non possono possedere beni propri, ma vivono di elemosine. Il monastero possiede ordinariamente dei beni immobili, rilasciati dai benefattori, ma i monaci vanno sempre alla questua presso i fedeli. Il dovere di fare l'elemosina ai religiosi di ambo i sessi è la virtù che eleva molto in alto la perfezione morale. Fra i precetti della vita monacale, c'è il divieto di raccogliere anche una foglia cadura dall'albero con lo spirito di averla come cosa propria. La castità è una esigenza rigorosa della vita religiosa. È proibito ogni contatto diretto con le persone di sesso diverso; viene poi punito ogni atto di impudicizia. Ogni giorno tutti i religiosi hanno il dovere di partecipare alle funzioni religiose che si fanno nella sala centrale del convento.

Per essere ammesso alla comunità si deve prima compiere un periodo di noviziato sotto la guida di un maestro. Quando la comunità sarà contenta del novizio ed esprime un voto favorevole per l'ammissione, allora il novizio diventerà religioso. Nello stato monacale se un elemento della comunità viene a mancare gravemente alla disciplina, sarà punito dall'abate, e se la mancanza costituisce un grave crimine, il colpevole può essere espulso dal monastero. [16]

La vera forza della religione buddhista in Cina consiste nella sua vita monastica, perchè i monaci sono i soli che veramente credono nella dottrina di Buddha e sono loro a tenere viva la religione. Le versioni dei testi dei grandi maestri e i commenti sono tutti fatti dai monaci. Le pratiche religiose che il popolo compie abitualmente, dipendono pure dai religiosi perchè essi sono pure i sacerdoti, se si possono così chiamare, del buddhismo.

---

(16) Cfr. Lokuang, *Un Sistema filosofico cinese*, p. 177.

((In quattro casi il novizio può essere espulso: per delitto d'impudicizia carnale con altra persona o con un animale; per il delitto di possedere qualche cosa propria; per il delitto di amare la vanità mondana, per il delitto di ammazzare un essere vivente.

((In quattro casi avviene l'espulsione del monaco: per delitto d'impudicizia carnale con altra persona o con un animale; per il delitto di appropriazione di cose come proprie; per il delitto di ammazzare volontariamente un essere vivente; per il delitto di amare la vanità mondana.

((In otto casi avviene espulsione della monaca: per delitto d'impudicizia carnale con persona umana o con un animale; per il delitto di possedere cose come proprie; per il delitto di ammazzare un animale o un insetto; per il delitto di menzogna che causi litigi nella comunità; per il delitto di avere contatto con uomini; per il delitto di tenere nascostamente conversazione con un uomo; per il delitto di tenere visite familiari con uomini; per il delitto di tenere nascosta una grande colpa o un grande inconveniente d'una altra monaca; per il delitto di difendere o conservare contatti familiari con una monaca condannata dal capitolo del monastero)).

Cfr. il testo buddhistico: Le quattro classi di precetti ascetici; tradotti da Futoo-ye-shie.

46. Le credenza popolari

Presso il popolo il Buddhismo assume un aspetto assai lontano dall'idea originale di Buddha. Il popolo cinese accetta il Buddhismo insieme col Taoismo religioso e con la religione tradizionale del confucianesimo. L'idea della illuminazione dell'uomo per liberalo dalla ignoranza non entra nella fede religiosa popolare. Il popolo crede al buddhismo perchè nella religione buddhista s'insegnano le pratiche in riguardo alla vita dopo la morte della quale il confucianesimo non parla chiaramente.

Il buddhismo afferma che dopo la morte c'è l'inferno e c'è la metempsicosi. L'uomo che muore con i peccati, andrà nell'inferno per espiare i suoi malfatti. Dopo l'espiazione viene la rinascita. Se il defunto non ha commesso dei gravi peccati, egli rinasce subito senza passare per l'inferno.

Per liberare il defunto dall'inferno il buddhismo ha insegnato al popolo molte pratiche di pietà, le quali hanno il valore di abbreviare il tempo o l'intensità delle sofferenze.

Per l'opera di soccorso in favore dei defunti è stato creato un pantheon buddhista di divinità, le quali hanno il potere e la disposizione misericordiosa di salvare gli uomini. In ogni tempio o convento buddhista sono collocate nelle nicchie le statue di Buddha in tutte le forme che rappresentano le divinità. Davanti a queste statue i credenti vengono a pregare, a offrire gli incensi e a fare le prostrazioni. Non si può dire certamente che il Buddhismo in Cina sia ateo, ma è più superstizioso del Confucianesimo. Nel pantheon buddhista le divinità sono tutti Buddha, dei quali non appare una suprema divinità, nè appare evidente la superiorità del fondatore.

Dal culto ai Buddha viene poi formata la mitologia buddhista, la quale forse non è inferiore a quella taoista. In questa mitologia molti Cinesi, eroi nazionali o grandi ministri dello Stato, sono stati divinizzati e ricevono la venerazione dal popolo.

Il mezzo più importante di soccorso in favore dei defunti è costituito dalle preghiere dei monaci. Le famiglie facoltose fanno celebrare delle funzioni nei monasteri; durante queste funzioni i membri della famiglia prendono ospitalità nel convento e assistono alle preghiere dei monaci. Le funzioni sono fatte ordinariamente per i defunti della famiglia, ma si possono fare anche per qualche motivo che riguarda una persona vivente sia per allontanare una malattia che per espiare i peccati. Nelle occasioni di lutto, le famiglie invitano i monaci a pregare in casa. Allora nella sala centrale o nel cortile i monaci preparano il loro luogo di preghiera e di funzione. Le preghiere monacali erano sempre accompagnate dai suoni delle piccole campanelle e dai tocchi di un teschio di legno (Mu-yu, pesce di legno).

Le persone private che credono nel Buddhismo, generalmente non fanno nessuna devozione, ma ci sono delle persone più devote, le quali recitano ogni giorno la corona buddhista, toccando i granelli della corona con la invocazione al Buddha Amidda (Amiddofu).

Ogni convento ha la sua grande campana, il cui suono è stato un motivo costante della poesia cinese. nella profondità della notte in mezzo al grande silenzio della montagna un suono grave e profondo fende l'aria notturna e penetra nell'intimo del cuore umano, provocando dei sentimenti melanconici. È questo il suono della campana buddhista. I monaci fanno suonare la campana ad ore stabilite e con ritmo determinato e i suoi rintocchi hanno forza di penetrare nell'inferno, recando un sollievo all'anima condannata.

L'elemosina è considerata come un mezzo efficace per espiare i peccati dei defunti, specialmente se viene fatta ai monaci buddhisti. Vi sono famiglie che fanno l'elemosina ai monaci con una costante regolarità e vi sono benefattori che lasciano beni immobili ai monasteri. Le opere pubbliche, come costruire la strada pubblica, il ponte, edificare una pergola per il riposo dei viandanti e dar loro da bere, sono pure tutte opere di elemosina. Perciò nella antica Cina le strade comunali e i ponti sono quasi sempre costruiti dai privati.

Ci sono ancora molti altri mezzi di soccorso ai defunti per il momento della morte o nella ricorrenza del giorno di lutto. Di questi mezzi si parlerà in un altro capitolo.

Sezione III

Vita Religiosa del Popolo Cinese

VIII. La Mitologia

47. I miti cosmici

La mitologia in Cina non ha avuto la fioritura che godette presso gli antichi Greci, nè si è sviluppata in cicli ben definiti. Ma la fantasia popolare non ha cessato di costruire anche in Cina delle storie mitiche che hanno esercitato un notevole influsso sulla vita religiosa practica. Quando una qualche figura mitica veniva plasmata dalla fantasia del popolo, subito le si costruiva up tempio e le si indirizzava un culto. Data la vastità della Cina e la lunga durata della sua storia, le leggende mitiche non presentano stabilità e coerenza anche riguardo a uno stesso mito o a una stessa figura. Le difficoltà dello studio della mitologia cinese nascono appunto quando si tratta di coordinare i differenti racconti. Noi cercheremo di presentare una breve esposizione della mitologia cinese più ordinata che sia possibile.

In primo luogo vengono gli antichi miti che si trovano nei libri pseudo-classici, fioriti alla fine della dinastia Han, specialmente il Shan-hai-king (libro dei monti e dei mari), e che rappresentano la fantasia genuina cinese senza le mescolanze taoiste e buddhiste. Questi miti sono perciò i miti della tradizione confuciana e riguardano il cosmo.

Il popolo cinese crede che il mondo abbia avuto origine da un essere potente, il quale con la sua mano divise il cielo dalla terra e così formò l'universo. Questo personaggio gigante si chiama Pen-ku, più precisamente in cinese ((Pen-ku Kai-tien-ti)) cioè Pen-ku apre il cielo e la terra.

Per completare la creazione si doveva aspettare la morte del creatore. Alla morte di Pen-ku dal suo fiato nacquero i venti e le nubi, dalla sua voce il tuono, dall'occhio sinistro il sole, dal destro la luna; le sue membra divennero i monti, il suo sangue si trasformò in fiumi, la carne in campi fertili, i capelli in varie stelle, il sudore in pioggia, le ossa in rocce. Invece dai vermi del suo corpo con l'animazione del vento ebbero origine gli uomini.

A un certo momento le dodici colonne che sostenevano il cielo furono squassate da una grande tempesta e una si spezzò. Successe uno scompiglio universale. Venne la dea Ngu-ho, la quale con una pietra miracolosa ristabilì la distinzione del cielo dalla terra e riempì la parte rovinata del cielo. Essa pensò di ripopolare la terra di uomini e ne creò moltissimi tagliando a pezzi una fune immersa nel fango (ogni pezzo divenne un uomo).

Ma il calore del sole era insopportabile, perchè erano dieci i soli che si disputavano il regno del cielo. Allora un grande guerriero, Yi, cercò di annientare questi centri caloriferi. I dieci soli erano nati dal matrimonio della regina Shi-ho con il re Tsuun, e fecero guerra con il guerriero Yi; ma nove di loro restarono uccisi dalle frecce dell'avversario. Gli uomini della terra invece godettero di questa sconfitta. La seconda moglie del re Tsuun, che si chiamava Shan-shi, partorì dodici figlie, che erano dodici lune. In una di queste lune la moglie del guerriero Yi prese rifugio dopo avere inghiottito furtivamente la medicina della immortalità e divenne la dea della luna, eliminando tutte le altre figlie della Shan-shi.

Sulla cima del più alto monte della Cina, il monte Kuen-luen, risiede la corte celeste. Il principe della corte è il dio Tung-fan-tai-yi, dio del sole, il quale con vesti imperiali e su un cocchio dorato condotto da Shi-ho viaggia sul cielo velocemente. Il dio della pioggia, Che-mon o P'in-yi dal corpo di dragone, il dio del tuono, Fong-long, e il dio del vento, Fei-lien, avevano pure la loro dimora nella corte. Ma splendeva di una bellezza speciale nella corte la dea Shi-wang-mo. Questa dea non sembra essere la regina del dio del sole, perchè le relazioni sessuali non entrano mai fra gli dèi della mitologia cinese; ma essa che da principio appariva come un mostro mezzo uomo e mezzo animale, divene poi una bellissima donna di castità incontaminata come la giada. Le fanno corona la dea della luna e le vergini celestiali. Essa confeziona la medicina della immortalità e concede questo gran dono a quelli uomini che ne sono degni.

48. I miti taoisti

Dopo la fioritua della religione taoista verso i secoli IX e X d. C. nacquero molte leggende che formano la mitologia dei Taoisti.

Il dio supremo della corte celeste taoista si chiama Yu-huang-shan-ti. La storia umana di questo dio narra che nel regno fantastico di Kuan-yen-miao il re non aveva figli e che finalmente egli ne ebbe uno per merito delle preghiere dei monaci taoisti. Quel figlio era la prima incarnazione del dio supremo. La regina che si chiamava Pan-yueh sognò una notte che il dio Lao-tze le portava sulle ginocchia un bambino. Svegliata dal sonno sentì d'essere diventata madre. Il principe reale salì giovane sul trono paterno, ma abdicò ben presto per dedicarsi alla vita monastica e a sanare le malattie del suo popolo. Quando morì, ascese al cielo.

Il maestro Lao-tze nella mitologia taoistica è un dio importante perchè occupa uno dei tre troni della corte celeste. Una vergine di nome Hsuan-mieu-yu-ngu aveva un giorno ricevuto un bacio dal dio del sole, bacio che si trasformò in un piccolo globo luminoso e volò a posarsi sulla labbra verginali della giovane. La vergine ebbe immedi-atamente la sensazione di essere madre, però non diede alla luce il figlio, se non dopo ottant'anni. Un giorno, ancora al principio del concepimento, passeggiando nel suo giardino essa vide il sole trasfor-marsi in un piccolo globo e portarsi alla sua bocca; lo inghiottì come la prima volta e partorì subito il bambino già vecchio dal suo fianco sinistro. Il bambino vecchio (in cinese Lao-tze significa bambino vecchio) si mise subito a camminare e a ricevere gli omaggi di due dragoni. Lao-tze tuttavia non tardò molto a ritornare in cielo.

Il dio della corte d'oro e il dio della corte di giada (Ching-chue-shan-ti e Yu-chueh-shan-ti) erano due fratelli: Sü-chih-ching e Siichih-ngo, i quali avevano comandato due eserciti per liberare la città di Fu-chow dai ribelli. Il popolo della città per riconoscenza verso di loro edificò un tempio con le loro immagini. Durante la dinastia Tsong i due fratelli ricevettero il titolo onorifico taoistico ((Ching-ren)) (uomo spirituale) dagli imperatori. L'imperatore Tai-tsong della dinastia Ming (1403-1424) ammalatosi, per le preghiere a questi due

((Ching-ren)) si ristabilì. Da allora l'imperatore prese l'abitudine di chiedere la sanità ad essi e sempre l'ottenne. Riconoscente, decretò in seguito ai due fratelli il titolo onorifico di ((dio della corte d'oro e dio della corte di giada)). Quest'onorificenza si ripete durante il regno degli imperatori Ying-tsong e Shen-tsong della stessa dinastia. Ma durante il regno di Shio-tsong (1487-1705) i ministri del dicastero cerimoniale ottennero che tutti i titoli onorifici decretai a codesti spiriti venissero abrogati.

Il dio Suan-tien-shan-ti è una incarnazione del dio supremo taoista nel regno Chen-lo (gioia pura) attraverso la donna Shiun-shen. A quindici anni il ragazzo lasciò la famiglia e si fece eremita. Un giorno egli ebbe una visione del dio della seconda sfera celeste taoista il quale gli insegnò il mistero celeste. L'eremita si recò sul monte Tai-ho, e dopo quarant'anni gli dèi delle tre sfere celesti mandarono i Geni ad accogliere l'eremita nella corte. Durante il regno dell'ultimo imperatore della dinastia Shan, il capo-diavolo imperversava sulla terra con i suoi satelliti; allora il dio supremo mandò l'eremita, assunto in cielo, affinchè scendesse nel mondo a combattere il capo-diavolo. Egli vinse e incatenò i diavoli nella grotta Feng-tou. Ritornato in cielo, dopo la vittoria, egli ricevette il titolo Suan-tien-shan-ti. Durante il regno della dinastia mongolese, l'imperatore Yuan-cheng-tsong (1295-1308) decretò il titolo Yuan-she-ren-wui al dio Suan-tien-shan-ti. Questo titolo aggiunto significa ((Primo santo misericordioso e potente)).

Il dio Tchang-tien-she è il fondatore della religione Taoista, Tchang-tao-ling. La sua vita leggendaria rappresenta tipicamente la formazione della mitologia del Taoismo.

Fra i Geni primeggiano Tong-wang-kong, e She-wang-mo. La dea della corte di Kuen-luen, She-wang-mo, è considerata dai Taoisti come la regina dei geni, il cui marito si chiama Tong-wang-kong. Questi due coniugi erano formati separatmente dall'elemento maschile Yan e dall'elemento femminile Yin per diventare poi dèi di questi due elementi.

I più grandi e più famosi geni sono otto, i cui nomi sono: Tsong-li, Lu-tong-pin, Tchang-koo, Lang-tasiho, Han-shan-tze, Tsao-kuo-cheou, Ho-shen-ku, Ly-yuan-tsong. L'ultimo di loro ha una notorietà superiore agli altri. Ly-yuan-tsong si chiama pure Ly-tie-kuei e si confonde pure con il genio Ly-pa-pei. La sua storia varia anche secondo la forma del personaggio che egli assume. Ly-tie-kuei era un cultore dell'arte della immortalità. Desiderando visitare il famoso monte Hua-shan, egli lasciò il suo corpo in custodia d'un discepolo in un giardino pubblico e partì con il solo spirito. Prima di partire egli aveva ordinato al suo discepolo di bruciare il corpo dopo il settimo giorno se egli non fosse ritornato. Caso volle che il discepolo nel fratempo fosse richiamato a casa per la malattia del padre, ed egli bruciò il corpo del maestro, senza aspettare il giorno stabilito. Ritornato dal suo viaggio lo spirito di Ly-t'ie-kuei entrò in un corpo che giaceva ne giardino, subito però s'accorse che quel corpo non era il suo, ma invece il corpo deforme di un mendicante. La deformità era disgustosa, perchè era zoppo da una gamba, aveva la testa enormemente grande e gli occhi sporgevano sproporzionati. Lo spirito di Ly-t'ie-kuei voleva immediatamente uscire da quel corpo, ma ne venne impedito dal dio Lao-tze, il quale gli donò un bastone di ferro per camminare. Perciò egli si chiama pure T'ie-kuai-shen, il Genio dal bastone di ferro.

49. Miti buddhisti

I discepoli di Buddha non potevano permettere che il loro maestro fosse inferiore al maestro dei Taoisti nella vita leggendaria e crearono perciò dei racconti intorno al Buddha simili a quelli della vita di Lao-tze. Si narra nei libri buddhisti che una regina del regno Ca-ye-wei per la virtù del dio Sole concepì Buddha e lo partorì mentre passeggiava nel giardino reale, appoggiandosi all'albero ((Senza dolori)). Un fiore di loto spuntò immediatamente sull'albero e il neonato saltò sul fiore. Sopravvennero due dragoni che dalle fauci versavano l'acqua per lavare il bambino miracoloso. Poi il principe lasciò la casa e acquistò la sapienza illuminativa e salì infine al Nirvana.

Nel pantheon buddhista, che venera una moltitudine di Buddha come divinità, la mitologia cinese ha poco rilievo perchè i Buddha sono tutti personaggi indiani. Fra i Buddha quello che è più venerato dal popolo, è il Buddha ((Amida)). Il nome di questo Buddha ricorre sempre sulle labbra dei seguaci di Buddha perchè egli è creduto la divinità più misericordiosa del Buddhismo, la quale è sempre pronta ad aiutare gli uomini a salire al nirvana.

Una divinità buddhista cinese e femminile è la dea Kuan-yin. Essa era nata nel regno Shen-lin, ed era figlia del re Miao-chuang-wang. Fin da bambina supplicava il padre di lasciarle abbracciare la vita monastica ed infine ottenne il consenso paterno. Ma poco dopo il padre si pentì e le ordinò di rientrare in casa. Essendosi rifiutata di obbedire, fu strangolata dai soldati del padre. L'anima di Kuan-yin scese agli inferi, ma i regnanti del regno inferno la fecero ritornare in vita. Risuscitata fu trasportata sul monte sacro buddhista il ((Poo-too)) e rimase ivi in un monastero di monache. Ammalatosi poi un giorno gravemente il padre Kuan-yin ritornò miracolosamente in casa. Per ottenere la guarigione del padre essa sacrificò le proprie braccia. Questi guarito, fece alzare una statua alla figlia in ricordo della sua pietà filiale, ordinando all'artista di scolpire la statua con due braccia perfette. L'artista però invece di ((perfette)) intese ((mille)), perchè la pronuncia di queste due parole è assai simile. Così la statua di Kuan-yin aveva mille mani e mille piedi. Ma questa stranezza si prestò ad essere interpretata come un simbolo della bontà con la quale Kuan-yin aiuta gli uomini. Il popolo cinese venera questa dea più di tutti gli altri dèi buddhisti.

Una classe di divinità inferiore al Buddha è la classe di Lohan, il quale è simile al Genio del Taoismo ed è un uomo spiritualizzato del Buddhismo. Gli Uomini-dei sono otto e la loro immagine li rappresenta nel momento di traversare un fiume. Sono tutti vecchi e di sembianza non cinese.

Un'altra classe di divinità buddhiste è la classe dei regnanti del regno inferno, perchè l'inferno è una credenza propriamente buddhista. Si immagina che il regno inferno sia organizato come un regno di questo mondo, presieduto dai regnanti o dieci Re infernali, i quali presiedono a dieci tribunali per giudicare tutti i morti. Il giudizio dell'inferno è inappellabile ed è perciò giustissimo. I re infernali sono tutti grandi giudici che amministrano la giustizia con scrupolosa esattezza. La mitologia vuole che i re infernali siano stati tutti grandi giudici del mondo e dopo la loro morte abbiano ricevuto dal dio l'onore di presiedere i tribunali dell'inferno. I re infernali sono dieci. Nel primo tribunale presiede il re Tsin-kuang-wang-tchang, il quale guidica sui destini degli uomini e poi li rimanda al decimo tribunale. Ne secondo tribunale è il re Tzu-chang-wang-li, il quale con l'acqua gelida castiga gli uomini che hanno commesso i delitti di violenza contro il corpo umano. Nel terzo tribunale presiede il re Song-ti-wang-yu, il quale con funi nere castiga gli uomini macchiati di delitto di ribellione contro i superiori. Nel quarto tribunale è insedi-ato il re Uo-kong-wang-lu, il quale condanna gli uomini che hanno commesso le ingiustizie, alle pene di fustigazione. Nel quinto tribunale il re è Nien-lo-wang-pao, il quale con la pena di cruciare il cuore martirizza i condannati affine di indurli al pentimento. Nel sesto tribunale c'è il re Pie-ching-wang-pi che condanna a gravissime pene i colpevoli che si sono lamentati contro le divinità. Nel settimo tribunale il re si chiama Tai-shan-wang-tong, e condannà i colpevoli di discordie a essere macinati. Nell'ottavo tribunale presiede il re Tu-she-wang-huang, il quale condanna gli uomini colpevoli di empietà contro i genitori a essere cotti nel forno. Nel nono tribunale il re si chiama Pin-ten-wang-lu e condanna gli uomini che hanno commesso omicidi alla pena di essere legati a una colonna rovente di bronzo. Nel decimo tribunale presiede il re Chuan-lun-wang-Shieh che rimanda gli uomini giudicati dal primo tribunale alla rinascita secondo i destini stabiliti.

50. I miti protettori

Nella credenza popolare la vita familiare e la vita sociale hanno dei protettori divini che meritano la venerazione degli uomini.

Ogni città e ogni villaggio ha il dio della terra come protettore. Il dio protettore della città, si chiama Ching-huang e il dio protettore del villaggio si chiama Tou-ti. Anticamente il Ching-huang era lo spir-ito della città e il Tou-ti era lo spirito della terra, e ad essi i magistrati locali offrivano dei sacrifici. Nei secoli posteriori moltissimi eroi che avevano difeso qualche città dalle incursioni dei ribelli, furono innalzati all'onore di Ching-huang per la città difesa da lui, e il Tou-ti è diventato una immagine o di un vecchio con la lunga barba o di una vecchia contadina.

Il famoso spirito dell'acqua, che era rappresentato dal dragone, ha preso pure la forma umana nei secoli posteriori con il titolo Lung-wang (il re dragone). Fra tanti Lung-wang si narra la storia di un re-dragone che si chiamava Sie-shu. Egli era il nipote della imperatrice Li-tsong della dinastia Song e disperato per la caduta della casa regnante sotto l'invasione mongola si annegò nel fiume. Quando il primo imperatore della dinastia Ming, Tai-tsou, si ribellò contro i Mongoli, lo spirito di Sie-shu lo assistette. In contraccambio l'imperatore decretò che a Sie-shu fosse conferito il titolo di ((Lung-wang)).

((Le divinità preposte alla vita sociale, a tutti i mestieri e alle professioni, sono uomini illustri, benemeriti del paese, che la fantasia popolare ha fatto divenire immortali. Spesso sono considerati incarnazioni di divinità superiori: così *il dio della letteratura* è il genio della stella Wen-ch'ang, il quale s'incarnò al principio della dinastia Cheou nella moglie fin allora sterile del vecchio Chang, una notte in cui la stella Wen-ch'ang brillò più del solito rispondendo alle fervide preghiere di Chang, che chiedeva un figlio. Wen-ch'ang fatto uomo, salvò il paese da un'inondazione; la sua fidanzata, morta di dolore perchè il padre si opponeva alle sue nozze, risuscitò per unirsi a lui; infine egli divenne ministro dell'imperatore e, dopo la morte, risalì al cielo. *Il dio dell'arte* è Lu-pan, che ne secolo V. a. C. fu scultore e ingegnere. Cinque fratelli, i Lu-ten (*geni delle cinque contrade*) presiedono al commercio e alla ricchezza. Più tardiva è la *dea dei marinai,* Tien-fei: essa nasce nel secolo VIII d. C. per virtù della dea Kuan-yin. Un giorno mentre i suoi quattro fratelli commercianti navigavano per mare, esse cadde in estasi e, ridestata dai parenti, scoppiò in lacrime perchè le era stato così impedito di salvare tutti e quattro i fratelli in pericolo. Al loro ritorno, essi raccontarono che, durante una tempesta avevano visto una fanciulla governare la vela, ma improvvisamente ella era scomparsa e il maggiore di loro era caduto in mare. Tsang-ngü, dea della *sericoltura,* è un po' l'Aracne cinese: nel secolo XIII a. C., una fanciulla, addolorata per l'assenza del padre che non faceva più ritorno a casa, rifiutava di prendere cibo. La madre la promette allora in matrimonio a chi ritrovi il padre, e subito il cavallo del padrone si slancia fuori della stalla e dopo vari giorni torna portando sulla groppa il disperso. Da quel giorno il cavallo è agitato, e nitrisce inquieto ogni volta che vede la fanciulla; il padre saputo della promessa fatta dalla madre, uccide l'animale e ne tende la pelle nel cortile per asciugarla; davanti a quella pelle, la fanciulla si fa beffe della passione del disgraziato cavallo. Improvvisamente la pelle si muove, rapisce la ragazza che, entro di essa si trasforma in un baco da seta. Una notte essa appare ai genitori annunziando loro di essere divenuta la dea della sericoltura.

((*Dea del parto* è Chen-fu-ren (matrona Chen), che durante la dinastia Tang, offrì alle divinità il frutto del suo seno per far cessare una siccità. Subito ella abortì e la pioggia cadde abbondante)). [1]

Le divinità che proteggono la vita familiare sono pure degli uomini illustri dei secoli passati. Alla porta presiedono due spiriti guerrieri: Chen-su-pao e Fu-ching-te. Il famoso imperatore Tang-tai-tsong (627-650), una volta ammalato, vedeva dei demoni volanti ed arrabbiati davanti al suo palazzo e non poteva riposarsi. Due dei migliori generali: Chen-su-pao e Fu-ching-te chiesero di fare la guardia al palazzo imperiale e i demoni scomparvero. L'imperatore per risparmiare le notti insonni ai due generali fece dipingere i loro ritratti alla porta e ottenne così la tranquillità del palazzo. Il popolo imitò subito il gesto dell'imperatore e le effigie dei due generali venivano attaccate a tutte le porte. Dopo la morte dei generali, le loro effigie vennero venerate come due spiriti tutelari della porta. *La dea del forno* era semplicemente una vecchia al principio del suo culto, che risale a tempo immemorabile. In seguito divenne una giovane e bella ragazza che ascende in cielo l'ultimo giorno del mese lunare per riportare le colpe della famiglia al dio supremo. *Il dio della buona strada* è un grande guerriero dell'ultimo imperatore della dinastia Shan di nome Fan-shen, il quale col fratello Fan-pei aiutò il primo

---

(1) Lokuang, *La mitologia cinese*, vol. Lettere, Milano, 1942, p.148.

imperatore della dinastia Tcheou a distruggere l'esercito dello Shan. Tutti due restarono uccisi nella guerra e furono innalzati dall'imperatore vincitore all'onore di sacrificio; il Fan-shen ottenne pure il titolo del dio della buona strada. *Il dio dell'esorcismo* si chiama Tsong-kui. L'imperatore Tang-ming-huang (712-756) una notte ebbe un sogno, nel quale vide un piccolo demonio rubare la borsa ricamata dal suo letto e saltare nella sala imperiale. Al grido dell'imperatore di arrestarlo venne un potente demonio, vestito di un colore celeste e con un cappello vecchio, il quale acciuffò il piccolo demonio e gli mangiò un occhio. Svegliato l'imperatore fece dipingere subito l'immagine del grande demonio, che gli rivelò il suo nome Tsong-kui. Il popolo non ritardò a venerare questo personaggio demoniaco come il dio dell'esorcismo per cacciare i demoni. *Il dio del vaiolo* sarebbe il generale Yu-fa-long della dinastia Shan. Quando l'imperatore Ou-wang della dinastia Tcheou marciava contro l'ultimo imperatore dello Shan, Yu-fa-long con i suoi cinque figli impediva l'ingresso dell'esercito a Tong-kuang. Uno dei figli nella profonda notte sparse i semi del vaiolo sull'esercito nemico, ma vinto dall'intervento divino morì insieme con tutti i suoi fratelli. Yu-fa-long, dolente per la perdita dei figli, si suicidò ed ebbe l'onore di essere venerato come il dio del vaiolo.

51. Gli eroi

Secondo la tradizione confuciana gli eroi nazionali avevano l'onore di essere ricordati in un tempio commemorativo. Questa commemorazione civile si cambiava facilmente in venerazione religiosa ed allora gli eroi diventano pure miti del popolo. Unico personaggio che è rimasto nel culto commemorativo senza la veste mitica, è stato Confucio. Gli altri Grandi della nazione, nella fantasia popolare, sono sempre trasfigurati in una luce leggendaria. Noi ricorderemo alcuni di questi grandi eroi.

Kuang-ti è il generale Kuang-yuu-chang e a lui compete quasi l'onore di *dio della guerra*. Kuang-yuun-chang era il generale di Liu-pi, uno dei tre imperatori che condividevano l'impero immediatamente dopo la dinastia Hana. Era un generale di aspetto fisico, di bellezza virile singolare e di una fedeltà inalterabile. Quando Liu-pi fu sconfitto da Tsao-tsau, egli era stato fatto prigioniero insieme con le due mogli di Liu-pi. Tsao-tsau gli offrì tutti gli onori per persuaderlo a passare sotto la sua bandiera... Egli accettò la cortesia dell'accoglienza per potere vigilare sulle due donne e nel momento opportuno scappò e riportò le due mogli a Liu-pi.

Kong-ming è un mito di strategia militare e politica. Egli era il comandante in capo e primo ministro di Liu-pi. La sua prudenza politica e la scienza strategica, accompagnata da una fedeltà costante, lo fanno un personaggio unico del suo genere nella storia cinese. Egli è diventato il simbolo del comandante.

Yo-fei è venerato come il simbolo della *fedeltà alla patria*. Egli visse nel secolo decimo secondo dopo Cristo ed era un valoroso generale che voleva ricacciare l'esercito degli antichi mancesi per riprendere il territorio perduto. Ma l'imperatore Song-kao-tsong, seguendo i consigli del ministro traditore Cheng-kuai, desiderava invece fare la pace con i nemici e uccise Yo-fei. Un culto popolare è stato subito tributato a questo eroe nazionale.

Ogni provincia e anche ogni città possiede dei templi commemorativi degli eroi che hanno difeso e salvato il popolo da qualche grave calamità. Il sentimento di riconoscenza spingeva il magistrato del distretto a chiedere all'imperatore la licenza di edificare il tempio commemorativo e il titolo onorifico all'eroe benefattore e poi la credenza popolare attribuiva allo spirito dell'eroe un potere miracoloso e di uqi nasceva il culto superstizioso.

IX. Le Pratiche Religiose Del Popolo Cinese

52. Il culto degli antenati

La pratica religiosa del popolo cinese si distacca molto dalle linee dottrinali dei sistemi religiosi sia della tradizione confuciana, sia del Taoismo, sia del Buddhismo. Il popolo cinese nella sua religiosità abbraccia praticamente tutte tre le religioni e le fonde in una credenza unica. Crede in un Dio supremo secondo la tradizione confuciana e vi costruisce su tutta la morale, ma nel medesimo tempo crede negli spiriti, o divinità inferiori, secondo la mitologia taoista, e ad essi offre un culto superstizioso; crede nella sopravvivenza dell'anima, secondo la concezione buddhista, nell'inferno e nella metempsicosi, derivandone un complesso di pratiche di pietà; ed infine la pietà filiale confuciana ha conservato sempre vivo il culto agli antenati, che sta veramente al centro del sentimento religioso popolare, benchè non tutte le pratiche siano religiose. In Cina non è possibile la divisione del popolo secondo la credenza religiosa, perchè il popolo crede in una religione unica che è un miscuglio di pratiche religiose delle tre religioni.

Il culto degli antenati, come abbiamo visto nei capitoli precedenti, risale al principio della storia del popolo cinese e non fu mai interrotto attraverso i secoli fino ai nostri giorni. Naturalmente le pratiche di questo culto si sono trasformate lungo i secoli e i costumi variano da provincia a provincia. Noi riporteremo qualche uso comune che si trova più o meno in tutte le province della odierna Cina.

Per il culto degli antenati ogni famiglia nella sua organizzazione grande di Clan possiede un edificio comune che è come il tempio familiare e che si chiama Tze-tang. Nella sala centrale del Tse-tang si venera la tavoletta con l'iscrizione del nome del primo antenato del Clan e si compiono le solenni oblazioni. Nel tempio familiare si conservano i libri della famiglia con la storia di tutti i suoi membri e ivi convengono i consiglieri del Clan per decidere delle questioni che riguardano gli interessi familiari. In ogni singola famiglia, nella sala centrale della casa si conservano le tavolette degli antenati delle cinque generazioni precedenti del Paterfamilias e si offrono le oblazioni ai defunti.

Alla metà e alla fine di ogni mese lunare si accendono dei bastoncini di incenso davanti alle tavolette degli antenati come un omaggio. Nei mesi che segnano la comparsa dei nuovi frutti o di nuove verdure si offrono le primizie agli antenati su una tavola posta davanti alle tavolette; questa offerta riveste una solennità speciale nell'occasione della primizia del riso nuovo dell'anno. In ogni festa familiare di compleanno, di nascita e di matrimonio, si deve offrire un omaggio alla memoria degli antenati della famiglia. Gli omaggi consistono in incensi e prostrazioni ed anche in cibi.

In primavera e a metà di autunno si compie la visita alle tombe. In questa visita si bruciano delle carte-monete e si offrono dei cibi davanti alla tomba e si fanno delle prostrazioni.

Ogni tre anni la famiglia grande (clan) celebra una cerimonia solenne per ricordare i suoi antenati, per mezzo di oblazioni. La solennità dura sempre per qualche giorno con conviti dei membri della famiglia. Ogni cinque anni la solennità degli antenati defunti viene celebrata con maggiore splendore, che rinnova i sentimenti di pietà filiale.

53. Le feste familiari

Nel calendario del costume cinese ricorrono tante feste popolari che si celebrano ogni anno nella famiglia e che ridestano tanti teneri ricordi. In queste feste, di cui una parte è prettamente civile, si compiono delle practiche religiose le quali manifestano la religiosità del popolo.

La festa dell'Anno Nuovo nelle famiglie cinesi è celebrata con tale solennità che fa sospendere il lavoro per due settimane e rinnova tutto l'ambiente familiare. La prima preparazione per la festa incomincia il giorno ventiquattro dicembre. In tale giorno si chiude la bocca della dea della cucina perchè si teme che la dea possa andare in cielo a riferire le colpe della famiglia al dio supremo, e se ne porta fuori la immagine. La seconda preparazione incomincia il ventotto dicembre, giorno in cui i membri della famiglia arrivano a casa, e si comprano i cibi e i dolci. In questi gorni si celebra il ritorno della dea della cucina dal cielo, riportandone l'immagine in cucina con solennità. Davanti l'immagine si accendono dei bastoncini d'incenso e si fanno delle prostrazioni. In questi giorni si festeggiano sempre le divinità della porta. Su tutte le porte di casa si attaccano le nuove immagini delle divinità con parole di augurio e di prosperità. Insieme con le immagini delle divinità della porta si attaccano pure, in qualche parte della Cina, la figura di un gallo, che simboleggia un uccello misterioso con il poterè di allontanare i pericoli di fuoco dalla casa. Qua e là si vede pure attaccata la scrittura del carattere ((Fu)) che significa la fortuna. Si narra che un anno, nella notte del quindici gennaio, l'imperatore Tai-tsou della dinastia Ming circolando in incognito per le vie vide sulle porte dei cittadini appiccicata una pittura di donna con i piedi nudi. L'imperatore comprese che si voleva scherzare contro l'imperatrice perchè essa aveva i piedi grandi. Rientrò immediatamente in palazzo, e mandò i suoi eunuchi ad incollare segretamente la scrittura ((fortuna)) alle porte sulle quali non era stata appesa la pittura della donna a piedi nudi. L'indomani poi ordinò ai soldati di uccidere tutti membri delle famiglie sulla cui porta non si trovava il carattere della ((fortuna)). Così si ebbe origine l'usanza di attaccare ((la fortuna)) alla propria porta.

Nel giorno cinque del mese quinto lunare si celebra l'anniversario della morte del poeta Kiu-yuen, suicida nel fiume Shan della provincia Hu-nan. In questa ricorrenza nelle famiglie si mangia il dolce ((Tsong-tze)), si attacca l'erba ((Ai)) alla porta per impedire le malattie e i ragazzi si dipingono la faccia in forma di tigre per incutere paura agli spiriti cattivi. Sul fiume Shan si fanno le gare di canottaggio e si cala nell'acqua il dolce ((Tsong-tze)) per lo spirito del poeta morto.

Nella notte del giorno sette del settimo mese lunare (settembre) si celebra la festa delle ragazze. Si dice che in questa notte la stella Niu-lan e la stella Ci-ngü s'incontrino per la sola volta nell'anno. Queste due stelle naturalmente simboleggiano lo sposo (Niu-lan) e la sposa (Ci-ngü) e le giovani ne festeggiano l'unione, con in cuore la segreta brama dell'incontro con il loro principe azzurro. Nel cortile di casa o nel giardino familiare le ragazze svolgono le loro feste, confidandosi le loro aspirazioni e tenere storie.

Nel giorno nove del nono mese lunare gli uomini escono di casa e vanno a passare la giornata in montagna per evitare gli spiriti maligni che in tale giorno vengono a casa; ma praticamente la festa rappresenta un'escursione poetica dei romantici in montagna.

Nel giorno quindici del mese ottavo lunare ricorre la festa della luna piena, e si festeggia la dea ((luna)). Nella notte di questo giorno tutti quelli di casa si portano in cortile per contemplare la bellezza della luna piena e mangiano il dolce ((Luna piena)) e i grandi aranci.

Nelle famiglie nobili, in primavera si festeggia la dea dei fiori. Quando i fiori di pesco, che è il fiore simbolico della primavera, cominciano già a cascare, le ragazze, con bei cestini, raccolgono i fiori caduti e li seppelliscono nel giorno della festa, in omaggio alla dea dei fiori.

Nella poesia cinese tutte queste feste popolari e familiari suscitano tanti sentimenti delicati che forniscono oggetto a temi di canto ai poeti e motivi eccellenti per veri capolavori.

54. L'occasione del lutto

Le pratiche religiose del popolo cinese si compiono specialmente nell'occasione del lutto.

Le invocazioni magiche e le formule di talismani hanno il loro uso nelle occasioni di malattie. Si ricorre anche alle preghiere dei monaci e ai voti di pellegrinaggi per implorare la guarigione. In Cina esistono diversi e famosi santuari della religione buddhista; a questi santuari affluiscono continuamente i pellegrini, sia per devozione, sia per sciogliere un voto.

Appena qualcuno è spirato, una persona sale sul tetto di casa ed agita una veste del defunto per richiamare la sua anima. Se uno è perito in un incidente e non è stato possibile ricuperarne il cadavere, si pratica il richiamo dell'anima e si seppellisce la sua veste. Se invece l'anima del defunto fosse stata offesa e non placata, essa ritorna a casa o alle case vicine e si vendica sulle persone viventi. I magi o i religiosi taoisti compilano uno schema, secondo il quale calcolando dalla data del morto, si può stabilire in che giorno l'anima del defuto ritornerà e contro quale persona si getterà, allora in quel giorno le persone indicate fuggono di casa. In qualche parte invece di fuggire si invitano i religiosi taoisti a eseguire delle cerimonie per ricevere l'anima, la quale avrà là figura di gallo o di gallina.

Davanti la cassa del morto si appende un quadro di seta bianca, sul quale è scritto il nome del defunto e davanti il quadro si fanno le prostrazioni. Dopo il trasporto il quadro di seta viene bruciato e sarà sostituito da una tavoletta con la medesima iscrizione. Questa tavoletta riceverà sempre il culto degli antenati. Anticamente era il nipote, figlio del figlio, a rappresentare il morto e ricevere gli omaggi nei giorni di lutto, poi si pensò al quadro di seta e alla tavoletta.

Dal secolo terzo dopo Cristo fu introdotto l'uso di gettare le carte tagliate in forma di moneta per accompagnare i morti, come sostituto dell'uso più antico di seppellire delle monete col morto. Nel secolo ottavo dopo Cristo si cominciò a bruciare le carte, chiamate monete, nelle occasioni di oblazioni e nelle ricorrenze dei defunti. La credenza popolare intendeva con queste carte di presentare un'offerta per placare i demoni. Nella occasione del trasporto del defunto invece si gettano le carte, chiamate monete, perchè si vuole conquistare il passaggio libero dai demoni cattivi. I conventi buddhisti in giorni determinati del mese ricevono le carte-monete dalle famiglie, e poi le bruciano per pagare le tasse alle divinità.

Insieme colle carte monete si bruciano anche le immagini sacre delle divinità, dette i cavalli di carta. In tutte le occasioni di feste familiari e di lutto si appendevano delle immagini davanti alle quali si offrivano delle offerte e si compivano delle prostrazioni. Dopo le cerimonie le immagini venivano bruciate.

Con la carta si fabbricano anche delle case e dei palazzi destinati alle divinità ed ai defunti dopo l'offerta di fuoco.

Nei prossimi giorni dopo la morte o nelle circostanze commemorative la famiglia invita i monaci buddhisti a recitare le preghiere. S'inalbera una lunga bandiera con la iscrizione del defunto, affinchè l'anima del defunto vedendo la bandiera sappia ritornare.

Per seppellire il defunto la famiglia diventa confucianista, taoista e buddhista nello stesso tempo, perchè le cerimonie di lutto si fanno secondo la tradizione confuciana per esternare la pietà filiale, gli usi superstiziosi si compiono secondo le prescrizioni taoiste e buddhiste, e poi i monaci buddhisti e taoisti sono invitati a dire le loro preghiere. Non è raro il caso di vedere i monaci delle due religioni differenti schierati lungo due tavole a fare le loro suppliche per suffragare lo stesso morto. Il popolo crede che le tre tradizioni e pratiche religiose formino un mezzo per esprimere i loro sentimenti di pietà veso il defunto, quasi per dire che se una religione non è sufficiente a salvare il defunto, almeno lo saranno tutte tre riunite.

55. La religione sociale

Le pratiche di pietà religiosa non si compivano solamente nella famiglia dagli individui isolati; ma si compivano pure dalla collettività sociale, presieduta dal magistrato legittimo. Il magistrato, sia il governatore della provincia oppure il sindaco del comune, era considerato il padre della provincia o del comune, a lui incombe quindi l'obbligo di sacrificare alle divinità locali della loro giurisdizione.

Per venerare un gran benefattore del comune o della provincia il magistrato deve provvedere all'edificio del tempio commemorativo e a chiedere il permesso imperiale del culto.

Ci sono delle date riconosciute come il giorno di nascita delle divinità, per esempio la nascita di Buddha, la nascita dei geni taoisti, la nascita degli eroi e di Confucio. In queste date nei templi dei festeggiati si celebra la solennità commemorativa con la partecipazione del popolo. In qualche solennità speciale vi sono anche celebrazioni civili nel villaggio e nelle città, come la fiera dei prodotti locali, rappresentazioni teatrali e fuochi d'artificio.

Nelle occasioni di calamità sociale, di siccità, di mal tempo, il magistrato ordina al popolo l'astinenza totale affinchè il Cielo abbia la pieta di loro. Egli si reca al tempio della divinità dell'acqua o del protettore del luogo a chiedere la pioggia; poi il popolo fa la processione religiosa, portando le statue divine.

Però nessuna religione è organizzata socialmente. Nella religione, diciamo confuciana, non esiste un'autorità religiosa, ma è l'autorità sociale che compie gli obblighi religiosi. All'imperatore competeva l'ufficio e il diritto di ordinare e vigilare sui culti alle divinità. Al di fuori dei culti il popolo non sente nessuna autorità religiosa su di sè. La religione buddhista è una religione organizzata, ma solamente nella vita monastica. Il popolo credente nella dottrina di Buddha ha piena libertà per quanto concerne le pratiche di pietà. I monaci e gli abati non esercitano nessuna autorità sul popolo. Così anche i monaci taoisti non hanno il diritto di comandare ai propri fedeli.

A causa di questa mancanza di una religione organizzata, si è parlato della irreligiosità del popolo cinese, quasi che il popolo cinese non credesse a nessuna religione. La conclusione non segue logicamente. Il popolo cinese, pur nella sua libertà religiosa, ha conservato sempre il sentimento religioso. Esso è basato sulla fede della religione naturale in un Dio supremo e in una vita futura. Tutto il complesso delle pratiche di pietà popolare rappresenta uno sviluppo della fede nella vita futura. Suggerita dalla tradizione confuciana, questa fede è stata espressamente dichiarata nella religione buddhista. La fede invece in un Dio supremo, al di fuori del sacrificio offerto dall'imperatore al Cielo, si manifesta nella morale del popolo, la quale può essere portata come un esempio magnifico dell'etica naturale, in quanto trasmessa da Confucio, è tutta improntata e impostata su una chiara e ferma credenza nella provvidenza divina.

56. La morale popolare della Cina

Il concetto centrale della morale confuciana sta nella imitazione del Cielo, il creatore.

((Come si può imitare il Cielo, mentre si insegna che il Cielo è invisibile agli occhi umani? Se Dio fosse assolutamente invisibile, l'imitazione non sarebbe possibile, ma esiste uno spiraglio, attraverso il quale la perfezione divina appare in un modo assai chiaro. L'universo creato è opera di Dio; e l'opera fa conoscere il creatore. Nell'universo creato l'uomo, cogli occhi della sua intelligenza, può scoprire un ordine generale, che continuamente e perennemente dirige e governa i movimenti di tutti gli esseri e li inquadra in un'armonia perfetta. Le stagioni si succedono una dopo l'altra; il calore e il freddo si temperano opportunamente; l'umidità e la siccità si bilanciano ugualmente. Quest'ordine perenne dell'universo si chiama Tien-li)). [1]

L'uomo nella sua morale avrà Tien-li come il modello supremo. Da questo ordine perenne si possono dedurre facilmente i primi principi della moralità. Primo principio è l'ordine secondo il quale tutto l'universo procede regolarmente. L'ordine quindi deve essere anche nella vita umana. Per l'uomo l'ordine è ((Li)), cioè il complesso di legge, sia morale, sia legale, sia cerimoniale.

---

(1) Lokuang, *La sapienza dei Cinesi*, p.73.

Il secondo principio è la carità o amore universale. L'ordine perenne nel regolare le cose s'indirizza verso un fine che consiste nel favorire la vita dei viventi. In quessto fine si manifesta lo spirito dell'amore del Cielo. L'uomo quindi nelle sue attività deve avere come fine l'amore che sarà universale per tutti gli uomini.

La condizione indispensabile dell'ordine perenne per favorire la vita di tutti i viventi è l'armonia di tutti gli elementi e di tutti gli eventi dell'universo. Quest'armonia deve risplendere pure nella vita dell'uomo e viene designata con la parola ((Tsong-yin)), cioè il giusto mezzo. I Cinesi hanno una ripugnanza istintiva per gli estremi, perfino per l'applicazione inesorabile della giustizia e preferiscono la equità e il buon senso.

L'osservana del ((Li)), lo spirito dell'amore universale e l'inclinazione all'armonia sono i pilastri della morale cinese. Essi poggiano sull'idea di Dio.

Nella vita morale l'idea di Dio interviene anche in un'altra forma per imprimere impulso alla pratica. Un Cinese benchè creda in un Dio assai lontano da lui, ha sempre dinanzi a sè il concetto della divina retribuzione. Il Dio, estraneo alle umili facende dell'uomo, è un giudice inesorabile che premia e castiga secondo una rigorosa giustizia. La divina giustizia si verifica sempre in questo mondo, sia direttamente verso la persona interessata, sia indirettamente nei suoi discendenti. In seguito si aggiunse anche l'idea del giudizio dopo la morte, nella vita futura presa dalla concezione buddhista. Quindi la morale cinese è essenzialmente religiosa.

In practica la norma della moralità dalla imitazione del Cielo si converte nella pietà filiale, perchè quello che rappresenta il Dio in concreto è il genitore.

I genitori rappresentano il Dio, poichè da essi l'uomo riceve la propria esistenza. L'esistenza dei genitori e l'esistenza dei figli sono congiunte a formare una medesima esistenza che è la famiglia. L'autorità dei genitori sul figlio s'estende a tutta la persona del figlio. Da parte del figlio vi corrisponde il dovere della pietà filiale. La virtù della pieta filiale ha un campo vastissimo ed abbraccia tutti i precetti delle altre virtù, facendosi centro propulsore della intera vita morale. Se i genitori rappresentano il Cielo come donatori della esistenza ai figli, essi costituiscono il fine prossimo alla vita dei figli, perchè se l'uomo deve ordinare la propria vita a Dio, come causa suprema della sua esistenza, egli deve pure ordinare la propria vita ai genitori. Così l'uomo arriva a Dio attraverso i genitori, come Dio arriva all'uomo attraverso anche i genitori. Quindi i genitori stanno in mezzo fra Dio e l'uomo.

Ogni azione buona è un atto di pieta filiale; ogni azione cattiva è un peccato contro la pietà filiale.

((Onorare i parenti! questo è il pensiero costante di tutti i Cinesi, è il motivo principale delle opere buone ed eroiche, ed è la fiamma segreta che arde nei cuori e sprona le energie. I Cinesi hanno sempre davanti agli occhi, non la comodità e il bisogno della propria vita, ma l'onore dei parenti. Facendo una cosa, i Cinesi istintivamente pensano ai loro parenti e gioiscono se possono fare loro onore. È impegno categorico per ogni uomo di comportarsi bene così da non macchiare il nome degli antenati)). [2]

La famiglia costituita in mdo patriarcale, sostiene tutto l'edificio sociale e statale, e la morale familiare s'irradia agli altri aspetti della vita, specialmente nella organizzazione dell'impero.

Che cosa era l'immenso impero cinese, se non una grande famiglia? Il padre di questa immensa famiglia è il Cielo, Dio; per farsi rappresentare nel governo il Cielo sceglie un imperatore. Il titolo che si dà all'uomo scelto, è ((Il Figlio del Cielo)) (Tien-tze). Questo Figlio del Cielo governa il popolo con l'autorità conferitagli da Dio. Che cosa intende fare il Cielo per il popolo? Il Cielo ama il popolo con amore universale, desiderando che si viva felicemente. Il dovere dell'imperatore consiste dunque nell'amare il popolo e nel favorire la

---

(2) Stan. Lokuang, *La sapienza dei Cinesi*, p.197.

vita. Egli si comporterà come il buon padre nella propria famiglia. Quando un imperatore, fatto tiranno, perde la fiducia del popolo, egli cade dalla sua dignità imperiale e il popolo può sollevarsi contro di lui per scegliere un altro ((Figlio del Cielo)) più degno.

Se i governanti e i sudditi procedono secondo le norme del Cielo, sarà loro certamente concessa la prosperità; invece se vengono commesse delle colpe, il Dio manderà i castighi: le calamità naturali, le guerre e le epidemie. Allora l'imperatore, l'intermediario fra il popolo e il Cielo, deve placare l'ira di Dio e chiedere il perdono.

Sotto la paternità del Cielo, il Confucianesimo concepisce il suo universalismo politico che considera tutti gli uomini fratelli e con l'armonia generale intende a promuovere la pace per il genere umano.

La cultura cinese impersonata nella tradizione confuciana si presenta come un umanitarismo che coltiva il sano senso umano della vita e mira allo sviluppo della natura dell'uomo. Il Confucianesimo si distacca dalle considerazioni dogmatiche di Dio e si concentra sulla vita presente del mondo. Ma in fondo all'umanesimo confuciano vi è l'idea di Dio che forma la base di tutto il sistema di vita. Togliendo l'idea di Dio, crolla tutta la cultura dei Cinesi.

I Cinesi d'oggi, affascinati dalla modernità occidentale, hanno voluto tentare di rimuovere questa idea tradizionale di Dio come un ostacolo al progresso nazionale, alla vita del popolo. Essi sono diventati atei e vogliono ridurre la cultura alla perfetta laicità. per questa ragione il comunismo ha avuto tanti simpatizzanti fra gli intellettuali cinesi e la propaganda comunista ha potuto con facilità conquistare i giovani studenti. Ma non sarà facile sopprimere e annientare completamente la multisecolare tradizione cinese.

Cronologia Delle Dinastie Cinesi

Imperatore Yao.	2357-2257. a. C.
Imperatore Shuun.	2257-2205. a. C.
Dinastia Hsia.	2205-1766. a. C.
Dinastia Shang.	1766-1122. a. C.
Dinastia Tcheou.	1122-249. a. C.
Dinastia Tsin.	246-206. a. C.
Dinastia Han.	206 a. C. 221 d. C.
I tre regni.	221-265. d. C.
Dinastia Tching.	265-419. d. C.
Dinastia Sung.	420-479. d. C.
Dinastia Tsi.	479-502. d. C.
Dinastia Lean.	502-557. d. C.
Dinastia Tchen.	557-590. d. C.
Dinastia Swei.	590-620. d. C.
Dinastia Tang.	620-907. d. C.
Dinastia Lean posteriore.	907-923. d. C.
Dinastia Tang posteriore.	923-936. d. C.
Dinastia Tching posteriore.	936-947. d. C.
Dinastia Han posteriore.	947-951. d. C.
Dinastia Tcheou posteriore.	951-960. d. C.
Dinastia Sung.	960-1280. d. C.
Dinastia Yuen.	1280-1368. d. C.
Dinastia Ming.	1368-1644. d. C.
Dinastia Ts'ing.	1644-1911. d. C.
Repubblica Cinese.	1911. d. C.

Bibliografia

DE HARLEZ CH., *La religion en Chine*, Paris, 1889.

— *Les croyances religieuses de la Chine*, Leipzig, 1891.

DE GROOT, The religious system of China, Leida, 1907.

D'ELIA PASQUALE S.J., *Cina politeista o Cina monoteistica?* (estratto dalla ((Rivista degli studi orientali)), Roma, vol. XXII).

H. DORÉ, *Recherches sur les superstitions en Chine*, Shanghai, 1911-1926.

DOUGLAS. H. A., *Confucianism and Taoism*, London, 1889.

GRANET M., *La religion des Chinois*, Paris, 1922.

GROUSSET RENÈ, *Storia della Cina*, Mondadori, 1946.

FONF-YU-LANG, La storia della filosofia cinese, vol. 2, Shanghai, 1937.

FU-SHE (HU-SHE), *La storia della filosofia cinese,* vol. 1, Shanghai, 1928.

HUANG PIETRO, *Riassunto della collezione critica della mitologia cinese, Shanghai,* 1879, (Chi-sueh-tchen-chin).

KIU-YUAN, *Incontro al dolore* (Li-sao) traduzione di Gabriele Allegra, Shanghai, 1938.

KOU-MOU-JO, *Studi sulla società antica della Cina*, Shanghai, 1939.

LIU-NGO, *Le tartarughe raccolte da Tieh-yu*, Shanghai. 1903.

LO-CHEN-YU, *Le iscrizioni degli scavi di Shan*, Shanghai. 1910. 1933.

LOKUANG STANISLAO, *La sapienza dei Cinesi (confucianesimo),* Roma, 1945.

— *Un sistema filosofico cinese (Taoismo)*, Roma, 1946.

— *Esposizione sistematica della filosofia cinese.* Vol. 2. Hong Kong. 1952.

KU-CHEH-KANG, *Studi critici della storia antica cinese*, vol. 5, Pekino 1926-1935.

PUINI, *Taoismo*, Lanciano, 1912

TAVERNIER E., *Le cult des Ancêres*, Saigon, 1926.

TCHOU-FAN-PU. *La storia della dinastia Shan e gli studi delle ossa archeologiche*, Vol. 2. Shanghai 1935.

TIEN-TCHEOU-KANG, *L'idée de Dieu dans les huit premiers classiques chinois*, Fribourg, 1942.

TUCCI. *Storia della filosofia cinese antica*, Bologna, 1922.

VACCA G., *Le religioni dei Cinesi*, (Tacchi-Venturi), Torino, 1949.

WANG-CI-SIN, *La Storia del pensiero religioso Cinese*, Shanghai, 1930.

VERNER E. T. C., *A dictionary of chinese Mythology*, Shanghai, 1932.

WIEGER, *Histoire des croyances religieuses et des opinions philosophiques en Chine*, Hien-hien, 1922.

WILHELM, *Lao tze und Taoismus*, Stuttgart, 1925.

Per la traduzione dei libri canonici e classici cfr.:

COUVREUR S. S. J., *Cheu-king (She-king)*, Sien-hien, 1934.

—*Chou-king (Shu-king)*, 1935.

—*Li-ki (Lee-ehe)*, Ho-kien-fou, 1913.

MAGRINI-SPREAFICO LUCIANA, I *quattro libri*, Bocca, Milano, 1945.

SIAO-SCI-YI PAOLO, *Tao-te-king*, Laterza, Bari, 1941.

— *I king, (il libro dei mutamenti)*, ((Psiche e Coscienza)), Collana di testi

e documenti per lo studio della psicologia del profondo, Roma, Astrolabio, MCML.